韧性城市规划：理论与实践

翟国方　何仲禹　顾福妹　著

中国建材工业出版社

图书在版编目（CIP）数据

韧性城市规划：理论与实践/翟国方，何仲禹，顾福妹著. --北京：中国建材工业出版社，2021.12（2023.8 重印）
ISBN 978-7-5160-3332-6

Ⅰ.①韧… Ⅱ.①翟… ②何… ③顾… Ⅲ.①城市建设—研究 Ⅳ.①F290

中国版本图书馆 CIP 数据核字（2021）第 210508 号

韧性城市规划：理论与实践
Renxing Chengshi Guihua：Lilun yu Shijian
翟国方　何仲禹　顾福妹　著

出版发行：中国建材工业出版社
地　　址：北京市海淀区三里河路 11 号
邮　　编：100831
经　　销：全国各地新华书店
印　　刷：北京印刷集团有限责任公司
开　　本：787mm×1092mm　1/16
印　　张：24.5
字　　数：600 千字
版　　次：2021 年 12 月第 1 版
印　　次：2023 年 8 月第 2 次
定　　价：88.00 元

本社网址：www.jccbs.com，微信公众号：zgjcgycbs

序

2020年是不平凡的一年。突如其来的新冠肺炎疫情，考验了每个人、每个城市、每个国家，同时吹响了加速建立健全突发事件治理体系和全面推进治理能力现代化的号角。习近平总书记2020年4月10日在中央财经委员会第七次会议上发表重要讲话，强调“打造宜居城市、韧性城市、智能城市，建立高质量的城市生态系统和安全系统”，标志着作为应对突发事件重要理念的韧性城市，在我国由学术层面的讨论正式上升为国家战略。

韧性城市（Resilient city）研究，在国际上有比较长的历史和较为丰富的积累，但在防灾减灾领域引起全球高度关注是从2005年在日本兵库举行的第二届世界减灾会议之后，因为韧性成为这次会议的热点。我国也参加了这次会议，国内媒体对会议进行了同步报道，相关学者也对会议通过的《兵库宣言》进行了跟踪解读。尽管当时对“Resilience”没有统一的中文翻译，但宣言的主要内容在我国还是得到了较好的宣传。如果从2005年算起，我国对韧性城市的研究也只有十几年的时间，历史还较短，已有的中文文献大部分还是对国外理论和实践的介绍和借鉴，对中国本土的韧性城市研究积累还比较薄弱。随着韧性城市上升为国家战略，韧性城市是什么？城市韧性如何评估？我国的城市韧性有什么特点？国内外韧性城市规划建设的成功经验是什么？我国韧性城市如何规划建设，这些问题经常会被城市规划管理工作者咨询，而且呈现出越来越多的趋势。为满足行业需求，我们决定把近年（主要是2008年笔者回国以后）的韧性城市方面的研究成果进行系统整理并编辑出版，期待这本书的出版可以助力我国韧性城市的规划建设。

我们对韧性城市的研究，可以追溯到笔者2001年入职日本独立行政法人防灾科学技术研究所之时，今年适逢笔者从事灾害风险研究二十年，是值得纪念总结的一年。当时笔者从事的主要工作，就是日本国家重大项目“災害（主に水害）に強い社会システムに関する実証的研究”（“关于城市抗灾社会系统的实证研究”）。尽管课题名称没有用当下日本全面推进的“强韧化”这个词，但研究内容是针对自然灾害（主要是水灾）的韧性城市。该项目的英文版成果于2006年正式出版，题目是 *A better integrated governance of disaster risks：Toward resilient society to emerging disaster risks in mega-cities*（Eds.，S. Ikeda，T. Fukuzono，and T. Sato. TERRAPUB and NIED. ISBN978-4-88704-140-0.），其中就含有“韧性”这个关键词。这个项目成果，为2005年第二届世界减灾会议强调韧性在防灾减灾救灾中的积极作用奠定了科学依据。笔者在这个项目中的全程深度参与，既开启了笔者对自然灾害风险治理研究的新领域，又加深了笔者对世界防灾减灾先进国家——日本的防灾减灾科学技术水平的新认识，让笔者切身感受到我国与发达国家在灾害风险治理体系和治理能力方面的差距，并促使笔者在介绍推广日本等发达国家的成功经验的同时，努力做好灾害风险治理研究工作，期待能为我国城市防灾减灾事业贡献自己的力量。

2008年1月，笔者回到南京大学工作。当年5月12日，汶川大地震发生，灾情震惊世界。作为城市规划工作者，又作为灾害风险治理研究者，面对灾害我们必须行动。同年10

月，我们奔赴汶川灾区进行了一周的实地调查；11月，在广州举行的中国灾害防御协会风险分析专业委员会年会上组织召开“汶川大地震专题研讨会”，60多位专家学者参与了热烈的讨论。之后，我们参加了2010年玉树地震灾后恢复重建规划编制工作；与日本关西大学合作对2011年东日本大地震灾区进行了调研；承担了厦门、福州、银川、汕头等城市总体规划的灾害韧性专题研究，常熟、张家港、靖江等城市的城市抗震防灾规划，广州、深圳、金湖等地的应急避难场所建设规划，南京建设韧性城市研究，南京市“十二五”应急体系规划研究，江苏省“十四五”防灾减灾规划，苏州市高新区“十四五”应急管理规划，等等。尤其是2015年我们承担的合肥城市市政设施韧性提升规划研究，被认为是韧性城市理论在我国规划领域的首次探索性应用，标志着我国韧性城市研究进入了一个新阶段。这些众多的规划实践项目为我们拓展研究思路，创新研究方法，检验理论创新，培养学生理论联系实际、发现问题、解决问题的能力，提供了非常宝贵的机会，在此对相关人员和机构深表谢意！

本书的大部分内容和观点来自国家自然科学基金项目“基于多智能系统的城市洪水风险的可接受度研究”（41071325）、国家重点基础研究发展计划（973）项目“我国东部沿海城市带的气候效应评估及其对策”（2010CB428506）、教育部留学回国人员科研启动基金“城市灾害风险评估及防范措施研究——以江苏省为例”（40673045）、与日本关西大学土田昭司教授合作的日本学术振兴会项目“現代中国における大学生を中心とする若年層のリスク認知研究”（23530837）以及“中国における災害時パニックならびに災害時クレーズの発生要因についての研究”（18K03022［平成30年度基盤研究（C）］）等国内外资助项目的研究成果，或者来自受到项目资助的硕士研究生、博士研究生的毕业论文。在此，也对以上组织、机构以及所有合作者表示衷心的感谢！

本书中的大多观点和内容，有的在由我们组织的学术研讨会上交流过，有的在其他学术会议上报告过，都得到了众多同仁的支持、指导和鼓励。尤其令我们欣慰的是，在2015年中国城市规划学会年会自由论坛——风险社会与弹性城市上，我们比较了“resilience”的众多中文翻译，结合城乡规划学的既有知识体系，基于定性定量的系统综合分析后，认为在规划领域将其翻译为“韧性”较好。之后，“韧性”的译法也很快被地震、应急管理等领域所认可，进而进入国家“十四五”规划。在此以本书的出版感谢大家长期以来的关心、支持和陪伴，并期待今后能继续得到大家的支持、鼓励和批评指正！

本书由笔者和何仲禹博士全面策划、构思以及通读全稿并校核，是对本团队近80人（包括已经毕业的研究生）过往研究成果的阶段性总结，某种意义上也是在笔者、何仲禹博士、顾福妹博士三位导师的带领下，十余年坚持不断进行的每周团队学术例会的集体智慧的结晶。除了每个章节末署名的团队成员在三位老师的指导下直接参与了相关章节的资料整理外，没有署名的其他成员也参与了平时的讨论交流，贡献了各自的聪明才智。在此，感谢本团队所有成员长期以来的不懈努力、积极参与和辛勤付出！

韧性理论既可以应用于自然灾害应对，也可以在安全生产、公共卫生以及社会安全等领域发挥重要作用。由于本书的定位是对本团队过往研究的一次系统梳理总结，而本团队主要关注的领域是基于规划视角的自然灾害风险治理，因此，本书的重点是自然灾害韧性，但也可以为其他领域的韧性研究提供参考。本书主要由三部分构成：第一部分是韧性理论与韧性城市概述，主要介绍韧性理论及其演变、韧性城市与城市韧性、城市韧性评估方法与应用等方面的基础知识、基本理论和常用方法。第二部分是应对自然灾害的韧性城市研究与规划，风险、人和空间是韧性城市研究的三个主要对象，因此本部分由自然灾害——韧性城市面临的主要冲击、以人为本——韧性城市建设的根本目标、城市空间——韧性城市规划的物质对象等三章构成。第三部分是国内外韧性城市建设经验，包括日本的韧性城市建设、西方的韧性城市建设、我国韧性城市建设现状与展望等内容。本书中一些案例（如风险评估、韧性评估）成果形成于不同的年份，而韧性城市的理论和实践在不断发展，案例的具体情况也各不相同，在具体操作上可能会出现一些不一致的地方。为了尊重历史，也为了方便规划实践中的应用，在本书编撰过程中没有硬性统一成一个框架、一个模型，但我们都给出了比较详细的定义，以方便大家阅读理解。

韧性城市是一个新生事物，其中还有很多未知的领域需要我们拓展探索。党和政府对韧性城市的规划建设寄予了厚望。“路漫漫其修远兮，吾将上下而求索。”在本书撰写过程中，参考引用了众多国内外专家学者的论著或科研成果，在书中都尽最大可能做了标注，但仍恐有挂一漏万之处，如有遗漏，敬请告知我们，以便再版时补充完善。由于我们才疏学浅，书中一定存在一些疏漏与不当之处，恳请广大读者不吝赐教。

翟国方

2021 年 6 月 8 日于南京大学鼓楼校区

目　录

第一部分　韧性理论与韧性城市概述

第一章　韧性理论及其演变

随着人类社会经济活动高度集聚，城市系统所面临的风险不断增加，人们需要应对的安全挑战也越来越多，包括自然灾害、人为事故灾害等。如何提高系统面对不确定因素的响应与适应能力，如何提升系统的韧性，是当前国际社会研究的热点。韧性作为一种应对风险的手段，其概念从工程韧性、生态韧性发展到演进韧性，相关理论也不断丰富和完善，应用范围也逐渐从工程学、生态学向心理学、灾害学等领域扩展。

第一节　风险社会中的人类安全挑战

著名的风险社会学教授乌尔里希·贝克在《风险社会：新的现代性之路》中提到，自工业社会后人类社会将会进入新的发展阶段——风险社会阶段[1]。当下人类社会面临的不仅有自然灾害带来的风险，还有各种人为风险，包括技术风险、制度风险、决策风险等。与传统风险相比，现代风险在时空上表现出不确定性，难以预测和控制，在形式上也更加复杂，其危害性和不可逆转性也直接威胁到人类的生存[2]。部分风险的成因离不开人为因素，人类活动对生态资源的侵占与过度使用造成生态超载、环境污染等问题，破坏了原有生态结构的稳定性，城市生态系统的脆弱性逐渐凸显。随着工业化和全球化的发展，区域之间的风险联系也更加紧密，甚至出现连锁反应，触发其他领域的风险。灾害风险爆发可能会通过人口流动、经济联系等各种方式蔓延开来，除灾害发生地，其他国家和地区也很难独善其身。因此可以说，全球已进入风险社会，成为风险共同体，各类风险给人类安全带来了更多的挑战。

2021 年初，世界经济论坛发布了 2021 年《全球风险报告》，报告指出 2020 年肆虐全球的新冠肺炎疫情不仅夺去了数百万人的生命，还加剧了贫富差距和社会分化，在未来的一段时间内还可能继续阻碍经济发展并加剧地缘政治紧张局势，展示了忽视流行病等长期风险所带来的灾难性后果[3]。除了流行病，极端天气事件、环境污染、资源枯竭、自然灾害等风险依旧对人类社会造成巨大威胁。2003 年的 SARS 事件、2004 年的印度洋海啸、2005 年的美国新奥尔良市卡特里娜飓风、2011 年的东日本大地震、2019 年的澳大利亚森林火灾、2020 年 7 月的中国长江淮河流域特大暴雨洪涝灾害……各类灾害风险给人类生活和社会经济发展带来了重创。根据全球保险业领导企业慕尼黑再保险公司的估计，2000—2010 年间，全球因自然灾害导致的年平均经济损失总额为 1100 亿美元，超过 1980—2009 年间年平均经济损失总额的 15.8%[4]。据全球紧急灾害数据库 EM-DAT 统计，仅 2016 年，全球遭受自然灾害的经济损失就超过了 1200 亿美元。为了应对各种风险，保障人类安全，在国际社会的共同努力下，2016 年多国在纽约签署了《巴黎协定》，该协定为 2020 年后全球应对气候变化行动作出安排。2020 年，为了应对新冠肺炎疫情对全球粮食安全的冲击，二十国集团农业部长召开视频会议，商讨维护粮食安全的合作及行动计划。

我国幅员辽阔，自然灾害发生频繁。根据中国地震台网历史信息查询，2012 年 6 月至 2021 年 3 月，我国共发生 6 级以上地震 47 次[5]。应急管理部发布的《2020 年全国自然灾害基本情况》显示我国自然灾害以洪涝、地质灾害、“风雹”、台风灾害为主，地震、干旱、低温冷冻、雪灾、森林草原火灾等灾害也有不同程度的发生。2020 年，我国各种自然灾害共造成 1.38 亿人次受灾，591 人因灾死亡失踪，直接经济损失 3701.5 亿元[6]。其中，南方地区遭遇 1998 年以来最严重的汛情，造成安徽、江西、湖北、湖南、浙江、江苏、山东、河南、重庆、四川、贵州 11 省（市）3417.3 万人受灾，99 人死亡，8 人失踪，299.8 万人紧急转移安置，144.8 万人需紧急生活救助；3.6 万间房屋倒塌，42.2 万间不同程度损坏；农作物受灾面积 3579.8 千公顷，其中绝收 893.9 千公顷；直接经济损失 1322 亿元[7]。

党的十八大以来，我国就防范风险挑战和应对重大风险作出了一系列的决策部署，强调人类对自然规律的认知没有止境，防灾减灾、抗灾救灾是人类生存发展的永恒课题，将我国风险治理提到新高度。我国的防灾减灾工作要坚持以防为主、防抗救相结合，坚持常态减灾和非常态救灾相统一，努力实现从注重灾后救助向注重灾前预防转变，从应对单一灾种向综合减灾转变，从减少灾害损失向减轻灾害风险转变，全面提升全社会抵御自然灾害的综合防范能力。《国家综合防灾减灾规划（2016—2020 年）》回顾了我国“十二五”期间防灾减灾救灾工作成效并对“十三五”时期面临的新形势、新任务和新挑战进行研判，提出了自然灾害综合评估业务平台建设工程、民用空间基础设施减灾应用系统工程、全国自然灾害救助物资储备体系建设工程、应急避难场所建设工程和防灾减灾科普工程等重大项目。为了进一步做好防灾减灾救灾工作，中共中央和国务院就推进防灾减灾救灾体制机制改革提出一系列意见，包括健全统筹协调体制、健全属地管理体制、完善社会力量和市场参与机制、全面提升综合减灾能力、切实加强组织领导等内容[8]。2019 年 9 月，习近平总书记在中央党校（国家行政学院）中青年干部培训班开班式上发表重要讲话，强调当前和今后一个时期，我国发展进入各种风险挑战不断积累甚至集中显露的时期，面临的重大斗争不会少，经济、政治、文化、社会、生态文明建设和国防及军队建设、港澳台工作、外交工作、党的建设等方面都有，而且越来越复杂[9]。

（李文静）

参考文献

[1]［德］乌尔里希·贝克．风险社会：新的现代性之路［M］．南京：译林出版社，2018.

[2] 张义祯．习近平关于防范化解重大风险重要论述探析［J］．中共福建省委党校（福建行政学院）学报，2020（6）：32-40.

[3] World Economic Forum. The global risks report 2021（16th Edition）．［R/OL］. 2021.

[4] MunichReNatCatService and Geo risks research 2011［EB/OL］．［2021-01-21］. https：//www. docin. com/p-1683867422. html.

[5] 中国地震台网．（2021-03-24）. http：//www. ceic. ac. cn/history.

[6] 中华人民共和国应急管理部．应急管理部发布 2020 年全国自然灾害基本情况［R/OL］．（2021-01-08）［2021-01-21］. https：//www. mem. gov. cn/xw/yjglbgzdt/202101/t20210108 _ 376745. shtml.

[7] 中华人民共和国应急管理部．应急管理部公布 2020 年全国十大自然灾害［R/OL］.

(2021-01-02)［2021-03-24］. https：//www.mem.gov.cn/xw/yjglbgzdt/202101/t20210102_376288.shtml.

［8］中华人民共和国中央人民政府．中共中央　国务院关于推进防灾减灾救灾体制机制改革的意见［R/OL］．(2017-01-10)［2021-03-24］. http：//www.gov.cn/zhengce/2017-01/10/content_5158595.htm.

［9］中华人民共和国中央人民政府．习近平在中央党校（国家行政学院）中青年干部培训班开班式上发表重要讲话［R/OL］．(2019-09-23)［2021-01-21］. http：//www.gov.cn/xinwen/2020-10/10/content_5550258.htm.

第二节　韧性理论：一种应对风险的有效手段

面对各类风险不断向人类安全发出的挑战，越来越多的国际组织与研究机构开始关注韧性——一种应对风险的有效手段。2005 年国际减灾会议确认将“韧性”纳入灾害议程，国际地方政府环境行动理事会（ICLEI）自 2010 年起每年均举办“城市韧性和适应力”全球论坛，2011 年联合国减灾署（UNDRR）发布了《使我们的城市更具韧性》的报告。韧性正成为一系列风险应对和城市研究关注和讨论的主题，韧性的提升正逐渐成为降低灾害冲击和影响、使城市迅速恢复和实现城市可持续发展的重要手段[1]。

一、韧性的概念

韧性（resilience）来自拉丁语“resilio”“resilire”和“resalire”，可理解为回弹到原始状态，是对动态过程的揭示，而非静止的概念。韧性是系统在遭受冲击后反弹或恢复的响应程度，可用灵活程度、重要功能的持久性、转换能力等来表征。韧性的运用非常广泛，不同的学科领域研究重点不同，对韧性的定义也有差别。

在物理学领域，韧性最初被定义为材料在冲击变形后回到初始状态的能力。1973 年，加拿大生态学家 Holling 将“韧性”引入生态学领域，认为系统可能存在多种平衡，着重于研究系统远离平衡的状态。由此，演化出两种韧性定义——工程韧性和生态韧性。工程韧性指在遭受外界冲击后系统恢复到稳定平衡状态的能力，韧性大小用系统恢复平衡的速度来衡量；生态韧性则强调系统应对外部冲击、实现不同平衡的能力，指系统消纳冲击或干扰的能力，关注系统的进化和冲击的相关性。2012 年，Martin 借鉴复杂适应系统理论，提出了“适应韧性”，也称为演化韧性。适应韧性是指系统为减少干扰的影响程度或利用冲击来实现系统更新和结构重组的能力，强调实体吸收、适应、预测、恢复、抵御和应对冲击的能力[2-3]。虽然不同学科、不同研究领域对韧性的定义略有差异，但仍可发现它们的共通性：（1）从结果或过程来对韧性进行界定；（2）定义的前提都是基于对象或系统受到外界干扰而面临某些具体（特殊）的破坏等[4]。

二、韧性相关理论

韧性概念经历了工程思维—生态思维—演进思维的转化，逐渐延展至社会学、经济学、城乡规划学等领域。自组织理论、复杂适应系统理论和适应性循环理论等相关理论研究明确了韧性是复杂系统的固有能力[5]，强调系统受到干扰后需要综合自身要素，通过学习和再组织吸收扰动、降低损失，使系统恢复到原来状态或者达到新状态的能力。

1. 自组织理论

自组织理论是一个研究系统从无序走向有序，从低级走向高级的理论集合，其中的耗散结构理论和协同学理论等在韧性研究中常有应用。耗散结构理论认为，系统有序发展的前提条件是开放性、非平衡性和非线性。只有开放的系统才能与外界不断进行物质交流，并从外界获取一定的资源，系统才能从无序发展为有序；系统的不平衡性同样是资源流动的前提，不平衡的存在使系统演化成为可能；系统内部的要素存在复杂的网络关系，系统要素或子系统之间的相互作用是错综复杂的网络关系，不只是单纯的线性相加关系。

协同学是 1971 年由西德的理论物理学家 Hermann Haken（赫尔曼·哈肯）创立的，协同学假设在无生命物质中，有序的结构也会从混沌中产生并且随着恒定的能量供应得以维持[6]。协同学理论研究复杂系统组织行为，从组织的进化形式来看，可以分为自组织和他组织，其中自组织是协同学理论的主要研究内容[7]。韧性也同样具备这些性质，通过支配与被支配、控制与反馈等复杂的关系从而达到系统的韧性。

2. 复杂适应系统理论

复杂适应系统理论也是韧性研究的基础理论之一，是在一般系统论、耗散结构论、协同论等理论基础上演变发展而来。复杂系统理论描述的系统不是确定性的、可预测的和机械性的，而是依赖于过程的有机系统，允许这些系统自组织，在多个尺度之间有反馈[8]。一个复杂的自适应系统由不同个体组成并在系统中相互作用，根据作用结果，系统在个体基因、行为或空间分布上不断进化。复杂适应系统理论试图解释复杂的结构和交互模式是如何从无序中产生的，对于解决复杂系统中的各种复杂问题和现象具有重要的指导意义和应用价值。

在复杂适应系统中，所有个体都处于一个共同的大环境中并在环境中演化，每个个体都会对外界的干扰作出自适应反应，且个体之间也会发生复杂作用[9]。复杂适应系统理论强调的是基于个体间交互的结果，再从这些个体中选择出有利于增强系统的自组织和适应过程。为了生存的需要，个体不断调整自身的行为，以便更好地适应环境，如此反复，个体和环境就会处于持续的相互作用、影响和进化过程中[10]。分散且具有特色的自适应过程保证了持续的适应和跨层级组织的出现，推动系统更好地发展。基于复杂适应系统理论的研究，韧性也具备主体性、多样性、自治性、冗余性等特征。为了提高系统的韧性，各主体不断演进和发展，增加系统抵御和吸收外界干扰的能力。

3. 适应性循环理论

在自组织理论和复杂适应系统理论的基础上，适应性循环理论的提出引起了广泛的讨论。适应性循环理论是在 21 世纪初，由 Gunderson 和 Holling 提出的[11]。该理论指出系统具有潜力、连通度和韧性 3 种特征属性，并将依次经过具有不同特征的开发（exploitation，γ）、保护（conservation，k）、释放（release，Ω）和重组（reorganization，α）四个阶段构成适应性循环[12]（图 1-2-1）。每个阶段系统内部之间呈现不同潜力（potential）和连接度（connectedness），适应性和适应能力的不同导致系统韧性高低不同。初期，系统经过开发（γ）逐步向保护和积累阶段（k）发展，经过创造性破坏和释放阶段（Ω）后进入重组和更新阶段（α）。如此往复，不同尺度的子系统都在不断地演进，以实现更大尺度系统的韧性提升，形成多尺度嵌套适应性循环模型（图 1-2-2）。

多尺度嵌套适应性循环则进一步呈现了适应性循环的嵌套性，强调干扰是发展的一部分。当系统处于开发阶段（γ）时，要素关联度不断提高，各种要素逐步积累，促进区域系统发展；随着系统中各要素之间的关联性、适应性增强，系统内部趋于稳定，但如果缺乏对外界环境变化的适应能力，就会陷入韧性较低的保护阶段（k），并进一步进入释放阶段（Ω）。释放阶段是系统高度不确定时期，具有高度的弹性，也是创新和转型期，若系统适应能力弱，则会发生结构性衰退。另外，如果通过一系列治理和调整，系统可能会跳出原有发展模式，重新进入趋于稳定的重组和更新阶段（α）。

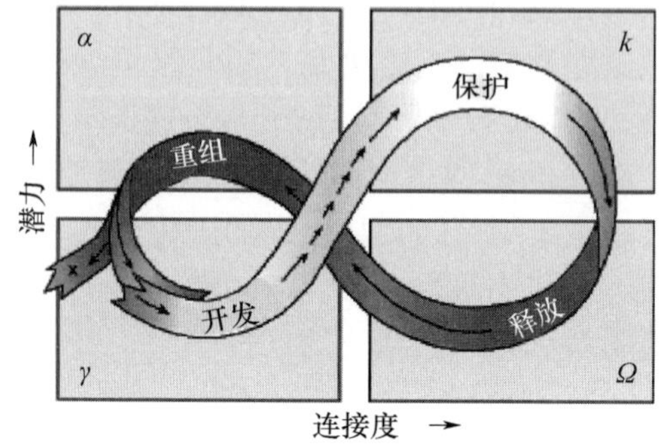

图 1-2-1　适应性循环理论四个阶段演化[13]

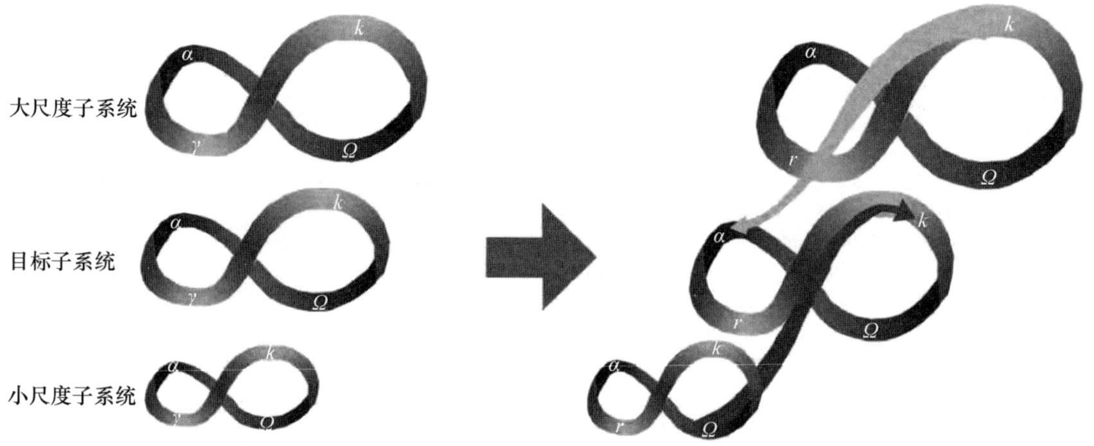

整个社会生态系统包含有不同尺度的子系统，每个子系统可能处在不同的演进阶段，也可能以不同的速度在变化。

目标系统的轨迹取决于跨尺度的相互作用。目标系统的动态受到相联系的小尺度系统和更高一级系统的适应性循环动态的影响。

图 1-2-2　多尺度嵌套适应性循环模型[14]

4. 其他

经过上述理论的发展和积累，其他的模型和方法随着韧性研究的不断深入也得到了运用。例如，“压力—状态—响应”（PSR）模型揭示了系统受外界干扰呈现某种状态后，系统采取应对措施对外界压力进行反馈。PSR 模型与韧性的过程属性契合，运用 PSR 模型可以模拟系统韧性发展及提升过程[15]。此外，还有 Bruneau 等学者提出的系统机能曲线模型等也被应用于韧性研究中[16]。

（李文静）

参考文献

[1] 万膑莲．自然灾害冲击下的城市经济韧性研究［D］．南京：南京大学，2017.

[2] MARTIN R. Regional economic resilience，hysteresis and recessionary shocks［J］. Journal of Economic Geography，2010，12（12）：1-32.

[3] CARLSON J L，HAFFENDEN R A，BASSETT G W，et al. Resilience：Theory and application［J］. Office of Scientific & Technical Information Technical Reports，2012.

[4] 侯俊东，肖人彬，吕军．地质灾害系统的经济弹性及其结构研究［J］．灾害学，2013，28（3）：11-15.

[5] 田丽．基于韧性理论的老旧社区空间改造策略研究［D］．北京：北京建筑大学，2020.

[6]［德］赫尔曼·哈肯．协同学——大自然构成的奥秘［M］．凌复华，译．上海：上海译文出版社，2005.

[7] 李汉卿．协同治理理论探析［J］．理论月刊，2014（1）：138-142.

[8] CARL F. Resilience：The emergence of a perspective for social-ecological systems analyses［J］. Global Environmental Change，2006，16：253-267.

[9] 仇保兴．基于复杂适应系统理论的韧性城市设计方法及原则［J］．城市发展研究，2018，25（10）：1-3.

[10] 谭跃进，邓宏钟．复杂适应系统理论及其应用研究［J］．系统工程，2001（5）：1-6.

[11] GUNDERSON L H，HOLLING C S. Panarchy：Understanding transformations in human and natural systems［M］. Washington，DC：Island Press，2002.

[12] 李嘉艺，孙璁，郑曦．基于适应性循环理论的区域生态风险时空演变评估——以长江三角洲城市群为例［J］．生态学报，2021（7）：1-13.

[13] HOLLING C S. From complex regions to complex worlds［J］. Ecology and Society，2005，9（1）：243-252.

[14] 刘丹，华晨．弹性概念的演化及对城市规划创新的启示［J］．城市发展研究，2014，21（11）：111-117.

[15] 陈丹羽．基于压力-状态-响应模型的城市韧性评估［D］．武汉：华中科技大学，2019.

[16] BRUNEAU M，REINHORN A. Exploring the concept of seismic resilience for acute care facilities［J］. Earthquake Spectra，2007，23（1）：41-62.

第三节　不同领域的韧性研究

一、生态韧性

人们试图寻找一种平衡，能够让城市和乡村的内部自适应调节系统更好地应对不确定风险。在这一视角下，城乡生态系统逐渐被看作是具有“韧性”的动态有机体。

1. 生态韧性的定义

1973年，美国佛罗里达大学生态学教授、加拿大生态学家霍林（Holling C S.）首次在其开创性著作《生态系统韧性和稳定性》中将“韧性”的概念引入生态学中，提出“生态系统韧性”的概念，即生态韧性是“自然系统应对自然或人为原因引起的生态系统变化时的持久性”，此外，他在1996年出版的《工程韧性与生态韧性》一书中进一步辨析了“生态韧性”与“工程韧性”概念的区别在于对“稳定性”和“平衡”的不同理解，将生态韧性定义为“衡量系统的持久性及其吸收变化和干扰，并且仍然保持同样的种群关系或状态变量的能力的一种测度”[1]。

目前，国内外生态韧性常被引用的定义有四种（表1-3-1）：一是在生态系统发生改变前能够吸收和承受干扰的量；二是当一个系统受到干扰时，其韧性如何促使系统恢复之前的状态或者改变和增强系统部分结构；三是针对社会—生态系统的韧性能力进行整体定义；四是重点关注社会性的个体与多个子系统之间嵌套式的韧性变化，对个人、子系统及其他子系统之间的韧性变化进行研究[2]。

表1-3-1 生态韧性的定义

作者	年份	生态韧性定义
Holling C S.	1996	在由于变量或过程的改变而使系统无法维持原有结构之前，系统能够承受或吸收的干扰的量[3]
Peterson G, Holling C S.	1998	生态韧性是改变或是干扰系统的变量，这种干扰能够转变原有系统的结构，使之转变为新的结构和过程[4]
Gunderson L H.	2000	生态韧性是系统在缺少自我组织能力和结构的情况下，能够承受的外界压力的总和[5]
Adger W N.	2000	生态韧性是系统面对危机时用来维持功能的特性，是用来连接社会系统与生态系统的桥梁[6]

2. 生态韧性理论研究

生态系统是一种复杂的适应性系统，它会随着自然和社会环境的变化而进行自我修复和调整，但不会回到原来的状态。在达成“韧性是系统所拥有的一种能够承受并吸收外来冲击且在危机发生时仍然能维持其主要功能运转的能力”这一理念共识的基础上，学者们将韧性理念引入城市生态规划的各个领域[7]。

韧性联盟的布莱恩·沃克（Brian Walker）与大卫·萨尔特（David Salt）在其出版的《韧性思维》一书中首先提出了韧性思维的概念，探讨了如何将韧性思维运用于规划设计来维持社会—生态系统的可持续性。由此，韧性理论被广泛运用到社会—生态系统的研究中。韧性联盟的领导者将韧性思维作为一个总体框架，并开始重点关注系统的社会经济导向，他们深入探讨了如何吸收干扰和维持生态系统功能，以及如何建立社会—生态系统的韧性等问题[8]。逐渐地，问题的研究促进着生态韧性研究超越生态学，延展到更广阔的学术领域。

生态韧性理论研究的贡献在于让我们关注问题的系统性，关注人与自然和谐相处的长期要求[9]；同时，生态韧性不仅仅意味着面对干扰可以保持持久或稳健，它同时意味着演化结构和过程的重组，系统的更新和新轨迹的出现所提供的机会。

3. 生态韧性实践研究

2016年10月，联合国住房和城市可持续发展大会于厄瓜多尔举办，并将“城市生态韧性”作为大会城市与生态环境领域的政策单元。会议制定的《新城市议程》中，提出城市可持续发展的生态目标是“环境可持续和具有韧性的城市”，并将“城市生态韧性”定义为“城市生态系统能够承受多种冲击和压力并从中恢复，并且能够随着时间的推移而提高其功能的能力”[10]。

《新城市议程》被认为是一部关于推进国家及地方各级政府生态环境保护和城市可持续发展建设的关键指导文书，也是强化城市韧性、实现城市生态可持续目标的转折点。《新城市议程》中首次提出，城市生态韧性的确立目标主要包括城市清洁能源的利用、恢复和保护城市生态系统、提高自然灾害风险防御能力和城市治理措施、加快城市恢复的能力、促进城市经济可持续发展的能力、推进城市经济可持续消耗和创新生产经营模式等方面，城市生态韧性建设成为推动城市可持续发展的一项重要内容。

我国也在生态韧性建设方面进行了实践和尝试。近年来，北京、上海等城市的新一轮城市总体规划中，均有“加强城市应对灾害的能力和提高城市韧性”等相关表述。2020 年 8 月，中共中央、国务院关于对《首都功能核心区控制性详细规划（街区层面）（2018—2035 年）》的批复显示，北京将建设“韧性城市”，为应对突发公共卫生事件预留空间，加强城市通风廊道建设。同时，建设应急救灾物资储备库，完善大型公共设施平疫转换预案，全面提升老旧小区健康安全标准。

针对城市应对风险的能力，北京市采用了 PDCA（Plan，规划—Do，实施—Check，监测—Action，响应）的韧性城市规划技术框架，从风险识别、风险评估、规划响应到适应性管理形成全过程的闭合链条，充分发挥“城市规划技术手段＋公共政策”的双重属性，降低脆弱性并提高应急能力。

二、心理韧性

心理学家关注人们在遭受灾害等意外事件侵袭或染上重大疾病后的心理健康问题。20 世纪 70 年代，美国的心理学者安东尼（Anthony）发现，大多数父母双方或一方存在精神疾病的美国儿童都可以得到健康成长，并未发现异常的成长现象[11]。此后，众多的科学研究相继分析发现，历经严重心理挫折或先后遭遇严重逆境的青少年儿童、成人和适龄青少年中，若社会反应机能系统完善，发育良好者的群体数量远远超出了他们的心理预期，“心理韧性”这一科学概念随之产生。

1. 心理韧性的定义

心理韧性一般可划分为三种类型，即结果性、过程性和品质性定义（表 1-3-2）。虽然由于关注的核心不同导致定义内容不同，但是每种定义并不互相排斥，而是存在互相补充的关系。学者们一致认为，无论从哪一角度研究心理韧性，在定义心理韧性时，需要考虑到以下两个基本要素，即：（1）个人在遭遇逆境或具有一定压力事件时所能体验到的情绪和感受；（2）最终成功应对，取得积极的结果，适应良好[12]。

表 1-3-2　心理韧性定义

类型	重点关注	心理韧性的定义
结果性	发展结果	心理韧性是一类现象，其特点是面对严重威胁，个体适应，发展仍然良好
过程性	动态发展过程	心理韧性是个体与环境交互作用应对的过程
品质性	特征、性质	心理韧性是个体能承受高水平的破坏性变化且同时表现出尽可能少的不良行为的能力

2. 心理韧性评估量表研究

目前，有关心理韧性的科学研究量表主要从经验或理论构想出发，将提升心理韧性测评看作是一种提升个体的心理能量驱动力或心理素质，国外研究应用范围比较广泛的量表有康纳和戴维森心理韧性量表（Connor-Davidson Resilience Scale，CD-RISC）[13]、弗里堡（Friborg）等人编制的成人心理韧性量表（Resilience Scale for Adults，RSA）[14]以及简化条目版心理韧性量表（Resilience Scale，RS）[15]等；2008 年，胡月琴和甘怡群主要针对中国青少年编制了《青少年心理韧性量表》，具有良好的效度，被国内研究学者广泛使用[16]，详见表 1-3-3。

表 1-3-3　心理韧性评估量表

量表	维度	题目	计分方法	其他
CD-RISC	个人能力、忍受消极情感、积极接受变化、控制力、精神影响	25	Likert5 级计分	已用于社区人群，门诊和临床患者，创伤后应激、焦虑患者
RSA	对自我的感知、对未来的计划、工作计划风格、社会能力、家庭和谐度、社会资源	33	5 点语义区分量表	普适性不理想，结构不稳定
RS	个人能力、对自我和社会的接纳程度	25（简化版为 14）	7 级计分	目前应用时间最长、范围最广
青少年心理韧性量表	个人能力、家庭与人际支持力	27	Likert5 级计分	可用于东方文化下有关青少年心理健康、压力应对等方面的研究

3. 心理韧性实践研究

心理韧性的保护性因素历来被认为是西方专家和学者实践性研究的主要内容，它是指对一个个体的心理韧性具有促进作用，使其能够更好地适应压力和困难，减少不良结局可能发生的各种个人和环境因素[17]。弗里堡（Friborg）等总结出 15 类具有保护意义的影响因素，分别为：个人能力、自我效能、社会支持、社交能力、家庭和年龄、内控、气质类型、愿望、精心组织和习惯、自我的强度、教育和职业生活、宗教信仰、自我实现、压力数量、问题解决能力[14]。2011 年，斯图尔特（Stewart）等研究发现了临床病例中患者关于心理韧性的预测、推动和促进的心理因素，即保护性的影响因素主要包括：自尊、我们的效能感、领略到社会的支持、适应方式、乐观倾向、坚韧的人格和自我掌控感[18]。国内目前对于影响心理韧性的一些保护因素的研究有限，因此研究的对象主要集中在儿童或者患儿的家属上，例如孤独症孩子[19]、农村留守儿童[20]等，对社会群体因环境变化引起的心理问题研究较为缺乏。

对于城市规划的研究者来说，可以通过借鉴心理学中成熟的概念和框架，来发展本专业学科对于韧性不同角度的解释，它能够敦促我们思考：某个区域范围内的一个城市、地区或群体在适应逆境和压力过程中所能够体现出的各种心理韧性，我们如何去解释、衡量和建立模型。此外，在深入研究人的心理韧性时，应该充分认识到不同的环境、事件、人群、文化等影响人的心理韧性领域的特异性。需要特别注意的一点问题是，个人和社会家庭的心理韧性主要表现是强调社会环境因素中的整体个人和社会家庭的整体人际关系特征，把社会环境因素韧性作为个体外生的心理变量，这与我们的社会生态系统韧性将社会环境因素作为整个社会生态系统不可分割的组成部分有很大的区别。此外，由于现代人类本身具有不断学习能力和预判性的能力，个体和社会集体的自我韧性也因此可以分为前摄集体特征（proactive）和后摄集体特征（reactive）两个基本方面[21]。后者主要是对已经正常发生了的事情进行即时反应，而前者则意味着当今人们很有可能会采取措施去破坏或完全清除这场危机所形成的结构性根源，最终使其达到较高的强度和韧性。换句话说，具有心理韧性标志着一个个体或社会不仅能够恢复到之前的均衡状态，而且能够超出自己原有的状态，从而实现更进一步的成熟或跨越式发展，这就促使它与生态韧性仅仅具备后摄集体特征的一面相互区分开来[22]。

三、空间韧性

人口在城市空间集聚带来了人类社会的空前繁荣，也使之变得愈发脆弱，城市韧性应运而生。城市空间韧性是对城市韧性在空间维度层面的解读，旨在探析城市空间格局和动态对韧性的反馈机制。空间社会学指出，空间有政治、文化、时间、结构等意义。狭义上的空间被理解为广场空间与街道之间的相互关系，广义上的空间则指的是包含位置关系和所享用空间的人的关系[23]。城乡空间是一个重要的社会生态系统，人与环境之间互动与发展促进着城市空间的塑造与演变，为城市空间韧性的研究提供了一个极佳场所。

1. 空间韧性的定义

空间韧性是韧性理论的重要组成部分，侧重空间维度方面，代表着解释动态、异质性系统韧性的最新理论。空间韧性研究最早始于生态系统，将这一研究引入城市社会生态系统之后，复杂性大大增加，因此各位学者在系统构成、相互作用、韧性机制等方面尝试明确界定空间韧性（表 1-3-4）。艾伦（Allen）在归纳现有研究成果的基础上，提出空间韧性是系统的空间属性对产生韧性反馈的贡献，建立在复杂系统的不对称性、连通性和信息交换基础上[24]。整体来看，空间韧性构建起复杂系统空间要素及变动与系统韧性之间的联系，是基于物质形态和空间格局及动态来操作韧性概念的前沿尝试。

表 1-3-4　空间韧性定义

学者	年份	空间韧性定义
尼斯特罗姆（Nyström），福克（Folke）	2001	空间韧性是促使受干扰后的系统发生重组并维持系统基本结构和功能的重要能力[25]
本特森（Bengtsson）	2003	重组的动力源系统记忆，系统记忆会激发空间韧性并随着系统规模、异质性和多样性的增加而增强[26]
艾伦（Allen）	2016	空间韧性是与韧性相关的系统内外部组成部分及其他空间相关方面的空间布局、差异和相互作用，系统构成、空间影响和尺度依赖对空间韧性有重要意义[24]

2. 空间韧性理论研究[27]

空间韧性在研究范式方面具有一定的理论进展。基于生态系统、空间形态、空间组织和物质空间及社会机制相互结合的四种基础性研究理论不同，空间韧性的四种研究范式呈现出研究的尺度不同、研究方法多元化的特征。

（1）基于生态系统的研究范式

学者尼斯特罗姆（Nystrom）、福克（Folke）于 2001 年观察珊瑚礁生态系统是如何在以人类为主导的环境中产生的干扰下保持稳态，从而提出了生态系统空间韧性的概念。基于城市空间韧性理论的研究，整合人类城市社会与生态系统之间的关系，为生态景观与人类社会、经济等要素间的互动反馈机制研究提供了范式。生态系统下的要素扰动和空间韧性之间的相互作用得到了强调。

（2）基于空间形态的研究范式

空间整体形态学是在现实社会环境下对城市空间韧性的抽象研究，把城市空间整体形态、空间句法和城市空间韧性理论结合在一起，通过抽象的分析表达，创造出基本的城市空间整体形态，构建空间形态要素与韧性属性之间的基本关系，探索具有韧性的城市空间形态。通过考虑使用空间形态解构的方法，来帮助构建适度冗余的城市空间，通过合理设计来承担特定空间功能，增强城市空间韧性。

（3）基于空间组织的研究范式

空间组织视角下城市空间韧性的研究是通过将一个城市空间的组织结构、配置和韧性理论进行有机的结合，以探索一个城市空间基础要素的空间属性和其组织形态的韧性作用机制，以及在此视角下城市空间韧性的各种量化指标和变量。此种视角下对于城市空间柔韧性的衡量指标一般认为是城市空间组织具有多样性、联系度、冗余性和稳健特征。

（4）结合物质空间和社会机制的研究范式

城市结构空间在其不断发展和继续演化的历史过程中会不断地经历各种城市环境危机风险和经济危机突发事件，只有那些在经历了环境危机后仍然能够保持继续发展、生存下来的城市空间类型（城市结构）才被明确定义为一个具有一定韧性的空间。探寻不同类型的现代城市整体空间结构韧性形成机制，是这种范式的主要研究出发点。

3. 空间韧性实践研究[27]

作为城市空间韧性研究的重要实践，韧性理念指导的城市空间规划已引起越来越多的关注。20 世纪 90 年代后期，在韧性理念基础指导下的规划学思想纳入了现代社会的生态机制，强调了空间资源配置对不确定扰动的适应性及其可转变性，为规划学的理论与实践发展提供了全新的视角。

传统的规划范式的宗旨就是为了尽量减少和降低潜在的风险及自然灾害的影响，因此往往致力于对物质和空间的加固以及基础设施的扩大，而随着城市的不确定性以及复杂度日益突出，这种保持刚性高于灵活性的规划范式明显滞后，适应性规划的根本创新点就是通过建立一种适合整个城市空间的格局和内外部变化相互作用的共同演化机制，充分运用时代变革所带来的契机，实现了城市经济的可持续发展。

目前，空间韧性理论的研究成果在规划中的实践指导尚未得到充分的发挥及应用，作为理论研究的一个重要补充，增强我国城市规划中空间韧性的现实解决方案的研究仍需进一步深入推进。

四、灾害韧性

灾害韧性是韧性研究中开展较早的领域，主要针对四类突发事件，强调如下内涵：①研究的对象是城市在抵抗灾害过程中的韧性（抵抗自然灾害和突发性疾病）；②城市灾害韧性具有过程性，即“抵抗—吸收—恢复—抵抗更强大灾害”的全过程；③灾害韧性具有相对性，没有韧性为零的城市，也没有具备百分之百韧性的城市。

1. 灾害韧性的定义

联合国减灾署（UNISDR：United Nations Office for Disaster Risk Reduction）对灾害韧性的定义是：“个人、社区、组织或国家在不损害长期发展前景的情况下，适应并从灾害冲击或压力中恢复的能力。”英国国际发展部（DFID：Department for International Development）对灾害韧性的定义是：“韧性是国家、社区和家庭在面对地震、干旱、暴力冲突等冲击或压力时，在不损害长期发展的前提下，通过维持或改变来应对变化的能力。”国内学者杨敏行将灾害韧性与灾害领域运用较多的脆弱性的概念进行了对比，认为脆弱性表示的是灾害韧性的能力低，而不是没有韧性，脆弱性是一种有限的恢复能力，在一定程度上每个系统都是具有韧性的[28]。

2. 灾害韧性评估模型研究

基于城市系统的灾害韧性评估是目前国内外运用最多的评估方法，国外较为成熟的韧性评估体系有：地方灾害韧性模型（DROP：Disaster Resilience of Place Model），2008 年卡特（Cutter）提出了该模型，强调系统的固有韧性是灾害的先决条件，固有韧性与灾害的特征、应急响应等相互作用，强调了系统的动态恢复过程[29]；社区基线韧性评估指标体系（BRIC：Baseline Resilience Indicators for Communities），2010 年卡特（Cutter）利用该模型对美国 3108 个郡进行了灾害韧性的评估[30]；气候灾害韧性指数（CDRI：Climate Disaster Resilience Index），2014 年乔林（Joerin）对印度钦奈市的气候灾害韧性进行了评估[31]；紧急灾害韧性能力指数（REDI：The Resilience to Emergencies and Disasters Index），选用高分辨率的城市数据评估了桑迪飓风期间的社区韧性[32]；地方化的灾害韧性指数（LDRI：The Localized Disaster-Resilience Index），奥伦西奥（Orencio）在对菲律宾风险管理系统进行分析之后，采用层次分析法和德尔菲模糊法确定了最能描述当地社区韧性的指标及权重，对沿海社区的灾害韧性进行了评估[33]（表 1-3-5）。

表 1-3-5　国外基于城市系统的灾害韧性评估体系

评估体系	评估指标	计算方法
DROP	经济、社会、生态、制度、城市设施	赋权重计算评估指数
BRIC	经济、社会、基础设施、生态、机构、城市资本	赋权重计算评估指数
CDRI	经济、社会、生态、制度、基础设施	赋权重计算评估指数
REDI	社会基础设施和社区联系度、物理基础设施、经济、环境	赋权重计算评估指数
LDRI	环境和自然资源管理；居民健康和幸福；可持续生计；社会保护；金融工具；实体防护与结构和技术措施；规划制度	赋权重计算评估指数

国内研究从研究尺度上来看，已包含全国、区域、城市群、城市等尺度；从指标体系的组成来看，社会、经济、环境（生态）是灾害韧性评估中的主要组成部分（表 1-3-6）。由于灾害韧性影响因素的复杂性，现有研究中综合性的评估较多，而针对某一灾害下的韧性评估较少。

表 1-3-6　国内基于城市系统的灾害韧性评估体系

评估目的	评估指标	研究尺度	来源	方法和数据
中国城市灾害韧性[34]	经济、社会、环境、社区、基础设施、组织	全国	BRIC	指标体系、统计数据
巢湖流域洪涝灾害恢复力[35]	社会、经济、自然、技术、管理	区域	自主构建	指标体系、统计数据
珠三角城市灾害恢复力[36]	经济、社会、管理、技术	城市群	自主构建	指标体系、统计数据
气候变化下的城市韧性[37]	经济、社会、生态、社区、基础设施、制度	城市	自主构建	指标体系、统计数据

续表

评估目的	评估指标	研究尺度	来源	方法和数据
社区灾害韧性[38]	基础设施系统、居民抗灾能力、社区外部环境影响和社区管理机制	社区	自主构建	指标体系、问卷调查
龙卷风灾害影响下的农村社区韧性[39]	经济、社会、生态、制度、工程	农村	自主构建	指标体系、统计数据、问卷调查

3. 灾害韧性实践研究

2005 年 1 月在日本兵库举行的第二届世界减灾大会上，联合国通过了《2005—2015 兵库行动框架：建设国家和社区的灾害韧性》。随后，在各种减少灾害风险的话语领域和干预措施中，韧性在理论和实践方面逐渐有了更多施展拳脚的空间[40]。此后，以韧性为主题的各种政府文件和非政府指南以及工作手册如雨后春笋般涌现，如联合国的《如何使城市更具韧性：地方政府领导人手册》（UNRC 手册）、《英国社区韧性战略性国家框架》（UKCR 框架）和《抗灾社区的特征：使用指南》（DRCC 指南）等。

在科学研究中，灾害韧性正从单一学科向多学科融合发展。在实践运用中，灾害韧性理念在社区、城市甚至国家等各个层级的防灾减灾工作中得到了初步贯彻。总之，灾害韧性研究逐渐成为韧性研究的热点话题，研究内容也甚广，从人类社会作为整体面对巨大自然灾害和人为灾难的脆弱性，到对城市软硬基础设施韧性的定性分析和量化评估，再到个体或家庭的灾害韧性暴露风险、能力和心理建设。这些广泛的研究为人类社会应对灾害风险和不确定性，实现可持续发展奠定了基础。

2010 年 6 月，联合国减灾委员会在德国波恩召开的第一届“城市与适应气候变化国际大会”上提出建立韧性城市[41]，标志着灾害韧性研究与城市研究的全面融合。实际上，由于多数与人类相关的灾害发生在城市中，已有的灾害风险评价的韧性模型和理论的大量文献与城市和区域韧性研究的文献相重叠，以城市与区域为对象、以灾害韧性为框架的研究逐渐流行，未来也将呈现出意义深远、普适性强的结论与策略[24]。

（陈奇放，杨颖）

参考文献

[1] HOLLING C S. Resilience and stability of ecological systems [J] . Annual Review of Ecology & Systematics，1973，4 (1)：1-23.

[2] 李鑫，车生泉 . 城市韧性研究回顾与未来展望 [J] . 南方建筑，2017 (3)：7-12.

[3] HOLLING C S，GARY K. Command and control and the pathology of natural resource management [J] . Conservation Biology，1996，10 (2)：328-337.

[4] PETERSON G，ALLEN C R，HOLLING C S. Ecological Resilience，biodiversity，and scale [J] . Ecosystems，1998，1 (1)：6-18.

[5] GUNDERSON L H. Ecological resilience-in theory and application [J] . Annual Review of Ecology and Systematics，2000，31：425-439.

[6] ADGER W N. Social and ecological resilience: are they related? [J]. Progress in Human Geography, 2000, 24 (3): 347-364.

[7] 王昕晧. 以生态智慧引导构建韧性城市 [J]. 国际城市规划, 2017, 32 (04): 10-15.

[8] XU L, MARINOVA D, GUO X. Resilience thinking: a renewed system approach for sustainability science [J]. Sustainability Science, 2015, 10 (1): 123-138.

[9] JOHN W, HANDMER. A typology of resilience: Rethinking institutions for sustainable development [J]. Organization & Environment, 1996, 9 (4): 482-511.

[10] 何永.《新城市议程》中的生态与韧性——第三届联合国住房和可持续城市发展会议（人居Ⅲ）工作纪实 [J]. 世界建筑, 2017 (4): 24-29+116.

[11] ANTHONY E J. The syndrome of the psychologically invulnerable child [M]. Chichester: John Wiley, 1974.

[12] TIAN J, HONG J S. Validation of the Chinese version of the resilience scale and its cutoff score for detecting low resilience in Chinese cancer patients [J]. Supportive Care in Cancer, 2013, 21 (5): 1497-1502.

[13] CONNOR K M, DAVIDSON J R T. Development of a new resilience scale: The Connor-Davidson resilience scale (CD-RISC) [J]. Depression & Anxiety, 2003, 18 (2): 76-82.

[14] FRIBORG O, HJEMDAL O, ROSENVINGE J H, et al. A new rating scale for adult resilience: what are the central protective resources behind healthy adjustment? [J]. International Journal of Methods in Psychiatric Research, 2010, 12 (2): 65-76.

[15] WAGNILD G M. Development and psychometric evaluation of the resilience scale [J]. Journal of nursing measurement, 1993, 1 (2): 165-178.

[16] 胡月琴, 甘怡群. 青少年心理韧性量表的编制和效度验证 [J]. 心理学报, 2008, 40 (8): 902-912.

[17] LUTHAR S, CICCHETTI D, BECKER B. The construct of resilience: a critical evaluation and guidelines for future work [J]. Child Dev, 2010, 71 (3): 543-562.

[18] STEWART D E, YUEN T. A systematic review of resilience in the physically Ⅲ [J]. Psychosomatics, 2011, 52 (3): 199-209.

[19] 刘晓燕. 孤独症儿童家长心理弹性保护性因素研究 [D]. 大连: 辽宁师范大学, 2010.

[20] 王浩瑞, 滕秋玲. 农村留守儿童心理复原力对策研究 [J]. 经营管理者, 2017 (31).

[21] PIETRZAK R H, SOUTHWICK S M. Psychological resilience in OEF-OIF Veterans: Application of a novel classification approach and examination of demographic and psychosocial correlates [J]. Journal of Affective Disorders, 2011, 133 (3): 560-568.

[22] 许婵, 赵智聪, 文天祚. 韧性——多学科视角下的概念解析与重构 [J]. 西部人居环境学刊, 2017, 32 (05): 59-70.

[23] 杜卓群. 京津冀创新城区空间韧性测度及路径提升研究 [D]. 北京: 北京建筑大学, 2020.

[24] AUEN C R, ANGELER D G, CUMMING G S, et al. Quantifying spatial resilience [J]. Journal of Applied Ecology, 2016, 53 (3): 625-635.

[25] NYSTRÖM M, FOLKE C. Spatial resilience of coral reefs [J]. Ecosystems, 2001, 4 (5): 406-417.

[26] BENGTSSON J, ANGELSTAM P, ELMQVIST T, et al. Reserves, resilience and dynamic landscapes [J]. Ambio, 2003, 32 (6): 389-396.

[27] 刘志敏，修春亮，宋伟．城市空间韧性研究进展 [J]．城市建筑，2018，304 (35)：18-20.

[28] 杨敏行，黄波，崔翀，等．基于韧性城市理论的灾害防治研究回顾与展望 [J]．城市规划学刊，2016 (01)：48-55.

[29] CUTTER S L, BARNES L, BERRY M, et al. A place-based model for understanding community resilience to natural disasters [J]. Global Environmental Change, 2008, 18 (4): 598-606.

[30] CUTTER S L, BURTON C G, EMRICH C T. Disaster resilience indicators for benchmarking baseline conditions [J]. Journal of Homeland Security and Emergency Management, 2010, 7 (1).

[31] JOERIN J, SHAW R, TAKEUCHI Y, et al. The adoption of a climate disaster resilience index in Chennai, India [J]. Disasters, 2014, 38 (3): 540-561.

[32] KONTOKOSTA C E, MALIK A. The resilience to emergencies and disasters index: Applying big data to benchmark and validate neighborhood resilience capacity [J]. Sustainable Cities and Society, 2018, 36: 272-285.

[33] ORENCIO P M, FUJII M. A localized disaster-resilience index to assess coastal communities based on an analytic hierarchy process (AHP) [J]. International Journal of Disaster Risk Reduction, 2013, 3: 62-75.

[34] 李亚，翟国方．我国城市灾害韧性评估及其提升策略研究 [J]．规划师，2017，33 (8)：5-11.

[35] 孙鸿鹄，程先富，戴梦琴，等．基于DEMATEL的区域洪涝灾害恢复力影响因素及评价指标体系研究——以巢湖流域为例 [J]．长江流域资源与环境，2015，24 (9)：1577-1583.

[36] 李宏薇，徐永亮，许尔琪，等．珠江三角洲的城市灾害恢复力评估 [J]．灾害学，2019，34 (3)：209-215.

[37] 李欢欢．气候变化背景下城市韧性评估研究 [D]．北京：北京建筑大学，2019.

[38] 崔明家，王兴鹏．韧性视角下城市社区灾害应对能力评价体系研究 [J]．广西城镇建设，2019 (12)：119-122.

[39] 凌子健，翟国方，吴浩田．我国农村社区韧性的评估方法及提升研究——以阜宁“6·23”龙卷风灾区为例 [J]．城市建筑，2017 (21)：10-16.

[40] SIAMBABALA, BERNARD, MANYENA. The concept of resilience revisited [J]. Disasters, 2006, 30 (4): 434-450.

[41] 郑艳．适应型城市：将适应气候变化与气候风险管理纳入城市规划 [J]．城市发展研究，2012，19 (1)：47-51.

第二章　韧性城市与城市韧性

韧性理论作为一种应对风险的有效手段，在城市这一复杂系统中的运用不断深入。韧性城市建设在全球日渐受到重视，经过理论和实践研究，韧性城市的定义和建设要求不断完善。在城市系统中，韧性理念深入到制度、经济、社会和基础设施等多个维度。韧性的尺度也从单一地块向城市甚至更大的区域得以放宽。

第一节　韧性城市：韧性理论在城市空间的应用

城市承载着人们对美好生活的追求。随着韧性概念和理论的不断演绎，韧性被运用于城市这一复杂的系统中。2002 年，倡导地区可持续发展国际理事会（ICLEI）在联合国可持续发展全球峰会上引入“韧性”理念；2012 年，联合国减灾署启动亚洲城市应对气候变化韧性网络；2013 年，美国洛克菲勒基金会宣布启动“全球 100 韧性城市”项目，我国的黄石、海盐、义乌、德阳四个城市入选；2014 年，洛克菲勒基金会针对城市系统提出的韧性框架囊括了经济和社会、基础设施与环境、健康与福祉以及领导力与策略四个维度，并提出了城市韧性的评价指标；2016 年，第三届联合国住房与可持续城市发展大会（人居Ⅲ）将倡导“城市的生态与韧性”作为新城市议程的核心内容之一。近年来，韧性城市建设在我国日益受到重视，相关研究和实践也取得了一定的成果。

一、韧性城市建设成为国家战略

随着我国城镇化和工业化发展，城市中各类基础设施体系间的联系日趋复杂，在应对极端天气、地质灾害、卫生防疫等方面呈现出明显的脆弱性，给城市安全发展和居民生产生活带来风险和威胁，因此，韧性成为“未来城市”发展的方向[1]。面对新形势新要求，为贯彻落实全国科技创新大会精神和党中央国务院关于防灾减灾救灾工作的重要部署，2017 年 6 月中国地震局制定了“国家地震科技创新工程”，提出实施四项科学计划，“韧性城乡”计划就是其中之一。“韧性城乡”计划提出，要科学评估全国地震灾害风险，研发并广泛采用先进抗震技术，显著提高城乡可恢复能力，不断促进我国地震安全发展[2]。

随着“韧性城乡”计划的实施，越来越多的城市将韧性建设作为城市发展的目标。突如其来的新冠肺炎疫情，让社会各界对城市韧性有了更感性的认识，同时，对城市如何在日益增长且变幻莫测的风险和挑战中正常运行并保持韧性这一议题，有了更理性的思考[3]。2020 年 11 月，党的十九届五中全会审议通过的《中共中央关于制定国民经济和社会发展第十四个五年规划和二〇三五年远景目标的建议》（以下简称《建议》）中首次提出建设“韧性城市”。《建议》提出，“推进以人为核心的新型城镇化。强化历史文化保护、塑造城市风貌，加强城镇老旧小区改造和社区建设，增强城市防洪排涝能力，建设海绵城市、韧性城市。提高城市治理水平，加强特大城市治理中的风险防控”。可见，韧性城市建设已成为国家战略。

二、韧性城市的定义

与韧性概念相似，韧性城市的定义也在不断发展和完善。国际上对韧性城市的定义较为有影响力的是 2013 年美国洛克菲勒基金会发起的“全球 100 韧性城市”行动中的阐述：韧性城市是一个由个人、社区、机构、行业及其所组成的系统，无论是经历突变性扰动还是缓慢性压力仍具备生存、适应和发展能力。Bruneau 提出了“TOSE”框架，该框架由技术韧性、组织韧性、社会韧性和经济韧性四个相互关联的要素组成[4]。在我国，“韧性城市”是指能够凭借自身能力抵御灾害，减轻灾害损失，并合理地调配资源以从灾害中快速恢复过来的城市。当灾害事件发生时，韧性城市能够及时感知、快速应对、迅速恢复，保持城市基本正常运行，并通过自我调节来更好地应对未来的灾害风险[5]。通过上述定义可见，韧性城市的内涵包括两个方面，一是城市系统通过自身的调整具备抵御外界干扰的能力，二是还可以将外界干扰转化为提升自身的能力以应对未来可能的风险[6]。

三、韧性城市的特征

韧性城市包括技术、经济、社会、组织四个维度的韧性，具有鲁棒性（稳健性）、可恢复性、冗余性、智慧性和适应性等特征（图 2-1-1）。系统或实体对象的韧性在遭受冲击后得以体现，就城市而言，这些冲击可能是由环境破坏、气候变化、地质灾害、资源枯竭、基础设施不足等造成的。鲁棒性则是体现城市抵抗外界冲击（如各类灾害等），减轻冲击对城市经济、社会、组织等方面造成的损失。韧性城市的冗余性是指城市的各子系统及其耦合环节具备一定的备用模块，在系统遭受冲击部分功能受损时仍能够保持正常功能，不至于彻底瘫痪。可恢复性是指城市在受到外界冲击后能够快速恢复自身结构和功能的能力。当遭受冲击后，具备韧性的城市通过合理的储备和调配能够最大限度地发挥有限资源的效益，这体现了韧性城市的智慧性。韧性城市还可以通过外界环境的变化而灵活调整自身适应力，特别是在遭受冲击后通过经验总结和学习从而提升系统对外界冲击适应的能力。有学者认为，韧性城市还具备功能多样性、生态多样性、网络联结性、高效性、自学习能力、公平性等特征[7,8]。韧性城市的特征随着韧性和韧性城市的概念及相关理论和实践发展也会不断地丰富和完善。

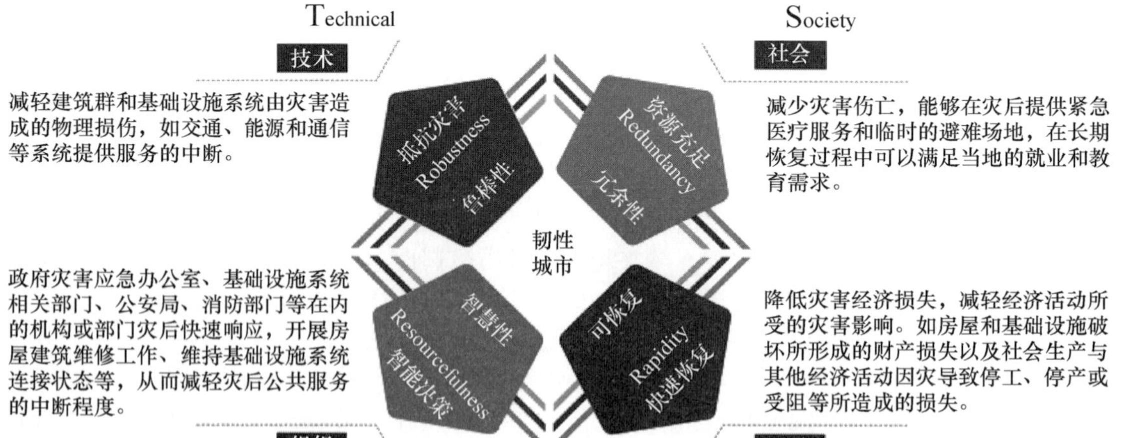

图 2-1-1　韧性城市的特征和维度

（李文静）

参考文献

[1] 贾宏伟．“韧性城市”更安全［N］．中国国防报，2021-01-22（1）．

[2] 中国地震局．中国地震局制定《国家地震科技创新工程》［EB/OL］．（2017-06-06）［2021-01-21］．https：//www. cea. gov. cn/cea/xwzx/zyzt/dlfjdwn/kjcx/3524363/index. html.

[3] 龙瀛．建设“韧性城市”提升应对风险挑战能力［N］．鄂州日报，2020-11-27（6）．

[4] COOPER J. Assess and Enhance the Seismic Resilience of Communities [J]. Earthquake Spectra，2003：733-752.

[5] 陈利，朱喜钢，孙洁．韧性城市的基本理念、作用机制及规划愿景［J］．现代城市研究，2017（9）：18-24.

[6] AHERN J. From fail-safe to safe-to-fail：Sustainability and resilience in the new urban world［J］. Landscape and Urban Planning，2011，100（4）：341-343.

[7] 鲁钰雯，翟国方，施益军，等．荷兰空间规划中的韧性理念及其启示［J］．国际城市规划，2020，35（1）：102-110，117.

[8] 浙江大学韧性城市研究中心．韧性城市理论框架［EB/OL］．［2021-01-22］. http：//www. rencity. zju. edu. cn/27967/list. htm.

第二节　韧性城市规划

一、城市规划中的韧性理念

随着城市外部环境风险威胁的日益严峻以及“韧性”“韧性城市”等理念的兴起，如何提升城市韧性成为值得深思的议题。作为建设与管理城市的重要手段，国内外城市规划结合韧性理念，通过调整社会框架、提升基础设施能力等方式来预防未来冲击，以实现城市在日益增长且变幻莫测的风险和挑战中正常运行并保持韧性。

1. 国外城市规划中的韧性理念

（1）国家级规划中的韧性理念

其主要体现在三个方面。一是韧性理念指导。韧性通常作为理念或发展愿景嵌入并指导宏观层面规划。以荷兰为例，作为深受海水倒灌威胁的海岸城市与空间规划的先行区，在国家层面注重完善顶层设计。新版《三角洲规划》将韧性理念、自组织和自适应能力融入“海陆区域—河道”系统和生态断面的规划建设，提高应对“雨洪风险”的韧性缓冲能力[1]。以日本为例，2014 年 6 月，日本编制完成《国土强韧化基本规划》，该规划在日本的规划编制体系中属于最顶层规划，对全国空间规划、防灾减灾规划都具有指导性。其中，“强韧化”最早由京都大学的教授以西方韧性城市理论为基础提出，包括避免致命伤、被害最小化和强韧性塑造在内的三个主动防御原则，并以防灾减灾为导向，针对基础设施、风险交流教育、社区和地域活力重塑、能源系统、商业计划、应急救援、国家整体经济实力、强韧化国土塑造八个方面提出具体对策[2]。

二是安全战略部署。宏观层面规划识别主要风险要素，并依据不同区域不同风险给予相应策略安排。以澳大利亚为例，在《国家规划战略 2050》中的安全战略部分列出了生物安全、自然灾害、气候变化等风险要素，并提出了预期目标与衡量标准[3]。

三是编制体系优化。建构综合、高效的规划编制体系与协调机制，有助于提高城市面对多样化的风险挑战的能力。公众参与和社会支持可以通过加强关注和减少损害来减轻错误决策、悲惨事件和自然灾害的影响，从而帮助发展社会韧性。以日本《国土强韧化基本规划》为例，其编制采用 PDCA Cycle 通用模型：P（计划，Plan）到 D（执行，Do）到 C（检查，Check）到 A（处理，Action），从可预想的最坏情景出发，以城市风险和脆弱性的科学分析为基础，考虑城市解决问题的方法及未来策略。这一规划的成果是各种风险事态下的对策集合。

（2）区域级规划中的韧性理念

韧性理念在区域层面的规划中主要通过两个方面的工作来落实。一是整合区域要素，进行统一干预。气候变化等风险灾害通常具有跨区域性，区域级规划遵循系统性原则，打破边界限制，统筹区域整体进行综合治理。例如，荷兰在省级层面采用将“适应性”纳入空间规划并进行相关干预策略。以格罗宁根省为例，在空间规划前期通过绘制海平面上升风险图和能源发展地图等，将区域要素信息在空间规划中整合，采取划定“气候缓冲区”等韧性空间战略干预策略[4]。

二是总结重点专题，提供系统指南。基于韧性中的可持续发展理念，在考虑当地环境条件的基础上，总结区域应对的主要风险或挑战并提出相应处理措施或政策指南。例如，澳大利亚《吉尔德顿至卡尔巴里分区战略规划》中的环境专题针对水环境、海岸线规划、物种多样性等方面提出预警与政策指南[5]；英国伦敦规划在空间策略中提出构建绿色开敞空间的多功能网络，并从电力供应、废物处理、污染用地等角度提出应对气候变化的政策措施[6]。

（3）城市级规划中的韧性理念

韧性理念在城市规划中主要体现在以下两个方面。一是调整土地利用政策。通过直接控制城市的物理发展来控制当地的土地利用变化和空间发展，引导开发向保护人民及远离危害的方向发展。将破碎化的土地、生态系统、生物多样性和其他自然资源进行连接，为土地利用变化提供指导，将有效的风险管理纳入发展过程，减少灾害风险[7]。以荷兰鹿特丹为例，传统工程导向的空间规划思维转向适应气候变化，侧重具体的结构性规划或更为详细的土地利用规划。重点关注基础设施和脆弱地区，将水问题作为空间规划的重点[8]。

二是应用韧性技术方法。在韧性理念的落实阶段运用相关技术方法，科学合理地进行韧性的测度与评价，并因地制宜地提出适应性策略。例如，英国旺兹沃斯基于洪涝风险提出依据风险高低安排开发次序，以确保开发地被引导至洪水暴发概率最低的地区[9]，而曼彻斯特应对气候变化在工程技术上设立互动在线地图平台以显示空间数据等[10]。

2. 中国城市规划中的韧性理念

在传统空间规划中，总体规划中的韧性理念主要以专题、发展愿景或指导性理念等形式出现，详细规划中的韧性理念则更多以承接上位规划要求、优化城市建设控制指标等方式体现。2016 年，北京开展了韧性城市规划纲要研究。《北京城市总体规划（2016—2035 年）》明确强化城市韧性。北京由此成为全国首个将韧性城市建设纳入城市总体规划的城市。上海市也在其海绵城市专项规划中指出，到2040年建设能够适应全球气候变化趋势、具备抵抗雨洪灾害能力的韧性城市。2017年12月15日，《上海市城市总体规划（2017—2035年）》获得国务院批复并原则同意，规划提出“更可持续的韧性生态之城”的城市发展重要指标。此外，福建的厦门、福州和宁夏的银川等城市在城市总体规划编制阶段，委托南京大学建筑与城市规划学院开展了城市安全体系与韧性提升的专题研究。

2019年党中央、国务院正式印发的18号文件明确提出建立国土空间规划体系并监督实施。在规划定位方面，2019年5月10日，《中共中央、国务院关于建立国土空间规划体系并监督实施的若干意见》印发，意见中国土空间规划体系的编制要求之一，就是在资源环境承载能力和国土空间开发适宜性评价的基础上，划定生态保护红线、永久基本农田、城镇开发边界等空间管控边界以及各类海域保护线，强化底线约束，为可持续发展预留空间。基于双评价的界限划定，即为国土空间规划强化空间韧性的意志体现。

在规划内容方面，国土空间总体规划中的韧性理念体现在特定专题研究中。《市级国土空间总体规划编制指南（试行）》（以下简称《指南》）中明确提出“强化资源环境底线约束，推进生态优先、绿色发展”及“完善基础设施体系，增强城市安全韧性”等要求。例如，成都市国土空间总体规划中将“建立健全超大城市综合防灾体系，积极应对气候变化，提高城市安全韧性”作为重点探索内容；广州市老城市新活力国土空间总体规划按照高质量发展要求，细化双评价技术方法，加强灾害风险管控和应对气候变化的内容；国土空间专项规划中的生态环境保护、文物保护、林业草原、海岸带、海岛、自然保护地、矿产资源等专项规划，侧重统筹全域山水林田湖草，内化生态韧性。

在规划运作方面，在技术支持上，基于数字化的智能驱动，充分利用全域数字化“一张图”，实现对国土空间开发保护行为进行跟踪，定期评估和动态监测，识别隐患和风险，提升系统技术韧性。在工作机制上，规划编制归地方领导统筹管理，各分管领导直接督办，牵头科室抓落实的责任到人、分工明确的工作机制；规划审批坚持“放管服”改革，着力提高行政效率；规划监督坚持“开门编规划”，充分重视公众作为规划利益关系中的重要组成部分，以多元主体协作增强组织韧性。

二、韧性城市规划的基本方法

韧性城市理念对城市规划而言意义重大。一方面，它为空间规划和城市发展提供了一个建构和响应不确定性、脆弱性的新方式；另一方面，它提供了一个范式，使得城市发展策略能够应对大尺度的社会、环境或者经济变化[11]。不同的研究范式决定了韧性城市构建策略的差异性，城市生态研究者侧重于人类干预与自然系统的良好互动；灾害防治学者强调灾前防御、灾中治理和适应、灾后恢复和重建；社会生态学者强调系统行为者通过适应性管治使系统转移到期望状态或者避免转移到不可逆状态[12]；城市规划学者则通过空间规划，联系自然生态系统和人类社会系统，促进城市应对气候变化的韧性。

韧性城市理念倡导规划师将韧性思想贯彻到规划实践中。2013年，Jabareen提出了包含脆弱性分析（vulnerability analysis matrix）、城市管治（urban governance）、预防（prevention）和以不确定为导向的规划（uncertainty-oriented planning）四个部分的韧性城市规划框架[13]。2015年，EMI（Earthquake and Megacities Emergency Initiative）针对发展中国家发布了《城市韧性总体规划》（*Urban Resilience Master Planning*），通过实施灾害风险管理总体规划（DRMMP）的方法为韧性城市建设提供规划框架和实施路径。具体实施过程分为组织与准备、诊断与分析、规划编制、实施监测和评估四个阶段[14]。根据韧性城市理论，结合黄晓军等人的研究，韧性城市规划可采用图 2-2-1 所示思路[15]：首先进行风险识别，辨识出城市面临的干扰因素；其次进行状态评估，判断城市系统的脆弱性和韧性程度；再次是规划响应，编制面向城市不确定性的规划；最后是实施策略的制定，确保韧性城市规划的执行。细化到规划实践层面，可从脆弱性分析评价、面向不确定性的规划、城市管治以及韧性实施策略四个维度进行实施[16]。

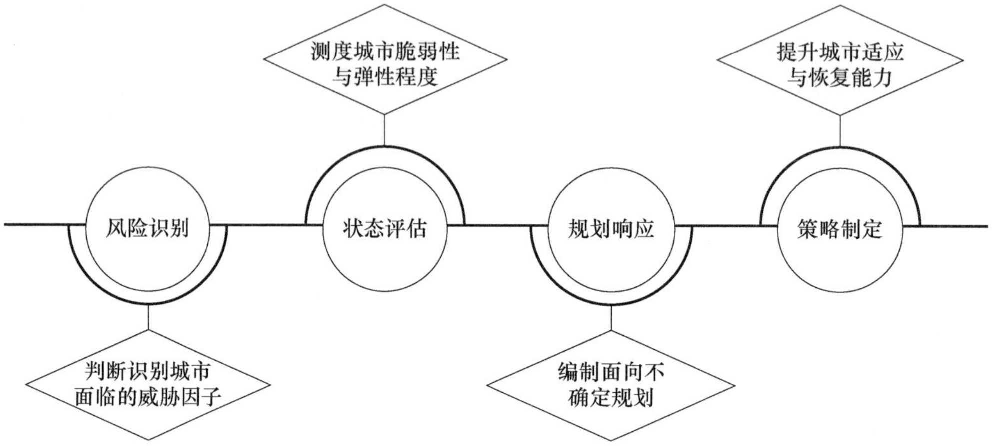

图 2-2-1　韧性城市的规划思路

在脆弱性分析评价方面，主要任务是确定脆弱性客体，找出主要干扰因素，进行脆弱性定量评价，明晰脆弱性产生机理，继而提出应对措施。脆弱性分析评价旨在辨识出城市所面临的各种威胁，分析提取威胁的种类和强度并绘制出空间分布范围，以此作为韧性城市设计的重要依据。在获得城市各系统脆弱性结果与韧性阈值后，从基础设施、土地利用、生态环境等领域进行针对性规划，增强系统应对威胁的能力，提高自身韧性。韧性城市的脆弱性分析评价通常从空间尺度、自然环境、社会经济、分布范围四个方面构建脆弱性分析矩阵，将脆弱性指标数量化。

在面向城市不确定性规划方面，情景规划和城市管治可作为实现手段。情景规划是用历史经验外推并对未知终端进行鉴别和预测，通过综合考虑得到未来场景的一种方法。情景规划不对城市未来进行预测，而是着眼于未来情景，从关键因素出发推演整个发展路径，有代表性地描绘未来城市的事件和趋势[17]。情景规划在应对外部条件时，不是去适应情景而是考虑改变情景，将情景置于可控范围内。情景规划的逻辑在于构筑"情景"，对不同外部情况作出有根据的预测，而不同情景是由不同发展动力的作用造成的，因此应当了解城市发展动力，然后找出不同组合合力，通过调整发展动力特别是地方层面动力，从而影响外部条件，最后制定政策应对不确定性。韧性城市强调对未来突发事件的应对，因而情景规划提供了广阔视野和深入决策方法，其充分考虑未来情景的理念与韧性城市不谋而合，是提高城市韧性的有效手段。城市政府作为城市管理和规划的主导力量，在韧性城市建设中担当着组织者角色。城市作为一个复杂系统，不仅面临环境威胁的挑战，而且存在纷繁复杂的利益主体，因此其系统运转迫切需要政府管理，以应对不确定性的干扰。城市政府通过制定政策措施对城市进行有效治理，并根据城市实际作出调整和优化，有利于城市系统吸收、适应以及自我调整能力的增强。通过管治可有效协调韧性城市实施过程中的利益冲突，实现韧性资源的合理配置。在韧性城市实施策略方面，主要以韧性系统属性特征为依据，通过制订系列实施计划，提高规划的可操作性。

在韧性城市规划中，应确保城市产业构成、能源结构、食物供给的多样性，使城市系统受到外来威胁时，不至于出现基本功能紊乱和服务供给断层。此外，要注意特殊城市的韧性策略，以资源型城市为例，考虑其资源会面临枯竭、产业结构单一的境况，在进行经济韧性规划时，应设法布局多种产业，实现产业结构多样化，以降低资源型城市脆弱性，从而提高城市经济韧性。总体来说，韧性城市的属性特征，基本都能在城市规划设计中制订出具体的行动方案。因此，韧性城市建设要转变传统思维，过去出于集约用地的考虑，城市基础设施规划都遵循最小化的需求原则，但韧性的冗余性与此相悖，韧性理念倡导城市设计要富于远见：一方面要致力于化解面临的威胁，减轻城市系统脆弱性；另一方面则强调培育灵活应对潜在风险的能力。

（祝美琪，宗珂）

参考文献

［1］鲁钰雯，翟国方，施益军，等．荷兰空间规划中的韧性理念及其启示［J］．国际城市规划，2020，35（1）：102-110，117.

［2］邵亦文，徐江．城市规划中实现韧性构建：日本强韧化规划对中国的启示［J］．城市与减灾，2017（4）：71-76.

［3］State Planning Strategy 2050［R/OL］. Western Australian planning commission，2018.

［4］BRUNEAU M，CHANG S E，EGUCHI R T，et al. A framework to quantitatively assess and enhance the seismic resilience of communities［J］. Earthquake Spectra，2003，19（4）：733-752.

［5］Guilderton to Kalbarri sub-regional strategy［R/OL］. Western Australian Planning Commission，2019.

［6］田颖，耿慧志．英国空间规划体系各层级衔接问题探讨——以大伦敦地区规划实践为例［J］．国际城市规划，2019，34（2）：86-93.

［7］苏清木，李鹏博．基于城市规划的韧性城市建构研究［J］．城乡规划，2020（4）：28-36.

［8］HUYINK W. Startdocument voor een nieuw Omgevingsplan Groningen［R］. Groningen：Provincie Groningen，2006.

［9］Wandsworth Local Plan Core Strateqy［R/OL］. Wandsworth local plan［S］. Wandsworth Borough Council，2016.

［10］蔡竹君．气候变化影响下城市韧性发展策略的国际经验研究［D］．南京：南京工业大学，2018.

［11］李彤玥．韧性城市研究新进展［J］．国际城市规划，2017，32（5）：15-25.

［12］闫水玉，唐俊．韧性城市理论与实践研究进展［J］．西部人居环境学刊，2020，35（2）：111-118.

［13］JABAREEN Y. Planning the resilient city：Concepts and strategies for coping with climate change and environmental risk [J]. Cities, 2013, 31: 220-229.

[14] 刘宏波，翟国方，施益军. 从响应到韧性：基于 *Urban Resilience Master Planning* 的思考 [C]. 中国城市规划学会、沈阳市人民政府. 规划60年：成就与挑战——2016中国城市规划年会论文集（01 城市安全与防灾规划），2016：158-169.

[15] 黄晓军，黄馨. 弹性城市及其规划框架初探 [J]. 城市规划，2015，39（2）：50-56.

[16] 陈利，朱喜钢，孙洁. 韧性城市的基本理念、作用机制及规划愿景 [J]. 现代城市研究，2017（09）：18-24.

[17] 王睿，周均清. 城市规划中的情景规划方法研究 [J]. 国际城市规划，2007（2）：89-92.

第三节　多维度的城市韧性

城市韧性（urban resilience）指的是城市系统和区域通过合理准备、缓冲和应对不确定性扰动，实现公共安全、社会秩序和经济建设等正常运行的能力，其过程强调居民、社区、企业、政府及非政府机构等不同利益主体的共同参与和多元协作。Jha 等认为城市韧性有四个主要组成部分，即基础设施韧性（infrastructural resilience）、制度韧性（institutional resilience）、经济韧性（economic resilience）和社会韧性（social resilience）[1]。城市韧性是韧性理念在城市系统中的体现，韧性城市则是具备基础设施、经济、制度、社会等各方面韧性的城市。其中，基础设施韧性指的是建成结构和设施对风险扰动的应对和恢复能力，同时也涵盖生命线工程的畅通和城市社区的应急反应能力。制度韧性主要是指政府和非政府组织对城市的管治与引导能力，特别是灾难发生时和发生后政府行使组织、管理、规划和行动的能力。经济韧性指的是城市为能够应对危机而具有的经济多样性、就业水平以及风险发生时的经济系统运行能力。社会韧性被视为城市人口特征、组织结构方式及人力资本等要素的集成，主要反映不同社会群体对风险因素的响应能力和韧性的差异[2]。

韧性联盟（Resilience Alliance）于 2007 年提出了城市韧性的研究框架，认为城市韧性研究应包含城市建成环境（built environment）、代谢流（metabolic flows）、管治网络（governance networks）、社会动力机制（social dynamics）四个优先领域[3]。城市建成环境主要研究城市景观生态系统、空间组织和基础设施建设，是城市韧性的物质基础；代谢流主要研究生产、供应和消费链上物质与能量的流通关系；管治网络主要研究城市制度机构和组织，重视城市治理对于增强城市韧性的作用；社会动力机制从人口统计、人力资本以及社会不平等性等方面探究其与城市韧性的关联。这四个方面相辅相成、共同作用，以增强城市系统韧性。

一、基础设施韧性

1. 基础设施韧性的概念与内涵

基础设施属于城市建成环境，是城市系统正常运行的基础，对保障城市可持续发展具有重要作用。基础设施主要指防灾减灾、交通、通信、电力、食品供应等保障城市功能正常运行的设施，随着城市人口过度集聚以及快速城市化过程带来的基础设施超负荷运行等各种城市问题的出现，当遭受外来冲击时，城市往往会显示出极大的脆弱性[4]。因此，基础设施韧性一直是韧性城市的研究热点，侧重于分析城市韧性与基础设施的物理特性、布局模式及设施网络的管理等方面的关系，旨在提升城市关键功能、结构、性能，降低城市风险、压力、系统故障导致的城市受损的范围、强度、频率，从而提升城市韧性。

对于基础设施韧性的概念，现阶段尚未达成一致的表述。世界银行在《建立城市韧性》（Building Urban Resilience）报告中对基础设施韧性的阐述是："基础设施韧性涉及建成结构中人身财产、建筑物和交通系统的脆弱性，同时还涉及避难容量、卫生保健设施、灾害中易损建筑物、关键基础设施、疏散道路和可用的灾后补给线。基础设施韧性也指社区应对和恢复至可运行状态的能力。"[1]Gay等将基础设施韧性定义为，在受到干扰的情况下，民用基础设施系统减少性能损失的能力，以及在可接受的时间和成本限制下，恢复到一定性能水平的能力[5]。在英国内阁发布的《维持国家运转：自然灾害和基础设施》（*Keeping the Country Running*：*Natural Hazards and Infrastructure*）报告中，将韧性的基础设施定义为"具有良好的网络和系统设计，以确保其有必要的抵抗力、可靠性和冗余度；建立良好的韧性组织使其具有从灾害中恢复的能力"[6]。综上所述，可以将基础设施韧性的含义归纳为在面对外界干扰时，基础设施有一定的适应能力，即能够承受和吸收一部分干扰能量并尽快恢复至可运行状态的能力。

2. 基础设施韧性的研究内容

基础设施韧性研究的目的是厘清基础设施韧性各因素的内在逻辑及各因素之间的联系和影响，对现状风险进行分析和识别，从而为决策制定提供建议，通过优化措施强化基础设施的韧性。现有研究重点关注两部分内容——风险研究与韧性评估研究。风险方面包括风险的来源与识别、风险评估、风险管理三方面；韧性评估方面包括定性研究与定量研究。优化措施方面包括脆弱点和关键点识别、提出优化措施、实施效果评估三方面，但目前研究多集中于风险分析与韧性评估方面，具体的优化措施研究并不多，对于措施优化实施效果的研究更为匮乏。

（1）风险研究

气候变化的潜在影响包括影响海平面、极端风暴和干旱的严重程度、大气和水文过程、动植物生态等，这些对自然资源和包括基础设施系统的城市环境有强烈的影响。这种影响对政府、工业、环境和生态都是挑战和考验，而且具有不确定性[7]。除了气候变化和极端事件正日益威胁着我们的基础设施，恐怖主义也对城市系统和生命安全构成严重威胁[8]。风险识别是对风险种类、涉及要素、影响机制的具体拆解，包括自然灾害、极端天气、恐怖袭击等可能遭遇到的风险；不同的风险涉及的要素，比如防洪设施、电力设施、交通设施等；风险是如何威胁到具体要素的，即厘清它的作用途径。

风险评估旨在帮助理解和控制事故事件的风险。风险评估的基本思想是通过系统建模，利用已知的信息和知识去评估事故风险。根据风险类型的不同，可以将现有研究分为整合多风险来源的框架研究，以及对于单来源风险的评估研究。Hamilton等通过对海平面上升、风暴频率、侵蚀、土地利用调控、生态、水文等因素的情景评估，去识别影响较大的事件并指导执行策略[7]。Masoomi等使用历史龙卷风数据库中的统计数据模拟龙卷风路径，定义指标来描述龙卷风造成的破坏，以量化龙卷风造成的间接经济损失和社会破坏[9]。风险评估也与基础设施的类型相关。除地震这类具有大范围、强破坏力的风险外，不同类型的基础设施所要防范应对的风险是不一样的，通过评估可以把握风险的影响程度，并根据重要程度制定适应性策略。以交通系统的风险评估为例，大雨、强降雪和浓雾等恶劣天气是出现概率最大的风险，其会影响使用者的速度和道路容量，而这种影响程度取决于灾害强度、道路特征、交通特征、社会经济因素等。根据评估对象的不同，还可以分为雨水排水系统的风险评估、饮用水系统的风险评估以及电力系统的风险评估等。

基础设施的风险管理和风险评估密不可分，需要先对风险的信息进行了解和判断，才能更好地开展风险管理。Gomez 等提出将概率地震风险评估、网络性能评估和先进的优化方法结合，为关键基础设施系统的风险评估和管理提供强大的决策支持框架[10]。复杂的风险需要更全面的策略，包括系统思考、风险管理、韧性构建和适应，并统筹至集成框架内进行管理。在过去十年左右的时间里，将风险和系统性管理结合起来的新方法，为处理系统性风险和社会安全问题作出了重大贡献[11]。

（2）韧性评估研究

当前基础设施韧性评估研究主要是基于功能-时间曲线，并结合鲁棒性、恢复性、冗余性等韧性特征开展的，初期以定性研究为主，近年来逐渐由定性研究转为定量研究。

Rehak 等认为基础设施系统韧性的建立是一个循环上升过程（图 2-3-1），这个过程的关键阶段是预防、吸收、恢复和适应，随着循环向上韧性逐渐增加。在此基础上，将评估关键基础设施韧性的要素分为坚固性（robustness）、可恢复性（recoverability）、适应性（adaptability）：坚固性表示元素吸收破坏性事件影响的能力；可恢复性是指元素在破坏性事件的影响结束后，将功能恢复到原来性能水平的能力；适应性指的是基础设施运营商基于历史破坏性事件进行准备的能力，分别对应的是韧性周期过程中的吸收、恢复和适应阶段[12]。

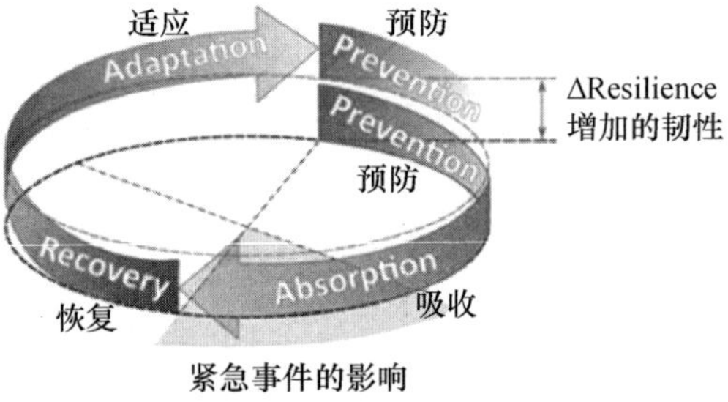

图 2-3-1　基础设施系统韧性周期

城市基础设施韧性的定量评估方法最初源于地震工程学领域。Bruneau 等在对社区地震韧性的研究中提出社区地震韧性可以通过提升社区基础设施应对地震灾害的能力来实现。基础设施面对灾害时所呈现的状态可以通过系统机能曲线的变化进行描述，社区的地震韧性可以通过基础设施机能随时间的变化曲线进行表征，并在此基础之上对社区医疗设施系统的地震韧性进行了评估，为基础设施韧性的定量评估奠定了基础[13]。随着研究的不断深入，不同学者对基础模型与方法进行不断的改进与完善，提出了不同的城市基础设施韧性定量评估的方法。Todini 等提出了供水管网的韧性概念，并选取供水系统的可靠性和发生故障下的供水能力作为韧性指标[14]。Cimellaro 等建立了灾害韧性评估的基本框架，提出韧性可以表示为系统功能曲线与横纵坐标轴所围成的面积，重点讨论了系统恢复时间的计算问题，将系统的恢复过程分为线性恢复型、指数恢复型和三角函数恢复型三类，并基于该框架对地震灾害下的医疗网络进行了韧性评估[15-16]。Ouyang 等针对系统的功能-时间曲线开展了进一步研究，将功能-时间曲线划分为三个阶段：灾害预防期、损失累积期和评估恢复期，提出了系统韧性度量指标，并基于上述韧性评估模型，利用概率统计的方法，结合历史灾情数据进行了电力系统的韧性评估与优化，同时考虑了多种灾害情景的耦合情况[17]。

二、制度韧性

1. 制度韧性的概念与内涵

城市制度韧性在社会动力机制和管治网络领域均有涉及。城市韧性的社会动力机制研究聚焦在制度韧性、经济韧性、社会韧性等方面，其中制度韧性涵盖城乡二元体制、跨边界合作等，是韧性的社会动力机制研究的重要组成部分。管治网络研究中，城市制度韧性更多地考虑城市治理、机构与制度的建立及变革、组织与管理等。韧性视角下，城市系统的多元性和多样性表现之一在于城市治理参与者的多样性以及城市系统功能的多元性[18]。因此，制度韧性是指通过多元主体联合的、运行机制灵活的并以不断创新学习为基础的治理模式[19]。Brown 等认为城市制度韧性的核心在于以政府为代表的城市管理者通过城市治理模式创新来实现城市发展，使城市更具灵活性、适应性的特点[20]。

最初的制度韧性依赖于中央政府的控制，试图通过资源分配及相关机制、综合规划来实现韧性，随着人们逐渐意识到韧性的自组织、冗余性、灵活性等特性，韧性政策开始转向更小的空间尺度和日常活动[21]，塑造个人、邻里的韧性被认为是实现整体韧性的最有效路径，“自下而上”从市民和市民社会到国家和城市政府的韧性构建变得非常关键[22]。具有多中心性、透明性、责任性、灵活性、包容性的城市治理能够培养城市系统的自组织能力，形成一种有效的集体式韧性管理体系[23]，促进城市应对干扰的韧性提升。

2. 制度韧性的研究内容

制度韧性的研究内容可以概括为三个主要方面：制度与政策研究、组织与机构研究、城市管理模式研究，研究尺度以国家和城市为主，较少关注社区尺度的制度韧性研究。

制度与政策是决定城市社会—生态系统运行机制的结构性要素[24]，Dawley 等最早认识到政策干预、制度管理在提升城市韧性与区域转型方面具有持久作用[25]；Faguet 的研究表明政府分权之后，地方政府可以更好地分配和使用公共资源[26]；Romero-Lankao 等指出拉丁美洲的实践中自上而下的权力结构对城市转型有积极作用[27]；Bahadur 等结合亚洲城市案例提出通过变革政治结构提升城市应对气候变化的能力[28]。

组织与机构主要是指负责城市正常运作的相关机构和组织及其网络体系的构建[29]，Vallance 等指出社区群体和非政府组织在灾后重建和降低风险的灵活性应对方面发挥作用[30]；许婵等提出包括国家、城市和社区层面等的多层次的韧性组织架构，并明确各层次韧性提升措施[29]；Rogers 提出建立包括科学家、利益相关者、服务机构等在内的合作组织来对河流风险进行管理[31]。

基本的制度框架确定之后，城市管理的具体方式与城市韧性能力直接相关，城市管理模式研究集中于对相关管理方式的观察、评价及创新方面[24]。Allen 等基于社会—生态系统的自组织特性提出利用中断性指征来调试相应管理模式[32]；Reddy 发现在灾后恢复过程中社区领导、利益相关者的参与、适于当地的策略与政策等是非常重要的影响因素[33]；Saul 等从理论上探讨了领导与合作之间的关系，并提出了四种领导模式[34]；Olwig 探讨了地方政府与国际相关组织在减灾、救灾等过程中的合作机制建构[35]；蔡建明等提出，在全球化背景下应改变原有的政府为主导的城市管理模式，将城市中各利益集团（政府、商业团体、民间组织）结合起来，转变为合作关系进而形成企业化管理模式来管理城市，并以美国 King County 实现政府与科研机构、企业团体、各种组织之间合作为例进行了说明[36]。

三、经济韧性

1. 经济韧性的概念与内涵

经济韧性的概念根据不同的冲击类型、分析环境、目标框架、分析水平等有所差异。从社会经济角度出发，有学者认为社会经济系统容易受到人类活动的影响，可能会引起功能和结构上的质变，导致生产力的损失，因此，经济韧性被视为社会经济系统遭受干扰后维持系统功能和组织的能力，是衡量系统完整性的方法[37]。在区域经济视角中，经济韧性有两种不同的定义：一是系统抵抗冲击、复苏速度或者维持平衡的韧性；二是基于自适应概念的韧性，把经济看作一个复杂的、连续变化的自适应系统，经济在灾后不一定恢复到灾前水平，而是根据灾后变化不断采取最适合的调整措施，此时经济韧性的定义是一个地区或区域经济系统适应不断变化的经济环境的能力。ESPON（European Spatial Planning Observation Network）对经济韧性的解释是"区域经济承受、吸收或克服内部或外部经济冲击的能力"[38]。

从内涵上讲，经济韧性可分为四个方面，分别为抵抗、复苏、再适应性和更新。抵抗指区域在面对如经济衰退等干扰和破坏时的脆弱性和敏感程度；复苏指经济从破坏中恢复的程度和速度，其受到抵抗力的影响；再适应性指地区经济面对危机的结构性再调整，区域的产出、就业情况和收入水平会影响再适应力；更新指关注恢复程度和恢复路径（恢复到衰退前，路径滞后或转向新的增长趋势等）。从层次上讲，经济韧性包含微观、中观、宏观三个层面，涉及个人、企业、市场等不同层次。从状态上讲，它分为静态经济韧性和动态经济韧性。静态经济韧性强调系统在遭受冲击时保持系统功能的能力，它是对现有资本存量的有效利用，注重生产力的提高。动态经济韧性与时间相关联，更注重系统从冲击中恢复的速度[39]。

2. 经济韧性的研究内容

经济韧性的应用涵盖多个方面，它可以通过一个地区或区域在调整、适应、趋同、平衡或更新、重组、复苏、抵抗等方面表现的不同，去衡量地区的经济效益[25]。研究内容包括不同的空间经济目标、就业市场分析、业务分析、生活水平和生活质量分析等。同时，随着韧性研究从定性到定量的深入，学者们还将时空概念引入到了经济韧性研究中，空间尺度分析识别与工程、生态韧性相结合意义重大，如 Simmie 等探析了区域经济面对冲击和经济衰退的反应[40]。学者们对经济韧性的研究涵盖区域、城市、社区等不同的空间尺度。但是，在空间经济韧性的研究方面，如何处理时间和空间问题是难点。Susan 等认为可以从两个不同的框架出发：在第一种框架中，区域空间仅仅被视为一个行动容器，而时间被认为是一个时刻，分为冲击前、冲击中和冲击后三个点；在第二种框架中，区域空间是人类活动的结果并不断转变，而时间被认为是一个流[41]。

从 2000 年至今，经济韧性的研究始终是国外学术界的热点。研究所针对的冲击类型涵盖制度、自然灾害、气候变化、能源危机、经济衰退等不同方面。虽然出发点不同，但研究的目的始终围绕区域、城市、社区的适应、抵抗、调整、恢复能力展开。同时，对经济韧性的研究以静态研究为主，动态研究为辅，兼有动静结合的案例。此外，评估经济韧性的相关指标和测量方法也不同。例如，对经济衰退冲击的研究主要基于计量经济模型特别是时间序列分析，但针对自然灾害的韧性分析则通常基于指标。

国内学者们也从不同领域和视角出发对经济韧性进行了深入的研究。在地理学界，与韧性相关的脆弱性定量研究已有一定的基础，袁海红、苏飞等从企业布局与行业经济入手、采用线性综合评估模型[42]，从区域出发采用集对分析法[43]评估了一定区域范围内的经济脆弱性及其空间分布特征，为风险管理和防灾减灾提供参考依据。梁增贤、孙平军、苏飞等关注旅游城市、矿业城市等特殊资源型城市的经济脆弱性，采用指标体系因子评估法[44]、结合主成分分析法和熵值法[45]、集对分析法[46]评估经济脆弱性。在宏观经济的恢复研究方面，丁先军、陈全润等以汶川地震为例，从投入与产出的角度评价了灾后的经济影响[47]，并对灾区和全国的经济增长进行了测算[48]。他们对灾后经济发展的研究多将区域看作一个整体，难以看出不同地区在经历地震冲击后的发展差异，并且研究和测度方法也并未从韧性理论出发，涵盖抵抗、复苏、再适应性和更新等不同的发展阶段。在韧性定量研究上，张岩、张乐、王静爱等分别根据数据包络分析理论构建了应对突发事件的区域韧性评估模型[49]，根据集对分析法[50]、指标体系法[51]评估城市经济韧性。总体来看，目前，学术界关于经济韧性的定量研究与实证仍较为缺乏。

四、社会韧性

1. 社会韧性的概念

社会韧性是社会在遇到破坏性冲击时，依靠社会结构的力量，实现社会有效整合，从而适应调整、调整适应和恢复重建的能力[52]。广义的社会韧性包含了与社会相关的政治、经济、文化、技术等要素；狭义的社会韧性主要围绕社会组织和社会结构，强调个体、群体、组织等各类主体之间的相互关联与共识行为[53]。社会韧性的承载体是一个由微观系统（个人）、中观系统（家庭、小规模群体、社区等）和宏观系统（政府、制度、文化等）融合互动形成的社会生态系统，各层次缺一不可[54]。当人类社会面对来自自然、经济和社会等不同类型的严重冲击时，社会韧性的触发在保护社会主体、维持社会结构、保障社会功能方面具有极其重要的意义。在 2008 年汶川地震中，中国社会展现出惊人的韧性，尤其是基层组织、社会关系结构化和社会文化等因素在应对灾难时发挥了重要作用，使人们意识到社会韧性的重要性。在 2020 年新冠肺炎疫情中，中国同样展现出强大的社会韧性，但是反观一些科技、经济、医疗基础较好的国家，由于政府职能在社会韧性方面未能发挥应有的作用，导致爆发出诸多社会脆弱性问题及冲突[55]。

在 Larimian 等人的研究中，社会韧性被解释为七个维度：归属感和地方依恋；参与和影响；社交网络、信任和互惠；住宅稳定性；本地社区的支持；社会公平；安全和安保[56]。每个维度都与一组指标相关联，这些指标与邻里建筑环境及其带来的生活有关。①归属感和地方依恋是反映个人或群体在既定或通常的生物物理环境中发展的情感纽带的概念，是人的场所感的关键决定因素，而场所感最终会影响与场所相关的行为。②参与和影响是指人们在社区活动中的参与和互动，以及居民对结果的影响程度，这可以加强社区内的社会凝聚力和社会网络，并鼓励集体行动和提升适应变化的能力。③社交网络、信任和互惠是社会资本形成的基本要素，反过来社会资本对社区韧性的提升和灾后恢复起到支持作用。④住宅稳定性与社区的经济状况相关，一方面，住宅的稳定性有助于增强社会凝聚力，另一方面也可能导致社会孤立和弱势社区的产生。⑤本地社区支持是社会支持的一种形式，通常是指个人可以从其当地组织获得的物质、信息和心理资源，这些资源提高了他们应对压力的能力并有助于从冲击或灾难中恢复。⑥社会公平指商品、基础设施和基本服务的公平分配，有利于社会互动和建立社会联系。⑦邻里关系中的安全和安保是社会韧性的核心点，关系到人们是否可以在周围环境中安全地生活和社交，并受到保护、免受威胁。

2. 社会韧性的研究内容

社会韧性属于社会动力机制范畴，早期的社会韧性研究主要强调自然灾害和环境冲击频率、强度以及灾害恢复等自然属性，研究视角也主要集中在自然灾害、气候变化、生态环境等领域，而忽略了人的行为活动与社会结构对韧性恢复的影响[57]。2000 年以后，学者们开始逐渐意识到韧性的维持、适应、提升源于社会内部结构的合理调整，侧重梳理组织架构和社会机理，探讨人类在承受外部压力后，从经济文化、制度管理、技术框架等维度提升韧性[58]。Adger 将社会韧性定义为社区或者人群应对由社会、政治和环境变化带来的外来压力的能力，他深入研究社会韧性和生态韧性之间的联系，成为第一批将生态韧性概念拓展到人类社会领域的学者[59]；Ernstson 等基于人口统计学，研究不同人群（年龄、文化以及教育水平）的适应能力，以及社会资本对社会韧性的影响[60]；Allenby 等关注社会稳定性以及社会秩序的研究，认为可以通过健全城市各种网络组织的保障体系、灾难预警机制以及紧急应对策略，来提高城市系统的社会韧性[61]。

在社会韧性的研究尺度上，已有研究主要集中在时间和空间两个尺度上。Gallopin 等指出城市化进程中存在不同的时间尺度，例如交通堵塞、住房价格等变化，这些变化是渐变的过程[62]；在空间尺度上，Cutter 等基于社区层次建立了灾难韧性评估模型，并给出相应的社区韧性评价因子，具有重要意义[63]。此外，Wallace 等还从家庭、社区、城市三个层次评估了纽约市公共健康系统在应对突发性冲击时的反应能力[64]。以往的研究主要集中在城市和区域层面或个人或家庭层面的社会韧性，其间的尺度或邻里尺度没有得到充分研究，一些关于社会韧性的空间维度的重要问题仍然没有答案。此外，蔡建明等认为社会韧性目前所存在的最大问题是缺乏实施层面的可操作性[36]。

（宗珂）

参考文献

[1] JHA A K，MINER T W，STANTON-GEDDES Z. Building urban resilience：principles，tools，and practice [M] . World Bank Publications，2013.

[2] 邵亦文，徐江 . 城市韧性：基于国际文献综述的概念解析 [J] . 国际城市规划，2015，30（2）：48-54.

[3] Resilience Alliance. Urban resilience research prospectus [M] . Canberra，Australia：Csiro，2007.

[4] 赵瑞东，方创琳，刘海猛 . 城市韧性研究进展与展望 [J] . 地理科学进展，2020，39（10）：1717-1731.

[5] GAY L F，SINHA S K. Resilience of civil infrastructure systems：literature review for improved asset management [J] . International Journal of Critical Infrastructures，2013，9（4）：330-350.

[6] CABINET Office. Keeping the country running：natural hazards and infrastructure [R] . London，UK：Civil Contingencies Secretariat，Cabinet Office，2011. https：//as-

sets. publishing. service. gov. uk/government/uploads/system/uploads/attachment _ data/file/61342/natural-hazards-infrastructure. pdf

[7] HAMILTON M C, LAMBERT J H, VALVERDE JR L J. Climate and related uncertainties influencing research and development priorities [J]. ASCE-ASME Journal of Risk and Uncertainty in Engineering Systems, Part A: Civil Engineering, 2015, 1 (2): 04015005.

[8] ZIO E. The future of risk assessment [J]. Reliability Engineering & System Safety, 2018, 177: 176-190.

[9] MASOOMI H, Van D E LINDT J W. Restoration and functionality assessment of a community subjected to tornado hazard [J]. Structure and Infrastructure Engineering, 2018, 14 (3): 275-291.

[10] GOMEZ C, BAKER J W. An optimization-based decision support framework for coupled pre-and post-earthquake infrastructure risk management [J]. Structural Safety, 2019, 77: 1-9.

[11] HELM P. Risk and resilience: strategies forsecurity [J]. Civil Engineering Systems, 2015, 32 (1-2): 100-118.

[12] REHAK D, SENOVSKY P, SLIVKOVA S. Resilience of critical infrastructure elements and its main factors [J]. Systems, 2018, 6 (2): 21.

[13] BRUNEAU M, REINHORN A. Exploring the concept of seismic resilience for acute care facilities [J]. Earthquake Spectra, 2007, 23 (1): 41-62.

[14] TODINI E. Looped water distribution networks design using a resilience index based heuristic approach [J]. Urban Water, 2000, 2 (2): 115-122.

[15] CIMELLARO G P, REINHORN A M, BRUNEAU M. Framework for analytical quantification of disaster resilience [J]. Engineering Structures, 2010, 32 (11): 3639-3649.

[16] CIMELLARO G P, REINHORN A M, BRUNEAU M. Seismic resilience of a hospital system [J]. Structure and Infrastructure Engineering, 2010, 6 (1-2): 127-144.

[17] OUYANG M, DUEÑAS-OSORIO L, MIN X. A three-stage resilience analysis framework for urban infrastructure systems [J]. Structural safety, 2012, 36: 23-31.

[18] 徐驰. 我国城市政府建设韧性城市问题研究 [D]. 哈尔滨：黑龙江大学，2019.

[19] 贾舒. 弹性城市研究进展：概念维度与应用评价 [J]. 湖北社会科学，2020，401 (5)：77-85.

[20] BROWN A, DAYAL A, RUMBAITIS DEL RIO C. From practice to theory: emerging lessons from Asia for building urban climate change resilience [J]. Environment and Urbanization, 2012, 24 (2): 531-556.

[21] ROGERS P, COAFFEE J, WOOD D M, et al. The everyday resilience of the City: How cities respond to terrorism and disaster [M]. Palgrave Macmillan UK: Springer, 2008.

[22] SATTERTHWAITE D. The political underpinnings of cities' accumulated resilience to climate change [J]. Environment & Urbanization, 2013, 25 (2): 381-391.

[23] HUNTJENS P, LEBEL L, PAHL-WOSTL C, et al. Institutional design propositions for the governance of adaptation to climate change in the water sector [J]. Global Environmental Change, 2012, 22 (1): 67-81.

［24］欧阳虹彬，叶强．弹性城市理论演化述评：概念、脉络与趋势［J］．城市规划，2016，40（3）：34-42.

［25］DAWLEY S，PIKE A，TOMANEY J. Towards the Resilient Region?［J］. Local Economy，2010，25（8）：650-667.

［26］FAGUET J P. Does decentralization increase government responsiveness to local needs? Evidence from Bolivia［J］. Journal of public economics，2004，88（3-4）：867-893.

［27］ROMERO-LANKAO P，GNATZ D M. Exploring urban transformations in Latin America［J］. Current Opinion in Environmental Sustainability，2013，5（3-4）：358-367.

［28］BAHADUR A，TANNER T. Transformational resilience thinking：putting people，power and politics at the heart of urban climate resilience［J］. Environment and Urbanization，2014，26（1）：200-214.

［29］许婵，文天祚，刘思瑶．国内城市与区域语境下的韧性研究述评［J］．城市规划，2020，44（4）：106-120.

［30］VALLANCE S，CARLTON S. First to respond，last to leave：Communities' roles and resilience across the '4Rs'［J］. International Journal of Disaster Risk Reduction，2015，14：27-36.

［31］ROGERS K H. The real river management challenge：integrating scientists，stakeholders and service agencies［J］. John Wiley & Sons，Ltd，2006，22（2）：269-280.

［32］ALLEN C R，GUNDERSON L，JOHNSON A R. The use of discontinuities and functional groups to assess relative resilience in complex systems［J］. Ecosystems，2005，8（8）：958-966.

［33］REDDY S D. Factors influencing the incorporation of hazard mitigation during recovery from disaster［J］. Natural Hazards，2000，22（2）：185-201.

［34］SAUL U，SEIDEL C. Does leadership promote cooperation in climate change mitigation policy?［J］. Climate Policy，2011，11（2）：901-921.

［35］OLWIG M F. Multi-sited resilience：The mutual construction of "local" and "global" understandings and practices of adaptation and innovation［J］. Applied Geography，2012，33（1）：112-118.

［36］蔡建明，郭华，汪德根．国外弹性城市研究述评［J］．地理科学进展，2012，31（10）：1245-1255.

［37］LEVIN S A，BARRETT S，ANIYAR S，et al. Resilience in natural and socioeconomic systems［J］. Environment & Development Economics，1998，3（2）：222-235.

［38］HEALY A，BRISTOW G. Economic crisis and the structural funds-ESPON Applied Research Project ECR2-Economic Crisis：Resilience ofregions［J］. Resilience of regions，2013.

［39］BRISTOW G. Resilient regions：replaceing regional competitiveness［J］. Cambridge Journal of Regions Economy & Society，2010，3（1）：153-167.

［40］SIMMIE J，MARTIN R. The economic resilience of regions：towards an evolutionary approach［J］. Cambridge Journal of Regions Economy & Society，2010，3（1）：27-43.

[41] SUSAN C, JONATHAN M, PETER T. Regional resilience: theoretical and empirical perspectives [J]. Cambridge Journal of Regions Economy & Society, 2010, 3 (1): 3-10.

[42] 袁海红，牛方曲，高晓路．城市经济脆弱性模拟评估系统的构建及其应用［J］．地理学报，2015，70（2）：271-282.

[43] 苏飞，张平宇．基于集对分析的大庆市经济系统脆弱性评价［J］．地理学报，2010，65（4）：454-464.

[44] 梁增贤，解利剑．传统旅游城市经济系统脆弱性研究——以桂林市为例［J］．旅游学刊，2011，26（5）：40-46.

[45] 孙平军，修春亮．东北地区中老年矿业城市经济系统脆弱性［J］．地理科学进展，2010，29（8）：935-942.

[46] 苏飞，储毓婷，张平宇．我国典型旅游城市经济脆弱性及障碍因素分析［J］．经济地理，2013，33（12）：189-194.

[47] 丁先军，杨翠红，祝坤福．基于投入—产出模型的灾害经济影响评价方法［J］．自然灾害学报，2010，19（2）：113-118.

[48] 陈全润，祝坤福，杨翠红．汶川地震对四川及全国经济增长影响的测算［J］．管理评论，2008，20（12）：15-19，63.

[49] 张岩，戚巍，魏玖长，等．经济发展方式转变与区域弹性构建——基于DEA理论的评估方法研究［J］．中国科技论坛，2012（1）：81-88.

[50] 张乐．演化经济地理视角下城市经济弹性提升路径研究［D］．金华：浙江师范大学，2014.

[51] 王静爱，施之海，刘珍，等．中国自然灾害灾后响应能力评价与地域差异［J］．自然灾害学报，2006，15（6）：23-27.

[52] 王思斌．社会韧性与经济韧性的关系及建构［J］．探索与争鸣，2016，317（3）：4-8，2.

[53] 赵方杜，石阳阳．社会韧性与风险治理［J］．华东理工大学学报（社会科学版），2018，33（2）：17-24.

[54] 扎斯特罗，阿什曼，师海玲．人类行为与社会环境［M］．6版．北京：中国人民大学出版社，2006.

[55] 邱栋，CHAN C M L. 基于TRIZ思想的社会韧性强化研究——以引入智慧社区为例［J］．海峡科学，2020（4）：58-60＋66.

[56] LARIMIAN T, SADEGHI A, PALAIOLOGOU G, et al. Neighbourhood social resilience (NSR): Definition, conceptualisation, and measurement scale development [J]. Sustainability, 2020, 12 (16): 6363.

[57] 杨保清，李贵才，刘青．基于DPSRC模型的国际社区社会韧性评价分析——以广州小北16个国际社区为例［J］．地域研究与开发，2020，39（5）：70-75.

[58] 陈玉梅，李康晨．国外公共管理视角下韧性城市研究进展与实践探析［J］．中国行政管理，2017（1）：137-143.

[59] ADGER W N. Social and ecological resilience: are they related? [J]. Progress in human geography, 2000, 24 (3): 347-364.

[60] ERNSTSON H, LEEUW S, REDMAN C L, et al. Urban transitions: on urban resilience and human-dominated ecosystems [J]. Ambio, 2010, 39 (8): 531-545.

[61] ALLENBY B, FINK J. Toward inherently secure and resilient societies [J]. Science, 2005, 309 (5737): 1034-1036.

[62] GALLOPIN G C. Linkages between vulnerability, resilience, and adaptive capacity [J]. Global Environmental Change, 2006, 16 (3): 293-303.

[63] CUTTER S L, BARNES L, BERRY M, et al. A place-based model for understanding community resilience to natural disasters [J]. Global environmental change, 2008, 18 (4): 598-606.

[64] WALLACE R, WALLACE D, AHERN J, et al. A failure of resilience: Estimating response of New York City's public health ecosystem to sudden disaster [J]. Health & place, 2007, 13 (2): 545-550.

第四节　多尺度的城市韧性

一、区域和区域韧性

1. 区域

区域是地球表面上占有一定空间的、以不同的物质与非物质客体为对象的地域结构形式。概念所指包含城市且不局限于城市，其兼具更为宏观整体的视角与明确的行政、人文或自然边界。区域具有系统性、结构性和动态性等特性，即区域内部构成单元具有一致性、强联系性、自组织性与稳定性，使区域整体随环境变化向自身结构不断优化的熵减方向发展[1]。在技术发展迅猛、要素流动加快的全球化背景下，竞争与合作逐渐突破传统既定的行政边界，区域研究与科学已得到广泛重视。加之 21 世纪以来全球面临气候变化、灾害频发等挑战，如何使区域有效应对经济、社会、环境等积累性风险或冲击，积极进行自我调适与转型，减少发展的不确定性与脆弱性，是当前国际社会普遍关注的问题，区域韧性（regional resilience）的理念应运而生[2]。

2. 区域韧性

区域韧性是区域面临当前及未来问题和变化时具备的调整适应外来冲击并建立新成长路径的能力[3]。在演化经济地理学及演化视角下，区域韧性被视为区域应对外部干扰而进行预测、准备、响应及复原的能力及其内在关联。其不仅包括短期应对冲击的能力，而且包括长期摆脱锁定效应与发展新增长路径的能力。通常高韧性区域具有稳定性、自恢复性和创新性三个典型特征，稳定性对应适应性循环中的抵抗阶段，指拥有抵制内在危机的抵抗力，体现在区域多样性与网络结构等多元化指标方面，包括高度多样化的产业结构与分工、相对完善的合作、学习与创新网络；自恢复性对应适应性循环中的恢复阶段，指区域拥有自危机中恢复的能力；创新性对应适应性循环中的调整阶段，指区域具有应对结构变化的创造力，能够促进区域自身的产业、网络与制度的结构创新，创造新的增长路径来适应新的外部状况与新环境，以抵消不可避免的区域经济停滞和下降进程。作为宏大尺度空间下的韧性，区域韧性侧重提高区域整体系统安全性，目前主要从两个方面识别区域韧性。

（1）基于区域特征视角：有学者依据城市功能评价区域韧性，如 Donghyun 等从城市基本功能、发展功能、可持续功能和维护功能，选取 25 个指标评估韩国的 232 个城市，分析 2000 年、2005 年和 2010 年城市应对气候变化的能力[4]。随着复杂网络研究范式的兴起，也有学者以区域单元组成的网络拓扑结构作为区域组织的具象化进行识别，聚焦于评估区域单元间的多种要素流动构成的整个区域系统韧性进行评估，如谢永顺等构建城市网络结构韧性演化评价模型，以“哈大城市带”为例，借鉴复杂网络指标对比分析多重城市网络结构韧性的演化特征[5]。彭翀等以长江中游城市群 31 个城市为例，分别选取城市经济、信息和交通联系网络作为相应领域切入点并进行网络构建，以网络的层级性、匹配性、传输性和集聚性四个特性指代长江中游城市群网络结构韧性[6]。

（2）基于韧性维度视角：学者从技术、组织、经济及社会韧性等方面衡量区域韧性，如著名的洛克菲勒基金会所提出的韧性分析框架与奥雅纳工程顾问（ARUP）所提出的韧性指标体系。Cowell 创建的韧性能力指数（RCI）包含经济能力、社会人口能力和社区连通能力三个领域[7]。Modica 和 Reggiani 将区域韧性指标分为人均收入、就业、经济多样化、受教育程度、基础设施的可及性以及创新和技术六个类别[8]。Dawley 等指出政策干预、制度管理在提升城市韧性方面的持久作用[9]；Suzanne 等指出社区群体和非政府组织在灾后重建和降低风险的灵活性应对方面发挥作用[10]。李亚等以全国地级市作为研究对象，采用经济韧性、社会韧性、环境韧性、社区韧性、基础设施韧性、组织韧性六维指标对其韧性指数进行测度。还有学者结合韧性维度与特征，依据韧性的 4-R/TOSE 框架进行识别，如 Tierney 从技术（technical）、组织（organizational）、社会（social）、经济（economic）四个领域（TOSE）依据“4-R”原则即坚固（robustness）、冗余（redundancy）、资源（resourceful-ness）、快速（rapidity）评估区域韧性[11]。

二、城市和城市韧性

1. 城市

城市是具有一定人口规模并以非农业人口为主的居民聚居地。作为一种复杂的动态现象，城市的兴起和发展受自然、经济、社会和人口等方面因素的影响，作为一个复杂的动态系统，城市包含生产、消费、流通等空间现象以及造成空间现象的非空间过程[12]。随着城镇化进程加快，人口集聚与城市扩张促使城市系统日趋复杂，面临自然灾害、气候变化、环境污染、能源短缺、公共突发事件、安全生产事故、经济（金融）危机等急性冲击和慢性压力的威胁。城市韧性理念以城市主体为研究对象，以增强城市在承受扰动时保持自身功能不被破坏的能力为主要目标，成为保障城市健康及可持续发展的有效途径，在城市安全问题制约城市健康发展的情境下具有重要现实意义。

2. 城市韧性

（1）概念

城市韧性是由城市经济、社会、制度、生态、基础设施等人文、环境系统组成的高度复杂耦合系统在受到外界干扰后展现出的城市系统当前和未来时期的适应、恢复和学习能力，使城市抵抗外部干扰且达到一个效率和质量不低于原状态的动态平衡[13]，具备适应并更好地应对未来不确定性的能力[14]，此过程强调居民、社区、企业、政府及非政府机构（NGOs）等不同利益主体的共同参与和多元协作。在现代智慧城市背景下，除了自组织性、冗余性等韧性基本特征，城市韧性具备交互性、成长性与规律性的特点。

（2）理论框架

城市韧性理论框架的视角因学科而异，主要有以下四类。

①灾害风险视角。灾害风险视角的框架主要注重城市在遇到风险时的设施冗余性、资源有用性、反思性等特征，以美国 Cutter 等[15]为代表提出的地方灾害韧性框架（disaster resilience of place，DROP），核心是以灾害风险治理为导向，认识到系统韧性是一个持续的过程，但过度强调单一灾害的应对过程，缺乏多重扰动对韧性影响的考量。杨敏行等学者从已有理论和实践出发，总结了适应性循环的扰沌模型理论和韧性城市规划基本范式。

②城市治理框架。该框架主要解决城市应急管理体系与城市规划脱节的实际问题，转变当前的被动式应急管理体系，目前已有 RCPF[16]、CRI[17]等框架，从城市治理视角来评价城市韧性方面的优劣势，通过规划、设计及管理来提升城市的韧性能力（图 2-4-1）。

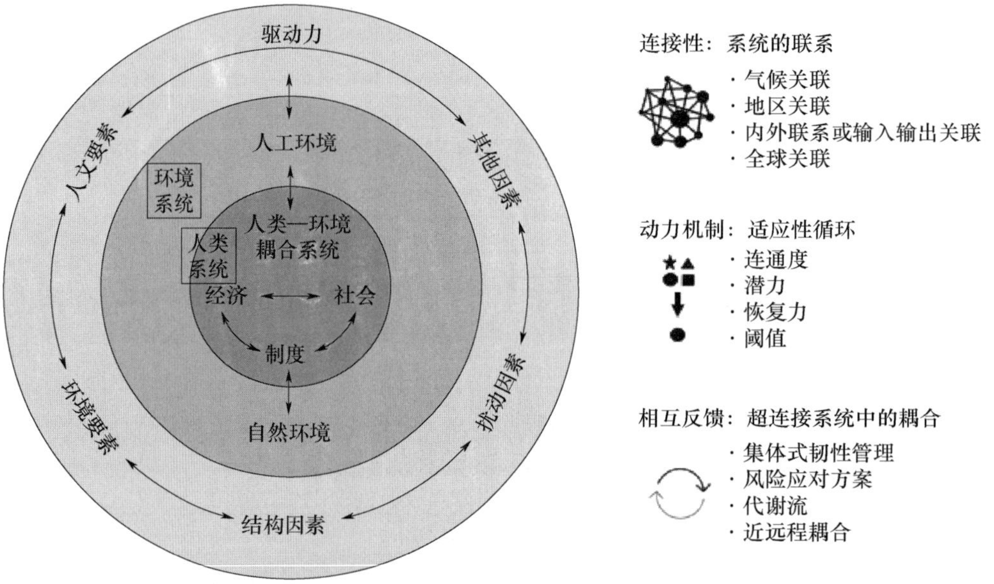

图 2-4-1　人类—环境耦合系统可持续性框架

③复杂适应系统视角。城市作为一个复杂系统的状态是实现韧性特性的基础，复杂适应系统（complex adaptive systems，CAS）框架强调城市系统在面对风险扰动的变化过程时，通过不同阶段分析提出相应策略，其核心是基于反馈—回路系统理论的应用。其中，“反馈”包括城市要素（components）、压力源（stressors）、压力源作用结果（outcomes）、增强作用（enhancer）、抑制作用（suppressors）、作用影响（impact）、干预手段（interventions）等部分。城市系统和代理人作为“物理”和“社会”两种要素类型，与自然、技术、经济和人类四种类型压力源之间存在交互作用[18]。其中，物理要素是物理资源（如材料）和过程（如收集传递工具及布局材料）；社会要素包括人、制度和行动。自然压力源指飓风、地震、海啸及与气候变化相关的外生性灾害；技术压力源指技术体系故障及其传播扩散；经济压力源指经济波动及失业、贫穷加剧等；人类压力源指恐怖袭击、战争、犯罪和骚乱等[19]。城市系统在压力源的作用下，可能出现破坏、衰退和毁灭三种损伤。人这一关键角色通过强化和抑制作用调控压力源对城市要素的影响。强化作用指增加压力源强度及其作用于城市要素的持续时间；抑制作用是降低压力源强度及其作用于城市要素的持续时间。在此基础上，部

分研究从城市复杂适应系统的多重反馈出发进行韧性城市框架建构[20]，通常有 HES[21]、RATA[22]框架。

④演化经济地理视角。从演化经济地理的视角定义“适应”的概念能够更好地解释韧性的地理多样性和不均匀性[23]。适应性视角的韧性是一种典型的演化视角，关注韧性的动态过程，而不仅是一个特征。“适应性”是指能够通过松散和微弱的社会代理人的耦合产生多重演化动态轨迹，综合响应偶发事件，不至于破坏整个系统[24]。“锁定”是“政治、经济、社会制度和关系的配置随着时间逐渐僵化（rigid）”，依赖于之前的增长路径，随着时间自我加强，不利于塑造适应性。在演化的框架内，锁定是不可避免的，但是很多如技术的发展、多样化经济代理人的创新、进口和植入外部资源以及经济结构的多样化[25]等“去锁定”的机制有助于塑造适应性（图 2-4-2）。

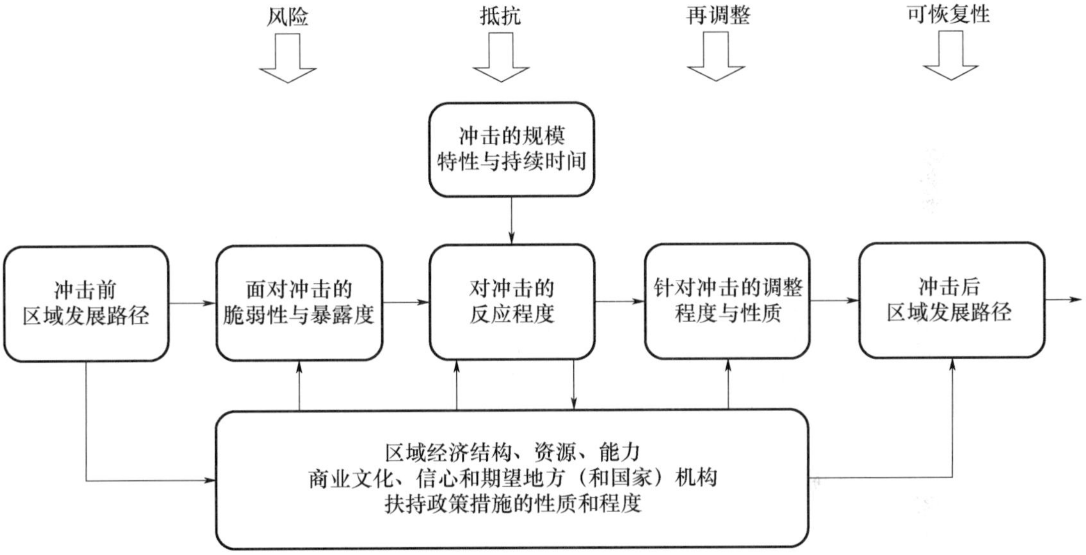

图 2-4-2　演化经济地理视角下区域经济韧性框架

三、社区和社区韧性

1. 社区

社区（community）是指占据一定地域，彼此相互作用，具有不同社会特征的人类生活共同体，是城市中相对独立的地区性社会。社区人口之间本质上是一种共生体，存在相互依存关系。在《民政部在关于在全国推进城市社区建设的意见》中将社区界定为“聚居在一定地域范围内的人们所组成的社会生活共同体”。其中，地域范围通常指“经过社区体制改革后做了规模调整的居民委员会辖区”。作为城市空间配置的基本单元，社区在重大公共事件过程中扮演着至关重要的角色。而社区韧性（community resilience）作为韧性在城市内部空间最具实践意义的典型代表，近年来成为城市韧性研究的新热点。

2. 社区韧性

自 1973 年 Holling 首次将“韧性”思想纳入生态系统研究以来，“韧性”理念逐步被应用于与人类社区、社会系统相关的各类学科和领域中。社区韧性即为韧性在城市内部空间的典型应用，Mileti 首次提出“灾害韧性社区（disaster-resilient community）”的概念。大部分学者把社区韧性总结为某种或某几种能力或过程，如社区与区域韧性规划（Community and Regional Resilience Initiative，CARRI）定义社区韧性是“预测多种灾害威胁的能力，降低社区整体的脆弱性风险，并在灾害等突发事件发生后做到及时响应和恢复”。美国社区抗灾韧性委员会认为社区韧性是社区功能经受压力时表现出可持续性的能力；Norris则认为社区韧性是“在受灾后明晰地促进社区功能性和适应力等能力的过程”[26]。联合国国际减灾署（UNISDR）在韧性的范畴里进一步解释社区韧性是“一个社区或社会单位承受灾害等从外部冲击其基础设施，最终形成适应压力并恢复到健康机能的能力”[27]。另有一些学者将其看作能力获得或成功适应的结果，即社区韧性是能力、过程、目标的集合。其并非能使社区避免在灾害中受到损害。其主要功能是预测灾害的破坏力，并在灾害发生时有较强的适应性，及时在灾后进行有效的恢复，使社区仍能发挥正常功能。这些功能不仅能降低社区的脆弱性，而且提升了灾后社区恢复的效率。

其中，能力包括稳定能力、恢复能力、适应能力，贯穿灾前、灾中、灾后三个阶段，具体表现为防减灾（prevention/mitigation）、准备（preparedness）、响应（response）、恢复和重建（recovery/reconstruction）[28]。过程指社区系统经历干扰后不可能恢复到最初的状态，也不可能达到稳定的状态，而是成长为一个可以适应各种变化保持发展的系统，即具有学习能力、自组织能力、灵活性的社区主体可以化被动为主动，在防减灾、准备、应对、恢复和重建各个阶段有目的地提升能力，甚至设定社区理想状态[29-31]。目标指韧性可以作为检测能力是否获得以及过程是否经历的度量。目标的实现依赖社区、政府、非政府组织的共同协作，经历“过程”，培养“能力”，最终实现“目标”。

（祝美琪）

参考文献

[1] 崔功豪，魏清泉，刘科伟，等．区域分析与区域规划［M］．北京：高等教育出版社，2018.

[2] 李艳，陈雯，孙阳．关联演化视角下地理学区域韧性分析的新思考［J］．地理研究，2019，38（7）：1694-1704.

[3] BOSCHMA R. Towards an rvolutionary perspective on regional resilience［J］. Regional Studies，2015，49（5）：733-751.

[4] DONGHYUN K，SEULKI S. Measuring changes in urban functional capacity for climate resilience：Perspectives from Korea［J］. Futures，2018，102：89-103.

[5] 谢永顺，王成金，韩增林，等．哈大城市带网络结构韧性演化研究［J］．地理科学进展，2020，39（10）：1619-1631.

[6] 彭翀，林樱子，顾朝林．长江中游城市网络结构韧性评估及其优化策略［J］．地理研究，2018，37（6）：1193-1207.

[7] COWELL M M. Bounce back or move on：Regional resilience and economic development planning［J］. Cities，2013，30：212-222.

[8] MODICA M，REGGIANI A. Spatial economic resilience：Overview and perspectives［J］. Networks and Spatial Economics，2015，15（2），211-233.

[9] DAWLEY S, PIKE A, TOMANEY J. Towards the resilient region? Policy activism and peripheral region development [J] . Local Economy, 2010, 25 (8): 650-667.

[10] SUZANNE V, SALLY C. First to respond, last to leave: Communities' roles and resilience across the '4Rs' [J] . International Journal of Disaster Risk Reduction, 2015, 14 (11): 27-36.

[11] TIERNEY K. Structure and process in the study of disaster resilience [C] . The 14th World Conference on Earthquake Engineering, Beijing, 2008.

[12] 许学强，周一星，宁越敏．城市地理学 [M] . 2 版．北京：高等教育出版社，2009.

[13] BOZZA A, ASPRONE D, MANFREDI G. Developing an integrated framework to quantify resilience of urban systems against disasters [J] . Natural Hazards, 2015, 78 (3): 1729-1748.

[14] 方东平，李在上，李楠，等．城市韧性——基于“三度空间下系统的系统”的思考 [J] . 土木工程学报，2017, 50 (7): 1-7.

[15] CUTTER S L, BARNES L, BERRY M, et al. A place-based model for understanding community resilience to natural disasters. Global Environmental Change, 2008, 18 (4): 598-606.

[16] JABAREEN Y. Planning the resilient city: Concepts and strategies for coping with climate change and environmental risk [J] . Cities, 2013, 31 (4): 220-229.

[17] The Rockefeller Foundation. 100 resilient cities [EB/OL] www. rockefellerfoundation. org/our-work/ini-tiatives/100-resilient-cities/, 2018-03-02.

[18] RINALDI S M. Modeling and simulating critical infrastructures and their interdependencies [C] . Hawaii International Conference on System Sciences. IEEE, 2004.

[19] HARRIGAN J, MARTIN P. Terrorism and the resilience of cities [J] . Economic Policy Review-Federal Reserve Bank of New York, 2002, 8 (2): 97.

[20] DESOUZA K C, FLANERY T H. Designing, planning, and managing resilient Cities: A conceptual framework [J] . Cities, 2013, 35 (4): 89-99.

[21] NYSTRÖM M, JOUFFRAY J B, NORSTRÖM A V, et al. Anatomy and resilience of the global production ecosystem [J] . Nature, 2011, 575 (11): 98-108.

[22] O'CONNELL D, WALKER B, ABEL N, et al. The resilience, adaptation and transformation assessment framework: From theory to application [M] . Canberra: Csiro, 2015.

[23] PIKE A, DAWLEY S, TOMANEY J. Resilience adaptation and adaptability [J]. Cambridge Journal of Regions, Economy and Society, 2010, (3): 59-70.

[24] GRABHER G, STARK D. Organizing diversity: Evolutionary theory, network analysis and postsocialism [J] . Regional Studies, 1997, 31 (5): 533-544.

[25] MARTIN R, SUNLEY P. Path Dependence and regional economic evolution [J]. Journal of Economic Geography, 2006, 6 (4): 395-437.

[26] NORRIS F H, STEVENS S P, FEFFERBAUM B P, et al. Community resilience as a metaphor, theory, set of capacities, and strategy for disaster readiness [J] . American

Journal of Community Psychology, 2008, 41 (1-2): 127-150.

[27] UNISDR U. Sendai framework for disaster risk reduction 2015—2030: Proceedings of the 3rd United Nations World Conference on DRR [C]. Sendai, Japan, 2015.

[28] DJALANTE R, THOMALLA F. Community resilience to natural hazards and climate change impacts: A review of definitions and operational frameworks [J]. Asian J Environ Disaster Manage, 2011, 3 (3): 339-355.

[29] GUNDERSON L H. Ecological resilience-in theory and application [J]. Annual Review of Ecology and Systematics, 2000, 31: 425-439.

[30] NELSON D R, ADGER W N, Brown K. Adaptation to environmental change: Contributions of a resilience framework [J]. Annual Review of Environment and Resources, 2007, 32 (1): 395-419.

[31] 彭翀，袁敏航，顾朝林，等. 区域韧性的理论与实践研究进展 [J]. 城市规划学刊，2015 (1): 84-92.

第三章　城市韧性评估方法与应用

韧性评估是韧性研究的重要组成部分。摸清城市韧性底数，方可在此基础上开展韧性城市规划编制，持续提高城市韧性，推动韧性城市建设。本章讲述了城市韧性评估的国际研究进展、城市韧性评估指标体系的构建、城市韧性评估方法的应用。本章第一节中介绍了各个领域的韧性评估的前沿研究进展。鉴于指标体系在城市韧性评估中的广泛运用，第二节针对韧性评估指标体系的测度方法与指标选取进行了详细阐述。第三节中探讨了城市灾害韧性、城市韧性评估的实际应用。

第一节　城市韧性评估的国际研究进展

城市韧性的测度与评估是韧性理论在城市研究中的实践运用。韧性测度能定性或定量化研究干扰与变化给城市带来的影响，评估城市的响应、恢复和适应能力。对韧性城市规划来说，韧性的测度是韧性城市规划的核心和基础，将有利于确立建设基线，明确需求和制定目标，监测建设进展，把控成本与效益，评估政策绩效。城市韧性测度与评估对于韧性城市建设具有重要意义。

由于“韧性”这一概念有丰富的内涵，对于韧性的理解可以从不同角度展开，继而对城市韧性的测度影响显著。现有的韧性测度与评估主要基于三个方面展开：（1）韧性作为一种过程[1]；（2）韧性作为一种结果状态[2]；（3）韧性作为综合概念，包含多维度的内涵和表征[3]。此外，基于城市系统的评估方法也常见于城市韧性评估中。

一、基于过程的韧性评估

Bruneau 等通过社区基础设施应对地震灾害的能力衡量社区地震灾害韧性，通过绘制基础设施性能曲线图（图 3-1-1）表现社区地震灾害韧性随时间变化的过程[4]。这一研究中假定灾害发生至完全恢复至灾前水平，然而考虑到可能存在未能恢复到灾前水平与超量恢复的情况，Cimellaro 等对这一评估方法进行了改进，以性能曲线与横纵坐标围合而成的面积比值表征韧性[5]。Ouyang 等提出了包含三个阶段的基础设施韧性分析框架，并以得克萨斯州哈里斯县的输电网为例开展了实证研究[6]。

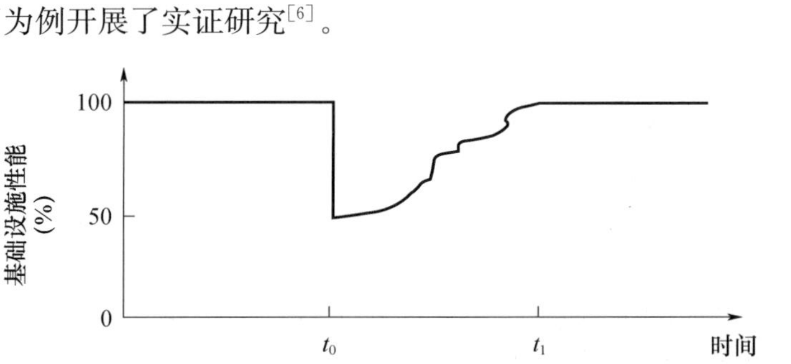

图 3-1-1　基础设施性能曲线示意[4]

Linkov 等学者提出了矩阵式的韧性矩阵框架（Resilience Matrix Framework）[7-8]。如图 3-1-2所示，在韧性矩阵框架中横轴从左至右表示灾害事件的发展阶段（计划/准备、吸收/承受、恢复、适应），纵轴从上到下表示城市系统的结构（物质、信息、意识、社会），由此组成 16 个评价单元，以评价任一韧性过程中对应的城市子系统表现。随后，韧性矩阵框架在桑迪飓风期间纽约洛克威半岛的沿海社区韧性评估中得到了实际运用[9]。Simmie 等基于泛政府理论构建了区域经济韧性的四阶段适应性循环模型，假设经济呈现“创新和结构调整→增长和抓住机遇→稳定和日益僵化→释放”四个阶段的循环往复，并结合剑桥与斯旺西两个区域经济样本进行了探讨[10]。Hallegatte 等基于生产函数，综合考虑边际生产率、重建资金调度时间、基础设施之间的连锁效应等因素，提出了评估宏观经济韧性与微观经济韧性的经验法则[11]。

	Prepare 计划/准备	Absorb 吸收/承受	Recover 恢复	Adapt 适应
Physical 物质				
Information 信息				
Cognitive 意识				
Social 社会				

图 3-1-2 韧性矩阵框架[8]

基于过程的韧性评估方法源于工程韧性概念，在工程韧性中，韧性大小用系统恢复平衡的速度来衡量，主要关注系统恢复到稳定平衡状态的过程。这一测度常被运用于灾害发生后系统恢复力研究。早期这一类型研究中，灾后恢复重建这一过程没有得到有效重视[12]。经过十多年的研究发展与推进，灾后恢复作为城市韧性的一部分已经成为共识。近年来，随着韧性评估中新兴数据类型与多元评估方法的涌现，在基于过程的韧性评估中更加关注可跟踪监测的因素，拓宽了韧性评估过程的时间维度。

基于过程的韧性评估侧重于以突发事件发生前后的时间为线索、采用时间序列数据进行拟合。目前，在国外的韧性相关研究中，较少用于综合评估，而多针对特定研究领域如经济韧性、生态韧性等。这一类型的评估方法通常运用于根据系统应对外来冲击产生的变化与反应体现出的某一方面韧性进行测算，也运用于针对同一地区、遭受同一外来冲击后不同评估单元间韧性水平差异的横向对比研究。

二、基于状态的韧性评估

Quarantelli 等在韧性评估中将灾后住房建设情况作为韧性评估的重要指标，以住房供给的数量评价灾后应急救援与恢复重建情况[13]。美国国家标准技术研究所（NIST）的灾害韧性框架中将道路、供电、燃气、电信等基础设施恢复使用的事件与性能作为各自韧性能力的表征，同时考虑到各种类型基础设施之间的关系，构建韧性矩阵以从整体的角度对基础设施进行韧性测度与评估[14]。在基础设施系统的性能方面，NIST 选取 30%、60%、90%作为性能水平的标准，在时间周期上，包括以天为单位的短期、以周为单位的中期与以月为单位的长期三个阶段。Contreras 等对意大利拉奎拉地区地震之后的重建情况进行了评估，采用相同的空间指标与专家评判标准在2010年至2016年间每两年进行一次采样，对该地区震后恢复情况进行空间量化评估，形成空间恢复指数的可视化地图[15]（图3-1-3）。

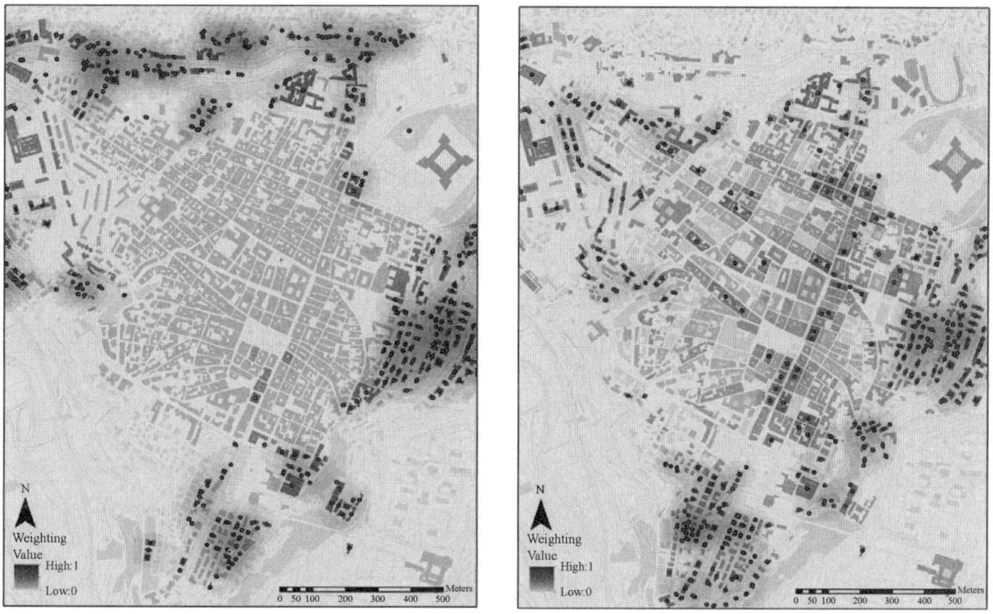

(a) (b)

图3-1-3 意大利拉奎拉地区地震后重建情况评估[15]

当韧性作为一种状态时，韧性评估方法也由动态转变为静态，主要关注系统遭受冲击后恢复需要的阈值。与基于过程的韧性评估相区别，基于状态的韧性评估主要在于某个时间节点、恢复到某种“状态”，而不涉及具体灾害情况下持续的动态恢复全过程。灾后房屋的恢复重建过程被认为可以用来表征系统的韧性水平，在基于状态的韧性评估中也多关注于系统遭受冲击后的恢复过程[16]。

三、基于韧性特征的韧性评估

韧性作为一种综合的概念，包含多维度内涵和特征，为从韧性特征的角度出发开展韧性测度与评估提供了丰富的切入点。其中在韧性评估中被广泛提及并运用的特征包括：前瞻性（foresight capacity）、创新性（creativity）、稳定性（stability）、冗余性（redundancy）、适应性（adaptability）、灵活性（flexibility）、多样性（diversity）、独立性（independence）、相互依赖性（interdependence）、敏捷性（agility）、多尺度网络连通性（multi-scale networks and connectivity）、高效性（efficiency）、协作性（coordination）、自学习能力（self-learning ability）、自组织能力（self-organization）、公平性（equity）等[17]。

Morley等建立了自然灾害韧性的概念模型，将韧性的构成分为应对能力（coping capacity）和适应能力（adaptive capacity），并据此构建了澳大利亚自然灾害韧性指数（ANDRI：The Australian Natural Disaster Resilience Index）[18]。如图3-1-4所示，应对能力对应灾害发生阶段吸收不良影响的能力，适应能力对应灾害发生后城市恢复和适应更强大灾害的能力[19]。与此相似，Béné等提出韧性由吸收能力（absorptive capacities）、适应能力（adaptive capacities）、转化能力（transformative capacities）构成，据此建立了韧性3D框架，并在英国开展了韧性评估的实践运用[20]。Heeks 等认为韧性本身具有以下基本特征：学习性（learning）、鲁棒性（robustness）、公平性（equality）、尺度性（scale）、多样性与灵活性（diversity& flexiblity）、冗余性（redundancy）、快速性（rapidity）、自组织性（self-organization），根据韧性的基本特征，Heeks 等设计了韧性评估基准和影响工具包（RABIT：Resilience Assessment Benchmarking and Impact Toolkit），建议在韧性评估时将功能特征和赋能特征纳入评估体系，同时考虑系统是否具备公共性[21]。Simpson 等认为韧性指标应该包括灾害风险、社会资本、社区资产、基础设施质量、社会服务、人口质量等，并用预备量（preparedness）与脆弱性（vulnerability）的比值作为韧性值[22]。预备量指社区应对灾害的能力，脆弱性指受损的潜力。在气候灾害领域，Razafindrabe 等提出了气候灾害韧性指数用以评估应对气候灾害的韧性水平，该研究中将气候灾害韧性分解为自然、物质、社会、经济、机构五个维度，并据此建立了评估气候灾害韧性的指标体系[23]。在社区韧性的评估中，Norris 等认为包括经济发展、社会资本、信息与通信、社区能力四个主要的适应能力，并据此提出社区韧性的评估框架[24]。

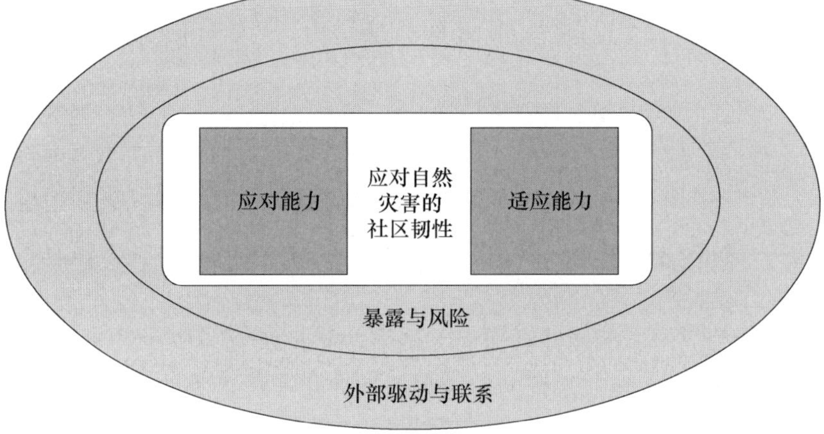

图 3-1-4　澳大利亚灾害韧性指数理论模型[18]

基于韧性特征的韧性评估多从探讨基础理论出发，挖掘韧性所包含的丰富内涵与基本特征。在一些韧性评估中，学者根据自己对韧性的理解拓展了韧性的理论内涵，并构建韧性理论模型，在此基础上建立了运用于韧性评估特征的指标体系。在此类研究中，韧性的特征描述多从横向展开，较为适合使用指标体系对系统进行综合的评估。此外，此类型的评估方法也被用于进行特定类型的韧性评估比如气候韧性、社区韧性、地震韧性等。

四、基于城市系统的韧性评估

城市是一个综合系统，按照研究侧重及对城市系统的理解可以对城市系统分解为多种要素的集合。在韧性评估中，通常会涉及以下要素：经济、社会、生态、基础设施、制度、环境、机构等。

2006 年，Cutter 等提出了基于位置的地方灾害韧性模型（DRPM：Disaster Resilience of Place Model），从社会、经济、制度、基础设施、生态和社区能力等六大方面构建韧性的评价指标[25]。2010 年，Cutter 等改进了 DRPM 模型，提出了社区基线韧性评价模型（BRIC：Baseline Resilience Indicators for Communities）[26]。社区基线韧性评价模型由社会韧性、经济韧性、社区韧性、组织韧性、基础设施韧性和环境韧性等六部分组成，并从现有研究中确定 49 个二级指标作为评价因子，对美国 3108 个郡进行灾害韧性的评估。该模型以社区作为出发点，但其应用不仅仅局限于社区，可以应用于更广泛的地区范围。

2009 年 Shaw 等提出气候灾害韧性指数（CDRI：Climate Disaster Resilience Index），从自然、物质、社会、经济和制度五个维度进行气候灾害韧性的构建，并从亚洲不同国家中选取了 9 个沿海城市的社区进行实证研究[27]。为应对菲律宾地区频发的沿海地区自然灾害，Orencio 等在 2012 年提出了一个地方化的灾害韧性指数用来研究沿海社区抗灾韧性。在对菲律宾风险管理系统进行分析之后，采用层次分析法和德尔菲模糊法确定了沿海地区抗灾社区的四个重要标准，分别为环境和自然资源管理、可持续发展、社会保护和规划制度[28]。2014 年，Joerin 等使用气候灾害韧性指数模型对印度钦奈市的气候灾害韧性进行了评估，在 5 个维度下各包含 5 个参数，在各参数下又各包含 5 个变量，总计使用 125 个变量，旨在涵盖社区抵御气候灾害能力的关键方面[29]。2018 年，Kontokosta 等通过提出突发事件与灾害韧性指数（REDI：The Resilience to Emergencies and Disasters Index）建立一个统一的、多维度的韧性框架用以量化社区一级的城市韧性[30]。突发事件与灾害韧性指数中包含社会基础设施和社区联系度、物质基础设施、经济与环境四个方面，其优势在于大规模、异质化和高分辨率的城市数据在韧性测度中的运用。Kontokosta 等利用 1200 万条“311 服务请求（311 service request）”开展了桑迪飓风期间纽约市社区韧性的实证研究。

作为肩负重要责任的国际组织，联合国在韧性测度与评估中同样付出了不可忽视的努力。联合国粮农组织建立的韧性模型中认为韧性涵盖以下六大要素：收入与食物供给、社区公共服务、社会安全网络、资产、适应能力与稳定性，结合若干指标等进行综合评价后得到“韧性得分”（resilience scores）以测度研究区域的家庭脆弱性与韧性状况[31]。2009 年，联合国环境规划署和全球环境基金会发布了韧性适应转型评估框架（Resilience Adaptation Transformation Assessment Framework），该框架针对城市土地生态系统从目标、评估和适应性治理三个方面提出了构建韧性指标体系的方法（图 3-1-5）[32]。

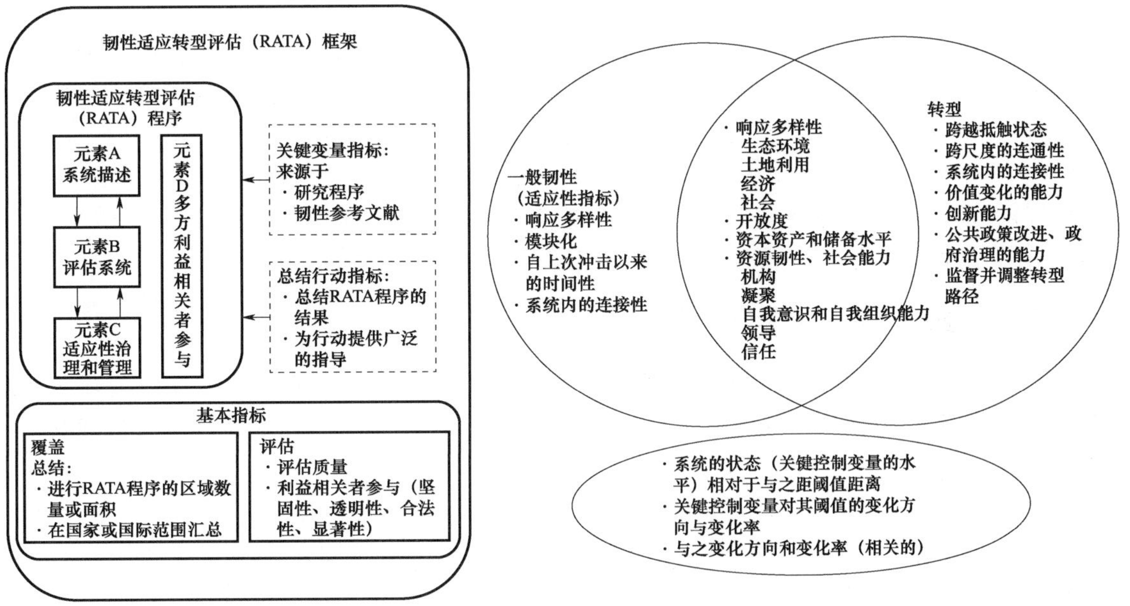

图 3-1-5　韧性适应转型评估框架[31]

基于城市系统的韧性评估是目前国内外运用最多的评估方法。这一类评估中同样从探讨韧性的理论内涵与特征出发，分析韧性与城市系统之间的联系，进而通过构建指标体系的方法开展韧性评估。指标体系的选取根据研究需求、城市特征或者灾害种类的不同而略有不同。基于城市系统的韧性评估既可运用于综合的城市韧性的评估，也可针对特定灾害如气候灾害、地震等突发事件开展特定领域的韧性评估。随着智慧城市研究方法的兴起，大数据应用在基于城市系统的韧性评估中也越发普遍。

（葛懿夫）

参考文献

[1] SHERRIEB K，NORRIS F，GALEA S. Measuring capacities for community resilience [J]. Social Indicators Research：An International and Interdisciplinary Journal for Quality-of-Life Measurement，2010，99（2）：227-247.

[2] KAHAN J H，ALLEN A C，GEORGE J K. An Operational Framework for Resilience [J]. Journal of Homeland Security and Emergency Management，2009，6（1）：1-51.

[3] COLTEN C E，KATES R W，LASKA S B. Three years after Katrina：Lessons for community resilience [J]. Environment Science & Policy for Sustainable Development，2008，50（5）：36-47.

[4] BRUNEAU M，REINHORN A. Exploring the concept of seismic resilience for acute care facilities [J]. Earthquake Spectra，2007，23（1）：41-62.

[5] CIMELLARO G P，REINHORN A M，BRUNEAU M. Framework for analytical quantification of disaster resilience [J]. Engineering Structures，2010，32（11）：3639-3649.

[6] OUYANG M，DUENAS-OSORIO L，MIN X. A three-stage resilience analysis framework for urban infrastructure systems [J]. Structural Safety，2012，36-37：23-31.

[7] LINKOV I，MOBERG E. Multi-Criteria Decision Analysis：Environmental Applications and Case Studies [M]. Boca Raton：CRC Press，2011.

[8] LINKOV I，EISENBERG D A，BATES M E，et al. Measurable resilience for actionable policy [J]. Environmental Science & Technology，2013，47（18）：10108-10110.

[9] FOX-LENT C，BATES M E，LINKOV I. A matrix approach to community resilience assessment：an illustrative case at Rockaway Peninsula [J]. Environment Systems and Decisions，2015，35（2）：209-218.

[10] SIMMIE J，MARTIN R. The economic resilience of regions：towards an evolutionary approach [J]. Cambridge Journal of Regions Economy & Society，2010，3（1）：27-43.

[11] HALLEGATTE S. Economic resilience：definition and measurement [J]. Social Science Electronic Publishing，2014，a2（2）：291-299.

[12] PEACOCK W G，KUNREUTHER H，HOOKE W H，et al. Toward a resiliency and vulnerability observatory Network：Ravon [J]. Hrrc Reports，2010.

［13］QUARANTELLI E. Sheltering and housing after major community disasters：Case studies and general observations ［J］. Federal emergency management agency，1982.

［14］NIST. Disaster resilience framework 75% draft for San Diego，CA Workshop ［EB/OL］. https：//www. nist. gov/system/files/documents/el/building _ materials/resilience/Outline _ 75- _ 11Feb2015-3. pdf，2015-02-11.

［15］CONTRERAS D，BLASCHKE T，TIEDE D，et al. Monitoring recovery after earthquakes through the integration of remote sensing，GIS，and ground observations：the case of L'Aquila（Italy）［J］. American Cartographer，2016，43（2）：115-133.

［16］段怡嫣，翟国方，李文静. 城市韧性测度的国际研究进展［J/OL］. 国际城市规划，2021. DOI：10. 19830/j. upi. 2019. 439.

［17］鲁钰雯，翟国方，施益军，等. 荷兰空间规划中的韧性理念及其启示［J］. 国际城市规划，2020，35（1）：102-110.

［18］MORLEY P，PARSONS M，MARSHALL G，et al. The Australian natural disaster resilience index ［J］. International Conference on Building Resilience，2016.

［19］PARSONS M，MORLEY P. The australian natural disaster resilience index ［J］. Australian Journal of Emergency Management，2017，32（2）：20-22.

［20］BÉNÉ C，WOOD R G，NEWSHAM A J，et al. Resilience：New utopia or new tyranny? Reflection about the potentials and limits of the concept of resilience in relation to vulnerability reduction programmes ［J］. Ids Working Papers，2013，2012（405）：1-61.

［21］HEEKS R，OSPINA A V. Conceptualising the link between information systems and resilience：A developing country field study ［J］. Information Systems Journal，2019，29（1）：70-96.

［22］SIMPSON D M. Indicator issues and proposed framework for a disaster preparedness index，draft report version 1. 0 ［EB/OL］. 2006.

［23］RAZAFINDRABE B H N，PARVIN G A，SURJAN A，et al. Climate disaster resilience：Focus on coastal urban cities in Asia ［J］. United Nations Economic & Social Commission for Asia & the Pacific，2009.

［24］NORRIS F H，STEVENS S P，PFEFFERBAUM B，et al. Community resilience as a mtaphor，teory，set of capacities，and strategy for disaster readiness ［J］. American Journal of Community Psychology，2008，41（1-2）：127-150.

［25］CUTTER S L，BARNES L，BERRY M，et al. A place-based model for understanding community resilience to natural disasters ［J］. Global Environmental Change，2008，18（4）：598-606.

［26］CUTTER S L，BURTON C G，EMRICH C T. Disaster resilience indicators for benchmarking baseline conditions ［J］. Journal of Homeland Security and Emergency Management，2010，7（1）：1-24.

［27］SHAW R，TEAM I. Climate disaster resilience：Focus on coastal urban cities in Asia ［J］. United Nations Economic & Social Commission for Asia & the Pacific，2009.

［28］ORENCIO P M，FUJII M. A localized disaster-resilience index to assess coastal communities based on an analytic hierarchy process（AHP）［J］. International Journal of

Disaster Risk Reduction，2013，3：62-75.

[29] JOERIN J，SHAW R，TAKEUCHI Y，et al. The adoption of a Climate Disaster Resilience Index in Chennai，India [J]. Disasters，2014，38（3）：540-561.

[30] KONTOKOSTA C E，MALIK A. The resilience to emergencies and disasters index：Applying big data to benchmark and validate neighborhood resilience capacity [J]. Sustainable Cities and Society，2018，36：272-285.

[31] FAO. Measuring resilience：A concept note on the resilience [EB/OL]. http：//www. fao. org/docrep/013/al920e/al920e00. pdf.，1. 30.

[32] CONNELL D O，WALKER B，ABEL N，et al. The resilience，adaptation and transformation assessment framework：from theory to application [R]. Australia：CSIRO，2015.

第二节　城市韧性评估指标体系的构建

一、韧性评估指标体系构建的常用方法

在多种类型的城市韧性评估中，指标体系无疑是应用最广泛的评估方法之一。学者在使用指标体系进行城市韧性评估的过程中，根据使用场景的不同会选择不同的测度方法。根据确定权重的方式，常见的指标体系测度方法可以分为主观赋权法与客观赋权法，此外，一些学者将两种方法相结合，借以弥补单一权重计算方法的局限性。

1. 主观赋权法

常见的主观赋权法有层次分析法与德尔菲法。

（1）层次分析法

层次分析法是一种定性与定量分析相结合的多准则决策方法，其基本思想是在对决策问题进行深入分析之后，构建一个层次结构模型，用较少的定量信息将复杂的决策问题层次化、数字化。其是一种简便的决策方法。层次分析法强调人的思维判断在决策过程中的作用，因此，在运用其进行决策的过程中，定性因素起主导作用[1]。层次分析在定量评估中运用广泛，也适用于各个维度的韧性评估。曹雪从经济抵御力、经济恢复力、经济再组织力和经济更新力四个维度评估浙江省特色小镇的经济韧性，运用层次分析法进行了指标权重的计算[2]。尚庆学等提出了医疗系统抗震韧性评估指标体系，使用层次分析法进行了各组成部分的权重计算[3]。王婷婷等在乡村发展韧性的测度中，同样使用了层次分析法进行权重的计算[4]。

（2）德尔菲法

德尔菲法是一种匿名专家评分法或者咨询法。德尔菲法是专家会议预测法的发展，以匿名的方式通过几轮函询，征求专家们的意见，直到专家组成员意见趋于一致，以达到预测目的[5]。在韧性评估中，德尔菲法主要用于构建指标体系中权重的计算。

具体步骤如下：将需要评估的韧性领域与背景信息提交给相关领域专家，初步确定评价指标。随后，以指标的重要程度为判定系数，通过算术平均数、标准差和变异系数等指标计算进行指标的筛选，结合专家意见对指标进行一定的修改、删除、增加和合并，继而计算出各项指标的均数、标准差、变异系数，对参与咨询的专家进行评价，包括专家的积极系数、权威系数、协调系数等。最终根据专家咨询结果，采用德尔菲法、组合赋权法和优序图法确

定综合评价指标体系最终指标。

为了减少单纯使用德尔菲法确定权重时出现的结果偏差，近年来诸多学者在韧性评估中使用德尔菲法与其他方法相结合构建指标体系。石振武等将德尔菲法与层次分析法相结合运用于综合管廊韧性评价体系中，同时使用德尔菲法与层次分析法进行权重计算，使两者结果偏差控制在5%内，以消除单一权重计算方法带来的误差[6]。徐小晗在济南市社区韧性评价中同样使用了德尔菲法与层次分析法相结合的测度方法，层次分析法用于权重计算，德尔菲法用于韧性打分[7]。

2．客观赋权法

常见的客观赋权法有熵权法、TOPSIS法、主成分分析法等。客观赋权法的优点是权重通过数据本身的特征直接产生，避免研究者的主观意愿对结果产生影响。下面简单介绍在城市韧性评估中使用较为广泛的熵权法与TOPSIS法。

（1）熵权法

熵是对不确定性的一种度量，信息量越大，不确定性就越小，熵也就越小；信息量越小，不确定性就越大，熵也就越大。熵值可以用来判断一个时间的随机性与无序程度，熵值同样可以判断指标的离散程度，指标的离散程度越大，指标对综合评价的影响越大。熵权法作为一种客观的权重计算方法，在指标体系的权重计算中较为常见，其运用同样见于韧性测度中。熵权法的特点是具有很强的客观性，相对主观赋值法，精度较高、客观性更强，能够较好地解释所得的结果。白立敏等在城市韧性评估中使用熵权法计算指标体系的权重[8]。廖茂林等选取中、韩两国具有代表性的城市进行韧性测度与比较，使用熵权法进行权重的计算[9]。程翔等将熵权法运用于民营经济韧性中的指标权重计算[10]。

（2）TOPSIS法

TOPSIS法是根据有限个评价对象与理想化目标的接近程度进行排序的方法，在现有评价对象中进行相对优劣的评价，基本原理是通过检测评价对象与最优解及最劣解的距离，靠近最优解同时远离最劣解较优。由于TOPSIS法采用的欧氏距离公式具有对称性，无法衡量正理想点和负理想点连线中垂线上的点的优劣，因此可以采用具有不对称性的Kullback-Leibler（KL）距离公式替代TOPSIS中的欧式距离公式，从而避免正负理想点连线中垂线上的点无法评估的情况。陈长坤等在雨洪灾害情境下的城市韧性评估中采用了KL改进TOPSIS法构建城市韧性综合评估计算模型，通过KL改进TOPSIS法进行城市韧性的排序[11]。郑永强等在台风灾害情景下的城市韧性评估中同样采用KL改进TOPSIS法进行城市韧性的评估[12]。

3．多种方法结合

（1）层次分析法与熵权法相结合

主客观相结合的方法综合主观与客观两种方法确定指标权重，相较于单一的主观赋值或客观赋值，该方法提升了指标权重赋值的科学性，有效弥补了单一方法的局限。为了减少权重确定中人为主导因素所造成的影响，提高权重确定的准确度，可采用熵权法对层次分析法所得权重进行修正。李亚等在全国尺度的城市灾害韧性评估中使用了层次分析法与熵权法相结合的方法进行权重的计算，并在层次分析法中评价指标之间的成对比较矩阵的构建中采用专家打分法[13]。笪可宁等在辽宁省城市韧性评估中使用层次分析法与熵权法计算指标体系权重，先分别使用层次分析法与熵权法计算得到指标权重，再将两种权重进行组合计算，以进行更加合理的权重分配[14]。

（2）TOPSIS 法与熵权法相结合

TOPSIS 法的核心理念是定义决策问题的最优解和最劣解的距离，然后计算各个方案与理想解的相对贴近度，进行方案的优劣排序[15]。TOPSIS 熵权法是对传统 TOPSIS 法的改进，使用熵权法进行权重的计算，再通过加权矩阵，计算评价对象的正负理想解，测度各评价对象与最优方案的接近程度，对评价对象进行排序。佘硕等使用 TOPSIS 熵权法进行基础设施韧性的评价，评估 2007 年至 2016 年长三角地区基础设施韧性的总体情况[16]。

二、不同维度韧性评估指标选取

根据城市韧性研究所侧重的基础设施、制度、经济、社会四个不同的方面，可以将城市韧性分为四个不同的维度，分别为基础设施韧性、制度韧性、经济韧性与社会韧性。下面对这四个方面进行韧性评估的指标梳理。

1. 基础设施韧性

基础设施韧性主要衡量一个地区从灾难和基础设施损坏当中恢复以及响应的能力，基础设施韧性水平与城市中的基础设施配套完善程度与服务能力关系密切。根据韧性评估相关研究中基础设施韧性相关指标的研究，学者在基础设施韧性方面主要关注住房设施、道路、医疗卫生、教育设施、市政基础设施、避难场所等方面，在指标的选取上通过千人指标、万人指标、密度等指标进行测度，对于一些难以直接进行衡量的，如物资供应、防灾减灾设施等，通过完善程度、保障程度等综合评价指数进行测度（表 3-2-1）。

表 3-2-1　基础设施韧性指标选取参考[17-25]

乔瑞（Joerin）	卡特（Cutter，2010）	卡特（Cutter，2014）	卡特（Cutter，2015）	帕森斯（Parsons）	胡德克（Hudec）	郑（Zheng）	伯顿（Burton）	弗雷泽（Frazier）
人均道路面积	非流动住房的住房单元百分比	人均道路面积	应急管理建筑（消防站、警察局、应急行动中心）	大篷车、码头、人工住宅、退休乡村住宅	人均道路面积	国际互联网用户数	每平方千米学校数量	医疗能力
住房设施用地	空置出租单元比例	排水管道密度	商业机构和企业	1980 年后建造的建筑	排水管道密度	人均公共卫生设施	非流动住房比例	疏散可达性
土地利用混合度	每万人医院床位数	燃气普及率	政府/机构建筑（市政厅、学校、养老院）	地方灾害管理规划	住房设施用地	—	每千人拥有消防、警察、紧急救援服务和临时避难所数	住房年份
物资供应保障度	每平方千米主干道长度	住房设施用地	基础设施（通信、电网、桥梁、废水、水、水坝）	地方土地利用规划	国际互联网用户数	—	危险区外的消防、警察、紧急救援服务临时避难所比例	避难所需求
—	未在 1970 年至 1994 年间建造的住房比例	国际互联网用户数	其他（娱乐和艺术中心）	地方政府财务状况	物资供应保障度	—	独栋住宅密度	作为恢复设施的公立学校
—	每平方千米酒店/汽车旅馆数量	物资供应保障度	—	—	防灾减灾设施完善度	—	—	—
—	每平方千米公立学校数量	防灾减灾设施完善度	—	—	人均公共卫生设施	—	—	—

对于基础设施韧性的指标选取，除了住房、道路、学校等通用指标，不同的研究各有侧重。Joerin 等将土地利用混合度纳入基础设施考虑当中，将其提到道路、住房与物资供应的同等高度[23]。Cutter 等的基础设施韧性指标中提出了非流动性住房、出租单元、住房年代、汽车旅馆四个与居住条件相关的指标，说明在其研究中居住环境为反映基础设施韧性的重要因素[18]。Parsons 等的基础设施韧性指标选取中涵盖了地方灾害管理规划、地方土地利用规划、地方政府财务状况，说明地方政府治理能力被认为是基础设施韧性的重要组成部分[20]。

2. 制度韧性

制度韧性主要衡量一个地区制度层面的恢复能力，包括减灾经验、减灾规划和资源以及当地政府为了提高灾害意识和居民的灾害准备度所做的努力。在制度韧性方面，学者们主要关注地方政府减灾政策、应急培训、治理能力等方面。由于涉及制度韧性的部分指标难以通过简单计算直接衡量，因此对于防灾培训、社区灾害准备力度等一般通过综合评分、定性评价等方法进行测度（表 3-2-2）。

表 3-2-2　制度韧性指标选取参考[17-25]

乔瑞(Joerin)	卡特(Cutter，2010)	卡特(Cutter，2014)	卡特(Cutter，2015)	帕森斯(Parsons)	胡德克(Hudec)	郑(Zheng)	伯顿(Burton)	弗雷泽(Frazier)
政府机构密度	最近的危害缓解计划涵盖的人口比例	政府机构密度	应急管理局批准的减灾计划覆盖人口比例	机构学习能力	城市治理能力	政府机构密度	居住在参与防洪社区评分的人口比例	危害缓解计划
危机管理框架有效性	国家洪水保险计划覆盖的人口比例	非农人口比例	应急管理局洪水社区评分系统	领导风格	—	危机管理框架有效性	近期减灾计划覆盖的人口比例	洪水覆盖率
防灾减灾经验与培训	消防、警察和紧急医疗服务的市政支出百分比	每千人拥有卫生人员数	人均减灾支出十年平均值	资源水平	—	防灾减灾经验与培训	国家洪水保险计划覆盖的家庭比例	市政服务
城市治理能力	参与洪水社区评分系统的人口比例	防灾减灾经验与培训	每平方千米农作物保险	制度创新能力	—	城市治理能力	参与公民团体计划的人口比例	应急管理局洪水社区评分系统
—	政府和特区数量	城市治理能力	海岸后退/海岸线修复	法规和/或政策实行年份	—	防灾支出	—	—
—	申报付费灾难数量	防灾支出	受洪涝影响财产收购/防洪/洪水预警系统	适应能力战略方向	—	—	—	以前的灾害经历
—	公民服务团项目覆盖人口百分比	灾害保险参保率	降低脆弱性官员支持力度	研发支出	—	—	—	公民团体计划
—	准备好应对风暴的社区人口数量	—	建筑规范	—	—	—	—	风暴准备社区损失评估
—	—	—	—	—	—	—	—	基础设施住房类型
—	—	—	—	—	—	—	—	避难场所容量

在地方政府减灾政策方面，评估指标包括最近的危害缓解计划涵盖的人口比例、国家洪水保险计划涵盖的人口比例、申报付费灾难数量、灾害保险参保率、每平方千米农作物保险。在社区灾害准备力度方面，指标包括防灾减灾经验与培训、参与洪水社区评分系统的人口比例、准备好应对风暴的社区数量、以前的灾害经历、公民团体计划。城市治理水平方面，评估指标包括城市治理能力、政府和特区数量、防灾支出、人均减灾支出十年平均值、制度创新能力、适应能力战略方向、市政服务等。除此之外，基础设施住房类型、避难场所容量等指标也在部分制度韧性的指标体系考虑范畴之内。

3. 经济韧性

经济韧性衡量一个地区的经济活力与经济环境的多样性，测度经济系统抵御冲击的能力以及恢复能力。经济韧性评估指标选取主要关注经济体量、产业规模、收入、政府财政状况、家庭经济水平等，结合经济方面指标易于统计的特点，在指标的选取上以绝对指标与人均指标为主，部分指标如家庭总收入、租金等通过中位数进行衡量，另有部分指标通过比值进行衡量（表 3-2-3）。

表 3-2-3　经济韧性指标选取参考[17-25]

乔瑞 (Joerin)	卡特 (Cutter，2010)	卡特 (Cutter，2014)	卡特 (Cutter，2015)	帕森斯 (Parsons)	胡德克 (Hudec)	郑 (Zheng)	伯顿 (Burton)	弗雷泽 (Frazier)
人均 GDP（国内生产总值）	拥有房产的人口比重	人均 GDP	年收入	非劳动力人口	人均 GDP	人均 GDP	自有房屋比例	住房资本
城镇登记失业人口	就业率	第三产业占 GDP 的比重	人均收入	人口管理人员和专业人员	产业高级化系数	城市化率	每千人医生和医务人员数	就业
人均财政支出	基尼系数	第三产业企业总资产	富有退休者占比	拥有住房和汽车的人口拥有住房	人均财政支出	人均财政支出	每千人贷款机构	收入和平等
人均储蓄存款额	非农产业从业人口比重	就业率	人均家庭收入	拥有住房抵押贷款的人口	人均储蓄存款额	气候灾害造成的经济损失比	企业平均销售额	单一部门就业依赖
—	女性就业率	自住房屋比重	家庭收入中位数	租房人口	—	—	适龄人口就业率	女性就业
—	—	—	—	租金中位数	—	—	每千人商业设施	产业规模
—	—	—	—	收入与抵押贷款差额	—	—	未从事主要产业的人口比例	健康通道
—	—	—	—	汽车所有权	—	—	大企业与小企业比例	志愿服务
—	—	—	—	家庭收入中位数	—	—	女性人口就业率	重建工作就业
—	—	—	—	低收入居民数量	—	—	人均家庭收入	—
—	—	—	—	单一部门就业依赖	—	—	—	—

续表

乔瑞(Joerin)	卡特(Cutter，2010)	卡特(Cutter，2014)	卡特(Cutter，2015)	帕森斯(Parsons)	胡德克(Hudec)	郑(Zheng)	伯顿(Burton)	弗雷泽(Frazier)
—	—	—	—	雇佣超过20人的企业	—	—	—	—
—	—	—	—	零售和商业机构	—	—	—	—
—	—	—	—	经济多样性指数	—	—	—	—
—	—	—	—	人口增长或下降	—	—	—	—

产业结构是经济韧性评估中的重要方面，指标包括非农产业从业人口比重、第三产业占GDP的比重、第三产业企业总资产、零售和商业机构、单一部门就业依赖、经济多样性指数、产业高级化系数、大企业和小企业比例、未从事主要产业的人口比例等。就业方面，指标包括城镇登记失业人口、就业率、女性就业率、非劳动力人口、适龄人口就业率等。家庭作为城市经济系统的微观组成部分，其重要性也得到了广泛关注，家庭经济状况方面的主要指标包括基尼系数、人均家庭收入、家庭收入中位数。

4. 社会韧性

社会韧性主要衡量社会人口特征以及社会成员获取公共资源的能力，测度城市社会系统应对冲击并恢复的能力。学界对于社会韧性的评估主要侧重于居民收入、语言能力、社会福利、公共设施、人口特征等。社会指标以社会成员为核心，因此指标选取上以人均指标为主，公共设施、社会公共服务等方面的指标以千人指标、万人指标为主（表3-2-4）。

表 3-2-4 社会韧性指标选取参考[17-25]

乔瑞(Joerin)	卡特(Cutter，2010)	卡特(Cutter，2014)	卡特(Cutter，2015)	帕森斯(Parsons)	胡德克(Hudec)	郑(Zheng)	伯顿(Burton)	弗雷泽(Frazier)
城镇人均可支配收入	教育公平性	城镇人均可支配收入	未获得高中学历人口中白人与非裔美国人占比差额	2001年以后人口增加数量	城镇人均可支配收入	城镇人均可支配收入	非少数民族人口比例	教育公平
每万人在校大学生数	年龄	每万人医院病床张数	有高中文凭的人口比例	一年内增加的家庭或居民数量	医疗保险覆盖率	医疗保险覆盖率	不把英语作为第二语言的人口比例	运输通道
社保占财政支出比重	拥有车辆的人口比例	每万人在校大学生数	每万人民间组织数量	不讲英语的人口数量	每万人医院病床张数	社保占财政支出的比重	高中以上学历人口比例	通信容量
城市人口密度	拥有电话的人口比例	社保占财政支出比重	公民组织与政府组织数量	有核心活动的人口需要援助	每万人在校大学生数	城市人口密度	每千人社会援助方案	语言能力
—	第一语言非英语的人口比例	食品供应能力	注册非营利组织数量	单亲家庭	最低生活水平的人口比例	公共管理与社会组织人员占比	拥有车辆的人口比例	特殊需要

续表

乔瑞 (Joerin)	卡特 (Cutter，2010)	卡特 (Cutter，2014)	卡特 (Cutter，2015)	帕森斯 (Parsons)	胡德克 (Hudec)	郑 (Zheng)	伯顿 (Burton)	弗雷泽 (Frazier)
—	无身体残疾或心理残疾的人口比例	老龄化率	每万人医生数量	有孩子的家庭	—	老龄化率	拥有电话的人口比例	医疗保险
—	大企业与小企业比例	—	宗教信徒数量	独居家庭	—	最低生活水平的人口比例	每千人社区服务（娱乐设施、公园、历史遗迹、图书馆、博物馆）	—
—	每千人拥有医生人数	—	宗教组织数量	集体户	—	—	无残疾人口比例	—
—	—	—	社区服务	性别比	—	—	每千人卫生服务比例	—
—	—	—	互相帮助	75岁以上老年人口	—	—	每千人成人教育和培训项目	—
—	—	—	居民获得需要的服务	15岁以下人口	—	—	—	—
—	—	—	—	人口中位年龄	—	—	—	—
—	—	—	—	学位/研究生与高中教育的比例	—	—	—	—
—	—	—	—	失业人口	—	—	—	—

社会韧性评估指标主要可以归纳为人口特征、教育、公共设施、公共服务四个方面。人口特征方面的指标关注年龄、社会群体、性别、基本生活状况等，主要指标包括年龄、老龄化率、无身体残疾或心理残疾的人口比例、非少数民族人口比例、性别比、人口中位年龄、拥有车辆的人口比例、拥有电话的人口比例、最低生活水平的人口比例、不讲英语的人口数量等。教育方面的指标注重教育水平与教育公平，包括每万人在校大学生数、教育公平性、未获得高中学历人口中白人与非裔美国人占比差额、有高中文凭的人口比例、高中以上学历人口比例、每万人在校大学生数、学位/研究生与高中教育的比例。公共设施方面的指标包括每万人医院病床张数、运输通道、通信容量、每千人拥有医生数。公共服务方面的指标包括社保占财政支出比例、食品供应能力、每万人民间组织数量、注册非营利组织数量、公民组织和政府组织数量、社区服务、医疗保险、每千人社区服务（娱乐设施、公园、历史遗迹、图书馆、博物馆）、无残疾人口比例、每千人卫生服务比例、每千人成人教育和培训项目。

（葛懿夫）

参考文献

［1］费智聪．熵权—层次分析法与灰色—层次分析法研究［D］．天津：天津大学，2009.

［2］曹雪．特色小镇的经济韧性评估——以浙江为例［D］．杭州：浙江工业大学，2019.

［3］尚庆学，李吉超，王涛．医疗系统抗震韧性评估指标体系［J］．工程力学，2019，36（S1）：110-114.

［4］王婷婷．现代化背景下乡村发展韧性研究——以花园、宏村、塘约等村为例［D］．金华：浙江师范大学，2019.

［5］王少娜，董瑞，谢晖，等．德尔菲法及其构建指标体系的应用进展［J］．蚌埠医学院学报，2016，41（5）：695-698.

［6］石振武，谭宪宇，刘洁．防震视角下综合管廊韧性评价体系［J］．土木工程与管理学报，2019，36（3）：23-30.

［7］徐小晗．防灾理念下济南市社区韧性评价体系及规划策略研究［D］．济南：山东建筑大学，2020.

［8］白立敏，修春亮，冯兴华，等．中国城市韧性综合评估及其时空分异特征［J］．世界地理研究，2019，28（6）：77-87.

［9］廖茂林，李春霞．中韩城市韧性评价与比较研究［J］．城市，2019（03）：57-64.

［10］程翔，杨宜，王泽然，等．民营经济韧性的评价体系构建与应用［J］．北京联合大学学报（人文社会科学版），2020，18（3）：79-88.

［11］陈长坤，陈以琴，施波，等．雨洪灾害情境下城市韧性评估模型［J］．中国安全科学学报，2018，28（4）：1-6.

［12］郑永强，盛钰仁，张岩，等．台风灾害情境下的广东省城市韧性评估［C］．2019中国城市规划年会，2019.

［13］李亚，翟国方．我国城市灾害韧性评估及其提升策略研究［J］．规划师，2017，33（8）：5-11.

［14］笪可宁，李梦林．应急管理视角下的城市韧性评价研究——基于辽宁省14个城市的面板数据［J］．沈阳建筑大学学报（社会科学版），2020，22（6）：595-603.

［15］李刚，迟国泰，程砚秋．基于熵权TOPSIS的人的全面发展评价模型及实证［J］．系统工程学报，2011，26（3）：400-407.

［16］余硕，段芳．长三角城市群基础设施韧性度评价——基于TOPSIS熵权法［J］．中国房地产，2020（27）：33-37.

［17］CUTTER S L，ASH K D，EMRICH C T. The geographies of community disaster resilience［J］. Global Environmental Change，2014，29：65-77.

［18］CUTTER S L，BURTON C G，EMRICH C T. Disaster resilience indicators for benchmarking baseline conditions［J］. Journal of Homeland Security and Emergency Management，2010，7（1）：1-24.

［19］CUTTER S. The landscape of disaster resilience indicators in the USA［J］. Natural Hazards, 2015, 80 (2): 1-18.

[20] PARSONS M, GLAVAC S, HASTINGS P, et al. Top-down assessment of disaster resilience: A conceptual framework using coping and adaptive capacities [J]. International Journal of Disaster Risk Reduction, 2016, 19: 1-11.

[21] BURTON, CHRISTOPHER G. A validation of metrics for community resilience to natural hazards and disasters using the recovery from hurricane katrina as a case study [J]. Annals of the Association of American Geographers, 2015, 105 (1): 67-86.

[22] FRAZIER T G, THOMPSON C M, DEZZANI R J, et al. Spatial and temporal quantification of resilience at the community scale [J]. Applied Geography, 2013, 42: 95-107.

[23] JOERIN J, SHAW R, TAKEUCHI Y, et al. Action-oriented resilience assessment of communities in Chennai, India [J]. Environmental Hazards, 2012, 3 (11): 226-241.

[24] ZHENG Y, XIE Y L, LIN C Z, et al. Development as adaptation: Framing and measuring urban resilience in Beijing [J]. Climate Change Research, 2018, 9 (4): 234-242.

[25] HUDEC O, REGGIANI A, ISEROVÁ M. Resilience capacity and vulnerability: A joint analysis with reference to Slovak urban districts [J]. Cities, 2018, 73: 24-35.

第三节 城市韧性评估方法的应用

当前，韧性城市研究和韧性城市建设工作受到我国高度重视，许多城市的总体规划、国土空间规划都已纳入韧性城市建设内容，如北京市开展的《北京韧性城市规划纲要研究》，南京市开展的《南京建设韧性城市研究》等。多大尺度的城市规模更具有韧性，何种结构的城市空间更具有韧性，我国城市和区域在经济、社会、环境等方面的韧性特征如何，这些都是韧性城市研究所必须回答和解决的重要问题。因此，将城市韧性评估方法用于实际的城市研究中，使其作为城市韧性建设的依据，是具有重要实践意义的研究工作。

一、我国地级市灾害韧性测度与评估

1. 灾害视角下城市韧性指标体系的构建

BRIC社区基线韧性评价模型[1]（BRIC, Baseline Resilience Indicators for Communities）实用性强、可行性高、可复制性好，其在世界城市韧性研究中得到广泛认可，被众多学者与研究机构采用。BRIC模型能较好地反映出一个地区面对灾害冲击下的适应与恢复能力，对城市应对灾害和提升韧性具有普遍现实指导意义。因此，参考BRIC社区基线韧性评价模型所提出的经济韧性、社会韧性、环境韧性、社区韧性、基础设施韧性、组织韧性六大城市韧性维度及通过因子分析方法所确定的49个韧性指标（图3-3-1），结合我国地级市发展现状、灾害特点、国内标准统计指标特性、相关指标在国内外研究文献中的出现频率、数据获取难易程度等，严格遵循系统性、代表性、可行性、符合韧性含义等原则，构建我国地级市的城市灾害韧性评价指标体系。

依照经济、社会、环境、社区、基础设施、组织六大维度构建地级市韧性评价层级指

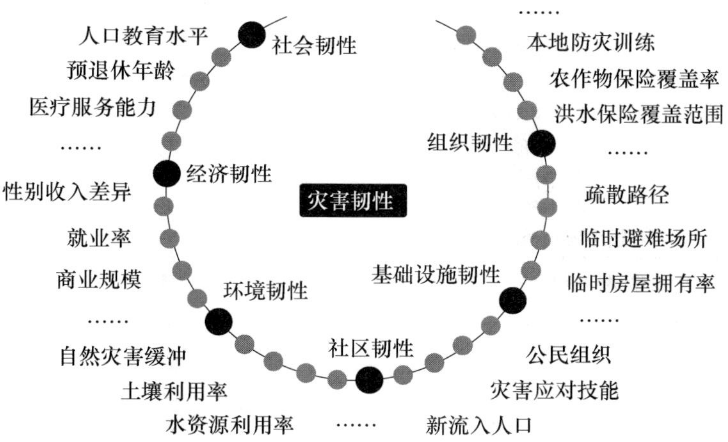

图 3-3-1 BRIC 模型指标体系构成示意

标，主要包括 6 个一级指标和 32 个二级指标，再利用层次分析法和熵权法确定各指标权重[2]（表 3-3-1）。

表 3-3-1 城市灾害韧性评价指标

	一级指标	权重	二级指标	权重
城市灾害韧性评价	经济韧性	0.197	GDP（万元）	0.028
			人均 GDP（元）	0.053
			产业构成（%）	0.046
			失业率（%）	0.018
			规模以上企业的个数（个）	0.017
			万元 GDP 能耗（吨标准煤）	0.023
			城镇私营和个体从业人员占比（%）	0.011
	社会韧性	0.204	人口自然增长率（‰）	0.009
			14 岁以下人口比重（%）	0.040
			65 岁以上人口比重（%）	0.038
			人口密度（人/平方千米）	0.039
			移动电话用户（万户）	0.011
			每万人在校大学生数（人）	0.013
			最低生活保障人口占比（%）	0.037
			每万人所拥有的医生数量（人）	0.017
	环境韧性	0.133	自然保护区占辖区面积比重（%）	0.027
			建成区绿化覆盖率（%）	0.015
			城市人均耗水量（升/人·日）	0.041
			空气质量达到及好于二级的天数（天）	0.024
			每平方千米二氧化硫年均排放量（吨）	0.014
			一般工业固体废物综合利用率（%）	0.012

续表

	一级指标	权重	二级指标	权重
城市灾害韧性评价	社区韧性	0.126	卫生、社会保障和社会福利业人员占比（%）	0.048
			公共管理和社会组织人员占比（%）	0.025
			防灾减灾社区的个数（个）	0.053
	基础设施韧性	0.247	人均道路拥有面积（人/平方米）	0.038
			学校数（所）	0.050
			每万人拥有病床数（张）	0.075
			每万人拥有公共汽（电）车数（辆）	0.033
			货运周转量（万吨）	0.026
			互联网用户（万户）	0.026
	组织韧性	0.093	失业保险覆盖率（%）	0.037
			医疗保险覆盖率（%）	0.057

2. 样本选择与数据处理

地级市是相对独立、地域性完整且具有综合性的基本区域单元，也是城市社会经济统计的基本单元，选择全国地级市为研究样本能有效反映全国主要城市的灾害韧性特征水平[3]。参考《中华人民共和国行政区划统计表》，除去少数民族地级行政区及三沙市、拉萨市、香港特别行政区、澳门特别行政区、台湾地区等统计数据缺乏的地区，最终选取全国288个地级市作为本节的研究基础（直辖市整体按1个地级市计）。

指标体系各指标来源于各省市统计年鉴、《中国城市统计年鉴》、各省市2014年经济与社会发展统计公报、统计局网站、民政部网站及林草局数据库等，人口数据由于统计资料的限制以2010年第六次人口普查数据替代，个别城市部分数据缺失则根据相邻年份的数据通过插补法予以补齐。

为消除不同评价指标具有的不同量纲和单位带来的误差影响，将各评价指标做标准化处理，在此选用极值法（Min-Max）标准化对原始数据矩阵 $\boldsymbol{X}$ 进行线性变换后得到标准化数据矩阵 $\boldsymbol{Y}$[4]。

正向指标的处理公式为：

$$\boldsymbol{Y}_{ij}=\boldsymbol{X}_{ij}-\mathrm{Min}(\boldsymbol{X}_{ij})/\mathrm{Max}(\boldsymbol{X}_{ij})-\mathrm{Min}(\boldsymbol{X}_{ij}) \tag{3-3-1}$$

负向指标的处理公式为：

$$\boldsymbol{Y}_{ij}=\mathrm{Max}(\boldsymbol{X}_{ij})-\boldsymbol{X}_{ij}/\mathrm{Max}(\boldsymbol{X}_{ij})-\mathrm{Min}(\boldsymbol{X}_{ij}) \tag{3-3-2}$$

（指标体系中负向指标有失业率、万元GDP能耗、65岁以上人口比重、人口密度、城市人均耗水量、每平方千米二氧化硫年均排放量，其余26个指标为正向指标。）

此外，为确保指标具有稳定性、数据具有可靠性，在此选用α信度系数法进行韧性评价指标体系的信度检验，借助SPSS19.0，利用克朗巴哈信度系数方法对标准化的数据进行检验，得到韧性综合评价指标的α信度系数（表3-3-2）。0.855的信度系数表明各评价指标信度较高，可用于进一步分析。

表 3-3-2　α 信度系数

可靠性统计量		
Cronbach's Alpha	基于标准化项的 Cronbach's Alpha	项数
0.826	0.855	32

3. 城市灾害韧性指数计算

使用目前最为普遍利用的计算评价指数的方法——综合评价指数法计算城市灾害韧性指数，其计算公式为：

$$R = \sum_{j=1}^{m} \omega_j p_{ij} (i = 1,2,\cdots,n, j = 1,2,\cdots,m) \qquad (3\text{-}3\text{-}3)$$

式中，ω_j 表示二级指标的综合权重；p_{ij} 表示二级指标的标准值；R 表示城市灾害韧性综合指数。

城市灾害韧性评价体系的一级指标由经济韧性、社会韧性、环境韧性、社区韧性、基础设施韧性、组织韧性六部分组成，各部分评价指数等于其对应的二级指标的标准值与二级指标对一级指标权重的乘积之和，计算公式如下：

$$r = \sum_{j=1}^{t} v_j p_{ij} (j = 1,2,\cdots,t) \qquad (3\text{-}3\text{-}4)$$

式中，v_j 表示二级指标在一级指标中的权重；p_{ij} 表示一级指标对应的二级指标的标准值；t 为一级指标对应的二级指标的个数；r 表示城市灾害韧性一级指标的评价指数。

4. 城市灾害韧性指数计算结果与分类分析

（1）全国地级市城市灾害韧性总体评估

依据城市灾害韧性指数计算结果，采用标准差分类法，由韧性指数数值与其标准值的差值大小对数据进行分组，反映出数据统计学特征。参照正态分布规律，为科学、清晰地展示分类结果，分类间隔定为 1 倍标准差，对城市灾害韧性指数进行分级。用深色系代表高韧性指数，用浅色系表示低韧性指数（图 3-3-2），将城市灾害韧性指数分为五级，从低到高分别为低韧性、较低韧性、中等韧性、较高韧性与高韧性。

图 3-3-2　城市灾害韧性指数分级

绘制出的全国 288 个地级市的城市灾害韧性评价指数分级表如下（表 3-3-3）：

表 3-3-3　全国 288 个地级市的城市灾害韧性指数分级表

城市	灾害综合韧性指数	城市	灾害综合韧性指数	城市	灾害综合韧性指数	城市	灾害综合韧性指数
广安市	0.05802	乐山市	0.104442	运城市	0.12824	呼伦贝尔市	0.170666
遂宁市	0.069555	滁州市	0.104644	景德镇市	0.128571	唐山市	0.173221
来宾市	0.070009	许昌市	0.104788	南阳市	0.128743	泉州市	0.176642
内江市	0.070109	安庆市	0.104911	桂林市	0.129389	石家庄市	0.177324

续表

城市	灾害综合韧性指数	城市	灾害综合韧性指数	城市	灾害综合韧性指数	城市	灾害综合韧性指数
巴中市	0.072514	荆门市	0.105084	莱芜市①	0.129496	乌海市	0.177596
汕尾市	0.074323	鹰潭市	0.105683	开封市	0.129598	湖州市	0.178288
亳州市	0.074907	驻马店市	0.106384	鄂州市	0.129692	南宁市	0.180385
昭通市	0.075627	连云港市	0.107288	淮安市	0.130369	攀枝花市	0.182084
南充市	0.076974	吕梁市	0.107512	防城港市	0.131089	潍坊市	0.187254
海东市	0.077257	白银市	0.107609	德州市	0.13115	吉林市	0.188116
贺州市	0.077678	咸宁市	0.107889	廊坊市	0.131717	镇江市	0.18974
云浮市	0.077899	吉安市	0.10839	九江市	0.131746	辽阳市	0.190014
达州市	0.079142	丽江市	0.108463	湛江市	0.131834	嘉峪关市	0.192538
资阳市	0.079534	邵阳市	0.108673	肇庆市	0.132461	金华市	0.19322
眉山市	0.079578	阜阳市	0.110495	铜川市	0.132876	长春市	0.195681
自贡市	0.081955	宜春市	0.111015	三明市	0.134152	威海市	0.196643
商洛市	0.082429	雅安市	0.111511	长治市	0.134245	温州市	0.197605
宜宾市	0.08279	南平市	0.111552	延安市	0.134437	淄博市	0.199024
临沧市	0.084371	日照市	0.111628	湘潭市	0.134789	铜陵市	0.203282
贵港市	0.085284	黄冈市	0.111855	通化市	0.134884	东营市	0.205615
钦州市	0.085664	莆田市	0.112069	佳木斯市	0.135214	绍兴市	0.206581
固原市	0.0862	上饶市	0.112335	阜新市	0.135279	兰州市	0.207005
玉林市	0.086531	张家界市	0.112357	韶关市	0.135327	舟山市	0.207739
中卫市	0.086629	平顶山市	0.113199	襄阳市	0.135446	合肥市	0.208561
宿州市	0.086659	黄山市	0.113439	朔州市	0.135775	大庆市	0.209416
揭阳市	0.087062	清远市	0.113765	鸡西市	0.136369	哈尔滨市	0.209515
河池市	0.087147	黑河市	0.114306	新余市	0.136719	福州市	0.209975
定西市	0.08752	赤峰市	0.114648	衡阳市	0.138106	郑州市	0.212029
崇左市	0.087762	铁岭市	0.115209	黄石市	0.138244	盘锦市	0.212084
安康市	0.08811	邢台市	0.115357	金昌市	0.138465	南昌市	0.214007
六安市	0.089052	松原市	0.115668	泰州市	0.139199	烟台市	0.218531
泸州市	0.089345	菏泽市	0.1159	蚌埠市	0.139473	本溪市	0.218846
安顺市	0.089809	常德市	0.11767	盐城市	0.13987	抚顺市	0.21987
平凉市	0.090707	北海市	0.118315	酒泉市	0.140347	三亚市	0.222066
梧州市	0.0923	临汾市	0.118704	沧州市	0.140982	贵阳市	0.222935
濮阳市	0.092392	德阳市	0.118901	邯郸市	0.141736	嘉兴市	0.22677
普洱市	0.092489	葫芦岛市	0.119284	玉溪市	0.142142	包头市	0.227193
铜仁市	0.09396	宝鸡市	0.119755	保定市	0.142403	银川市	0.227545

① 莱芜市于 2019 年并入济南市，现称莱芜区。

续表

城市	灾害综合韧性指数	城市	灾害综合韧性指数	城市	灾害综合韧性指数	城市	灾害综合韧性指数
保山市	0.094179	绵阳市	0.119863	芜湖市	0.142861	江门市	0.22938
益阳市	0.09519	四平市	0.119987	株洲市	0.142873	沈阳市	0.235399
吴忠市	0.095239	萍乡市	0.120441	泰安市	0.143191	呼和浩特市	0.235981
漯河市	0.095241	焦作市	0.120551	晋城市	0.144064	常州市	0.237508
曲靖市	0.095255	遵义市	0.120571	汕头市	0.144629	惠州市	0.239752
六盘水市	0.095284	齐齐哈尔市	0.120675	晋中市	0.145799	昆明市	0.242163
天水市	0.0957	朝阳市	0.120748	石嘴山市	0.14582	海口市	0.256316
宣城市	0.096017	双鸭山市	0.12086	岳阳市	0.145987	克拉玛依市	0.256539
梅州市	0.096116	怀化市	0.121119	武威市	0.146119	西安市	0.258821
潮州市	0.096402	辽源市	0.121172	洛阳市	0.146227	鄂尔多斯市	0.259695
池州市	0.096896	郴州市	0.121185	牡丹江市	0.14623	济南市	0.261254
河源市	0.096973	承德市	0.121582	滨州市	0.147191	长沙市	0.26389
荆州市	0.09814	巴彦淖尔市	0.121808	临沂市	0.148211	太原市	0.267547
衡水市	0.098279	淮北市	0.12195	十堰市	0.148342	乌鲁木齐市	0.28301
毕节市	0.098407	新乡市	0.122371	白城市	0.148347	无锡市	0.288401
鹤壁市	0.098413	张家口市	0.122419	鹤岗市	0.148697	成都市	0.291263
永州市	0.098472	枣庄市	0.12248	阳泉市	0.15017	青岛市	0.300171
庆阳市	0.098781	咸阳市	0.122493	伊春市	0.15033	南京市	0.314483
百色市	0.098969	三门峡市	0.122981	柳州市	0.152978	中山市	0.314906
信阳市	0.099039	陇南市	0.123277	徐州市	0.155262	重庆	0.318755
商丘市	0.099343	龙岩市	0.123782	鞍山市	0.156121	武汉市	0.322605
宿迁市	0.099799	淮南市	0.123946	扬州市	0.158593	宁波市	0.32715
广元市	0.100182	娄底市	0.124296	锦州市	0.158694	大连市	0.331698
阳江市	0.100316	衢州市	0.124694	大同市	0.159616	佛山市	0.353529
张掖市	0.101562	乌兰察布市	0.124972	宜昌市	0.159926	杭州市	0.362211
安阳市	0.101963	七台河市	0.125039	营口市	0.161337	苏州市	0.378949
渭南市	0.102448	通辽市	0.125517	秦皇岛市	0.1644	厦门市	0.399109
宁德市	0.102586	忻州市	0.125525	济宁市	0.164967	天津	0.404383
随州市	0.102767	马鞍山市	0.126384	白山市	0.167106	珠海市	0.431918
茂名市	0.103321	丽水市	0.126509	西宁市	0.167161	东莞市	0.458286
抚州市	0.103495	赣州市	0.12691	丹东市	0.167502	上海	0.494299
汉中市	0.10387	聊城市	0.127038	榆林市	0.168214	广州市	0.497785
周口市	0.103991	漳州市	0.127563	南通市	0.168894	北京	0.563145
孝感市	0.10422	绥化市	0.128066	台州市	0.169808	深圳市	0.578031

全国288个地级市的城市灾害韧性指数平均值为0.153；城市灾害韧性最高的城市是深圳，韧性指数为0.578；其次是北京，韧性指数为0.563；广州居于第三，韧性指数为0.498；四川省广安市居于最末，韧性指数仅为0.058。不同城市之间韧性指数差异显著，城市灾害韧性指数的最大值是最小值的近10倍。根据标准差分类分级方法，将我国地级市城市灾害韧性指数按照图3-2-2划分为5个层级，对应的指标区间依次为［0～0.11］，(0.11～0.20］，(0.20～0.28］，(0.28～0.36］，(0.36～0.58］，依次对应城市灾害韧性强度低韧性、较低韧性、中等韧性、较高韧性、高韧性。

对城市灾害韧性指数各分级内城市数量进行统计（图3-3-3），从低韧性到高韧性五种类型的城市数量占比依次为32%、50%、11%、4%、2%。其中，低韧性与较低韧性城市数量占总数的82%，较高韧性与高韧性城市数量仅占总量的6%。由此可以看出，当前国内城市平均韧性指数较低，城市应对灾害并及时从灾害中恢复的能力较弱。

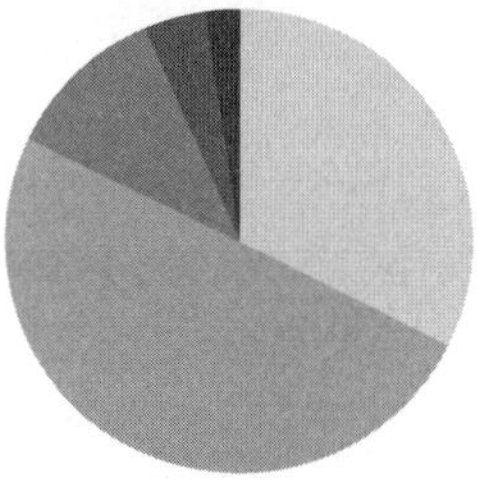

图3-3-3　城市灾害韧性分级数量统计图

以省为单位，对29个省、自治区、直辖市的城市平均韧性进行统计（表3-3-4）。直辖市平均韧性明显高于省辖地级城市的平均韧性。各省平均韧性排序中，新疆维吾尔自治区城市平均韧性最高，韧性指数为0.270；海南省第二；广东省第三；云南省、广西壮族自治区、四川省排序为后三位，其中，四川省城市灾害韧性最低，韧性指数为0.104。其中，新疆维吾尔自治区与海南省平均韧性指数较高与仅选部分城市参与评分有关，并不能代表省内综合情况。因此，将该因素考虑在内，各省份当中广东省平均韧性指数最高，其次为浙江省与江苏省。

表3-3-4　省级行政区平均韧性排序表（前十位与后十位）

排序	名称	平均韧性指数	排序	名称	平均韧性指数
1	北京市	0.563	20	陕西省	0.131
2	上海市	0.494	21	甘肃省	0.127
3	天津市	0.404	22	江西省	0.127
4	重庆市	0.319	23	青海省	0.127
5	新疆维吾尔自治区	0.270	24	安徽省	0.121
6	海南省	0.239	25	贵州省	0.118
7	广东省	0.214	26	河南省	0.117
8	浙江省	0.211	27	云南省	0.117
9	江苏省	0.193	28	广西壮族自治区	0.106
10	辽宁省	0.182	29	四川省	0.104

（2）全国地级市城市灾害韧性分系统评价

①经济韧性。全国288个地级市的经济韧性指数算术平均数为0.179。根据城市经济韧性指数计算结果与标准差分类法，将城市经济韧性指数分为四类，分别为低韧性、中等韧性、较高韧性、高韧性（表3-3-5）。低韧性至高韧性的不同层级城市数量占比分别为35.76％、43.30％、13.90％、6.94％，总体分布规律表现为：东部沿海地区经济韧性指数较高，中西部地区较低。

表3-3-5 城市经济韧性分级表

城市	经济韧性指数	城市	经济韧性指数	城市	经济韧性指数	城市	经济韧性指数
昭通市	0.055316	汕尾市	0.109022	鄂州市	0.134791	兰州市	0.21391
临沧市	0.059782	天水市	0.111022	淮北市	0.135527	太原市	0.214567
巴中市	0.060763	安阳市	0.111196	十堰市	0.135966	德州市	0.218143
吴忠市	0.065073	安顺市	0.111227	张家界市	0.137093	营口市	0.218327
鹤岗市	0.065694	巴彦淖尔市	0.11137	晋中市	0.13802	乌海市	0.218417
周口市	0.068856	上饶市	0.111563	攀枝花市	0.139538	江门市	0.22064
中卫市	0.069294	四平市	0.111944	衡阳市	0.139795	舟山市	0.222114
伊春市	0.069415	淮南市	0.112035	保定市	0.140156	淮安市	0.224814
遂宁市	0.070425	铁岭市	0.112164	秦皇岛市	0.14319	三亚市	0.225664
雅安市	0.074685	贵港市	0.112264	揭阳市	0.143462	南昌市	0.226563
鸡西市	0.074959	佳木斯市	0.112643	长治市	0.14347	泰安市	0.231077
普洱市	0.075164	运城市	0.112893	湘潭市	0.145407	石家庄市	0.236635
海东市	0.075502	开封市	0.113188	清远市	0.146566	郑州市	0.240814
丽江市	0.076321	张掖市	0.1133	南平市	0.146639	乌鲁木齐市	0.242892
平凉市	0.076741	云浮市	0.113775	酒泉市	0.146641	临沂市	0.243053
内江市	0.076901	临汾市	0.113794	通辽市	0.147684	湖州市	0.243438
保山市	0.077204	葫芦岛市	0.114163	洛阳市	0.149298	昆明市	0.245859
达州市	0.078686	梅州市	0.114426	阳江市	0.149348	长春市	0.247005
百色市	0.081789	绵阳市	0.11447	莱芜市	0.149375	哈尔滨市	0.247527
南充市	0.081874	乌兰察布市	0.114546	晋城市	0.152852	惠州市	0.247762
黑河市	0.081962	南阳市	0.115069	西宁市	0.153114	唐山市	0.251174
广元市	0.081985	邢台市	0.115587	黄石市	0.153168	盐城市	0.253586
商洛市	0.083613	阜新市	0.11595	丹东市	0.153367	宜昌市	0.255997
眉山市	0.084913	蚌埠市	0.116133	邯郸市	0.153777	潍坊市	0.259417
资阳市	0.085689	石嘴山市	0.1165	牡丹江市	0.154763	海口市	0.260894
双鸭山市	0.086272	张家口市	0.117097	呼伦贝尔市	0.156555	西安市	0.269842
武威市	0.086437	永州市	0.117384	锦州市	0.15709	合肥市	0.271316

续表

城市	经济韧性指数	城市	经济韧性指数	城市	经济韧性指数	城市	经济韧性指数
七台河市	0.087302	抚州市	0.117584	韶关市	0.157112	大庆市	0.275774
绥化市	0.087488	朝阳市	0.118199	辽阳市	0.157343	台州市	0.276143
固原市	0.088522	黄冈市	0.119033	衢州市	0.158075	徐州市	0.279139
广安市	0.088718	衡水市	0.119181	菏泽市	0.158477	泰州市	0.279533
来宾市	0.088919	池州市	0.119632	常德市	0.159639	呼和浩特市	0.286456
商丘市	0.089187	吉安市	0.12017	松原市	0.162186	福州市	0.290312
贺州市	0.092367	河源市	0.121109	防城港市	0.163228	淄博市	0.291382
毕节市	0.092705	宜春市	0.121767	柳州市	0.164644	威海市	0.291513
娄底市	0.092988	承德市	0.121953	岳阳市	0.165884	金华市	0.297227
安康市	0.09374	金昌市	0.122058	马鞍山市	0.167075	克拉玛依市	0.297593
定西市	0.094014	焦作市	0.122091	茂名市	0.168115	扬州市	0.302376
亳州市	0.094636	景德镇市	0.122969	肇庆市	0.168254	珠海市	0.303911
新乡市	0.094782	益阳市	0.123256	丽水市	0.173017	嘉兴市	0.304768
宜宾市	0.095613	黄山市	0.12358	银川市	0.174316	烟台市	0.307227
铜川市	0.095698	孝感市	0.124303	芜湖市	0.174319	温州市	0.314142
乐山市	0.096414	随州市	0.124801	宁德市	0.175075	泉州市	0.326677
陇南市	0.096681	三门峡市	0.12484	莆田市	0.176722	厦门市	0.327526
六安市	0.096745	萍乡市	0.124954	新余市	0.176845	包头市	0.328442
梧州市	0.097545	怀化市	0.125542	本溪市	0.176889	绍兴市	0.329811
忻州市	0.097597	鹰潭市	0.126015	铜陵市	0.177386	中山市	0.33377
渭南市	0.097726	德阳市	0.126253	日照市	0.178485	镇江市	0.334631
钦州市	0.098028	咸阳市	0.1265	湛江市	0.179554	济南市	0.336778
鹤壁市	0.098118	赤峰市	0.126831	抚顺市	0.181743	东营市	0.345584
白银市	0.099207	桂林市	0.127101	龙岩市	0.182451	沈阳市	0.352211
泸州市	0.099914	滁州市	0.127209	沧州市	0.182677	南通市	0.354273
吕梁市	0.100964	宝鸡市	0.12729	吉林市	0.183487	长沙市	0.367149
齐齐哈尔市	0.101527	延安市	0.127426	连云港市	0.184721	成都市	0.378769
平顶山市	0.10207	赣州市	0.128083	朔州市	0.18511	鄂尔多斯市	0.398899
庆阳市	0.102187	荆门市	0.12833	株洲市	0.186997	大连市	0.400934
自贡市	0.102199	九江市	0.130059	枣庄市	0.188453	东莞市	0.401346
河池市	0.102213	大同市	0.130442	聊城市	0.188587	武汉市	0.401749
六盘水市	0.102649	邵阳市	0.130516	嘉峪关市	0.189682	常州市	0.408811
漯河市	0.103752	安庆市	0.131036	襄阳市	0.189884	佛山市	0.428332
铜仁市	0.104024	潮州市	0.131528	南宁市	0.191313	青岛市	0.43367

续表

城市	经济韧性指数	城市	经济韧性指数	城市	经济韧性指数	城市	经济韧性指数
汉中市	0.10429	咸宁市	0.131671	汕头市	0.191626	重庆	0.437351
信阳市	0.104657	北海市	0.131901	廊坊市	0.194414	南京市	0.444713
玉林市	0.10527	玉溪市	0.132758	榆林市	0.196396	宁波市	0.46604
荆州市	0.10591	宣城市	0.132803	宿迁市	0.198802	杭州市	0.494461
濮阳市	0.105936	遵义市	0.133028	三明市	0.199862	无锡市	0.496758
驻马店市	0.105965	白山市	0.133724	漳州市	0.202437	天津	0.525301
宿州市	0.106465	许昌市	0.133976	贵阳市	0.202921	广州市	0.665579
白城市	0.106789	阳泉市	0.133994	滨州市	0.20601	苏州市	0.671675
崇左市	0.106962	郴州市	0.134317	济宁市	0.208232	北京	0.689742
阜阳市	0.108034	通化市	0.134466	盘锦市	0.210705	深圳市	0.697749
曲靖市	0.108411	辽源市	0.13467	鞍山市	0.211154	上海	0.72496

②社会韧性。全国平均社会韧性指数为0.193。根据城市社会韧性指数计算结果与标准差分类法，将城市社会韧性指数分为五类，分别为低韧性、较低韧性、中等韧性、较高韧性、高韧性（表3-3-6）。不同城市之间社会韧性指数存在较大的差异，韧性从低到高的不同层级城市数量占总数的比重分别是34.38%、42.71%、12.84%、6.94%、3.13%，其中，22.92%的城市拥有中等及以上社会韧性。

表3-3-6　城市社会韧性分级表

城市	社会韧性指数	城市	社会韧性指数	城市	社会韧性指数	城市	社会韧性指数
达州市	0.083238	驻马店市	0.138655	黄石市	0.169669	牡丹江市	0.22324
宜宾市	0.090555	六盘水市	0.138713	四平市	0.170552	开封市	0.223956
资阳市	0.093264	昭通市	0.139445	邢台市	0.17098	吉林市	0.224115
内江市	0.094749	崇左市	0.13993	铜川市	0.171858	酒泉市	0.227544
亳州市	0.100285	三明市	0.140113	廊坊市	0.172266	乌海市	0.227886
泸州市	0.101179	张家界市	0.141388	邯郸市	0.172659	晋中市	0.22972
自贡市	0.102247	梧州市	0.141482	赣州市	0.172897	阳泉市	0.230548
遂宁市	0.103441	商丘市	0.141698	保定市	0.17376	辽源市	0.231858
广安市	0.10825	荆州市	0.141891	淮北市	0.174058	阜新市	0.231945
眉山市	0.110966	百色市	0.142603	景德镇市	0.174101	鸡西市	0.233592
玉林市	0.113143	商洛市	0.142653	芜湖市	0.174588	佳木斯市	0.233911
六安市	0.113822	南阳市	0.142672	菏泽市	0.174984	中卫市	0.234055
龙岩市	0.113929	湖州市	0.143552	嘉兴市	0.174999	佛山市	0.237704
普洱市	0.114524	荆门市	0.143875	张家口市	0.175209	新余市	0.237716

续表

城市	社会韧性指数	城市	社会韧性指数	城市	社会韧性指数	城市	社会韧性指数
宁德市	0.114655	鄂州市	0.143978	贵港市	0.175553	石家庄市	0.239277
南充市	0.114796	漳州市	0.144381	泉州市	0.176014	运城市	0.239951
渭南市	0.115339	湛江市	0.144704	克拉玛依市	0.176732	抚顺市	0.240488
宝鸡市	0.117013	绵阳市	0.14486	萍乡市	0.177607	重庆	0.240504
宿州市	0.117402	茂名市	0.145271	本溪市	0.177669	铜陵市	0.241248
云浮市	0.118021	聊城市	0.145792	绍兴市	0.177781	中山市	0.242346
阜阳市	0.118343	永州市	0.146089	防城港市	0.178201	鄂尔多斯市	0.245742
阳江市	0.119596	天水市	0.146365	辽阳市	0.178274	宁波市	0.246798
泰州市	0.120198	韶关市	0.147478	济宁市	0.179285	海东市	0.252237
安庆市	0.120837	抚州市	0.148399	沧州市	0.179488	大连市	0.259779
保山市	0.12116	衡水市	0.149137	鹰潭市	0.179611	福州市	0.260736
安康市	0.12135	遵义市	0.149219	咸宁市	0.179703	西宁市	0.26146
随州市	0.123154	庆阳市	0.14929	唐山市	0.179837	苏州市	0.262412
曲靖市	0.123435	娄底市	0.150055	张掖市	0.179936	嘉峪关市	0.26307
安顺市	0.123658	葫芦岛市	0.15014	舟山市	0.181205	南宁市	0.263637
宿迁市	0.123666	平凉市	0.150543	威海市	0.181378	秦皇岛市	0.269257
来宾市	0.124072	扬州市	0.150617	丽江市	0.183304	忻州市	0.271756
陇南市	0.124093	朝阳市	0.151226	长治市	0.183805	合肥市	0.272619
邵阳市	0.124365	平顶山市	0.151955	镇江市	0.184667	淄博市	0.273733
周口市	0.124429	武威市	0.152211	营口市	0.185667	青岛市	0.27501
汕尾市	0.124481	德州市	0.15224	鹤壁市	0.1858	长春市	0.278594
孝感市	0.124898	松原市	0.15235	洛阳市	0.185934	呼伦贝尔市	0.282009
莆田市	0.124965	临沂市	0.152869	株洲市	0.18605	大同市	0.282272
巴中市	0.125023	衢州市	0.153352	温州市	0.186978	黑河市	0.282605
汕头市	0.125059	延安市	0.153855	吕梁市	0.187712	白山市	0.28763
濮阳市	0.125997	淮安市	0.154002	乌兰察布市	0.18832	银川市	0.289042
河源市	0.126289	郴州市	0.154202	惠州市	0.188698	沈阳市	0.290518
滁州市	0.127353	襄阳市	0.154947	徐州市	0.189607	鹤岗市	0.297439
揭阳市	0.127781	安阳市	0.15572	承德市	0.189713	三亚市	0.308904
钦州市	0.128041	宜春市	0.155783	柳州市	0.190311	上海	0.310888
广元市	0.128645	常德市	0.156407	榆林市	0.190591	天津	0.311219
清远市	0.128702	岳阳市	0.156471	焦作市	0.191888	包头市	0.313155
信阳市	0.12985	铁岭市	0.156557	衡阳市	0.192309	蚌埠市	0.314988
南平市	0.130091	绥化市	0.156853	淮南市	0.192666	成都市	0.327621

续表

城市	社会韧性指数	城市	社会韧性指数	城市	社会韧性指数	城市	社会韧性指数
宣城市	0.13071	赤峰市	0.156923	巴彦淖尔市	0.192816	郑州市	0.339149
临沧市	0.130951	莱芜市	0.156969	九江市	0.193065	伊春市	0.340901
白银市	0.131479	马鞍山市	0.157531	金昌市	0.193223	乌鲁木齐市	0.347907
德阳市	0.131501	三门峡市	0.158265	石嘴山市	0.193761	呼和浩特市	0.350751
潮州市	0.131518	怀化市	0.158443	烟台市	0.194908	哈尔滨市	0.35232
南通市	0.131585	黄山市	0.159344	金华市	0.19801	长沙市	0.355755
连云港市	0.132006	台州市	0.159697	白城市	0.198048	杭州市	0.358708
乐山市	0.132075	丽水市	0.159855	临汾市	0.199521	昆明市	0.359517
定西市	0.132225	上饶市	0.16067	桂林市	0.199601	厦门市	0.366612
河池市	0.13281	固原市	0.160866	晋城市	0.199721	南昌市	0.366804
铜仁市	0.132907	吉安市	0.161337	朔州市	0.200116	贵阳市	0.370913
鞍山市	0.134187	池州市	0.161456	潍坊市	0.200228	大庆市	0.372113
肇庆市	0.134729	咸阳市	0.162226	攀枝花市	0.201031	西安市	0.382723
盐城市	0.134804	齐齐哈尔市	0.162695	通化市	0.201936	兰州市	0.383158
日照市	0.134864	东营市	0.164395	常州市	0.203997	南京市	0.399788
汉中市	0.134993	丹东市	0.164617	双鸭山市	0.207955	海口市	0.408803
许昌市	0.135228	吴忠市	0.164866	盘锦市	0.209255	武汉市	0.426352
枣庄市	0.136079	宜昌市	0.165341	无锡市	0.211178	东莞市	0.429417
梅州市	0.13609	滨州市	0.166875	七台河市	0.214487	珠海市	0.429778
益阳市	0.136192	北海市	0.16766	十堰市	0.215049	济南市	0.432679
漯河市	0.136253	新乡市	0.167694	黄冈市	0.216295	太原市	0.459562
毕节市	0.13627	雅安市	0.168728	通辽市	0.216893	北京	0.474101
贺州市	0.136758	泰安市	0.168921	锦州市	0.218377	深圳市	0.487445
江门市	0.138475	玉溪市	0.169527	湘潭市	0.222379	广州市	0.525933

③环境韧性。全国 288 个地级市的平均环境韧性指数为 0.121，整体城市环境韧性较低。城市环境韧性指数分为五类（表 3-3-7），低环境韧性至高环境韧性的不同层级城市数量分别占比 33.68%、48.26%、10.42%、4.17%、3.47%。其中，环境韧性指数较低的城市主要分布在河北、河南、山西、湖南、湖北等华北及中部地区。西南、东北、东部沿海地区城市环境指数以中等以上韧性为主。

表 3-3-7　城市环境韧性分级表

城市	环境韧性指数	城市	环境韧性指数	城市	环境韧性指数	城市	环境韧性指数
邢台市	0.038006	临汾市	0.07556	威海市	0.09445	朝阳市	0.135156
德州市	0.04025	台州市	0.076468	上饶市	0.094683	黑河市	0.135979

续表

城市	环境韧性指数	城市	环境韧性指数	城市	环境韧性指数	城市	环境韧性指数
安阳市	0.04229	绍兴市	0.076505	新余市	0.096086	德阳市	0.136323
菏泽市	0.043016	忻州市	0.076634	襄阳市	0.096546	牡丹江市	0.140484
潍坊市	0.044277	郴州市	0.076926	汉中市	0.097003	锦州市	0.140732
焦作市	0.044933	咸宁市	0.07749	温州市	0.097138	防城港市	0.141436
衡水市	0.049112	六盘水市	0.077863	遵义市	0.097662	景德镇市	0.14169
濮阳市	0.049248	南充市	0.078302	嘉峪关市	0.098357	苏州市	0.142431
广安市	0.049944	丽水市	0.078553	合肥市	0.098989	盐城市	0.142774
邯郸市	0.050003	南平市	0.079002	宜春市	0.099382	广元市	0.143084
孝感市	0.050295	玉林市	0.079378	常德市	0.100683	桂林市	0.146305
阳泉市	0.051724	淮北市	0.079659	通辽市	0.101219	大庆市	0.147148
周口市	0.052256	长春市	0.079687	乐山市	0.101531	齐齐哈尔市	0.147367
唐山市	0.05229	咸阳市	0.080477	金昌市	0.101875	西安市	0.150646
海东市	0.05235	本溪市	0.080765	吴忠市	0.101941	乌鲁木齐市	0.152346
张家口市	0.053924	湖州市	0.080814	潮州市	0.102735	资阳市	0.154115
沧州市	0.054056	通化市	0.080853	吉安市	0.102841	绵阳市	0.157945
许昌市	0.055084	宜宾市	0.080944	昆明市	0.103803	韶关市	0.15821
自贡市	0.055365	来宾市	0.081144	晋中市	0.104235	普洱市	0.158397
鹤壁市	0.055506	达州市	0.081244	黄石市	0.104377	七台河市	0.158518
平顶山市	0.056407	淮南市	0.081286	莆田市	0.104789	北海市	0.160334
商丘市	0.056618	淄博市	0.081478	宝鸡市	0.105491	武汉市	0.162375
内江市	0.056826	怀化市	0.081726	阳江市	0.106347	南京市	0.162583
漯河市	0.057078	漳州市	0.082032	黄山市	0.106922	太原市	0.164384
开封市	0.058116	衡阳市	0.082242	淮安市	0.108	岳阳市	0.165339
枣庄市	0.058562	阜阳市	0.082612	杭州市	0.108203	鸡西市	0.166905
泰州市	0.058928	龙岩市	0.082915	青岛市	0.109485	东营市	0.168603
天水市	0.059202	铁岭市	0.083102	抚州市	0.110022	成都市	0.168953
毕节市	0.060989	包头市	0.083187	铜仁市	0.110763	丽江市	0.169269
贵港市	0.061092	鞍山市	0.083449	庆阳市	0.111793	攀枝花市	0.172852
嘉兴市	0.061242	遂宁市	0.083463	池州市	0.111876	丹东市	0.175346
云浮市	0.061719	郑州市	0.084073	福州市	0.112158	西宁市	0.176821
亳州市	0.062574	宣城市	0.084132	崇左市	0.112308	保山市	0.184549
连云港市	0.062731	泉州市	0.084199	无锡市	0.112599	北京	0.189776
辽源市	0.063043	渭南市	0.084241	常州市	0.1127	三亚市	0.190578
荆门市	0.063989	徐州市	0.084318	大同市	0.11328	双鸭山市	0.191884

续表

城市	环境韧性指数	城市	环境韧性指数	城市	环境韧性指数	城市	环境韧性指数
张掖市	0.065431	临沂市	0.084544	莱芜市	0.113373	海口市	0.195492
黄冈市	0.066238	贺州市	0.087242	揭阳市	0.114916	酒泉市	0.196081
钦州市	0.066549	安康市	0.087276	秦皇岛市	0.114926	烟台市	0.196977
榆林市	0.06679	延安市	0.087651	哈尔滨市	0.117719	佳木斯市	0.197447
洛阳市	0.066836	肇庆市	0.087798	曲靖市	0.117782	伊春市	0.198296
石嘴山市	0.067756	承德市	0.087967	清远市	0.117943	惠州市	0.202176
聊城市	0.06779	安庆市	0.088084	赤峰市	0.119197	湛江市	0.202741
商洛市	0.06786	柳州市	0.089251	河源市	0.119377	呼和浩特市	0.204999
河池市	0.067912	长治市	0.089789	晋城市	0.119484	张家界市	0.211446
中卫市	0.06884	鹰潭市	0.089953	百色市	0.120646	玉溪市	0.21801
驻马店市	0.069745	茂名市	0.090152	安顺市	0.1212	随州市	0.222031
益阳市	0.069941	三门峡市	0.090277	雅安市	0.122378	乌兰察布市	0.222389
六安市	0.069996	松原市	0.090463	铜川市	0.122633	中山市	0.233536
四平市	0.070406	三明市	0.090473	贵阳市	0.122952	克拉玛依市	0.236677
石家庄市	0.070656	宿迁市	0.090498	济宁市	0.122956	鄂州市	0.242928
阜新市	0.070767	巴彦淖尔市	0.09054	沈阳市	0.123192	娄底市	0.245331
荆州市	0.070818	葫芦岛市	0.090909	朔州市	0.124266	广州市	0.247679
平凉市	0.071016	固原市	0.09118	呼伦贝尔市	0.124642	南昌市	0.250055
定西市	0.071245	萍乡市	0.091908	泸州市	0.125356	盘锦市	0.259952
衢州市	0.071342	芜湖市	0.092041	长沙市	0.127334	白城市	0.263021
日照市	0.07138	泰安市	0.092181	天津	0.127495	铜陵市	0.263703
宜昌市	0.071524	蚌埠市	0.092211	鄂尔多斯市	0.128194	佛山市	0.265196
乌海市	0.071576	马鞍山市	0.092367	江门市	0.128245	银川市	0.274849
滁州市	0.071606	白银市	0.093228	兰州市	0.128471	厦门市	0.293648
湘潭市	0.072006	株洲市	0.093311	临沧市	0.129602	上海	0.295966
廊坊市	0.072189	白山市	0.093377	梅州市	0.130093	汕头市	0.30354
新乡市	0.072253	赣州市	0.093465	重庆	0.130903	吉林市	0.312114
吕梁市	0.07317	南阳市	0.093795	巴中市	0.131801	辽阳市	0.338392
保定市	0.073913	宁德市	0.093854	九江市	0.131949	抚顺市	0.349539
宿州市	0.0741	南通市	0.093999	宁波市	0.132189	陇南市	0.374581
营口市	0.074115	运城市	0.094069	鹤岗市	0.132212	大连市	0.405957
济南市	0.07444	眉山市	0.094134	扬州市	0.132772	绥化市	0.407683
邵阳市	0.074774	舟山市	0.09421	南宁市	0.133597	东莞市	0.438458
金华市	0.075186	汕尾市	0.094314	滨州市	0.133787	珠海市	0.44623

续表

城市	环境韧性指数	城市	环境韧性指数	城市	环境韧性指数	城市	环境韧性指数
梧州市	0.075266	永州市	0.094343	信阳市	0.13383	武威市	0.468493
昭通市	0.075424	镇江市	0.094433	十堰市	0.135104	深圳市	0.614466

④社区韧性。全国平均社区韧性指数为0.162。社区韧性指数划分为五类，分别为低韧性、较低韧性、中等韧性、较高韧性、高韧性（表3-3-8）。从低到高的不同层级城市数量占总数比重分别是30.56%、50.35%、13.18%、2.78%、3.13%。城市社区韧性较高的城市主要分布于东北与东南沿海地区，社区韧性较低的城市则分布于中部与西南省份。

表3-3-8 城市社区韧性分级表

城市	社区韧性指数	城市	社区韧性指数	城市	社区韧性指数	城市	社区韧性指数
亳州市	0.013984	娄底市	0.104672	济宁市	0.136213	十堰市	0.192635
揭阳市	0.022866	梅州市	0.105321	萍乡市	0.136243	东营市	0.193876
汕尾市	0.024203	南通市	0.105632	佳木斯市	0.13676	榆林市	0.19486
曲靖市	0.028305	马鞍山市	0.105751	聊城市	0.137618	哈尔滨市	0.195884
茂名市	0.036222	南阳市	0.1067	鸡西市	0.138509	威海市	0.195999
阜阳市	0.036782	淮南市	0.106724	吕梁市	0.138646	乌海市	0.197086
玉林市	0.039357	邢台市	0.107273	安康市	0.139304	张家口市	0.197093
宿州市	0.040904	抚州市	0.107564	晋城市	0.139493	江门市	0.197795
六安市	0.041143	普洱市	0.107712	乌兰察布市	0.139687	铜陵市	0.201639
广安市	0.041275	常德市	0.108233	三门峡市	0.139713	烟台市	0.204196
周口市	0.042042	保定市	0.108308	铁岭市	0.139861	柳州市	0.204999
贵港市	0.044817	梧州市	0.108781	抚顺市	0.14112	湖州市	0.205277
资阳市	0.045884	绵阳市	0.109191	伊春市	0.141555	攀枝花市	0.207542
宿迁市	0.053635	益阳市	0.109345	怀化市	0.141633	防城港市	0.208872
昭通市	0.053643	淮北市	0.109417	丽江市	0.143671	丽水市	0.210445
毕节市	0.053719	鹤壁市	0.109817	景德镇市	0.144279	包头市	0.214361
潮州市	0.06247	遵义市	0.110601	武威市	0.14466	兰州市	0.216043
达州市	0.062579	临沂市	0.110866	锦州市	0.14531	郑州市	0.220633
海东市	0.064081	扬州市	0.11087	双鸭山市	0.146758	镇江市	0.220885
湛江市	0.064347	漯河市	0.111265	株洲市	0.147186	丹东市	0.222826
遂宁市	0.065472	芜湖市	0.111497	汉中市	0.147296	呼伦贝尔市	0.225515
南充市	0.065616	百色市	0.111645	七台河市	0.149897	惠州市	0.226713
来宾市	0.065749	黄冈市	0.112007	滨州市	0.151028	嘉峪关市	0.227316
随州市	0.06612	松原市	0.112022	肇庆市	0.151386	秦皇岛市	0.228638

续表

城市	社区韧性指数	城市	社区韧性指数	城市	社区韧性指数	城市	社区韧性指数
钦州市	0.067265	平顶山市	0.112115	枣庄市	0.151882	常州市	0.228795
安庆市	0.067605	德阳市	0.112272	牡丹江市	0.154822	石嘴山市	0.233691
蚌埠市	0.070041	吉安市	0.112292	大同市	0.155464	温州市	0.237669
泸州市	0.070786	沧州市	0.112418	石家庄市	0.156152	鹤岗市	0.237892
滁州市	0.072864	平凉市	0.113456	焦作市	0.157143	嘉兴市	0.237897
莆田市	0.07328	清远市	0.113893	黄石市	0.157624	盘锦市	0.239254
安阳市	0.073706	新余市	0.114388	辽阳市	0.158051	西宁市	0.240601
内江市	0.073741	永州市	0.11487	晋中市	0.158082	白城市	0.241952
濮阳市	0.073833	张家界市	0.115142	长治市	0.158083	金华市	0.243596
巴中市	0.077893	泰安市	0.115416	宝鸡市	0.160425	铜川市	0.246144
泉州市	0.081807	宜春市	0.115659	白银市	0.161048	西安市	0.250868
绥化市	0.081939	菏泽市	0.117027	三明市	0.161524	青岛市	0.252895
驻马店市	0.082642	辽源市	0.117375	黄山市	0.162019	武汉市	0.254181
固原市	0.083396	乐山市	0.117397	龙岩市	0.162517	南京市	0.265012
盐城市	0.083707	宁德市	0.117585	营口市	0.162742	无锡市	0.265289
陇南市	0.084149	荆州市	0.117604	临汾市	0.164562	重庆	0.265638
自贡市	0.085455	阳江市	0.119717	唐山市	0.166456	成都市	0.266289
汕头市	0.085462	葫芦岛市	0.120404	忻州市	0.167016	沈阳市	0.267343
信阳市	0.085857	新乡市	0.122376	黑河市	0.168096	长沙市	0.269995
云浮市	0.086709	赤峰市	0.122766	襄阳市	0.168617	济南市	0.27006
中卫市	0.087618	泰州市	0.123099	德州市	0.168976	昆明市	0.273985
六盘水市	0.089305	开封市	0.12357	南宁市	0.169104	苏州市	0.274965
邵阳市	0.08933	北海市	0.123889	阜新市	0.169716	贵阳市	0.276215
眉山市	0.089548	通辽市	0.125176	衢州市	0.17021	呼和浩特市	0.279503
衡水市	0.089967	赣州市	0.126157	宜昌市	0.174296	白山市	0.2798
商丘市	0.090028	莱芜市	0.126795	鞍山市	0.174975	大连市	0.280875
宜宾市	0.09057	九江市	0.127358	合肥市	0.175093	中山市	0.281751
连云港市	0.094227	湘潭市	0.127611	咸宁市	0.175169	太原市	0.29426
徐州市	0.094752	鄂州市	0.127899	朝阳市	0.175515	鄂尔多斯市	0.294956
池州市	0.095538	天水市	0.128088	朔州市	0.1765	银川市	0.296711
河池市	0.095539	衡阳市	0.128146	张掖市	0.176756	三亚市	0.312386
上饶市	0.095741	孝感市	0.128148	吉林市	0.179294	延安市	0.32727
漳州市	0.095796	郴州市	0.129119	承德市	0.179461	天津	0.332063
安顺市	0.097349	商洛市	0.130089	玉溪市	0.180096	克拉玛依市	0.340488

续表

城市	社区韧性指数	城市	社区韧性指数	城市	社区韧性指数	城市	社区韧性指数
鹰潭市	0.098737	南平市	0.130205	酒泉市	0.181268	佛山市	0.344236
定西市	0.099217	洛阳市	0.130461	巴彦淖尔市	0.182138	厦门市	0.344664
贺州市	0.099315	廊坊市	0.130566	台州市	0.182173	宁波市	0.367431
临沧市	0.099993	渭南市	0.130762	雅安市	0.182225	舟山市	0.385459
宣城市	0.100837	吴忠市	0.130826	绍兴市	0.185455	广州市	0.414932
许昌市	0.101357	广元市	0.131135	淄博市	0.186787	海口市	0.435317
淮安市	0.101617	桂林市	0.131388	通化市	0.186822	杭州市	0.442595
保山市	0.101713	四平市	0.131802	岳阳市	0.18747	珠海市	0.465482
铜仁市	0.101818	荆门市	0.132004	金昌市	0.189918	本溪市	0.486477
邯郸市	0.102042	潍坊市	0.133328	长春市	0.190546	乌鲁木齐市	0.499428
河源市	0.102113	咸阳市	0.134319	福州市	0.190969	上海	0.541339
齐齐哈尔市	0.102322	韶关市	0.134493	大庆市	0.191909	东莞市	0.640117
崇左市	0.102712	庆阳市	0.135139	阳泉市	0.192307	深圳市	0.686149
日照市	0.104654	运城市	0.136129	南昌市	0.192411	北京	0.860402

⑤基础设施韧性。全国平均基础设施韧性指数为0.133。城市基础设施韧性指数分为五类（表3-3-9），基础设施韧性从低到高的不同层级城市数量占比分别是35.07%、45.49%、13.54%、2.78%、3.13%。全国分布上呈现东部与中部地区城市基础设施韧性明显高于西部地区的格局，基础设施韧性低的城市主要分布于西部地区。

表3-3-9　城市基础设施韧性分级表

城市	基础设施韧性指数	城市	基础设施韧性指数	城市	基础设施韧性指数	城市	基础设施韧性指数
海东市	0.043478	南平市	0.087805	长治市	0.115416	郴州市	0.151527
广安市	0.045716	鸡西市	0.088217	滨州市	0.11542	怀化市	0.151707
汕尾市	0.049124	朔州市	0.089386	茂名市	0.115862	西宁市	0.152953
潮州市	0.051544	永州市	0.089817	韶关市	0.115997	徐州市	0.154511
云浮市	0.051978	日照市	0.090116	钦州市	0.116868	嘉兴市	0.154749
巴中市	0.053204	淮安市	0.090288	焦作市	0.117513	邵阳市	0.156934
来宾市	0.05374	庆阳市	0.090409	宝鸡市	0.117745	商丘市	0.158629
中卫市	0.05523	延安市	0.090941	三门峡市	0.117914	呼和浩特市	0.158875
崇左市	0.059109	马鞍山市	0.09145	张家口市	0.118013	蚌埠市	0.159756
贺州市	0.059864	泸州市	0.091685	常德市	0.118181	芜湖市	0.160019
阳江市	0.06093	朝阳市	0.092212	齐齐哈尔市	0.118297	遵义市	0.160958
张家界市	0.062788	扬州市	0.092734	达州市	0.118411	包头市	0.163116

续表

城市	基础设施韧性指数	城市	基础设施韧性指数	城市	基础设施韧性指数	城市	基础设施韧性指数
张掖市	0.062798	梧州市	0.09287	晋城市	0.119098	惠州市	0.167109
七台河市	0.063659	铁岭市	0.093008	江门市	0.119395	驻马店市	0.16767
商洛市	0.064238	雅安市	0.093245	渭南市	0.119451	烟台市	0.168798
随州市	0.064565	贵港市	0.093619	信阳市	0.119766	新乡市	0.169335
白城市	0.065989	抚州市	0.093667	亳州市	0.120688	南昌市	0.17273
池州市	0.067014	景德镇市	0.093855	襄阳市	0.120711	邢台市	0.174119
黑河市	0.067103	枣庄市	0.094116	廊坊市	0.122091	赣州市	0.176318
河源市	0.068344	松原市	0.094167	德州市	0.122124	中山市	0.176943
资阳市	0.068667	克拉玛依市	0.094297	本溪市	0.122217	无锡市	0.178133
梅州市	0.068707	荆门市	0.094355	湘潭市	0.122229	温州市	0.180532
双鸭山市	0.068797	佳木斯市	0.094795	桂林市	0.122776	毕节市	0.180666
安顺市	0.068863	汉中市	0.095548	宿州市	0.122811	珠海市	0.181315
宁德市	0.069951	抚顺市	0.095899	大同市	0.123459	临沂市	0.181961
遂宁市	0.070502	天水市	0.096354	曲靖市	0.123991	开封市	0.184181
三亚市	0.070928	鹤岗市	0.096719	丹东市	0.124026	衡阳市	0.186422
鄂州市	0.071251	泰州市	0.098652	临汾市	0.126301	哈尔滨市	0.187512
宿迁市	0.071747	吕梁市	0.098892	许昌市	0.126662	厦门市	0.18779
绥化市	0.07295	荆州市	0.099346	黄冈市	0.126713	贵阳市	0.188908
眉山市	0.073109	乐山市	0.09991	玉林市	0.127055	洛阳市	0.196174
内江市	0.074128	白银市	0.099911	绵阳市	0.127309	唐山市	0.197174
咸宁市	0.074304	阳泉市	0.100839	四平市	0.128651	福州市	0.200002
伊春市	0.075565	通化市	0.100903	吉林市	0.129145	长春市	0.200878
武威市	0.075946	河池市	0.10198	呼伦贝尔市	0.130898	济宁市	0.202278
临沧市	0.076948	莆田市	0.102262	安阳市	0.131255	泉州市	0.202852
铜川市	0.07695	铜仁市	0.102471	大庆市	0.131561	乌鲁木齐市	0.204448
新余市	0.077065	定西市	0.102914	辽阳市	0.131872	沈阳市	0.204543
孝感市	0.077952	龙岩市	0.102978	宜昌市	0.132357	沧州市	0.207709
莱芜市	0.078538	德阳市	0.104083	绍兴市	0.132424	南阳市	0.212768
安康市	0.078862	营口市	0.1044	海口市	0.133368	南京市	0.213644
揭阳市	0.078862	赤峰市	0.105321	东营市	0.13394	石家庄市	0.215913
保山市	0.078911	淮南市	0.10557	漳州市	0.134044	太原市	0.216758
乌兰察布市	0.079036	盘锦市	0.10564	秦皇岛市	0.134125	阜阳市	0.218176
酒泉市	0.079162	三明市	0.105747	湛江市	0.13414	南宁市	0.219129
固原市	0.07967	通辽市	0.106023	威海市	0.135292	济南市	0.221049

续表

城市	基础设施韧性指数	城市	基础设施韧性指数	城市	基础设施韧性指数	城市	基础设施韧性指数
辽源市	0.079757	乌海市	0.106058	肇庆市	0.136095	合肥市	0.223902
普洱市	0.080264	承德市	0.106139	台州市	0.136275	佛山市	0.225651
衢州市	0.080554	昭通市	0.107369	岳阳市	0.13685	周口市	0.225763
防城港市	0.081036	牡丹江市	0.107568	株洲市	0.137284	邯郸市	0.228822
萍乡市	0.081459	泰安市	0.108291	九江市	0.137664	大连市	0.229673
丽水市	0.081607	六盘水市	0.10844	淄博市	0.139359	郑州市	0.231327
鹰潭市	0.081755	平凉市	0.109553	南通市	0.139485	宁波市	0.232628
自贡市	0.082086	娄底市	0.109732	攀枝花市	0.139728	保定市	0.238395
黄山市	0.082555	葫芦岛市	0.109837	滁州市	0.139805	苏州市	0.23847
阜新市	0.082561	忻州市	0.109999	咸阳市	0.139941	杭州市	0.240222
吴忠市	0.082594	宜春市	0.110195	晋中市	0.140117	榆林市	0.247373
汕头市	0.083195	濮阳市	0.110649	舟山市	0.14015	长沙市	0.255614
金昌市	0.083478	嘉峪关市	0.110808	十堰市	0.140435	昆明市	0.26194
北海市	0.083947	巴彦淖尔市	0.110964	聊城市	0.140806	潍坊市	0.267356
鹤壁市	0.084118	镇江市	0.11105	菏泽市	0.141371	西安市	0.272902
漯河市	0.084899	衡水市	0.111223	兰州市	0.143266	成都市	0.274226
广元市	0.084901	吉安市	0.111319	安庆市	0.14349	鄂尔多斯市	0.280692
白山市	0.085727	锦州市	0.111689	银川市	0.144124	武汉市	0.315231
清远市	0.086132	淮北市	0.111763	平顶山市	0.144337	青岛市	0.333604
陇南市	0.086352	湖州市	0.111773	六安市	0.144616	东莞市	0.338895
宜宾市	0.086387	石嘴山市	0.112169	常州市	0.144924	北京	0.342847
南充市	0.086776	铜陵市	0.112619	柳州市	0.144964	天津	0.43963
益阳市	0.086926	玉溪市	0.113628	金华市	0.146401	上海	0.440151
宣城市	0.087147	百色市	0.114631	鞍山市	0.14686	深圳市	0.448549
丽江市	0.0872	盐城市	0.114793	上饶市	0.146894	广州市	0.464034
连云港市	0.087711	黄石市	0.115142	运城市	0.147534	重庆	0.514709

⑥组织韧性指数。全国平均组织韧性指数为0.144，整体较低。城市组织韧性指数分为五类，分别为低韧性、较低韧性、中等韧性、较高韧性、高韧性（表3-3-10）。从低到高的不同层级城市数量占比分别是38.19%、45.83%、9.03%、3.13%、3.82%，其中，68.4%的城市组织韧性指数位于平均值以上。浙江省、江苏省、广东省三个东南沿海省份城市平均组织韧性指数在全国平均值以上，城市组织韧性较高。

表 3-3-10　城市组织韧性分级表

城市	组织韧性指数	城市	组织韧性指数	城市	组织韧性指数	城市	组织韧性指数
毕节市	0.008074	云浮市	0.050139	朝阳市	0.09107	哈尔滨市	0.169436
昭通市	0.011362	沧州市	0.050656	乐山市	0.091104	鸡西市	0.174924
信阳市	0.011655	咸宁市	0.05066	廊坊市	0.091493	鞍山市	0.174939
亳州市	0.011804	开封市	0.050745	平顶山市	0.095741	沈阳市	0.175027
阜阳市	0.013722	宜宾市	0.051219	丽水市	0.096422	合肥市	0.176573
贵港市	0.013742	保定市	0.051838	张家口市	0.098636	台州市	0.178775
贺州市	0.014145	益阳市	0.052302	延安市	0.098947	莱芜市	0.179533
铜仁市	0.014713	宁德市	0.054366	十堰市	0.099158	大庆市	0.183501
钦州市	0.015658	滁州市	0.054868	宝鸡市	0.099845	福州市	0.187506
巴中市	0.015829	抚州市	0.055348	济宁市	0.099967	大同市	0.19213
海东市	0.016085	常德市	0.055665	齐齐哈尔市	0.10101	阜新市	0.192921
陇南市	0.016568	怀化市	0.05611	淮安市	0.101388	长沙市	0.193005
广安市	0.017357	许昌市	0.056164	清远市	0.101817	金昌市	0.194649
玉林市	0.017428	乌兰察布市	0.05898	汕头市	0.102868	呼和浩特市	0.196902
河池市	0.017988	衡水市	0.059422	石家庄市	0.102965	石嘴山市	0.20036
揭阳市	0.019097	荆州市	0.060241	株洲市	0.103439	昆明市	0.20753
来宾市	0.02039	临沂市	0.060807	龙岩市	0.103645	镇江市	0.208188
六安市	0.022039	吴忠市	0.060816	焦作市	0.10429	金华市	0.208219
绥化市	0.022932	张掖市	0.060848	鄂州市	0.104295	丹东市	0.209177
宿州市	0.023515	聊城市	0.060928	泉州市	0.106503	锦州市	0.210138
定西市	0.023536	榆林市	0.061426	南平市	0.107177	兰州市	0.213966
达州市	0.02392	自贡市	0.06153	肇庆市	0.108251	白山市	0.218929
周口市	0.026174	广元市	0.061547	四平市	0.108772	西安市	0.220437
商丘市	0.026354	郴州市	0.06316	韶关市	0.109744	辽阳市	0.221681
黑河市	0.02713	河源市	0.064906	洛阳市	0.111838	贵阳市	0.226377
庆阳市	0.02743	汉中市	0.065159	德阳市	0.112096	东营市	0.228176
固原市	0.027958	西宁市	0.065212	枣庄市	0.112961	淄博市	0.233415
平凉市	0.028028	渭南市	0.066165	潮州市	0.114341	阳泉市	0.237284
遂宁市	0.02875	桂林市	0.066474	三明市	0.11487	营口市	0.239654
百色市	0.029213	绵阳市	0.066923	三门峡市	0.116065	烟台市	0.240793
保山市	0.029699	防城港市	0.067025	白城市	0.117034	海口市	0.242449
茂名市	0.030091	阳江市	0.068421	南昌市	0.118015	济南市	0.249633
南充市	0.030407	宜春市	0.068504	芜湖市	0.118919	包头市	0.272449
黄冈市	0.031675	娄底市	0.068969	滨州市	0.119674	攀枝花市	0.27412

续表

城市	组织韧性指数	城市	组织韧性指数	城市	组织韧性指数	城市	组织韧性指数
安康市	0.031882	赤峰市	0.069088	晋中市	0.121213	银川市	0.279565
驻马店市	0.032029	吕梁市	0.069308	淮北市	0.124374	乌海市	0.280226
崇左市	0.033299	衡阳市	0.070479	景德镇市	0.128716	威海市	0.285059
临沧市	0.034449	濮阳市	0.070527	湘潭市	0.128866	铜陵市	0.293062
安顺市	0.035211	安阳市	0.072365	潍坊市	0.129148	舟山市	0.294305
资阳市	0.03524	北海市	0.073146	铁岭市	0.129982	湖州市	0.302988
眉山市	0.036662	邯郸市	0.07333	牡丹江市	0.130933	成都市	0.309798
邵阳市	0.036798	忻州市	0.073393	辽源市	0.131377	青岛市	0.312871
武威市	0.036801	莆田市	0.073572	长治市	0.13362	太原市	0.321533
丽江市	0.037601	连云港市	0.073807	泰州市	0.134854	盘锦市	0.322731
商洛市	0.037602	通辽市	0.074272	孝感市	0.135305	嘉峪关市	0.324912
曲靖市	0.037863	九江市	0.075294	泰安市	0.136943	常州市	0.325424
赣州市	0.038516	鹰潭市	0.075565	南通市	0.137492	绍兴市	0.332425
菏泽市	0.038665	雅安市	0.075623	重庆	0.138256	武汉市	0.343622
随州市	0.039404	巴彦淖尔市	0.075924	葫芦岛市	0.138746	三亚市	0.347157
安庆市	0.040691	承德市	0.076347	柳州市	0.139674	乌鲁木齐市	0.362184
永州市	0.041077	酒泉市	0.076732	萍乡市	0.142498	抚顺市	0.385246
天水市	0.0427	朔州市	0.076763	通化市	0.143401	本溪市	0.38884
宣城市	0.043756	漳州市	0.076794	七台河市	0.143922	南京市	0.417209
内江市	0.043946	鹤壁市	0.077412	衢州市	0.145449	嘉兴市	0.431434
泸州市	0.04407	德州市	0.077498	黄石市	0.146707	惠州市	0.431619
普洱市	0.044142	蚌埠市	0.078224	秦皇岛市	0.146959	大连市	0.441757
遵义市	0.044887	荆门市	0.078756	郑州市	0.147172	无锡市	0.452969
上饶市	0.045072	玉溪市	0.080394	唐山市	0.149145	克拉玛依市	0.490034
湛江市	0.045147	岳阳市	0.080745	新余市	0.149854	宁波市	0.524257
运城市	0.046055	黄山市	0.082325	晋城市	0.15112	杭州市	0.5696
张家界市	0.046217	白银市	0.084165	马鞍山市	0.151803	天津	0.581929
梧州市	0.04677	南宁市	0.08506	吉林市	0.152197	上海	0.603151
梅州市	0.046792	咸阳市	0.085351	宜昌市	0.1527	江门市	0.604409
吉安市	0.046859	盐城市	0.085449	扬州市	0.154936	深圳市	0.606938
宿迁市	0.046883	徐州市	0.085711	鹤岗市	0.155057	广州市	0.609293
南阳市	0.047035	佳木斯市	0.085867	温州市	0.155207	东莞市	0.627733
中卫市	0.047217	日照市	0.086924	呼伦贝尔市	0.157922	苏州市	0.635978
汕尾市	0.048229	新乡市	0.087201	淮南市	0.15946	佛山市	0.650661

续表

城市	组织韧性指数	城市	组织韧性指数	城市	组织韧性指数	城市	组织韧性指数
六盘水市	0.048579	松原市	0.088059	铜川市	0.160981	中山市	0.669164
邢台市	0.04955	襄阳市	0.08806	长春市	0.162893	珠海市	0.947617
临汾市	0.049608	双鸭山市	0.088916	鄂尔多斯市	0.163765	北京	0.957042
池州市	0.049862	漯河市	0.089246	伊春市	0.16746	厦门市	0.980761

总体来看，全国平均经济韧性指数为中等韧性，平均社会韧性、社区韧性、环境韧性、基础设施韧性、组织韧性等均为较低韧性。通过不同分系统韧性指数的空间分布对比，分系统两两之间并未存在明显的相关性，各分系统之间独立性较强。将各分系统韧性指数的全国平均绝对值进行从大到小排序，依次是社会韧性、经济韧性、社区韧性、组织韧性、基础设施韧性、环境韧性，这从侧面说明，在快速城镇化发展时期，全国城市总体上在经济社会发展方面取得了较大的进步，但在城市组织管理、基础设施建设及环境建设方面较为滞后。

（3）全国地级市城市灾害韧性指数空间分异特征

从全国宏观区域划分来看，高韧性指数城市主要分布在东部地区以及各省会城市，中西部地区的城市灾害韧性指数普遍偏低（图 3-3-4）。

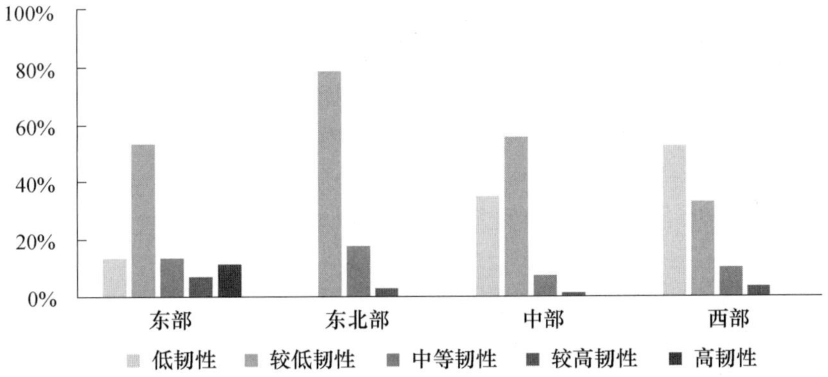

图 3-3-4　城市韧性指数全国区域分布图

再结合分系统韧性指数来看，组织韧性指数东部地区是中部、西部地区的 2.5 倍，并且中西部地区组织韧性指数小于其他分系统平均韧性指数；环境韧性指数各区域偏低，东北部地区环境韧性较高，基础设施韧性较低；不同地区之间社会韧性指数差异较小（图 3-3-5）。

从城市群视角出发，在全国主要国家级城市群内（京津冀城市群、长三角城市群、珠三角城市群、哈长城市群、成渝城市群、中原城市群和长江中游城市群），平均城市灾害韧性指数 0.188。七个城市群的平均城市灾害韧性指数分别为京津冀 0.214、长三角 0.198、珠三角 0.388、哈长 0.170、成渝 0.131、中原 0.122、长江中下游 0.133。珠三角城市群城市灾害韧性指数最高，中原城市群城市灾害韧性指数最低（图 3-3-6）。具体分析，珠三角与长三角城市群是国内发育成熟、开放度高、经济实力强的两个城市群，均为多中心、一体化发展模式，核心城市辐射能力强，城市圈内部发展较为均衡，对比京津冀双核发展模式，珠三角与长三角城市群应对灾害综合能力较强。哈长城市群由于其规模小、分散程度高、资源环境效应好，对灾害的吸收与抵御能力高于中西部地区，平均城市灾害韧性指数高于中西部地

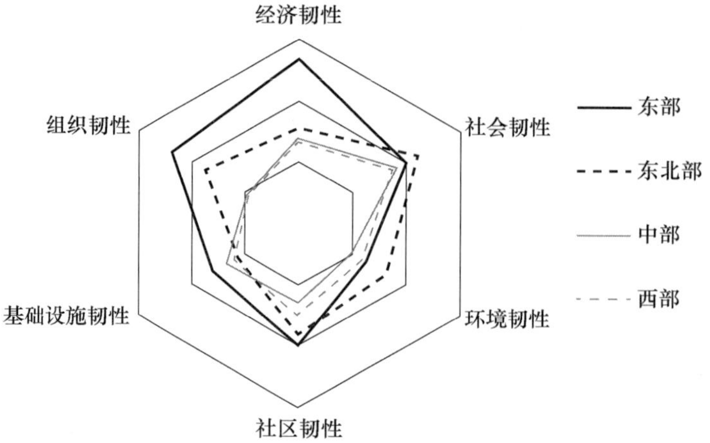

图 3-3-5　分系统城市韧性指数全国区域分布图

区。中原城市群与长江中游城市群地处内陆，对外开放程度低、城市群发育不成熟、产业结构不完善，同时拥有较大的人口规模与较高的人口密度，经济社会方面发展不完善，资源环境较为脆弱，城市更容易受到灾害的影响，平均城市灾害韧性指数较小。成渝城市群除成渝核心外周边城市发育不成熟，加之地处青藏高原、云贵高原、四川盆地等几大地貌交界处，地形地貌比较复杂，地质灾害频繁发生，生态环境较为脆弱，在经济社会因素与自然因素的双重作用下，成渝城市群总体城市灾害韧性指数较低。

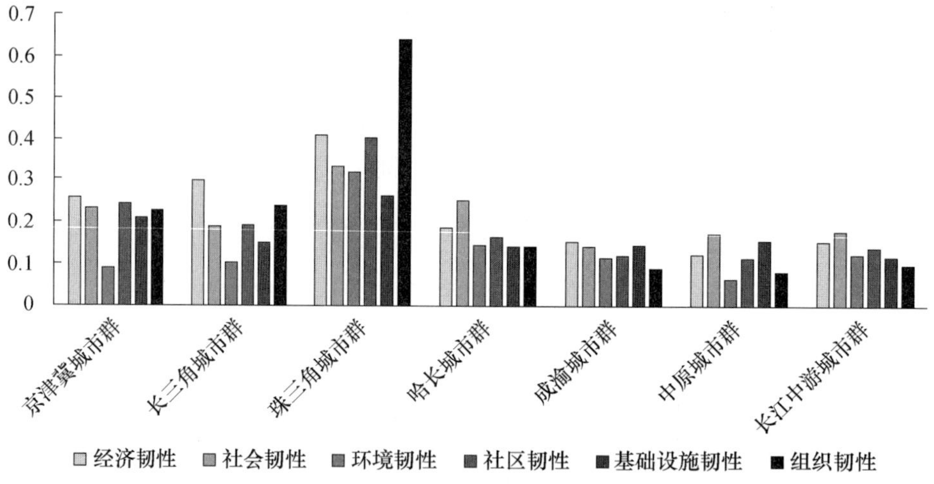

图 3-3-6　七大城市群城市灾害韧性分系统指数示意

利用空间自相关（Spatial Autocorrelation Analysis）分析方法检验城市灾害韧性指数的空间相关性特征。由莫兰指数法（Moran's I）分析，Moran's I 指数 0.309 大于 0，Z 值大于显著水平 0.05 下的临界值 1.96，表明全国城市灾害韧性指数存在较为显著的空间正相关，各城市灾害韧性指数在空间分布上存在显著集聚的现象（表 3-3-11）。

表 3-3-11　城市灾害韧性指数进行空间自相关 Moran's I 指数得分表

Moran's I	Moran's I 期望值	正态性统计量 Z	小概率 p 值
0.309	−0.0033	15.356	0.000

由高/低聚类检验（Getis-Ord General G）分析，z 值为 3.851，表明城市灾害韧性指数存在高/高集聚的模式（图 3-3-7）。

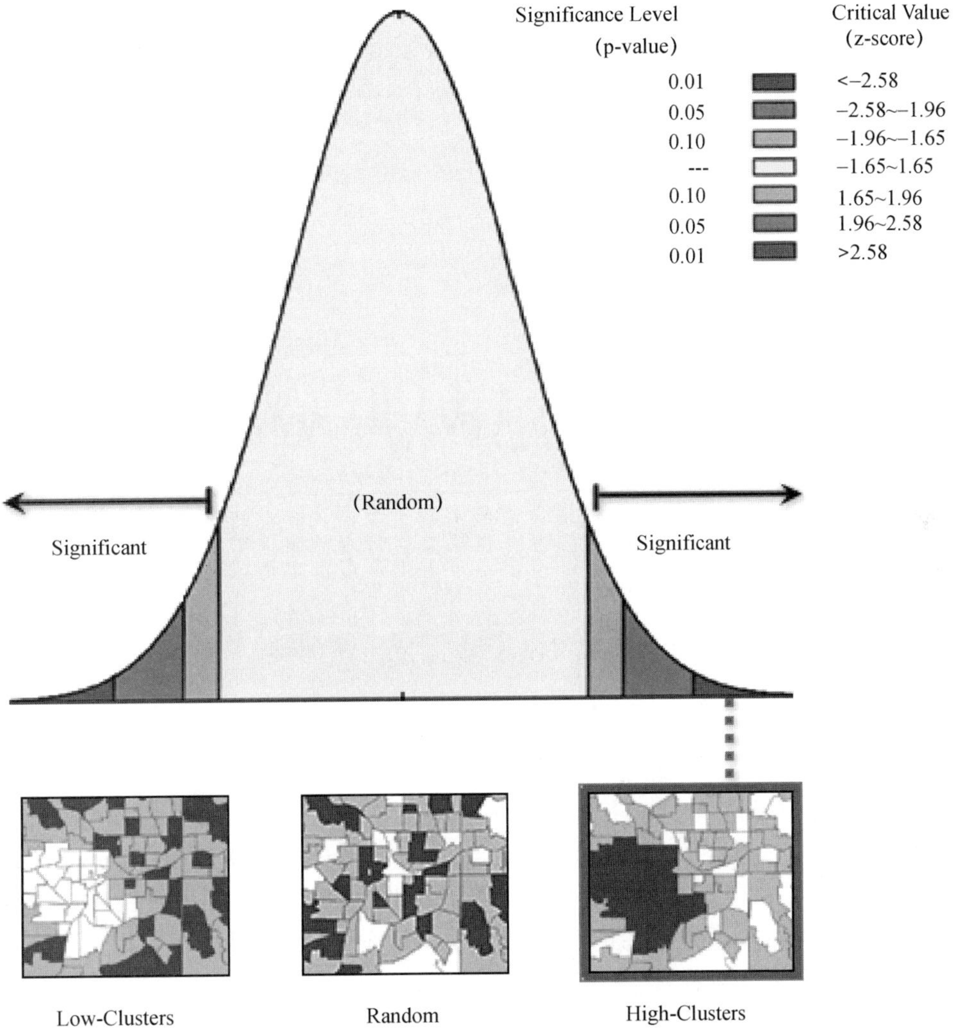

图 3-3-7 城市灾害韧性指数进行空间自相关的高/低聚类检验（Getis-Ord General G）

对于聚类的地理空间分布，由局部空间自相关（Local Spatial Autocorrelation Analysis）中常用的局部 G 系数（Getis-Ord G_i*）检验分析，可以精确地探测集聚范围。总体来看，城市灾害韧性指数存在显著的空间集聚现象，高/高集聚主要存在于长三角、珠三角与沿渤海湾等东部沿海地区；低/低集聚的现象主要分布在中部与西南地区。呈现高/高集聚或/低/低集聚现象的城市数量占总数的 44%。主要原因是不同区域城市的经济社会及环境基础不同，随着经济的发展，各区域出现较大的发展差距，不同区域在各方面呈现差异。同时，地理上较为临近的地区，其发展易受到周边城市的影响，呈现出区域内经济社会发展较为类似的现象。

5. 城市灾害韧性影响因素分析

以常住人口作为城市规模划分标准，讨论城市规模与城市综合韧性之间的关系，总体上呈现出城市灾害韧性与城市规模正相关，城市规模越大、城市综合韧性越高的规律（图 3-3-8）。

分别计算不同规模等级城市的平均韧性，人口 1000 万以上的超大城市平均韧性指数为 0.490，人口 500 万～1000 万的特大城市平均韧性指数为 0.294，人口 100 万～500 万的大城市平均韧性指数为 0.163，人口 50 万～100 万的中等城市平均韧性指数为 0.130，人口 50 万以下的小城市平均韧性指数为 0.122。小城市、中等城市与大城市平均韧性指数差异不大，超大城市与其他城市存在较为明显的差异。

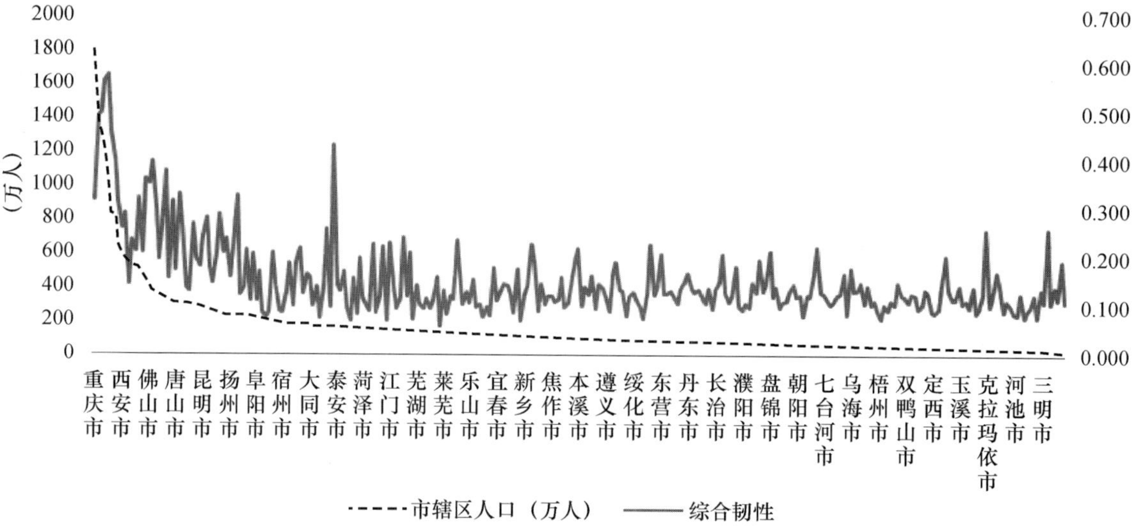

图 3-3-8　城市灾害韧性与城市规模关系示意

从城市规模与城市灾害韧性指数的比较分析初步判断，两者存在相关性。然后，利用 SPSS 19.0 软件统计分析进一步探讨城市规模与城市灾害韧性指数的关系。

分析结果显示，显著性水平为 0.000<0.01，具有统计学意义，相关系数为 0.731，即相关系数 0.731 在 0.5～0.8 之间，表明城市综合韧性与城市市辖区人口（即城市规模）存在中度正相关。再将各分系统韧性指数分别与城市规模进行相关性分析，得到各分系统与城市规模的相关系数（表 3-3-12）。

表 3-3-12　城市灾害分系统韧性与城市规模相关性分析结果

城市规模相关系数		经济韧性	社会韧性	环境韧性	社区韧性	基础设施韧性	组织韧性
市辖区人口（万人）	Pearson 相关性	0.730	0.537	0.321	0.566	0.791	0.523
	显著性（双侧）	0.000	0.000	0.000	0.000	0.000	0.000

从各分系统与城市规模的相关系数可以看出，环境韧性与城市规模相关性为低度正相关，经济韧性、社会韧性、社区韧性、基础设施韧性、组织韧性与城市规模为中度正相关，其中，基础设施韧性、经济韧性与城市规模相关系数明显高于其他分系统。总体来看，经济发达、基础设施完善的大型城市应对灾害的韧性较强。当城市处于城市群中心大城市的规模地位时，其城市灾害韧性指数将会得到较大提升，因为超大城市系统元素多样、服务设施完善，在应对自然灾害时具有较强韧性。

二、基于韧性效率评估的城市空间模式探讨

1. 基于 DEA 模型的城市韧性效率评价模型构建

DEA 数据包络分析（Data Envelopment Analysis）是一种以相对效率为基础，评价决策单元效率的有效方法之一，可以评价多投入和多产出的决策单元的投入规模和技术有效性，并在评价过程中得到反映评价对象自身信息和特点的最有效方案[5]。DEA 模型本质上是一个“投入—产出”系统效率评价模型，每一个输入都关联着一个或多个输出，用包络曲线代替原有生产函数，基于线性规划理论寻求投入最小、产出最大的决策单元（DMU），最终得到“投入—产出”组合最佳效率值（理论最大效率定义为 1，无效率为 0）。目前，DEA 模型已经在金融、公共交通、城市发展等领域广泛应用，如在城市资源配置、环境效益测度等方面，在自然灾害领域的应用也正逐步普及，如运用 DEA 模型对区域自然灾害脆弱性进行评价。

劳动力、资本和土地是任何社会生产均不可缺少的三个基本要素，就城市防灾减灾而言，基础设施投入也是一个重要因素，如抗震工程、防洪堤坝工程等。因此，在这里，我们从城市的资金投入、人员投入、土地投入和基础设施投入四个主要投入要素构建城市的投入指标体系进行研究。在此借助 DEA 模型将韧性评价和空间因素相结合，考虑城市发展的主要投入要素并借鉴相关研究文献，以资金投入、人员投入、土地投入、基建投入作为模型的输入因素，以经济韧性、生态韧性、社会韧性、基建韧性四个维度作为模型的输出因素[6]来评价我国主要城市的韧性效率。城市韧性效率越高，表明政府在城市韧性投入方面实现了越好的成效（图 3-3-9）。

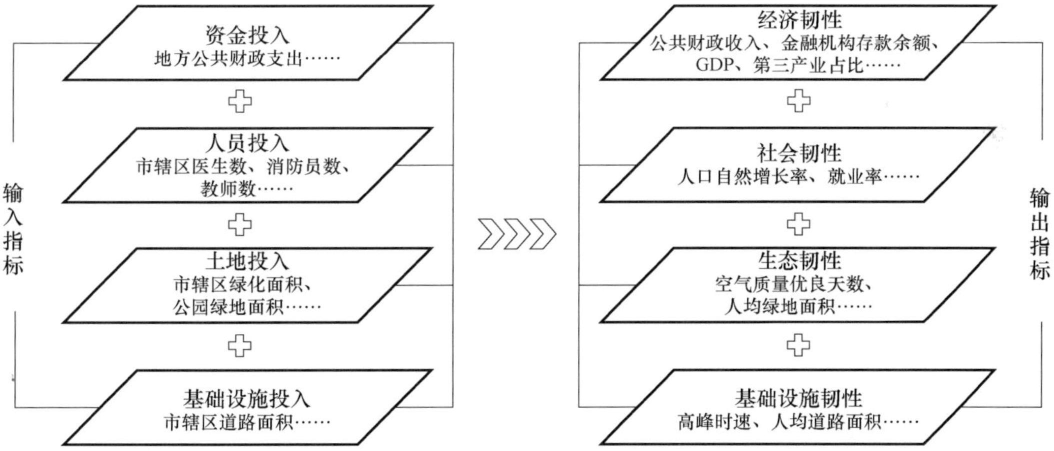

图 3-3-9　基于 DEA 模型的城市韧性效率评价思路

由于我国每年的资金投入（公共财政支出）、人员投入（市辖区医生数）、绿地投入（市辖区绿化面积）、基建投入（市辖区道路面积）一般是按指标有计划地增加的，不会有较大变化，因此投入方面相对恒定；相比较而言，产出方面的快速增加则容易得多，如空气质量优良天数甚至可以在百位数层面上浮动，高峰时速也可以根据道路建设和交通政策调整情况而浮动明显，因此此处研究选择 DEA 模型中产出主导型的 VRS 模型[7]：

设有 a 个决策单元 DMU_j，其中 $j=1$，2，…，a。任意一个 DMU 都有 r 个输入向量（投入）和 t 个输出向量（产出），则输入向量 $X_j=(X_{1j}, X_{2j}, \cdots, X_{rj})^{\mathrm{T}}$，输出向量 $Y_j=(Y_{1j}, Y_{2j}, \cdots, Y_{tj})^{\mathrm{T}}$，其中，$X_{ij}>0$，$Y_{kj}>0$（表 3-3-13、表 3-3-14）。

表 3-3-13 DEA 模型的输入向量

投入	V	→	1	2	3	……	r
	V_1	→	X_{11}	X_{12}	X_{13}	……	X_{1r}
	V_2	→	X_{21}	X_{22}	X_{23}	……	X_{2r}
	V_3	→	X_{31}	X_{32}	X_{33}	……	X_{3r}
	……	→	……	……	……	……	……
	V_a	→	X_{a1}	X_{a2}	X_{a3}	……	X_{aj}

表 3-3-14 DEA 模型的输出向量

产出	U	→	1	2	3	……	t
	U_1	→	Y_{11}	Y_{12}	Y_{13}	……	Y_{1t}
	U_2	→	Y_{21}	Y_{22}	Y_{23}	……	Y_{2t}
	U_3	→	Y_{31}	Y_{32}	Y_{33}	……	Y_{3t}
	……	→	……	……	……	……	……
	U_a	→	Y_{a1}	Y_{a2}	Y_{a3}	……	Y_{at}

其中，V_i 与 U_j 分别表示投入与产出指标的权重，且 $V_i \geqslant 0$，$U_j \geqslant 0$，每一个决策单元都对应一个效率评价指数，通过模型自动赋值权重值，使得 $h_j \leqslant 1$（$j=1$，2，…，n），h_j 的计算公式为：

$$h_j = \frac{u^T y_i}{v^T x_j} = \frac{\sum_{r=1}^{s} u_r y_{rj}}{\sum_{i=1}^{mn} v_i yx_{ij}} \tag{3-3-5}$$

$$(j=1,\ 2,\ \cdots,\ n)$$

对决策单元 DMU 而言，h 值越大，代表用较小的投入能够获取较大的产出，因此通过寻求 h_j 的最大值能够获取最优决策单元。s^+ 和 s^- 是松弛变量，基于非阿基米德无穷小的概率和线性规划方法判断决策单元有效性。

$$\mathrm{Min}[\theta - \varepsilon(\sum_{j=1}^{m} s^- + \sum_{j=1}^{r} s^+)] = v_d(\varepsilon); \tag{3-3-6}$$

$$s.t. \sum_{j=1}^{n} x_j \lambda_j + s^- = \theta x_0; \tag{3-3-7}$$

$$\sum_{j=1}^{n} y_j \lambda_j - s^+ = y_0; \tag{3-3-8}$$

$$(\lambda_j \geqslant 0,\ s^+ \geqslant 0,\ s^- \geqslant 0)$$

θ（$0<\theta \leqslant 1$）是 DEA 模型的综合效率，λ_j 为权重变量，s^- 为产出不足值，s^+ 为投入冗余值，ε 是非阿基米德无穷小量，通常情况下取 $\varepsilon=10^{-6}$。根据 DEA 模型的意义，若某一评价单元的 θ 越接近于 1，则该单元具有较高的投入与产出比，在本研究中可以认为城市韧性效率越高；若评价单元的 $\theta=1$，则该单元的投入产出比在最优前沿面上，综合效率最优，在本研究中可以认为城市韧性效率达到了最大化，效率最高。

具体而言，DEA 模型有效的基本条件为弱 DEA 有效，若 DEA 有效意味着各输入输出项都不可忽视，对模型的有效性都有贡献：（1）如果 $\theta=1$，且$s^-=0$，$s^+=0$，即存在最优解，决策单元 DEA 有效，且不存在投入冗余和产出不足，从技术有效的角度而言，投入要素组合达到最佳，资源得到了最有效利用；(2) 如果 $\theta=1$，且 $s^{-}>0$ 或者 $s^{+}>0$，最优解仍然存在，但决策单元弱 DEA 有效，决策单元存在投入冗余或产出不足的情况，冗余值代表了与目标值之间的差距；(3) 如果 $\theta<1$，则决策单元非 DEA 有效，此时存在投入冗余和产出不足，即生产活动的投入规模过大。

2. 研究区域选取与数据收集处理

在全国共选取 32 个主要城市，包括省会城市以及发展水平相近的地级市，拉萨、乌鲁木齐、银川、海口和台北因数据不全不列入。32 个城市为：北京、上海、广州、深圳、天津、重庆、成都、南京、杭州、武汉、长沙、西安、厦门、大连、青岛、石家庄、太原、呼和浩特、沈阳、长春、哈尔滨、合肥、福州、南昌、济南、郑州、南宁、贵阳、昆明、兰州、西宁、无锡，地域横跨东西、覆盖南北，既有发达地区的城市，也有中西部城市综合竞争力较弱的城市。这些城市处于我国主要城市群范围内，包括京津冀城市群、呼包鄂榆城市群、辽中南城市群、哈长城市群、山东半岛城市群、长三角城市群、长江中游城市群、中原城市群、关中平原城市群、兰西城市群、海峡西岸城市群、粤港澳大湾区、北部湾城市群、成渝城市群。

根据投入—产出指标体系，选取具体指标数据进行量化，以地方公共财政支出作为资金投入，市辖区医生数作为人员投入，建成区绿化覆盖面积作为生态投入，市辖区道路面积作为基建投入；同时，以年末金融机构人民币各项存款余额作为经济韧性产出，人口自然增长率作为社会韧性产出，空气质量优良天数作为生态韧性产出，高峰汽车时速作为基建韧性产出。相关统计数据主要来自 2017 年中国城市统计年鉴、2018 年高德城市交通分析报告、2018 年中国城市空气质量优良率。获取内容有：年末金融机构人民币各项存款余额（单位：万元），人口自然增长率（单位：‰），市辖区年平均人口（单位：万人），市辖区医生数（单位：人），建成区面积（单位：平方千米），市辖区道路面积（单位：万平方米），建成区绿化覆盖面积（单位：公顷），市辖区居住用地面积（单位：平方千米），市辖区 GDP（单位：万元），第三产业占 GDP 比重（单位：%），地方公共财政支出（单位：万元），高峰汽车时速（单位：千米/小时），空气质量优良率（单位：天）。为获得城市实际建成区面积、周长等数据及其空间属性，使用 Landsat 8 资源卫星数据进行遥感影像解译、监督分类，进行城市建设用地的提取，再根据统计数据进行城市建成区的确定（此处的城市建成区指“城市行政区内实际已成片开发建设、市政公用设施和公共设施基本具备的地区”[7]）。

首先对空间数据进行处理计算，获得城市的基础空间信息：①紧凑度计算。根据 Richardson 提出的紧凑度公式计算 32 座城市的空间紧凑度，紧凑度$=2\sqrt{\pi A}/P$，其中 A 是区域面积，P 为周长。城市紧凑度越高，土地越集约，城市的建设用地形状越规则[7]。②形状率计算。根据 Horton 提出的形状率公式计算 32 座城市的空间形状率，计算公式为：形状率$=A/L2$，其中，A 是区域的面积，L 是区域最长轴的长度，一般认为形状率越小则城市带状特征越明显[7]。计算统计结果见表 3-3-15。

表 3-3-15　研究对象各城市建设用地空间信息计算统计结果

城市	周长提取（m）	面积提取（km^2）	最长轴（m）	紧凑度	形状率
北京	184825	1271	51814	0.683608	0.473425
天津	221785	1107.2	68162	0.531711	0.23831

续表

城市	周长提取（m）	面积提取（km²）	最长轴（m）	紧凑度	形状率
石家庄	77905	304.3	33254	0.793561	0.275178
太原	75269	264.9	29024	0.766337	0.314461
呼和浩特	63569	245.2	25364	0.872991	0.38114
沈阳	91086	352.4	26911	0.730401	0.486605
长春	108848	536.3	34910	0.754012	0.440056
哈尔滨	113412	404.3	37783	0.62833	0.283211
上海	261562	995.5	53535	0.427505	0.347349
南京	263081	617.4	50230	0.334725	0.244704
杭州	198908	599	46199	0.43607	0.280648
合肥	136031	452.7	37348	0.554322	0.324546
福州	72452	230	26709	0.741837	0.322413
南昌	82750	315.2	25589	0.760361	0.481371
济南	118425	426.2	33208	0.617815	0.386481
郑州	135217	478.3	34602	0.57321	0.399483
武汉	170842	400.5	31469 & 26392	0.415147	0.245204
长沙	136698	289.5	27733 & 11844	0.44112	0.343011
广州	326281	1214.8	50230	0.378578	0.48148
南宁	72542	350	26926	0.913986	0.482752
成都	192505	897.7	51887	0.551593	0.333437
重庆	258290	1339.4	65142	0.50216	0.315637
贵阳	89113	197.9	31019	0.55947	0.205679
昆明	93072	377.1	35929	0.739442	0.292123
西安	104181	442.1	30995	0.715264	0.46019
兰州	94057	220.6	38163	0.559637	0.151468
西宁	82585	142.9	28291	0.512991	0.17854
厦门	239972	347.6	36897 & 13622	0.275343	0.313614
深圳	428312	1006.8	65964	0.262546	0.231382
大连	118816	395.5	40065	0.593189	0.246386
青岛	131785	571.9	46717	0.643115	0.262042
无锡	134154	361	32624	0.501932	0.339182

再基于 Acrgis 的 MFA 工具箱中的多中心性分析工具（Polycentricity），由城市 POI 数据点（包括公司企业、金融保险服务、宾馆酒店、餐饮购物、风景名胜、商务住宅、生活服务、政府机构和社会团体等类型）进行城市商务商业的经济中心识别，主要以公司企业、金融保险服务为主要 POI 数据搜索源，综合其他 POI 数据点判定，以 500m 和 800m 为搜索半径，各大城市的城市中心数识别见表 3-3-16。

表 3-3-16　不同搜索半径下的城市中心数识别

城市	城市中心数（500m）	城市中心数（800m）
北京	1	2
天津	1	1
石家庄	2	1
太原	1	1
呼和浩特	1	1
沈阳	1	1
长春	1	1
哈尔滨	1	1
上海	3	1
南京	1	1
杭州	1	1
合肥	1	1
福州	1	1
南昌	1	1
济南	2	1
郑州	1	1
武汉	3	2
长沙	2	2
广州	2	1
南宁	1	1
成都	1	1
重庆	4	4
贵阳	1	1
昆明	1	1
西安	1	1
兰州	1	1
西宁	1	1
厦门	1	1
深圳	3	3
大连	2	2
青岛	1	2
无锡	1	1

经研究区域确定和研究数据处理后，基于最初研究目的，提出此研究的如下假设：

H1：城市规模越大，等级越高，经济和社会等活动更丰富、更多元，个体与个体、组织与组织之间的交流越频繁，城市运行效率越高，相应的城市韧性效率也越高。

H2：由于纯技术效率一般受社会的技术和制度水平制约，空间结构对城市韧性的综合效率和规模效率有影响，但对城市韧性的纯技术效率可能并无影响。

H3：从形态学的角度而言，建设用地呈圆形形态的城市便于城市中心和各方向的城市活动，也便于防灾减灾工作的高效开展和设施集约布局，因此圆形城市的韧性效率较高，而带形城市韧性效率则较低。

H4：在一定规模内单中心结构的城市能够有效服务于整座城市，但随着城市规模的逐渐增大，单个中心不能满足城市发展的需要，因此韧性效率逐渐降低，多中心结构的城市韧性效率更高。

3. 城市韧性效率评价及结果

运用 deap 2.1 软件对城市韧性效率进行评价，决策单元数为选定的 32 个城市，输入变量 4 个，输出变量 3 个，采用产出主导型和考虑规模收益的 VRS 模型，利用 Multi-Stage 指数分析方法进行分析。

本研究所测度的 32 个城市中，综合效率的平均值为 0.844，纯技术效率的平均值为 0.960，规模效率的平均值为 0.877。考虑区域影响，本研究将对象城市及其韧性效率评价按所在城市群进行归类（表 3-3-17），结合地域分布对城市韧性效率的各个特征进行分析。

表 3-3-17　城市韧性效率评价结果统计

城市群	城市	综合效率	纯技术效率	规模效率	边际效益
京津冀城市群	北京	1	1	1	—
	天津	0.525	0.943	0.556	drs
	石家庄	1	1	1	—
呼包鄂榆城市群	呼和浩特	0.912	0.925	0.986	irs
辽中南	沈阳	0.76	0.882	0.862	drs
	大连	0.85	0.926	0.918	drs
哈长城市群	长春	0.684	0.847	0.807	drs
	哈尔滨	0.547	0.812	0.674	drs
山东半岛城市群	青岛	0.608	1	0.608	drs
	济南	0.843	0.935	0.901	drs
长三角城市群	上海	1	1	1	—
	南京	1	1	1	—
	杭州	1	1	1	—
	合肥	0.885	0.925	0.956	drs
	无锡	0.689	0.99	0.696	drs
长江中游城市群	武汉	0.698	0.969	0.721	drs
	长沙	0.853	0.935	0.912	drs
	南昌	0.92	0.954	0.965	drs
中原城市群	太原	1	1	1	—
	郑州	0.835	1	0.835	drs
关中平原城市群	西安	0.884	0.913	0.969	drs

续表

城市群	城市	综合效率	纯技术效率	规模效率	边际效益
兰西城市群	兰州	0.96	0.989	0.971	irs
	西宁	1	1	1	—
海峡西岸城市群	福州	0.758	1	0.758	drs
	厦门	1	1	1	—
粤港澳大湾区	深圳	1	1	1	—
	广州	1	1	1	—
北部湾城市群	南宁	0.792	0.958	0.828	drs
成渝城市群	成都	0.779	0.895	0.871	drs
	重庆	0.382	0.912	0.419	drs
	昆明	0.838	1	0.838	drs
	贵阳	1	1	1	—

注："drs"表示边际效益递减，"irs"表示边际效益递增，"—"表示边际效益不变。

根据各城市的韧性综合效率值，对我国城市韧性效率水平进行划分（表 3-3-18）：低韧性效率城市（韧性效率 $\theta<0.6$），中等韧性效率城市（韧性效率 $0.6\leqslant\theta<0.8$），较高韧性效率城市（韧性效率 $0.8\leqslant\theta<1$），高韧性效率城市（韧性效率 $\theta=1$）。可以发现：综合效率实现了 DEA 有效的城市共 11 座，占样本总数的 34.38%；综合效率达到较高水平的城市有 10 个，占样本总数的 31.25%；综合效率达到中等水平的城市有 8 个，占样本总数的 25%；综合效率位于低水平的城市 3 个，占样本总数的 9.37%。在高水平类城市中既有超大城市北京、上海、广州、深圳，也有刚满足大城市规模标准的太原、西宁等城市。从地理分布来看，主要集中分布在京津冀城市群、长三角城市群和粤港澳大湾区三个发达地区（表 3-3-19）。国内城市纯技术效率普遍较高，且都处于较高韧性和高韧性区间，说明我国目前的技术水平和管理水平对资源配置是比较充分合理的，发达地区集聚了更多的财力、物力和人力，反映在纯技术效率相比中西部城市而言更高；另外，青岛、福州、昆明、郑州的韧性纯技术效率已经达到最高，但规模效率为非 DEA 有效导致综合效率变小，从边际效益来看，这四个城市也处于边际递减区间，因此在目前的技术、管理水平下可以缩减这几个城市的投入规模以提高韧性效率。规模效率的分布和综合效率的分布比较相似，高规模效率的城市主要集中分布在发达地区，其他城市的规模效率值有随距离发达地区越远而逐渐衰减的趋势。综上所述，城市韧性效率和城市规模等级有着一定的联系，规模等级越高，城市的韧性效率就越高，表现为发达地区的韧性效率普遍高于其他地区。

表 3-3-18　城市韧性效率水平分布

韧性水平	城市数量	城市占比
高韧性效率	11	34.38%
较高韧性效率	10	31.25%
中等韧性效率	8	25.00%
低韧性效率	3	9.37%

表 3-3-19　韧性综合效率全国分布表

韧性效率等级	城市	韧性效率等级	城市	韧性效率等级	城市
高韧性效率	北京	较高韧性效率	大连	中韧性效率	长春
	石家庄		呼和浩特		沈阳
	太原		济南		青岛
	西宁		西安		无锡
	上海		兰州		武汉
	杭州		郑州		福州
	南京		合肥		南宁
	深圳		长沙		成都
	广州		南昌	低韧性效率	哈尔滨
	贵阳		昆明		天津
	厦门		—		重庆

4. 城市韧性效率评价结果分析

(1) 城市韧性投入冗余率和产出不足率分析

按城市群对投入冗余率和产出不足率进行归类，从地域分布和具体内容两方面对城市韧性效率冗余率进行分析（表 3-3-20）：

从区域分布来看：南方城市的投入冗余率与产出不足率相比北方城市而言普遍较低，北方城市中以东北三省的冗余率最高。

从冗余类型来看：就投入冗余而言，“基建投入平均冗余率（15.66%）＞人员投入平均冗余率（10.30%）＞绿地投入平均冗余率（6.59%）＞资金投入平均冗余率（3.54%）”。其中，基建投入冗余率最高，表现在“过度城市化”发展，即城市化水平超出当前的工业化水平和经济发展水平；反观投入冗余率集中较高的东北地区，资金投入相对其他投入而言是欠缺的，说明经济动力已成为制约发展的短板，但政府仍然在扩大生产规模，造成不必要的浪费。就产出冗余而言，“社会韧性不足率（44.55%）＞生态韧性不足率（4.01%）＞基建韧性不足率（3.52%）＞经济韧性不足率（2.66%）”。其中，社会韧性不足率明显高于其他指标的不足率，说明要提高我国城市韧性效率，最快速有效的方法是提高社会韧性产出。同样以东北地区为例，政府在土地扩张和基础设施建设上造成了大量的资源冗余，尽管这些方面仍然可以提高产出，但是社会韧性方面已经表现出明显的提升诉求。

从城市韧性效率的冗余率特征可以看出，部分城市应当适度缩减建成环境的投入而提升社会福利水平，这样更有利于提高城市的综合韧性。

表 3-3-20　城市韧性效率冗余率统计

区域和城市		投入冗余率（%）				产出不足率（%）			
		资金投入	人员投入	绿地投入	基建投入	经济韧性	社会韧性	生态韧性	基建韧性
京津冀城市群	北京	0	0	0	0	0	0	0	0
	天津	48.30	33.91	41.31	49.04	6.04	51.00	34.59	6.04
	石家庄	0	0	0	0	0	0	0	0

续表

区域和城市		投入冗余率（%）				产出不足率（%）			
		资金投入	人员投入	绿地投入	基建投入	经济韧性	社会韧性	生态韧性	基建韧性
呼包鄂榆城市群	呼和浩特	0	0	0	0	0	0	0	0
辽中南	沈阳	0	24.02	26.89	58.00	4.93	548.09	4.93	4.93
	大连	0	0	28.41	39.09	5.42	124.30	5.40	5.42
哈长城市群	长春	0	4.62	38.79	49.45	7.98	81.78	7.96	7.98
	哈尔滨	0	32.61	33.30	34.81	18.34	290.64	18.31	18.34
山东半岛城市群	青岛	0	0	0	0	0	0	0	0
	济南	0	38.44	21.43	52.01	6.90	6.91	16.34	6.90
长三角城市群	上海	0	0	0	0	0	0	0	0
	南京	0	0	0	0	0	0	0	0
	杭州	0	0	0	0	0	0	0	0
	合肥	0	0	0	0	0	0	0	0
	无锡	5.62	11.22	0	26.21	0.89	134.28	29.68	0.89
长江中游城市群	武汉	3.03	34.71	0	35.58	3.13	43.98	51.57	3.13
	长沙	13.48	30.65	17.02	19.64	6.24	6.25	6.35	6.24
	南昌	0	0	0	0	0	0	0	0
中原城市群	太原	0	0	0	0	0	0	0	0
	郑州	0	0	0	0	0	0	0	0
关中平原城市群	西安	0	11.74	17.36	36.70	4.58	4.59	4.62	9.99
兰西城市群	兰州	0	6.05	24.01	0	1.11	1.10	1.96	23.29
	西宁	0	0	0	0	0	0	0	0
海峡西岸城市群	福州	0	0	0	0	0	0	0	0
	厦门	0	0	0	0	0	0	0	0
粤港澳大湾区	深圳	0	0	0	0	0	0	0	0
	广州	0	0	0	0	0	0	0	0
北部湾城市群	南宁	0	0	0	0	0	0	0	0
成渝城市群	成都	0	42.25	46.53	48.06	11.06	11.06	11.05	11.06
	重庆	42.17	59.33	53.99	52.48	8.52	121.69	8.57	8.52
	昆明	0	0	0	0	0	0	0	0
	贵阳	0	0	0	0	0	0	0	0

（2）投入产出要素之间的相关性分析

总体而言，所有投入都与经济韧性呈显著的正相关关系。此外，五个投入变量与产出变量中的空间韧性和基础设施韧性关系最为密切，说明城市韧性与城市空间结构和形态有密切的关联，值得深入挖掘和探索。

具体而言：①资金投入除了显著正作用于经济韧性，也显著作用于基础设施韧性，两者呈负相关关系。这说明资金投入越多，城市经济韧性越强，但基础设施韧性会降低。此研究的资金投入是用财政支出来表征的，也就是说，财政支出越多越能刺激经济发展、增强城市经济韧性。根据列斐·伏尔的空间生产[7]和大卫·哈维的资本三次循环理论[7]，即资本的第一次循环表现为产业资本的循环，当该循环的资本过度积累产生危机时，资本开始进入下一个循环阶段——包括城市建成环境在内的固定资产投资和消费基金项目的投资，这一阶段表现为城市大规模扩张，空间景观剧烈变化；当第二次循环接近饱和时，资本进入第三次循环——资本投入转向城市的科技、教育等方面。由于现阶段我国大多数城市还未完成资本的第二次循环，因此在本研究中，虽然资金投入越多，城市建成区规模扩张越大，但是新城区建设带来大规模新的道路规划，致使城市道路面积的增加很大一部分来自新城区，随着人口增加，而老城区道路面积相对不变，老中心城区人均道路面积减少，从而引起交通拥挤，基础设施韧性随之下降；另外，土地扩张越多，城市居住愈加分散，更容易形成“卧城”，造成长距离通勤，形成早晚通勤高峰，进而产生交通拥堵[7]，基础设施韧性下降。

②人员投入与经济韧性呈显著的正相关关系，因为医生数所表征的人员投入越多，反映出城市公共服务水平越发达，产生虹吸效应吸引更多周边区域的资金、人员和技术的投入，从而刺激经济发展增强经济韧性[7]。人员投入与基础设施韧性呈显著的负相关关系，因为城市的公共服务水平越发达，吸引的人口越多，产生的交通量越大，导致道路供不应求从而降低基础设施韧性。

③生态投入与经济韧性同样呈现显著的正相关关系，这验证了“绿水青山就是金山银山”的正确性，原因则有很多方面。例如，因为生态环境改善了，提高了城市宜居性，进而吸引投资、人力和技术，刺激经济发展进而提高经济韧性；良好健康的生态环境节约了城市治理污染的开销，可以集中资金发展经济改善居民生活。生态投入还与基础设施韧性呈显著的负相关关系，因为良好的生态环境更加宜居，而人口大规模集聚容易产生更大的交通量，道路供不应求便会降低基础设施韧性。

④基础设施投入与经济韧性呈显著的正相关关系。本研究用道路面积表征基础设施韧性，而道路面积与建成区面积密切相关，道路面积越大，则城市扩张区域越广，按照土地财政的逻辑[7]，政府财政收入也就越多，因此经济韧性越强。

（3）城市韧性效率的相关性评价

通过投入产出要素与城市韧性效率之间的相关性分析发现（表 3-3-21），综合效率与基础设施投入呈显著的负相关关系，和社会韧性呈显著的正相关关系。对于综合效率与基础设施投入的负相关关系，一方面是由于基础设施投入由道路面积表征，道路面积越大意味着城市越大，而前面分析过城市规模扩张太多会导致基础设施韧性降低，导致城市发展的规模不经济，从而降低整体的韧性效率水平；尽管如此，值得注意的是，我国基础设施投入虽然很多，但是大部分都用于新城区建设，城市中心区的基础设施投入占比较少。因此，适当合理的基础设施投入对于改善城市的韧性有积极作用。我国目前城市发展水平还不高，大部分城市基础设施和公共服务水平不算发达，如果一个城市基础设施或公共服务水平很高，容易吸引外地居民前来享受服务，往往造成该城市内部基础设施供应紧张、供不应求，甚至产生一定的负外部效应，也间接导致城市韧性效率的降低。因此，不能因为综合效率与基础设施呈负相关关系而放弃基础设施方面的投入，反而应该提高我国城市基础设施建设的平均水平，缓解这种公共资源紧张的局面，才能真正提高城市韧性效率。从综合效率与社会韧性的相关关系也可以看出，城市公共服务设施和管理水平的改善对于提高城市韧性效率有重要的作用。如果显著性水平放宽到0.2以内，则综合效率和经济韧性也呈弱显著关系，且呈正相关关系，意味着经济韧性越高，综合效率越高。相比社会韧性，经济韧性与综合效率的相关性较弱，意味着要快速提高韧性效率，社会福利水平的改善比起经济水平的提高更加重要。

表 3-3-21 城市韧性效率相关性评价

投入-产出指标		综合效率	纯技术效率	规模效率
资金投入	相关性	−0.034	0.160	−0.101
	P 值	0.852	0.382	0.584
人员投入	相关性	−0.070	0.026	−0.100
	P 值	0.705	0.889	0.585
生态投入	相关性	−0.040	0.083	−0.084
	P 值	0.827	0.651	0.647
基建投入	相关性	−0.332	−0.081	−0.364
	P 值	*	0.661	* *
经济韧性	相关性	0.236	0.241	0.185
	P 值	0.193	0.184	0.310
社会韧性	相关性	0.400	0.375	0.345
	P 值	* *	* *	*
生态韧性	相关性	−0.002	0.182	−0.060
	P 值	0.993	0.320	0.743
基建韧性	相关性	−0.123	0.290	−0.212
	P 值	0.501	0.107	0.244

注：* * 表示在0.05水平上显著相关，* 表示在0.1水平上显著相关。

从相关性分析中还可以看出韧性的规模效率与城市的基础设施投入关系十分密切，具体而言，规模效率与基础设施投入呈显著负相关关系，而正如前面分析，基础设施投入大多来源于新区建设的投入，说明相比资金、人员等方面，韧性的规模效率受到城市体量的影响最大。本研究的基础设施是由道路面积来表征的，道路面积投入越多，意味着城市的扩张规模越大，产生规模“负效应”，导致城市的规模效率降低。由韧性效率计算结果（表3-3-19）也可以看出，除了规模效率达到了高韧性效率水平的11个城市外，其他大部分城市处于边际效益递减的阶段；但正如对综合效率与基础设施相关性的分析一样，不能因为基础设施投入与韧性效率呈负相关就放弃基础设施的投入，未来城市需要在质量方面增加投入，也就是在品质上提升基础设施服务水平，而不是单纯投入在数量的增加上。另外，规模效率也与社会韧性呈显著的正相关关系，说明城市公共服务和管理水平方面还有很大的提升空间，城市投入应该由规模扩张转变为内部改善，发展模式由增长主义向精明发展模式转变。

综上所述，我国大部分城市都处于较高韧性效率水平，其中高韧性效率水平的11个城市主要集聚在发达地区，说明城市的韧性效率和城市的规模等级有一定的关系。总体上，城市韧性效率主要和基础设施投入与社会韧性产出有显著相关关系，城市基础设施投入是投入要素中冗余率最高的，城市社会韧性是产出要素中不足率最高的。从相关性分析和冗余率分析中可以发现，如果认为城市的基础设施投入主要用于新区基础设施建设，则很多城市已经出现了规模的负效应，规模的扩张没能提高城市的韧性效率，反而加剧了诸多城市问题，降低了城市的韧性效率。因此，未来城市发展应当以改善城市建成区范围内的空间品质和提升公共服务水平为重点，改变增长主义发展模式。

5. 空间结构对城市韧性及其效率的影响

（1）外部空间形态的影响

基于表 3-3-15 中的研究对象城市的形状率计算结果，按照 0.3 的临界值将城市分为形状率低于 0.3 的带形特征明显城市和形状率高于 0.3 的圆形特征明显城市，其中，昆明、哈尔滨、杭州、石家庄、青岛、大连、武汉、南京、天津、深圳、贵阳、西宁和兰州为带形特征明显城市，沈阳、南宁、广州、南昌、北京、西安、长春、郑州、济南、呼和浩特、上海、长沙、无锡、成都、合肥、福州、重庆、太原和厦门为圆形特征明显城市。

将国内 32 个城市的韧性综合效率、纯技术效率、规模效率及各个形态分类特征下的城市韧性效率平均值汇总（表 3-3-22），通过比较城市空间形态特征和韧性效率的关系，可以发现不同形态特征的城市韧性效率平均值差距不大，圆形特征明显城市比带形特征明显城市的综合效率平均值略低。就韧性规模效率而言，圆形特征明显类城市的规模效率平均值（0.882）略高于带形特征明显类城市的均值（0.868）；就纯技术效率而言，圆形特征明显类城市的纯技术效率平均值（0.951）略低于带形特征明显类城市的均值（0.972）。从平均值分布来看，城市的形态和韧性效率关系似乎并不明显。

表 3-3-22 外部空间形态对城市韧性效率的影响

<table>
<tr><th>形态特征</th><th>城市</th><th>综合效率</th><th>纯技术效率</th><th>规模效率</th><th>综合效率平均值</th><th>纯技术效率平均值</th><th>规模效率平均值</th></tr>
<tr><td rowspan="11">圆形特征明显</td><td>广州</td><td>1</td><td>1</td><td>1</td><td rowspan="11">0.840842</td><td rowspan="11">0.951105</td><td rowspan="11">0.882368</td></tr>
<tr><td>北京</td><td>1</td><td>1</td><td>1</td></tr>
<tr><td>上海</td><td>1</td><td>1</td><td>1</td></tr>
<tr><td>太原</td><td>1</td><td>1</td><td>1</td></tr>
<tr><td>厦门</td><td>1</td><td>1</td><td>1</td></tr>
<tr><td>南昌</td><td>0.92</td><td>0.954</td><td>0.965</td></tr>
<tr><td>呼和浩特</td><td>0.912</td><td>0.925</td><td>0.986</td></tr>
<tr><td>合肥</td><td>0.885</td><td>0.925</td><td>0.956</td></tr>
<tr><td>西安</td><td>0.884</td><td>0.913</td><td>0.969</td></tr>
<tr><td>长沙</td><td>0.853</td><td>0.935</td><td>0.912</td></tr>
<tr><td>济南</td><td>0.843</td><td>0.935</td><td>0.901</td></tr>
<tr><td rowspan="6">圆形特征明显</td><td>郑州</td><td>0.835</td><td>1</td><td>0.835</td><td rowspan="6">0.840842</td><td rowspan="6">0.951105</td><td rowspan="6">0.882368</td></tr>
<tr><td>南宁</td><td>0.792</td><td>0.958</td><td>0.828</td></tr>
<tr><td>成都</td><td>0.779</td><td>0.895</td><td>0.871</td></tr>
<tr><td>沈阳</td><td>0.76</td><td>0.882</td><td>0.862</td></tr>
<tr><td>福州</td><td>0.758</td><td>1</td><td>0.758</td></tr>
<tr><td>无锡</td><td>0.689</td><td>0.99</td><td>0.696</td></tr>
</table>

续表

形态特征	城市	综合效率	纯技术效率	规模效率	综合效率平均值	纯技术效率平均值	规模效率平均值
圆形特征明显	长春	0.684	0.847	0.807	0.840842	0.951105	0.882368
	重庆	0.382	0.912	0.419			
带形特征明显	杭州	1	1	1	0.848154	0.972231	0.868154
	石家庄	1	1	1			
	南京	1	1	1			
	深圳	1	1	1			
	贵阳	1	1	1			
	西宁	1	1	1			
	兰州	0.96	0.989	0.971			
	大连	0.85	0.926	0.918			
	昆明	0.838	1	0.838			
	武汉	0.698	0.969	0.721			
	青岛	0.608	1	0.608			
	哈尔滨	0.547	0.812	0.674			
	天津	0.525	0.943	0.556			

从不同城市形态类别下的韧性效率值分布来看，高韧性效率不是任何城市形态的特权，且低韧性效率也不是任何城市形态所能够避免的。具体而言，超大城市如北京、上海等具有圆形空间形态特征，这些城市凭借高效的综合运转能力在经济、社会等方面取得了极高的造诣，同时，它们的韧性效率值都达到了 DEA 有效；另外，同样作为直辖市和圆形形态城市的重庆，却停留在低韧性效率水平。带形城市深圳尽管发展时间较短，但作为后起之秀在短时间内实现了高韧性效率；另外一个直辖市天津，其建设用地也呈现明显的带形布局，但是徘徊在低韧性效率水平的边缘。

（2）内部空间结构对城市韧性效率的影响

基于表 3-3-16 对研究对象城市的中心数的识别，定义“中心数＝1”的城市为“单中心”城市（图 3-3-10），“中心数＝2”的城市为“双中心”城市（图 3-3-11），“中心数≥3”的城市为“多中心”城市（图 3-3-12）。

和外部空间形态对韧性效率的影响相比，可以发现此处的平均效率值差距较大，说明内部空间结构对韧性效率的影响大于空间形态对韧性效率的影响。首先，就韧性综合效率而言，双中心城市的综合效率最高（0.909），其次是单中心城市（0.842），最低的是多中心城市（0.770）；就韧性纯技术效率而言，城市空间结构的影响不是很明显，各类型城市的纯技术效率水平都较高，具体而言，多中心城市韧性效率最高（0.970），其次是双中心城市（0.959），最后是单中心城市（0.958）；就规模效率而言，规模效率分布和综合效率类似，双中心城市最高（0.946），单中心城市居中（0.877），最后是多中心城市（0.785）。

从不同城市空间结构类别下的韧性效率值分布来看，单中心结构城市的韧性效率分布较为均衡，出现低韧性效率的概率极低；双中心结构城市的韧性效率保持在较高水平及以上；多中心结构城市的韧性效率分布出现了分化，好的可以达到高韧性效率水平，差的可以降到低韧性效率水平。这说明为了提高韧性效率，城市中心可以适当分散发展，但不宜超过自身的发展水平而分散过度。

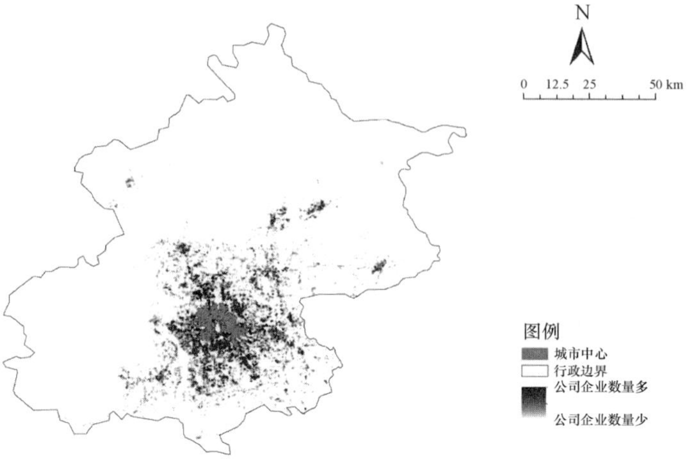

图 3-3-10　单中心城市（北京）

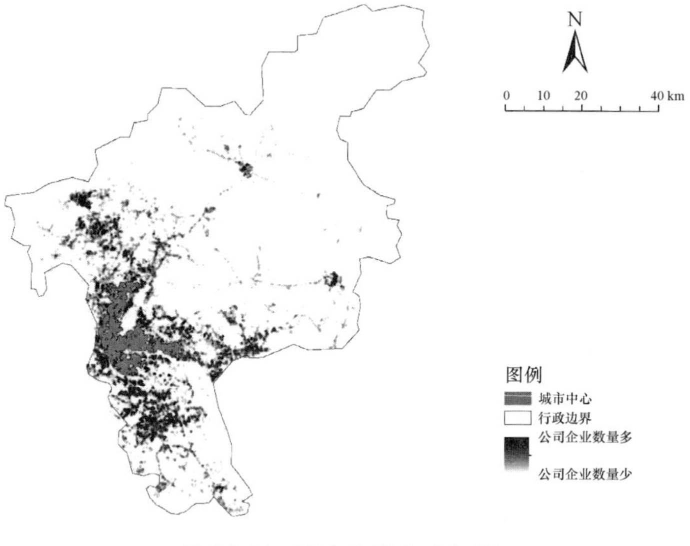

图 3-3-11　双中心城市（广州）

6. 相关结论与讨论

（1）城市韧性综合效率仍有提升空间

若将城市韧性效率水平划分为高韧性、较高韧性、中韧性、低韧性四个等级，则 32 个样本城市分别占据了 34.38%、31.25%、25.00%、9.37%，总体而言，我国大部分城市都处于韧性综合效率较高水平以上，但是只有约三分之一的城市达到了 DEA 有效，另有约三分之一的城市韧性效率处于中下水平，因此，我国城市韧性效率现状并不理想，有待进一步提高。另外，我国城市的纯技术效率水平普遍较高，但是规模效率较低，在城市规模投入上冗余度较高，因此可以通过调整城市投入规模的配比进而提高城市韧性。

（2）存量发展比增量发展更有利于提高城市的韧性效率

尽管我国一线超大城市的韧性效率都实现了 DEA 有效，但是空间投入与基础设施投入和韧性效率均呈显著负相关关系，且 32 个样本城市中只有兰州还保持着规模效益增加的状

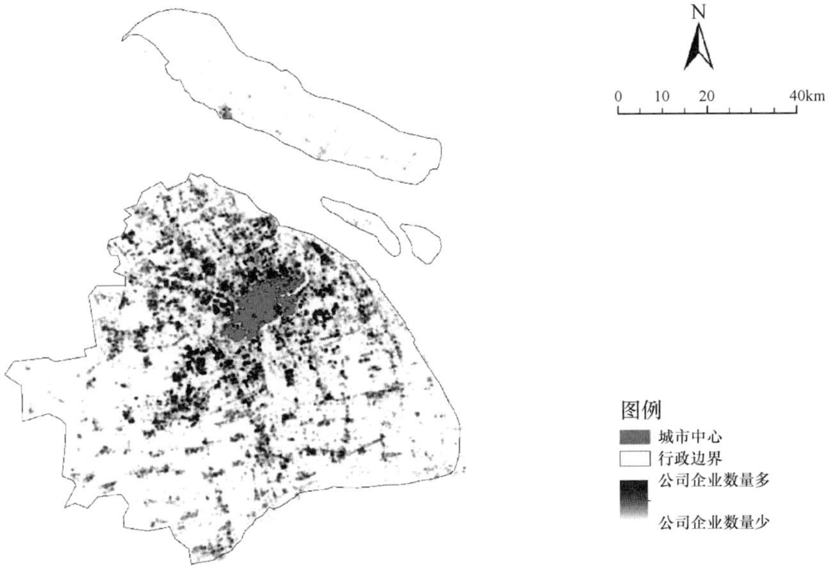

图 3-3-12 多中心城市（上海）

态，说明城市规模不断扩大不一定有助于韧性效率的提高。事实上，城市的社会韧性和韧性效率呈显著的正相关关系，并且 32 个样本城市中，社会韧性的产出不足率平均值高于其他产出不足率平均值，也高于任何投入冗余率的平均值，这说明城市的社会福利水平有很大的提升需求。例如，大城市普遍存在的看病难、上学难等问题，城市未来的发展需要从以经济建设为中心转变为以改善人民生活品质为重点，从追逐建设用地的规模扩张转向努力改善内城品质，提高城市宜居性，进而提高韧性效率。

（3）根据城市自身发展条件选择最适宜的空间模式

本研究认为城市的空间特性对城市的韧性效率有一定的影响，具体而言，空间形态对城市韧性效率影响较小，圆形形态城市和带形形态城市都有可能实现高韧性效率或低韧性效率；空间结构对城市韧性效率影响较大，且城市发展越成熟，其空间结构越有朝着多中心化发展的趋势，此时城市的纯技术效率水平一般较高，但是若城市自身的发展条件并不能支撑起多中心同时发展，规模效率偏低，反而会导致极低的综合效率。因此，城市发展需要根据自身条件选择最适宜的空间模式。

三、基于韧性矩阵的浙江省城市灾害韧性研究

1. 基于微博大数据的灾害过程城市韧性评估模型

网络信息技术尤其是以 4G、5G 为代表的移动互联网技术给现代生活方式带来巨大革新，各种社交媒体平台成为城市灾害管理各个阶段的重要信息来源[8]。为了降低灾害对城市的影响，灾害预防、准备、吸收、恢复和适应等各个阶段中，对以人为本的信息需求大量增加。近年来，以海量性、时效性、自发性为特征的社交媒体数据，成为城市灾害管理各个阶段的重要信息来源，当灾害发生时，公众不仅可以第一时间获取政府机构发布的预警、救援等权威信息，还可以及时表达个人情感、发布求助信息等。利用海量的社交媒体大数据进行舆情分析、情感提取、灾害损失评估等已成为研究热点。据中国互联网络信息中心《第 45 次中国互联网络发展状况统计报告》，截至 2020 年 3 月，我国网民规模 9.04 亿，手机网民

规模8.97亿，政务微博13.9万个。作为我国最主要的互联网社交平台之一，微博月活跃用户达4.62亿，使用率达42.5%[9]。在抗击新冠肺炎疫情的过程中，上亿用户通过微博关注最新疫情动态、获取防治服务、参与公益捐助，截至2020年2月4日，微博热搜榜上疫情相关话题的占比超过60%[10]。

近年来，我国高度重视韧性城乡建设工作，关于韧性的研究如火如荼，但整体上我国的韧性研究尚处于起步阶段，相较于国际研究历程很短。现有研究往往基于静态的数据，如统计年鉴、人口普查数据等，数据局限性较大，实际上得出的是一种预测性的城市“抗风险能力评估”或者“脆弱性评估”，而非灾害发生进展过程中城市表现出来的韧性能力[7]。而国际上已有许多利用社交媒体数据进行社区韧性研究的实例，通过社交媒体研究居民心理风险、心理需求和心理恢复等方面来指导灾害风险防御、应急管理和社区发展等已有不少成果[11]。因此，本研究着眼于实际灾害过程中的城市韧性，通过采集灾害事件中的微博大数据，采用语义分析的方法，分析挖掘与城市灾害韧性相关的词语，并构建关键词分类编码表，对文本信息进行特征提取、分类和聚类，最终达到对城市不同阶段、不同维度韧性评估的目的。

在此，本研究以浙江省为研究区域，以“台风利奇马”和“新冠肺炎疫情”为灾害对象，借鉴Linkov提出的韧性矩阵框架理论（图3-3-13），对浙江省城市灾害韧性进行评估，以达到城市灾害全过程、全要素评估的目的。韧性矩阵框架的16个评估单元格包含了灾前准备，到灾害冲击和应对，再到灾后恢复和适应的全过程，以及物理、信息、组织、社会、信息等方面。

由于灾害阶段划分上的“适应”阶段难以通过社交媒体数据进行划分，因此基于常见的城市系统韧性性能曲线，将灾害阶段重新划分为“准备（Preparedness）—冲击（Impact）—响应（Response）—恢复（Recovery）”四个阶段，便于基于社交媒体微博大数据的研究，最终构建基于社交媒体（微博）大数据的灾害韧性矩阵框架（表3-3-23），其中每个单元格表示文本信息关键词选取依据。

表3-3-23　基于社交媒体数据的灾害韧性矩阵框架

韧性维度	准备（P_1）	冲击（P_2）	响应（P_3）	恢复（P_4）
物质维（R_1）	（$W_{1,1}$）相关部门进行城市设施的提前维护和准备；储备和调配应急物资	（$W_{1,2}$）城市各类设施受到损害，基础功能受到影响；应急物资告急	（$W_{1,3}$）对被损坏的设施进行抢修、处理；补充、调配应急物资	（$W_{1,4}$）设施恢复运行
信息维（R_2）	（$W_{2,1}$）发布预警、预报信息；进行预防知识、应急知识的科普宣传	（$W_{2,2}$）产生谣言、小道消息、不实信息等；有效信息不能及时传达	（$W_{2,3}$）发布灾情或疫情最新信息；报道部门工作进展	（$W_{2,4}$）发布受灾情况和善后工作；对各部门的积极行动、官民守望相助等“城市精神”进行宣传
社会维（R_3）	（$W_{3,1}$）居民做好个人防范、调整出行活动，储备必要的应急物资	（$W_{3,2}$）居民个人财产、身心健康受到损害	（$W_{3,3}$）组织自救，开展志愿服务	（$W_{3,4}$）捐款，生活恢复秩序
组织维（R_4）	（$W_{4,1}$）制订应急预案或应急响应计划；安排应急避难场所；进行安全隐患排查	（$W_{4,2}$）救援人员调控失当；救援力量不够；执法出现问题	（$W_{4,3}$）开展应急救援、应急疏散等行动；制订相关决策	（$W_{4,4}$）保险理赔，清理重建，消毒防疫；灾后安全隐患排查

对微博大数据分析提取，以关键词聚类和分类统计方法为核心技术手段，在数据预处理的基础上，结合关键词文本分类编码表，进行主题分类统计，在此基础上开展灾害韧性评估以及区域之间差异的探讨。所有的计算步骤均细化到韧性矩阵框架的 16 个评价单元格。主要计算步骤如下（图 3-3-14）：

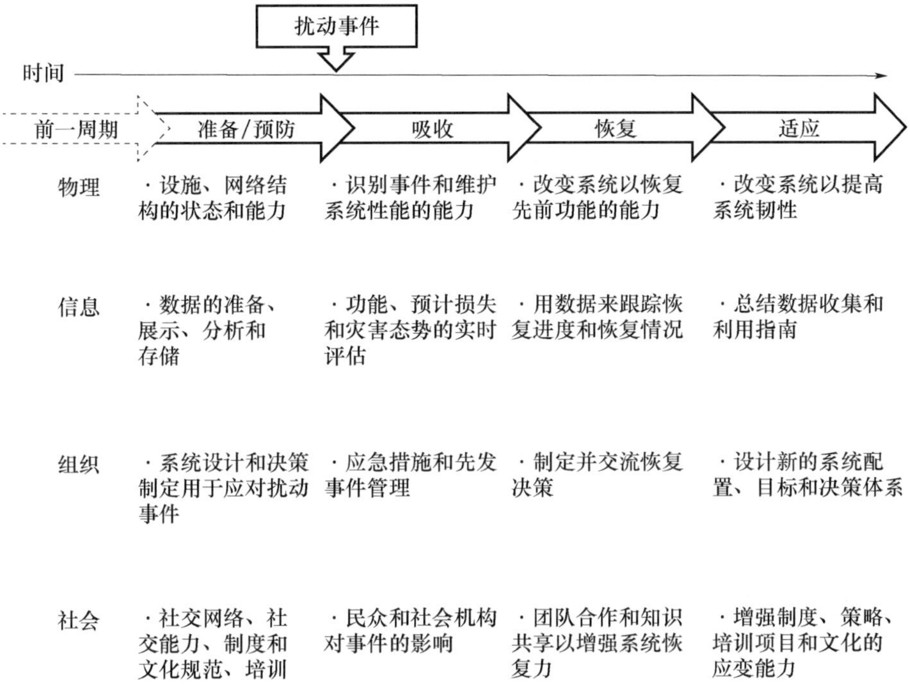

图 3-3-13　韧性矩阵框架与指标

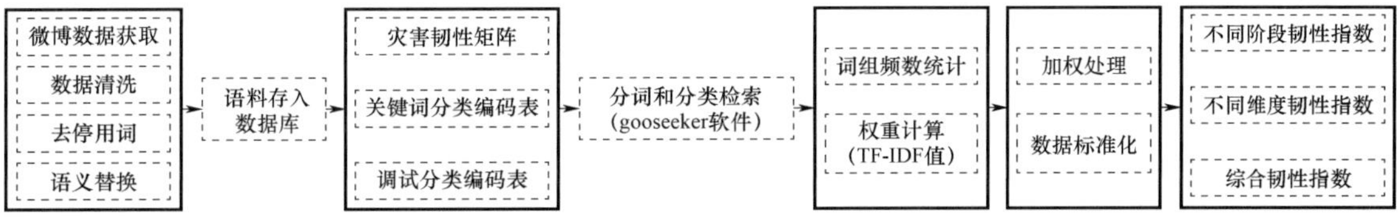

图 3-3-14　灾害韧性评估流程

（1）TF-IDF 值计算

TF-IDF（term frequency-inverse document frequency）即词频—逆文档频率，是信息检索与文本挖掘中常用的加权技术，用于评估关键词的重要程度，方法运用已经较为成熟[7]。一般地，一个关键词在文档中出现的频率越高，该词就越重要，但是如果包含该词的文档在文档集中广泛分布，则它的代表性就越差。因此，具有较高词频和较低逆文档频率的词语，被认为重要性较高，可以适当消除由于各地微博用户规模不同而带来的影响。在灾害过程中可以理解为，当关键词的 TF-IDF 值越高时，表示该关键词的受重视程度越高。TF-IDF 算法的计算分为两部分——词频（TF）和逆文档频率（IDF）。

①定义任意一个词 T_i，则 T_i的词频计算公式为：

$$\text{词频}（\mathrm{TF}_{i,j}）=\frac{\text{某个词在文档中出现的次数}}{\text{文档总词数}}=\frac{N_{i,j}}{\sum_k N_{k,j}} \tag{3-3-9}$$

式中，$N_{i,j}$是词T_i在文档 W 中出现的次数，$\sum_k N_{k,j}$是文档 W 中的所有词出现的总频次。例如，若关键词“停电”在文档中出现了 10 次，而该文档中所有关键词的总词数是 1000，那么“停电”在该文档中的词频为 10/1000=0.1。

②T_i的逆文档频率计算公式为：

$$逆文档频率（IDF_{i,j}）=\lg\frac{文档总数}{包含该词的文档数+1}=\lg\frac{|W|}{|\{j：W_i\in T_j\}|+1} \tag{3-3-10}$$

式中，$|W|$是语料库中的文档总数；$|\{j：W_i\in T_j\}|$是包含词T_i的文档数；“+1”是为了避免所有文档都不含该词的情况发生。例如，若关键词“停电”在 499 条微博中出现过，而语料库内的总微博数是 5000，则关键词“停电”的逆文档频率就是$\lg\left(\frac{5000}{1+499}\right)=1$。

③T_i的 TF-IDF 值计算公式为：

$$词频\text{-}逆文档频率（TF\text{-}IDF）=TF_{ij}\times IDF_i=\frac{N_{i,j}}{\sum_k N_{k,j}}\times\lg\frac{|W|}{|\{j：W_i\in T_j\}|+1} \tag{3-3-11}$$

根据公式可以得出关键词“停电”的 TF-IDF 值为 0.1。

（2）加权处理

将 16 个评价单元格内关键词组的词频数与评价单元格的 TF-IDF 值相乘，得到加权后的数值。

（3）数据标准化处理

韧性定义中，准备、响应、恢复阶段采取的措施反映出城市的适应能力，对灾害韧性有正影响；冲击阶段城市应对失措，反映出城市脆弱性，对灾害韧性有负影响。为消除负向指标影响，需要对各个评价单元内的指标进行标准化处理。考虑不同标准化方法的优缺点及研究的目的，此研究选择 min-max 标准化法分别对 16 个评价单元内关键词组的加权值进行标准化处理，并假定城市初始韧性值为 1，该标准化方法只改变数值区间，其相对大小不会发生改变。

准备、响应、恢复阶段原始加权值越大，越有利于城市系统韧性的评价单元，处理公式为：

$$W_{i,j}=1+\frac{X_{i,j}-\mathrm{Min}（X_{i,j}）}{\mathrm{Max}（X_{i,j}）-\mathrm{Min}（X_{i,j}）} \tag{3-3-12}$$

式中，$W_{i,j}$表示在i维度、j阶段下关键词组标准化处理后的加权值；$X_{i,j}$表示i维度、j阶段下关键词组的原始加权值，标准化后数值区间为［1，2］。

冲击阶段原始 TF-IDF 值越大，越不利于城市系统韧性的评价单元，采用的处理公式为：

$$W_{i,j}=1-\frac{X_{i,j}-\mathrm{Min}（X_{i,j}）}{\mathrm{Max}（X_{i,j}）-\mathrm{Min}（X_{i,j}）} \tag{3-3-13}$$

式中，$W_{i,j}$表示在i维度、j阶段下关键词组标准化处理后的加权值；$X_{i,j}$表示i维度、j阶段下关键词组的原始加权值，标准化后数值区间为［0，1］。

（4）灾害韧性指数模型

①不同阶段的韧性指数：

$$P_j=W_{1,j}+W_{2,j}+W_{3,j}+W_{4,j} \tag{3-3-14}$$

式中，P_j表示在j阶段的灾害韧性指数；$W_{i,j}$表示在i维度、j阶段下关键词组标准化处理后的值。

②不同维度的韧性指数：

$$R_i = W_{i,1} + W_{i,2} + W_{i,3} + W_{i,4} \tag{3-3-15}$$

式中，R_i表示在i维度的灾害韧性指数；$W_{i,j}$表示在i维度、j阶段下关键词组标准化处理后的值。

③综合韧性评价：

$$R_{综} = \sum_{i=1}^{4} R_i \sum_{j=1}^{4} P_j \tag{3-3-16}$$

式中，$R_{综}$表示综合灾害韧性指数，标准化后数值区间为［0，28］。

2. 数据获取与处理计算

（1）数据获取与初步处理

微博作为一种实时社交工具，一条推文可包括博主 ID、博主昵称、博文、发布时间、发布地点、发布终端、转发数、评论数、点赞数等，根据博主 ID，可查找博主相关信息，包括年龄、性别、所在城市、公司、学校等。由于微博具有较强的即时性、普及性、动态性，通过对其海量数据进行挖掘分析，可以进一步获取灾害城市各个系统的应对能力。

本次研究基于 Python 语言编写的桌面应用程序，通过设置关键词、时间、地点爬取两次灾害事件中的相关原创微博，关键词和时间段的设置，根据事件发展过程，经过人工审查确定（图 3-3-15）。

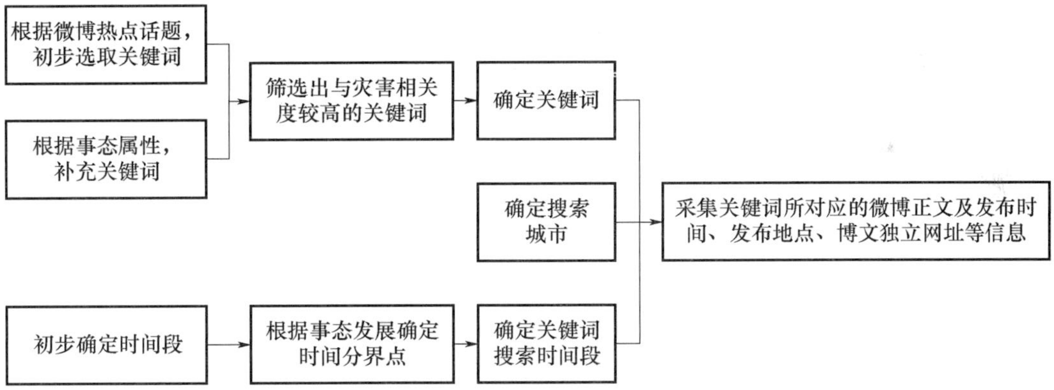

图 3-3-15　搜索关键词选取及微博爬取基本流程

以“利奇马”“台风”为关键词，搜索浙江省 11 个地级市台风期间的原创微博，最终获得 2019 年 8 月 4 日至 2019 年 8 月 24 日的 62837 条数据。同时，以“不明原因肺炎”“新型冠状病毒”“新冠病毒”“新冠”“疫情”“2019-ncov”“COVID-19”为关键词，搜索浙江省疫情期间的原创微博，最终获得 2019 年 12 月 20 日至 2020 年 3 月 31 日的 743369 条原创微博。

对获取的微博数据进行预处理：数据筛选、去停用词、语义替换、分词和分类检索。数据筛选——去除与研究无关和重复的文本。停用词指的是对文本意思表达贡献度较小的标点符号、特殊字符、语气词、代词、连接词等，同时去掉“@××”“#标签#”“转发微博”“分享图片”空白和链接“http：//...”等无意义信息。语义替换——将语义表达烦琐的词语进行替换，提高分析准确性。例如，“取消泰国旅游计划”“取消日本旅游计划”等，利用 excel 的替换功能，将“取消*旅游计划”（*在 excel 中代表任意字符）全部替换为“取消旅游计划”。分词——中文自然语言处理基础，是将一串汉字序列按照一定规范切分成单个独立词汇的过程。借助集搜客（gooseeker）开发的分词和分类检索软件进行文本分词处理和文本主题分类。通过自定义关键词分类编码进行文本主题的分类。经过数据清洗，“台风利奇马”事件中共获得 4.1166 万条微博，“新冠肺炎疫情”事件中共获得 49.8198 万条微博（表 3-3-24）。

表 3-3-24　数据清洗前后获取的微博数量

城市	样本量/条		有效样本量/条		样本有效率/%	
	台风	疫情	台风	疫情	台风	疫情
杭州	21069	238078	11544	146548	54.8	61.6%
湖州	2042	40744	1424	27161	69.7	66.7%
嘉兴	2007	42207	1228	35235	61.2	83.5%
金华	3683	62082	2456	39246	66.7	63.2%
丽水	873	26828	588	17024	67.4	63.5%
宁波	8208	82197	6248	62236	76.1	75.7%
衢州	759	23973	518	14484	68.2	60.4%
绍兴	4095	63769	2615	42606	63.9	66.8%
台州	10153	64524	7918	42775	78.0	66.3%
温州	7607	81374	4950	60312	65.1	74.1%
舟山	2341	17593	1677	10571	71.6	60.1%
合计	62837	743369	41166	498198	—	—

（2）样本数据统计分析

“台风利奇马”事件中，不同时间段内的发文数量存在明显的快速爆发、快速消退的过程特征，符合常见网络舆情发展“倒 U 形”的特征（图 3-3-16）。其中，台风登陆前后三天的发文数量最多，占总数的 75.9%，这表明灾害爆发阶段公众对灾害的关注度较高，而在灾害前期的预警阶段和灾后的恢复阶段，关注热情普遍较低。从各个城市的发文数量来看，杭州发文数量最多，其次是灾害较为严重的台州、宁波和温州。

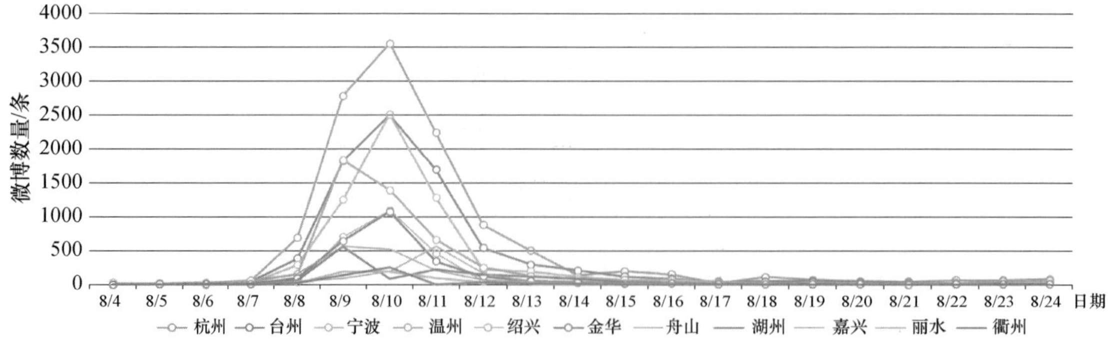

图 3-3-16　“台风利奇马”事件中各城市的原创微博数量时间变化特征

“新冠肺炎疫情”事件中微博数量-时间变化特征与台风事件不同，呈现出快速爆发、波浪式缓慢消退的特征，事件发展周期较长，其波动与事态进展紧密相关（图 3-3-17）。2020 年 1 月 20 日浙江出现 5 例疑似病例之前，整体关注度不高。1 月 20 日浙江发现 5 例疑似病例后开始爆发式增长；在 1 月 26 日各大主流媒体开始报道全国各地确诊病例后，达到最高峰；2 月 2 日春节假期结束后，开始第二轮增长；在 2 月 11 日外地人开始返岗复工，生活秩序逐渐恢复正常后，呈现出稳步波动的特征。从各个城市的发文数量来看，杭州发文数量最多，其次是宁波和温州，这三个城市也是浙江常住人口数量最多的。

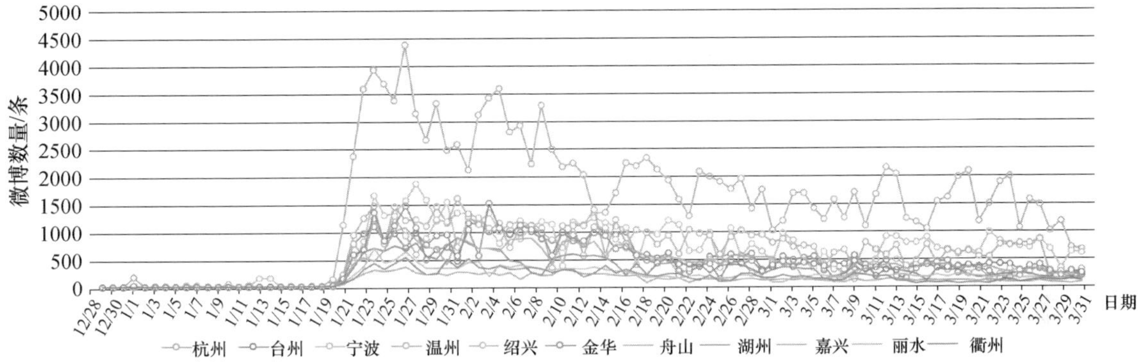

图 3-3-17 “新冠肺炎疫情”事件中各城市的原创微博数量-时间变化特征

从每万人发文数量来看（图 3-3-18），“台风利奇马”事件中，舟山、台州、杭州、宁波最高，可以看出除杭州外，沿海城市和受灾较为严重的城市参与灾害讨论的程度较高。而“新冠肺炎疫情”事件中，杭州、舟山、湖州、绍兴、丽水发博数量较多，整体上浙江北部参与度偏高。

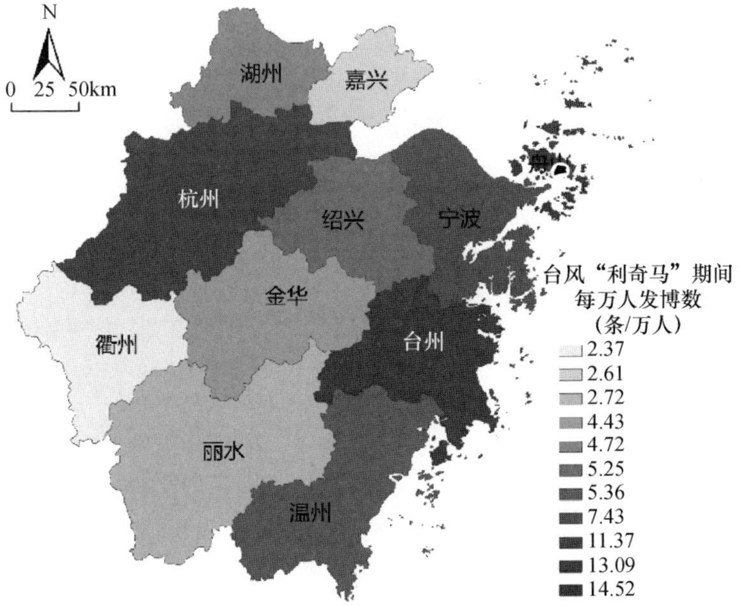

图 3-3-18 “台风利奇马”和“新冠肺炎疫情”期间浙江各市每万人发博数量

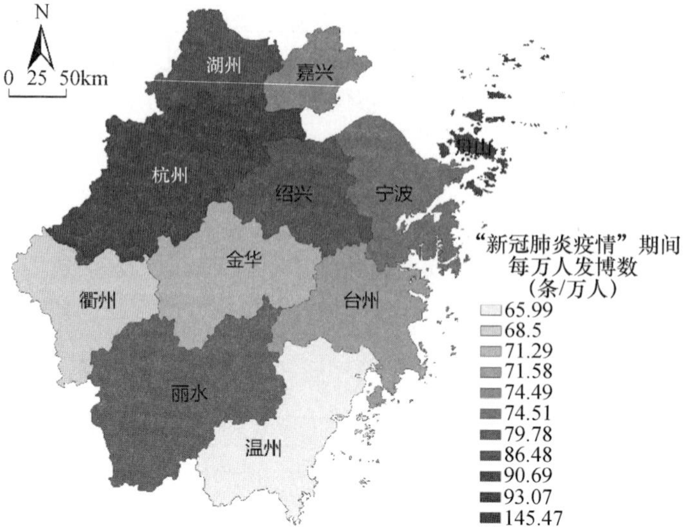

图 3-3-18 “台风利奇马”和“新冠肺炎疫情”期间浙江各市每万人发博数量（续）

（3）微博文本分类编码表构建和评估

借鉴已有文献成果中有关灾害阶段划分分类编码表的关键词聚类区分研究，以表 3-3-25 为关键词选择基本依据，按“准备—冲击—响应—恢复”的灾害阶段，随机选择 1 万条数据，通过逐条查阅、人工筛选选出代表不同维度、不同阶段下的关键词，构建本研究分类编码表，经多次调试后，得出表 3-3-26 的相关信息。

表 3-3-25 “台风利奇马”事件下的微博关键词分类编码表

灾害阶段	韧性维度	关键词	排除词
准备	物理	检查设施、检查线路、排查线路、修剪、加固、固定、拆除、支撑、预排、预泄	固定电话、固定路径、固定住所、固定收入、苦苦支撑
	信息	预警、警报、台风消息、台风预报、指南、安全知识、安全须知、防范措施、提示、科普、如何防范、防护措施	高能预警、提示音、灾后恢复指南、疾病防控指南
	组织	应急计划、应急预案、应急响应、走访排摸、巡查、排查、特巡、救援训练、救援培训、安全培训、救援器材、装备器材、应急物资准备、应急物资储备、交通管制、安排部署、返岗待命、工作组	没有受过救援培训
	社会	屯粮、屯点、屯起来、屯货、屯着、囤起来、囤粮、囤点、囤货、囤着、存点、存货、存粮、备粮、备好口粮、粮食、在家、宅家里、“呆”家里、待家里、宅在宿舍、“呆着”、宅着、不敢出门、不要出门、胶带、胶条、胶布、手电筒、蜡烛、充电宝、充满电、充好电、充电灯、关好门窗、关窗、关门、门窗紧闭	没屯粮、没囤粮、没存粮、没存货、存货进水、没粮食、送粮食、没关窗、没充电宝、充电宝没电、不想在家、不想宅在家、不想待家里、不想“呆”家里
冲击	物理	停电、停水、停网、停信号、断水、断电、断网、断信号、没水、没电、没网、没信号、无信号、信号差、网络瘫痪、无网络、停运、停机、停航、航班取消、道路损毁、塌方、堵、迟到、阻塞、漏水、漏雨、脱落、倒塌、吹倒、树倒了、刮倒、倒伏、截断、连根拔起、道路积水、广告牌飞了、倒塌、砸落、掉落	不停电、不要停水、不能停电、别停电、要停电、不停水、不要停水、不能停水、别停水、不要断网、别断网、不要延误、不要停机、不要停航
	信息	占线、联系不上、打爆了、打不通、打不进、不能及时传达、谣言、小道消息、求救信号发不出去、急等救援	

续表

灾害阶段	韧性维度	关键词	排除词
冲击	组织	征用冲锋舟、给个说法、需要政府重视、领导不作为、没做好防台抗台安排、政府早干吗去了、封锁消息、无沙袋、没有沙袋、没有任何预防措施、支援力量不够、一个救援都没有、政府不管、没有足够重视、没做好预案	
	社会	停工、没吃的、没吃没喝、没吃饭、没有准备、没有备口粮、没有充足的准备、没有食物、没食物、没“屯”粮、没囤粮、没存粮、没存货、没粮食、吃不上、没水喝、触电、“电倒”、窗户碎了、玻璃碎了、玻璃吹裂、渗水、手机已经没有电、手机没电	一旦触电、引发触电时、触电安全隐患、触电事故、触电者、怕玻璃碎了
响应	物质	抢修、疏通、抢通、维修、清理、整治、清障、抢险、排险	抢修材料、抢修服务电话、疏通检查、维修电器、维修铺、检修公告、上门维修、维修师
	信息	救援力量信息、情况通报、接到报警、紧急公告、紧急求援、紧急求助、报警求助、请求救援、求救信息	
	组织	转移、疏散、营救、搜救、处置、救援队伍、救援队、救援部队、应急避难场所、安置点、安置中心、避灾点、避灾场所、物资发放、运送救援物资、采取积极措施	1楼转移、转移阵地、没有救援队
	社会	求救、自救、志愿者、自发加入、自发组织、应急救援社会组织、民间救援、民间力量、业主众志成城	
恢复	物质	恢复用电、恢复用水、恢复供电、恢复供水、恢复通行、恢复通车、恢复通信、电力恢复、恢复电力、恢复生产、来电、来水、来网、来信号、通电、通水、通网、通信号、恢复正常	赶紧来电、还没来电、来电话、能不能来电、自来水、上游来水、赶紧来水、送来水、通电话、没通电、没通水、尽快恢复正常
	信息	初步统计、事迹、嘉奖、表彰、先进人物、暖心故事、温暖的故事、感人的故事、灾后恢复指南、疾病防控指南	表彰乱象
	组织	重建、复建、慰问、消毒、防疫、消杀、清淤、走访排摸、巡查、排查、特巡、灾后应急工作小组、灾后保障稳控、指导灾后生产、生产帮扶、惠民活动	尽快重建、没消毒
	社会	捐款、捐赠、保险、理赔、自发清扫、步入正轨、生活恢复、恢复秩序	不用捐款、尽快恢复秩序、保险公司、理赔人员

注：由于在准备阶段和恢复阶段都需要进行安全隐患的排查，因此将8月12日台风过境前的相关关键词（走访排摸、巡查、排查、特巡）搜索结果设置为准备阶段，台风过境后的搜索结果设置为恢复阶段。

表3-3-26 “新冠肺炎疫情”事件下的微博关键词分类编码表

灾害阶段	韧性维度	关键词	排除词
准备	物理	设卡、路口量体温、路口测体温、路口体温检测、高速量体温、高速测体温、高速体温检测、高铁站量体温、高铁站测体温、高铁站体温检测、马路上量体温、马路上体温检测	设卡结束、取消设卡
	信息	不明原因肺炎情况通报、不明原因肺炎最新进展、发现不明原因肺炎、科普、预防措施、专家建议、防控指南、防范知识、不可大意、提高警惕、预防建议、如何自我防护、防护手册、防护小贴士、预防手册、口罩指引、安全防范小锦囊、注意事项	没有宣传预防措施、没有给出预防建议

续表

灾害阶段	韧性维度	关键词	排除词
准备	组织	走访、排摸、摸排、筛查、巡查、排查、知识讲座、流感及相关疾病监测、不明原因肺炎专家答疑	走访几家药店、走访亲戚、别走访、走访亲友、走访拜年、不走访、朋友走访、没有入户排查
	社会	屯粮、屯点、屯起来、屯货、屯着、囤起来、囤粮、囤点、囤货、囤着、存点、存货、存粮、备粮、备好口粮、粮食、宅家、在家、宅家里、“呆家里”、待家里、呆着、宅着、家里蹲、宅起来、不敢出门、“带口罩”、戴口罩、买口罩、戴上口罩、“带上口罩”、买了口罩、买好口罩、“带好口罩”、戴好口罩、准备口罩、下单了口罩、下单口罩、买点医用口罩、买医用口罩、下单医用口罩、取消行程、取消计划、取消出游、取消旅游、取消旅行、取消聚会、取消拜年、取消了计划、旅游全部取消、取消家庭聚会、退订年夜饭、不去旅游、退票、退掉了、退了、退酒店	没屯粮、没囤粮、没存粮、没存货、没粮食、送粮食、不想在家、不想宅在家、不想待家里、“不想呆家里”、不要断货、免费退票、延长退票、办理退票、退票费、退票政策、没戴口罩、忘戴口罩、没带口罩、忘带口罩
冲击	物理	酒精紧缺、防护服告急、缺口罩、缺防护服、缺医疗物资、缺N95口罩、防疫物资紧缺、抢不到口罩、卖完了、买不到、脱销、断货、缺货、售罄、暂停公共交通运营、暂停营运、停航、停机、停运、航班取消、暂停办理、没买到、网点关停、闭园、闭馆、暂停对外开放、取消办理、客运全部暂停、交通限制、停诊、暂停公交线路、高速出口实施封闭、封闭高速公路出入口、网卡、系统崩溃、信号不好、没信号	不要断货、怕断货、没有出现断货、没断货、不要缺货、怕缺货、没有出现缺货、没缺货、不要停机、不要停航、不要停运、上网卡
	信息	有消息称、传言、不实信息、不实言论、谣言、（口罩）剪碎、（吃/服用/买）VC、藿香正气水、吸烟能预防、板蓝根、熏醋、双黄连、盐水漱口、武汉的快递、虚假信息、毛质衣物、断章取义、秘方	
	组织	形式主义、相关部门没做好工作、政府不重视、求披露、隐瞒真实情况、不让医生回家、失职、渎职、暴力执法、通报太少、干部们也不重视、监管不力、体制不规、防控力度真的差、不会做预案、不作为、摆设	不要形式主义、严惩失职、严惩渎职、处理失职、查处失职、湖北失职、武汉失职、若有失职、小摆设
	社会	诈骗、滞销、涨价、“倍涨”、推迟营业、价格翻倍、遭遇重创、损失惨重、订单被取消、停业、失业了、婚礼延期、歇业、销路受阻、生意影响特别大、生意不好、快递停运	销售滞销、不允许涨价、即将失业了、就要失业了、不会要失业了
响应	物理	网络直播课、网课、互联网医院、在线课程、线上办公、远程办公、云课堂、远程医疗、网上交易、线上签约、电话会议、视频会议、在线咨询、测温系统、成像测温仪、线上招聘会、调整运营、调整公交运营、调整航班、隔座售票	不想上网课、不能上网课、没法上网课、不具备上网课条件、不具备远程办公条件
	信息	最新疫情、疫情状况、疫情速报、疫情讯息、疫情情况、疫情通报、疫情地图、疫情发布、疫情五色图、疫情最新动态、疫情实时动态、报告新增、无新增“新型冠状病毒”、报告“新型冠状病毒”、紧急寻找、急寻、警情通报、处置情况、累计报告、实时播报、活动轨迹、行动轨迹、行程查询工具、防疫广播	没发布疫情通报、没有疫情通报、没公布活动轨迹、没有公布行动轨迹、请公布活动轨迹、请公布行动轨迹

续表

灾害阶段	韧性维度	关键词	排除词
响应	组织	预约申领、在线投放口罩、健康码、货车专用收费站、半天开放制、出行管控、复课标准、菜篮子、爱心配送、防控工作、防控总体方案、定点收治、封闭式管理、保障蔬菜供应、租房补贴、免费发放口罩、保险、帮扶、指导意见、管理规范、工作方案、使用规范、操作规范、防疫检查、通行证、诊疗方案、指定接待酒店、定点医院、发热门诊、防控方案、预防性消毒、取消集体活动、取消公共活动、取消文化活动、暂停零售交易、暂停集体活动、建立防疫检查点	停止预约申领、停止在线投放口罩、不再预约申领、不再在线投放口罩
	社会	捐款、捐赠、一起捐、志愿者、民兵应急分队、义工、志愿服务、共享员工、自我隔离、自行居家隔离	接受社会捐赠、接受爱心捐赠、请自行居家隔离
恢复	物理	取消检查卡点、恢复高速出入口、班车恢复、复飞、返岗专列、就业专列、恢复运营	必将恢复、恢复运营时间、一定能恢复、暂停恢复
	信息	表彰、嘉奖、先进集体、先进个人、暖心故事、温暖人心的故事、感人的故事、事迹、身边的战疫、战疫故事、战役英雄	表彰乱象
	组织	取消测温、取消亮码、复工保、分批开学、错峰开学、优惠政策、解禁、疫检点撤除、退税、走访、排摸、摸排、巡查、排查、筛查、检查	走访几家药店、走访亲戚、别走访、走访亲友、走访拜年、不走访、朋友走访、没有入户排查
	社会	开放堂食、复工、复产、恢复开放、恢复营业、恢复正常、解除封闭管理、恢复开放、复市、有序恢复、开馆、复诊、开园	不能复工、暂不复工、复工时间、延迟复工、不能复产、暂不复产、复产时间、延迟复产、必将恢复、一定能恢复、暂停恢复

注：由于在准备阶段和恢复阶段都需要进行社区大排查，因此将 2 月 22 日（浙江开始无新增本地确诊病例）前的相关关键词（走访、排摸、摸排、巡查、排查、筛查、检查）搜索结果设置为准备阶段，2 月 22 日后的搜索结果设置为恢复阶段。

分类编码表需要进行准确性评估，多采用文本挖掘和机器学习领域中使用较为广泛的三个指标进行：准确率、召回率和 F 值。为了便于描述评估指标的计算公式，预先建立文本分类结果表（表 3-3-27）。

表 3-3-27　文本分类结果表

判别类型	真正属于此类的文本	真正不属于此类的文本
分类编码表判定属于此类	A	B
分类编码表判定不属于此类	C	D

准确率（Precision，简记为 P），即对于给定的样本数据集，正确分类的文本数与实际分类输出的文本数的比率，体现了分类的准确率。计算公式为[12]：

$$P=\frac{A}{A+B}\times 100\% \tag{3-3-17}$$

召回率（Recall，简记为 R），也称查全率，即被正确分类的文本，占应该被分类文本的比率，召回率体现了分类的完备性。计算公式为：

$$R=\frac{A}{A+C}\times 100\% \tag{3-3-18}$$

F 值是准确率和召回率的平均值，用于综合衡量模型的效果，计算公式为：

$$F=\frac{2\times P\times R}{P+R} \tag{3-3-19}$$

本次研究中随机选取 1000 条微博作为测试数据集，对分类编码表的性能进行评估。“台风利奇马”事件的平均准确率为 0.779，召回率为 0.743，F 值为 0.759（表 3-3-28）；“新冠肺炎疫情”事件的平均准确率为 0.732，召回率为 0.699，F 值为 0.713（表 3-3-29），能够满足研究需求。

表 3-3-28 “台风利奇马”事件中分类编码表各单元性能评估结果

评估单元	准确率	召回率	F 值
准备—物理	0.796	0.771	0.783
准备—信息	0.807	0.815	0.811
准备—组织	0.823	0.804	0.813
准备—社会	0.785	0.816	0.800
冲击—物理	0.767	0.796	0.781
冲击—信息	0.889	0.772	0.826
冲击—组织	0.853	0.702	0.770
冲击—社会	0.748	0.698	0.722
响应—物理	0.750	0.732	0.741
响应—信息	0.855	0.694	0.766
响应—组织	0.735	0.759	0.747
响应—社会	0.849	0.725	0.782
恢复—物理	0.683	0.71	0.696
恢复—信息	0.602	0.546	0.573
恢复—组织	0.759	0.771	0.765
恢复—社会	0.758	0.78	0.769
平均值	0.779	0.743	0.759

表 3-3-29 “新冠肺炎疫情”事件中分类编码表各单元性能评估结果

评估单元	准确率	召回率	F 值
准备—物理	0.856	0.722	0.783
准备—信息	0.849	0.82	0.834
准备—组织	0.745	0.741	0.743
准备—社会	0.703	0.711	0.707
冲击—物理	0.73	0.669	0.698
冲击—信息	0.762	0.633	0.692
冲击—组织	0.764	0.68	0.720
冲击—社会	0.686	0.629	0.656
响应—物理	0.701	0.705	0.703

续表

评估单元	准确率	召回率	F 值
响应—信息	0.865	0.814	0.839
响应—组织	0.858	0.698	0.770
响应—社会	0.794	0.711	0.750
恢复—物理	0.57	0.706	0.631
恢复—信息	0.579	0.599	0.589
恢复—组织	0.637	0.627	0.632
恢复—社会	0.608	0.724	0.661
平均值	0.732	0.699	0.713

3. 各城市灾害韧性指数计算结果

依据前面构建的基于微博大数据的灾害过程城市韧性评估模型的计算流程，计算浙江省各个城市、各个阶段和各个维度的韧性指数，得到“台风利奇马”事件中各城市的韧性指数计算结果（表 3-3-30）以及“新冠肺炎疫情”事件中各城市的韧性指数计算结果（表 3-3-31）。其中，综合韧性指数的计算结果区间为［0，28］，数值的绝对大小没有实际意义，但其相对大小可用于判断不同评价单元格、不同城市、不同阶段、不同维度灾害韧性的相对高低。

表 3-3-30　“台风利奇马”事件中各城市的韧性指数计算结果

地区	准备	冲击	响应	恢复	物理维度	信息维度	组织维度	社会维度	综合韧性指数
杭州	7.382	3.072	6.024	6.504	5.148	5.747	6.336	5.752	22.982
湖州	4.579	3.816	4.672	4.588	4.425	4.288	4.781	4.161	17.655
嘉兴	4.312	3.834	4.214	4.536	4.196	4.160	4.301	4.238	16.896
金华	4.995	3.886	4.218	4.632	4.146	4.781	4.396	4.408	17.731
丽水	4.045	3.756	4.081	4.204	4.028	4.007	4.049	4.001	16.085
宁波	7.488	3.320	5.754	5.890	5.850	5.318	6.371	4.911	22.451
衢州	4.164	4.000	4.024	5.058	4.002	5.185	4.000	4.059	17.246
绍兴	4.732	3.802	4.202	4.624	4.184	4.543	4.227	4.406	17.360
台州	5.142	0.000	6.764	7.057	4.538	5.008	4.351	5.066	18.963
温州	5.846	3.460	5.440	6.400	4.817	5.297	6.222	4.810	21.146
舟山	4.886	3.919	4.116	4.150	4.088	4.585	4.167	4.231	17.071
平均值	5.234	3.351	4.864	5.240	4.493	4.811	4.837	4.549	18.690

表 3-3-31　“新冠肺炎疫情”事件中各城市的韧性指数计算结果

地区	准备	冲击	响应	恢复	物理维度	信息维度	组织维度	社会维度	综合韧性指数
杭州	7.596	0.274	8.000	7.994	5.591	6.000	6.000	6.274	23.865
湖州	5.224	3.515	4.846	5.265	4.427	3.929	5.676	4.820	18.851
嘉兴	5.313	3.334	4.813	4.519	5.225	3.962	4.015	4.778	17.980
金华	4.769	3.288	4.857	4.945	4.673	4.320	4.233	4.632	17.859

续表

地区	准备	冲击	响应	恢复	物理维度	信息维度	组织维度	社会维度	综合韧性指数
丽水	4.229	3.756	4.191	4.944	4.264	4.809	4.006	4.041	17.120
宁波	6.393	2.636	5.421	6.002	5.559	4.050	5.633	5.210	20.451
衢州	4.063	3.887	4.155	4.551	4.120	4.495	4.019	4.022	16.656
绍兴	4.592	2.803	4.887	4.998	4.773	3.865	3.983	4.659	17.280
台州	4.594	3.088	4.659	4.408	4.226	3.841	4.111	4.571	16.749
温州	4.887	1.786	5.495	6.307	5.421	4.204	4.624	4.227	18.475
舟山	4.057	3.986	4.062	4.500	4.309	4.226	4.037	4.032	16.605
平均值	5.065	2.941	5.035	5.312	4.781	4.336	4.576	4.661	18.354

"台风利奇马"事件中，浙江省11个地级市的城市灾害综合韧性指数平均值为18.690；城市灾害韧性最高的城市是杭州市，其次是宁波市，温州市排名第三，台州市排名第四。其余地级市均低于全省平均水平。可以看出，台州、温州、宁波尽管受灾较为严重，但是由于有充足的准备和积极的应对，因此仍然表现出较高的韧性。相反，衢州、丽水、嘉兴、舟山等城市由于灾害冲击小，没有采取更为积极的应对措施，因此灾害韧性指数较小。从不同阶段灾害韧性指数的平均值来看（图3-3-19），恢复阶段＞准备阶段＞响应阶段＞冲击阶段，反映出浙江在"台风利奇马"事件中，表现出了良好的恢复能力，在台风来临前以及台风过后都表现出了较好的韧性。从不同维度灾害韧性指数的平均值来看（图3-3-20），组织维度＞信息维度＞社会维度＞物理维度，物理维度和社会维度受到的灾害冲击较为严重，而组织维度和信息维度尽管受到了一定程度的冲击，但采取了较多积极措施，因此韧性指数较高。

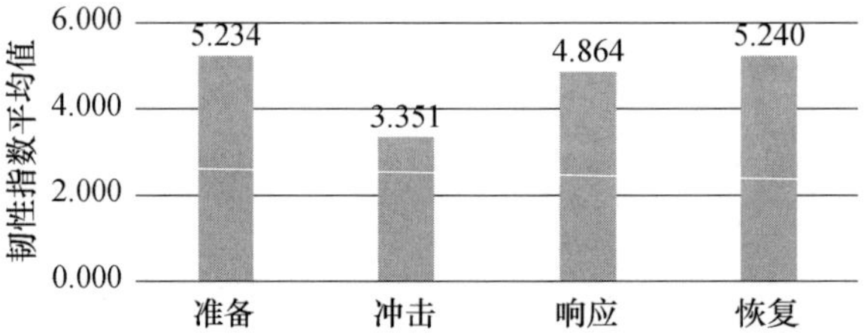

图3-3-19 "台风利奇马"事件中浙江省各阶段韧性指数平均值

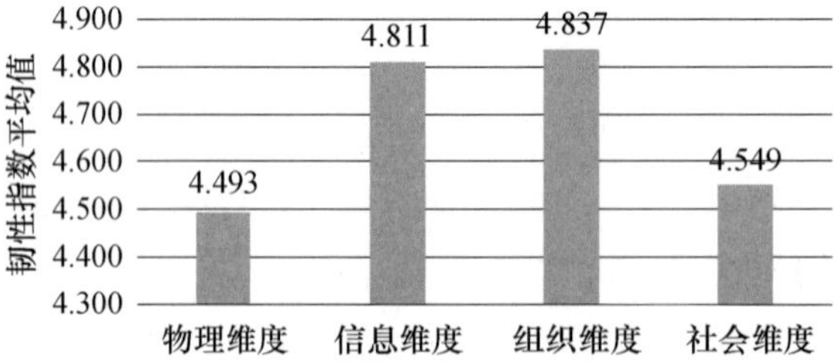

图3-3-20 "台风利奇马"事件中浙江省各维度韧性指数平均值

"新冠肺炎疫情"事件中，浙江省11个地级市的城市灾害综合韧性指数平均值为18.354，低于台风事件；综合灾害韧性最高的城市是杭州市，其次是宁波市，湖州市排名第三，温州市排名第四，其余地级市均低于全省平均水平。可以看出，杭州、温州、宁波尽管受灾较为严重，但是由于有充足的准备和应对，因此仍然表现出了较高的韧性。相反，衢州、台州、舟山等城市由于灾害冲击小，没有采取更为积极的应对措施，因此灾害韧性指数较小。

“新冠肺炎疫情”事件中，从不同阶段灾害韧性指数的平均值来看（图 3-3-21），恢复阶段＞准备阶段＞响应阶段＞冲击阶段，反映出浙江省“新冠肺炎疫情”事件中，表现出了良好的恢复能力，在疫情发生前期以及疫情恢复期都表现出了较好的韧性。从不同维度灾害韧性指数的平均值来看（图 3-3-22），物理维度＞社会维度＞组织维度＞信息维度，反映出“新冠肺炎疫情”事件中，浙江省信息维度的韧性最低，所受的冲击最大。

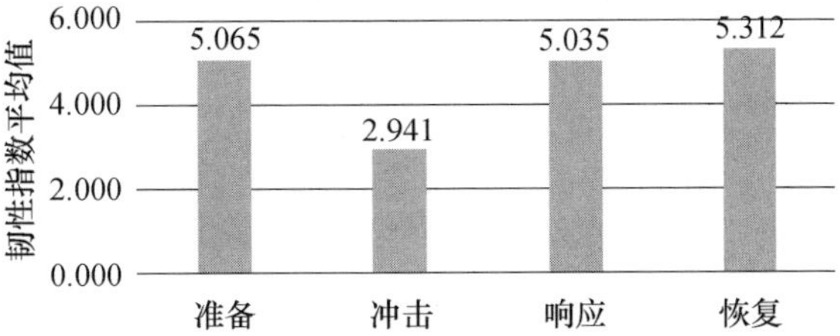

图 3-3-21　“新冠肺炎疫情”事件中浙江省各阶段韧性指数平均值

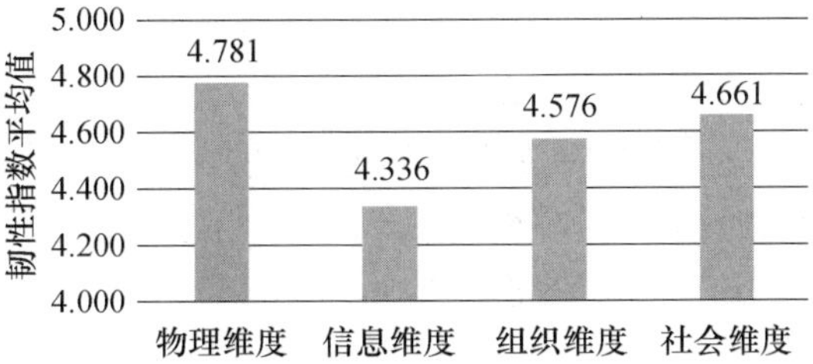

图 3-3-22　“新冠肺炎疫情”事件中浙江省各维度韧性指数平均值

4. 小结与讨论

本研究在城市灾害韧性指数计算模型的基础之上构建两次突发事件下的微博关键词分类编码表，并对分类编码表的性能进行评估，对浙江省“台风利奇马”和“新冠肺炎疫情”两次事件中的灾害韧性进行计算和比较，并详细分析不同城市、不同灾害阶段、不同维度的韧性特征，找出各个城市在应对灾害过程中的薄弱环节基础上，分析总结如下：

（1）从分类结果来看，“台风利奇马”事件存在明显的灾前以准备为主，灾中以冲击和响应为主，灾后以恢复为主的特征，且对物理维度的讨论是台风灾害事件中最为热门的话题。“新冠肺炎疫情”事件由于其周期较长，波动较大，因而此类特征不显著，但是从不同灾害阶段的波峰来看，仍然存在灾前准备，灾中冲击和响应，灾后恢复的特征；关于社会维度的讨论一直是疫情期间最为热门的话题。

（2）从不同阶段的韧性特征来看，“台风利奇马”事件中，杭州和沿海城市在准备、响应和恢复阶段均表现出较高的韧性，而“新冠肺炎疫情”事件中，则是规模最大、经济最为发达的三个城市，即杭州市、宁波市和温州市在这三个阶段表现出较高的韧性，反映出这些城市在灾害或疫情的产生发展过程中，准备较为充足，应急响应能力较强。同时，由于受台风路径和疫情发展的影响，这些城市在冲击阶段也受到了较大的冲击。此外，不同灾害阶段各个主体的参与内容与参与程度，信息传递的方式也大不相同。

（3）从不同维度的韧性特征来看，两次事件中大城市几乎在各个维度均表现出较高的韧性（信息维度除外）。这反映出规模越大的城市，各类设施的建设越完善，居民的防灾救灾意识越强，政府的组织领导能力也越高，因而能够较好地应对灾害的冲击。此外，分析不同维度讨论的热点话题可以看出，“台风利奇马”事件中公众更为关注电力系统的运营情况，应对措施以调整个人行为活动为主，信息传递中对天气预报和台风预警信息的传达最多。“新冠肺炎疫情”事件中，公众更为关注医疗卫生设施的情况，应对措施以采取各种安全防范措施为主，信息传递中对疫情信息的传达最多。

（4）从综合韧性评估结果来看，浙江省常住人口规模最大、经济最为发达的城市，即杭州市、宁波市和温州市在两次不同突发事件中，均表现出较高的灾害韧性。而常住人口规模少、经济最不发达的城市，即舟山、丽水、衢州，在两次不同突发事件中，均表现出较低的灾害韧性。此外，两次事件中浙江省在恢复阶段的韧性指数最大，其次是准备阶段，反映出两次突发事件中浙江都有效地应对了灾害的冲击，表现出良好的韧性。而不同维度的韧性评估结果显示，“台风利奇马”事件中物理维度的韧性指数最低，“新冠肺炎疫情”事件中信息维度的韧性最低，反映出台风灾害中基础设施的脆弱性和疫情中信息传递的脆弱性特征。

（5）不同突发事件的时间变化特征存在明显不同。“台风利奇马”事件存在明显的快速爆发、快速消退的特征，符合一般网络舆情发展“倒U形”的特征；“新冠肺炎疫情”事件则呈现出快速爆发、波浪式缓慢消退的特征，且事件的发展周期较长。不同城市的参与度存在明显不同。两次事件中，规模越大的城市整体上参与度越高，如杭州、宁波、温州。此外，“台风利奇马”事件中，沿海城市的参与度也整体上偏高。不同突发事件中各主体的参与特征恰巧相反。“台风利奇马”事件中政府机构的响应最快，在灾害前期的参与度较高，公众则在后期表现出较高的参与度；“新冠肺炎疫情”事件中公众的响应最快，在疫情全面暴发前期的参与度较高，政府则是在后期表现出较高的参与度。

（李亚，邹佳雯，陈奇放，陈寿松）

参考文献

［1］CUTTER S L，ASH K D，EMRICH C T. The geographies of community disaster resilience［J］. Global Environmental Change，2014，29（29）：65-77.

［2］杨雅婷. 抗震防灾视角下城市韧性社区评价体系及优化策略研究［D］. 北京：北京工业大学，2016.

［3］洪惠坤，廖和平，李涛，等. 基于熵值法和Dagum基尼系数分解的乡村空间功能时空演变分析［J］. 农业工程学报，2016，32（10）：240-248.

［4］叶宗裕. 关于多指标综合评价中指标正向化和无量纲化方法的选择［J］. 统计科学与实践，2003，2003（4）：24-25.

［5］刘宏波. 基于网络媒体信息的不同自然灾害响应模式研究［D］. 南京：南京大学，2018.

［6］郭祖源. 城市韧性综合评估及优化策略研究——以长江中游城市群为例［D］. 武汉：华中科技大学，2018.

［7］刘文莹，张雪花，张宏伟. 基于DEA-VRS模型的京津冀碳效率评价［C］. 科学

发展·协同创新·共筑梦想——天津市社会科学界第十届学术年会优秀论文集（中），2014.

［8］顾福妹，翟国方，阮梦乔，等．新媒体背景下的南京市应急管理流程［J］．现代城市研究，2012，27（5）：88-93.

［9］邹佳雯．基于韧性效率评估的城市空间模式探讨［D］．南京：南京大学，2019.

［10］李亚．城市灾害韧性测度与评价研究［D］．南京：南京大学，2017.

［11］陈奇放．基于韧性矩阵理论的城市灾害韧性实证研究［D］．南京：南京大学，2020.

［12］史培军．中国自然灾害风险地图集［M］．北京：科学出版社，2011.

第二部分　应对自然灾害的韧性城市研究与规划

第四章　自然灾害——韧性城市面临的主要冲击

面对频发的各种自然灾害，人口与经济高度集中的城市往往成为灾害损失最为严重的地方。城市自然灾害风险研究是城市风险管理与城市综合防灾规划的重要基础，但目前仍缺乏适用于城市规划领域的定量化、系统化的城市自然灾害风险研究范式以及科学、普适的城市灾害风险综合评价方法模型。本章对自然灾害风险评估方法进行综述，并以洪涝灾害、城市火灾、海平面上升等为具体案例进行实证研究。

第一节　自然灾害风险评估方法

城市灾害风险评估是优化城市风险管理和构建城市空间安全格局的基础性工作。既有的研究成果丰富，多学科交叉研究与多灾种综合风险研究成为趋势，但在尺度上和方法上，灾害学领域的研究成果与当前城市尺度的综合防灾规划及公共安全管理研究存在一定程度的脱节。本节梳理了风险评估理论与灾害系统论的观点与风险评价方法，并分别评述当前城市单灾种自然灾害和多灾种自然灾害风险评估的研究内容及方法模型。

一、自然灾害风险评估概念及内涵

1. 风险评估定义

“风险”一词在韦伯英文词典中指“面临的伤害或损失的可能性”；《辞海》将其定义为“可能发生的危险”，包括人们在生产和生活中遭遇的能导致人员伤亡、财产损失和其他损失的自然灾害、事故及其他不测事件的可能性。尽管在保险业、经济学、工程学和灾害学等领域，风险被赋予了诸多不同含义（表 4-1-1），但通常都是从两方面特征去描述：一是可能性，即发生的概率；二是后果，即造成的损失。2009 年，《风险管理国际标准》（ISO31000：2009）[1]将风险定义为“一个事件后果与其发生可能性的组合”；我国目前的国家风险管理系列标准（如《风险管理原则与实施指南》（GB/T 24353—2009）[2]）中也采用这一风险定义。

表 4-1-1　不同行业对风险的定义

行业领域	风险定义
保险业	损失的可能性
灾害领域	一定概率性灾害造成的损失或破坏
消防	着火概率
经济学	可得的确定结果与概率的情况

自然灾害风险是指“在特定的时间内，在特定的区域内，由可能发生的特定自然现象所造成预期损失的程度”。因此，灾害风险评估是根据对风险发生可能性（概率）及其后果（财物损失或伤亡）的影响程度，判断系统是否安全，并进一步决定是否采取相应措施的过程[3]，即针对风险区遭受灾害的可能性及后果进行定量的评估分析。

2. 灾害系统理论

（1）基本观点

灾害不是孤立存在的。自然灾害系统被认为是地球表层系统的一个组成部分，受地球整体运动的控制和其他系统的变化所影响；它由气象灾害、地质灾害和生物灾害等几大子系统构成，每个子系统由其所在圈层的物质运动和变异形成，具有多层次性、动态关联性、开放性、非线性和一定的周期性等特征[4-5]。随着研究的深入，对灾害风险概率与其发生后果的研究逐渐转为对灾害风险系统各部分的研究。

灾害系统论认为影响灾害风险水平的要素至少包括致灾因子和承灾体两方面。潘耀忠与史培军提出一定区域内灾害的发生是孕灾环境、致灾因子与承灾体三个子系统相互作用的结果[6-7]，即由孕灾环境稳定性（敏感性）、致灾因子危险性和承灾体易损性（脆弱性）共同决定。

（2）自然灾害风险评估的思路

灾害风险评估是通过研究造成生命、财产及环境潜在影响的致灾因子及承灾体的脆弱性，判定风险性质与范围的过程。狭义的灾害风险评估研究围绕致灾因子展开，广义的灾害风险评估则根据灾害系统论，综合评估致灾因子、孕灾环境和承灾体“三大子系统”。H-E-V 框架是国际上灾害风险的主流评估框架，模型表达为：

$$\text{Risk}=H\cap E\cap V \tag{4-1-1}$$

式中，H、E、V 分别表示危险性、暴露度和易损性（脆弱性）。危险性研究重点关注灾害自然属性等致灾因子引发的风险；暴露度研究的对象是暴露在风险中的房屋、财产等要素；易损性（脆弱性）研究则分析致灾因子所造成的上述要素的损失程度。部分研究将易损性（脆弱性）和暴露度概括为承灾体的脆弱性属性。在计算风险时，可将危险性和易损性（脆弱性）评估结果用一定规则划分等级，并用风险矩阵法得到综合风险等级。灾害风险评估的重点近年来已从早期的危险性研究过渡到以易损性（脆弱性）研究为主。

二、单灾种自然灾害风险评估

1. 研究内容

在既有文献采用的评估模型中，地震、洪涝和地质灾害等常见自然灾害风险评价主要从致灾因子危险性、暴露度、孕灾环境敏感性、韧性、易损性（脆弱性）、防灾减灾能力等方面研究。表 4-1-2 整理了部分自然灾害风险评估文献采用的评估模型表达式。孕灾环境敏感性主要是指地形、地质条件、土壤类型等因素对灾害的放大和缓解作用；韧性和防灾减灾能力通常考虑防灾设施、应急响应等因素。下面分别总结 H-E-V 框架中危险性、暴露度和易损性（脆弱性）的研究内容。

表 4-1-2　灾害风险评估模型表达式

表达式	代表文献
$\text{Risk}=H+V$	[8]
$\text{Risk}=H*V$	[9]
$\text{Risk}=\frac{H*V}{R}$	[10]
$\text{Risk}=f(H,V,E)$	[11]

续表

表达式	代表文献
$\mathrm{Risk}=\frac{H*V*E}{P}$	[12]
Risk$=f$（H，V，E，R）	[13]

注：H 为致灾因子危险性；V 为脆弱性；R 为韧性；E 为暴露度；P 为防灾减灾能力。

（1）危险性分析

致灾因子危险性分析通常是灾害风险分析的第一步，分析的内容包括灾害发生的时间（概率）、强度、规模和空间位置等方面。不同灾害有不同的致灾因子，以地震与洪涝灾害为例，致灾因子危险性的主要研究思路简述如下。

地震灾害致灾因子危险性分析主要分为三种：①概率性分析。基于地震活动在空间上的随机性假设，采用泊松分布概率模型模拟和分析不同强度地震的发生概率[14]。②历史数据的确定性统计分析。根据地质断层调查数据和区域历史地震数据构建回归模型来分析地震危险性[15]。③主震害事件分级法。基于特定地震区每轮孕育周期的主震事件震级值相差较小的前提，可根据主震震级值划定各地震区的危险性等级。《中国地震动参数区划图》（GB 18306—2015）的确定综合了上述三类方法。

洪涝灾害致灾因子危险性分析主要分为两种：①基于概率分布理论流量规模的模拟分析。例如，采用极值分布和P-Ⅲ型概率分布的线性矩阵方法划分不同量级区域洪水发生频率[16]，通过二元Gumbel-Logistic模型预测洪水发生频率[17]，通过Copula模型预测年洪峰流量和年洪水总量[18]等。②基于流域产流、径流的淹没模拟分析。在地理信息系统中基于数字高程模型（DEM）通过输入降雨量、历史流量资料、流域特性、地表覆盖特征等数据，模拟淹没深度与范围，有SCS、TOPMDEL、SWMM等常见模型。

（2）暴露度分析

暴露度分析的对象是暴露在致灾因子危险性影响下的人口、建筑、财产、经济活动等生命与财产要素的暴露情况。有学者将暴露度分析看作连接致灾因子危险性与承灾体易损性（脆弱性）的桥梁，需统计分析潜在受灾地区的社会经济、用地类型、建筑调查等数据。精细化人口分布和房屋建筑等数据信息的获取与研究是近年来暴露度分析的重要趋势。

（3）易损性（脆弱性）分析

承灾体易损性（脆弱性）目前已成为一个涉及灾害学、社会学、经济学、管理学、环境科学、可持续性学科等多个专业领域的综合性概念，不同学科视角的研究有不同侧重。防灾领域的研究主要是基于建筑数据以及社会经济数据等，通过模拟试验或已有的灾害财产损失数据计算破坏率或拟合不同财产、建筑物在不同强度致灾因子下的易损性（脆弱性）等。此外，在易损性分析框架、韧性评估以及欧洲易损性改善框架[19]等研究中，易损性（脆弱性）研究包含了承灾体暴露度、防灾能力和恢复能力等更为广泛的概念。

2. 评估方法及述评

目前，常见的单灾种风险评估方法可分为三类：一是采用主成分分析法、层次分析法、模糊评估法、灰色关联评估法等构建评估指标体系[20]；二是采用数据包络分析、回归分析等方法对历史灾情数据进行的实证研究方法[21]；三是采用系统动力学、多智能体、复杂网络模型等的系统仿真方法。

指标体系法通过指标优选、权重赋值和体系构建并根据评估结果判断风险程度的评估流程已较为成熟，被多数研究和实践采用。指标优选阶段一般是基于相关文献筛选指标，采用专家打分法（德尔菲法）和层次分析法来确定多层指标及权重，并用概率统计、指数法、模糊数学方法、灰色系统方法等数学方法处理数据实现评估。然而，自然灾害是制约区域现代化和经济社会可持续发展的重要因素之一，重大灾害一旦发生就意味着巨大的人员伤亡和深远的经济影响。指标选取过程中不可避免的主观性和权重间的高度相关性，以及指标间的可补偿性，也常给基于指标体系法的研究结果带来科学性和严谨性的质疑。仅通过经济密度、人口密度、防灾设施等几个指标难以真实描述灾害发生对不同承灾体带来的风险。

国际上目前较常用的灾害风险评估模型有 UNDRO、NOAA、APELL 等模型。评估流程主要包括风险事件的目标识别、风险因子的危险性分析、承灾体的脆弱性或暴露度分析（包括基础设施、社会、经济、环境要素等）、风险分级和影响分析等内容。其中，UNDRO 模型因强调空间特性，被认为更加适用于规划领域[22]。澳大利亚灾害协会提出的 SUMG 模型，主要根据严重程度、管理能力、紧急程度及发生概率，对风险预测结果进行评分[23]。这一模型考虑了风险管理水平和灾害发生概率对总风险值的影响，但对灾害后果的评价主要还是基于经济损失，对于灾害导致的人员死亡及其他社会、文化影响没有过多探讨。

大部分灾害风险评估都是依灾害系统论的逻辑展开。但是，在进行抗震防灾、防洪防涝专项规划研究等单灾种风险评估实践中，受研究对象尺度、历史灾情资料及指标数据可获取性等影响的指标优选过程，通常会简化指标，选取个别社会经济指标表征地区社会和经济脆弱性。并且在城市灾害风险研究中，街道、社区等小尺度指标数据的精度问题也会影响最终风险评估结果的严谨性。此外，死亡人数是灾害等级判定中无法回避的指标，但由于生命损失的衡量维度与财产损失并不一致，灾害预期造成的人员伤亡也难以恰当地纳入风险评估结果中。

三、多灾种自然灾害风险评估

1. 多灾种概念及风险评估对象

灾害之间存在复杂的响应、并发、互斥等关系。多灾种概念相对单灾种概念存在，指特定时段特定地区内多种致灾因子并存、并发的情况[24]。多灾种风险目前尚没有统一的定义，一般是指多种致灾因子导致的总风险。科学评估多灾种风险需要对一个地区动力来源和特征各异的多种灾害置于统一区域系统中，综合考虑灾害对区域开发、居民生命和财产安全可能的影响程度。作为当前灾害风险研究的重要方向，多灾种风险评估的主要目的是掌握区域的总体风险状况、绘制风险地图、制定区域土地利用规划和防灾减灾规划，以有效减轻灾害影响，按照评估对象的尺度可分为全球尺度、国家或地区尺度和局地尺度三类，评估尺度越小，结果精度越高。

2. 评估方法及述评

现有的多灾种风险评估研究大多基于灾害系统论的逻辑展开。主流的多灾种风险评估方法主要基于单灾种风险评估展开，区别在于风险综合的方式[15]。近年来，相关研究中已采用的多灾种风险综合方式可以归纳为两个视角：一是灾害叠加视角，二是灾害耦合视角。两者的本质区别在于有无考虑灾害间的相互作用关系。下面对两者分别进行阐述。

（1）灾害叠加视角

风险叠加视角的评估过程分为“风险结果的综合”和“风险要素的综合”两类：

①风险结果的综合。从灾害系统风险理论出发，首先评估得到单个灾种的风险评估结果，再采用一定方法综合评估结果得到多灾种风险：

$$R=\sum f_i\ (H_i,\ E_i,\ V_i) \tag{4-1-2}$$

式中，H、E、V 分别表示致灾因子、暴露度和脆弱性；i 表示灾害种类；$\sum$表示综合过程，如叠加或加权叠加等，但不限于此。

②风险要素的综合。从灾害系统理论出发，首先分别计算一定区域内的致灾因子危险性、暴露度和脆弱性，通过一定过程计算多致灾因子综合危险性和多致灾因子的综合脆弱性，得到多灾种风险：

$$R=f\ (\sum H_i,\ \sum E_i,\ \sum V_i) \tag{4-1-3}$$

式中，H、E、V 分别表示致灾因子、暴露度和脆弱性；i 表示灾害种类；$\sum$表示综合过程。现有的一些文献通过标准化方法，如将致灾因子危险性分类并开发“连续指数”（Continuous Indices）等，但也仅限于一些相关的灾害，且模型结构主观成分较大。在处理不同灾害灾情数据和承灾体脆弱性指标数据时，主要采用概率统计/指数法/模糊数学方法/灰色系统方法等数学方法构建模型，如通过模糊转换函数构建逐级放大的多灾种风险评估软层次模型实现灾种的量纲，采用模糊综合评判方法构建灾害风险度评估模型实现多灾种风险的综合[25]。

但由于不同灾害的影响过程和影响范围大相径庭，灾害间很难在空间上直接进行比较和叠加，叠加视角下的多灾种风险评估无法客观体现不同致灾因子对地区造成影响的差异。

（2）灾害耦合视角

现实中灾害往往并非孤立出现，而是存在复杂的相互作用。以沿海城市气象灾害和地震灾害为例，灾害间存在复杂的触发、伴随等关系。其他常见的灾害间关系还有耦合关系、级联效应、灾害链、多米诺效应等[26]。灾害关系机理研究日益得到关注，如灾害链和灾害群理论模型，地下能量聚散与干旱、旱涝、地震灾害的关联性[27]，灾害链场效机理与区链观[28]，链式效应数学关系模型[29]等，都是从自然灾害系统的角度出发分析不同灾害在成因、过程和后果中的时空关联。在梳理不同学科对“耦合”定义的基础上，薛晔等对耦合灾害风险给出如下定义：“复杂的风险系统活动过程中，不同风险或风险因子间相互依赖和相互影响的关系和程度[30]。”

由于多数灾害风险研究并未重视灾害间关系，如何处理区域内多种灾害间耦合形成的综合风险开始成为近几年灾害风险评估研究的热点。刘爱华等学者采用动力学演变模型、复杂网络等模型对灾害链风险进行理论上的模拟评估[31]。一些学者基于致灾因子危险性的耦合来研究多灾种风险，如卢颖等在单灾种分级的基础上，通过人为设定“耦合规则”构建基于触发关系的危险性耦合模型，实现多灾种风险的评价[32]；李双双与杨赛霓等基于复杂网络信息扩散理论，构建干旱和热浪的时空耦合二分网络模型，实现两种灾害时空分布特征的聚类分析[33]。

灾害耦合视角下的多灾种综合风险研究目前仍处于理论模型为主的阶段，在耦合规则和模型构建的关键步骤中仍存在一些主观、定性的步骤，普适性的多灾种风险耦合模型及其实证研究很少。此外，由于致灾因子耦合风险研究只能关注两到三种关系密切的灾害，如地震与滑坡、洪涝与泥石流、干旱与热浪等组合，面对诱因不同的风险问题（如地震和暴雨）时则无法解决。

四、总结与展望

1. 探索多学科方法在灾害风险评估领域的应用

自然灾害风险评估是灾害风险研究的核心，也是风险管理的重要内容。科学分析一种或几种灾害发生对地方经济、社会和环境带来的潜在影响、风险等级排序及空间分布，可为城市空间发展提供可持续性和安全性方面的参考。当前，从灾害系统理论出发对致灾因子、孕灾环境和承灾体分别建立评估模型仍是自然灾害风险评估的主要范式，如从灾害成因、自然条件、社会经济、防灾工程等角度模拟和预估灾害发生的概率及其可能的影响程度。过去由于历史灾害损失统计数据库的不完善和不公开问题，大尺度或精细化灾害风险模型研究都受到限制，随着计算机技术的突破和多学科交叉研究的兴起，神经网络模型、大数据结构模型、信息扩散模型、动态可计算一般均衡模型、联合风险概率模型等一系列其他学科的模型和方法也正在灾害风险评估研究中被不断改进和应用。

2. 强化灾害风险中损失的生命价值研究

自然灾害背景下，将人员伤亡影响与灾害经济影响置于同一维度进行分析的模型非常少。特别是以往在开展多灾种风险评估时，伤亡人数在灾害等级评估中是无法避免的一个指标，生命损失的货币化议题由于存在一定伦理上的争议，反而在“风险的综合”过程中被忽视，仅用人口密度、经济量等承灾体脆弱性指标来表征。某一个人的生命值多少，固然不应该被贴上价格标签，但任何人、任何研究、任何制度都不应否认和忽视灾害中人员伤亡对整个社会造成的实际影响。环境经济学中的生命价值理论或能成为生命损失研究与灾害风险评估研究的重要衔接点。将灾害中生命折损所造成的价值流失，这一重要的非经济损失通过科学、严谨和合理的方法进行量化，并与经济损失实现数学维度上的统一，可以成为灾害风险研究的新方向，这将有助于人们对灾害风险的全面理解，也有利于风险管理和防灾减灾工作成效的定量评估。

3. 创新多灾种综合风险评估方法

随着对灾害风险认知的加深，单一灾害的风险评估结果难以满足城市综合防灾研究的需要，灾害研究领域中，多灾种风险综合评估研究正成为热门的研究方向。灾害间多次耦合关系仍处于理论研究阶段，也是目前灾害研究领域的难点，可以从触发关系和缓变型耦合关系出发，逐步实现灾害链的风险评估。当前大部分多灾种风险研究和实践主要仍基于单灾种风险评估，从灾害叠加视角或灾害耦合视角进行综合。然而，灾害叠加视角下的多灾种风险评估过程难以严谨地量化不同灾害在强度和频率上的差异，导致综合风险结果与实际情况存在一定程度的不符；灾害耦合视角下的多灾种风险评估过程主要适用于同源致灾因子的灾害，需要根据研究对象的实际情况定义耦合规则，模型普适性较弱。因此，在面对城市综合防灾规划需求时，这两种传统的风险“综合”思路仍存在不足。未来的研究或许可以从灾害损失或灾害韧性的视角来研究多灾种风险，为灾害综合风险防范提供更科学和直观的依据。

4. 推动适用于城市规划管理尺度的灾害风险研究

城市综合防灾规划是我国地方规划体系的组成部分，其编制离不开对城市综合风险，特别是自然灾害风险的科学测度和系统分析。在单灾种风险评估转向多灾种风险评估的过程中，大部分研究在国家、区域层面开展。全球、国家或区域等大尺度的灾害综合风险评估研究一般采用定性与定量结合的方法，并根据历史灾情数据、自然灾变记录、社会经济条件等资料从致灾因子危险性、承灾体暴露度和易损性（或脆弱性）、孕灾环境敏感性角度展开分析；小尺度的研究则需要基于建筑和市政设施等精确数据，通过参考或构建灾损函数预测特定灾害可能对承灾体造成的影响。现阶段，城市层面上、中小尺度的多灾种风险定量研究还较少，尚未形成权威、公认的研究范式，在理论框架和方法模型上难以有效衔接城市综合防灾规划和应急管理，一定程度上影响了灾害学领域既有成果在城市规划管理领域的应用。因此，未来研究应更多地面向城市层面的评估单元，有针对性地研究城市灾害风险评估理论、模型以及尺度恰当、具有普适性的指标体系。

（周姝天，杨海峰）

参考文献

［1］ISO31000：2009 风险管理国际标准［S］. Geneva：International organization for standardization（ISO）Technical Committees（TC），2009.

［2］中华人民共和国国家质量监督检验检疫总局，中国国家标准化委员会．风险管理 原则与实施指南：GB/T 24353—2009［S］．北京：中国标准出版社，2009.

［3］VARNES D J. Landslide hazard zonation：a review of principles and practice［M］. Paris：United Nations Educational，Scientific and Cultural Organisation，1984.

［4］高庆华．自然灾害系统论概说［J］．科技导报，1991，9（2）：51-54.

［5］王铮，张丕远，刘啸雷．中国自然灾害的空间分布特征［J］．地理学报，1995（3）：248-255.

［6］潘耀忠，史培军．区域自然灾害系统基本单元研究-Ⅰ：理论部分［J］．自然灾害学报，1997，6（4）：3-11.

［7］史培军．再论灾害研究的理论与实践［J］．自然灾害学报，1996，5（4）：6-17.

［8］UNISDR. Living with risk：A global review of disaster reduction initiative［M］. Geneva：UN Publications. 2004.

［9］UNDHA. Mitigating natural disasters：Phenomena，effects and options. A manual for policy makers and planners［M］. New York：United Nations，1991.

［10］UN. Risk awareness and assessment in living with risk［R］. Geneva：UNISDER，UN，WMO. Asain Disaster Reduction Center，2002.

［11］IPCC. Climate change 2014：Impacts，adaptation，and vulnerability. Part A：Global and sectoral aspects. Working group II contribution to the fifth assessment report of the intergovernmental panel on climate change［R］. Cambridge：Cambridge University Press，2014.

［12］张继权，冈田宪夫，多多纳裕一．综合自然灾害风险管理［J］．城市与减灾，2005（2）：2-5.

［13］GUO E，ZHANG J，REN X，et al. Integrated risk assessment of flood disaster based on improved set pair analysis and the variable fuzzy set theory in central Liaoning Province，China［J］. Natural Hazards，2014，74（2）：947-965.

［14］高孟潭．基于泊松分布的地震烈度发生概率模型［J］．中国地震，1996（2）：

91-97.

[15] 刘静伟．基于历史地震烈度资料的地震危险性评估方法研究［D］．北京：中国地震局地质研究所，2011.

[16] 张静怡，徐小明．极值分布和JKLLL型分布线性矩法在区域洪水频率分析中的检验［J］．水文，2002，22（6）：1-5.

[17] YUE S，OUARDA T B，Bobee B，et al. Corrigendum to "The Gumbel mixed model for flood frequency analysis"：[J. Hydrol. 226（1999）88-100]［J］. Journal of Hydrology，2000，228（3-4）：283.

[18] 郭生练，闫宝伟，肖义，等．Copula函数在多变量水文分析计算中的应用及研究进展［J］．水文，2008（3）：1-7.

[19] BIRKMANN J，CARDONA O D，CARREÑO M L，et al. Framing vulnerability，risk and societal responses：the MOVE framework［J］. Natural Hazards，2013，67（2）：193-211.

[20] 赵阿兴，马宗晋．自然灾害损失评估指标体系的研究［J］．自然灾害学报，1993，2（3）：1-7.

[21] 胡丽．台风灾情评估及其预估研究［D］．南京：南京信息工程大学，2015.

[22] 燕群，康玉芳，蒙吉军．基于防灾规划的城市自然灾害风险分析与评估研究进展［J］．地理与地理信息科学，2011，27（6）：78-83.

[23] Natural Disaster Organization. Community Emergency Planning Guide［R］. Australia：Natural Disasters Organization，1991.

[24] 史培军．再论灾害研究的理论与实践［J］．自然灾害学报，1996，5（4）：6-17.

[25] 薛晔，陈报章，黄崇福，等．多灾种综合风险评估软层次模型［J］．地理科学进展，2012，31（3）：353-360.

[26] KAPPES M S，KEILER M，GLADE T. From single-to multi-hazard risk analyses：a concept addressing emerging challenges［M］. Mountain Risks：bridging science to society，2010.

[27] 聂高众，汤懋苍，苏桂武．多灾种相关性研究进展与灾害综合机理的认识［J］．第四纪研究，1999，19（5）：466-475.

[28] 姚清林．自然灾害链的场效机理与区链观［J］．气象与减灾研究，2007，30（3）：31-36.

[29] JI X，WENG W，FAN W. Cellular automata-based systematic risk analysis approach for emergency response［J］. Risk analysis：an official publication of the Society for Risk Analysis，2008，28（5）：1247-1260.

[30] 薛晔，刘耀龙，张涛涛．耦合灾害风险的形成机理研究［J］．自然灾害学报，2013，22（2）：44-50.

[31] 刘爱华，吴超．基于复杂网络的灾害链风险评估方法的研究［J］．系统工程理论与实践，2015，35（2）：466-472.

[32] 卢颖，郭良杰，侯云玥，等．沿海城市多灾种耦合危险性评估的初步研究——以福建泉州为例［J］．灾害学，2015，30（1）：211-216.

[33] 李双双，杨赛霓，刘宪锋．面向非过程的多灾种时空网络建模——以京津冀地区

干旱热浪耦合为例［J］．地理研究，2017，36（8）：1415-1427.

第二节　基于 GIS 的城市洪涝灾害风险评估

城市洪涝灾害风险评估不仅是灾害监测与预报的研究重点，而且是城市规划和洪涝风险管理的重要依据。既有研究对省、流域尺度进行洪涝灾害风险评估的成果丰富，但对于城市洪涝风险评估的实证研究较少。本节从风险评估的危险性和脆弱性两个角度出发，构建了城市洪涝灾害风险评估模型，并以汕头市为案例，基于 GIS 得到城市洪涝灾害风险空间分布状况，为洪涝风险的规避以及城市土地的合理利用提供依据。

一、洪涝风险评估方法综述

国内外对于洪涝灾害风险的评估方法可归纳为四类：采用历史灾情数据进行洪涝灾害风险评估的数理统计法，构建洪涝灾害综合性评价体系的指标体系法，基于 RS、GIS、水文动力学模型等进行的情景模拟法，运用模糊数学、人工神经网络等的不确定性分析法[1-2]。

（1）数理统计法

数理统计风险评估方法是基于历史洪涝灾害数据统计规律的分析，对灾害风险进行评估和预测。黄崇福以历史灾情资料为依据提出了农业自然灾害风险评估方法[3]。Benito 提出了基于古洪水和历史洪水资料的洪水风险分析方法[4]。王静静以我国东南沿海四省市为研究对象，利用 1951—2000 年暴雨洪涝资料绘制了暴雨洪涝灾害风险性评价图[5]。卞洁基于 2000—2008 年长江中下游地区六省的洪涝灾情资料对该区的洪涝灾害进行风险性评估[6]。武玮婷探究了清代广西洪涝灾害频次与强度的时间和空间分布特征及灾害的演变规律，将频次和强度反映在精确到县级尺度的清代地图中[7]。

（2）指标体系法

指标体系风险评估方法在城市洪涝灾害评估中运用广泛，首先选取风险指标，建立风险评估指标体系，然后通过权重的计算对评估体系进行优化，最终确定风险指数。Okazawa 基于洪涝灾害的自然属性与社会属性，建立了通用的洪灾风险评估指标体系[8]。Seiler 建立了标准化的洪灾风险指标体系，用于流域不同空间分辨度的洪灾风险评估[9]。姜蓝齐通过分析洪涝灾害的形成和影响因子，构建了洪涝危险性、暴露度、脆弱性和防灾减灾能力的指标体系[10]。刘合香构造基于组合权重的危险性指数、暴露度指数、脆弱性指数、抗灾能力指数和洪涝灾害综合指数，分析了广西区域洪涝灾害分布状况[11]。徐玉霞从致灾因子危险性、孕灾环境脆弱性、承灾体暴露度和防灾减灾能力 4 个子系统选取 17 个评价指标，建立了县域尺度下的陕西省洪涝灾害风险评价指标体系[12]。

（3）情景模拟法

情景模拟风险评估方法有基于 GIS 和 RS 建立雨洪仿真模型与损失评估模型，实现对洪涝灾害风险的动态评估[13]，也有基于水文动力学等其他模型进行情景模拟的研究[14-15]。近年来，有国外学者将传统 GIS 集成系统与其他相关模型结合起来进行洪涝灾害研究，如万昔超等将云模型和 GIS 平台集合起来，最终得到灾害风险综合指数结果图[16]；黄河等利用多智体模型对洪涝风险动态评估理论进行研究，并对淮河暴雨洪涝灾害孕育过程进行模拟[17]。此外，还有学者利用 RS 技术对洪涝灾害进行监测和范围验证，段光耀等通过利用

HJ-1 提取的水体淹没范围，对风险评价结果进行验证[18]；高伟等利用 MODIS 产品等遥感数据进行淹没范围的动态监测[19]。情景模拟法是当前自然灾害风险评估研究的主流方向，需要对洪水信息和社会经济信息进行空间叠加分析，以研究区域暴雨洪涝模拟和洪灾损失评估为基础，模型的建立需要比较精细的地理信息数据、水文资料与社会经济数据[20]。

（4）不确定性分析法

不确定性方法主要包括模糊数学方法、灰色系统方法、人工神经网络方法等[21]，已有许多学者将这些方法应用于洪涝灾害风险评估[22-23]。Zou 等人将模糊数学方法应用于洪灾风险评估[24]。Shao 等人基于灰色系统分析法对中国洪涝灾害风险进行了评估[25]。颜峻等人利用模糊隶属度函数和层次分析法构建了自然灾害风险评估指标体系[26]。Li 等人将信息扩散与人工神经网络法成功运用于洪水风险评估[27]。Apel 等人基于蒙特卡洛方法构建了与灾害链相关的综合洪水风险评估模型[28]。

二、洪涝风险评估模型

洪涝灾害具有自然和社会双重属性，因此将洪涝灾害风险分为危险性和脆弱性两大方面，从致灾因子、孕灾环境、承灾体易损性、防灾减灾能力四个维度[29]构建城市洪涝灾害风险评价指标体系。其中，致灾因子和孕灾环境构成洪涝灾害危险性，承灾体易损性和防灾减灾能力构成洪涝灾害的脆弱性。在以汕头市为案例的城市尺度研究中，参考已有研究成果，并结合汕头市洪涝灾害的具体情况，得出洪涝灾害风险评估的四级指标体系及权重分配（表 4-2-1）。

表 4-2-1　城市洪涝灾害风险评估指标体系及权重分配

一级指标 A	二级指标 B	三级指标 C	四级指标 D	权重
洪涝灾害风险	危险性 B1	致灾因子易发性 C1	降雨量 D1	0.125
			河网、水库分布 D2	0.15
		孕灾环境敏感性 C2	地形高程 D3	0.175
			土地覆盖类型 D4	0.05
	脆弱性 B2	承灾体易损性 C3	人口密度 D5	0.125
			地均 GDP D6	0.125
		防灾抗灾能力 C4	管道覆盖密度 D7	0.25

三、汕头市洪涝灾害风险评估

1. 洪涝灾害危险性评估

洪涝灾害危险性反映在致灾因子易发性和孕灾环境敏感性两方面，具体可包括降雨量、河网水库分布、地形高程和土地覆盖类型四个指标。

暴雨是一个城市洪涝灾害形成的重要成因，降水量的空间分布直接影响洪涝风险的高低，研究表明，一次最大降雨量和暴雨频次最能反映该地的洪涝危险性[30-33]。研究基于 GIS，将汕头市域范围内 9 个雨量站汛期降雨量按照 1～5 分级，在 ArcGIS 软件中以雨量站为中心，建立 Kriging 多边形，反映全市的降雨量分布情况（图 4-2-1）。

入境洪水是造成城市洪涝灾害的另一个因子，城市距离河流、水库越近洪涝风险就越高。通过参考城市的蓝线规划和相关研究，将城市境内一定集水面积的河流和水库进行分级，并根据城市受灾经验和历年洪水淹没情况，将主要河流和水库周围划分成高风险、一般风险、低风险区。高风险区赋 5 分，一般风险缓冲区赋 3 分，低风险缓冲区赋 1 分，其他地区赋 0 分，建立相应的缓冲区，得到河流、水库影响风险图（图 4-2-2）。

城市的地形高程对洪涝灾害也具有很大影响。根据国际经验和汕头市历史洪涝灾害发生情况，可考虑主要河流的历史最高水位线，将不同海拔的用地分为不同层级的风险区，并赋值表现在空间上（图 4-2-3）。

土地覆盖类型会直接影响洪水的排放情况。山林地不容易积水，以农林为主的其他用地次之，城乡建设用地透水性较差，水只能依靠管道排出，积涝风险较大，但大面积的城市绿地也有利于积涝下渗。评估将汕头市土地覆盖分为水域、山林、城市绿地、其他用地和建设用地五种类型，按照 1～5 赋分，得到土地覆盖类型对洪涝风险的影响图（图 4-2-4），最终通过因子叠加获得汕头市洪涝灾害危险性评分图（图 4-2-5）。

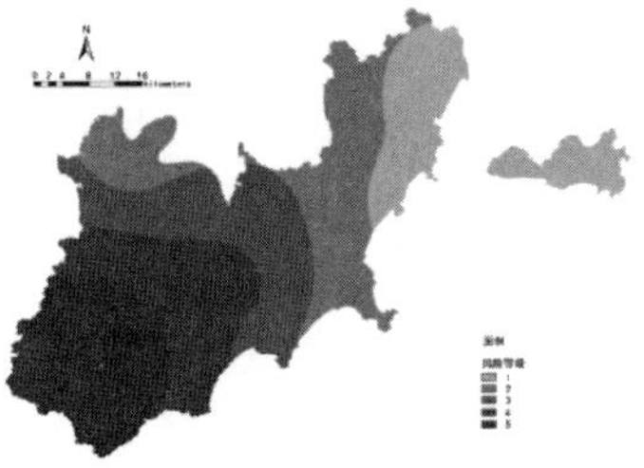

图 4-2-1　降雨量分布图

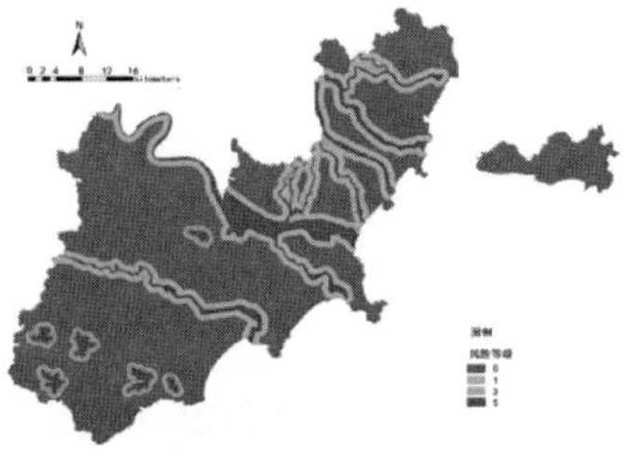

图 4-2-2　河流、水库影响范围图

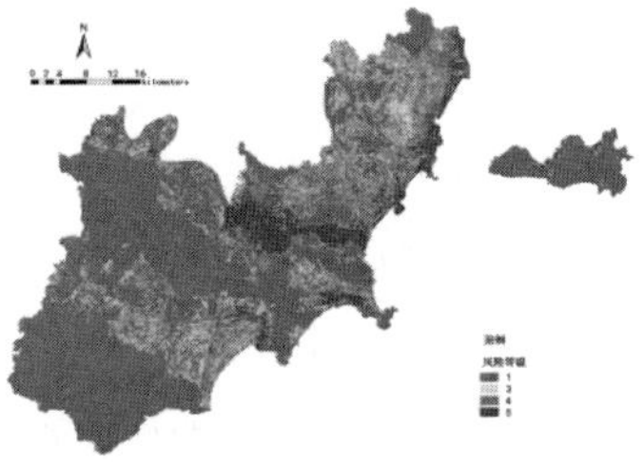

图 4-2-3　市域高程分级图

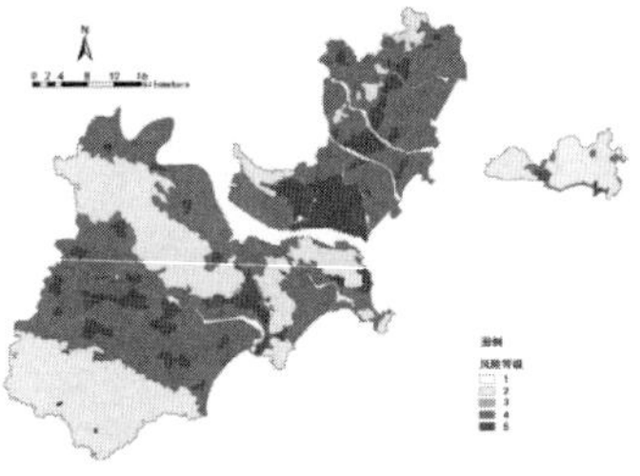

图 4-2-4　土地覆盖类型图

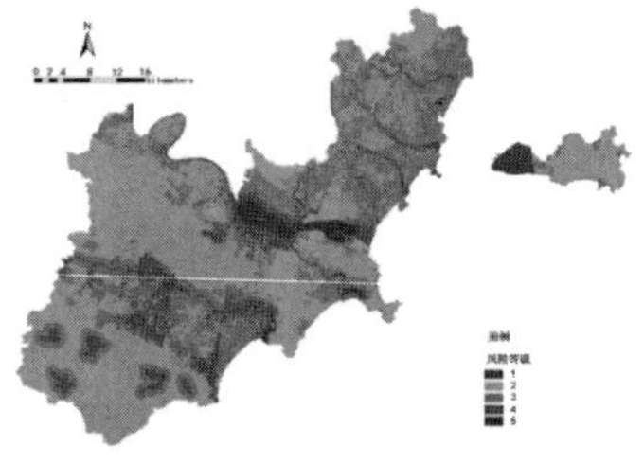

图 4-2-5　洪涝灾害危险性评分图

2. 洪涝灾害脆弱性评估

洪涝灾害脆弱性反映在承灾体易损性和防灾减灾能力两方面，具体可包括人口密度、地均 GDP 和管道覆盖密度三个指标。

人口密度和地均 GDP 反映了城市承灾体的易损性。一般情况下，人口密度和 GDP 越高的地区受到灾害打击的损失越大。根据汕头市统计年鉴计算以街道为单位的人口密度和地均 GDP，并对其分别按照 1～5 分级赋分。将两项指标加权叠加，得到易损性的空间分布图（图 4-2-6）。

市区排水管道的排水能力对内涝排放有很大影响，地区排水能力一定程度上可以反映该地区的应灾能力。本次评估运用街道排水管道密度表示城市各个街道单元管道的排水能力，再对排水管道密度按 1～5 分级打分，管道密度越大，分数越低，应灾能力越强（图 4-2-7）。将承灾体的易损性和应灾能力叠加，得到城市应对洪涝灾害的脆弱性（图 4-2-8）。

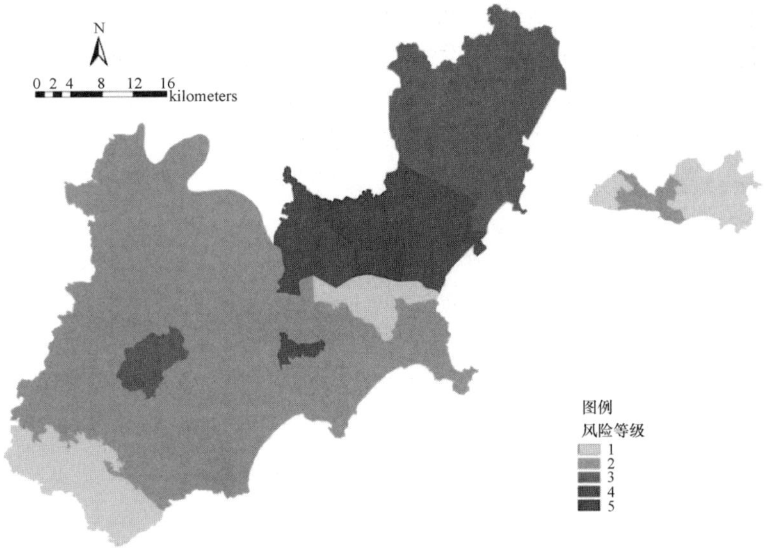

图 4-2-6　承载体易损性图

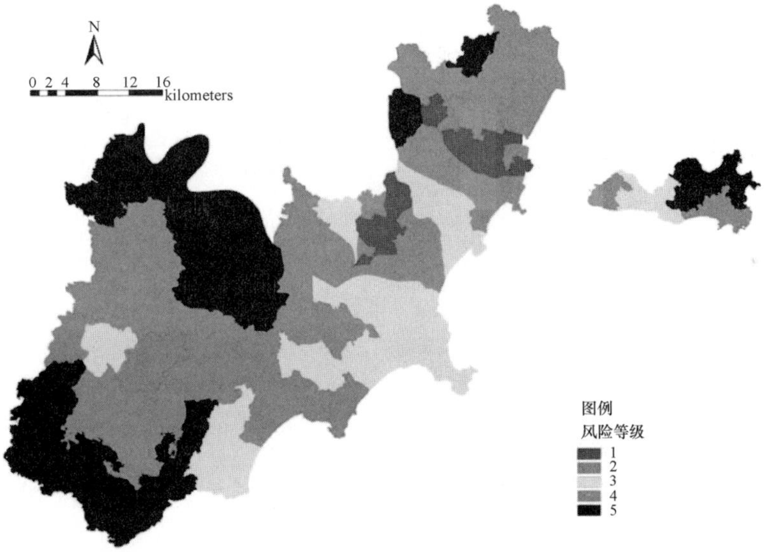

图 4-2-7　应灾能力评分图

3. 洪涝灾害风险评估

将洪涝灾害危险性和脆弱性加权叠加，得到汕头市洪涝风险的综合评分图（图 4-2-9）。其中，危险性方面，汕头南部的潮南区由于降雨量较大，水库较多，危险性较高；中部和北部的濠江区、金平区和澄海区河道相对密集，地势较低，遭受洪水的风险也较高。脆弱性方面，金平区和龙湖区人口密度较大，经济水平较高，易损性较大；潮阳区和澄海区北部应灾能力较弱，脆弱性也比较大。总体上看，汕头市域范围内风险最高的是金平区南部靠近牛田洋的低洼地区，风险较高的是潮南区水库附近地区和榕江、练江附近地区，龙湖区北部，澄海区西部和北部地区。

图 4-2-8　洪涝灾害脆弱性评分图

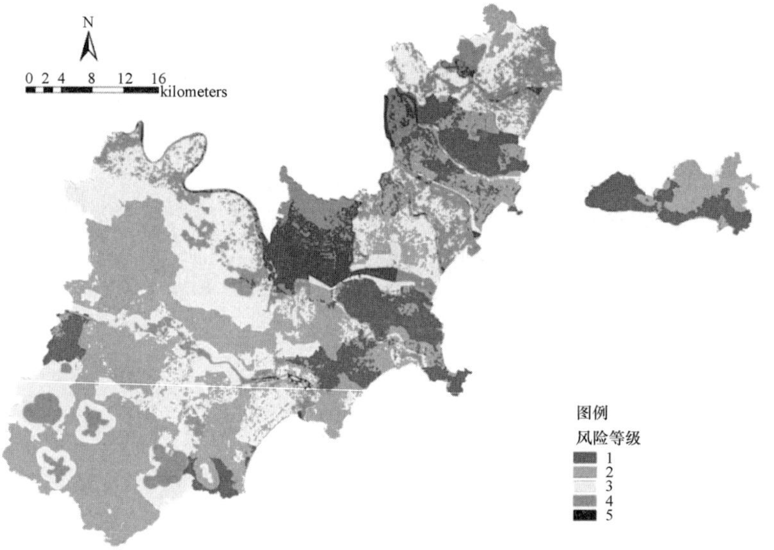

图 4-2-9　洪涝灾害风险综合评分图

四、总结与展望

本节以汕头市为案例，基于 GIS 探究了城市市域范围内洪涝灾害风险的空间分布情况，分析结果显示：汕头市中心城区中金平区洪涝风险最高，其次是龙湖区，濠江区风险较低。次中心城区中澄海区洪涝风险最高，其次是潮南和潮阳区，南澳县风险较低。

未来城市建设中，居住、商业、基础设施等重要用地应尽可能避开洪涝灾害高风险区，对于现状中处于高风险区的重要用地应当积极采取措施，重点加强排水能力建设，并优先建立洪涝灾害快速响应机制，努力提高防灾减灾能力。

（吴婧，章云睿）

参考文献

[1] 李超超，田军仓，申若竹．洪涝灾害风险评估研究进展［J］．灾害学，2020，35（3）：131-136.

[2] 吴舒祺，赵文吉，王志恒，等．基于 GIS 的洪涝灾害风险评估及区划——以浙江省为例［J］．中国农村水利水电，2020（6）：51-57.

[3] 黄崇福，刘新立，周国贤，等．以历史灾情资料为依据的农业自然灾害风险评估方法［J］．自然灾害学报，1998（2）：4-12.

[4] BENITO G，OUARDA T B M J，BÁRDOSSY A. Applications of palaeo-flood hydrology and historical data in flood risk analysis［J］. Journal of Hydrology，2005，313（1）：1-2.

[5] 王静静，刘敏，权瑞松，等．中国东南沿海地区暴雨洪涝风险分区及评价［J］．华北水利水电学院学报，2010，31（1）：14-16.

[6] 卞洁，李双林，何金海．长江中下游地区洪涝灾害风险性评估［J］．应用气象学报，2011，22（5）：604-611.

[7] 武玮婷，毕硕本，王军，等．清代广西洪涝灾害时空特征分析［J］．云南大学学报（自然科学版），2017，39（4）：609-617.

[8] OKAZAWA Y，YEH J F，KANAES，et al. Development of a global flood risk index based on natural and socio-economic factors［J］. Internation Association of Scientific Hydrology Bulletin，2011，56（5）：789-804.

[9] SEILER R A，HAYES M，BRESSAN L. Using the standardized precipitation index for flood risk monitoring［J］. International Journal of Climatology，2002，22（11）：1365-1376.

[10] 姜蓝齐，马艳敏，张丽娟，等．基于 GIS 的黑龙江省洪涝灾害风险评估与区划［J］．自然灾害学报，2013，22（5）：238-246.

[11] 刘合香，秦川，倪增华．组合权重和 ArcGIS 相结合的广西洪涝灾害风险分析［J]. 灾害学，2015，30（3）：76-79.

[12] 徐玉霞，许小明，马楠．县域尺度下的陕西省洪涝灾害风险评估及区划［J］．干旱区地理，2018，41（2）：306-313.

[13] PRUDHOMME C，WILBY R L，CROOKS S，et al. Scenario-neutral approach to climate change impact studies：Application to flood risk［J］. Journal of Hydrology，2010，390（3）：198-209.

[14] WILLEMS P. Revision of urban drainage design rules after assessment of climate change impacts on precipitation extremes at Uccle，Belgium［J］. Journal of Hydrology，2013，496：166-177.

[15] LI W J，LIN K R，ZHAO T T G，et al. Risk assessment and sensitivity analysis of flash floods in ungauged basins using coupled hydrologic and hydrodynamic models［J］. Journal of Hydrology，2019，572：108-120.

[16] 万昔超，殷伟量，孙鹏，等．基于云模型的暴雨洪涝灾害风险分区评价 [J]．自然灾害学报，2017，26 (4)：77-83.

[17] 黄河，范一大，杨思全，等．基于多智能体的洪涝风险动态评估理论模型 [J]．地理研究，2015，34 (10)：1875-1886.

[18] 段光耀，赵文吉，宫辉力．基于遥感数据的区域洪涝风险评估改进模型 [J]．自然灾害学报，2012，21 (4)：57-61.

[19] 高伟，沈秋，李梦璠，等．基于多源遥感数据的洪涝淹没范围时序监测分析 [J]．测绘与空间地理信息，2018，41 (7)：8-10+14.

[20] 尹占娥．自然灾害风险理论与方法研究 [J]．上海师范大学学报（自然科学版），2012，41 (1)：99-103+111.

[21] 刘家福，张柏．暴雨洪灾风险评估研究进展 [J]．地理科学，2015，35 (3)：346-351.

[22] NAYAK P C，SUDHEER K P，RAMASASTRI K S. Fuzzy computing based rainfall-runoff model for real time flood forecasting [J]．Hydrological Processes，2005，19 (4)：955-968.

[23] 刘新立，史培军．区域水灾风险评估模型研究的理论与实践 [J]．自然灾害学报，2001 (2)：66-72.

[24] ZOU Q，ZHOU J Z，ZHOU C，et al. Comprehensive flood risk assessment based on set pair analysis-variable fuzzy sets model and fuzzy AHP [J]．Stochastic Environmental Research and Risk Assessment，2013，27 (2)：525-542.

[25] SHAO M L，GONG Z W，XU X X. Risk assessment of rainstorm and flood disasters in China between 2004 and 2009 based on gray fixed weight cluster analysis [J]. Natural Hazards，2014，71 (2)：1025-1052.

[26] 颜峻，左哲．自然灾害风险评估指标体系及方法研究 [J]．中国安全科学学报，2010，20 (11)：61-65.

[27] LI Q，JIANG X，LIU D. Analysis and modeling of flood risk assessment using information diffusion and artificial neural network [J]．Emu Official Organ of the Australasian Ornithologists Union，2012，39 (1)：643-648.

[28] APEL H，THIEKEN A H，MERZ B，et al. Flood risk assessment and associated uncertainty [J]．Natural Hazards and Earth System Science，2004，4 (43)：295-308.

[29] 四川省气象局．暴雨洪涝灾害风险区划技术规范（讨论稿）[S]．2009.

[30] 梁玉莲，黄丹萍，黎美宏，等．基于 GIS 的南宁市暴雨洪涝灾害风险评估与区划 [J]．气象科技，2013，41 (5)：934-928.

[31] 万君，周月华，王迎迎，等．基于 GIS 的湖北省区域洪涝灾害风险评估方法研究 [J]．暴雨灾害，2007，26 (5)：328-333.

[32] 李军玲，刘忠阳，邹春辉．基于 GIS 的河南省洪涝灾害风险评估与区划研究 [J]．气象，2010，36 (2)：87-92.

[33] 吴婧，翟国方，何仲禹，等．基于 GIS 的汕头市洪涝灾害风险评估 [C]．中国灾害防御协会风险分析专业委员会第六届年会论文集，2014：395-398.

第三节　基于多源数据的城市火灾风险评估及应用

在城市建设用地逐步扩张、建筑密度逐渐增大的背景下，城市消防安全问题不容忽视。本节在梳理城市火灾风险评估的概念和基本方法的基础上，从城市区域特征、建筑特征、消防负荷等影响火灾风险的要素入手，构建基于多源数据的城市火灾风险评估模型。以厦门市为实例，通过分析提出了消防站布局优化方案和消防重点地区管理策略。

一、火灾风险评估方法与应用

1. 火灾风险评估方法

城市火灾风险评估为火灾风险管理决策提供了依据，通过对火灾发生风险的影响因素进行分析评估，可以预测一定区域内火灾发生的概率[1]。目前，火灾风险评估在国外发达国家已经被广泛应用并有成熟的评估体系与规章制度，如美国的“灭火分级制”“风险、建筑防火评估方法”及“危害和经济价值评估方法”，英国的“消防风险评估工具箱”方法，日本的“城市等级”方法等[2-4]。

常用火灾风险评估主要有两种方法，即基于历史灾害数据的统计分析法和基于火灾风险评估体系的指标评估法。其中，统计分析法的特点是根据该区域历史上发生火灾的记录，采用定性预测、灰色预测及人工神经网络等科学方法预测该区域未来火灾发生概率和风险[5-6]，但随着气候变化和城市扩张，历史数据及规律并不能精确预测未来的状况。指标评估法即针对某一区域建立一套适合该区域的火灾风险评价指标体系，并确立体系中各级指标的权重，然后根据评价区域内的实际情况逐项打分，最终通过评估结果的高低判定火灾风险的程度[7-10]。

2. 火灾风险评估结果应用

越来越多的学者正在将火灾风险评估结果应用在消防布局优化研究上[11]，将火灾风险评估结果与城市消防力量评估相结合可以对城市消防安全发展及消防力量布局优化提供一定的科学依据。此外，新数据模式下的互联网技术和地理信息技术的发展，不仅为直观的量化分析方法提供了技术支持，也为火灾风险评估研究提供了多源数据的研究环境[12]。

二、厦门市城市火灾风险评估数据

数据采集和数据库的建立是城市火灾风险评估的基础。本节以厦门市为案例，构建了包括传统数据和新兴数据在内的多源数据火灾风险数据库（表 4-3-1）。以城市各个街道为研究基本单元，依托 ArcGIS 软件对数据进行配准和格式转换。

表 4-3-1　主要数据来源及应用数据名称

数据名称	数据描述		数据应用
人口密度	统计资料	单位面积土地上居住的人口数	区域特征风险评估
地均 GDP	统计资料	单位面积土地创造的 GDP	区域特征风险评估
消防安全用地级别	规划部门提供资料	城市建设用地分类	消防安全空间分区
建筑年代	遥感影像	不同建筑的建成年代	建筑特征风险评估

续表

数据名称	数据描述		数据应用
建筑层数	互联网地图	建筑的层数数据	建筑特征风险评估
易燃易爆设施	《厦门市危险化学品安全生产管理手册》	名称、地址、坐标	消防负荷风险评估
消防安全重点单位	厦门消防网公开资料	名称、地址、坐标	消防负荷风险评估
人员密集场所	厦门消防网公开资料	名称、地址、坐标	消防负荷风险评估
消防站点数据	《厦门市城市总体规划（2011—2020 年）》及消防支队提供数据	名称、地址、级别及坐标	构建网络分析
道路网络数据	规划部门提供资料	包含道路等级的道路中心线	构建网络分析
行政区划边界数据	规划部门提供资料	包含行政区划名称和边界线的多边形	确定行政区划

三、厦门市火灾风险及消防力量评估

1. 城市火灾风险评估框架

根据火灾风险在空间上的分布情况可以科学有效地评估城市消防安全现状，城市火灾风险评估和城市消防力量评估的叠加分析能够较为直观地发现现有消防布局存在的问题，为城市消防设施布局提供一定的科学依据，更有效地保障城市安全有序发展，研究框架如图 4-3-1 所示。

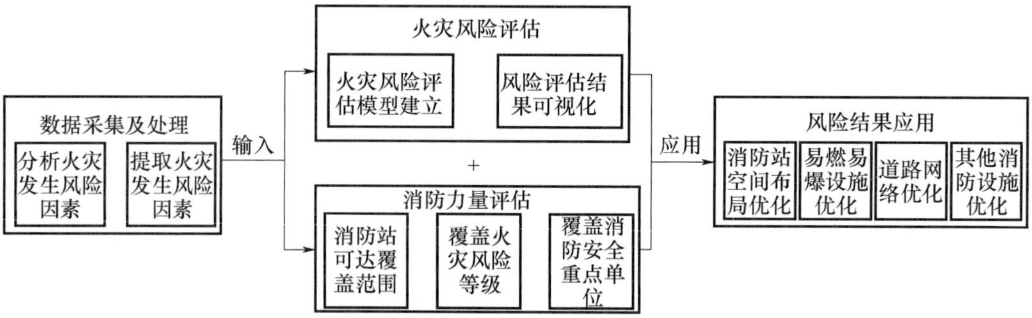

图 4-3-1　研究框架

通过对各类影响火灾风险的因素进行分析，识别出对城市火灾风险影响较大的因素，并构建以厦门市为实例的火灾风险评估体系（图 4-3-2）。

2. 城市火灾风险评估方法构建

本研究使用专家打分法和层次分析法相结合的方式确定火灾风险影响因素的权重。首先将八类火灾影响因素的权重作为决策目标，基于各因素的重要性（对火灾风险的影响程度）进行两两对比打分。判断矩阵指标的值反映了专家对火灾影响因素重要性的认识及评价。第一步，选择 1～9 及其倒数的标度方法构造判断矩阵，将总权重值设为 1，求出各因子层指标权重，并进行判断矩阵的一致性检验。第二步，将以上因子层结果进行累加得到最后的评估分数，如式（4-3-1）所示：

$$W = \sum_{i=1}^{8} R_i A_i \tag{4-3-1}$$

式中，W 为火灾风险评估分数；R 为火灾风险因子层评估分数；A 为各因子层对应的权重。

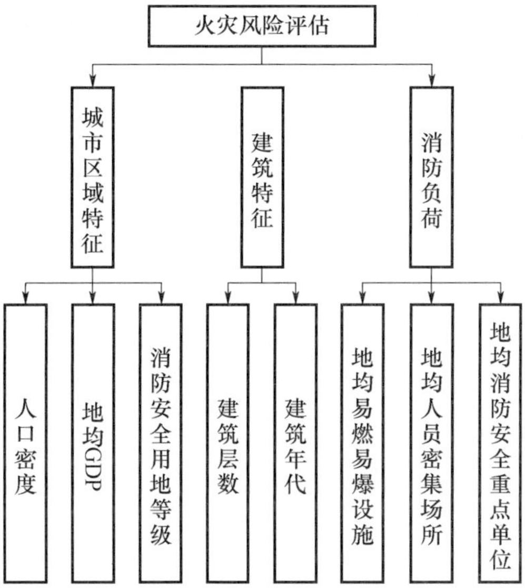

图 4-3-2　城市火灾风险评估框架

3. 城市火灾风险空间分布

将风险因素的空间数据在 ArcGIS 软件中进行处理后，统一对评价指标值进行无量纲化分级，分为 1～5 五个等级，即高风险、较高风险、中风险、较低风险及低风险，得到各因子层风险评估结果（图 4-3-3）。

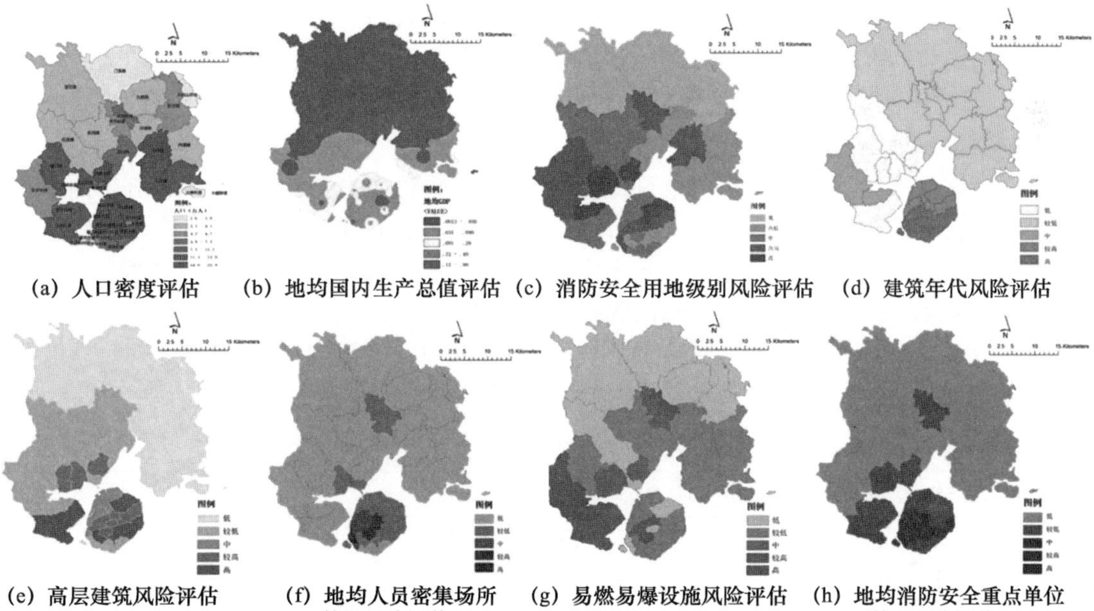

(a) 人口密度评估　(b) 地均国内生产总值评估　(c) 消防安全用地级别风险评估　(d) 建筑年代风险评估

(e) 高层建筑风险评估　(f) 地均人员密集场所数量风险评估　(g) 易燃易爆设施风险评估　(h) 地均消防安全重点单位数量风险评估

图 4-3-3　因子层火灾风险评估结果

依据各指标权重叠加得到厦门市火灾风险评估结果（图 4-3-4）。分析可知，岛内湖里区和思明区、岛外海沧区风险等级处于较高水平。其中，高火灾风险区域为位于本岛老城区的嘉莲街道、夏港街道，主要是由人口密度大、消防安全重点地区面积大、建筑质量较差、消防负荷较大等原因综合造成的。火灾风险等级较高的区域为岛内湖里、禾山等，以及岛外新阳、海沧等。岛外火灾风险较高的地区消防安全重点单位、易燃易爆设施较多，且消防安全用地级别较高。

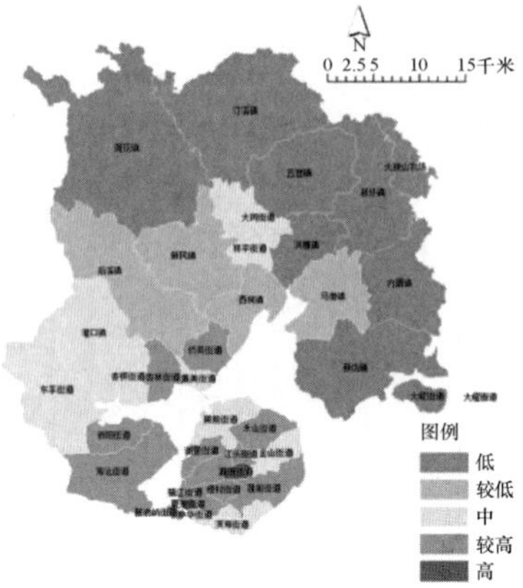

图 4-3-4 现状火灾风险评估结果

4. 城市消防力量评估

城市火灾抵御能力对城市安全发展十分重要，作为火灾抵御的主体，科学、合理的消防力量布局是城市安全运行、持续发展的前提。既有的消防站可达性研究往往忽视了消防车出警实际路线的通达性和城市火灾风险空间分布情况，并且在空间可达性计算中采用的缓冲分析法、邻近距离法、引力模型法、行进成本法等都存在一定局限。因此，本研究综合考虑消防应急响应时间在不同城市等级道路上的分配组合，从而计算出沿着城市现状及规划道路网络行进的消防站空间可达范围，并且选取网络分析法（Network Analysis）模拟消防站可达性，该方法多用于最佳资源分配、最短路径以及服务区构建，能够与后期的消防站布局优化和辖区确定更好地衔接[13]。

根据《城市消防站建设标准（修订）》的要求，城市消防站须在起火后 15 分钟内到达现场并进行扑救，消防响应时间见表 4-3-2，标准中指出应保证城市规划区内消防站辖区范围能覆盖整个城市建设区域，消防车接到出发指令后 5 分钟内即可以到达辖区边缘[14]。因此，本研究将消防车 5 分钟消防响应时间内的可达范围作为消防站及时有效扑救城市火灾的空间范围，即以消防车 5 分钟出警可达范围（响应 1 分钟，实际行车时间 4 分钟）对现状及规划消防力量进行评估。

表 4-3-2 5 分钟消防响应到达时间的来由（15 分钟消防时间）

序号	消防响应时间/分钟	步骤
1	4.0	发现起火
2	2.5	报警与出警
3	1.0	接到指令出发
4	4.0	行车到场
5	3.5	出水扑救

在消防站可达覆盖范围分析中，依据《厦门市城市总体规划（2011—2020 年）》，对现状及规划消防站 5 分钟出警覆盖的服务区域进行可达性模拟，并与消防安全用地进行叠加分

析。对比发现，现状消防站 5 分钟出警覆盖范围不能完全覆盖城市建成区域，规划远期消防站在一定的应急响应时间之内，基本能够覆盖城市消防安全重点区域，能够有效保障责任区消防安全，且岛内岛外的消防力量趋于平衡，能够较大程度提升城市消防安全水平（图 4-3-5、图 4-3-6）。

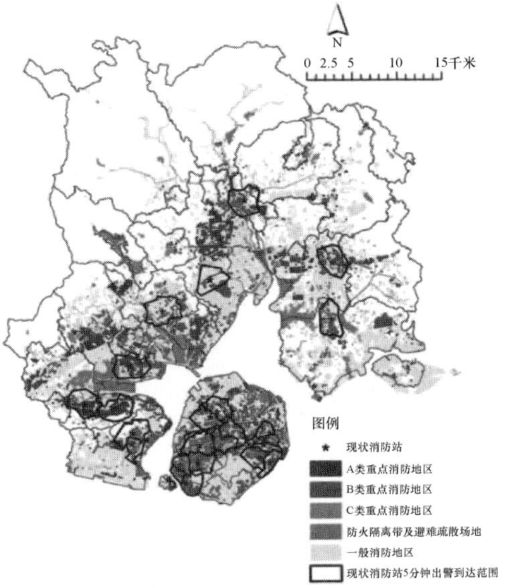

图 4-3-5　现状消防站 5 分钟可达覆盖范围

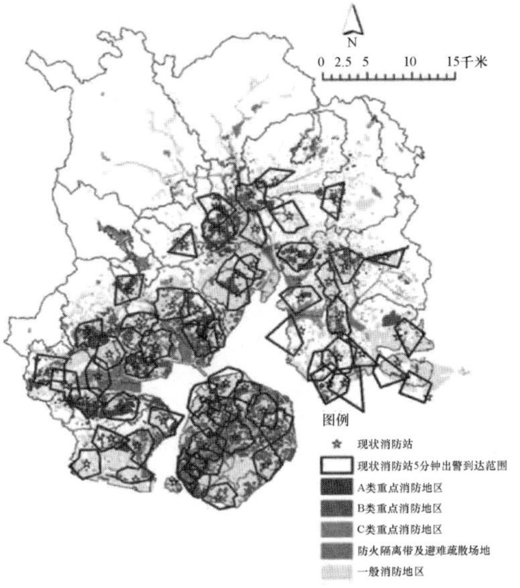

图 4-3-6　规划消防站 5 分钟可达覆盖范围

在覆盖火灾风险等级分析中，通过对火灾风险等级的空间分布高低与消防站可达范围进行叠加分析，可以较为直观地了解城市火灾风险分布与城市消防力量的空间匹配程度，消防站 5 分钟出警可达范围所覆盖的风险等级指标较为重要。规划后消防站能够全部覆盖火灾高风险区域，基本覆盖火灾较高风险区域，有较好的优化效果（图 4-3-7、图 4-3-8）。

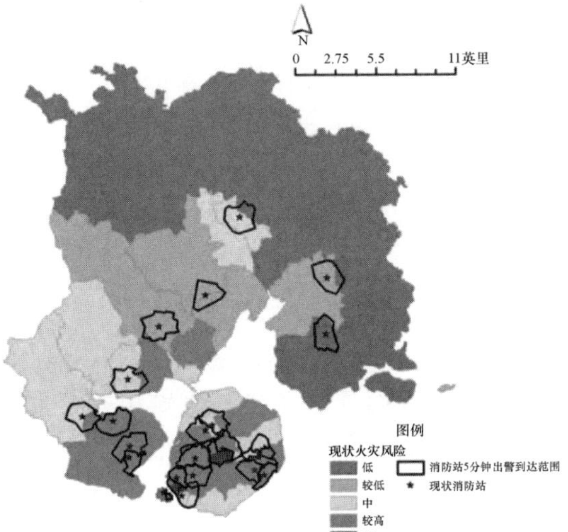

图 4-3-7　现状消防力量与火灾风险对比

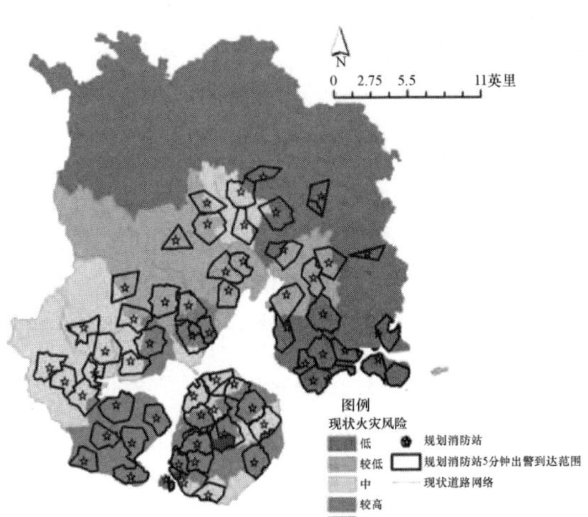

图 4-3-8　规划消防力量与火灾风险对比

在覆盖易燃易爆设施分析中，将现状及规划消防站 5 分钟出警可达覆盖范围与现状易燃易爆设施分布进行叠加分析，结果如图 4-3-9 及图 4-3-10 所示。规划情境下，消防站 5 分钟出警可达范围基本可以覆盖城区中的易燃易爆设施，布局优化后，消防站可达范围对易燃易爆设施的覆盖能力有较大提升，可以满足城市安全有序发展要求。

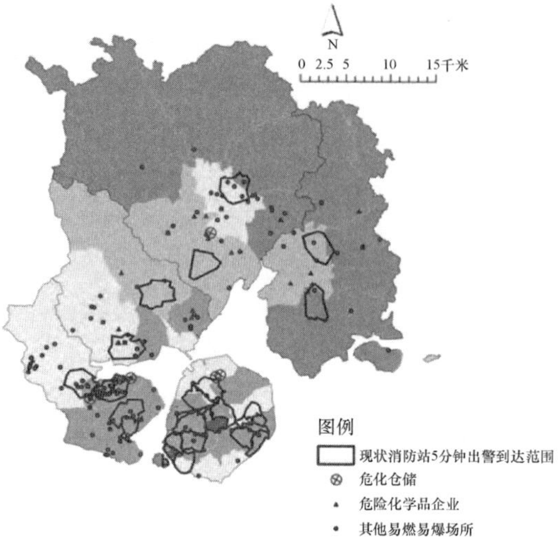

图 4-3-9　现状消防站覆盖易燃易爆设施

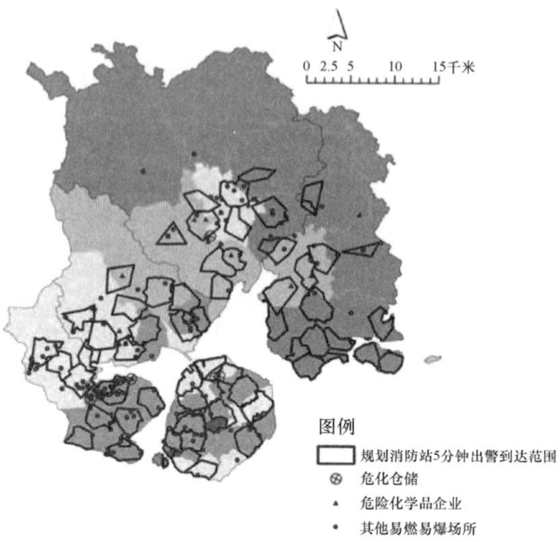

图 4-3-10　规划消防站覆盖易燃易爆设施

四、火灾风险评估对城市空间布局的优化启示

1. 对消防站空间布局的优化启示

通过对现状火灾发生风险和消防站可达范围的对比分析，明确现状及规划消防现状存在的问题和近期消防工作的重点，对消防站布局规划进行优化。将消防站 5 分钟出警不可达的且位于火灾较高风险的区域作为城市消防重点建设区域，优先进行消防站的新增和优化。值得注意的是，对于城市消防重点安全地区（现状中的 A 类及 B 类消防安全重点区域），消防站辖区不仅要满足规范中要求的辖区范围标准（一级消防站辖区面积 7 平方千米，二级消防站辖区 4 平方千米），还要满足消防车出警 5 分钟可达的要求。此外，还应完善多种形式的消防力量建设，例如志愿消防队和微型消防站。在未来消防站布局规划中，可以通过设定消防站布局优化的约束条件，生成消防网络拓扑模型，进而初步生成消防站辖区并根据实际情况进行修正。

2. 对易燃易爆设施空间布局的优化启示

对易燃易爆等设施进行合理、科学的布局规划，能够尽量避免城市火灾危险，提高城市安全水平。首先，根据消防站可达范围与易燃易爆设施分布的综合分析，对位于火灾风险较高区域且对城市安全威胁较大的企业或设施实施立即搬迁或拆迁，减少其对城市安全的影响。其次，在难以搬迁的情况下需进行消防安全改造并定期进行消防检查，控制防火安全距离，并在远期规划中对于此类设施纳入考虑，进行搬迁或拆除。

3. 对道路网络的优化启示

由于消防车沿着城市实际道路网络行进，因此良好的道路网络环境是消防站出警可达的基础，提升道路网络的连通性对提升消防站可达性有积极影响。在现状和规划消防站 5 分钟出警不可达的区域可增设城市道路或消防应急车道，提高消防车通行能力。在道路网络连通性较难改变的老城区，可以通过开辟消防专用道、改善道路通行环境及设施等方式，保障消防车的顺利通行。

4. 对其他消防设施的优化启示

城中村、棚户区和历史名城等老城区域建筑密度大、基础设施差，应重点加强该区域的消防设施，并纳入城市公共基础设施体系进行建设和优化。改善老城区消防安全条件的具体措施包括：增设小型消防站、开辟防火隔离带、增设消火栓和消防水池、优化城市供水管道、整顿违章乱建、改造老城区用电线路及优化老旧建筑的耐火等级等。

（鲁钰雯，章云睿）

参考文献

[1] 杜霞，张欣，刘庭全，等．国外区域火灾风险评估技术及应用现状［J］．消防科学与技术，2004，23（2）：137-139.

[2] INSURANCE SERVICES OFFICE. The Fire Suppression Schedule［M］. New York：ISO Press，1999：20-25.

[3] 连旦军．城市区域火灾风险评估综述［J］．消防科学与技术，2004，23（2）：44-48.

[4] USFA. Information on the Risk［J］. Hazard and Value Evaluation，1999（4）：33-37.

[5] 彭晨．消防响应时间统计规律及其与城市火灾规模相关性研究［D］．合肥：中国科学技术大学，2010.

[6] 李炳华．基于模糊信息优化处理的城市火灾风险分析方法研究［D］．合肥：中国科学技术大学，2010.

[7] 易立新．城市火灾风险评价的指标体系设计［J］．灾害学，2000，15（4）：91-95.

[8] 李杰，宋建学．城市火灾危险性分析［J］．自然灾害学报，1995（2）：98-103.

[9] 李华军，梅宁，程晓舫．城市火灾危险性模糊综合评估［J］．火灾科学，1995（1）：44-50.

[10] 张一先，卞志浩．苏州古城区火灾危险性分级初探［J］．消防技术与产品信息，2003（2）：10-12.

[11] 曾爱军．区域火灾风险评估与灭火救援力量布局优化研究［D］．上海：同济大学，2006.

[12] 张昌文，夏成华，钟少波．城市火灾风险区划中的GIS应用框架［J］．消防科学与技术，2012，31（11）：1233-1237.

[13] 宋小冬，钮心毅．地理信息系统实习教程：ArcGIS 10 for desktop［M］．北京：科学出版社，2013.

[14] 中华人民共和国公安部．城市消防站建设标准（修订）［Z］．北京：中国计划出版社，2006.

第四节　海平面上升对沿海城市影响研究

随着全球气候不断变化，海平面上升速率逐渐加快，严重影响着沿海城市的安全与可持续发展，提升沿海城市韧性已经成为其应对气候变化的战略共识。随着遥感等新技术的不断进步，相关研究也取得了丰富的成果，但在评估角度和评估精度上，亟须从韧性的视角出发考虑城市适应灾害的能力，并利用更加精确的数据。本节基于韧性城市理论，构建了海平面上升影响分析及韧性评价模式，并以厦门市为例，展开了不同时间情景下的影响分析及韧性评估。同时，通过空间评估，明确了不同地区韧性提升的重点，针对性地提出了厦门城市韧性提升的策略。

一、基于韧性的海平面上升影响研究方法

1. 韧性视角下的海平面上升影响分析及评价模式

依据海平面上升影响产生的因果关系，构建基于过程的评价模式（图 4-4-1）。

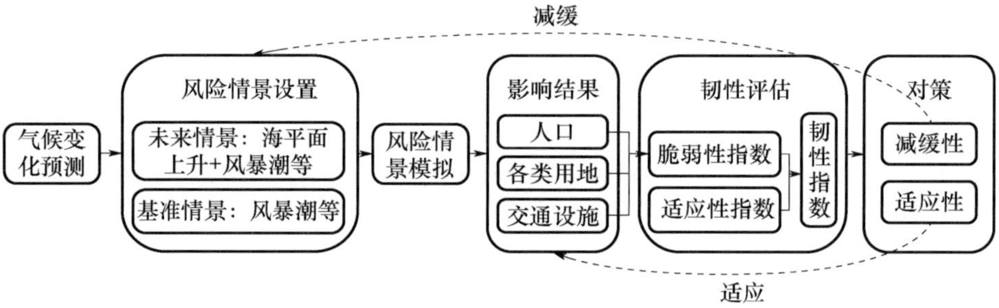

图 4-4-1　韧性视角下的海平面上升影响分析及评价模式

首先，收集并运用目标年份关于气候变化的预测，明确适用的基本参数，确定可能的风险情景。城市防洪防潮工程虽能够应对一定程度的海平面上升，但无法抵御超过其设计标准的极端高水位，因此本文设置了海平面上升叠加风暴潮情景（未来极端海平面情景）及风暴潮情景（基准情景），通过对比分析海平面上升的影响。

其次，对各风险情景进行模拟，划定受影响的区域。结合目标年份对城市人口、用地、道路交通等的预测，分析风险情景对城市系统的影响（表现为脆弱性），对于脆弱性高的区域，如果具有良好的防御、救灾和恢复能力（表现为适应性），就能减轻灾害带来的影响。因此，基于美国国家研究委员会（NRC）对韧性的定义引入韧性评估的概念，将韧性视为适应性与脆弱性的权衡，二者之比越高，区域韧性越高，见式（4-4-1）。

最后，根据评估结果找到城市系统的薄弱点，制定城市韧性提升策略。

$$R=\frac{A}{V}=\frac{\sum_{i=1}^{n}A_i w_i}{\sum_{j=1}^{n}V_j k_j} \tag{4-4-1}$$

式中，R、A、V 分别为韧性指数、适应性指数、脆弱性指数；A_i 和 V_j 表示适应性和脆弱性的第 i 个和第 j 个指标；k_j 和 w_i 为权重系数。

2. 韧性评估指标体系

参考国内外既有研究，依照指标可定量反映海平面上升对城市影响的过程和结果、数据

具有空间异质性、可量化、可获取的原则，选取海平面上升淹水深度、人口密度、不同土地利用类型面积和道路交通密度来评估海平面上升影响下的城市系统脆弱性。

参考以往研究经验，选取最能代表厦门洪水适应能力的评估因子，包括开敞空间密度、排水管网密度、避难场所可达性、医疗设施可达性、财政总收入、公共管理和社会福利人员占比来评估厦门洪水适应能力。

在对指标进行归一化处理后，参考国家海洋局在《风暴潮灾害风险评估和区划技术导则》中公布的土地利用脆弱性等级范围，并通过 AHP 法与特尔菲法结合打分的方式确定因子权重（表 4-4-1），将指标按照式（4-4-1）进行叠加计算，得到脆弱性、适应性及韧性指数得分。

表 4-4-1　海平面上升影响下的滨海城市韧性评估指标体系

因子层	一级指标	二级指标	权重
脆弱性指数	危险性	淹水深度	0.320
	人口	人口密度	0.282
	用地类型	农林用地面积	0.033
		居住用地面积	0.079
		公共服务/商业用地面积	0.071
		工业仓储用地面积	0.043
		交通设施用地面积	0.025
		空置地/其他用地面积	0.023
	道路交通	高速/快速路密度	0.063
		主干路/次干路密度	0.036
		支路密度	0.025
适应性指数	防御能力	开敞空间密度	0.161
		排水管网密度	0.146
	救灾能力	避难场所可达性	0.238
		医疗设施可达性	0.212
	恢复能力	财政收入	0.134
		公共管理和社会福利人员占比	0.109

二、风险情景设置与模拟

1. 风险情景设置

根据历年预测结果，将基准年设为 2005 年（与 IPCC 预测基准年一致），可求得 2030 年和 2050 年福建沿岸海域海平面上升的区间，并将均值作为最佳预测值。基于上述方法，得到五种厦门市可能的海平面上升预测情况（表 4-4-2）。为了研究海平面上升对城市的影响，为厦门防灾减灾提供依据，因此选择最不容乐观也最危险的预测结果，即采用预测 5 的最佳预测值，作为海平面上升量的推荐值。

表 4-4-2　厦门市海平面上升预测（相对于 1986—2005 年）（单位：mm）

预测方法	2030 年	2050 年
预测 1：SOA 公报预测	85（54～116）	154（98～210）
预测 2：RCP2.6	130（90～160）	220（160～280）
预测 3：RCP4.5	130（90～160）	230（170～290）
预测 4：RCP6.0	130（90～160）	220（160～280）
预测 5：RCP8.5	140（100～170）	250（190～320）

注：括号内数字范围为可能的上升区间，括号外为最佳预测值。

根据 IPCC 对极端海平面的定义，极端海平面高度由平均海平面高度与极端增水（如风暴潮、天文大潮、浪等）综合作用而成[1]。其计算由四部分组成：平均海平面（MSL）、海平面上升值（SLR）、风暴潮增水（SSL）及天文潮最高潮位（ATL）[2]，计算公式为：ESL＝MSL＋SLR＋SSL＋ATL。计算可得厦门市不同情境下的海平面高度，见表 4-4-3。

表 4-4-3　不同情景下的海平面高度（基准面：国家 85 高程）（单位：m）

比较项	基准情景	2030 年	2050 年	数据来源
平均海平面高度	0.33	0.33	0.33	《厦门市防洪防涝规划》
海平面上升高度	0	0.14	0.25	IPCC，2013
风暴潮最大增水	1.87	1.87	1.87	《中国海洋灾害公报》
天文潮最高潮位	2.44	2.44	2.44	《厦门市防洪防涝规划》
海平面高度	4.64	4.78	4.89	

2. 风险情景模拟

本节利用 GIS 进行海平面上升影响下的风险情景模拟，考虑到实际的洪水淹没过程不仅涉及高水位，而且与海浪高度、增水时间、地面排水情况有关，整体情况较为复杂。因此决定利用厦门市经过插值的数字高程模型（DEM）和海平面高度数据，进行淹没区的划定，认为近岸且位于给定水位以下的区域属于淹没区，反之则不属于淹没的范围，分别统计不同情景下的淹没面积。

此外，海平面上升带来的风险还与淹水深度有关。根据国家海洋局公布的《风暴潮灾害风险评估和区划技术导则》，将淹水深度分为 0～0.15m、0.15～0.5m、0.5～1.2m、1.2～3.0m、＞3.0m 五个等级，代表危险性由低到高。利用 ArcGIS 的栅格计算器计算不同情景下的淹水深度情况。由此可知基准情景、2030 年和 2050 年高危险（＞3.0m）区域面积（图 4-4-2）；从空间分布来看，主要分布在湖里区和翔安区沿海地区（图 4-4-3）。

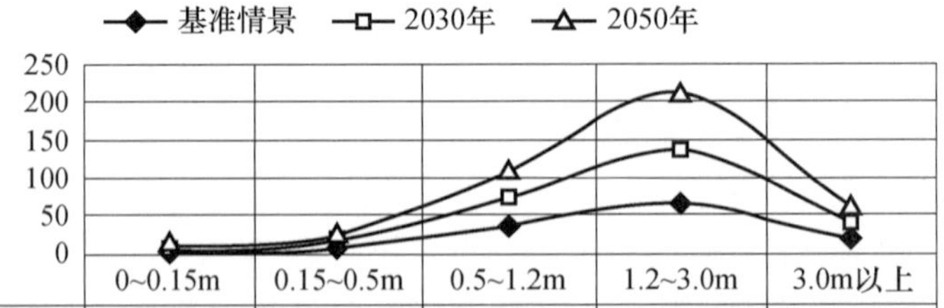

	0~0.15m	0.15~0.5m	0.5~1.2m	1.2~3.0m	3.0m以上
2050年	4.28	8.4	37.15	74.72	21.82
2030年	4.19	8.47	36.88	70.98	21.07
基准情景	3.13	8.36	36.6	66.91	20.01

图 4-4-2　不同情景下各淹没深度所占面积（单位：km^2）

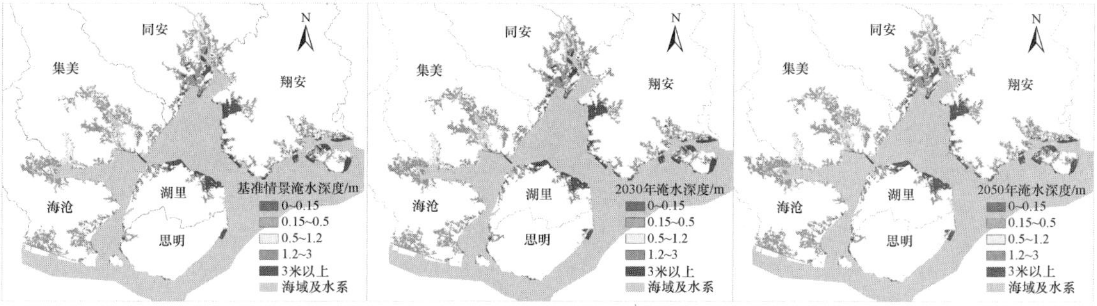

图 4-4-3　不同情景下淹水深度空间分布图

三、不同情景下海平面上升对厦门的影响分析

1. 受影响的人口分析

首先进行人口规模预测及人口空间化。结合厦门市 2016 年以 50 个街道乡镇为行政单位获得的人口总量数据，以及 2030 年、2050 年分区人口规模预测数据和土地利用数据，采用不同土地利用类型的人口空间化法，得到不同时间情景下的人口密度栅格数据，即人口密度分布图（图 4-4-4）。主要步骤包括：①根据统计数据，计算每个行政区内的总人口及平均人口密度；②根据承载人口的用地类型，计算不同用地类型的人口密度；③采用 GIS 的 Kernel Density 工具进行插值分析，降低栅格的突变，获得人口密度模拟分布图[3]。

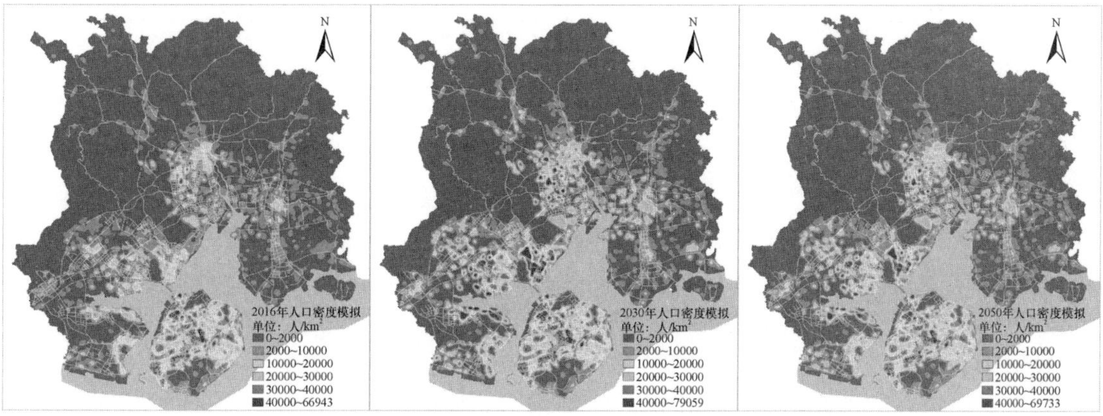

图 4-4-4　2016 年、2030 年、2050 年人口密度模拟

其次进行不同淹水深度下受影响的人口分析。结合风险情景模拟及人口密度模拟结果，在 ArcGIS 中进行叠加并统计不同情景下受影响的人口数量。结果表明，在海平面上升和人口增长的双重影响下，2030 年和 2050 年受影响的人口分别增加了 51 万人和 41 万人，其中仅在海平面上升的影响方面，就分别增加了 6 万人和 8 万人，此外，不同情景中都有约 60％以上的人口暴露于水深超过 1.2m 的危险区域中。

2. 受影响的用地类型分析

由于不同时间情景下的用地变化情况难以预测，因此本文选择《厦门市城市总体规划（2017—2035 年）》中的土地利用规划来代表厦门 2030 年和 2050 年的用地情况。在 GIS 中将不同时间情景下的风险模拟结果与现状及规划的土地利用相叠加并统计其面积（图 4-4-5）。

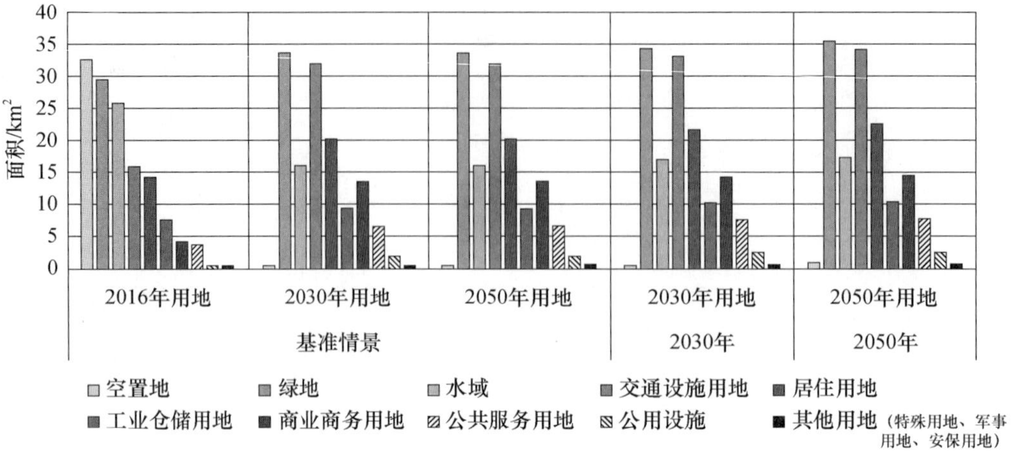

图 4-4-5　受影响的用地类型及面积

可以发现，在基准情景下，当用地维持现状时，非建设用地受损最严重，包括空置地、绿地及水域，这与农林渔业用地主要集中在地势低洼的平原地区有关，同时，这些用地也是保护城市建设用地最大的缓冲，具有巨大的防灾潜力；其次是建设用地，其中受损最多的是交通设施用地和居住用地，研究淹没区范围内的厦门地图可以发现，淹没区内港口码头密集且分布有大量的村庄，未来应将海平面上升的影响纳入港口码头及农村发展规划中；当未来用地按照总体规划建设时，绿地受损面积最大，其次是交通设施用地和居住用地，其相较于现状有大幅度的增长，反映出随着城市的发展，沿海地区由于景观资源丰富、土地价值较高，大量的空置地被利用起来，转化为建设用地的特征。

3. 受影响的道路交通分析

同样，以《厦门市城市总体规划（2017—2035 年）》中的道路交通规划来代表未来交通的发展情况。在 ArcGIS 中将不同时间情景下的风险模拟结果与现状及规划的道路交通图层相叠加，来统计未来可能受影响的情况。可以发现，在各种情景中，支路受损最严重，其次是主干路和次干路，对处于淹没区的道路，未来应更加注重管理和维护，通过制定多套应急措施，避免受灾时城市交通系统陷入瘫痪。

4. 韧性评估结果分析

基于上述城市韧性评估方法和影响分析结果，对厦门城市适应性、脆弱性进行评估。从适应性及脆弱性评估结果来看，呈现出四种空间分布状态，首先是高高区域，即适应性与脆弱性均高，如集美区沿海地区；其次是高低区域，即适应性高而脆弱性低，如海沧区东部；再次是低高区域，即适应性低脆弱性高，如翔安区沿海地区；最后是低低区域，即两者均低，如海沧区与集美区交界区域（图 4-4-6）。

对二者关系进行量化的韧性评估，将不同时间情景下的韧性指数采用自然间断点分类法分为四类，分类区间依次为 0～0.7、0.7～1、1～1.4、＞1.4，其对应的韧性强度分别为低韧性、较低韧性、较高韧性和高韧性（图 4-4-7）。评估结果表明，基准情景、2030 年和 2050 年韧性低的区域（包括较低韧性和低韧性）分别占 19.6％、27.1％和 27.8％，这说明在海平面上升和城市发展的双重影响下，城市适应能力若不加以提升，城市韧性将逐渐降低。从空间分布来看，翔安区沿海地区、海沧区南部韧性较低，但其脆弱性并不高，因此未来需要重点提升城市适应能力。而湖里区的东北部、集美区的南部尽管脆弱性高，但其适应

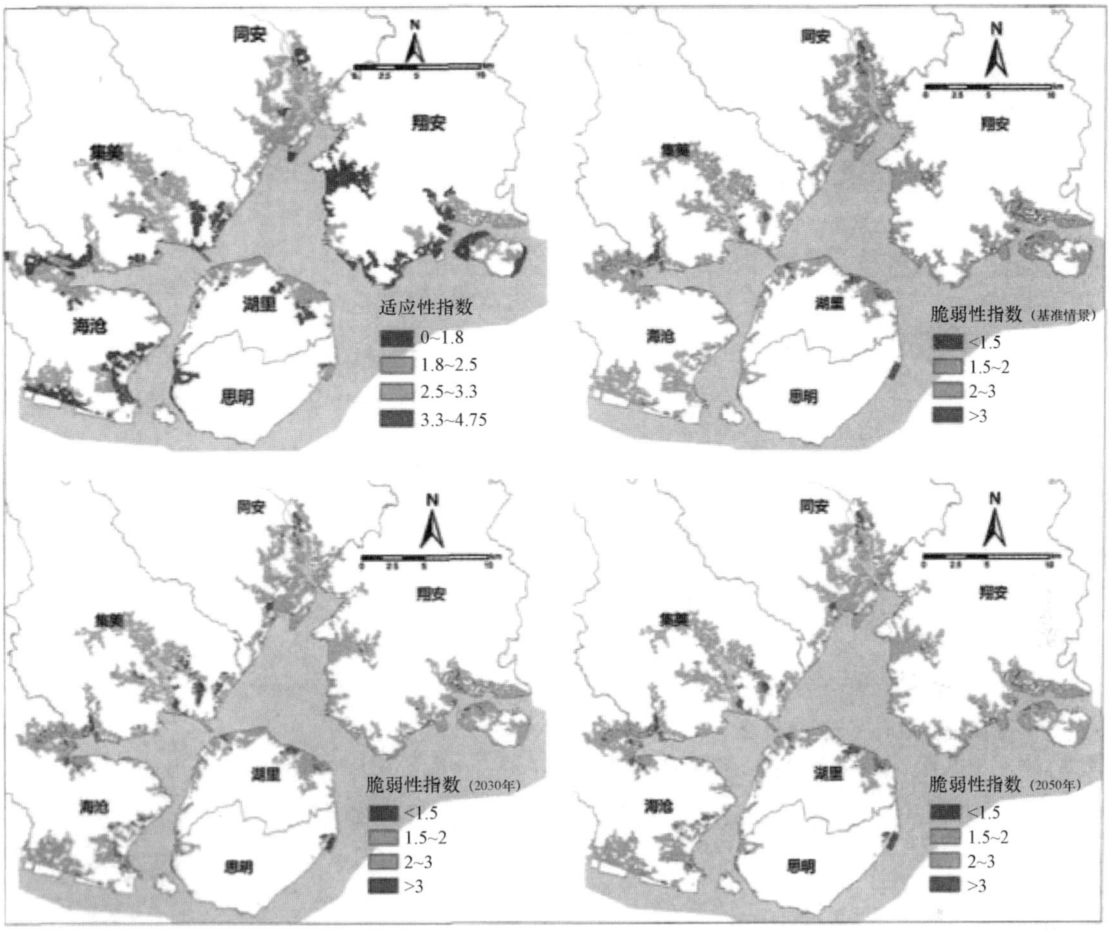

图 4-4-6　城市脆弱性指数及适应性指数分布图

灾害的能力也较高，因此表现出高韧性，未来应注重泛洪区人口以及用地的管理等，减小城市脆弱性。对于其他区域，尽管表现出较低的脆弱性和较高的韧性，但因其本身就处于极端海平面事件的影响范围内，因此应继续提升地区韧性。

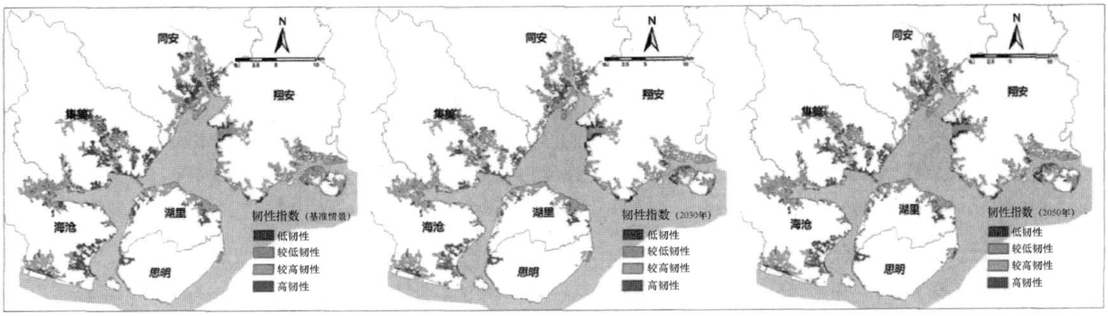

图 4-4-7　不同情景下的城市韧性指数分布图

四、应对海平面上升的城市韧性提升策略

在海平面上升的背景下，城市韧性的提升主要关注两个方面的内容：一方面是倡导和实

施适应性规划，针对实际的或预计的影响进行调整，减轻灾害带来的损失；另一方面是倡导和实施低碳规划，采取措施节能减排，从而减缓气候变化[4]。

1. 优化防灾空间及应急疏散系统

基于风险情景模拟结果，构建"点—线—面"相结合的应急避难系统，包括受灾点、避灾点、应急疏散路径以及避难场所服务范围。

受灾点由洪水危险区域内的居民点构成，避灾点包括固定避灾点和临时避灾点两类。以厦门为例，其中固定避灾点来源于城市地震局提供的指定避难场所，并剔除位于洪水淹没区的点。将挑选出来的避灾点作为临时避灾点，加上固定避灾点，构成疏散过程中的全部避灾点（图 4-4-8）。

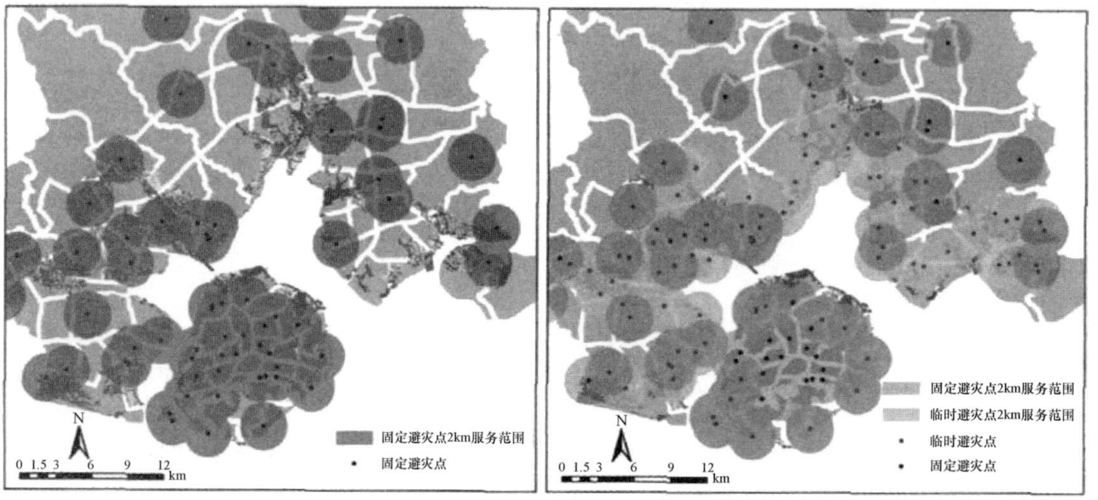

图 4-4-8　固定和临时避灾点及其服务范围

在 ArcGIS 中采用网络分析法，模拟应急疏散路径。其中，车行速度依据《公路工程技术标准 XJTGB01—2003》，综合考虑疏散过程的时效性及路面淹水对行车速度的影响。给定一级道路（高速路、快速路）、二级道路（主干路、次干路）、三级道路（支路）的行车速度分别为 60km/h、40km/h、20km/h。步行疏散速度根据东日本大地震海啸疏散实际调查结果取 2km/h[5]。最后以时间距离最短为原则，计算从受灾点到避灾点的最佳应急疏散路径，如图 4-4-9 所示。

2. 合理引导人口发展

对于脆弱性指数较高的区域，如本岛、集美区沿海地区和海沧区东部，应引导人口低密度发展并鼓励适当的人口导出。对于翔安区和同安区沿海地区以及海沧区南部港区，应继续保持目前较低的人口密度。

3. 构建土地韧性规划的骨架

土地的规划应践行刚性管控和韧性发展并重的规划理念，不应完全限定建设用地的开发强度及用途，而是应该由规划或设计师设计好"骨架"后，由使用者结合气候变化特征以及区域特色，进行补充和完善[6]，并针对多种风险事件制订多套土地韧性规划方案。厦门作为风景旅游城市，用地功能的补充应首先考虑利用气候变化的有利条件推动旅游产业发展。加快推动特色民俗、文化表演、时尚休闲、展览展会、美食购物等受气候条件影响较小的业态创新性发展，增加沿海旅游等自然依托型、应对灾害能力强的业态，充实旅游产品和项目，

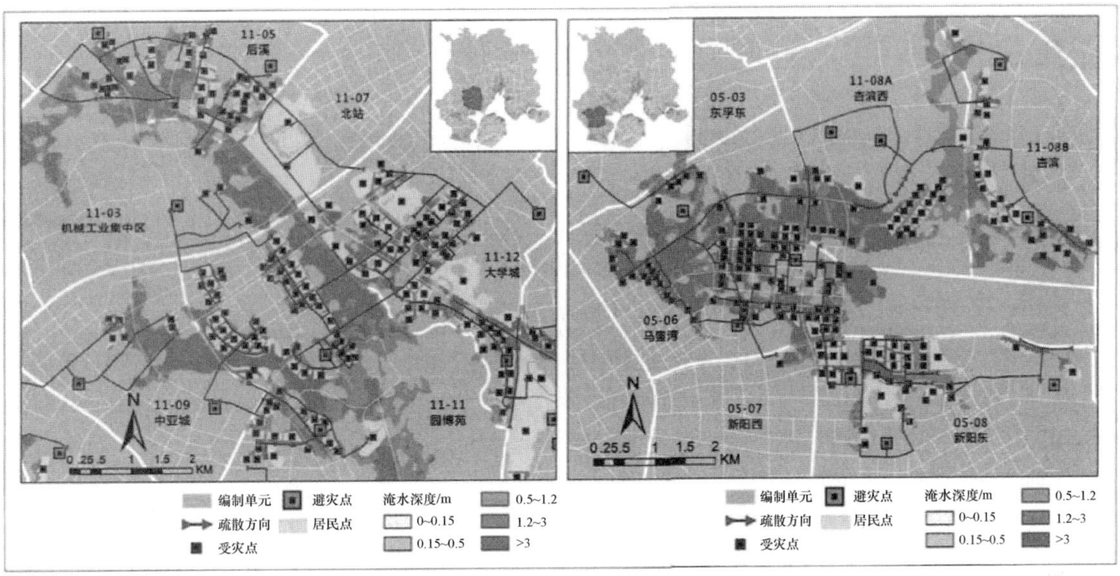

图 4-4-9　应急疏散路径模拟图

丰富旅游内容。

4. 推进低碳交通建设并增强交通系统冗余度

交通设施不仅影响城市碳排放，而且是保证极端事件发生时城市能够正常运转的关键要素。首先应进行低碳交通建设，增加公共交通的便利性，建设高效便捷的城市公共交通系统、城市换乘系统，注重公共交通站点与服务设施、住宅、工作地的衔接，规划建设舒适、人性化的慢行系统等。其次，对于受影响的区域，应规划多套运行路线以及救援疏散通道，避免灾难发生时城市交通陷入瘫痪。

5. 加强洪水管理的韧性思维

防洪工程设施虽然能阻止固期性的洪水，但实质上是把灾害推迟，不断积累的风险有可能引发更大的灾害[7]。因此，需要促进城市管理思维从“抵御洪水”向“在洪水中安全”转变[8]，把韧性城市适应气候变化的内涵纳入我国城乡规划管理体制的框架[9]。同时，加强洪水风险意识教育、加强对洪水的监测和预警等，提升城市应对气候变化的韧性。

6. 加快低碳型、紧凑型城市建设

减缓性策略是一种长期的全球性或区域性策略，任何国家或地区均应该参与其中，减少温室气体排放。目前，低碳城市、紧凑城市理论的发展及运用，使其成为城市空间应对气候变化的关键策略，而“适当的高密度开发、促进土地混合利用、增强交通可达性以及实施低碳交通”都是减缓气候变化的关键要素。

五、总结与展望

在海平面上升的背景下，极端气候事件的不确定性影响持续增加，即便是拥有完备的防灾减灾及应急管理能力的发达国家，也难免应对失措[10]。而韧性不仅关注城市应对气候风险的抵御能力，而且强调灾后的恢复能力，成为城市发展的新模式。本文基于海平面上升及韧性城市理论，构建了韧性视角下的海平面上升影响分析及评价模式，并以厦门市为案例，进行了风险情景模拟。基于模拟结果，对不同时间情景下的城市适应性、脆弱性及韧性进行了分析及评估。

但是，海平面上升背景下的韧性评估，受到多种自然因素和人类社会活动的影响，特别是未来时间情景下的评估，更具有不确定性，其涉及的情景要素繁杂，对其中许多要素和过程的认识尚存在不足，还需进一步探索。

（陈奇放，章云睿）

参考文献

[1] FIELD C B，BARROS V，STOCKER T F，et al. Managing the risk of extreme events and disasters to advance climate change adaptation [M] . Geneva：Special Report of the Intergovernmental Panel on Climate Change，2012.

[2] YIN J，YIN Z E，HU X M，et al. Multiple scenario analyses forecasting the confounding impacts of sea level rise and tides from storm induced coastal flooding in the city of Shanghai，China [J] . Environmental Earth Science，2011，63（2）：407-414.

[3] 徐建刚，梅安新 . 城市居住人口密度估算模型的研究 [J] . 遥感学报，1994（3）：234-240.

[4] 彭仲仁，路庆昌 . 应对气候变化和极端天气事件的适应性规划 [J] . 现代城市研究，2012（1）：7-12.

[5] 王滢 . 基于疏散行为的滨海城市避难空间规划策略研究 [D] . 天津：天津大学，2016.

[6] 戴伟，孙一民，韩梅尔，等 . 走向韧性规划：基于国际视野的三角洲规划研究 [J]. 国际城市规划，2018，165（3）：83-91.

[7] ETKIN D. Risk transference and related trends：Driving forces towards more mega-disasters [J] . Global Environmental Hazards，1999，1（2）：69-75.

[8] 廖桂贤，林贺佳，汪洋 . 城市韧性承洪理论——另一种规划实践的基础 [J] . 国际城市规划，2015，30（2）：36-47.

[9] 叶祖达 . 城市适应气候变化与法定城乡规划管理体制：内容、技术、决策流程 [J]. 现代城市研究，2017（9）：2-7.

[10] 王祥荣，谢玉静，徐艺扬，等 . 气候变化与韧性城市发展对策研究 [J] . 上海城市规划，2016，126（1）：26-31.

第五节　自然灾害冲击下的城市经济韧性研究

韧性提升是区域可持续发展的重要内容，在自然灾害频发使得区域经济发展面临巨大压力的背景下，提高经济韧性已成为降低冲击风险的重大措施之一。因此，从自然灾害冲击的角度出发，对城市经济韧性分析和评估的实证就显得尤为重要。本节通过深入剖析韧性及经济韧性的内涵，总结经济韧性的评估方法和手段，以 2008 年汶川地震受灾地区为例，从宏观经济的衰退与复苏、灾后经济增长模式探析、经济韧性指数分析和基于单自由度模型的经济韧性评估等方面对受灾各县（市/区）的经济韧性进行定量测度。

一、经济韧性定义与应用

1. 概念界定

经济韧性的定义根据不同的冲击类型、分析环境、目标框架、分析水平等有所差异。例如，经济韧性可以是探索一个地区/区域从灾害（典型的人为灾害或极端天气条件）或经济衰退两种主要冲击中恢复的能力，也可以是一个社区的经济多样性、整体就业、企业数量和应对灾难的能力[1]等。从社会经济角度出发，有学者认为社会经济系统容易受到人类活动的影响，可能会引起功能和结构上的质变，导致生产力的损失。从这个角度看，经济韧性被视为社会经济系统遭受干扰后维持系统功能和组织的能力，是衡量系统完整性的方法[2]。在区域经济文献中经济韧性有两种不同的定义：第一个关注系统抵抗冲击、复苏速度或者维持平衡的韧性，越快恢复平衡的系统，越有韧性；第二个是基于自适应概念的韧性，把经济景观看作一个复杂的、连续变化的自适应系统[3]，经济在灾后不一定恢复到灾前水平，而是根据灾后变化不断采取最适合的调整措施，此时经济韧性的定义是一个地区或区域经济系统适应不断变化的经济环境的能力。ESPON（European Spatial Planning Observation Network）对经济韧性的解释是“区域经济承受、吸收或克服内部或外部经济冲击的能力”。

从内涵上，经济韧性可分为四个方面，分别为抵抗、复苏、再适应和更新。抵抗是指区域在面对如经济衰退等干扰和破坏时的脆弱性和敏感程度；复苏是指经济从破坏中恢复的程度和速度，其受到抵抗力的影响；再适应性是指地区经济面对危机的结构性再调整，一般来说，区域的产出、就业情况和收入水平会影响再适应力；更新关注的是恢复程度和恢复路径（恢复到衰退前，路径滞后或转向新的增长趋势等）。从层次上，经济韧性包含微观、中观、宏观三个层面，涉及个人、企业、市场等不同层次。从状态上，它分为静态经济韧性和动态经济韧性。静态经济韧性强调系统在遭受冲击时保持系统功能的能力，它是对现有资本存量（或生产力）的有效利用，注重生产力的提高。动态经济韧性与时间相关联，更注重系统从冲击中恢复的速度[4]。

2. 经济韧性应用

经济韧性的应用涵盖多个方面，它可以通过一个地区/区域在调整、适应、趋同、平衡或更新、重组、复苏、抵抗等方面表现的不同，去衡量地区的经济效益[5]。研究内容包括不同的空间经济目标[6-7]、就业市场分析[8]、业务分析[9]、生活水平和生活质量分析[10]等。学者们对经济韧性的研究涵盖区域、城市、社区等不同的空间尺度。但是，在空间经济韧性的研究方面，学者们经常不知如何处理时间和空间问题。一些学者认为可以从两个不同的框架出发：在第一种框架中，区域空间仅仅被视为一个行动容器，而时间被认为是一个时刻，分为冲击前、冲击中和冲击后三个点；在第二种框架中，区域空间是人类活动的结果并不断转变，而时间被认为是一个流。

从 2000 年至今，经济韧性的研究始终是学术界的热点。研究所针对的冲击类型涵盖制度、自然灾害、气候变化、能源危机、经济衰退等方面。虽然出发点不同，但研究的目的始终围绕区域/城市/社区的适应、抵抗、调整、恢复能力展开。同时，对经济韧性的研究以静态研究为主，动态研究为辅，兼有动静结合的案例。此外，评估经济韧性的相关指标和测量方法也不同，例如，对经济衰退冲击的研究主要基于计量经济模型特别是时间序列分析，但针对自然灾害的韧性分析则通常基于指标，学者们对如何准确地定义韧性指标和如何整合指标进行了大量研究（表 4-5-1）。

表 4-5-1　自然灾害下的经济韧性研究

作者	年份	冲击	内容	目标	结构	方法	评估	案例
Paton 和 Johnston[11]	2001	火山爆发	社区风险认知	恢复	静态	皮尔森积差相关分析	社区实践、个人特性	1995—1996 年的新西兰
Bruneau 等[12]	2003	地震	经济发展	抵抗	静态	性能衡量基础设施	社会经济、技术、组织	—
Rose 和 Liao[13]	2005	地震	个体、企业	抵抗	静态	可计算一般均衡模型	生产响应	波兰
Cutter 等[14]	2008	灾害	恢复活动	恢复	静态	综合指标	社区、社会经济等	美国东南部
Jordan 等[15]	2011	灾害	产出	恢复	静态	定量对比分析	灾害影响、基础设施	飓风、印度洋海啸

二、经济韧性的定量评估方法

1. 基于指标/指标体系评估

目前，学者们对经济韧性指标的定义范围较为广泛，大致可分为六类：一是社会经济特征和金融资源（如个人收入、人均养老金、收入平等、贫困等）；二是空间经济系统的属性（如商业环境、经济多元性、业务密度、财政赤字、GDP 等）；三是经济系统的制度能力和属性，如资源分配力、计划连续性、政治体制、公共设施等；四是基础设施属性（经济系统的功能高度依赖于基础设施网络，而基础设施网络能有效提高系统的经济效益[16]）；五是社区能力和属性，有韧性的社区在区域合作和应对干扰方面具有优势；六是技术创新与自然环境的结合，它们合力防止或减少灾害的影响，尤其是自然灾害。目前，学术界对经济韧性的评估指标可单一可复杂，相关因子既可以从经济自身属性出发，也可涵盖影响经济发展的社会、制度、基础设施等其他因素。从 2007 年到现在，关于经济韧性评估体系的研究仍处于讨论之中，学术界尚未达成一致，各评估体系各具优缺点。

2. 基于经济增长模式评估

经济系统具有滞后效应，它是指系统受到自身或系统外部其他因素前期影响的现象。滞后效应中积极与消极不同的性质，强与弱不同的程度，自维、自组织与自我更新不同的生产方式为区域经济韧性的评估提供了一条新的路径。Simmie 和 Martin[17] 对经济韧性的分析探究了区域经济受到冲击后的四种增长模式，并受到学术界的广泛认可（四种模式如图 4-5-1 所示）。纵轴表示一个地区的经济增长路径，横轴表示时间。经济发展水平随时间变化的斜率反映了一个地区稳定的增长率。若一个地区受到衰退冲击的影响，经济水平下降，但随着复苏的影响，地区经济又恢复到冲击前的增长速度［图 4-5-1（a）］。此种经济增长模式，从工程韧性的角度出发，是存在的。但从精确模式的角度看，却不可能发生。图 4-5-1（a）所示的地区经济韧性并没有考虑冲击对经济结构的影响，而在现实生活中，冲击之后，地区经济结构极有可能发生变化，而经济结构的变化又会反作用于地区经济韧性，因此地区的经济韧性会随着时间的变化而改变。图 4-5-1（b）和图 4-5-1（c）描绘了冲击对区域经济增长的负面滞后影响。在图 4-5-1（b）中，后期地区经济增长率复苏到原有水平，但冲击对地区经济发展产生永久性负面影响。图 4-5-1（c）显示了冲击对地区更具破坏性的影响，在这种情况下，地区经济整体发生永久性衰退，并难以恢复到冲击前的增长率。研究表明，在多数情况下冲击的滞后作用是负面的，但也可能产生积极的影响，如图 4-5-1（d）所示。区域经济经历衰退低迷后“反弹”，并最终超过原有经济发展水平，恢复到原有的或者更高的经济增长速度。这样积极的滞后影响类型被认为是具有高度韧性的。

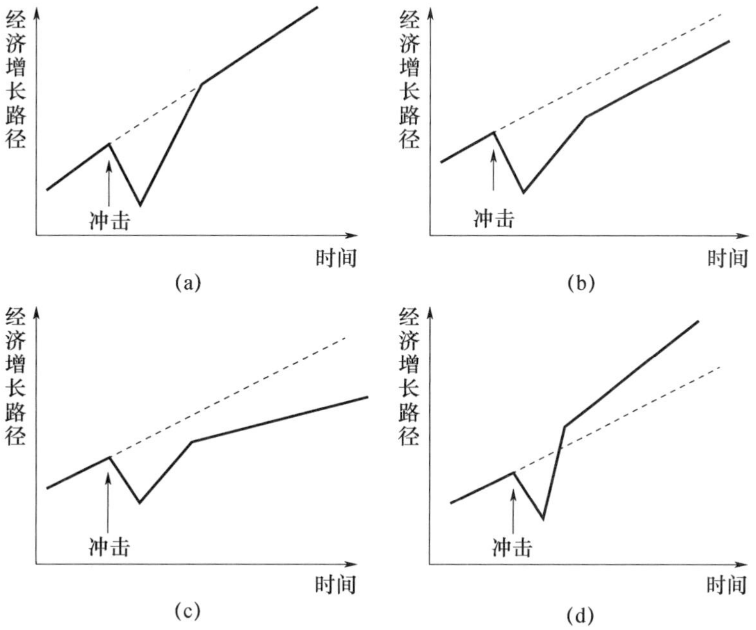

图 4-5-1　冲击后经济增长模式

3. 基于生产函数的方法评估

世界银行在经济韧性的定义与测度报告中将经济韧性分为宏观经济韧性和微观经济韧性两个层面。经济系统应对灾害的宏观经济韧性是指经济应对灾害、恢复和重建的能力。它可以分解成两个部分：瞬时韧性，即减少资产损失造成的直接收入损失的能力；动态韧性，即迅速重建和恢复的能力。报告对经济韧性的测量从生产函数出发，经过一系列推导假设，得出宏观经济韧性的方程等式。

4. 基于性能曲线的方法评估

在任何时间，任何系统的实际或潜在性能都可作为多维空间中的一个点被测量。随着时间的推移，性能随之改变，有时是渐变，有时是突变。例如，灾难发生时，性能可能产生突变。在这种情况下，系统可能崩溃，导致主要性能降低或部分性能完全丧失。一个系统随时间变化的性能可以用多维空间中的性能指标来衡量。在灾难性事件导致性能突变时，系统的恢复取决于能够使用的资源。系统性能的表述使得韧性的概念更加广泛，它可以被理解为系统减少冲击、吸收冲击（性能突减）和迅速恢复（恢复正常性能）的能力。更具体地说，一个有韧性的系统可以减少系统崩溃的概率；减少冲击损失，如生命、消极的经济和社会后果等；减少恢复时间（一个特定系统的性能恢复到“正常”水平的时间）。

系统面临灾害时的状态可以通过系统性能曲线来描述（图 4-5-2）。Q 表示系统性能，区间范围在 0%到 100%之间，100%意味着系统性能零退化，而 0%则意味着系统无可用性能。假设灾害发生的时刻为 t_0，这时灾害使得系统性能遭受破坏，$Q(t)$ 减小，而随着灾后系统自身的重组和有效措施的采取，系统性能逐渐恢复并逐渐回升，t_1 为系统恢复到正常状态的时刻。

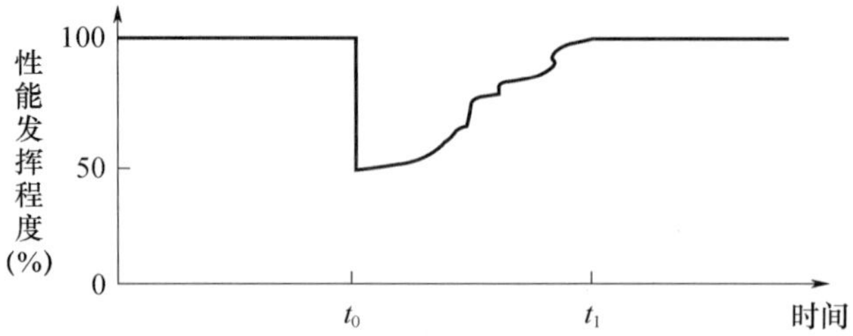

图 4-5-2　基于性能曲线的灾后韧性测量

5. 基于单自由度模型的方法评估

日本学者上田遼在研究 1995 年日本兵库县南部地震时发现可以运用工程物理学中的单自由度模型解释地震后的人口韧性。在单自由度模型中，振动系统可以被描述为：一个连接到弹簧上的物体，弹簧允许物体左右摆动；在没有外力的情境下，物体保持中立不动；在没有阻力的情况下给予外力，物体会产生初始扰动，并永远以一个恒定振幅左右运动；在有阻力的情景下，物体会逐渐复位（图 4-5-3）。

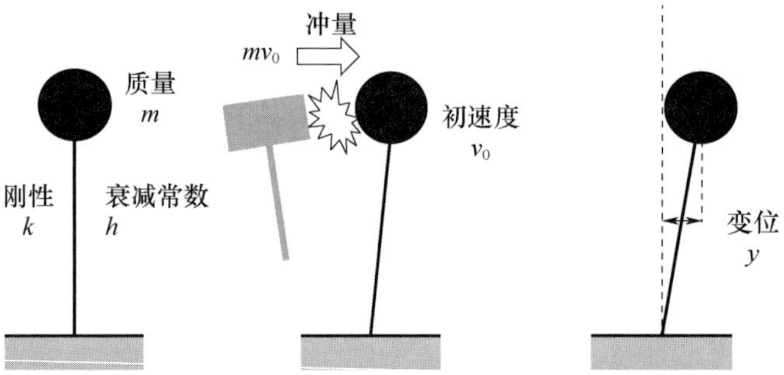

图 4-5-3　基于单自由度模型的灾后韧性测量

三、汶川灾后宏观经济韧性定量分析

1. 研究区概况及数据来源

（1）灾害和区域概况

我国西南地区是一个地形、地貌和地质条件都极其复杂的区域，受青藏高原隆升影响，西南地区有着活跃的断裂构造体系和高山峡谷的地貌特征，这在一定程度上提高了该区域地震高发的风险系数。同时，随着西部大开发和西部城镇化进程的加快，经济和人口不断集聚，西南地区的灾害风险紧迫性也不断增加。

2008 年 5 月 12 日，在自东北向西南的龙门山断裂带上发生了震级里氏 8.0 级的地震，震中位于四川省阿坝藏族羌族自治州汶川县漩口镇与映秀镇交界处。此次地震最高烈度为 11 度，烈度分布的长轴方向与龙门山断裂带的延伸方向一致，为东北—西南向。依据受灾程度，《汶川地震灾后恢复重建总体规划》将受影响区域划分为极重灾区、重灾区和一般灾区三种。划定四川省 10 个极重灾区、29 个重灾区，甘肃省 8 个重灾区，陕西省 4 个重灾区，共 51 个县（市/区）为研究范围（图 4-5-4）。研究区西北部以山区为主，东南部以平原为主，总面积约 132596km²。

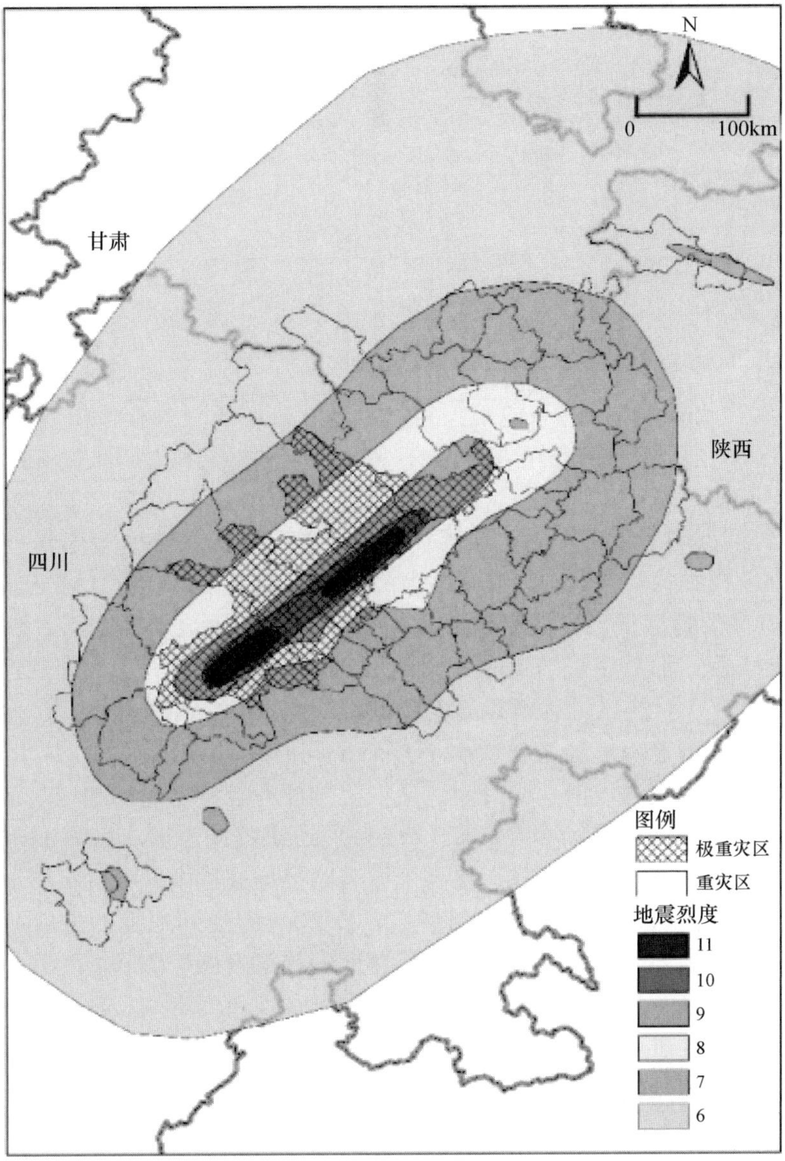

图 4-5-4　地震烈度和研究范围

（2）数据来源

采用 GDP 作为衡量地区经济韧性的宏观指数，根据各县（市/区）每年的地区生产总值指数，以 2005 年不变价为基准，剔除通货膨胀对 GDP 的影响，用实际 GDP 对经济韧性进行评估。共选取了研究区 51 个县（市/区）2003 到 2014 年的 GDP 数据作为研究对象进行研究。数据来源：2004—2015 年《四川统计年鉴》《四川年鉴》《甘肃发展年鉴》和《陕西年鉴》。

2. 基于灾后经济增长模式的经济韧性评估

以冲击后区域经济的四种增长模式为研究基础，对汶川地震 51 个县（市/区）的灾后经济增长情况进行分类和小结。结果显示，受地震灾害影响的城市经济增长路径可以分为六大类八小类（图 4-5-5）。

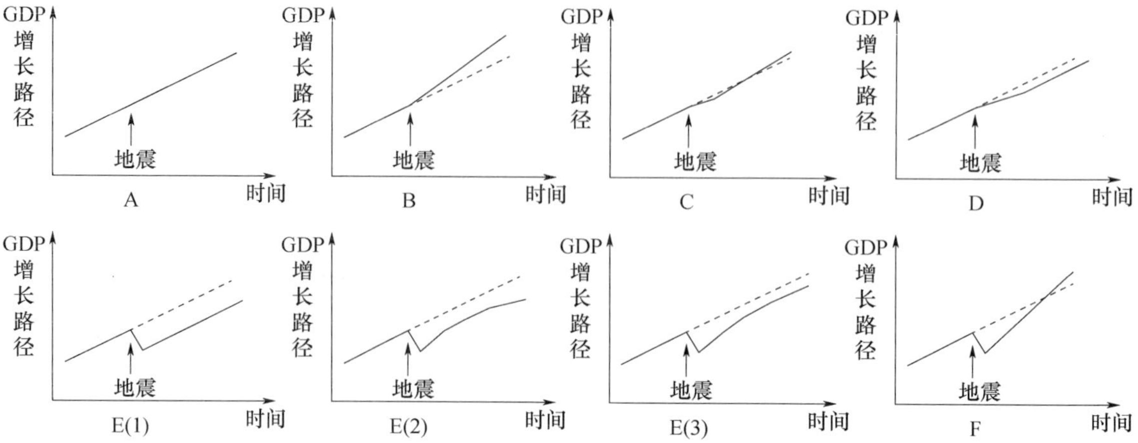

图 4-5-5　地震后研究区经济增长模式

A 类为无显著影响区域，即受到地震冲击后，地区经济保持原速增长，未出现明显波动。B 类表现为积极影响区域，即地震后地区经济增长速度提高，由此可见 B 类区域的经济韧性高于 A 类。C 类为消极与积极影响并重的区域，在经历地震冲击后，该类地区经济增长速度出现短暂下降，而后经济增长速度恢复到更高水平，且在一段时间后经济发展水平超过同时期原路径水平。D 类区域为消极影响区域，即受到地震冲击后，经济增速减缓，一段时间后又恢复到原有增速，但经济发展水平落后于同时期原路径水平。E（1）为受到地震冲击后，区域经济出现衰退，但一段时间后又恢复到原有经济增速的地区，该地区经济发展水平永久性落后于同时期原路径水平；E（2）为受到地震冲击后，区域经济出现衰退，在之后的恢复阶段，经济增速不断下降，从高于原有路径增速逐渐减慢到低于原增速，经济发展水平永久性落后于同时期原路径水平的地区；E（3）为受到地震冲击后，经济出现衰退即负增长，一段时间后，该地区以高于原增长速度的趋势发展，但随着时间推移，增速逐渐减慢到原有水平的地区，地震对该类地区经济造成永久性负面影响。F 表现为积极滞后影响区域，即在受到地震冲击后，经济出现负增长，一段时间后，经济超越原增速增长，且经济发展水平最终超过原有同期水平的地区。

若以经济增长模式划分韧性，则 A、B、C、D、F 属于高经济韧性系统，E 属于低韧性系统。经济韧性 F>E，E（3）>E（1）和 E（2）。若不考虑受灾程度差异，经济韧性 B>A>C>D>F>E。因此，研究区内的高韧性区域有：梓潼县、绵阳市游仙区、崇州市、中江县、三台县、阆中市、盐亭县、大邑县、南江县、广汉市、石棉县、略阳县等。低韧性区域有：平武县、什邡市、绵竹市、都江堰市、成县等（图 4-5-6）。

3. 基于经济韧性指数的经济韧性评估

学者用冲击后性能随时间的积分来表征在特定时间内的区域灾害韧性。同理，将此方法应用于经济系统，用 GDP 表征经济系统性能，用 GDP 随时间变化的实际路径积分与 GDP 遵循原有发展路径的时间积分比值表征韧性，并将其定义为经济韧性指数。经济韧性指数的测度没有考虑外力冲击差异对经济系统的影响。对于受地震波及的不同区域来说，同一地震对它们的冲击力度并不同，因此若在同一体系中对比不同地区间的经济韧性差异会存在较大误差。依据《汶川地震灾后恢复重建总体规划》中对受灾程度的划分，十个极重灾区都受到

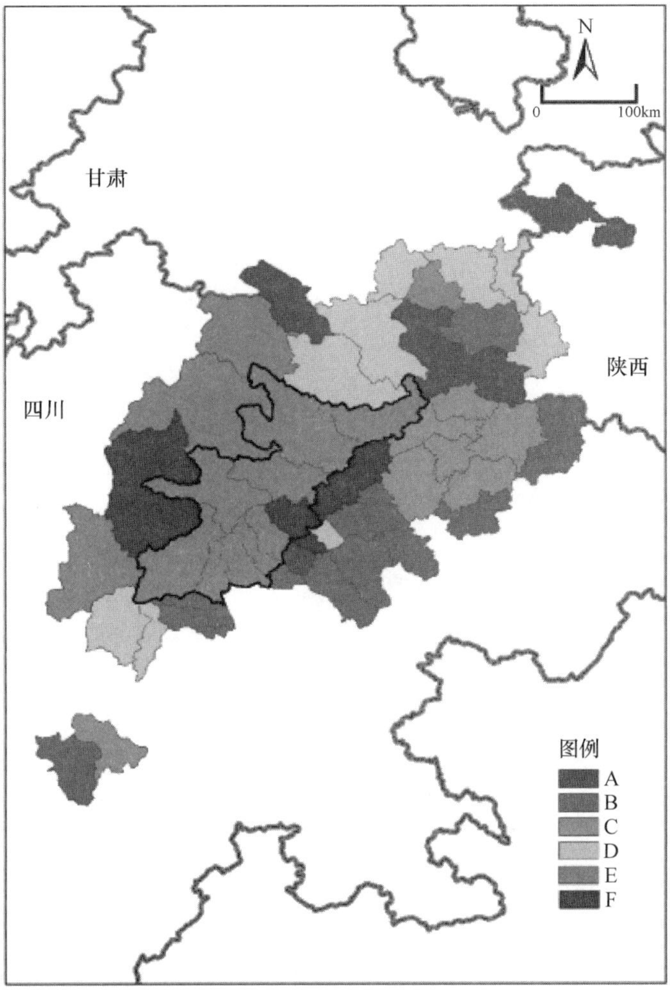

图 4-5-6　经济增长模式空间分布

了地震冲击的影响并出现经济短期衰退现象，它们的经济韧性如图 4-5-7 所示。十个极重灾区的经济韧性指数范围在 0.64～0.88，其中安县韧性最强，都江堰市韧性最弱。

4. 基于单自由度模型的经济韧性评估

将地震看作外力，将 GDP 看作物体质量，可运用工程物理学的概念和模型解释经济发展从受灾到恢复的全过程（将经济波动看作物体受力摆动的过程）。在单自由度模型中，经济韧性由 ω、h、V_0 三个参数综合表征。工程物理学的刚度等同于经济系统中的韧性。即 k 值代表了一个地区的经济韧性水平。ω、h、V_0 分别表征恢复速度、恢复阻力和初始冲击力（抵抗力）。

初速度 V_0 表征初始冲击的程度，V_0 越大，表示受到的冲击越大。结果表明，汶川县、都江堰市、绵竹市、什邡市受到初始冲击较大，彭州市、江油市、安县受到初始冲击的程度较小。衰减常数 h 表征恢复阻力，h 越大，复原阻力越大，韧性越小。结果表明，汶川县、理县、松潘县、茂县、什邡市、北川县、平武县、青川县、成县、小金县恢复阻力较大；都江堰市、绵竹市、彭州市、江油市、安县恢复阻力较小。角频率 ω 表征恢复速度，ω 越大，区域经济系统的恢复速度越快。结果表明，汶川县、理县、茂县、都江堰市、绵竹市、北川

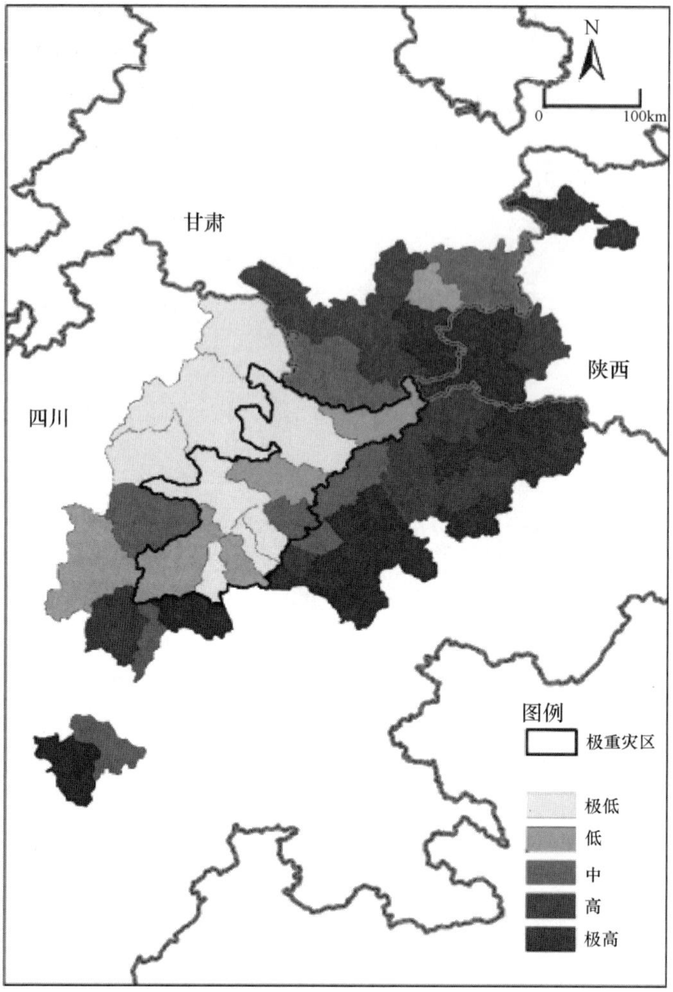

图 4-5-7　经济韧性指数空间分布

县、平武县、青川县、成县、小金县恢复速度较快；彭州市、江油市、安县的恢复速度较慢。刚性系数 k 表征系统韧性，与 ω、原 GDP 总量直接相关，计算结果表明，区域刚性系数大小受原 GDP 总量影响严重：绵竹市、都江堰市、什邡市韧性较大；彭州市、江油市、安县、黑水县韧性较小（图 4-5-8）。

四、国外城市经济韧性提升对我国的启示

经济韧性作为应对灾害的重大措施之一，既具有复杂经济系统的属性，又享有管理系统的责任，提高经济韧性在于构建系统应对冲击的抵抗、复苏、再适应和更新能力。政策是提高韧性的有效措施之一，发达国家的实践证明，韧性提升不需要彻底改革现有的政策措施，只需要政策制定者在区域层面协调一致地行动。同时，也需要适应政策和相关体系的发展以应对不同的危机，而非一种不适合的固定模式。欧洲国家的韧性提升政策表明，政策的提出和实施需要考虑四个原则：第一，政策的有效实施需要对经济冲击作出快速反应；第二，经济复苏需要一致协调的努力；第三，任何政策的实施路径必须强调应对未来经济危机的重要性（这也是最根本的）；第四，政策制定应预估未来经济危机的风险。政策对提高韧性有着

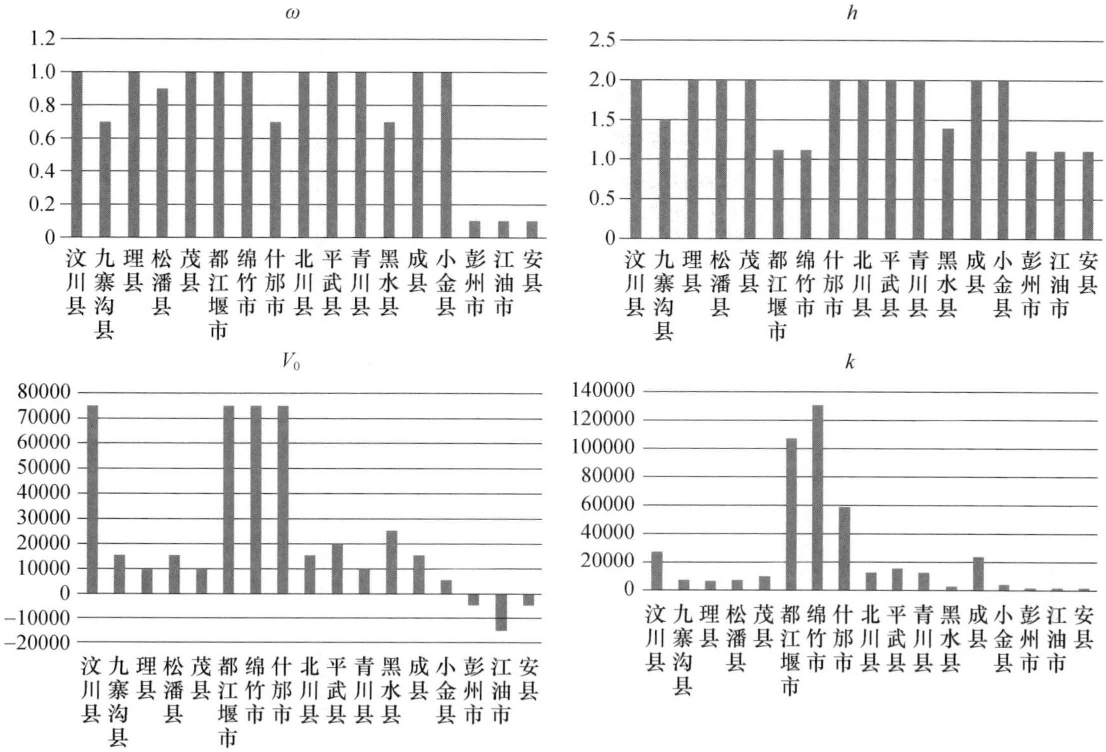

图 4-5-8　不同区县的 ω、h、V_0、k 情况

重要作用，但韧性的建立是一个长期过程，且在建立过程中，挑战对于非韧性经济体同样长期存在。因此，政策制定应注重韧性容量和能力的培养。集聚政策是应对和提升经济韧性的成功政策之一。他们通过分担风险和动员外部财政支持，稳定不利的经济影响，提高消纳、适应、转化能力。此外，经济危机的影响往往是跨区域的，也会因为区域的不同而变化，因此经济韧性的提升需要在更大的区域范围内进行统筹，即针对不同地区建立地方化的长期实施路径，并在不同的区域环境中，实施不同的解决方案，使得风险在一定程度上实现多层次和跨地区分担。汶川地震的灾后救援是我国自上而下在区域层面统筹进行的全方面救助，然而对于地区经济韧性来说，外力的推动并不能起到决定性作用，其关键仍是内生动力。因此，提高区域经济韧性除了宏观层面的调控，更需要针对地区自身进行经济结构调整和改革。只有自上而下与自下而上相互协调的双向调整，才能促使区域经济在应对未来冲击时更具韧性。

另外，经济韧性的提升不止步且不应依赖于政府政策，还应提高企业和公众的防灾意识和应对能力。目前，我国国民的防灾观念仍然较为落后，防灾意识也较弱，上至政府下至公众尚未形成系统的灾害应对体系。在学习国外业务持续规划和日本国土强韧化规划的基础上，本节认为我国经济韧性的提升除了发挥中央和地方政府的调控与支持作用外，更应该重视企业应对能力的提升，即在提高企业防灾意识的同时，引导企业主动参与防灾减灾，使得企业在灾害冲击中由被动受助到主动自救和互救，实现灾中的正确应对和灾后的迅速恢复，从而提高整个经济系统的韧性。

（万膑莲，杨海峰）

参考文献

[1] HILL E W, WIAL H, WOLMAN H. Exploring regional economic resilience [J]. Institute of Urban & Regional Development, 2008.

[2] WOLFE D A. The strategic management of core cities: Path dependence and economic adjustment in resilient regions [J] . Cambridge Journal of Regions, Economy and Society, 2010, 3 (1): 139-152.

[3] PENDALL R, FOSTER K A, COWELL M. Resilience and regions: building understanding of the metaphor. Cambridge Journal of Regions [J] . Economy and Society, 2010, 3 (1): 71-84.

[4] BRISTOW G. Resilient regions: re- 'place' ing regional competitiveness [J]. Cambridge Journal of Regions, Economy and Society, 2010, 3 (1): 153-167.

[5] ESTOQUE R C, MURAYAMA Y. Social-ecological status index: A preliminary study of its structural composition and application [J] . Ecological Indicators, 2014, 43 (8): 183-194.

[6] ÖSTH J, REGGIANI A, GALIAZZO G. Spatial economic resilience and accessibility: A joint perspective [J] . Computers Environment & Urban Systems, 2014, 49: 148-159.

[7] 方修琦，殷培红．弹性、脆弱性和适应——IHDP 三个核心概念综述［J］．地理科学进展，2007，26（5）：11-22.

[8] 蔡建明，郭华，汪德根．国外弹性城市研究述评［J］．地理科学进展，2012，31（10）：1245-1255.

[9] SMIT B, BURTON I, KLEIN R J T, et al. The science of adaptation: A framework for assessment [J] . Mitigation and Adaptation Strategies for Global Change, 1999, 4 (3): 199-213.

[10] DHAWAN R, JESKE K. Energy price shocks and the macroeconomy: The role of consumer durables [J] . Journal of Money Credit and Banking, 2008, 40 (7): 1357-1377.

[11] PATON D, JOHNSTON D. Disasters and communities: vulnerability, resilience and preparedness [J] . Disaster Prevention and Management, 2001, 10 (4): 270-277.

[12] BRUNEAU M, CHANG S E, EGUCHI R T, et al. A framework to quantitatively assess and enhance the seismic resilience of communities [J] . Earthquake Spectra, 2012, 19 (4): 733-752.

[13] ROSE A, LIAO S. Modeling regional economic resilience to disasters: A computable general equilibrium analysis of water service disruptions [J] . Journal of Regional Science, 2005, 45 (1): 75-112.

[14] CUTTER S L, BARNES L, BERRY M, et al. A place-based model for understanding community resilience to natural disasters [J] . Global Environmental Change, 2008, 18 (4): 598-606.

[15] JORDAN E, JAVERNICK-WILL A, AMADEI B. Pathways to communicate re-

covery and resiliency. Toole TM (ed) Proceedings of the engineering project organizations conference [M] . Colorado: USA, 2011.

[16] PERCOCO M. Infrastructure and Economic Efficiency in Italian Regions [J]. Networks and Spatial Economics, 2004, 4 (4): 361-378.

[17] SIMMIE J, MARTIN R. The economic resilience of regions: towards an evolutionary approach [J] . Cambridge Journal of Regions Economy and Society, 2010, 3 (1): 27-43.

第五章　以人为本——韧性城市建设的根本目标

城市各类灾害的频发使人类长期处于“风险社会”之中，韧性城市建设的根本目的是以人为本。面对灾难的冲击，城市在建设韧性空间的同时更应该关注人的需求，守住维护人类生命安全的每一道防线。随着人类对社会生活和自然的干预不断扩大，不同灾害情景下人类风险认知水平与行为在预防和应对灾害方面起到关键作用。目前，针对特定灾害情景下的人群感知水平差异和人群参与行为研究较少。海绵城市的建设是增强城市洪涝灾害韧性的重要举措。本章将基于海绵城市背景下降低洪涝风险的人群支付意愿、居民地震风险信息偏好及寻求行为、多灾种情景下的人群灾害感知水平三个案例，进行评估方法综述与实证研究。

第一节　公众降低洪涝风险支付意愿研究

在城市洪涝灾害频发、水资源短缺、水污染严重的背景下，我国提出海绵城市倡议以应对城市快速发展下产生的水问题综合征。《国务院办公厅关于推进海绵城市建设的指导意见》[1]提出，坚持政府引导、社会参与，鼓励社会资本广泛参与海绵城市建设。经过几年的试点建设工作，建设成效初步显现。如今海绵城市正处于试点绩效考核的关键期，雨洪管理的规划设计和相关决策的民众接受度至关重要[2]。公众支持度是影响决策普及和推广成败的重要因素，而支付意愿的定量评估是衡量公众支持度的重要方法之一。本节对海绵城市与公众支付意愿的概念内涵、评估方法进行综述，并以南京、苏州和连云港为案例区域进行实证分析，探讨海绵城市建设背景下的公众降低洪涝风险支付意愿。

一、海绵城市的概念及其研究进展

1. 起源与定义

海绵城市（Sponge City），意为借海绵的吸水特性比喻城市的某种功能。该概念最早被澳大利亚作家 Salt 提出，用以比喻中心城市对周边地区乡村人口的吸附作用和人口向大城市聚集的现象[3]。斯里兰卡学者 Van 从给排水的角度定义海绵城市，用以比喻城市的水平衡效应[4]。2013 年，美国学者 Bunster-Ossa 在《未来城市：生态与城市设计的弹性》一书中将海绵城市比喻为城市处理雨洪事件的弹性[5]。

国内海绵城市概念的形成和发展经历了概念雏形、实践探索、概念发展和概念形成四个阶段。最早由俞孔坚教授提出，用以比喻自然湿地缓解旱涝、调节水体的作用，随后其雨水研究团队通过一系列规划实践，建构和丰富了海绵城市理论体系。在理念形成的过程中，还出现过“绿色海绵城市”“水弹性城市”“水适应城市”“生态海绵城市”等类似的概念，随着中央政策的推进，这一概念在政策层面得到最终确立。

2. 海绵城市的特征

海绵城市具有较强的正外部性，作为一种环境资源，还具有稀缺性、区域性和整体性的特征，作为一项生态系统服务工程，其丰富的生态系统服务功能带来了巨大的综合效益。此外，从长远来看，它有效地减少了城市防洪排涝财政支出，节约了市政基础设施系统运营成本，存在巨大的潜在收益点。海绵项目所建设的海绵体往往依托原有的水环境本底或灰色基础设施进行绿色改造，建设过程中“净增成本”较低，通过工程措施与自然生态系统的有机整合，可以有效地节约整体成本。

3. 海绵城市的相关研究

海绵城市作为一个中国特色明显且政策意味强烈的术语，相关研究以中文文献为主。研究进展紧随政策脚步，起步晚、发展快，在 2015 年试点政策出台之后呈现井喷式增长，并成为各学科研究的前沿热点问题。国内学术界对海绵城市的研究视角主要包括以下四个维度：

（1）相关理论研究视角

理论研究包括综述研究、建设背景、概念解读、建设途径探索、现状问题总结和未来研究展望，是目前主要的研究类型。

（2）相关技术方法视角

李俊奇等研究了径流总量控制目标划分[6]、雨水排放收费量化标准[7]等相关课题；王文亮等研究了雨洪控制模型和设施规模计算方法[8]；车伍等研究了初期雨水弃流和雨水控制利用标准体系等技术问题[9]。此外，绿色屋顶、下沉式绿地等常见海绵措施的应用也是此类研究的重点。

（3）海绵城市规划设计视角

宏观层面，仇保兴、俞孔坚等总结了区域—规划区—社区三种尺度、从宏观到微观不同层面的规划方法[10]。微观层面，以地域性明显的试点建设案例实证研究为主。戴慎志探讨了高水位城市建设策略[11]；韩松磊研究了湿陷性黄土地区规划策略[12]；张亮探讨了西北干旱地区建设路径[13]；张伟等总结了南方湿润多雨地区规划经验[14]。

（4）试点建设成效与风险评价视角

伴随着建设试点工作成效初显，成效评价成为近两年的研究热点，重点在于绩效评估方法梳理与评估模型的构建。谭术魁等建模评估了首批试点城市实证经济概况[15]；王泽阳等探索了建设成效监测体系[16]；曲悠扬等研究了南方多雨地区评价指标体系[17]。此外，学者通过不断改进权重赋值和测算方法来适应评估对象的模糊性，提升评价模型的科学性。但此类研究指标选取具有一定的主观性，尚未形成系统性的量化评估标准。

二、公众支付意愿概念及其研究进展

1. 概念与界定

公众支付意愿（willingness to pay，WTP）是公众对其需求的特定商品或服务所愿意付的金额。意愿支付法是一种用来评价消费者对某商品偏好的强度（strength of preference）或某商品的价值的工具[18]。假设市场中支付意愿代表着经济主体的主观需求和偏好，根据边际效用递减规律，消费者对环境质量公共物品的支付意愿也符合递减规律[19]。消费者满意度与支付意愿之间呈反 S 型关联，符合失望理论[20]，当产出的结果低于预期值时，消费者将会产生失望情绪，反之亦然，结果和预期之间的差距水平与消费者的失望或满意的程度成正相关。因此，在海绵城市生态系统服务的价值评估中，海绵城市的公众支付意愿可定义为公众对海绵城市所提供的服务功能的需求水平、主观期望、接受程度、支持程度和参与意愿。

2. 海绵城市支付意愿相关研究

起源于美国的条件价值评估法（Contingent Valuation Method，CVM）在 20 世纪末被引入我国，其含义是通过评估消费者在虚拟市场中对环境物品的支付意愿来衡量其经济价值[21]，其应用涵盖生态经济学、环境经济学及公共卫生学等多学科领域。例如，何仲禹等研究了在自然灾害情况下通过 CVM 估算个人对公共物品的支付意愿[22]。近年来，CVM 的应用范围从生态环境拓展到医疗康养服务、绿色有机消费、农业保险需求、生命价值评估等多重领域。其中，水环境生态系统服务作为我国学者持续关注的焦点，研究成果相对丰富，研究文献涵盖流域生态系统服务[23]、生态恢复[24-25]、生态补偿[26]和水环境改善需求[27]等方面。

近年来，少数学者开始了对海绵城市生态系统服务价值评估的探索，目前仍处于起步阶段，实证案例仍屈指可数。郭孟瑶研究了沣西新城西咸新区的公众支付意愿，发现平均支付意愿为 20.49 元/户·月[28]；王于涛认为山东省公众接受自来水费溢价 17%和购买国债的形式来支持海绵城市建设[29]；Zhang 等针对武汉的调查研究表明，76%的居民愿意以房价上涨的形式为海绵城市建设买单[30]。研究表明，公众对海绵城市认知程度普遍较低，但多数公众愿意支付。目前，我国公众可用于海绵城市建设的支付能力较低，支付意愿结构有待优化。由于我国政府制度体系的影响，几乎所有的公益性活动均由政府单向主导，存在不小比例的公众表达出对政府的环境资源分配的高度依赖。

三、海绵城市公众支付意愿的实证研究

1. 研究区域与研究方法

通过评估公众对海绵城市建设试点降低洪涝风险的支付意愿来探究公众对海绵城市的支持度和参与意愿，利用结构方程模型（Structural Equation Model，SEM）善于测度社会心理变量，允许测量误差，多变量、多路径分析的优势[31]，引入洪涝风险认知、海绵城市认知、满意度、参与意愿、支付意愿等潜变量，构建支付决策模型。以江苏省试点城市南京、苏州、连云港为实证案例，研究公众支付意愿、影响因子及其作用机理，以期收集公众对海绵城市的支持度，为海绵城市的进一步试点推广，建立和健全公众参与机制，完善建设保障机制提供建议。研究框架如图 5-1-1 所示。

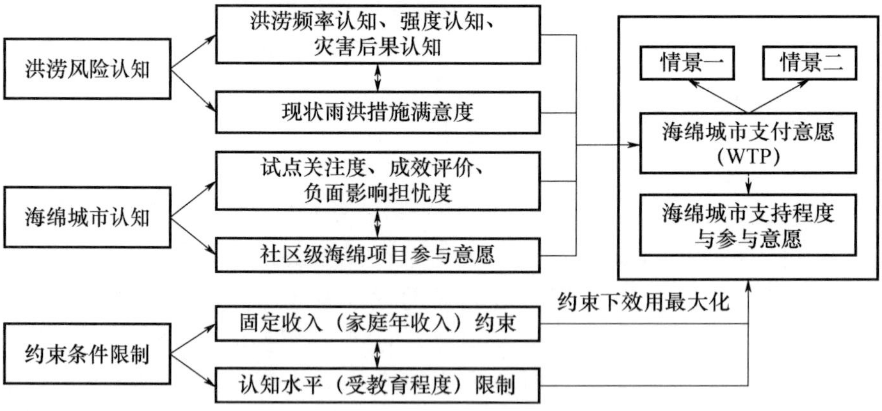

图 5-1-1　研究框架

2. 研究假设与模型构建

依据研究框架中架构的支付决策机制，引入洪涝风险认知和现状洪涝灾害响应措施满意度两个潜变量来表征洪涝风险认知，引入海绵城市认知和社区级海绵项目参与意愿两个潜变量来表征海绵城市认知，同时引入支付意愿潜变量，并做出以下六个研究假设。

H1：洪涝风险认知与支付意愿有正向因果关系；

H2：现状雨洪措施满意度与支付意愿有负向因果关系；

H3：社区级项目参与意愿与支付意愿有正向因果关系；

H4：海绵城市认知与支付意愿有正向因果关系；

H5：家庭年收入对支付意愿有正向因果关系[32-33]；

H6：受教育水平对支付意愿有正向因果关系。

结构方程模型五个潜变量分别由一组显变量进行表征，构建测量模型部分指标体系（表 5-1-1）。选取以上四个潜变量和两个显变量（家庭年收入和受教育水平）作为因变量（海绵城市支付意愿）的影响因子，构建结构模型部分指标体系（表 5-1-2）。

表 5-1-1 测量模型指标体系

因子（潜变量）	指标（显变量）
洪涝风险认知	χ_1频率认知 强度认知 结果认知
现状雨洪措施满意度	灾前预警 灾中应急 灾后恢复
社区级项目参与意愿	项目 1—植草沟 项目 2—雨水花园 项目 3—雨水罐储水 项目 4—透水路面改造 项目 5—绿色屋顶改造
海绵城市认知	试点建设关注度 成效评价 负面影响
海绵城市支付意愿	情景一 情景二

表 5-1-2 结构模型指标体系

内生变量（因变量）	外生变量（自变量）
海绵城市支付意愿	洪涝风险认知 现状雨洪措施满意度 社区级项目参与意愿 海绵城市认知 家庭年收入 受教育水平

3. 研究结果分析

（1）海绵城市建设试点降低洪涝风险支付意愿情况

在浏览问卷中的海绵城市背景信息后，84%的受访者表示愿意支付，77%的公众愿意参与社区项目建设。这表明大多数公众支持海绵城市降低洪涝风险服务并期待更多了解和参与。表 5-1-3 显示了支付意愿分布情况。

表 5-1-3　两个情景的支付意愿（元/年）

样本		样本数	支付意愿	95%置信区间
情景一：风险降低 10%	南京	356	101.14	87.84～114.44
	苏州	341	97.04	84.15～109.93
	连云港	287	86.76	75.49～98.03
	总计	984	95.52	88.20～102.85
情景二：风险降低 50%	南京	356	158.10	141.13～175.08
	苏州	341	159.37	141.02～177.72
	连云港	287	128.19	111.82～144.56
	总计	984	149.82	139.77～159.87

图 5-1-2 显示了总体支付意愿两种情景对比情况。情景一中波动明显，受访者的平均支付意愿为 95.52 元/年，集中分布在 50 元或 100 元左右，其中约 28%的受访者愿意支付 100 元/年。情景二中分布相对均匀，平均为 149.82 元/年，集中在 50～200 元。南京和苏州的支付意愿较高，连云港较低。仍有 162 位（约 16%）受访者拒绝支付，半数以上受访者认为政府应该承担所有成本，25%是因为经济条件限制，只有 17%是因为不看好发展前景。这表明社会资本参与、政府公众成本共担具有一定的可行性，但也面临一定的阻力。

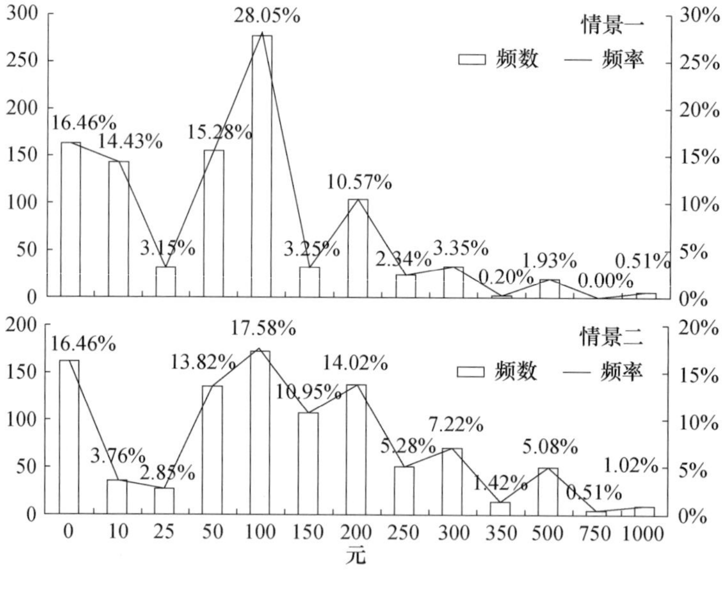

图 5-1-2　支付意愿分布情况

（2）海绵城市建设试点降低洪涝风险支付意愿影响因素

从模型系数的显著性来看（图 5-1-3），除了现状雨洪措施满意度对支付意愿的作用系数以外，绝大多数系数在 0.001 的水平上显著，说明满意度与支付意愿并无显著相关性，但其余变量之间的作用均达到了良好效果。

在测量模型部分，不同的显变量对同一个潜变量有不同的解释效力。灾前预警对现状雨洪措施满意度的解释力较弱，公众更为重视灾害过程中的应急响应措施和灾后恢复重建措施。洪灾频率、强度和结果认知三者对洪涝风险认知的解释力相对均衡且微弱。社区级项目

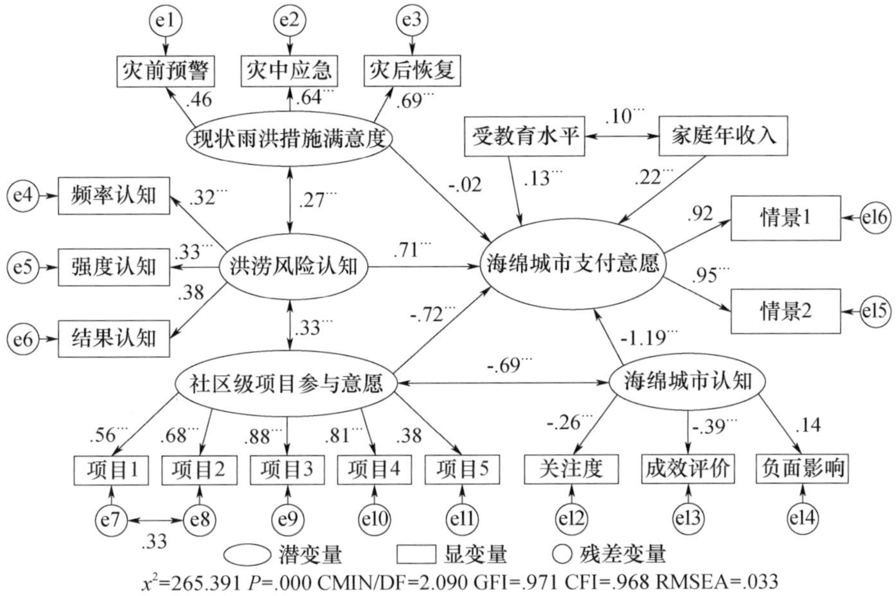

图 5-1-3 海绵城市支付意愿的路径图

注：①路径 A←B$^{-.02}$代表 B 变化一个标准差将直接影响因变量 A 变化（−0.02）个标准差，路径 A←C$^{.71}$←B$^{-.27}$表示 B 通过 C 间接作用于 A，B 每个标准差的变化将会引起 A（−0.27）×0.71 个标准差的间接变化，因而 A 对 B 的路径系数为（−0.02）+（−0.27）×0.71＝−0.2117。②显著性水平：＊＊＊P=0.001，＊＊P=0.01。

参与意愿主要的解释力来自项目 2、项目 3 和项目 4，其中雨水罐储水和透水路面改造有强正向作用力（回归系数均大于 0.8）。绿色屋顶改造的解释力最低，说明社区项目中雨水罐储水和透水路面改造最受欢迎，绿色屋顶改造的公众参与热情较低。海绵城市认知的解释力均较弱，成效评价和关注度影响较弱，负面影响不显著。

（3）江苏省不同试点城市支付意愿影响因素

在结构模型方面，不同的外生变量对支付意愿有不同的解释效力。变量之间除了因果关系还存在相关关系，综合系数的大小代表了作用力水平，系数符号代表了作用关系的正负向（表 5-1-4）。洪涝风险认知与满意度呈弱负相关，与参与意愿呈弱正相关。海绵城市认知与参与意愿之间呈强负相关。这与海绵城市认知潜变量的测量变量关注度、成效评价和负面影响的系数符号不一致有关。潜变量方面，海绵城市认知的解释力最高（综合系数为−0.69），有直接而强烈的负向作用关系，假设四不成立。这说明公众对海绵城市的现状认知阻碍而非有助于支付意愿的提升。目前，试点关注度和成效评价较低，符合只有少量公众关注的统计结果，也反映了试点建设周期长、成效显示度低的事实。此外，洪涝风险认知和社区级项目参与意愿分别对支付意愿有中度（综合系数 0.48）和较弱（综合系数 0.34）的正向作用力，假设一和假设三成立。这说明洪涝风险认知实质性影响了公众决策偏好。虽然关注度较低，但公众参与普遍存在降低洪涝风险的需求和参与基层海绵项目的诉求。此外，现状洪涝响应措施满意度与支付意愿并无显著相关关系，假设二不成立。显变量方面，家庭年收入对支付意愿有微弱正相关（综合系数 0.23），假设五成立。受教育水平不能构成显著的因果关系（综合系数 0.15），假设六不成立。不同于以往研究结果，本节发现在引入社会心理学变量后，认知类因素成为主要的影响因子，家庭年收入和学历等社会经济变量的作用效力微弱，无法构成支付决策的主要动力。

不同城市的支付意愿影响因子也存在差异（表 5-1-4）。海绵城市认知对于苏州和连云港都是首要影响因子，而对南京的首要作用力来自洪涝风险认知。苏州的洪涝风险认知作用系数明显低于其他两个城市，满意度的解释效力也很低。这与江苏省历史洪涝灾害时空分异情况有关，洪涝灾害多发且较为严重的区域位于北部、东部以及沿江地区；灾害少发且较轻的区域位于苏南地区[34]。苏州的客观洪涝风险较低，与其公众风险认知空间分异基本相符。此外，海绵城市认知在苏州和连云港的反向作用力明显，说明当地公众对海绵城市建设试点的关注度低、印象不深或评价较低。这与试点建设进展水平有关，截至调查时间段（2018 年 1 月），南京市项目完成近半，苏州、连云港刚刚起步，滞后于规划预期。试点建设尚处于成长期，加之宣传效果有限，导致公众关注度普遍不高。此外，家庭年收入在连云港的影响程度较高，从经济发展水平来看，连云港相较于其他两个城市人均 GDP 差异较大，说明社会经济发展水平越高，支付意愿越少受制于收入水平。

表 5-1-4　影响因子的综合作用路径系数（标准化）

路径			符号	江苏省	南京	苏州	连云港
支付意愿	<---	现状雨洪措施满意度	−	−0.2217	−0.2392	−0.1662	−0.2518
支付意愿	<---	社区级项目参与意愿	+	0.3354	0.2785	0.3301	0.3986
支付意愿	<---	洪涝风险认知	+	0.4778	0.6054	0.3332	0.5714
支付意愿	<---	海绵城市认知	−	−0.6932	−0.4798	−0.7930	−0.6894
支付意愿	<---	家庭年收入	+	0.2330	0.1084	0.2376	0.2670
支付意愿	<---	受教育水平	+	0.1520	0.1460	0.1532	0.1530

四、研究总结与应对启示

1. 研究总结

在江苏省试点城市的实证案例中，42%的受访者没听过“海绵城市”一词，仅有 28%的公众关注试点建设，71%的居民认为试点建设成效不明显，还有 6%的公众认为施工建设负面影响较大。这表明现状项目显示度和公众认知程度较低。尽管如此，海绵城市公众支持度和参与意愿仍然很高，84%的公众赞成海绵城市倡议，并在一定程度上愿意为海绵城市建设付费，77%的公众愿意参与社区级海绵城市项目。首批试点城市南京和苏州的公众支付意愿略高于第二批试点的连云港。海绵城市认知和洪涝风险认知是公众对海绵城市降低洪涝风险支付意愿的主要影响因子，风险认知促进支付意愿提升，而海绵城市认知阻碍支付意愿达成。不同于已有研究结果，相较于态度认知类因素，收入、学历等社会经济因素的影响作用不明显。这可能是由于调查统计的是家庭而非个人年收入，也说明支付意愿只能代表公众的参与意愿和支持态度，并非代表实际支付金额。研究表明，收入条件和认知水平的约束力只能通过对其认知能力和认知程度的限制产生间接影响。研究还发现，经济繁荣地区居民较少受预算约束，而经济发展相对滞后的地区更多地受制于经济条件，研究区域中连云港居民受收入水平制约较大。

2. 应对启示

第一，海绵城市普及程度和认知程度较低阻碍了公众参与，相关部门应该加强宣传教育。为公众提供更加客观透明的信息，为海绵城市的建设保障机制提供群众基础和民主监督。同时，应该警惕项目建设周期长、施工不便给公众生活造成的不良影响。

第二，风险沟通对引导和改善支付意愿有重要意义，通过有效的风险信息传递，关注公众对洪涝事件的反应，加强对灾害舆情的监督和引导，有序引导公众正确地认知洪涝灾害风险，有助于公众对海绵城市参与积极度的提升。

第三，公众普遍存在与切身利益相关的社区海绵项目参与诉求，尤其对雨水罐储水热情较高。可以借鉴国外道路截污挂篮、社区储水罐、停车场储水库等雨水收集利用装置的先进经验，从社区雨水收集系统着手，提供公众参与的平台。在海绵城市老城区改造项目中，应关注公众利益诉求，加强与公众的沟通协作。

第四，部分城市在试点过程中存在照搬先进经验，甚至有过度工程化、盲从化的倾向。应该因地制宜地探索适合地方特色的建设模式和方法，省级政策应该结合各地居民偏好和意愿给各个城市以针对性的指导。

此外，海绵项目缺乏有吸引力的收益点，应该加快海绵技术转化，促进海绵新材料、新技术、新工艺的产业孵化，立足海绵工程景观、休闲、生态等多元功能，推动海绵城市建设与旅游、文化、环保等产业融合发展，培育新的经济增长点。

（黄唯，江彩玲）

参考文献

[1] 国务院办公厅［EB/OL］. 2015. www. gov. cn/zhengce/content/201510/16/content _ 10228. htm.

[2] 宫永伟，傅涵杰，张帅，等. 海绵城市建设的公众参与机制探讨［J］. 中国给水排水，2018，34（18）：1-5.

[3] SALT B，National report on population growth ranking in Australia & New Zealand（8th edition）［M］. Coopers & Lybrand：Sydney，1996.

[4] Van ROOIJEN D J，TUEEAL H，BIGGS T W. Sponge city：Water balance of mega-city water use and waste water use in Hyderabad，India［J］. Irrigation and Drainage，2015，54（s1）：81-91.

[5] BUNATER-OSSA I F，PICKKETT S，CADENSSO M，et al Resilience in Ecology and Urban Design. Future City ，Dordrecht，2013

[6] 李俊奇，孟光辉，车伍，等. 城市雨水利用调蓄方式及调蓄容积实用算法的探讨［J］. 给水排水，2007（02）：42-46

[7] 李俊奇，曾新宇，鹿佳明，等. 城市雨水排放费征收标准的量化方法探讨［J］. 中国给水排水，2008（10）：1-6

[8] 王文亮，王二松，贾楠，等. 基于模型模拟的合流制溢流调蓄与处理设施规模设计方法探讨［J］. 给水排水，2018，54（10）：31-34

[9] 车伍，张炜，李俊奇，等. 城市雨水径流污染的初期弃流控制［J］. 中国给水排水，2007（06）：1-5

[10] 仇保兴，李俊奇，王文亮，等. 海绵城市建设指南解读之降雨径流总量控制目标

区域划分［J］．中国给水排水，2015，31（08）：6-12
［11］戴慎志．高地下水位城市的海绵城市规划建设策略研究［J］．城市规划，2017，41（2）：57-59
［12］韩松磊．湿陷性黄土地区海绵城市规划及建设探索为以西安为例［J］．给水排水，2019，55（01）35-41
［13］张亮．西北地区海绵城市建设路径探索为以西咸新区为例［J］．城市规划，2016，40（03）：108-112
［14］张伟，王家卓，车晗，等．海绵城市总体规划经验探索——以南宁市为例［J］．城市规划，2016，40（08）：44-52.
［15］谭术魁，张南．中国海绵城市建设现状评估——以中国16个海绵城市为例［J］．城市问题，2016（06）：98-103. DOI：10.13239/j. bjsshkxy. cswt. 160613.
［16］王泽阳，关天胜，吴连丰．基于效果评价的海绵城市监测体系构建——以厦门海绵城市试点区为例［J］．给水排水，2018，54（03）：23-27. DOI：10.13789/j. cnki. wwe1964. 2018.0061.
［17］曲悠扬，邓小鹏，阁超成．基于SEM的南方多雨地区海绵城市评价研究［J］．建筑经济，2019，40（01）：112-116. DOI：10.14181/j. cnki. 1002-851x. 201901112.
［18］WILLIAN A，Advances in Health Economics，by Anthony Scott，Alan Maynard and Robert Elliott（Eds）. John Wiley and Sons Ltd，Chichester，Health Economics，2003，12（5）：430-430
［19］宋卫东．经济学常识速查速用大全集案例应用版，北京：中国法制出版社，2011
［20］HOMBURG C，KOSCHANTE N，HOYER W D，Do satisfied customers really pay more? A study of the relationship between customer satisfaction and willingness to pay，Journal of Marketing，2015（02）：84-96
［21］O'RIORDAN T. Valuing Environmental Goods：An Assessment of the Contingent Valuation Method，Economic Geography，1987，63（4）：358-359
［22］HE Z Y，ZHAI G F. How does probability judgment influence contingent valuation method to estimate WTP for natural disaster reduction［J］. Human and ecological risk assessment，2016，23（3-4）：508-518.
［23］张志强，徐中民，程国栋，等．黑河流域张掖地区生态系统服务恢复的条件价值评估［J］．生态学
报，2002，22（6）：885-893
［24］徐中民，张志强，龙爱华，等．额济纳旗生态系统服务恢复价值评估方法的比较与应用［J］．生态学
报，2003，23（9）：1841-1850
［25］徐大伟，常亮，侯铁珊，等．基于WTP和WTA的流域生态补偿标准测算——以辽河为例［J］．资源科学，2012，34（07）：1354-1361.
［26］梁勇，成升魁，闵庆文，等．居民对改善城市水环境支付意愿的研究［J］．水利学报，2005（05）：613-617+623.
［27］郭孟瑶．基于CVM的海绵城市支付意愿影响因素研究［D］．西安建筑科技大学，2018.

[28] YUTAO WANG，MINGXING SUN，BAIMIN SONG. Publicperceptions of and willingness to pay for sponge city initiatives in China [J]. Resources，Conservation & Recycling，2017，122：

[29] ZHANG SHIYING，ZEVENBERGEN CHRIS，RABE PAUL，et al. The Influences of Sponge City on Property Values in Wuhan，China [J]. Water，2018，10 (6)：

[30] 李超显，彭福清，陈鹤．流域生态补偿支付意愿的影响因素分析——以湘江流域长沙段为例．经济地理，2012，32 (04)：130-135.

[31] 于文金，谢剑，邹欣庆．基于CVM的太湖湿地生态功能恢复居民支付能力与支付意愿相关研究．生态学报，2011，31 (23)：286-293.

[32] 周晨，李国平．流域生态补偿的支付意愿及影响因素——以南水北调中线工程受水区郑州市为例．经济地理，2015，35 (06)：38-46.

[33] 沈澄，孙燕，尹东屏，等．江苏省暴雨洪涝灾害特征分析．自然灾害学报，2015，24 (02)：203-212.

[34] 黄唯，翟国方，施益军．海绵城市建设背景下公众降低洪涝风险支付意愿研究——以江苏省海绵城市建设试点为例．上海城市规划，2019 (05)：88-93.

第二节　多灾种视角下的人群灾害风险认知差异

在自然灾害面前，公众既是承灾体，又是减灾政策和措施的具体执行者，公众减灾行为的积极与正确性是减轻灾害损失的根本[1]。但面对同样的灾害或环境变化时，一些人群因不能合理地响应或不善于适应而更显脆弱，有些则相反，其重要原因是不同人群对所发生的灾害或环境变化的感知存在差异。本节系统梳理了风险认知概念内涵及相关研究进展，并以常熟市为案例区域，探究分析了多灾种视角下的人群灾害风险认知差异。

一、风险认知的概念及其研究进展

1. 起源与定义

风险认知（Risk perception）的概念起源于心理学，由哈佛大学的Bauer提出并作延伸。风险认知是个体对外界各种客观风险的感受和认识，是公众对于特定风险采取逃避、改变或接受的行为决策依据。风险认知是指人们对各种风险因素的态度和心理上对风险因素的直觉判断，是测量公众心理恐慌的重要指标。Slovic认为风险认知是用来描述人们对风险的态度，并依赖知觉的风险判断对各种有危险的事物进行评估[2-3]；Sjöberg等将风险认知定义为对特定事故概率及消极结果的严重性的主观评估[4]；Sitkin和Pablo定义风险认知为决策者评估情境所包含的风险，包括决策者如何描述情境、对风险的控制性、概率估计以及对估计的信心度[5]；Gregory和Mendelsohn指出立即性、可能性和是否影响他人这三个风险特征会影响个人的风险知觉[6]；林崇德等认为风险认知是“个体对外界环境中各种客观风险的感受和认识”[7]；谢晓非和郑蕊定义风险认知为“个体对外界环境中的各种客观风险的主观感受、经验和认识”[8]；刘金平等定义风险认知为“人们对影响日常生活和工作的各种因素的心理感受和认识，是对某个特定风险的特征和严重性所作出的主观判断，是测量公众心理恐慌的指标”[9]。

2. 风险认知的研究方法

目前应用较为广泛的是斯洛维奇等人提出的心理测量范式。心理测量范式包括对测量结果进行排序、相关分析、因素分析等。这种方法是通过心理量表和多因素分析技术，以数量化的方式展现人们对风险的态度和知觉，可揭示出决定风险认知的因素。针对心理测量范式存在的局限性，文化理论为代表的社会学视角的风险认知研究方法成为另一种具有较大影响力的研究模式。该理论认为公众感知到的风险是与其文化和社会背景紧密关联的，具有不同社会属性或是处于不同群体中的人们所感受的风险是不同的。文化理论还指出风险的概念是由社会所建构的，每一个社会所认定的风险都具有维系社会秩序的功能。因此，风险认知不能够脱离人们所依存的社会结构[10]。目前，风险认知的研究数据主要来自问卷调查，作为风险认知研究的基础环节，确保问卷调查的可靠性、有效性是十分重要的。

3. 风险认知的研究进展

自 20 世纪 60 年代以来，有关风险认知的研究已经大量涌现，并产生了丰富的研究成果，最初的风险认知研究大都是由心理学家开展的，研究的视角也多集中于公众的风险认知过程及方式等本质特征。自 20 世纪 80 年代以后，由于气候变化自然灾害频繁、环境问题恶化等一系列危机事件的频发，使得更多学科专家开始关注风险认知领域，出现了越来越多有关自然灾害、环境污染和危险行为等多视角的风险认知研究，一直持续到 20 世纪末，这些研究从不同的角度进行，如单一风险认知[11-12]、风险影响因素[13-17]。国内对风险认知的研究始于 2000 年以后，主要集中在上述两个方面。单一风险认知以公共安全和突发事件为主。研究的风险类型从传统的自然灾害（台风、火灾、地震）到更广泛的水平（产品安全、食品安全、公共卫生、人际沟通）[18-19]。在个人和社会层面对风险的影响因素进行了检验[20-21]。也有学者尝试分析多风险、多区域的比较研究[22-23]。而风险是如何被感知的以及是在什么水平上被感知的，一直是一个存在争议的研究领域[24]。目前，研究人员研究了某些感知方式对风险认知的影响。然而，对多种风险认知途径的比较研究较少，特别是在我国。

二、人群灾害风险认知差异的实证研究

1. 研究区域与研究方法

以常熟市为例，调查了居民对 25 种日常风险的感知情况，初步分析风险认知方式与风险认知水平的关系。考虑到被调查者的年龄分布和回收问卷的有效性，采用整群抽样的方法。在常熟市选取了一所幼儿园、一所小学、一所中学和一所高中，并向其家长发放了 1500 份问卷，最终收集到 1169 个有效回复，有效应答率为 77.9%。问卷分为三部分：（1）人口学特征，如性别、年龄、教育背景、职业和家庭年收入。（2）风险认知方法，可归纳为五种风险认知方法：自我体验、从他人那里听到、新闻/报纸、文学和视听作品以及从未听说过风险。（3）风险认知强度，定义为 5 分，1 代表完全没有感知，5 代表强烈感知。

2. 研究结果分析

（1）个人属性特征

对样本的个人属性特征进行描述性分析。从性别方面来看，女性占 54.8%，高于男性的比例。从年龄方面来看，他们的年龄主要在 30～40 岁，占总数的 74.4%。学历以本科、专科为主，占 58.2%。职业分布显示，公司员工较为集中，占 33.6%，政府等机构员工和医生等专业人员也占较大比例。家庭收入方面，66%在 5～20 万元/年。

（2）风险程度

使用描述性统计来计算平均风险认知程度（图 5-2-1）。可以看到，风暴（2.98）、交通事故（2.98）和台风（2.91）是三个最强的感知风险，海啸（1.55）、滑坡（1.69）和艾滋病（1.89）是三个最少的感知风险。所有风险的平均得分为 2.25。

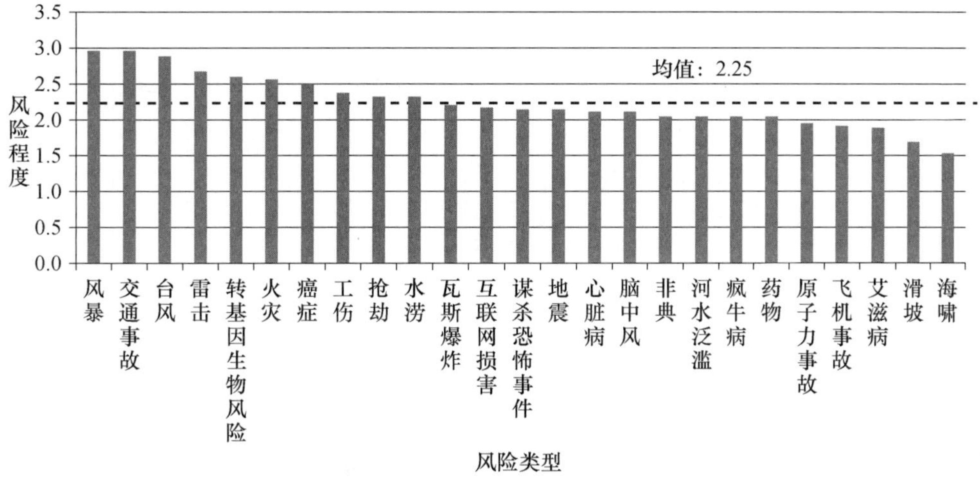

图 5-2-1　平均风险认知程度

（3）风险认知方式

采用多重响应法分析风险认知方式（图 5-2-2）。结果显示，平均每个被调查者有 1.43 种风险认知方法。新闻/报纸是主要的获取方式，80％的受访者通过这种方式获取风险信息。27％的受访者通过文学和音像作品了解风险。对于不同的风险，自我体验和听取他人意见的方法有很大的不同。自我体验是台风和风暴风险的主要途径。心肌梗死、癌症和中风的风险主要来自他人。从未听说过的风险很少，仅占 2％（主要是互联网攻击和转基因食品）。

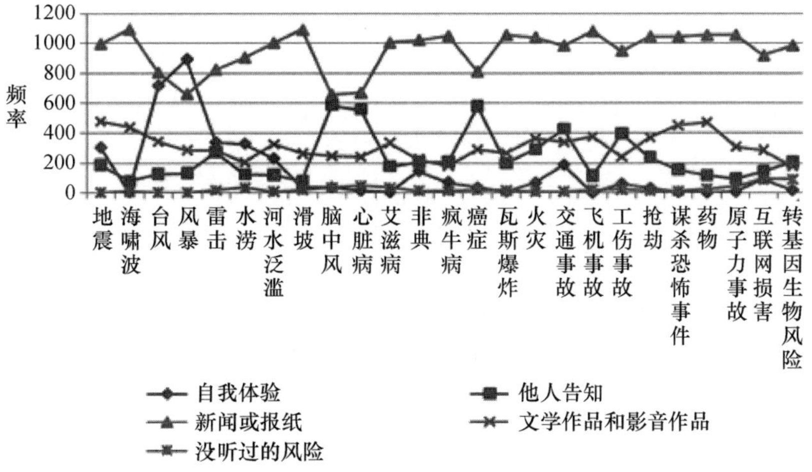

图 5-2-2　风险认知方式

（4）风险认知程度和个人属性特征的关系

根据被调查者的性别、年龄、教育背景、收入和职业等人口学特征，在 0.05 置信水平上采用单因素方差分析（one-way ANOVA）对各种风险进行分析。如果一个因素不能通过方差齐性检验，便可以使用 Kruska1-WallisH 来检验关系。结果显示，个人属性特征对风险认知程度的影响并不大（表 5-2-1）。

表 5-2-1　个人属性特征对风险认知程度的显著性水平

风险	性别	年龄	教育背景	职业	家庭年收入
地震	0.839	0.990	0.869	0.801	0.700
海啸波	0.071	0.696	0.601	0.616	0.053
台风	0.829	0.690	0.605	0.061	0.298
风暴	0.387	0.178	0.431	0.211	0.570
雷击	0.983	0.084	0.155	0.137	0.866
水涝	0.815	0.520	0.107	0.472	0.076
河水泛滥	0.659	0.203	0.738	0.338	0.288
滑坡	0.019	0.084	0.373	0.508	0.240
脑中风	0.525	0.402	0.273	0.401	0.489
心脏病	0.476	0.179	0.564	0.328	0.728
艾滋病	0.376	0.545	0.549	0.724	0.407
非典	0.191	0.332	0.590	0.810	0.284
疯牛病	0.061	0.158	0.338	0.386	0.255
癌症	0.429	0.078	0.922	0.902	0.558
瓦斯爆炸	0.124	0.352	0.802	0.287	0.573
火灾	0.770	0.310	0.878	0.764	0.374
交通事故	0.792	0.234	0.470	0.466	0.957
飞机事故	0.227	0.024	0.290	0.540	0.032
工伤事故	0.146	0.816	0.640	0.399	0.974
抢劫	0.097	0.036	0.814	0.259	0.491
谋杀恐怖事件	0.125	0.067	0.774	0.222	0.666
药物	0.849	0.100	0.776	0.946	0.685
原子力事故	0.003	0.294	0.740	0.197	0.890
互联网损害	0.530	0.164	0.791	0.623	0.346
转基因生物风险	0.000	0.145	0.337	0.174	0.890
平均风险认知	0.344	0.196	0.266	0.759	0.483

注：所有检测的显著性水平是 0.05，白色网格代表使用单因素方差分析，灰色网格表示它使用 Kruska1-WallisH。

（5）风险认知方式与风险认知水平的关系

本节采用偏相关（0.05 显著性水平）分析各风险认知方式与风险认知水平的相关性。结果显示自我体验与风险认知水平之间的相关性最大，其次是来自他人、新闻/报纸和未知风险。然而，文学和视听作品与风险认知水平之间的相关性很小（表 5-2-2）。

表 5-2-2 感知方式和风险的相关性

感知方式	相关性	显著性	平均值	标准差
自我体验	最高（0.839）	0.000	146.440	227.545
他人告知	较高（0.783）	0.000	956.440	137.731
新闻或报纸	较高（0.690）	0.001	311.440	87.180
文学作品或影音作品	最低（0.162）	0.483	24.040	23.223
没听过的风险	较高（0.608）	0.003	231.200	156.650

3. 结论与展望

第一，研究结果表明，风险认知方式与风险认知水平之间存在很强的相关性。自我体验方式与风险认知程度的相关性最强。根据心理测量范式，风险是一种主观存在；风险在公众眼中与“损害”个人生活密切相关[25]。因此，人们通过个人经历有更强的风险认知。与Zhai和TAKESHI[23]在天津所做的调查相比，常熟和天津对火灾、交通事故、风暴和癌症等风险的感知方式非常相似，而对地震、台风和雷击等风险的感知则大相径庭。天津在1976年遭受了毁灭性的地震，但台风和风暴的频率较低；另外，常熟历史上地震很少，但台风和雷击时有发生。对比表明，风险认知主要基于自我体验。此外，倾听他人的方式也与风险水平有很强的相关性，因为人们可以从朋友和亲戚那里获得关于风险特别是那些疾病（中风、心肌梗死等）的生动感受。

第二，和媒体一样，新闻/报纸可以影响人们的风险认知，而文学和音像作品则不能。这是因为新闻/报纸的真实性和时效性为人们认知各种风险提供了一个相对可信的平台。Combs和Slovic[26]的研究表明，报纸对风险的大量报道可以大大提高人们对风险的认知。Nick等[27]认为，人们对风险的直接体验可以扩大风险认知；媒体在解释风险方面发挥了重要作用，尤其是当人们缺乏直接经验和对风险的理解时。但是，由于文学和音像作品内容的虚构和夸张，人们对文学和音像作品的信任远远低于新闻/报纸的报道。很多人通过文学和音像作品了解风险，但这些作品与风险认知的相关性并没有新闻/报纸那么强。

第三，感知方法的普遍性可以降低个体差异引起的风险认知差异。样本资料显示，常熟市教育水平较高，高中及以上学历人口占总人口的87%。他们的生活水平也很高。2010年，常熟市城镇居民人均可支配收入为3.1万元（与此同时，全国平均水平为1.9万元）。2012年，有线数字电视覆盖率达到100%，互联网用户突破100万户。总体而言，养老保险、工商保险、医疗保险的参与率稳定在90%以上。在这些条件下，个体差异可能不会影响他们获得风险信息。因此，人们对风险的感知是一致的。

第四，被调查者的风险认知得分均值为2.25。这一结果表明了人们对风险的乐观态度，这可能是因为常熟很少发生破坏性风险，当地人戏称常熟为“安详之地”。

总的来说，对于某些风险，获得的相关经验/信息越多，人们对它的感知就越强。由于自我体验是有限的，因此应该鼓励媒体通过新闻/报纸有效、客观地武装人们对风险的理解和知识，开展风险认知的宣传教育活动。随着社会的发展，感知风险的途径也不仅仅局限于以上四种。如今一些社交网站（如微博）成为重要的交流方式，尤其是对年轻人来说。关于雅安地震的即时信息通过微博迅速而广泛地传播。因此，这些新的感知方法是否与风险认知有关，值得进一步研究。此外，人们是否通过相同或类似的方法来感知风险也值得探讨。

（姚风君，江彩玲）

参考文献

[1] 周忻，徐伟，袁艺，等．灾害风险感知研究方法与应用综述［J］．灾害学，2012，27（2）：114-118.

[2] SLOVIC P. Perception of risk［J］. Science，1987，236（4799）：280-285.

[3] SLOVIC P. Perception of risk：Reflections on the psychometric paradigm［J］. Social Theories of Risk，1992，236（3）：112.

[4] SJöBERG L，MOEN B E，RUNDMO T. Explaining risk perception. An evaluation of the psychometric paradigm in risk perception research［M］. Rotunde publikasjoner，2004，3-20.

[5] SITKIN S，PABLO A. Reconceptualizing the determinants of risk behavior［J］. Academy of Management Review，1992，17（1）：9-38.

[6] GREGORY R，MENDELSOHN R. Perceived risk，dread，and benefits［J］. Risk Analysis，1993，13：259-264.

[7] 林崇德，杨治良，黄希庭．心理学大辞典［M］．上海：上海教育出版社，2003.

[8] 谢晓非，郑蕊．公众风险认知的偏差［J］．心理学动态，1996，4（2）：23-26.

[9] 刘金平，周广亚，黄宏强．风险认知的结构、因素及其研究方法［J］．心理科学，2006，29（2）：370-372.

[10] SJOBERG L. Factors in risk perception［J］. Risk Analysis，2000，20（1）：1-11.

[11] SCHUMM S. Erroneous perceptions of fluvial hazards［J］. Geomorphology，1994，10（1/2/3/4）：129-138.

[12] BREWER N T，CHAPMAN G B，GIBBON F X，et al. Meta-analysis of the relationship between risk perception and health behavior：the example ofvaccination［J］. Health Psychology，2007，26（2）：136.

[13] COHN L D，MACFARLANE S，YANEZ C，et al. Risk-perception：differences between adolescents and adults［J］. Health Psychology，1995，14（3）：217.

[14] PER E，GUSTAFSON. Gender differences in risk perception：theoretical and methodological perspectives［J］. Risk Analysis，1998，18（6）：805-811.

[15] SJöBERG L. Worry and risk perception［J］. Risk analysis，1998，1：85-93.

[16] SJöBERG L. Factors in riskperception［J］. Risk analysis，2002，20（1）：1-12.

[17] WEBER E U，HSEE C. Cross-cultural differences in risk perception，but cross-cultural similarities in attitudes towards perceived risk［J］. Management Science，1998，44（9）：1205-1217.

[18] SUN K，HUANG L，DUAN B L，et al. Analysis of public risk perception on earthquake［J］. Journal of Safety and Environment，2010，12（6）：118-121.

[19] ZHU X H，JIANG L P，JIN W Q，et al. Study on risk perception and early warning mechanism of severe disaster events such as typhoon etc［J］. Journal of Catastrophology，2012，4（27）：62-66.

[20] QIAN J F，MENG Y B，SHI P J. The survey of residents' risk perception in Bei-

jing [J] . Disaster Reduction in China，2009，12：26-27.

[21] WANG F Q. A research on risk society and the residents' risk perception in contemporary China [J] . The Journal of Shanghai Administration Institute，2010，3 (2)：83-91.

[22] SU J，ZhANG M H，GAO L L，et al. Impact of trust in flood prevention projects on public risk perception：an analysis based on questionnaire in Yangtze River Basin [J]. Journal of Natural Disasters，2008，2 (1)：75-80.

[23] ZHAI G F，TAKESHI S. Risk perception in Northeast Asia [J] . Environ Monit Assess，2009，(157)：151-157.

[24] 李红锋 . 风险认知研究方法述评 [J] . 安庆师范学院学报（社会科学版），2008 (1)：18-22.

[25] YAN Q H，MA W J. Risk perceptive theory and its application in people's heat health risk perception [J] . Chin J Prev Me，2011，3 (45)：270-277.

[26] COMBS B，SLOVIC P. Newspaper coverage of causes of death [J] . Journalism Quarterly，1979，56：837-843，849.

[27] NICK P，ROGER E，KASPERSON P，et al. The Social Amplification of Risk [M] . Cambridge：United Kingdom at the University Press，2003.

第三节　居民地震风险信息偏好及寻求行为研究

有效的风险沟通是个体响应和适应灾害的基础，能够改善风险信息供给，以达到满足个体信息需求的目的；个体获取充足风险信息又有助于增强其风险知识水平和风险意识，帮助个体备灾、及时应对灾害并迅速从灾害中恢复。本节聚焦于个体作为风险信息寻求者的积极作用，并应用在地震风险中，分析了地震灾害潜伏期、突发期、蔓延期和恢复期四阶段震区民众对地震风险信息的偏好，基于早期信息寻求模型构建了地震风险信息寻求行为结构模型，关注了地震风险信息寻求行为与信息需求、当前风险知识、知觉信息收集能力、信息主观规范、消极情感响应及风险认知的实证关系。

一、风险信息偏好及寻求行为概念辨析

1. 风险沟通

“风险沟通”一词起源于风险分析研究，最早出现在 20 世纪 80 年代的英文里，对其界定也未统一。Covello 等将风险沟通定义为“利益相关体间就健康或环境风险问题进行的任何有目的的信息交换”[1]；Trettin & Musham 认为这些利益相关体应涵盖每一个个人、群体和组织[2]；Edwards & Bastian 认为风险沟通是“与个体就有关风险的知识、认知、态度和行为进行交流”[3]；美国国家研究委员会（The National Research Council）定义风险沟通是“关于风险本质、影响、控制和其他相关信息的意见交换过程”；目前学术界比较公认的是美国国家科学院（The National Academy of Science）的定义，其定义风险沟通为“个体、群体以及机构之间交换信息和看法的相互作用过程；这一过程涉及多方面的风险性质及其相关信息，它不仅直接传递与风险有关的信息，也包括表达对风险事件的关注、意见以及相应的反应，或者发布国家或机构在风险管理方面的法规和措施等”。

综合来看，风险沟通是利益团体之间进行双向信息流动的过程，这些信息表达了对风险信息或风险管理合法的、有组织的、有意识的关注、意见和反映；此外，风险沟通也可以看作面对风险时参与沟通各方的利益协商过程[4]。

2. 风险信息

Shannon 在信息论中定义信息为“在人们需要进行决策之际，影响他们可能的行为选择之概率的物质—能量的型式”[5]。人们在获取信息的时候会对自身的感官系统产生刺激作用，这种“刺激—反应”的模式帮助人们作出正确的决策[6]。风险信息，顾名思义，是与风险相关的信息，是“在社会生活中，影响着人们选择某一行为的概率，本身就具有高度不确定性的物质—能量的型式”。人们接收风险信息并形成一定认知后，所采取的决策可能进一步加强或者一定程度上减弱自身对于事件的不确定性、相关性。

本节所指的风险信息包括地震发生之前与地震风险相关和地震发生之后与地震灾害相关的一切信息，是数字、文字、图像、图形、影音等资料和知识的综合。信息是灾害中必不可少的资源。如果没有信息，管理者不能有效地管理灾害，灾民也不能更好地适应其所面对的威胁[7-8]。

3. 认知需求

认知是指人认识外界事物的过程。认知需求（Need for Cognition，NFC）是由 Cohen 等人于 20 世纪 50 年代提出的，将其描述成用有意义的、整合的方式组织相关情景的需要，认为认知需求强调的是当这种需求得不到满足时个体的需要和紧张感，从而促使个体积极地努力去组织情景、提高理解[9]。1982 年，Cacioppo 和 Petty 发表了《认知需求》一文，定义认知需求是个体参与和享受思考的倾向[10]。认知需求很大程度上会影响人的组织、提炼和评价信息的广度和深度。在认知过程中，个体的差异会造成不同的认知需求，高认知需求者对信息的加工更深刻，同时也会对认知任务产生更多想法，导致他们的认知任务完成得更好[11]，而低认知需求者则倾向于回避思考、回避努力[12]。目前，学术界公认的对“认知需求”的定义均采用 Cacioppo& Petty 的定义。

4. 信息偏好

偏好是微观经济学价值理论中的一个概念，指消费者按照自己的意愿对可供选择的商品组合进行的排列。偏好实际是潜藏在人们内心的一种情感和倾向，它是主观的和非直观的，引起偏好的感性因素多于理性因素，并具有明显的个体差异，也呈现出群体特征（百度百科——偏好）。本节定义信息偏好包括以下几项内容：（1）信息内容偏好；（2）信息传播渠道偏好；（3）信息来源可信度偏好；（4）信息传播渠道可信度偏好。

5. 信息寻求行为

信息寻求行为来源于大众传媒学科。关于信息寻求行为，学术界还没有统一的定义：Wilson 定义信息寻求行为是为了满足一定的目标需求的结果而有目的的查寻信息[13]；Johnson 认为信息寻求行为是从选定的信息载体（information carriers）中有目的的获得信息[14]；Krikelas 认为当个体为了确认某一信息，以满足一种认知需求而采取的任何活动都是信息寻求行为[15]；Machionini 认为信息寻求是人们为了改变其知识状态而有目的的进行的一个活动过程[16]；Griffin 等认为信息寻求行为是为了响应需求或感知到了知识的差距而努力获取信息的一种行为[17]；巢乃鹏认为信息寻求行为是信息用户因为感知到需求（或解决问题）而采取的相关信息查寻策略，并通过一系列的外在信息活动表现最终获得所需信息的整个过程[18]。

尽管没有明确的共识，但也可以找到共同点，即信息寻求行为被看成个体为改变其认知状态，满足其认知需求，而主动采取获取信息的有目的性的外在行为（deliberate behavior），同时也是一种消除不确定性的行为。

6. 信息寻求行为意向

Fishbein 和 Ajzen 认为"行为意向"指个人对于采取某一特定行为的主观概率的判定，反映个人对某一特定行为的采取意愿，也就是指行为选择之决定过程中，所引导而产生的是否要采取此行为的某种程度的表达，因此行为意向是任何行为表现的必经过程，是行为显现前的决定，是预测行为最好的变量，是个人从事某特定行为最直接的决定因素。基于此，本小节将信息寻求行为意向定义为个人对采取信息寻求行为的意愿，并用测量信息寻求行为意向来预测信息寻求行为的发生。

7. 信息搜索行为

信息搜索行为是信息寻求行为的子集，关注的是信息用户与各种信息系统交互的行为[19]，它始于缺乏知识和理解，最终目的是减少知识的差距[20]。信息搜索行为与认知需求相关，高认知需求的人会更主动地去搜索风险相关的信息，产生更多的认知响应[21]。

二、研究框架

基于风险认知与风险沟通研究进展以及网络搜索引擎数据应用研究进展，运用心理距离理论来分析地震风险认知需求的时空特征以及其他特征。地震风险认知需求会诱发公众对地震风险信息的需求，聚焦到刚发生过地震的灾区，通过风险信息偏好研究进展，运用阶段分析理论，研究在地震不同阶段震区公众对信息需求（信息内容和媒介渠道）的偏好，以及对信息来源和传播渠道的可信度偏好；信息需求会激发信息的寻求行为。在分析了地震风险信息偏好之后，聚焦于信息寻求行为。通过风险信息寻求行为模型研究综述，运用计划行为理论和已有的信息寻求行为模型，构建了地震风险信息寻求行为结构模型，重点研究地震风险信息寻求行为的驱动因子以及地震风险信息需求在信息寻求过程中的中介作用。在此基础上，运用规范分析方法为可持续风险管理提供启示和建议（图 5-3-1）。

三、地震风险认知需求分析

1. 研究假设

结合前人相关研究结论和地震的实际特征，基于较近的心理距离会引起更多关注的观点，本节对地震风险认知需求提出以下假设：

现有对地震风险认知的研究表明，面临同样的灾害，男性，19～25 岁，教育程度高的人群有着较好的响应，他们对地震风险有着更多的了解，因此这部分人群有着更多的信息寻找行为与更高的认知需求，因此：

H1：男性，受教育水平较高的人，青年人群有着更高的地震风险认知需求。

基于近期的研究及时间维度的心理距离理论，离灾害发生的时间越近，心理距离越近，认知需求越强——如果刚发生了地震，人们会重视地震风险，随着时间的变化，公众会淡忘地震风险，因此：

H2：随着地震的发生，公众对地震风险认知需求会增加，随后会逐渐减少，直至下一次地震。

基于社会维度的心理距离理论，公众更愿意关心涉及自身利益的风险；基于近期的研究

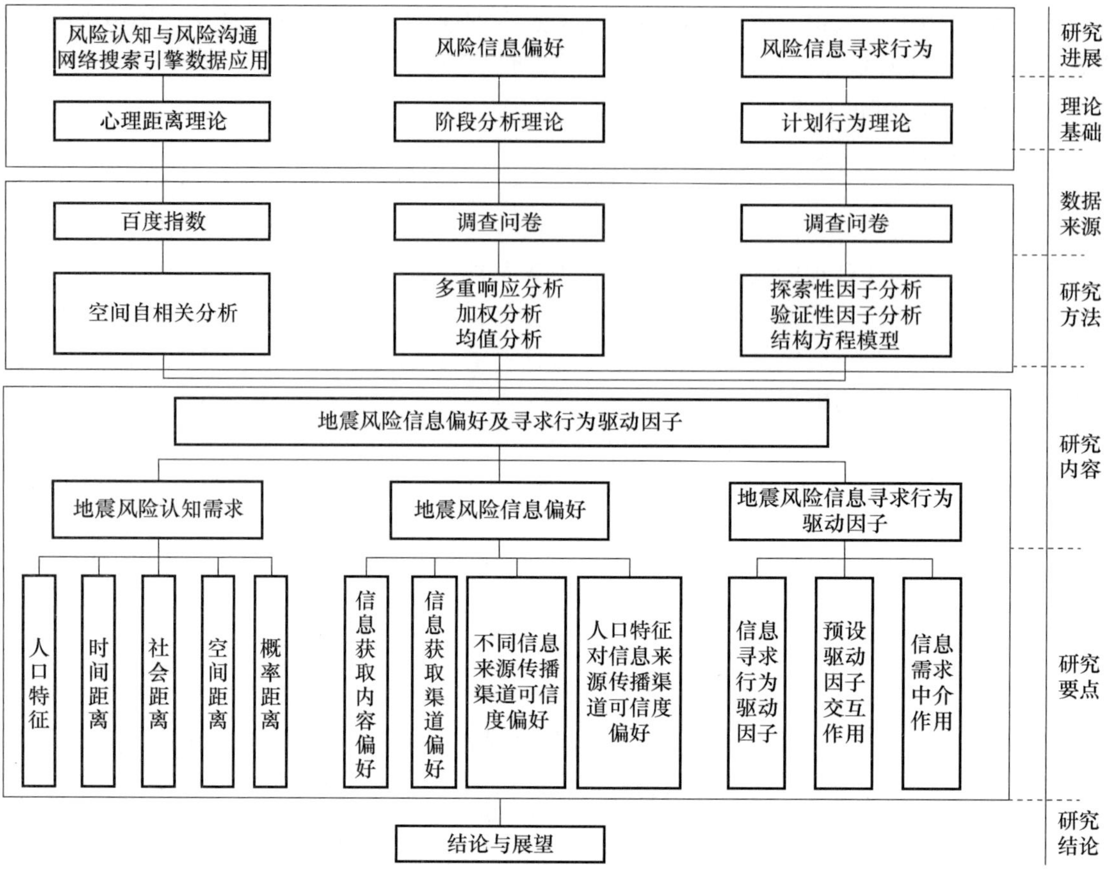

图 5-3-1 技术路线图

及空间维度的心理距离理论，距离震中最近的地区，地震后对地震风险关注应该是最高的，随着离震中距离的增加，逐渐降低，因此：

H3a：地震后认知需求最强的是发生地震的地区。

H3b：地震后随着离震中距离的增加，公众地震风险认知需求逐渐降低，即这种需求会存在空间自相关现象。

基于概率维度的心理距离提出：

H4：某地历史地震发生频率越高则该地公众地震认知需求越强。

2. 数据分析方法

以搜索引擎查询记录为依据，评价地震风险认知需求。关键问题一是如何在消除各省人口基数差异对搜索次数产生影响的前提下来定义地震信息搜寻频次；二是运用各类统计模型来验证以上假说。

（1）搜索频次

①上网人数的估计。为消除人数对搜索次数产生的影响，必须对各地不同时期的上网人数进行估计，同时，为了将年度上网人数匹配到每日，采用人口指数增长的方法进行估计。

②地震信息搜索频次。通过百度地震搜索指数计算反映认知需求的指标——地震信息搜索频次。

（2）统计分析方法

采用的分析方法主要有四种：一是对地震认知需求的人口个体属性分析；二是对认知需

求变化的时间规律分析；三是对人群对地震认知需求地理特征的分析；四是对地震发生频率与地震认知需求的讨论。

3. 研究结果

(1) 人口特征对地震风险认知需求的影响

以 2012 年为例，在性别属性上，男性人群占搜索人群的比重（75%）比男性人群占网民的比重（56%）要大；在年龄属性上，年龄 19 岁以下人群占搜索人群的比重（7%）比年龄 19 岁以下人群占网民的比重（28%）要小，年龄 30～39 岁人群占搜索人群的比重（44%）比这类人群占网民的比重（23%）要大；在文化程度上，本科及以上和大专人群占搜索人群的比重（55%）比这类人群占网民的比重（21%）要大，因此可以总结出年龄 30～39 岁之间，受过较高文化教育，男性，地震风险认知需求更强烈。而由于年轻人（20～29 岁）没有 30～39 岁人的地震认知需求高，因此 H1 部分成立（图 5-3-2）。

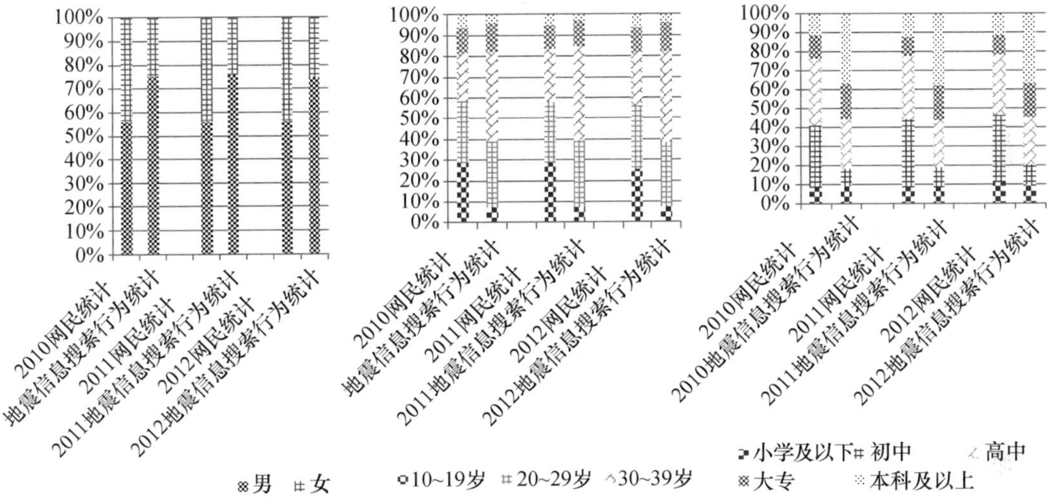

图 5-3-2　信息获取者个人基本属性

(2) 时间维度对地震风险认知需求的影响

通过“4·14 玉树”“3·11 东日本”和“5·28 唐山”三次地震前两日后七日的网络地震信息搜索频次均值可以看出，搜索频次的变化曲线是“半峰”形态的，即地震发生前相对平缓，发生地震后急剧上升，随着事件的发展而逐渐降低。公众感知的时间距离越近，认知需求越强，因此表明 H2 成立（图 5-3-3）。

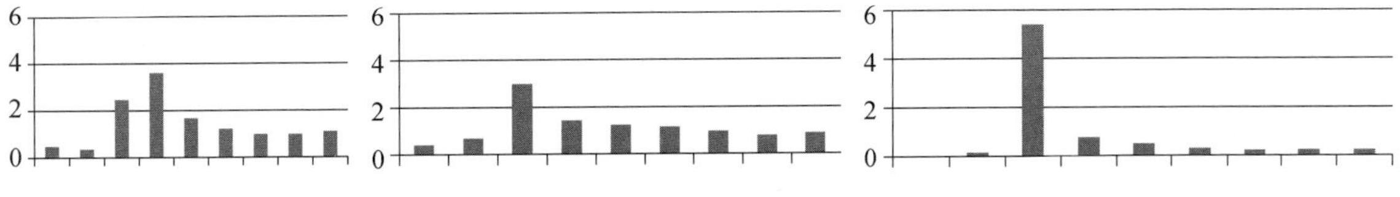

图 5-3-3　“4·14 玉树”“3·11 东日本”和“5·28 唐山”三次地震前后各省地震信息搜索频次均值

(3) 社会维度和空间维度对地震风险认知需求的影响

H3 描述的是地理与社会维度的心理距离与地震认知需求的关系。H3a 认为发生地震的省份认知需求最高，以“4·14 玉树”地震为例，地震发生当日和次日，北京、天津、西藏的信息搜索频次最高，之后距离震中较近的青海、西藏的地震信息搜索频次最高；“3·11 东日本”地震前一日云南边境发生地震，离震中较近的云南、西藏信息搜索频次较高，“3・11东日本”当日江苏、北京的信息搜索频次最高，之后，中国靠近日本的东部沿海地区信息搜索频次较高；“5・28 唐山”地震的当日及次日，北京、天津、河北的信息搜索频次最高。因此，结果不支持 H3a。

H3b 认为地震后认知需求存在空间自相关现象。图 5-3-4 中，2010—2012 年，几乎地震发生后，搜索频次均会向上波动；而搜索频次的 Moran's I 值上升与中国国内 M>4 级地震事件的发生关系密切。因此，目前的研究结果支持 H3b。

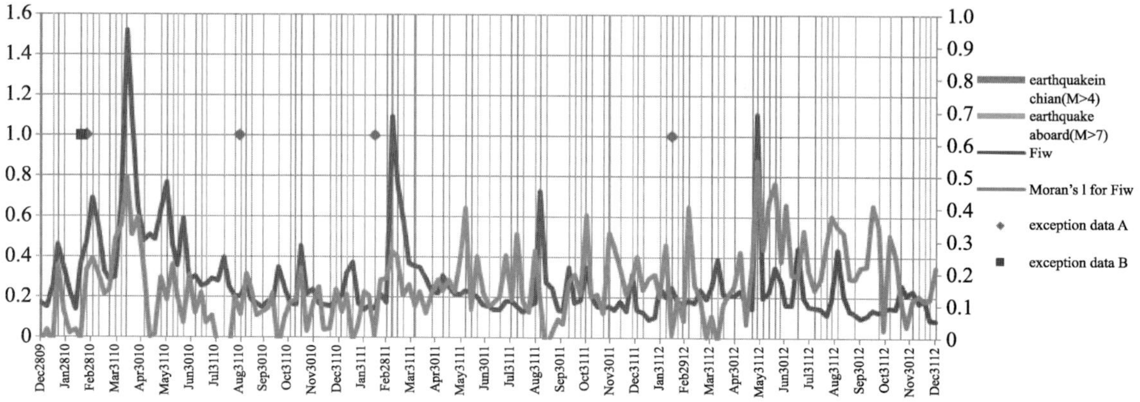

图 5-3-4　互联网地震信息搜索频次周均值及 **Moran's I** 变化时间序列（**2010—2012** 年）

（4）概率维度对地震风险认知需求的影响

H4 认为某地地震频率发生越高则该地人群地震认知需求越强。表 5-3-1 反映了 1970 年 1 月 1 日—2012 年 12 月 31 日 43 年间地震发生震中位置及 2010—2012 年各省网络地震日信息搜索频次均值。可以看出，西藏、北京、天津地震认知需求较高，广东、广西、湖南地区地震认知需求较低，结合 1970—2012 年年均地震发生频率看，大部分省份符合地震频率对认知需求有影响的假说，如西藏、广东、湖南等，而北京、上海和天津历史上很少发生地震，但地震认知需求非常高。因此，H4 不被支持。

表 5-3-1　各省 $\overline{F_i}$ 与 1970—2012 年年均地震发生次数

名字	$\overline{F_i}$	年均地震频次	名字	$\overline{F_i}$	年均地震频次
天津	0.5820	0.6977	吉林	0.2222	0.6047
北京	0.5990	0.0930	福建	0.2163	0.7907
上海	0.3093	0.0233	重庆	0.2136	0.8140
西藏	0.8032	37.6047	河南	0.2109	0.5116
山西	0.4378	2.2093	黑龙江	0.2078	0.9302
青海	0.3659	20.4651	江西	0.2063	0.4419
云南	0.3181	23.3256	江苏	0.1897	0.4419
陕西	0.3140	0.9070	浙江	0.1867	0.4186
四川	0.3511	33.3488	辽宁	0.1803	1.5581
宁夏	0.2873	1.5349	贵州	0.1764	1.2558

续表

名字	$\overline{F_i}$	年均地震频次	名字	$\overline{F_i}$	年均地震频次
海南	0.2780	0.4651	湖北	0.1732	0.4419
甘肃	0.2409	6.4419	山东	0.1701	0.4419
安徽	0.2333	0.3256	广东	0.1244	0.6977
内蒙古	0.2282	4.6047	广西	0.1344	0.5116
河北	0.2234	6.8605	湖南	0.1083	0.0698

注：两者相关系数为0.5434；除北京、天津、上海为0.759。

四、地震风险信息偏好分析

1. 数据分析方法

（1）多重响应分析

利用多重响应分析来研究在地震灾害潜伏期、突发期、蔓延期和恢复期，地震震区公众期望获取的信息、实际获取的信息以及所使用的媒介渠道的频数（百分比）统计。

（2）加权分析

在获取地震灾害突发期、蔓延期和恢复期地震震区公众期望获取的信息、实际获取的信息的频数（百分比）统计后，需要对各数据进行加权分析，以利于计算各阶段的信息偏离度。

（3）均值分析

利用均值分析来检验不同人口特征是否对信息来源和信息传播渠道可信度存在显著影响，其中利用均值分析中的独立样本t检验分析性别、住房性质对同一个信息来源和信息传播渠道可信度间是否有显著影响。利用均值分析中的单因子方差分析检验不同年龄段、受教育程度、家庭规模、职业、家庭年收入、住房结构以及住房类型对同一个信息来源和信息传播渠道可信度间是否有显著差异。

2. 地震风险信息的内容偏好和媒介使用偏好

（1）地震灾害潜伏期

公众期望获取的信息内容主要包括地震基础知识、地震准备知识、地震应急知识这三类；在信息偏离度上，除了“地震震级与烈度”“本地是否身处地震带及历史地震发生情况”“震时安全的逃生路线”“政府制订的应急预案”和“自我心理疏导知识”以外，大部分的信息都得到了满足；在此阶段，民众主要通过电视报道、网络和人际沟通来获取地震灾害信息。

（2）地震灾害突发期

震情信息、灾情信息、公众心理反应信息以及应急疏散及避难信息是民众期望获取的信息；在信息偏离度上，有个别信息没有得到满足，它们是“地震发生的原因”“是否危及自己或亲友的生命、财产安全”和“有没有更大的危险”；在此阶段，电视媒体依然是获取信息的首选渠道，其次是网络，最后是人际沟通和手机短信。

（3）地震灾害蔓延期

公众期望获取的信息依然包括震情信息和灾情信息，还包括救灾救援实时进展信息、救援物资及捐助情况以及国内外对地震志愿者、医疗救助和救灾部队的报道；“次生灾害情况”和“传染病情况”信息没有得到满足；民众获取信息的首选渠道依然是电视报道，其次是网络，最后是电台广播和人际沟通。

（4）地震灾害恢复期

在地震灾害恢复期，灾后重建计划、社会捐助及救灾物资落实情况、灾民情况和灾区情况信息是民众期望获取的；“政府关于灾后重建计划”和“灾区孤儿安置情况”信息没有得到满足；电视报道、网络和人际沟通是民众获取地震灾害信息的主要渠道。

（5）地震灾害不同阶段主要风险信息构成

基于以上内容提出了地震灾害不同阶段主要风险信息构成（图 5-3-5），即：在地震灾害潜伏期，地震风险管理工作应以灾害识别、灾害防御和灾害准备为主，此时的主要风险信息包括地震相关基础知识、地震准备知识和地震应急知识；在地震灾害突发期，地震风险管理工作应以灾害预警、灾害响应和应急处置为主，发布的风险信息主要应包括震情信息、灾情信息、公众心理反应信息和应急疏散避难信息；在地震灾害蔓延期，风险管理工作应以灾害响应、应急处置和应急救援为主，此时的风险信息应以震情信息、灾情信息、救灾救援实时信息、救援物资及捐助信息和国内外媒体报道信息为主；在地震灾害恢复期，地震风险管理工作主要是关注灾害善后处理和灾后恢复重建工作，此时的风险信息应着重于灾后重建计划、社会捐助救援物资落实情况、灾民信息和灾区信息。

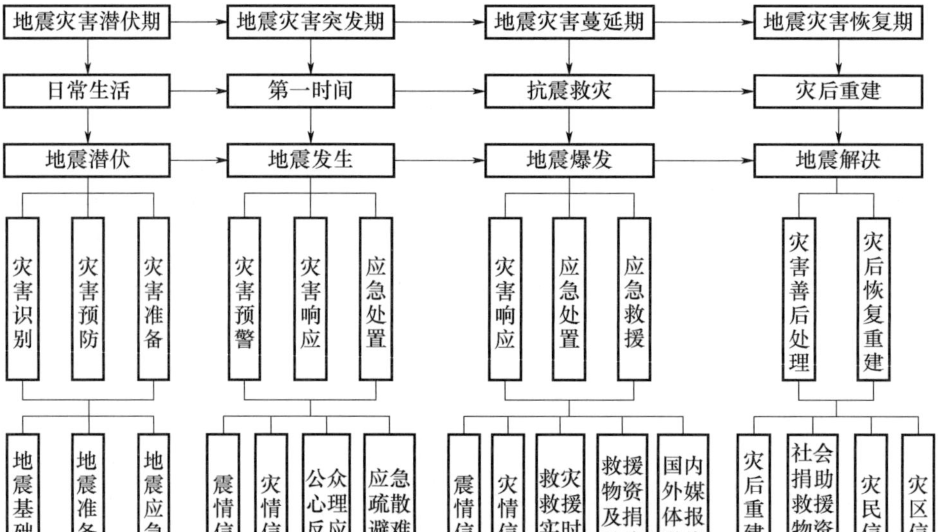

图 5-3-5　地震灾害不同阶段主要风险信息构成

3. 地震风险信息来源和传播渠道的可信度偏好

（1）不同信息来源间可信度比较

公众对信息源的可信度呈现出“央强地弱”的态势，排序从高到低，分别为中央层级、省市层级和区县乡镇层级。可以看出，越高等级的政府越具有公信力，在发布地震相关信息时越受到公众信任，与国外情况相反。究其原因，在我国，对于灾害等敏感事件信息，政府需要层层上报，由中央政府相关机构审核过后，再层层下放信息。

（2）不同信息传播渠道间可信度比较

电台广播受众广泛，传播迅速灵活，被认为在发生危机事件时是最值得信任的信息传播渠道，得分最高（3.79）；电视媒体直观、形象、生动、极富感染力，具有一定的权威性，排在可信度第二位；报纸杂志因监督比较严格，权威性较高，排在第三位；网络新闻因为信息形式要求，规范性相对高一些，可信度排在第四位；网络社区因个人带来的规范性和非规范性信息并存，可能有某些信息存在失真情况，可信度较低；因网络社区（如微信、QQ）带来的即时性和便捷性，导致手机短信使用频率的下降。值得注意的是，亲戚/朋友/邻居这个传播渠道，即人际沟通渠道，信任度仅高于手机短信，究其原因，此次 5.8 级地震是该地发生的最大的一次地震，所以在地震发生后，很多流言和谣言在民众之间流传，虽然后来被官方辟谣，但也给民众心理造成了影响，认为人际传播的信息不可靠（图 5-3-6）。

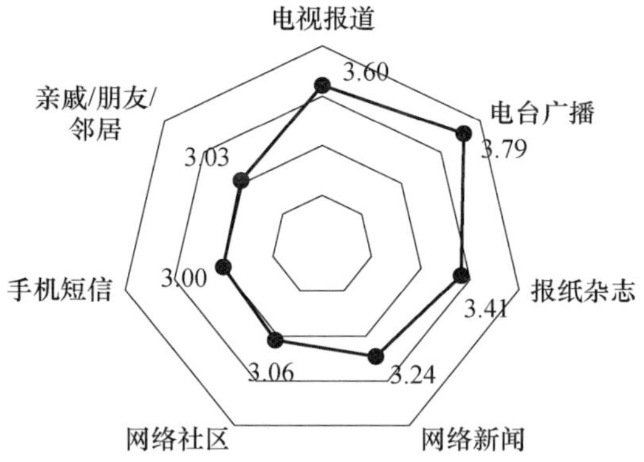

图 5-3-6　不同信息传播渠道可信度比较雷达图

4. 不同人口特征的信息来源和传播渠道可信度差异性偏好

（1）对中央级信息源偏好有显著差异的因子是性别、年龄、受教育程度和家庭年收入；

（2）对省/市级信息源偏好有显著差异的因子是性别、年龄和受教育程度；

（3）对区/县/乡镇级信息源偏好有显著差异的因子是性别、年龄、受教育程度和家庭年收入；

（4）对电视渠道偏好有显著差异的因子是性别、年龄、家庭规模和家庭年收入；

（5）对电台广播渠道偏好有显著差异的因子是性别、年龄、家庭规模和住房结构；

（6）对报纸杂志渠道偏好有显著差异的因子是家庭规模、家庭年收入和住房结构；

（7）对网络新闻渠道偏好有显著差异的因子是年龄、家庭规模、家庭年收入和住房性质；

（8）对网络社区渠道偏好有显著差异的因子是性别、年龄、家庭规模、家庭年收入、住房性质和住房结构；

（9）对手机短信渠道偏好有显著差异的因子是年龄和家庭年收入；

（10）对亲戚/朋友/邻居渠道偏好有显著差异的因子是年龄。

五、地震风险信息寻求行为驱动因子分析

1. 理论假设与概念模型

基于对前人文献中关于理论假设研究的梳理，提出以下研究假设来描述地震风险信息寻求行为的影响因子，因子之间相关关系，以及信息需求作为的中介角色（图 5-3-7）：

H1a：当前地震风险知识（Knowledge）对地震风险信息寻求行为（Behavior）有正向影响；

H1b：地震风险信息需求（Need）对地震风险信息寻求行为（Behavior）有正向影响；

H1c：知觉地震风险信息收集能力（Capacity）对地震风险信息寻求行为（Behavior）有正向影响；

H1d：地震风险信息主观规范（Norm）对地震风险信息寻求行为（Behavior）有正向影响；

H1e：消极情感响应（Affect）对地震风险信息寻求行为（Behavior）有正向影响；

H1f：地震风险认知（Perception）对地震风险信息寻求行为（Behavior）有正向影响；

H2a：当前地震风险知识（Knowledge）对地震信息需求（Need）有负向影响；

H2b：知觉地震风险信息收集能力（Capacity）对地震信息需求（Need）有正向影响；

H2c：地震风险信息主观规范（Norm）对地震风险信息需求（Need）有正向影响；

H2d：消极情感响应（Affect）对地震风险信息需求（Need）有正向影响；

H2e：地震风险认知（Perception）对地震风险信息需求（Need）有正向影响；

H3a：地震风险信息需求（Need）在当前地震风险知识（Knowledge）与地震风险信息寻求行为（Behavior）之间起一定的中介作用；

H3b：地震风险信息需求（Need）在知觉地震风险信息收集能力（Capacity）与地震风险信息寻求行为（Behavior）之间起一定的中介作用；

H3c：地震风险信息需求（Need）在地震风险信息主观规范（Norm）与地震风险信息寻求行为（Behavior）之间起一定的中介作用；

H3d：地震风险信息需求（Need）在消极情感响应（Affect）与地震风险信息寻求行为（Behavior）之间起一定的中介作用；

H3e：地震风险信息需求（Need）在地震风险认知（Perception）与地震风险信息寻求行为（Behavior）之间起一定的中介作用；

H4a：消极情感响应（Affect）对当前地震风险知识（Knowledge）有正向影响；

H4b：地震风险信息主观规范（Norm）对当前地震风险知识（Knowledge）有正向影响；

H5：地震风险认知（Perception）对消极情感响应（Affect）有正向影响；

H6：当前地震风险知识（Knowledge）对知觉地震风险信息收集能力（Capacity）有正向影响。

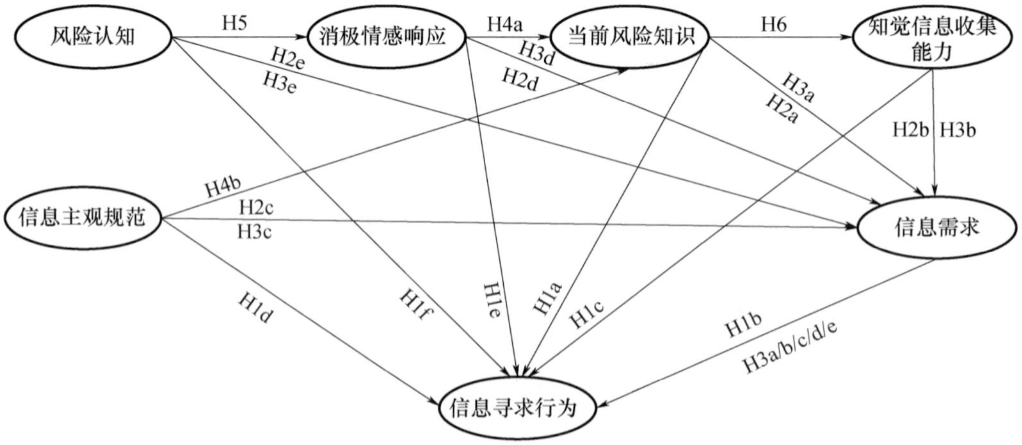

图 5-3-7　地震风险信息寻求行为概念模型

2. 数据分析技术

统计分析共分成三部分：首先，利用探索性因子分析提取维度，并进行信度和效度检验；其次，验证性因子分析用来评估探索性因子分析得到的结构因子（潜在变量）与其测量条目（观察变量）之间关系的稳定性，并识别交叉效度的存在；最后，结构方程模型用来测试概念模型对地震风险信息寻求行为的影响。

3. 探索性因子分析

探索性因子分析结果见表 5-3-2。根据每个因子所解释的量表项目，因子 1～7 分别命名为：信息寻求行为（Behavior）、当前风险知识（Knowledge）、信息需求（Need）、知觉信息收集能力（Capacity）、信息主观规范（Norm）、消极情感响应（Affect）以及风险认知（Perception）。

表 5-3-2　探索性因子分析与信度分析结果

维度及测量项目	因子载荷	单项与整体项目相关系数	均值（标准差）
1. 信息寻求行为（Behavior，α=0.71）			
在日常生活中，当谈到“松原地震”这个话题时，您会尽量去寻求更多相关的信息（Beha1）	0.77	0.38	3.76（0.94）
为了预防您家周边发生地震，您会寻求地震发生时如何应对的信息（Beha2）	0.74	0.38	4.14（0.88）
如果松原发生了地震，您可能会寻求相关信息（Beha3）	0.77	0.36	3.99（0.82）
2. 当前风险知识（Knowledge，α=0.77）			
您了解地震时避险、自救和互救知识（Know1）	0.70	0.46	3.79（0.90）
您了解地震等级、成因与类型等基础知识（Know2）	0.80	0.42	3.39（0.92）
您了解当地发生地震的历史情况（Know3）	0.75	0.40	3.11（0.95）
您了解您生活周边的撤离路线和避难场所（Know4）	0.66	0.51	3.12（1.07）
3. 信息需求（Need，α=0.86）			
您需要更多的信息来判断所面对的地震风险（Need1）	0.86	0.48	3.86（0.96）
您需要有关您家周边地震的一切信息（Need2）	0.85	0.52	3.90（1.01）
4. 知觉信息收集能力（Capacity，α=0.64）			
如果您想要获取更多有关松原地震的信息……			
您知道自己该向专家提出什么问题（Capa1）	0.60	0.47	3.15（0.99）
您知道到哪里去获取更多的信息（Capa2）	0.68	0.45	3.31（0.93）
您可以随时花时间去收集您需要的信息（Capa3）	0.74	0.44	3.10（1.04）
5. 信息主观规范（Norm，α=0.80）			
对您很重要的人认为您应该了解松原地震的信息（Norm1）	0.77	0.48	3.15（0.97）
您自己也认为您应该了解松原地震的信息（Norm2）	0.84	0.49	3.53（0.95）
您关心的人也一直尝试和搜集松原地震的信息（Norm3）	0.75	0.49	3.68（0.90）
6. 消极情感响应（Affect，α=0.75）			
松原发生地震会让您感到恐慌（Affe1）	0.56	0.55	3.60（0.91）

续表

维度及测量项目	因子载荷	单项与整体项目相关系数	均值（标准差）
松原发生地震会让您感到担心（Affe2）	0.87	0.36	3.62（0.92）
松原发生地震会让您感到焦虑（Affe3）	0.85	0.40	3.42（0.97）
7. 风险认知（Perception，α=0.88）			
松原尤其容易受到地震灾害的侵袭（Perc1）	0.78	0.51	3.20（1.19）
松原地震灾害的发生概率在未来会越来越大（Perc2）	0.71	0.52	3.36（1.10）
如果松原发生地震，您和您的家庭会直接受到影响（Per3）	0.72	0.59	3.74（1.09）
您认为地震灾害是特别严重的灾害（Perc4）	0.82	0.55	3.58（1.08）
地震灾害可能具有长期的负面影响（Perc5）	0.80	0.54	3.38（1.10）
地震灾害可能是毁灭性的（Perc6）	0.81	0.55	3.42（1.08）

注：萃取方法为主成分分析法，特征根大于1。旋转方法为方差最大正交旋转。克隆巴赫系数（α）用于信度分析。单项与整体项目相关系数用于效度分析。显著性水平为0.001。5点量表，从1到5，分数越大说明认可度越高。Beha：地震信息寻求行为；Know：当前风险知识；Need：信息需求；Capa：知觉信息收集能力；Norm：信息主观规范；Affe：消极情感响应；Perc：风险认知。

4. 验证性因子分析

验证性因子分析结果见表5-3-3。采用最大似然估计法，验证性因子分析被用来计算测量以下七个构面：信息寻求行为（Behavior）、当前风险知识（Knowledge）、信息需求（Need）、知觉信息收集能力（Capacity）、信息主观规范（Norm）、消极情感响应（Affect）以及风险认知（Perception）。

表5-3-3　测量模型的验证性因子分析

因子	测量项	路径系数	多元相关系数平方	组合信度	平均析出方差
信息寻求行为	Beha1	0.63（***）	0.40	0.61	0.35
	Beha2	0.56（***）	0.31		
	Beha3	0.58（***）	0.34		
当前风险知识	Know1	0.57（***）	0.32	0.75	0.43
	Know2	0.68（***）	0.46		
	Know3	0.66（***）	0.43		
	Know4	0.70（***）	0.49		
信息需求	Need1	0.81（***）	0.66	0.85	0.73
	Need2	0.90（***）	0.81		
知觉信息收集能力	Capa1	0.66（***）	0.44	0.64	0.37
	Capa2	0.59（***）	0.35		
	Capa3	0.57（***）	0.32		
信息主观规范	Norm1	0.70（***）	0.49	0.76	0.51
	Norm2	0.78（***）	0.61		
	Norm3	0.66（***）	0.44		

续表

因子	测量项	路径系数	多元相关系数平方	组合信度	平均析出方差
消极情感响应	Affe1	0.52（＊＊＊）	0.27	0.72	0.47
	Affe2	0.72（＊＊＊）	0.52		
	Affe3	0.78（＊＊＊）	0.61		
风险认知	Perc1	0.87（＊＊＊）	0.55	0.93	0.68
	Perc2	0.74（＊＊＊）	0.46		
	Perc3	0.78（＊＊＊）	0.50		
	Perc4	0.86（＊＊＊）	0.64		
	Perc5	0.85（＊＊＊）	0.60		
	Perc6	0.85（＊＊＊）	0.62		
$\lambda^2=804.34$，$df=231$，$\lambda^2/df=3.48$；RMR=0.05，GFI=0.93，AGFI=0.91，PGFI=0.72，CFI=0.93，PNFI=0.76，PCFI=0.78，RMSEA=0.05					

注：显著性水平：＊＊＊$p<0.001$。

5. 结构模型和假设检验

在验证性因子分析后，通过参数正负号、标准化系数以及系数的显著性水平等指标来评估结构模型。因果关系和各路径系数的结果如表5-3-5和图5-3-8所示。

第一组假设H1a到H1f关注的是地震风险信息寻求行为的直接影响因子。H1b假设地震风险信息需求对地震风险信息寻求行为有正向影响，路径系数是0.37（$p<0.001$），H1b成立。同样，地震风险信息主观规范和地震风险信息寻求行为有正向关系（β1d＝0.25，$p<0.001$），H1d成立。可是，当前地震风险知识、知觉地震信息收集能力、消极情感响应和地震风险认知与地震风险信息寻求行为之间的路径系数（分别为β1a＝0.08、β1c＝0.10、β1e＝－0.01、β1f＝0.01）在统计学都不显著，因此，H1a、H1c、H1e和H1f不成立，即当前地震风险知识、知觉地震风险信息收集能力、消极情感响应和地震风险认知对地震风险信息寻求行为没有直接影响。

第二组假设探讨的是影响地震风险信息需求的因子。知觉地震风险信息收集能力→地震风险信息需求（β2b＝0.28，$p<0.001$）、地震风险信息主观规范→地震风险信息需求（β2c＝0.37，$p<0.001$）、消极情感响应→地震风险信息需求（β2d＝0.11，$p<0.01$）、地震风险认知→地震风险信息需求（β2e＝0.15，$p<0.001$）均正相关，且在统计学上有显著意义，当前地震风险知识→地震风险信息需求（β2a＝－0.10）虽然负相关，但是统计学上不显著。因此，H2b、H2c、H2d和H2e成立，H2a不成立，即知觉地震风险信息收集能力、地震风险信息主观规范、消极情感响应和地震风险认知对地震风险信息需求有直接影响，而当前地震风险知识对地震风险信息需求没有直接影响。

第三组假设是测试地震风险信息需求是否介导了其他因子对地震风险信息寻求行为的作用。H3a假设地震风险信息需求在当前风险知识与地震风险信息寻求行为中起到中介作用，但因为当前地震风险知识与地震风险信息需求之间不具有统计学上的显著关系，因此拒绝H3a。此外，知觉地震风险信息收集能力→地震风险信息需求→地震风险信息需求行为（β3b＝0.08，$p<0.001$）、地震风险信息主观规范→地震风险信息需求→地震风险信息需求行为（β3c＝0.16，$p<0.001$）、消极情感响应→地震风险信息需求→地震

风险信息需求行为（β3d=0.03，$p<0.01$）、地震风险认知→地震风险信息需求→地震风险信息需求行为（β3e=0.04，$p<0.001$）均具有统计学意义并正相关，即 H3b、H3c、H3d 和 H3e 都成立。

第四组假设关注的是当前地震风险知识的影响因子。从表 5-3-4 可以看出，消极情感响应和地震风险信息主观规范对当前地震风险知识都有正向影响作用，系数分别为 0.39（$p<0.001$）和 0.33（$p<0.001$），支持了 H4a 和 H4b。

此外，本节还探索了两个关系，分别是：地震风险认知与消极情感响应；当前风险知识与知觉地震风险信息收集能力。研究表明：地震风险认知对消极情感响应有正向影响（β5=0.41，p<0.001）；当前地震风险知识对知觉地震风险信息收集能力有正向影响。因此，H5 和 H6 均成立。

表 5-3-4　假设检验

路径	方向	标准化系数	*t* 值	结果
H1a：当前风险知识→信息寻求行为（β1a）	+	0.08	1.14	拒绝
H1b：信息需求→信息寻求行为（β1b）	+	0.28（＊＊＊）	5.68	接受
H1c：知觉信息收集能力→信息寻求行为（β1c）	+	0.10	1.35	拒绝
H1d：信息主观规范→信息寻求行为（β1d）	+	0.30（＊＊＊）	6.03	接受
H1e：消极情感响应→信息寻求行为（β1e）	−	−0.01	−0.20	拒绝
H1f：风险认知→信息寻求行为（β1f）	+	0.01	0.13	拒绝
H2a：当前风险知识→信息需求（β2a）	−	−0.10	−0.14	拒绝
H2b：知觉信息收集能力→信息需求（β2b）	+	0.28（＊＊＊）	4.16	接受
H2c：信息主观规范→信息需求（β2c）	+	0.37（＊＊＊）	8.67	接受
H2d：消极情感响应→信息需求（β2d）	+	0.11（＊＊）	2.47	接受
H2e：风险认知→信息需求（β2e）	+	0.15（＊＊＊）	3.84	接受
H4a：消极情感响应→当前风险知识（β4a）	+	0.39（＊＊＊）	8.41	接受
H4b：信息主观规范→当前风险知识（β4b）	+	0.33（＊＊＊）	7.90	接受
H5：风险认知→消极情感响应（β5）	+	0.39（＊＊＊）	8.93	接受
H6：当前风险知识→知觉信息收集能力（β6）	+	0.66（＊＊＊）	11.56	接受

注：显著性水平＊＊＊$p<0.001$；＊＊$p<0.01$。

6. 总结

本小节基于 RISP 模型及其相关理论模型，以经历过地震的吉林省松原市长岭县为案例区域，通过实地发放问卷方式，利用探索性因子分析、验证性因子分析以及结构方程模型等方法，探索了地震风险信息寻求行为的驱动因子及各预设驱动因子之间关系，分析了信息需求在信息寻求过程中的中介作用，并对提出假设关系进行验证。得出主要结论如下：（1）地震风险信息需求不仅直接驱动地震风险信息的寻求行为，还介导了其他驱动因子对信息寻求行为的作用，成为各因子与信息寻求行为关联的纽带；（2）信息主观规范既对地震风险信息寻求行为有直接的驱动，又能通过影响信息需求来对信息寻求行为产生间接驱

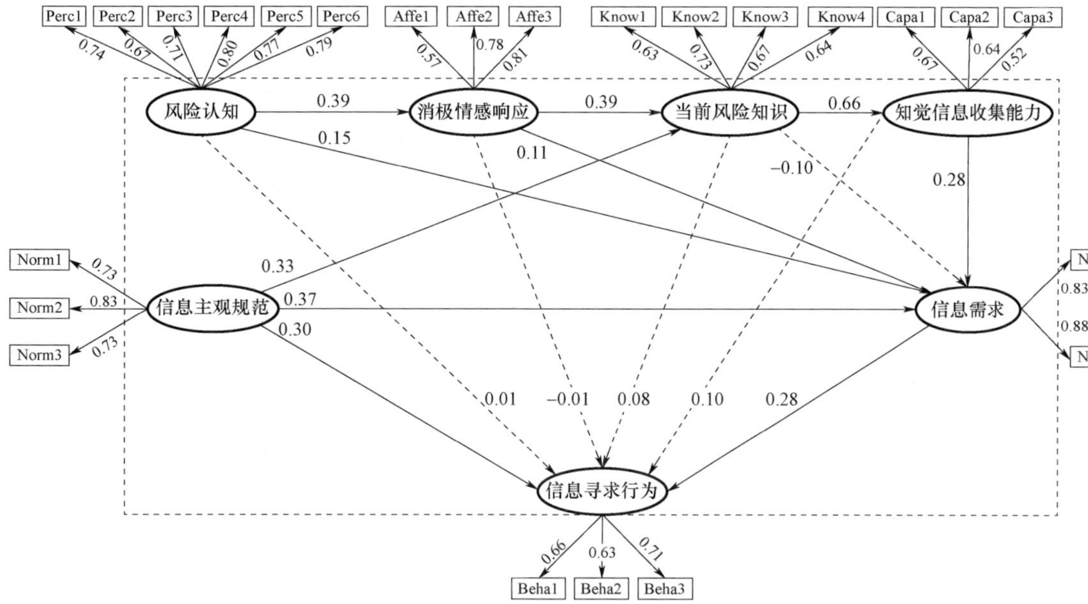

图 5-3-8 结构方程模型结果

注：实线：显著性水平 $p<0.01$；虚线：不显著。

动；（3）知觉信息收集能力、消极情感响应和风险认知也通过影响信息需求来间接驱动信息寻求行为。

（李莎莎，杨海峰）

参考文献

［1］COVELLO V. T，WINTERFELDT D V，SLOVIC P. Risk communication：A review of the literature［J］. Risk Abstracts，1986，3（4）：171-182.

［2］TRETTIN L，MUSHAM C. Is trust a realistic goal of environmental risk communication?［J］. Environment and Behavior，2000，32（3）：410-426.

［3］EDWARDS A，BASTIAN H. Risk communication：making evidence part of patient choice，In A. Edwards and G. Elwyn evidence-based patient choices：inevitable or impossible?［M］. Oxford：Oxford University Press，2001.

［4］欧阳薇 . 欧洲风险沟通研究述评［D］. 兰州：兰州大学，2009.

［5］郭庆光 . 传播学教程［M］. 2 版 . 北京：中国人民大学出版社，2011.

［6］周敏 . 阐释 · 流动 · 想象：风险社会下的信息流动与传播管理［M］. 北京：北京大学出版社，2014.

［7］HEIDE E A D. Disaster Response：Principles of Preparation & Coordination［J］. Public Productivity & Management Review，1989，15（3）.

［8］KAPUCU N. Interagency communication networks during emergencies：Boundary spanners in multiagency coordination［J］. The American Review of Public Administration，

2006，36（2）：207-225.

［9］郭喜红．认知需求与交互过程中用户健康信息搜寻行为相关性研究［D］．长春：吉林大学，2014.

［10］CACIOPPO J T，PETTY R E. The need for cognition［J］. Journal of Personality and Social Psychology，1982，42（1）：116-131.

［11］CACIOPPO J T，PETTY R E，FEINSTEIN J A，et al. Dispositional differences in cognitive motivation：The life and times of individuals varying in need for cognition［J］. Psychological Bulletin，1996，119（2）：197-253.

［12］GULGOZ S. Need for cognition and cognitive performance from a cross-cultural perspective：Examples of academic success and solving anagrams［J］. The Journal of Psychology，2001，135（1）：100-112.

［13］WILSON T D. Human Information Behavior［J］. Informing Science，2000，3（2）：49-55.

［14］JOHNSON J D. Cancer-Related Information Seeking［M］. Hampton Press：Cresskill，NJ，USA，1997.

［15］KRIKELAS J. Information seeking behavior：Patterns and concepts［J］. Drexel Library Quarterly，1983，19（2）：5-20.

［16］KUHLTHAU C C. Inside the search process：Information seeking from the user's perspective［J］. Journal of the American Society for Information Science，1991，42（5）：361-371.

［17］GRIFFIN R J，DUNWOODY S，NEUWIRTH K. Proposed model of the relationship of risk information seeking and processing to the development of preventive behaviors［J］. Environmental Research，1999，80（2）：S230-S245.

［18］巢乃鹏．网络受众心理行为研究——一种信息查寻的研究范式［M］．北京：新华出版社，2002.

［19］WILSON T D. Human information behavior［J］. Informing Science，2000，3（2）：49-55.

［20］VISWANATH K，FINNEGAN J R. The knowledge gap hypothesis：twenty-five years later［J］. Annals of the International Communication Association，1996，19（1）：187-227.

［21］VERPLANKEN B. Need for cognition and external information search：Responses to time pressure during decision-making［J］. Journal of Research in Personality，1993，27（3）：238-252.

第六章　城市空间——韧性城市规划的物质对象

城市空间是承载城市功能的实体，韧性城市规划的实现主要是基于对城市空间的调整与管控。本章呈现韧性城市规划的方法研究，并结合实证展示通过韧性理念指导规划编制的范例。本章包括三部分内容，分别为基于不确定性的城市市政设施韧性城市规划、应对多灾种风险的避难场所选址优化研究、基于多源数据的应急避难场所多尺度规划方法。市政设施与避难场所均为城市韧性的重要基础设施，加强该方面的规划方法研究具有较强的实践借鉴价值。

第一节　基于不确定性的城市市政设施韧性规划

各类灾害给世界范围内的大城市带来了巨大的损失，如 2011 年的东日本大地震，城市重建费用超过 2000 亿美元，引发的 2014 年的福岛第一核电站事故造成总计约 3600 亿美元的损失。我国 2008 年的汶川地震更是造成了 8000 多亿元的直接经济损失。2020 年，我国各类灾害共造成 1.38 亿人次受灾，591 人因灾死亡，直接经济损失 3701.5 亿元。灾害已经严重影响城市发展进程，是城市规划亟须面对的重大问题（图 6-1-1）。

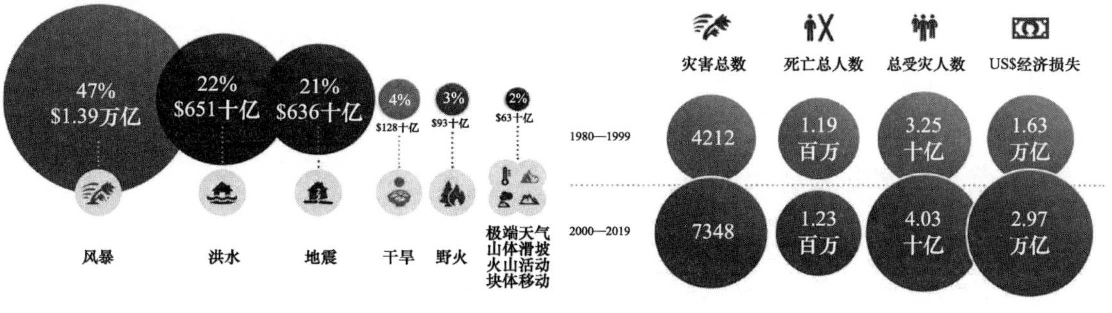

图 6-1-1　世界范围灾害影响变化

（图片来源：联合国报告《灾害造成的人类损失（2000—2019 年）》[1]）

城市市政基础设施作为地域灾害的第一道防线，在灾害预防、救助、恢复等环节都发挥着重要作用。但市政设施系统本身具备复杂、相互关联性的特点也使其面临更高的易损性。我国目前对市政设施的防灾减灾能力建设重视程度不够，在承载能力、应急管理、制度建设方面都有待提升。因此，在规划中建立韧性思维，寻求适应我国国情的韧性规划方法，并落实于市政设施韧性规划，从而加强市政设施系统的适应变化和应对风险能力，是韧性研究不可或缺的一部分。

一、不确定性理论的概念及内涵

不确定性的概念最初来源于经济学领域，意为“经济主体对于未来的经济状况尤其是收益与损失的分布范围以及状态不能确知[2]”，这种不确定性产生于人的有限理性。我们常用“风险”一词来表述概率已知的案例，而不确定性则是概率不明晰的状态；同样，城市的未来状态受制于有限的认知能力，不能简单地划分为常态和非常态，因此，“不确定性”概念同样适用于城市规划领域。

传统规划的核心在于准确地预测城市发展规模、人口、产业、空间并制定规划蓝图，随着我们认知能力的不断提升，预测未来的模型也越来越复杂。然而，以往城市规划“以已经掌握的事物为基础，形成关于价值、期望以及选择的优先级的认知，却无法了解未来情况下的这些认知将会是什么[3]”。这种建立在确定性之上的预测，在应对日益复杂的城市问题中出现失灵。因此，我们必须承认城市的不确定性，主要体现在以下三方面：

（1）未来发展的不确定性

不确定的变化是城市发展最重要的属性，随着复杂程度的提升，传统线性思维已经无法吻合城市发展的轨迹，因此，城市未来发展并不存在最优解，而是时刻处在转型之中，规划不应强行扭转轨迹，而应顺应轨迹，仔细辨别和预测发展曲线的走向，调整不必要的低谷，实现曲线稳步地上升，为每一次可能的转型做好准备。

（2）系统内外干扰的不确定性

城市外部干扰和内在抵御力都处于动态变化中，看似稳定的现象可能会在不确定性的作用下发生突变，小变化也可能会在蝴蝶效应下被骤然放大，这使得参考城市过去的行为来推断将来变得困难，因此，“借助过去的趋势推断未来可能已不合时宜[4]”，规划也应致力于提升系统适应能力而非单纯解决过去的问题。

（3）应对策略的不确定性

即使是外部的干扰，也未必都是有害的，只要规划的应对策略也在不断地适应和变化，危机与转机是可以相互转化的，而实现转化的途径就是规划策略的充足准备和预见性。2013年，国际中国规划学会提出要“倡导不确定性在城市规划和治理中的优先级”，这也给城市规划提出了新的要求，即转变理念和思路，及时调整规划的出发点和目标。

二、市政设施韧性规划理论

1. 市政设施韧性规划内涵

作为城市正常运行和平稳发展的基础支撑，基础设施系统的有效运转是城市赖以生存和发展的必要条件。因此，很多国家和城市都将基础设施系统保护作为城市安全战略的重要组成部分[5]，并强调加强韧性基础设施建设。城市市政基础设施是为社会生产和居民生活提供服务的物质工程设施，是城市系统的基础和重要组成部分，是社会赖以生存和发展的一般性物质条件，一般认为供电、供水、天然气、供热、通信、排水（雨水）防涝、污水（再生水）、环卫、消防、加油站、加气站、充电设施这12个市政基础设施子系统，是城市核心的市政设施系统。

市政设施韧性规划以地方韧性行动计划和韧性城市总体规划为上位规划，主要作为专项规划统筹城市市政设施的分析、预测、规划、管理等工作，组织协调政府、基础设施相关部门、应急部门、市民等共同参与决策，制订工程整备、防灾教育、避难训练等各项建设计划，积极推进各类韧性措施顺利实施，监测各项韧性指标完成度，并促进规划不断更新演进。由于市政设施在城市韧性中的重要地位，市政设施韧性规划是最重要的专项韧性规划之一。

2. 市政设施韧性规划目标与原则

市政设施韧性规划的主要目标有四点：第一，最大限度维系市政设施机能适应性；第二，理清多方责任主体，促进韧性策略实施；第三，强化并确保市政设施恢复性；第四，提升全社会的韧性城市防灾意识。

在市政设施韧性规划中要把握以下四点原则：第一，因地制宜，提升规划可实施性；第二，韧性评价，把握系统脆弱性；第三，多方协同，提供各主体参与途径；第四，调和冲突，协调韧性建设与城市发展。

3. 市政设施韧性规划主要内容

市政设施韧性规划包括灾害情景设定、韧性评价、韧性提升策略、实施检测指标四项主要内容。

（1）灾害情景设定

首先要对市政设施系统进行分析，全面充分地了解系统基本情况、空间结构、设施运行、应急预案等内容，确定系统发展的主要问题、核心要素和变化趋势；随后，基于系统分析预测市政设施系统的未来发展目标，针对各个子系统提出更为细致的目标；最后列出各目标的发展走向和情景，并明确每种情景下的受灾概率、受灾范围、受灾程度、灾害持续时间、对其他系统可能产生的影响等，筛选出关键情景。

（2）韧性评价

韧性评价是规划编制方法的主体，也是韧性策略制定的最主要依据。韧性评价主要包括：①对照韧性规划目标，评价目前在设施、管理方面所存在的脆弱性；②分析不同情景下脆弱性的产生和韧性缺失的原因；③对当前已经采取的政策、措施等作出韧性评价，即分析现行措施对城市韧性的建设起到了怎样的作用。

（3）韧性提升策略

韧性措施和策略是韧性规划的核心成果之一，除防灾设施强化策略外，也应制定与产业发展、自然环境保护等相关的策略，措施制定领域应当与韧性评估保持一致。针对市政设施系统，策略应兼具工程性与社会性，结合市政设施规划、建设、运行、管理和维护的周期性[5-6]，提升市政设施在受灾时的抵御能力和灾后的恢复能力。

（4）实施检测指标

市政设施韧性规划中，应整理各个系统的策略群、各项目现状完成度等，分领域对现状韧性进行综合分析评价，后选定各系统的 KPI 重要事业指标，其灵活运用有助于对重要项目的管理，及时把握韧性策略的实施情况。

三、市政设施韧性规划方法

我国市政设施韧性规划方法主要有情景规划、适应性规划、协同规划。

（1）情景规划

该方法是韧性规划的核心方法。传统确定性的规划存在着诸多不足，如研究范畴不对等、知识容量不对等和时间的不对等，情景规划能够将复杂的不确定性转化为可以想象和预测的结果，对系统未来发展的可能性和导致系统变化的一系列事件、动因、结果进行分析[7]，有效地提升规划应对不确定性的能力；情景规划的核心不在于预测的准确性，而是开放性地将多种视角纳入决策考虑因素中。

（2）适应性规划

目前欧美各国编制了适应性规划，在城市韧性领域，适应性规划的目标就是基于对城市系统的过去、现在、未来的分析，制定具有适应能力的规划策略，确保其适应变化、应对挑战的能力。本质上是为城市设计一套“学习计划”，通过不断将新信息风险评估的结果纳入地方发展和适应战略目标，优先选择适应路径，并执行、监测和评估。适应性规划通过反复的学习循环并制订多重、灵活的方案来建立城市的适应能力。

（3）协同规划

协同规划模式可以对不同主体、不同层级、不同类型进行协调和分工，而多方主体的参与能够为规划者提供最新的信息，保证了分析和政策制定的准确性、针对性和直接性。

本研究中采用的方法为 PDCA Cycle 的通用模型（图 6-1-2），即“P（计划）—D（执行）—C（检查）—A（处理）”的循环模式，核心方法是情景规划和适应性规划。在 PDCA 模型基础上，针对市政设施进行模式调整，主要包括区域研究、情景规划、韧性评价、行动策略、规划评估与反馈这几个步骤。

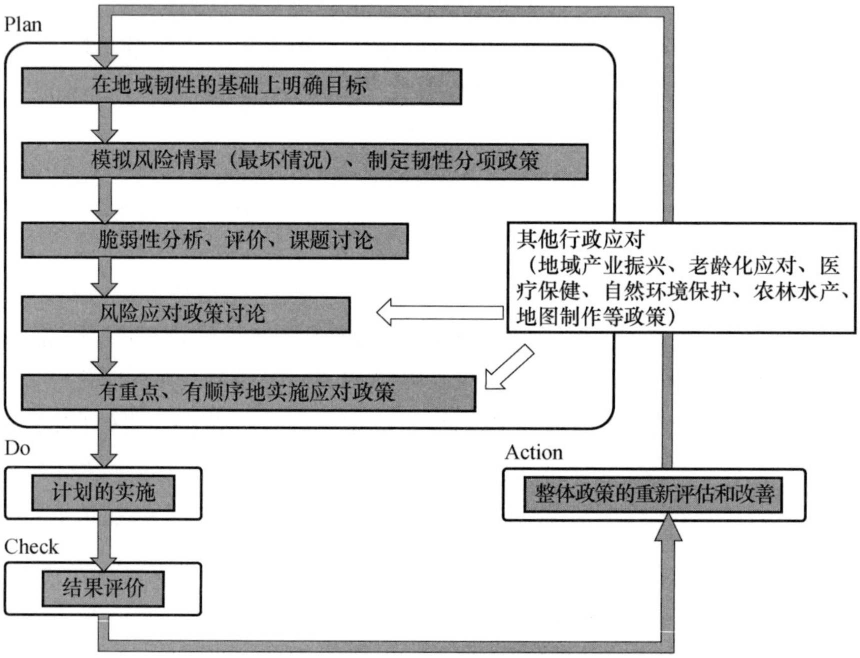

图 6-1-2　PDCA 循环示意

（1）区域研究

结合历史灾情及灾害危险性，分析城市可能面临的风险要素及干扰水平，总体把握城市风险要素。

（2）情景规划

依据第一步的区域研究结果，确定城市市政设施韧性建设的基本目标如下：

①大规模自然灾害发生的情况下最大限度地保证人民生命安全；

②大规模自然灾害发生后迅速开展救助、急救等医疗活动；

③大规模自然灾害发生后保证必要的行政机能有效运作；

④大规模自然灾害发生后保证通信机能的畅通；

⑤大规模自然灾害发生后保证经济机能不会完全崩溃（包括经济链）；

⑥大规模自然灾害发生后保证生活和经济活动所需要的最低限度的用电、用气、供水和排水、交通网络等基础设施的畅通；

⑦预防次生灾害的发生；

⑧大规模自然灾害发生后，迅速整备城市、经济迅速恢复、再建等所需条件。

基于上述的各类目标，针对城市市政设施各个子系统，分析各系统为达成目标可能的情景和发展路径。根据地域特性，预测可能发生的风险事件，一般基于往年发生的最大受灾情况或今后有较高概率发生的风险并前瞻性地考虑城市未来可能的不确定性来进行预测，设定风险事态要求编制时具有自由的发散思维和丰富的想象力，尽可能多地将未来可能发生的风险都涵盖其中，同时也要求风险事态具体化，能够充分描述风险的可能范围、时间、地点、可能发生的事件等，使其更具有实际参考价值和可操作性。

（3）韧性评价

韧性评价主要针对市政设施全系统及各子系统中日常运行的隐性风险和可能受到的冲击，由于不确定性的影响，评价方式一般以定性分析为主、定量分析为辅，核心在于识别变化和适应性，而不是单纯追求量化，评价领域应和情景规划相一致，包括五个方面：行政管理、应急预案、空间布局、设施强化和宣传教育。

（4）制定实施策略

在设施韧性评价的基础上，对各类别的市政基础设施提出韧性提升及风险管理的相关建议，优化市政基础设施平台，夯实建设基础，增强规划可靠性。

（5）规划评估与反馈

编制完成后，将韧性规划成果交予政府规划部门、市政设施相关部门、研究人员、市民等团体或个人进行讨论和评价，结合建议和评价，对规划结果重新审视，对韧性评价内容和韧性对策进行必要的重新评估和改善。另外，对规划中的韧性项目监测指标内容，定期进行监测和分析，对出现的新风险情景或变化，在规划中及时进行调整并予以解决。

四、合肥市市政设施韧性城市规划研究

1. 研究区域

合肥市是安徽省的省会，国务院批复确定的中国长三角城市群副中心城市，国家重要的科研教育基地、现代制造业基地和综合交通枢纽。截至 2019 年，全市下辖 4 个区、4 个县，代管 1 个县级市，总面积 11445.1km^2，建成区面积 528.5km^2，常住人口 818.9 万人，城镇化率 76.33%，常住外来人口 158 万人。

合肥市主要风险要素如图 6-1-3 所示。截至 2016 年，合肥主城区共有各类市政基础设施 569 座，用地面积约 767ha。其中，供电设施 98 座，供气设施 26 座，供热设施 6 座，供水设施 18 座，雨水排涝设施 77 座，污水处理设施 58 座，环卫设施 52 座，消防设施 21 座，加油加气设施 177 座，充电设施 34 座。合肥位于著名的郯（城）庐（江）断裂带南端，是全国 13 个地震重点监视防御城市之一，设防烈度为 7 度。同时，台风、持续性干旱、流域型洪水等也时有发生。规模巨大的经济总量和市政基础设施，当遇到自然灾害等突发事件时，有可能遭受重大的影响。

2. 技术路线与研究方法

合肥的市政设施韧性规划研究仅对规划落实前的系统分析、情景分析、韧性评估、行动策略阶段进行研究（图 6-1-4）。依托 PDCA 循环模型，首先对系统进行分析，并针对风险情景进行预测，选取“最坏情景”设定各项基础设施韧性规划目标，并进行韧性评估。基于韧性评估结果提出行动策略。接下来，在规划落实层面，建立重要指标检测系统，建立起反馈的“适应性规划”体系。

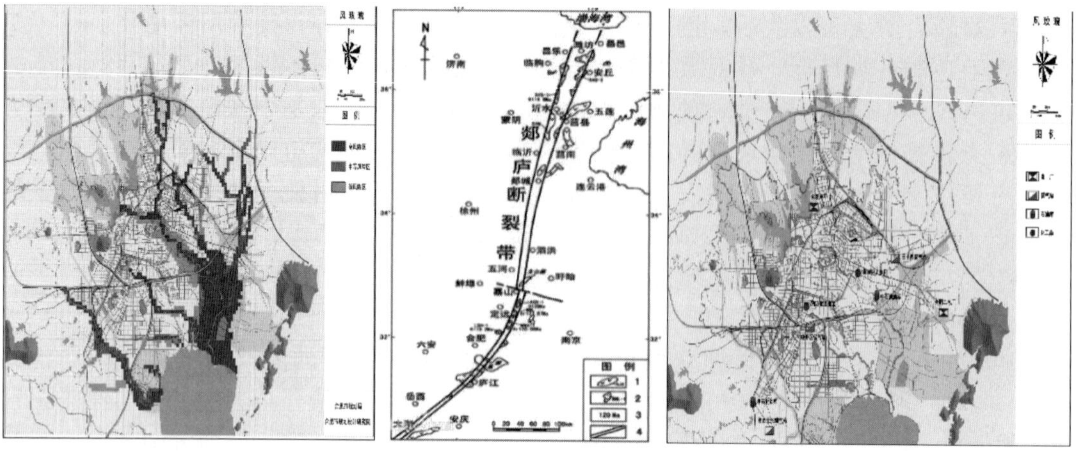

图 6-1-3　合肥市主要风险分析

（图片来源：合肥市总体规划）

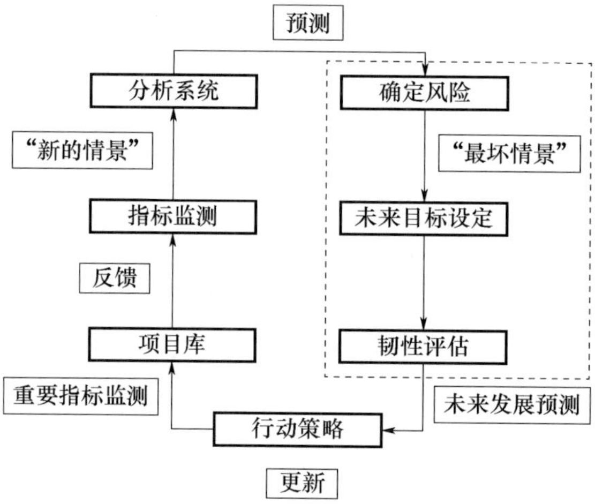

图 6-1-4　技术路线

3. 分析结果

（1）区域研究结果

研究结果表明，对合肥市影响较大的风险要素有地震、火灾、洪涝、公共事故、气象灾害和地质灾害六类（表 6-1-1）。

表 6-1-1　合肥市灾害评价表

	地震	火灾	洪涝	公共事故	气象灾害	地质灾害
重大性	3	2	2	3	2	1
延伸性	3	2	3	3	2	1
破坏性	3	2	2	2	1	1
影响范围	3	1	2	3	3	2
频率	1	2	2	1	1	1
发生概率	1	3	2	1	1	1
易损程度	3	3	2	1	1	1
得分	17	15	15	14	11	8

梳理合肥市已经编制的防灾规划、应急预案、专项规划等内容，分析目前城市市政设施系统中的薄弱点和脆弱性（表 6-1-2），发现目前合肥市政设施规划存在以下问题：一是规划建设以问题为导向，市政基础设施布局前瞻性不足；二是市政基础设施安全标准不高，主要表现在供电、供水、雨水、环卫和消防等方面；三是管理上条块分割，重大市政设施建设管理缺乏统筹。

表 6-1-2　合肥市市政设施各类相关规划梳理

（资料来源：合肥市各类相关规划）

规划名称	涉及内容	应急指挥系统		避难空间系统		保障系统		
		省级指挥	市级指挥	避灾场地	疏散通道	生命线	物资	重点工程
合肥市城市抗震防灾规划	地震	●	●	▲● ☆√	▲● ☆√	▲☆	▲☆	▲☆
合肥市城市防洪规划	洪涝	●	●	▲	▲	▲☆	▲☆	▲☆
合肥市城市消防专项规划	火灾	●	●	●	☆	▲	×	▲√
合肥市城市供电专项规划	防灾保障	×	×	×	×	●	×	●☆
合肥市城市供水专项规划	防灾保障	×	×	×	×	●	×	●☆
合肥市加油加气站布点规划	防灾保障	×	×	×	×	●	×	●☆
合肥市城市天然气专项规划	防灾保障	×	×	×	×	●	×	●☆
合肥市城市环卫设施专项规划	防灾保障	×	×	×	×	×	×	●☆

注：×不涉及；▲规划补充；●现状整合；☆规划提升；√规划变更。

（2）情景规划结果

基于情景规划方法，参考表 6-1-1 确定的主要风险及主要目标，对 11 个市政设施子系统可能发生的各类事态作出预判和总结，主要列出各个子系统在遭受冲击后可能出现的后果（表 6-1-3）。

表 6-1-3　重点情景事态

分系统目标		受灾事态确定
供电设施系统	大规模自然灾害发生时供电设施保证基本运转并在灾后及时恢复	**1.1 地震灾害发生后城市重要电源损毁**
		1.2 台风灾害发生后城市地面架空输电线路损毁
		1.3 高温灾害发生后城市电力系统瘫痪
		1.4 爆炸灾害发生后城市大规模停电
		1.5 洪水或强降雨灾害发生后城市电力设备受损
供水设施系统	大规模自然灾害或人为破坏发生时合肥市供水设施保证基本运转并在灾后及时恢复	**2.1 城市发生水源枯涸、城市原水不足，引发供水危机**
		2.2 地震灾害发生后城市原水不足、供水系统中断
		2.3 内涝洪水灾害发生后城市水源受到污染
		2.4 电力等相关基础设施受损引发供水系统中断
		2.5 人为破坏引发供水系统损坏，如城市建设活动、群体性事件、恐怖袭击等
通信设施系统	大规模自然灾害发生时通信设施保证基本运转并在灾后及时恢复	**3.1 大规模灾害（地震、火灾及爆炸等）发生后通信设施受损，导致通信中断**
		3.2 大规模灾害（地震、火灾及爆炸等）发生导致供电设施受损，影响通信设施的正常运行
		3.3 大规模灾害（地震、火灾及爆炸等）发生导致通信需求短时间内激增，通信负荷过大，通信线路拥堵
		3.4 大规模灾害（地震、火灾及爆炸等）发生时各项管理制度不能及时开展和有效应对

续表

分系统目标		受灾事态确定
消防设施系统	大规模自然灾害发生时消防设施保证基本运转并在灾后及时恢复，并能为城市其他系统韧性提升给予支持	4.1 大规模灾害（地震、火灾及爆炸等）发生后城市消防设施本身受到破坏以及消防人员生命安全受到威胁
		4.2 大规模灾害（地震、火灾及爆炸等）发生导致消防设施配套设施受损（供水、供电、通信、消防通道）
		4.3 大规模灾害（地震、火灾及爆炸等）发生时城市消防设施配置和类型不能满足救灾需求
		4.4 大规模灾害（地震、火灾及爆炸等）发生时各项管理制度不能及时开展和有效应对
排污设施系统	大规模自然灾害发生时排污设施保证城市污水及时处理，并在灾后及时恢复	**5.1 地震灾害发生后城市污水管网系统损毁**
		5.2 城市暴雨引发内涝洪水等灾害
		5.3 人为损毁排水设施及管网系统
		5.4 地震灾害发生后城市重要污水厂及排污管道损毁
		5.5 洪水或内涝灾害时发生雨污混接、雨水倒灌等
		5.6 指挥调度系统缺失，与其他部门应急救援协调机能缺乏
		5.7 管养基地未建立，灾时应急响应缺乏物质基础
环卫设施系统	大规模灾害或人为破坏发生时环卫设施保证基本运转并在灾后及时恢复	6.1 火灾爆炸导致填埋场焚烧厂等被破坏，无法作业
		6.2 暴风雨雪造成城市断电，设备损坏，导致垃圾焚烧场无法工作，环卫工作效率低下
		6.3 洪涝水灾导致填埋场无法运行，造成焚烧厂无法运行
		6.4 地震造成城市电力系统瘫痪；城市道路损坏，垃圾转运困难
		6.5 高温极端天气时环卫效率低下，垃圾腐臭更加严重
供热设施系统	大规模灾害或人为破坏发生时供热设施保证基本运转并在灾后及时恢复	7.1 地震灾害发生后城市重要热电厂及供热管网损毁，导致供热机能中断
		7.2 供热体制单一，受灾时城市供热不足
		7.3 热电厂受灾时引发火灾、爆炸、蒸汽管道泄漏等次生灾害
		7.4 指挥调度系统缺失，与其他部门应急救援协调机能缺乏
供气设施系统	大规模自然灾害或人为灾害发生时合肥市供气设施保证基本运转并在灾后及时恢复	8.1 燃气源供气短缺甚至停止供气，严重影响商业用户及普通市民用气生产生活
		8.2 火灾对天然气储气设备、输送管道等设施造成破坏和影响，同时，由火灾引起的天然气爆炸等二次灾害影响，破坏范围大
		8.3 城市燃气泄漏对天然气设施造成破坏引发爆炸，甚至引起储气设备的二次爆炸
		8.4 人为因素对天然气设备及管道造成破坏，由此引发二次灾害，影响正常供气作业
		8.5 燃气源供气短缺甚至停止供气，严重影响商业用户及普通市民用气生产生活
供油设施系统	大规模自然灾害或人为灾害发生时合肥市供油设施保证基本运转并在灾后及时恢复	**9.1 地震等自然灾害及人为灾害发生后导致加油站发生爆炸、火灾等，形成重大风险源**
		9.2 内涝及洪水发生时加油站储油上浮等情况
		9.3 发生灾害导致加油站功能损坏，无法正常供油
		9.4 城市加油站总体应急预案缺失
加气站系统	自然或人为灾害发生时加气站能保证基本运转并在灾后及时恢复	10.1 因自然或人为因素造成加气站气量不足，影响正常运行
		10.2 灾害造成加气站发生火灾爆炸等事故
		10.3 加气站发生严重气体泄漏，造成人员伤亡、火灾爆炸等事故

续表

分系统目标		受灾事态确定
充电设施系统	大规模自然灾害发生时充电设施保证基本运转并在灾后及时恢复	11.1 地震灾害发生后城市充电设施受损无法使用
		11.2 地震灾害发生后城市电源受损引发充电设施无法使用
		11.3 洪水和强降雨灾害发生后城市电源受损引发充电设施无法使用
		11.4 交通阻塞导致路边充电设施无法高效使用
		11.5 高温时用电需求过大时，供电系统瘫痪，充电设施无法正常使用

（3）韧性评价结果

在总体韧性评价结果方面，合肥市的各类防救灾设施较为完善，应急体系及管理体系也已初步建立，总体上来说具备了抵御一定规模灾害的能力，但仍存在诸多不足之处：

①应急预案体系有待完善。应急预案未能做到全覆盖；应对重大自然灾害的应急预案缺失；缺乏部门之间的协调合作和交流共享。

②韧性认识上的不足。各部门对灾害发生的紧迫性认识和危害性认识不足，随着城市快速发展，人口、产业等改变着城市所处的自然环境，给城市带来巨大压力，近年来社会安全事件频发，城市韧性建设极为紧迫。

③韧性要素建设尚有差距。物质性要素建设有一定基础，但离韧性城市标准尚有差距，如在消防设施方面，用地和服务半径的指标未满足，供水设施方面备用水源建设不足、城市干道下供水管道薄弱等；非物质要素建设较为薄弱，目前存在统一管理机构不明确、社会组织参与度不高、教育宣传工作缺乏等一系列体制机制问题。

在分情景韧性评价结果方面，基于情景规划结果，对每类子系统从行政管理、应急预案、空间布局、设施强化和宣传教育五个方面作出韧性评价，此处以供水设施韧性评价为例，见表 6-1-4。

表 6-1-4　供水设施脆弱性评价

系统总体目标	可能发生的事态	脆弱性评价分项					现有措施或政策的评价
		行政管理	应急预案	空间布局	设施强化	教育宣传	
大规模自然灾害发生时供水设施保证基本运转并在灾后及时恢复	城市发生水源枯竭城市原水不足	城市未来发展所需水源涉及区域层面的调水工程，需要不同区域间的协同合作，不确定因素较大	分情景，对不同的情况有完整的应急预案，但预案较为概略，缺少实际可操作性	合肥现有水厂选址缺少未来水源变化情况的考虑；供水管线系统缺少整体综合的布局；尤其是老城区供水管线较为复杂，其与道路的关系亟待调整	合肥未来发展对用水量要求大，现有水源不能满足未来发展	对分质供水、节水有一定的宣传，但力度不够	对未来城市水源利用有着明确的规划，但缺乏对水体的综合利用
	地震灾害发生后城市原水不足、供水系统中断	水厂、供水公司、地震局之间缺少联动机制，灾害发生时，信息不能有效传递	现有应急预案缺乏情景模拟，灾害发生时可操作性较差		供水管网较为脆弱，水厂之间的关联性不高	地震灾害发生后，居民如何应对缺水环境缺少宣传教育	现有措施缺少不同地震情景的模拟，导致政策在灾害发生时不能有效落实
	内涝洪水灾害发生后城市水源受到污染	水厂、供水公司与气象单位、防汛部门缺少信息共享，灾害信息不能高效传递	针对暴雨带来的水体污染，具有详细的应急预案		水厂之间互联度不高，水处理工艺较为单一	对水源保护有一定的宣传，但力度仍需加强	现有措施较为概略，具体指导性较差

续表

系统总体目标	可能发生的事态	脆弱性评价分项					现有措施或政策的评价
		行政管理	应急预案	空间布局	设施强化	教育宣传	
大规模自然灾害发生时供水设施保证基本运转并在灾后及时恢复	电力等相关基础设施受损引发供水系统中断	水厂、供水公司与电力部门之间缺少信息共享平台	有详细的应急预案，但缺少具体的应对措施	合肥现有水厂选址缺少未来水源变化情况的考虑；供水管线系统缺少整体综合的布局；尤其是老城区供水管线较为复杂，其与道路的关系亟待调整	水厂、供水系统的电力供应系统可靠性较弱	缺少居民如何应对的宣传工作	现有措施缺少对特殊极端情景的考虑，一旦灾害发生，不能有效应对
	人为活动引发供水系统损坏	供水公司缺少对供水管网系统的监控系统，信息获取滞后	现有应急预案对不同情景都有考虑，全面但不够深入，缺少具体的操作步骤		水厂、供水系统对水源及管网的监控力度不足	缺少相应的教育宣传	现有措施较为概括，在实际应用当中操作性较差

（吴浩田，郭文韬）

参考文献

[1] 联合国 . 灾害造成的人类损失（2000—2019 年）[R] . 2020.

[2] 坚喜斌，张守连 . 经济管理中基于有限理性假说的不确定性认识 [J] . 生产力研究，2011 (04)：27-28.

[3] 赫磊，宋彦，戴慎志 . 城市规划应对不确定性问题的范式研究 [J] . 城市规划，2012 (07)：16-23.

[4] 刘丹 . 弹性城市的规划理念与方法研究 [D] . 杭州：浙江大学，2015.

[5] YUSTA J M，CORREA G J，LACAL-ARÁNTEGUI R. Methodologies and applications for critical infrastructure protection：State-of-the-art [J] . Energy Policy，2011，39 (10)：6100-6119.

[6] 陈文红 . 城市基础设施防灾能力评价体系及其应用研究 [D] . 北京：首都经济贸易大学，2016.

[7] 陈熳莎 . 情景规划——一种新的规划态度、方法与过程 [C] . 中国城市规划年会，2007.

第二节　应对多灾种风险的避难场所选址优化研究

随着城市化进程的不断加快，人口和财富的不断聚集，自然灾害、人为灾害等公共突发事件带来的损失呈现明显上升的趋势。潜在的灾害风险时刻威胁着人类的发展，一旦在人口高度聚集的城市中发生，后果将更加严重。同时，在人类活动的影响下，各类灾害发生的次数明显增加，城市将遭受更加频繁的灾害考验。城市作为多种要素聚集的复杂系统，多种类型风险源在城市空间中高密度集聚。在面临单灾种风险的同时，城市中发生多种灾害或由其他因素引起次生灾害的可能性大大增加，在开展城市防灾减灾工作中需考虑更多的灾害类型。城市中的灾害种类、发生次数、后果严重程度都将急剧增加，防灾的形势将更加严峻，管理者将面临前所未有的挑战。

一、避难场所概念及其选址研究

避难场所是灾后供居民紧急疏散、临时生活的安全场所，也是城市抵御各类灾害的重要设施，避难场所体系布局是否合理完善是衡量一个城市抗灾能力的重要指标。避难场所按照空间开放程度来分，可以分为场所型和建筑型；按照等级规模可以分为紧急避难场所、固定避难场所和中心避难场所。紧急避难场所是指用于紧急疏散居民或集合居民向固定避难场所转移的过渡性场所；固定避难场所是配置一定的专业应急设施，可以在灾时搭建临时帐篷或者临时构筑物并能够提供应急医疗救护、物资供应、供水的中长期避难场所；中心避难场所是面积较大、功能较全、等级较高的固定避难场所。在《城市抗震防灾规划标准》（GB 50413—2007）中，对避难场所规划明确指出：避难场所应在针对用地地震破坏、不利地形、地震次生灾害、其他重大灾害等因素进行评价的基础上，进行规划布置。但在规划实践中，编制部门制订方案的依据更多的是工作经验、感性认识及习惯性灵感，相关规划理论和方法的研究较为滞后。长期以来，由于不同部门规划制定防御对象、目标与时序的不同，造成了避难场所重复、无序的规划，拖累了城市防灾工作的实施。此外，目前在避难场所规划设计中主要针对地震单一灾种风险，注重单灾种片面的防御无法确保居民在灾后的生命财产安全。随着综合防灾理念的提出，原有面向地震灾害设置的避难场所的概念被扩展成为能够面向更多灾害的更加广义的避难场所，然而，目前这方面的研究由于学科交叉较多，理论及方法的探索刚刚起步，如何满足相关规范标准及综合防灾理论中的要求，进行避难场所科学合理的选址，是城市规划学者面临的新挑战。

在传统的避难场所规划中，多以固定避难场所作为对象开展规划选址研究。Chou 等介绍了用于分析潜在地震的台湾地震损失评价系统（TELES：Taiwan Earthquake Loss Estimation System），并运用该系统模拟了台北地区的潜在地震事件，对可能造成的建筑物损毁与位移进行了分析预测[1]。Kilci 等将避难场所各项要素评分的最小值作为避难场所评价指标，通过调整规划方案将该指标变为最大[2]。Gall 针对洪水风险，采用消费成本计算了避难场所的可达性，在此基础上通过用地适应性评价确定了新增避难场所的选址[3]。同样针对洪水风险，Sanyal 等使用 ArcGIS 中的 Point-Distance 工具计算了居民点到达最近的避难场所的距离，用以优化避难场所的布局[4]。在公共设施配置中，通常的规划方法是在预先挑选出的备用场所中，通过条件约束方法选择多种因素综合下的最优解或近似解。固定避难场所的规划选址可以看作在满足规划原则基础上的公共设施配置问题，因此，近年来公共设施配置的分析方法广泛应用于避难场所规划中。例如，范晨璟等将最大化覆盖模型结合居民行为特点运用于地震型避难场所的规划选址中[5]；施益军等在对剑川县避难场所的规划选址中以出行成本和建设成本最小化以及覆盖范围最大化为目标构建了不同等级避难场所的选址模型，并以 Voronoi 算法划分了场所的责任区[6]。

二、多灾种综合应对的避难场所选址优化方法

多灾种综合应对的避难场所规划流程如图 6-2-1 所示。首先收集资料并划定防灾分区；其次，在城市多风险后果分析的基础上，从保证紧急避难时场所的高可达性入手，从公

园、绿地、空地、广场、体育用地及学校操场中选取备选场所，以满足就近避难、平灾结合的规划要求；再次，对选址条件要求较多的固定避难场所进行选址，可以借助公共设施配置模型生成的最优方案优化场所配置；最后，在安全性高的综合型固定避难场所中选取中心避难场所，以此构建“紧急避难场所—固定避难场所—中心避难场所”三级的避难场所结构。

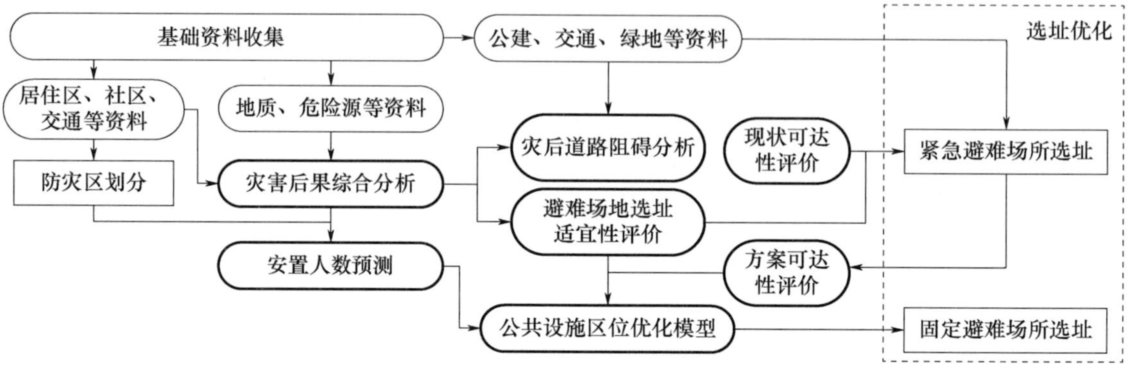

图 6-2-1　多灾种综合应对的避难场所规划技术流程

1. 单灾种预测分析方法

避难场所的单灾种风险评价模型由危险性、脆弱性、暴露性组成。

$$R=f\ (H,\ V,\ Ex) \tag{6-2-1}$$

式中，R 为避难场所面临的灾害风险；H 为危险性，对应灾害场景的级别；V 为承载体脆弱性，可通过现状数据结合历史经验数据进行计算；Ex 为暴露性，可通过风险预测模型进行分析；f（ ）为多因素的共同影响。

2. 灾害链分析方法

在多风险的背景下，为综合考虑灾害链与次生灾害的影响，使用灾害风险耦合矩阵进行风险分析。参照盖程程等[7]提出的风险耦合关系分析方法，分析地震、洪水、工业事故三种需要安置居民的灾害耦合关系（表 6-2-1）。首先从避难场所面临的原生灾害入手，分析灾害对规划方案制订产生的安全性、安置人数、设施可达三方面影响，“○”符号表示风险后果分析中必须考虑该项要素的影响；之后，在分析灾害链耦合关系分析中，当灾害原因与后果之间的拓扑关系为“√”时，则表明需要考虑原生灾害造成影响范围内的灾害链的事件，并对可能发生的次生灾害进行进一步的风险后果分析。

表 6-2-1　灾害耦合关系

灾害起因	事件类型	对规划方案制订的影响			灾害后果耦合关系						
		安全性	转移人数	交通阻碍	地震	洪水	工业事故	断层位移	建筑倒塌	桥梁垮塌	高空坠物
地震	原生灾害	—	○	—	—	×	√	√	√	√	√
洪水	原生灾害	○	○	○	×	—	×	×	×	×	×
工业事故	原生、次生灾害	○	○	—	×	×	—	×	×	×	×
断层位移	次生灾害	○	—	—	×	×	×	—	×	×	×
建筑倒塌	次生灾害	○	—	○	×	×	×	×	—	×	√

续表

灾害起因	事件类型	对规划方案制订的影响			灾害后果耦合关系						
		安全性	转移人数	交通阻碍	地震	洪水	工业事故	断层位移	建筑倒塌	桥梁垮塌	高空坠物
桥梁垮塌	次生灾害	—	—	○	×	×	×	×	×	—	
高空坠物	次生灾害	○	—	○	×	×	×	×	×	×	—

3. 灾害后果综合分析方法

应对某一风险R_n可能造成的后果进行安全性评价，以最不安全的得分作为该风险的避难场所安全性评价得分，安全性评分计算如式（6-2-2）所示[5]。

$$X_{R_n,x,y}=\min\ (X_{R_n,1,x,y},\ X_{R_n,2,x,y},\ \cdots,\ X_{R_n,m,x,y})\quad n=1,\ 2,\ \cdots \tag{6-2-2}$$

式中，$X_{R_n,x,y}$是对R_n风险影响下的避难场所区位（x，y）用地安全性的评分；$X_{R_n,m,x,y}$是灾害R_n发生后，在坐标（x，y）上，第m个影响避难场所安全的因素评价得分，分值为-1时表示灾害R_n发生后该处不安全，不适宜作为避难场所，分值为0表示灾害R_n发生后该处较安全，可以选为紧急避难场所，分值为1表示灾害R_n发生后该处安全，可建设为紧急避难场所以及灾害R_n灾后的固定避难场所。

4. 疏散居民数量预测方法

灾害发生后需要疏散的居民数量预测方法如式（6-2-3）所示。

$$N_{R_n}=\frac{1}{r_a}\sum_{s=1}^{S}W_{s_{R_n}}A_{s_{R_n}} \tag{6-2-3}$$

式中，N_{R_n}为灾害R_n发生后无家可归人数；r_a为人均居住面积，其可以通过建筑面积除以居住人数得到，也可按30m^{2}每人进行估计；s为对评价灾害后不同损坏程度（如严重损毁、轻度损毁、无损毁）的住宅类型的分类计数；$W_{s_{R_n}}$为灾害R_n发生后s类损坏程度的建筑单位面积需转移安置人员经验参数，对于不同灾害的取值有所不同；$A_{s_{R_n}}$为灾害R_n发生后s类损坏程度的住宅建筑面积。

5. 避难场所用地适宜性计算方法

对于避难场所适宜性的计算应考虑到两方面的因素：一是引起居民疏散的原生灾害及次生灾害造成的安全隐患的区位；二是城市规划中要求避让的因素，如储气站、高压管线、文物保护区等。避难场所用地适宜性的计算方法如式（6-2-4）所示。

$$U_{x,y}=\min\ (U_{1,x,y},\ U_{2,x,y},\ \cdots,\ U_{m,x,y}) \tag{6-2-4}$$

式中，$U_{x,y}$是城市规划视角下坐标（x，y）作为避难场所用地合理性的得分；$U_{m,x,y}$为坐标（x，y）上第m个影响避难场所用地合理性的因素评价的得分。分值为-1表示不宜作为避难场所，分值为0表示不宜作为固定避难场所，但可以选为紧急避难场所，分值为1表示可以作为紧急以及固定避难场所。

应对灾害R_n的避难场所建设用地适宜性计算方法如式（6-2-5）所示。

$$S_{R_n,x,y}=\min\ (U_{x,y},\ X_{R_n,x,y}) \tag{6-2-5}$$

式中，$U_{x,y}$为计算得到的避难场所用地适宜性评分；$X_{R_n,x,y}$为计算得到的（x，y）面对灾害R_n的避难场所用地安全性得分；$S_{R_n,x,y}$为应对灾害R_n的避难场所建设适宜性评分。$S_{R_n,x,y}$分值为-1表示不适宜作为避难场所，分值为0表示不适宜作为灾害R_n灾后固定避难场所，但可以选为紧急避难场所，分值为1表示适宜作为紧急避难场所以及灾害R_n的灾后固定避难场所。

避难场所用地适宜性的多风险综合评价方法如式（6-2-6）所示。

$$TypeS_{x,y}=\min(S_{R_1,x,y},\ S_{R_2,x,y},\ \cdots,\ S_{R_n,x,y}) \quad (6\text{-}2\text{-}6)$$

式（6-2-6）中，$TypeS_{x,y}$为坐标（x，y）适宜作为避难场所类型。$TypeS_{x,y}$分值为－1表示不适宜作为避难场所，分值为0表示适宜作为紧急避难场所或特定灾害灾后的固定避难场所，分值为1表示适宜作为紧急避难场所、综合型的固定避难场所与中心避难场所。场所建设类型适宜性评价思路如图6-2-2所示。

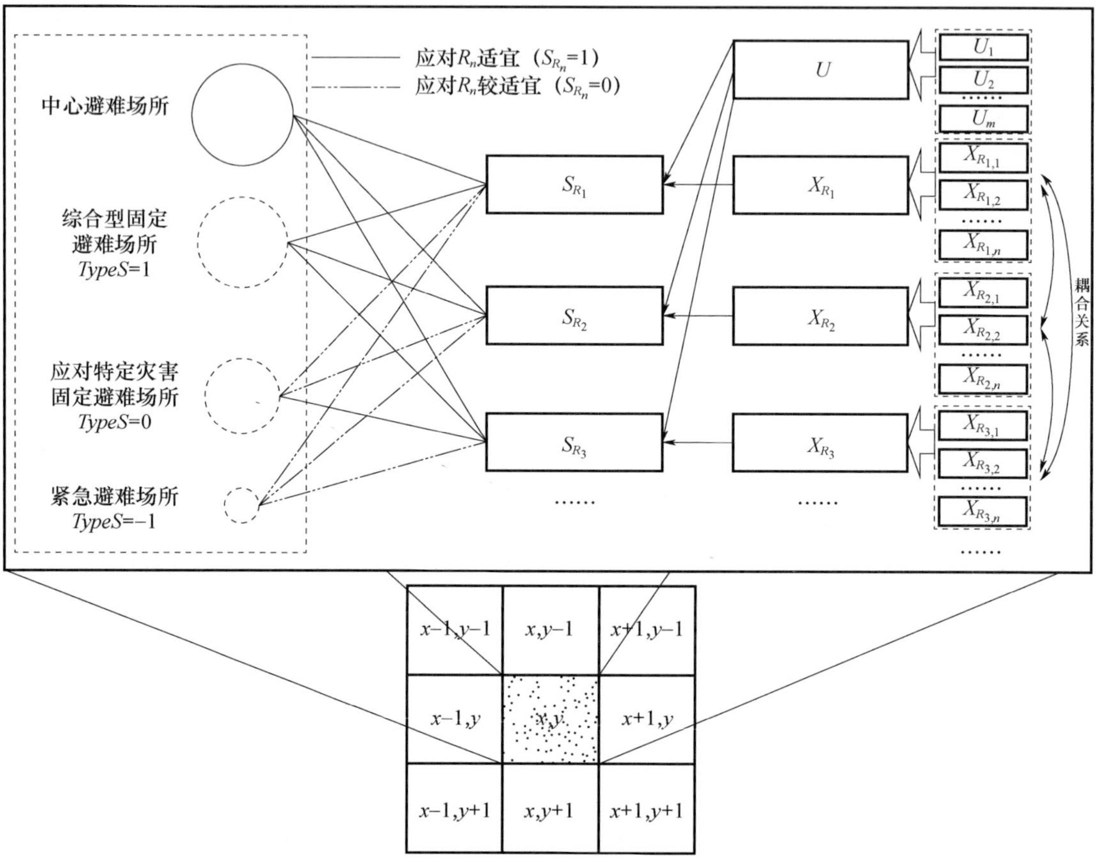

图6-2-2 某区位场所建设类型适宜性评价思路

6. 避难场所规模预测方法

在式（6-2-3）得出的灾害发生后需要避难的居民数量的基础上，可以进一步推算避难场所的理想建设规模，具体计算方法如式（6-2-7）所示。

$$Idealcap_{R_n}=N_{R_n}\times a \quad (6\text{-}2\text{-}7)$$

式中，$Idealcap_{R_n}$是固定避难场所对灾害R_n理想的有效面积总和；N_{R_n}为灾害R_n风险后果分析得出的灾后无家可归人数；a是人均避难面积，按照《城市抗震防灾规划标准》中固定避难场所每人2m^{2}的标准进行计算。

避难场所占地面积中并非所有面积均可用于避难，因此，需进行一定程度的换算。避难场所的有效面积与避难场所占地面积的换算方法如式（6-2-8）所示。

$$cap_i=area_i\times ka \quad (6\text{-}2\text{-}8)$$

式中，cap_i为第 i 个避难场所的有效面积；ka 为换算系数，根据不同开敞空间类型按照经验取值求取避难场所的有效面积，ka 的取值见表 6-2-2；$area_i$表示第 i 个避难场所的占地面积。

表 6-2-2　开敞空间类型及其作为避难场所有效面积换算系数

场所类型	公园	绿地	体育场	中学	小学
ka	0.6	0.6	0.7	0.4	0.4

按照综合应对灾害的理念，固定避难场所将分为特定灾害的固定避难场所与综合型的固定避难场所，因此需要验证规划方案中应对每类灾害的避难场所建设规模是否充足，计算方法如式（6-2-9）所示。

$$\sum_{l=1}^{L} cap_{R_n l} + \sum_{m=1}^{M} cap_{lm} \geqslant Idealcap_{R_n} \tag{6-2-9}$$

式中，L 为能应对特定灾害R_n避难场所的数量；$cap_{R_n l}$是第 l 个能够应对特定灾害R_n避难场所的有效面积；M 是综合型固定避难场所的数量；cap_{lm}是第 m 个综合型固定避难场所的有效面积。

灾害发生后可能造成的道路损毁会对居民的疏散效率产生影响，因此对于避难场所可达性的测度中须考虑到道路网、行进速度与交通阻碍三个因素。灾害发生后，居民不会以直线距离选择最近的避难场所，而会选择道路通达、疏散时间短、方便到达的避难场所。行进速度对于疏散效率的影响在于不同类型人群行进速度不一，通常老年人的应急响应能力最差，因此应当以老年人的行进速度（1.34m/s）为基准，10min 内约行进 700m，700m 以内判定可达，超过 700m 则不算可达。考虑到灾害对行进道路上造成的空间阻碍，采用基于道路网数据的网络分析法寻找灾后居民沿道路疏散的最佳行进路线。在 ArcGIS 网络分析模块中，基本的网络包括设施、连接、节点、阻力与阻碍。对应灾后疏散过程，设施为避难场所，连接为城市道路，阻力为道路距离，阻碍为灾害引起的道路阻塞。在网络分析结果基础上，使用式（6-2-10）的计算方法进行某区域设施可达性的量化评价。

$$PS = \frac{sa}{Ua} \times 100\% \tag{6-2-10}$$

式中，sa 是某区域避难场所 10min 服务的城市建设用地的面积；Ua 是城市建设用地的总面积；PS 是 10min 服务面积比。规划中通过场所的增设，可以提高该指标，并应尽可能确保该比值在规划后达到 100%以保证居民避难的及时与公平。

7. 固定避难场所选址优化方法

（1）模型设计思路

在借鉴公共设施配置覆盖模型的基础上，设计多灾种应对的固定避难场所的选址模型，如图 6-2-3 所示。选址模型基于以下原则筛取的备选选址方案：未被选取的任一场所到达最近的选取作为固定避难场所的距离按照《城市抗震防灾规划标准》的要求小于 3600m；至少有一个场所被选中作为固定避难场所；每个被选取的场所必须至少能承担一种灾害的固定避难功能；每种灾害发生后，选中的能够应对该灾害的场所的总面积大于风险后果预测的需要避难的空间；每个被选中的场所的有效面积不应小于 2000m²。最后，在备选方案中寻找总的建设规模最优或选址数量最少的方案作为输出方案。

从节约利用土地、减少资金投入、提高经济性的角度出发，提出两种思路的优化目标，分别为建设总规模最优与选址数量最优。基于建设规模最优的优化目标形成的方案将最大限

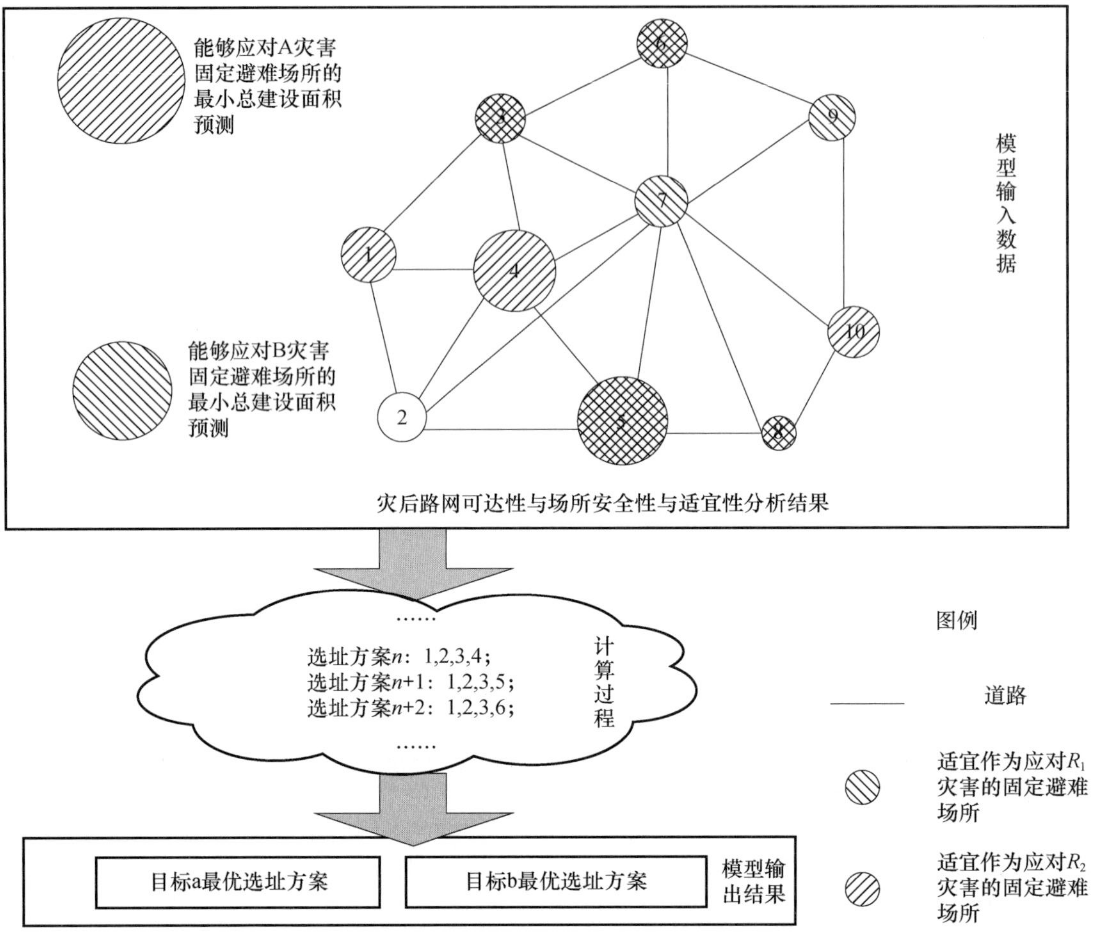

图 6-2-3　模型设计思路（R_n 数量为 2）

度地缩减场所占地面积，集约利用土地，这在一定程度上也能减少建设资金的投入。选址数量最优中，避难场所的总造价往往与场所个数成正比，因此减少选址数量能够节约资金的投入。在实践中，选址数量最优时可能会有多个方案，因此对选址数量最优的方案进行进一步约束，要求建设总规模最少为最优方案。

（2）模型数学表达

w——可选择的避难场所总数；

i——场所编号；

cap_i——避难场所 i 的有效面积；

Dis_{ij}——ij 场所之间的距离；

x_i——0，1 二值变量，当 i 点为固定避难场所时，$x_i=1$，否则为 0；

y_i——0，1 二值变量，当 i 点在固定避难场所的覆盖范围内时，$y_i=1$，否则为 0；

$safe_{iR_n}$——0，1 二值变量，i 场所应对 R_n 灾害的适宜性，取值为 1 为适宜作为应对 R_n 的固定避难场所，不适宜则为 0；

$idealcap_{R_n}$——R_n 灾害发生后避难场所最理想的总有效面积；

p——选取作为固定避难场所的设施数。

模型 a——基于建设规模最优的多灾种应对的固定场所选址模型

$$\text{Min}\sum_{i=0}^{w} x_i \times cap_i \tag{6-2-11}$$

$$subjectto\sum_{i=0}^{w} y_i = w \tag{6-2-12}$$

其中$\begin{cases} y_i = 0 Dis_{ij} \geqslant 3600 \\ y_i = 1 Dis_{ij} < 3600 \end{cases}$，$j$ 点为最相邻$x_i = 1$ 的点

$$\sum_{i=0}^{w} x_i \geqslant 1 \tag{6-2-13}$$

当$x_i = 1$时，

$$\sum_{n=1}^{N} safe_{iR_n} > 0 n = (1,2,\cdots) \tag{6-2-14}$$

$$\sum_{i=0}^{w} safe_{iR_n} \times x_i \times cap_i > idealcap_{R_n} n = (1,2,\cdots) \tag{6-2-15}$$

$$当\ x_i = 1\ 时，cap_i > 2000 \tag{6-2-16}$$

其中，式（6-2-11）的含义为以最小化避难场所的总建设规模为目标进行选址以期减少土地成本；式（6-2-12）至式（6-2-16）为约束函数。每个固定避难场所应符合《城市抗震防灾规划标准》步行 1h（3600m）到达范围内；式（6-2-13）保证固定避难场所的数量（即选址数量 p）至少为 1；式（6-2-14）限制了如果某场所 i 对于所有风险都不安全，那么禁止其被选中作为固定避难场所；约束条件式（6-2-15）确保了每种灾害发生后，避难场所有足够的空间供居民避难；式（6-2-16）按照《地震应急避难场所场址及配套设施》的要求，保证每个避难场所的有效面积不应小于 2000m^2。

模型 b——基于选址数量最优的多灾种应对的固定场所选址模型

模型 b 分为寻找最优 p 值与寻找最优 p 值条件限定下的最优建设规模两个阶段。

第一阶段：寻找最优 p 值

$$p = \text{Min}\sum_{i=0}^{w} x_i \tag{6-2-17}$$

$$subjectto\sum_{i=0}^{w} y_i = w \tag{6-2-18}$$

其中$\begin{cases} y_{i=0} Dis_{ij} \geqslant 3600 \\ y_{i=0} Dis_{ij} < 3600 \end{cases}$，$j$ 点为最相邻$x_i = 1$ 的点

$$\sum_{i=0}^{w} x_i \geqslant 1 \tag{6-2-19}$$

当$x_i = 1$时，

$$\sum_{n=0}^{n} safe_{iR_n} > 0 n = (1,2,\cdots) \tag{6-2-20}$$

$$\sum_{i=0}^{w} safe_{iR_n} \times x_i \times cap_i > idealcap_{R_n} n = (1,2,\cdots) \tag{6-2-21}$$

当 $x_i = 1$ 时，

$$cap_i > 2000 \tag{6-2-22}$$

其中，式（6-2-17）的含义为选出最少的选址数量 p，以期节约建设成本；式（6-2-18）至式（6-2-22）为约束函数。式（6-2-18）保证了每个点位都在固定避难场所 1h 步行（3600m）到达服务范围内；式（6-2-19）保证固定避难场所的数量（即选址数量 p）至少为 1；式（6-2-20）限制了如果某设施点 i 对于所有风险都不安全，那么禁止其被选中作为固定避难场所；式（6-2-21）确保了每种灾害发生后，避难场所有足够的空间供居民避难；

式（6-2-22)按照《地震应急避难场所场址及配套设施》的要求，保证每个避难场所的有效面积不应小于 2000m²。

第二阶段：寻找 p 值限定下最优建设规模解

$$\text{Min}\sum_{i=0}^{w} x_i \times cap_i \tag{6-2-23}$$

$$subjectto\sum_{i=0}^{w} y_i = w \tag{6-2-24}$$

其中$\begin{cases} y_i = 0 Dis_{ij} \geqslant 3600 \\ y_i = 1 Dis_{ij} < 3600 \end{cases}$，$j$ 点为最相邻$x_i = 1$ 的点

$$\sum_{i=0}^{w} x_i = p \tag{6-2-25}$$

当$x_i = 1$ 时，
$$\sum_{n=1}^{n} safe_{iR_n} > 0 n = (1,2,\cdots) \tag{6-2-26}$$

$$\sum_{i=0}^{w} safe_{iR_n} \times x_i \times cap_i > idealcap_{R_n} n = (1,2,\cdots) \tag{6-2-27}$$

当 $x_i = 1$ 时，
$$cap_i > 2000 \tag{6-2-28}$$

其中，式（6-2-23）的含义为选出最少的建设规模以期节约用地；式（6-2-24）至式（6-2-28)为约束函数。式（6-2-24）保证了每个点位都在固定避难场所 1h 步行（3600m）到达服务范围内；式（6-2-25）保证了固定避难场所的数量为阶段一中得出的 p 值；式（6-2-26）限制了如果某设施点 i 对于所有风险都不安全，那么禁止被选中作为固定避难场所；式（6-2-27)确保了每种灾害发生后，避难场所有足够的空间供居民避难；式（6-2-28）按照《地震应急避难场所场址及配套设施》的要求，保证每个避难场所的有效面积不应小于 2000m²。

三、常熟市避难场所选址优化研究

1. 研究区域与数据来源

案例地常熟市是苏州市代管县级市，位于江苏省东南部，北滨长江、隔江与南通相望；南接苏州相城区，距苏州约 50km；东接太仓，距上海约 100km，西连无锡（图 6-2-4）。常熟下辖 8 镇 4 街道，境域呈荷叶状，市域土地面积 1264km²。交通四通八达，境内总公路里程数达到 385km。2019 年末，常熟市常住人口达到 151.89 万人，地区生产总产值达 2269.82 亿元，人均生产总值达 149591 元。

常熟市主城区人口最集中的中心城区与港区，面积 349.4km²，规划基期（2013 年）人口约 108 万人，规划期末（2030 年）人口约 158 万人。常熟市防灾空间结构细化分成“防灾一级片区—防灾二级片区—防灾单元”三个等级（图 6-2-5、图 6-2-6），其中防灾一级片区划分是通过道路、水系、山川隔离，减少大规模次生火灾蔓延的可能，其中具备功能齐全的中心疏散场所，救援、消防、物资储备设施及对外救灾主干道；防灾二级片区是通过社区、自然边界、城市快速路、城市主干道作为边界形成片区，其中具备各类固定的避难场所以及相应的物资储备设施；防灾单元以自然边界、绿化带、城市主次干道为边界，以避难场所为核心的防灾单元。

研究数据包括统计年鉴、1∶10000 地形图、城市总体规划、部分片区控制性详细规划、绿地系统规划及国土资源现状调查数据库、城市开敞空间调查数据（公园、广场、学校、地

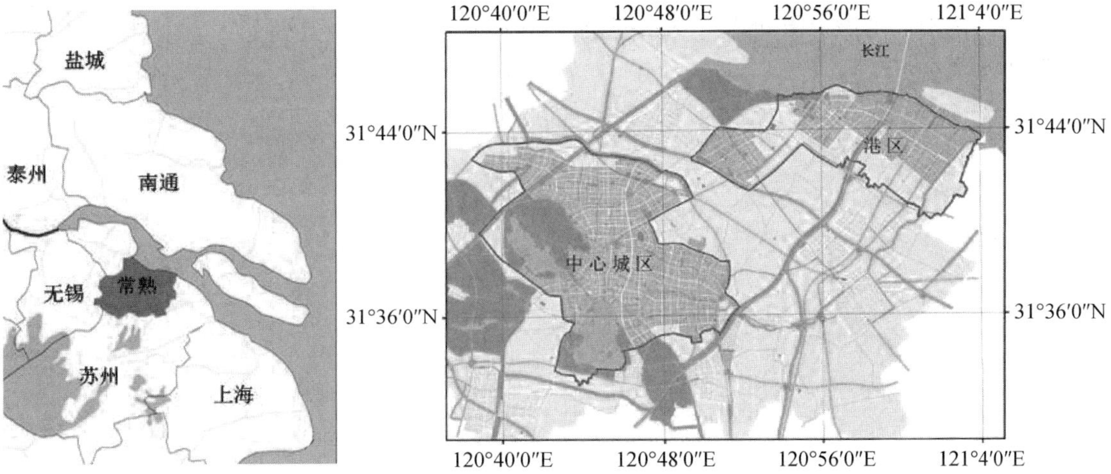

(a) (b)

图 6-2-4　案例地区位

[资料来源：常熟市城市总体规划（2010—2030 年）]

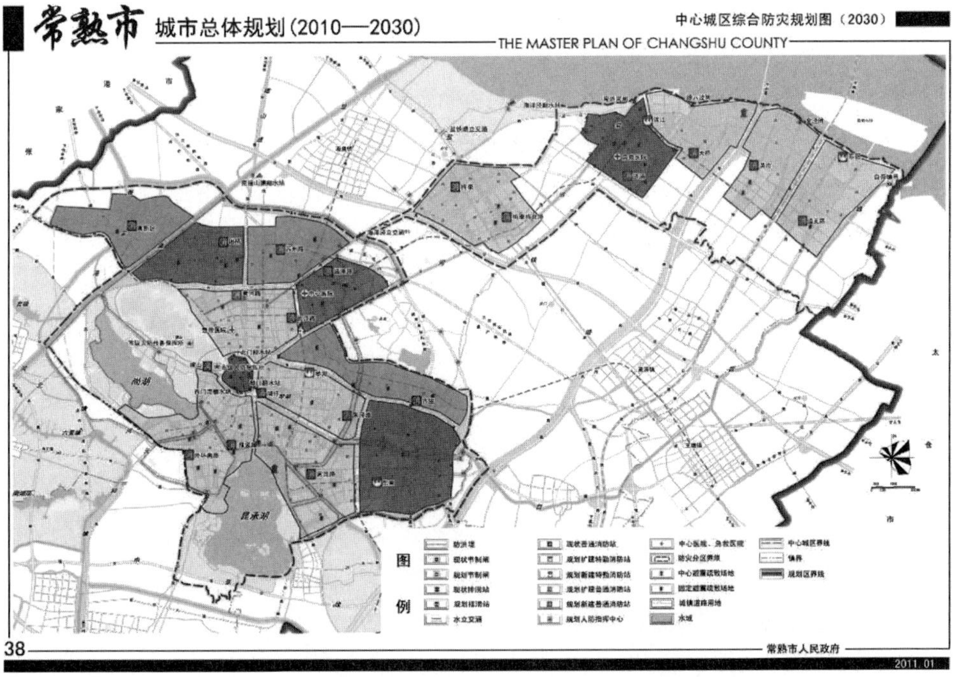

图 6-2-5　常熟市防灾规划

[资料来源：常熟市城市总体规划（2010—2030 年）]

面停车场等）、城市危险品调查数据（包括民用加油加气站、储油储气站、工业用储罐等）、地质灾害数据及岩土结构调查数据。

2. 多灾种综合应对的避难场所选址实证研究

（1）灾害后果综合分析

①单灾种分析结果。结合案例地常熟的地理区位，以地震、洪水及工业事故三种灾害的避难场所综合筹划为规划目标，假设城市处于 8 度（0.2g）烈度的地震、百年一遇洪水及工业事故极端情景下对灾害后果进行分析。

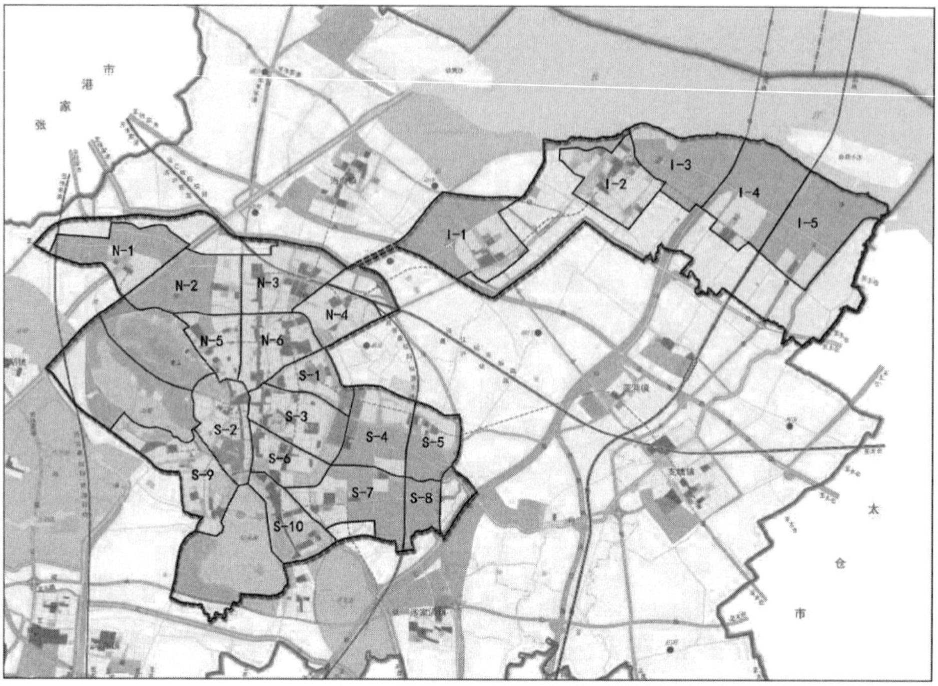

图 6-2-6 常熟市防灾片区划分

[资料来源：常熟市城市总体规划（2010—2030 年）]

地震灾害分析结果如图 6-2-7 与表 6-2-3 所示，在常熟市的 92 座重点建筑房屋、176 座桥梁中，8 度烈度地震下，中心城区的老城区建筑震害较重，外围地区与港城的建筑大多于 2000 年以后建造，震害较轻。根据建筑物地震损害分析结果，建议未来加强老城区建筑的加固改造工作，尤其关注 1990 年以前的建筑。

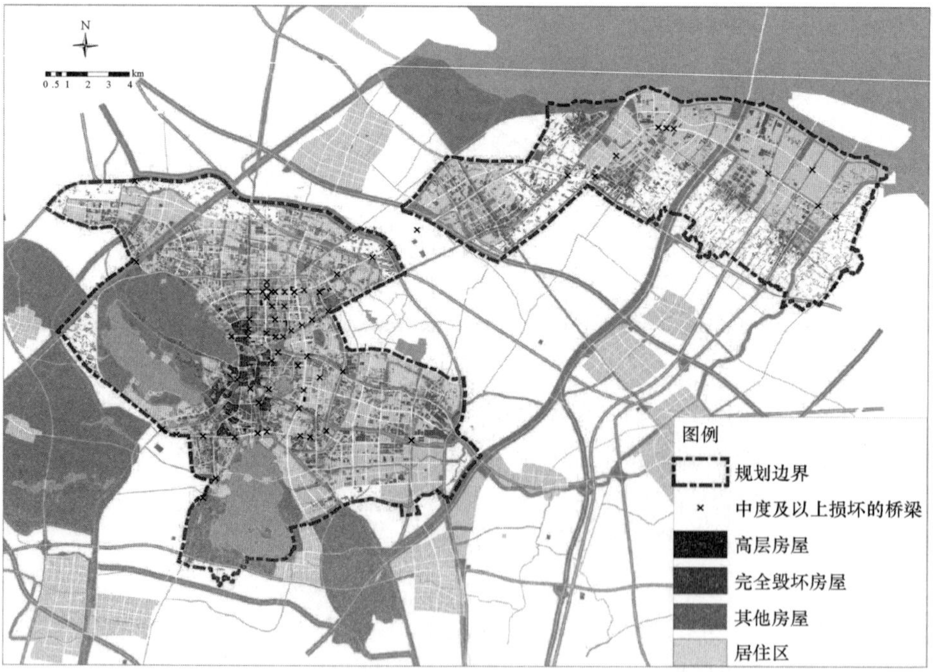

图 6-2-7 城市 8 度烈度地震后建筑损失评价

[资料来源：常熟市城市总体规划（2010—2030 年）]

表 6-2-3　8 度烈度地震建筑损失情况评价

	桥梁损坏情况（座）	房屋损坏面积（m^2）	住宅房屋损坏面积（m^2）
基本完好	6	0	0
轻微破坏	97	14734824	9148654
中等破坏	59	18537360	11985034
严重破坏	14	13784191	10387543
倒塌	0	475318	362079

洪水灾害评估中，采用有源淹没模型（Source Flood Model）模拟城市最大的受淹范围，之后结合城市中居住区位置，计算城市中受灾居住区范围。假定洪水灾害情境为长江发生百年一遇（*floodlevel*=4.47m）或 50 年一遇（*floodlevel*=4.32m）的洪水后，所有长江的堤坝全部溃坝，以该情境预测案例地中洪水灾害后果。在计算中，不考虑长江堤坝存在，某区位高程若低于百年一遇的洪水水位或 50 年一遇洪水水位，且与长江来水方向连通即预测为洪水受淹区位，之后通过叠合居住区与受淹范围来预测被淹没的居住区面积。案例地遭遇百年一遇、50 年一遇洪水最大淹没面积以及受淹居住区面积预测见表 6-2-4，淹没范围如图 6-2-8 所示。

表 6-2-4　城市遭遇洪灾后受淹没面积预测　　单位：m^2

	百年一遇洪水	50 年一遇洪水
最大淹没面积	99226230	82651372
住宅区受灾面积	11687691	10654349

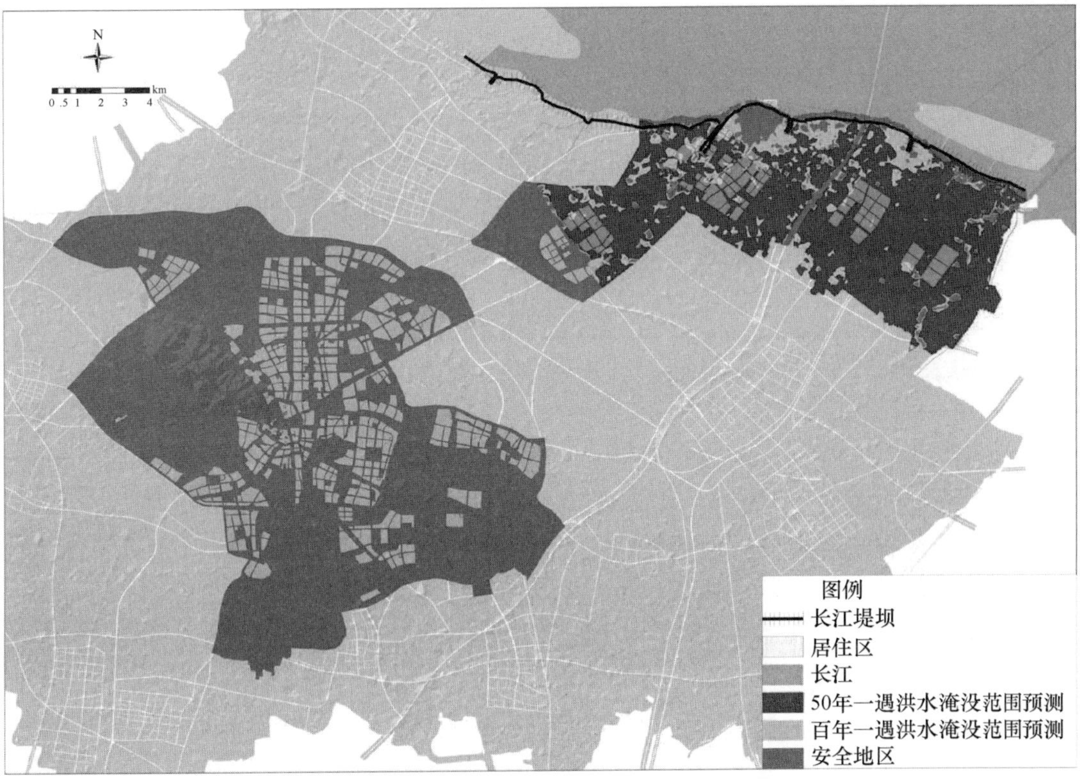

图 6-2-8　城市遭遇洪灾后受淹没范围预测

工业危险品事故灾害评估中，采用 ALOHA 软件分别对液化石油气罐体和甲苯罐体进行事故后果计算。常熟市工业危险源主要分布在沿江某化工公司的仓储基地内，其中 6 个液化石油气（LPG）1000m³罐体与 6 个甲苯 3000m³罐体危险系数最高（图 6-2-9、表 6-2-5）。

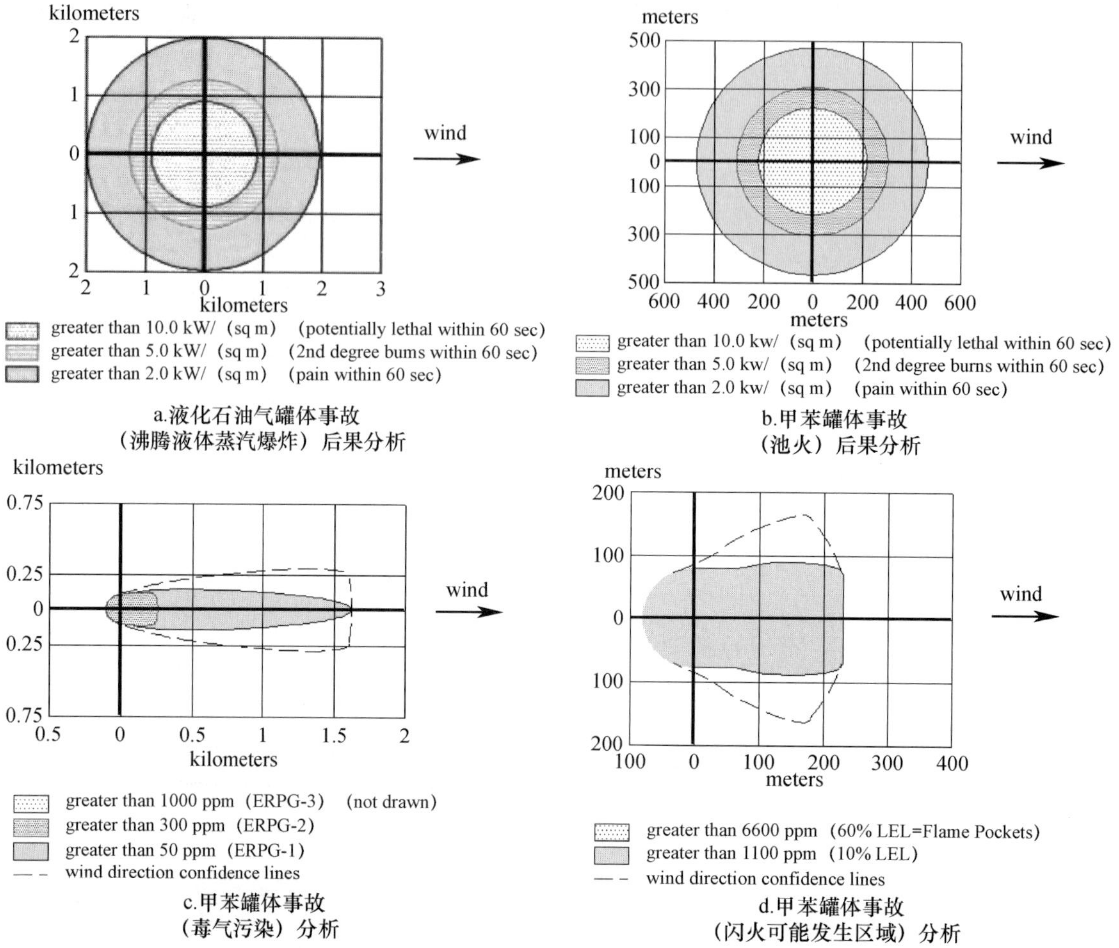

图 6-2-9 液化石油气罐体和甲苯罐体进行事故后果 ALOHA 分析

表 6-2-5 事故后果综合统计分析

风速	罐体容量	化学物质名称	事故类型	事故后果（下风处）	注释
5m/s（微风）	1000m³ 罐体装盛 50%	丙烷	液体蒸汽爆炸	898m 内 10kW/m²	停留 60s 致人死亡
				1.2km 内 5kW/m²	停留 60s 致人二度烧伤
				2km 内 2kW/m²	停留 60s 疼痛
	3000m³罐体装盛 50%	甲苯	池火	200m 内 10kW/m²	停留 60s 致人死亡
				305m 内 5kW/m²	停留 60s 致人二度烧伤
				467m 内 2kW/m²	停留 60s 疼痛
			空气污染	131m 内 1000ppm（ERPG3）	60min 对生命构成威胁
				262m 内 300ppm（ERPG2）	60min 内造成不可恢复或严重健康问题
				1.6km 内 50ppm（ERPG1）	60min 内仅有短暂的不良健康效应
			闪火	231m 内 1100ppm（10%LEL）	应急救援响应浓度

综合来看，液化石油气罐体发生事故后，周边 1.2km 内人员应立即转移，周边 2km 内的居民事故后应安置到避难场所；甲苯泄漏后，周边 305m 内的人员应立即转移，周边 1.6km 范围内的居民应安置到避难场所。假定工业事故所有罐体均出现事故，预测案例地中工业事故灾害影响范围，之后通过叠合居住区与灾害影响范围来预测事故影响的居住区面积。案例地遭遇工业事故后果预测见表 6-2-6，受灾害影响的住宅区范围如图 6-2-10 所示。可见，发生工业事故后，由于工业区与居住区之间规划有较长的防护距离，没有居民会受到严重伤害，然而为了安全考虑，I-4 居住区北部的少部分居民需要转移。

表 6-2-6　工业事故后住宅区受事故影响面积预测

范围	单位：m^2
最大事故影响范围	6740684
住宅区受事故影响范围	988394

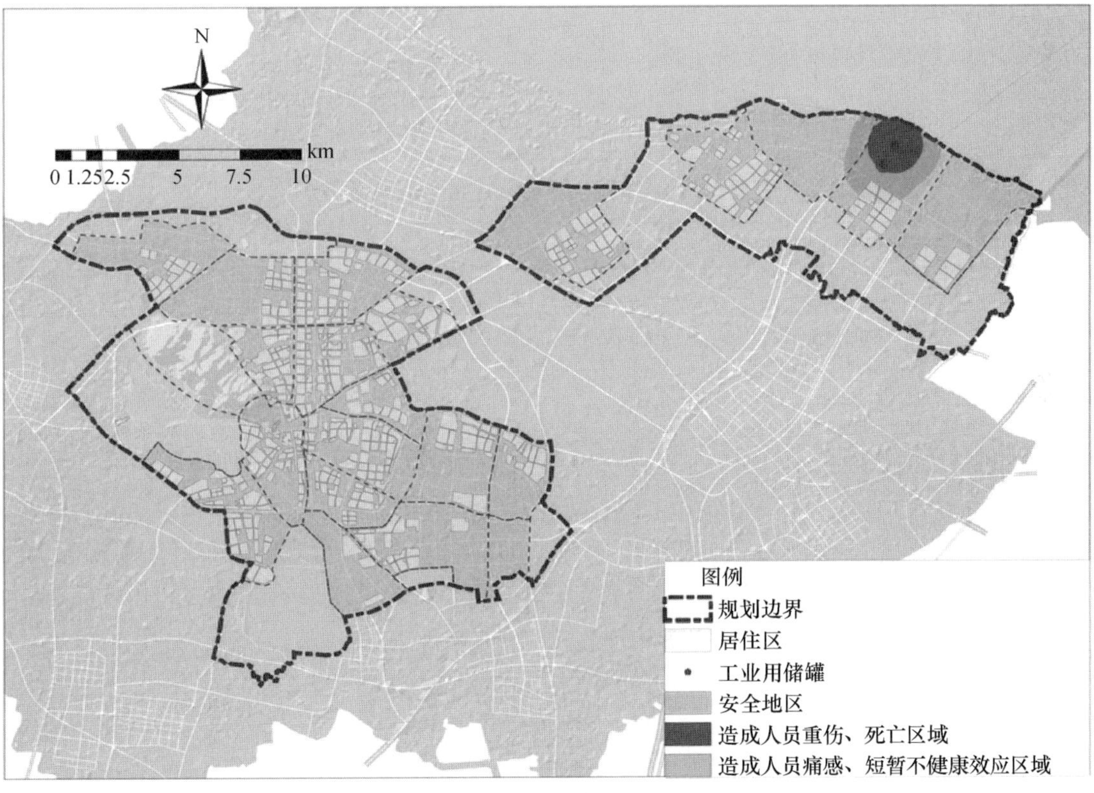

图 6-2-10　工业事故影响范围预测

②灾后安全空间综合分析与避难场所区位选择。首先，进行场所用地适应性评价。具体适宜性分析方法可将研究区划分为 10m×10m 的地理网格，每个评价单元拥有一个坐标 (x, y)，先对单一灾害的后果进行灾害链预测风险，将 R_1 定义地震风险，R_2 定义为洪水风险，R_3 定义为工业事故风险，基于灾害风险后果分析的场所安全性（$X_{R_n,x,y}$）划分方法见表 6-2-7，从城市规划角度对区位合理性（$U_{x,y}$）评价划分方法见表 6-2-8。

表 6-2-7　基于灾害风险后果分析的避难场所安全性评价

灾害后果评价目标			影响因素	划分标准	得分 $X_{R_n,m,x,y}$
R_1	R_2	R_3			
√			可能倒塌的建筑	距离＜20m ＞20m	−1 1
√			高层建筑	距离＜20m ＞20m	−1 1
√			断层位移	距离断层距离＜15m ＞15m	−1 1
	√		水面距离	距离＜50m ＞50m	0 1
	√		淹没区	50 年一遇洪水淹没区内地区 百年一遇洪水淹没区内地区	−1 0
√		√	工业事故影响范围	造成人员重伤、死亡区域 造成人员痛感、短暂不健康效应区域 其他地区	−1 0 1

表 6-2-8　城市规划角度的区位合理性评价

影响因素	划分标准	得分 $U_{m,x,y}$
加油站、加气站	距离＜50m	−1
	50～100m	0
	＞100m	1
储油储气站	距离＜250m	−1
	250～350m	0
	＞350m	1
电力高压线（110kV 以上）、电站	距离＜50m	−1
	50～100m	0
	＞100m	1
高压燃气管线	距离＜25m	−1
	25～50m	0
	＞50m	1
河流	水面	−1
	距离＜40m	0
	＞40m	1
坡度	＞30°	−1
	15°～30°	0
	＜15°	1

续表

影响因素	划分标准	得分 $U_{m,x,y}$
地质条件	地质不适宜地段 其他地区	−1 1
文物保护区	保护区内	−1
	距离<30m	0
	>30m	1
	距离<100m	0

之后，进行避难场所区位选择指引研究。在GIS中空间分析的结果中，根据$TypeSx，y$评价分值将会有紧急避难场所、应对特定灾害固定避难场所、综合避难场所三种适宜建设的场所类型。案例地避难场所适宜建设类型与对应的分值关系见表6-2-9，图6-2-11反映了研究区中不同区位避难场所适宜建设类型。

表6-2-9　基于多灾害后果评价的不同区位避难场所类型选择原则

$TypeSx，y$ 得分	$SR_1，x，y$ 得分	$SR_2，x，y$ 得分	$SR_3，x，y$ 得分	避难场所适宜建设类型
1		—		综合型固定避难场所，紧急避难场所（绿色区域）
	1	0	0	地震固定避难场所，紧急避难场所（不存在）
	0	1	0	洪水固定避难场所，紧急避难场所（蓝色区域）
	0	0	1	事故固定避难场所，紧急避难场所（青色区域）
0	1	1	0	地震、洪水固定避难场所，紧急避难场所（不存在）
	0	1	1	事故、洪水固定避难场所，紧急避难场所（紫色区域）
	1	0	1	事故、地震固定避难场所，紧急避难场所（黄色区域）
	0	0	0	紧急避难场所（橙色区域）
−1		—		不适宜作为避难场所（红色区域）

图中绿色区域适宜建立紧急避难场所和应对所有灾种的综合型固定避难场所；蓝色区域适宜建设紧急避难场所、洪水型固定避难场所，但不宜设置应对地震与事故的固定避难场所；青色区域适宜建设紧急避难场所、工业事故型固定避难场所，但不宜设置应对洪水与地震的固定避难场所；紫色区域适宜建设紧急避难场所、应对工业事故与洪水的固定避难场所，但不宜设置应对地震灾害的固定避难场所；黄色区域适宜建设能应对地震与事故灾害的固定避难场所、紧急避难场所，但不宜设置应对洪水的固定避难场所；橙色区域只可设置紧急避难场所，不能设置固定避难场所；红色区域不适宜设置避难场所。

依据场所建设类型适宜性评价结果可以看出，在中心城区中，有较多适宜建设综合型避难场所的用地，而在港区中部和东部地区由于地势较低，易被洪水淹没，不适宜建设固定避难场所，该区域未来如确实要建设避难场所，应适当抬高场所高程，或做好排水挡水措施，以保证洪水来临时不被淹没。

③灾后转移安置人数综合预测与场所建设规模需求。地震灾后转移安置人数根据《城市

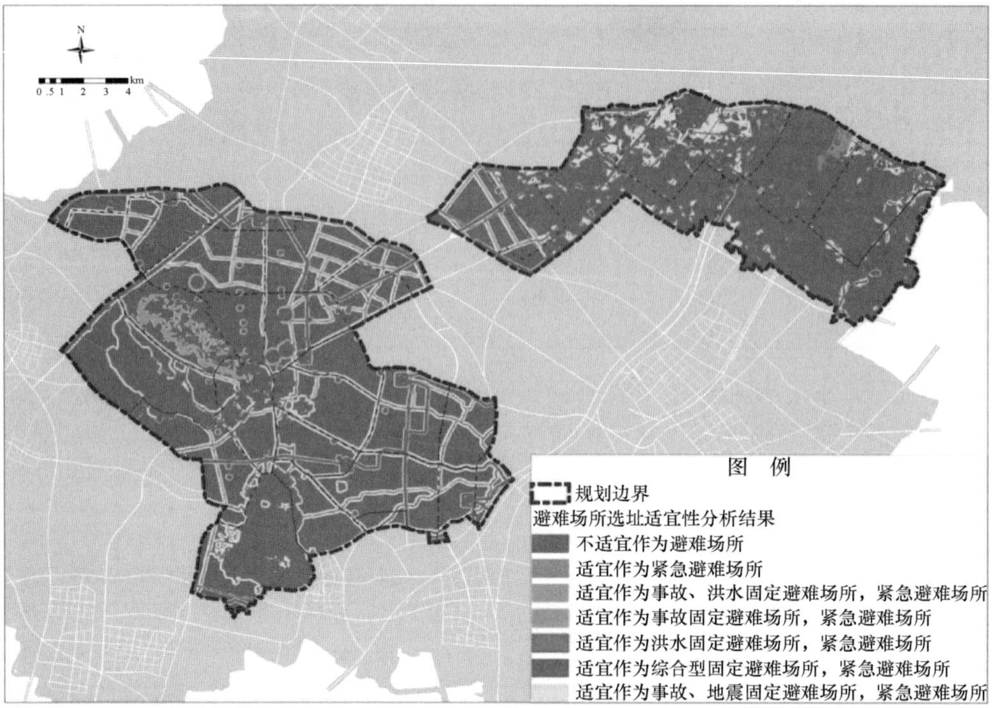

图 6-2-11　基于多灾害后果评价的不同区位避难场所适宜建设类型

抗震防灾规划标准实施指南》中提出的无家可归人数公式进行估计，如下所示：

$$N_{R_1}=\frac{1}{ra}\left(\frac{2}{3}A_1+A_2+\frac{7}{10}A_3\right) \tag{6-2-29}$$

式中，N_{R_1}为地震后无家可归人数（人）；ra 为人均居住面积（m^2），按 $30m^2$/人进行估计；A_1为地震时毁坏的住宅建筑面积（m^2）；A_2为严重破坏的住宅建筑面积（m^2）；A_3为中等破坏的住宅建筑面积（m^2）。

洪水灾后转移安置人数和工业危险品事故后转移安置人数按照风险暴露模型进行估计，如下所示：

$$N_{R_2}=p\times\frac{F}{R} \tag{6-2-30}$$

$$N_{R_3}=p\times\frac{E}{R} \tag{6-2-31}$$

式中，N_{R_2}为洪水时无家可归人数（人）；N_{R_3}为受到工业事故影响的居民人数预测（人）；p 为居住区中总人数（人）；F 为暴露在洪水淹没范围中的居住区基底面积（m^2）；E 为暴露在事故影响范围中的居住区基底面积（m^2）；R 为居住区基底面积（m^2）。

《常熟市城市总体规划（2010—2030 年）》预测在 2030 年案例地区人口将达到 155 万人，按照上述方法预测，在 8 度烈度情景下，假定新建建筑质量过硬，均为轻微损坏，那么需要安置的人口为 63.86 万人；在百年一遇洪水导致决堤情景下，需要安置的人口为 25.46 万人；在工业事故发生的情境下，最多需要安置人口总计 1.44 万人，各防灾二级片区在各情景下需要疏散的居民数量见表 6-2-10。

表 6-2-10 各防灾二级片区灾后需转移居民最大数量与固定避难场所最低建设规模

防灾片区编号	需考虑布置的避难场所类型	城市规划片区中居民数量（万人）	地震灾后需转移安置人数（万人）	Idealcap $_{R_1}$ (m^2)	洪水灾后需转移安置人数（万人）	Idealcap $_{R_2}$ (m^2)	工业事故后需转移安置人数（万人）	Idealcap $_{R_3}$ (m^2)
I-1	地震、洪水	8.70	3.49	69800	4.66	93200	0.00	0
I-2	地震、洪水	12.50	5.04	100900	9.03	180600	0.00	0
I-3	无	0.00	0.00	0	0.00	0	0.00	0
I-4	地震、洪水、工业事故	6.90	2.77	55300	6.90	138000	1.44	28800
I-5	地震、洪水	4.90	2.07	41400	4.87	97400	0.00	0
N-1	地震	7.20	2.80	56000	0.00	0	0.00	0
N-2	地震	5.30	2.25	45000	0.00	0	0.00	0
N-3	地震	16.00	6.30	126000	0.00	0	0.00	0
N-4	地震	11.10	4.51	90200	0.00	0	0.00	0
N-5	地震	8.60	3.57	71400	0.00	0	0.00	0
N-6	地震	11.80	4.77	95400	0.00	0	0.00	0
S-1	地震	3.90	1.54	30700	0.00	0	0.00	0
S-2	地震	7.60	3.15	62900	0.00	0	0.00	0
S-3	地震	14.10	5.58	111500	0.00	0	0.00	0
S-4	地震	8.00	3.15	63100	0.00	0	0.00	0
S-5	地震	2.80	1.25	25000	0.00	0	0.00	0
S-6	地震	9.50	3.86	77100	0.00	0	0.00	0
S-7	地震	6.40	2.75	55000	0.00	0	0.00	0
S-8	无	0.00	0.00	0	0.00	0	0.00	0
S-9	地震	10.70	4.37	87400	0.00	0	0.00	0
S-10	地震	2.00	0.73	14700	0.00	0	0.00	0

④灾后交通阻碍综合分析及其对避难可达性影响。居民避难时到达场所的疏散距离反映了避难场所的紧急避难可达性，然而灾害发生后，由灾害引起的一系列后果会影响并增加疏散的距离，降低避难场所的可达性。为模拟灾害对避难场所的可达性影响，根据表 6-2-11 对灾害造成的交通阻碍类型预测，在 ArcGIS 中生成阻碍点、面数据文件，然后使用该数据文件与路网求取交集，判定重叠处交通阻碍存在，再进行可达性分析。灾后交通阻碍分析结果如图 6-2-12 所示。

表 6-2-11 灾害疏散模拟路网分析中阻碍预测

路网阻碍因素	桥梁损毁	房屋倒塌	高空坠物	道路积水
障碍设置方法	中度以上损坏桥梁	完全损毁房屋周边 10m	高层建筑周边 15m	洪水（百年一遇）预测水深＞0.5m 区域

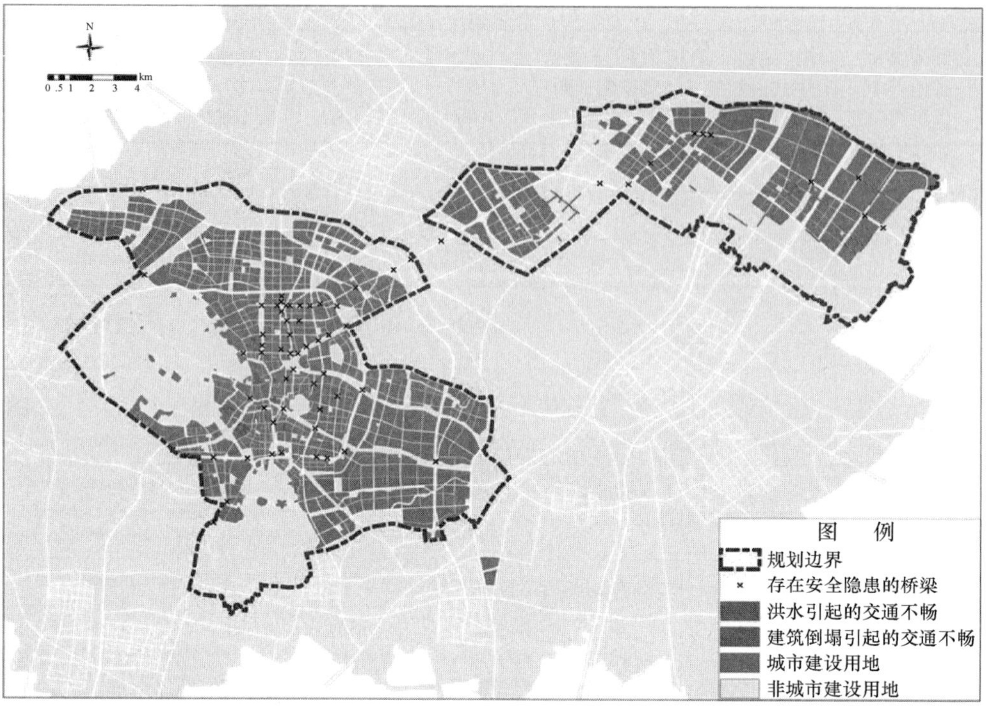

图 6-2-12　灾害对交通的阻碍分析结果

（2）避难场所选址优化

①紧急避难场所选址研究。首先，利用 ArcGIS 网络分析模块进行可达性分析。本节在案例地中选择了可以作为或已经作为避难场所的公园、学校、体育场等设施作为分析要素；城市道路交通专项规划中的主、次、支路作为分析的连接；主次支路形成的道路交叉口作为分析的节点，设定距离为抗阻，运用表 6-2-11 中灾害对路网的影响设置阻碍。之后，按照 ArcGIS 服务区模型以步行 10min、700m 作为服务范围，计算各路段到达避难场所的可达性，可达性分析结果如图 6-2-13 所示，由现状各二级片区避难场所 10min 服务面积比（*PS*）见表 6-2-12。

表 6-2-12　各防灾二级片区中避难场所 10min 服务面积比

防灾二级片区名称	服务面积比（*PS*）	防灾二级片区名称	服务面积比（*PS*）
N-1	38.1%	S-6	77.8%
N-2	48.4%	S-7	14.0%
N-3	75.1%	S-8	3.1%
N-4	54.5%	S-9	81.4%
N-5	91.9%	S-10	55.9%
N-6	94.2%	I-1	43.7%
S-1	78.7%	I-2	98.3%
S-2	97.0%	I-3	8.7%
S-3	51.4%	I-4	13.4%

续表

防灾二级片区名称	服务面积比（*PS*）	防灾二级片区名称	服务面积比（*PS*）
S-4	23.6%	I-5	4.1%
S-5	45.9%		

结果显示，目前避难可达性较高的是中心城区核心区，中心城区西北、东北、南部及港区的可达性较低，这说明目前能够提供紧急避难功能的场所配置空间分异较大，设施集中分布在中心城区，而外围地区、港区较为缺乏。可达性较低的原因有两种可能：一是由于部分区域是新增城市建设区，配套设施建设尚不完善（如 S-4、S-7 片区）；二是由于部分片区以工业设施用地为主，忽视了紧急避难场所的规划设置。研究结果表明，目前绝大部分防灾二级片区的避难场所数量和区位不能满足居民及时避难的需求，如场所 10min 服务面积比最低的 S-8 片区几乎没有可用作避难场所的空间；而 I-3 片区现存大量危险源，但避难场所建设缺失，一旦产生工业生产事故，将会产生严重后果。因此，未来应当以提升老城人口密集区、工业建成区的避难场所可达性为主要任务。

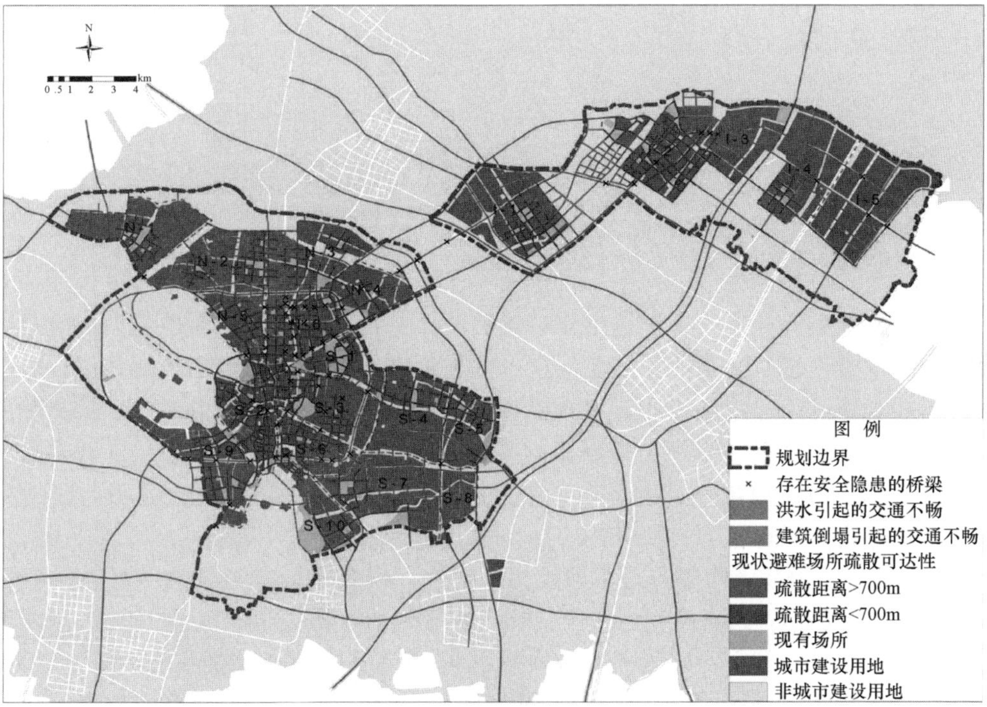

图 6-2-13　避难场所可达性分析

基于现状灾后避难场所可达性评价图和服务面积比（*PS*），寻找可达性较低的区位，然后结合《常熟市城市总体规划（2010—2030）》用地规划以及部分地区控制性详细规划，挑选 195 处适宜作为紧急避难场所的公共绿地、广场、学校、停车场和体育场馆等设施供居民紧急避难，之后运用网络分析模型模拟灾害后的交通场景，在 GIS 中对这些地点进行居民疏散可达性分析，以确保避难场所的 10min 服务面积比（*PS*）满足居住商业主导片区 95%以上、工业主导片区 90%以上的要求。规划方案的紧急避难场所可达性分析如图 6-2-14 所示。

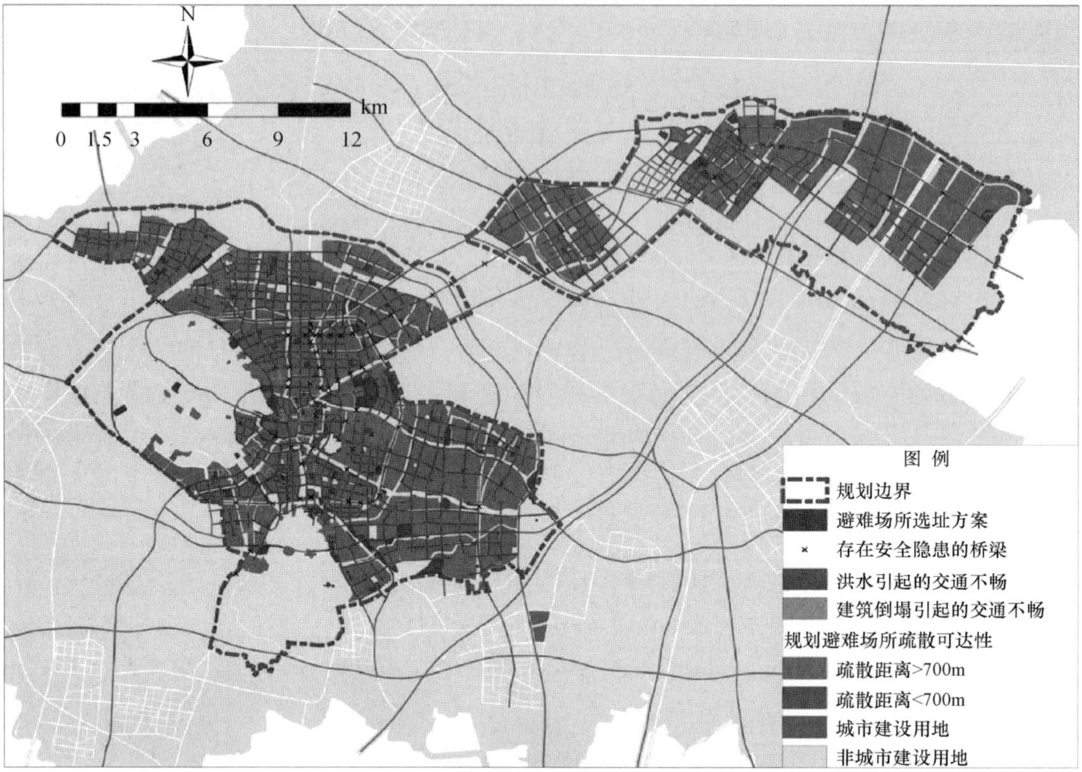

图 6-2-14 规划紧急避难场所（含固定与中心避难场所）可达性分析

②固定避难场所选址优化。上述灾害后果的综合分析结果表明，在中心城区有较多适宜建设综合型固定避难场所的用地，而在港区中部和东部有较多地区由于地势较低，容易被洪水淹没，不适宜建设固定避难场所，因此该区域未来进行避难场所建设时应当抬高场所的高程，以保证洪水来临时不被淹没。现状港区东部片区的避难场所规模难以满足避难人数需求，有待进一步增加建设规模。因此，选取位于沿江片区的 I-1 作为案例和港区的典型代表，进行固定避难场所选址优化研究。

沿江片区 I-1 位于港区西部，是常熟市梅李镇镇区所在地，规划人口 8.7 万人，风险后果综合分析的结果显示，片区 I-1 在进行避难场所规划时，需要同时考虑长江洪水、地震后人员的避难安置问题，其中，地震需疏散人数约 3.49 万人，洪水疏散人数约 4.66 万人，能提供地震后安置功能的场所面积需要达到 69800m^2，能提供洪水后避难安置功能的场所面积需要达到 93200m^2，满足紧急避难可达性选址的备选场所共有 16 处，各备选场所有效面积、场所类型的适宜性评价结果如图 6-2-15 所示。

基于计算机模型的分析结果，提出建设规模最优和选址数量最优的目标两套方案。其中，以建设规模最优为目标的选址方案是：2、3、7、8、15 号场所作为综合型固定避难场所，共计 5 处固定避难场所，其他场所作为紧急避难场所，方案在具体情景下的可用避难场所面积见表 6-2-13。

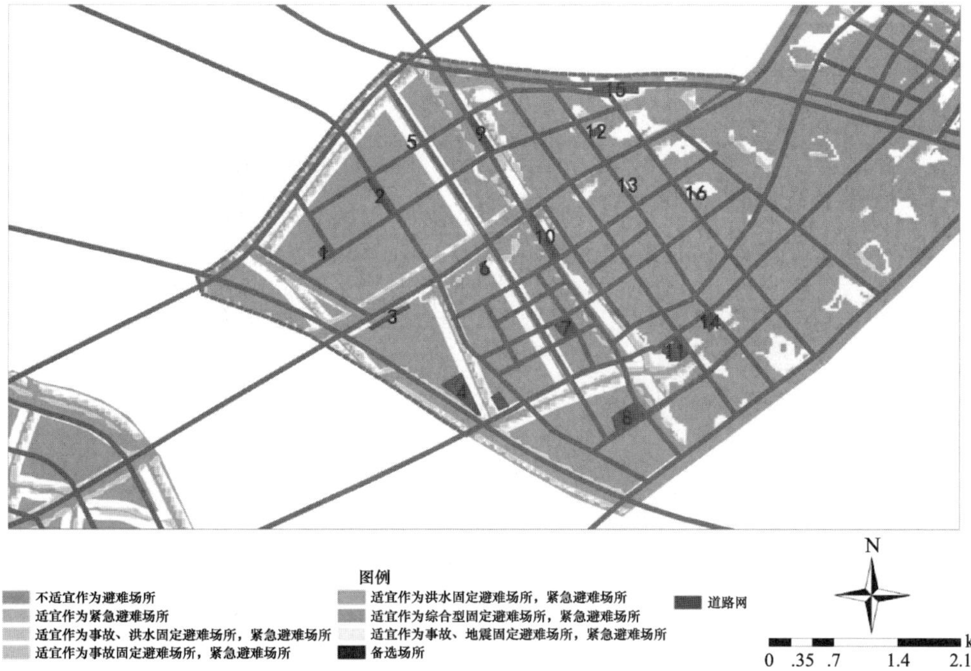

图 6-2-15　片区 I-1 中备选场所位置、编号、安全性与适宜性评价结果

表 6-2-13　建设规模最优、选址数量最优方案情景表

方案	综合性固定避难场所编号	规划避难场所建设面积	地震情景可用避难场所面积	洪水情景可用避难场所面积	工业事故可用避难场所面积
建设规模最优方案	2、3、7、8、15	93933m^2	93933m^2	93933m^2	93933m^2
选址数量最优方案	4、8、10	101421m^2	101421m^2	101421m^2	101421m^2
风险后果预测需求			69800m^2	93200m^2	0

本研究对固定避难场所选址较困难的片区采用总选址数量最优的选址优化模型，对于选址较容易的地区采用传统手段进行规划，在案例地共选择固定避难场所 73 处（不包含中心避难场所），其中，综合型固定避难场所 62 处，地震、事故型避难场所 9 处，洪水型避难场所 1 处，事故型避难场所 1 处，各片区避难场所应对各类灾害容纳避难人数见表 6-2-14。在该方案中，I-4 片区由于地质条件因素难以满足固定避难场所建设规模要求，为保证各片区内的固定避难场所规模满足各类灾害发生后避难的居民容量要求，在 I-3 片区、I-5 片区扩大了避难场所的建设规模，以帮助 I-4 片区内居民转移安置。

中心避难场所是满足安置居民更高避难需求的固定避难场所，根据需要，在案例地需在三个防灾一级片区内各选择一处符合要求的综合型固定场所作为中心避难场所。在常熟中心城区选择常熟市体育中心作为中心避难场所，其处于城南 S 片区与城北 N 片区交界处，占地面积 41 公顷，由于规模足够大，并且区位极好，因此作为服务城南 S 片区、城北 N 片区两个片区的中心避难场所；在常熟港区（I 片区）选择常熟市港区体育中心作为中心避难场所，规划占地面积约 19 公顷。

在场所的实际建设中，还应根据规划的场所类型，配置相应的设施与物资，改造、完善场所内部、外部标志与应急的设施（图 6-2-16、表 6-2-15），划分各场所的责任区，确保各类场所灾时可以保证居民及时、安全避难需求。

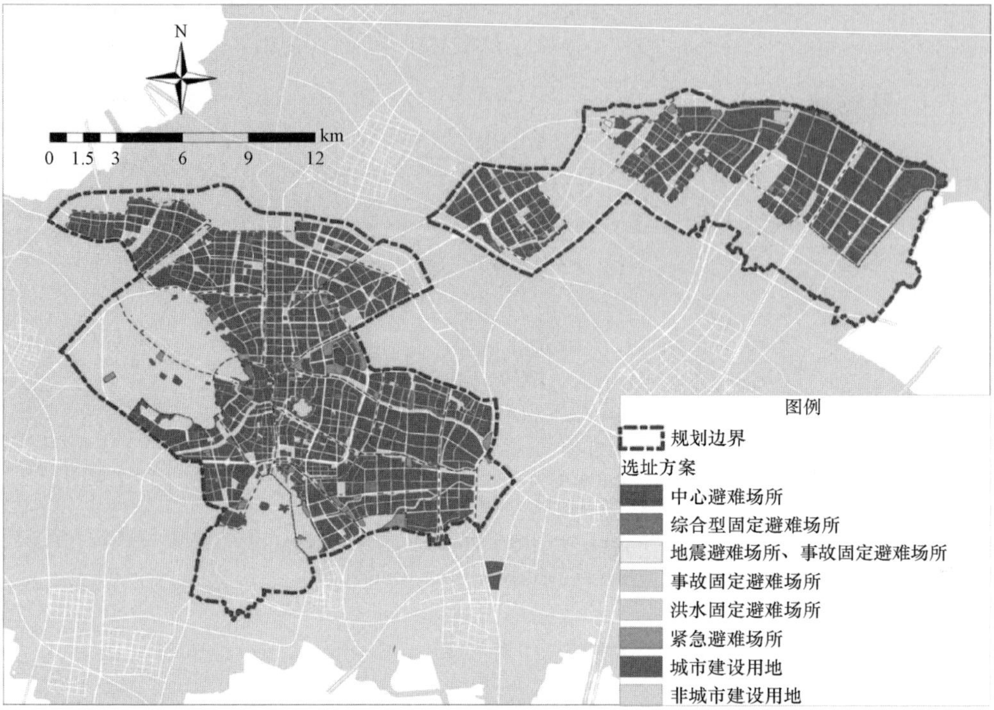

图 6-2-16　案例地应对多灾种的避难场所规划方案

表 6-2-14　各片区避难场所应对各类灾害容纳避难人数表

防灾片区编号	城市规划片区中居民数量（万人）	地震灾后需转移安置人数（万人）	地震后避难场所可安置人数（万人）	洪水灾后需转移安置人数（万人）	洪水灾后避难场所可安置人数（万人）	工业事故后需转移安置人数（万人）	工业事故后避难场所可安置人数（万人）
I-1	8.70	3.49	5.07	4.66	5.07	0.00	5.07
I-2	12.50	5.04	2.64	9.03	10.04	0.00	10.04
I-3	0.00	0.00	5.21	0.00	15.63	0.00	5.21
I-4	6.90	2.77	0.00	6.90	0.00	1.44	0.00
I-5	4.90	2.07	4.81	4.87	3.82	0.00	6.33
N-1	7.20	2.80	3.12	0.00	3.12	0.00	3.12
N-2	5.30	2.25	3.64	0.00	3.64	0.00	3.64
N-3	16.00	6.30	10.22	0.00	10.22	0.00	10.22
N-4	11.10	4.51	4.68	0.00	5.10	0.00	5.10
N-5	8.60	3.57	5.38	0.00	5.38	0.00	5.38
N-6	11.80	4.77	6.35	0.00	7.18	0.00	7.18
S-1	3.90	1.54	9.78	0.00	9.77	0.00	9.78
S-2	7.60	3.15	6.45	0.00	6.45	0.00	6.45
S-3	14.10	5.58	9.90	0.00	9.89	0.00	9.90

续表

防灾片区编号	城市规划片区中居民数量（万人）	地震灾后需转移安置人数（万人）	地震后避难场所可安置人数（万人）	洪水灾后需转移安置人数（万人）	洪水灾后避难场所可安置人数（万人）	工业事故后需转移安置人数（万人）	工业事故后避难场所可安置人数（万人）
S-4	8.00	3.15	3.45	0.00	3.45	0.00	3.45
S-5	2.80	1.25	1.24	0.00	1.24	0.00	1.24
S-6	9.50	3.86	3.81	0.00	4.45	0.00	4.45
S-7	6.40	2.75	7.20	0.00	7.20	0.00	7.20
S-8	0.00	0.00	0.00	0.00	0.00	0.00	0.00
S-9	10.70	4.37	6.27	0.00	6.43	0.00	6.43
S-10	2.00	0.73	1.09	0.00	1.09	0.00	1.09

表 6-2-15　建议避难场所设施配置参考

场所层级	配置内容	分项内容	参考标准	备注
紧急避难场所	储水设施	消防用水	简易储水设施及喷洒设备	储水设施需耐震
	储备设施	医疗用品	紧急医疗用品	
	紧急设施	消防器材	灭火器、担架	
		紧急用车辆	人员运输车辆	
	通信设施	广播设施	扩音器	
		收发信息设施	无线电设备	
	指示设施	紧急照明设施	避难指示灯、紧急发电设备	
固定避难场所	指挥中心	综合管理设施	规模在 $600m^2$ 左右	
		防灾教育设施	提供平时及紧急时使用	
		储备空间		
	储水设施	饮水设施	以 3L/人·日对应需求量	
		消防用水	储备量＞$40m^3$，并可连续供水 40min	
			附设出水口、水管、动力抽水机	
			附设自动洒水系统	
	紧急设施	应急厕所临时帐篷	配备化粪池、下水道	应急厕所间距离小于 100m，且位于紧急避难场所下风向设置，距离篷宿区 30～50m
			以 1.2L/人·日对应需求量	
		临时帐篷	收容设施	
		寝具	以 1 套/人对应需求量	
		垃圾场	以 200g/人·日对应需求量	
	储备设施	粮食	400～900g/人·日	
		药品、医疗用品	常用药物，并按照场所应对灾害类型储备相应的药品及医疗用品	

续表

场所层级	配置内容	分项内容	参考标准	备注
固定避难场所	指示设施	照明设施	配置夜间照明及避难指示灯	
			配置自动发电设备	
		指示牌	配置全区指示牌、指示标记	
	通信设施	收发信息设施	配置无线设施	
		广播设施	配置扩音器	
	消防设备	防灾七种工具	工作用具、破坏用具、工作材料、灭火机械、搬运工具、通信装置（无线电收发机）	
中心避难场所	医疗站	综合医疗设施	能够做简易手术的医疗平台以及一定量的药品	
	指挥中心	指挥管理设施	规模在3000m^{2}左右	
		防灾教育设施	提供平时及紧急时使用	
		储备设施		
	储水设施	饮水设施	以3L/人·日对应需求量	
			每100人至少设置一个水龙头	
			每250人至少设置1处饮水处	
		消防用水	储备量>40m^3，并可连续供水40min	
			附设出水口、水管、动力抽水机	
			附设自动洒水系统	
	紧急设施	应急厕所	配备化粪池、下水道	应急厕所间距离小于100m，且位于紧急避难场所下风向设置，距离篷宿区30～50m
			以1.2公升/人·日对应需求量	
		临时帐篷	收容设施	
		寝具	以1套/人对应需求量	
		垃圾场	以200g/人·日对应需求量	
	储备设施	粮食	400～900g/人·日	
	指示设施	照明设施	配置夜间照明及避难指示灯	
			配置自动发电设备	
		指示牌	配置全区指示牌、指示标记	
		地标	配置标志性构筑物等	
	通信设施	收发信息设施	配置无线设施	
		广播设施	配置扩音器	
	棚宿设施		2m^2/人	

续表

场所层级	配置内容	分项内容	参考标准	备注
中心避难场所	消防设施	防灾六种工具	工作用具、破坏用具、工作材料、灭火机械、搬运工具、通信装置（无线电收发机）	
	转移设施	应急停机坪	直升机停机“H”字母标识、航标灯、风向标	建议停机区域直径不小于 30m，地面平坦、坚硬，坡度不大于 5 度，周围 10m 范围内不应有高大树木、构筑物

③避难场所优化效果检验。为研究提出的选址方法的优化效果，本节对比了传统选址方法，丁琳等人提出的多灾种应对避难场所选址方法以及本节提出的选址方法，并对形成的方案进行了讨论[8]（表 6-2-17）。

首先，进行紧急避难场所布局优化检验。采用网络分析方法度量紧急避难场所可达性，有助于更加精确地模拟居民灾后疏散情景。布局方案通过场所 10min 服务面积比（PS）指标检验优化效果，各片区规划前后的场所服务面积比见表 6-2-16。可以看出，规划方案通过增设场所，对现状紧急避难场所服务可达性的提升效应明显，确保各地居民在不同灾后均能及时疏散。

表 6-2-16　规划前后各防灾二级片区中避难场所 10min 服务面积比

二级片区	原服务面积比（PS）	规划服务面积比（PS）	二级片区	原服务面积比（PS）	规划服务面积比（PS）
N-1	38.1%	94.1%	S-6	77.8%	100.0%
N-2	48.4%	95.4%	S-7	14.0%	98.8%
N-3	75.1%	90.7%	S-8	3.1%	96.2%
N-4	54.5%	91.5%	S-9	81.4%	98.4%
N-5	91.9%	100.0%	S-10	55.9%	99.6%
N-6	94.2%	100.0%	I-1	43.7%	97.9%
S-1	78.7%	97.7%	I-2	98.3%	100.0%
S-2	97.0%	100.0%	I-3	8.7%	93.3%
S-3	51.4%	94.8%	I-4	13.4%	95.3%
S-4	23.6%	90.4%	I-5	4.1%	91.1%
S-5	45.9%	91.0%			

固定避难场所选址优化效果检验表明，若按照传统的做法，无论是以建设规模最优的目标制订单独灾害避难场所的规划方案，还是以选址数量最优为目标制订单独灾害避难场所的规划方案，各部门的方案均比本节提出的综合规划方案在建设规模上具有优势。但是，如以城市防灾财政总投入的角度思考避难场所建设成本，那么统筹进行的避难场所建设则能够节省大量的建设资金；丁琳等人的综合规划方法虽然对传统规划方法进行了一定的优化，但是并非最优方案。以 I-1 片区为例，本节提出的基于建设规模最优得出的方案较传统规划方案能减少三处固定避难场所项目建设、节约近 80%的建设规模，较丁琳等人的综合规划方法得出的方案节约近 40%的建设规模；基于选址数量最优的综合规划较传统规划方案能减少一处固定避难场所项目建设，节约近 35%的建设规模（表 6-2-17）。

表 6-2-17　固定避难场所选址结果优化效果比较(以 I-1 片区固定避难场所选址为例)

i	Safei R_1	Safei R_2	A_i	基于建设规模最优目标选址结果		传统方法基于建设规模最优选址结果						丁琳等人(2015)提出的综合规划方法		基于选址数量最优目标选址结果		传统方法基于选址数量最优选址结果					
				x_i	A_i*x_i	x_i	A_i*x_i	x_i	A_i*x_i	x_i	A_i*x_i	x_i	A_i*x_i	x_i	A_i*x_i	x_i	A_i*x_i	x_i	A_i*x_i	x_i	A_i*x_i
						R_1	R_1	R_2	R_2							R_1	R_1	R_2	R_2		
1	1	1	5192	0	0	0	0	1	5192	1	5192	1	5192 *	0	0	0	0	0	0	0	0
2	1	1	11541	1	11541	0	0	0	0	0	0	1	11541 *	0	0	0	0	0	0	0	0
3	1	1	11924	1	11924	0	0	1	11924	1	11924	0	0	0	0	0	0	0	0	0	0
4	1	1	34684	0	0	0	0	0	0	0	0	0	0	1	34684	0	0	0	0	0	0
5	1	0	2616	0	0	0	0	0	0	0	0	0	0	0	0	0	0	0	0	0	0
6	0	1	60092	0	0	0	0	1	60092	1	60092	1	60092 **	0	0	0	0	1	60092	1	60092
7	1	1	16121	1	16121	0	0	1	16121	1	16121	0	0	0	0	0	0	0	0	0	0
8	1	1	32090	1	32090	0	0	0	0	0	0	1	32090 *	1	32090	0	0	0	0	0	0
9	1	0	13646	0	0	1	13646	0	0	1	13646	0	0	0	0	1	13646	0	0	1	13646
10	1	1	34647	0	0	0	0	0	0	0	0	0	0	1	34647	1	34647	1	34647	1	34647
11	1	0	22498	0	0	1	22498	0	0	1	22498	0	0	0	0	0	0	0	0	0	0
12	0	0	7886	0	0	0	0	0	0	0	0	0	0	0	0	0	0	0	0	0	0
13	0	0	3462	0	0	0	0	0	0	0	0	0	0	0	0	0	0	0	0	0	0
14	1	0	11410	0	0	1	11410	0	0	1	11410	0	0	0	0	0	0	0	0	0	0
15	1	1	22257	1	22257	1	22257	0	0	1	22257	1	22257 *	0	0	1	22257	0	0	1	22257
16	0	0	3550	0	0	0	0	0	0	0	0	0	0	0	0	0	0	0	0	0	0
总计			5	93933	4	69811	4	93328	8	163138	5	131171	3	101421	3	70550	2	94739	4	130641	5

因此，本节提出的多灾种应对避难场所规划方法，综合考虑了各类灾害的对固定避难场所的影响，统筹规划建设各类避难场所的思路，在本质上减少了避难场所的重复无序建设，能够优化避难场所结构，为城市防灾建设减少大量的资金投入，将在未来帮助规划管理部门制定更加科学合理的城市防灾策略，表 6-2-18 反映了本节提出的选址优化方法得出方案与前人研究提出的选址方法得出方案的优缺点。

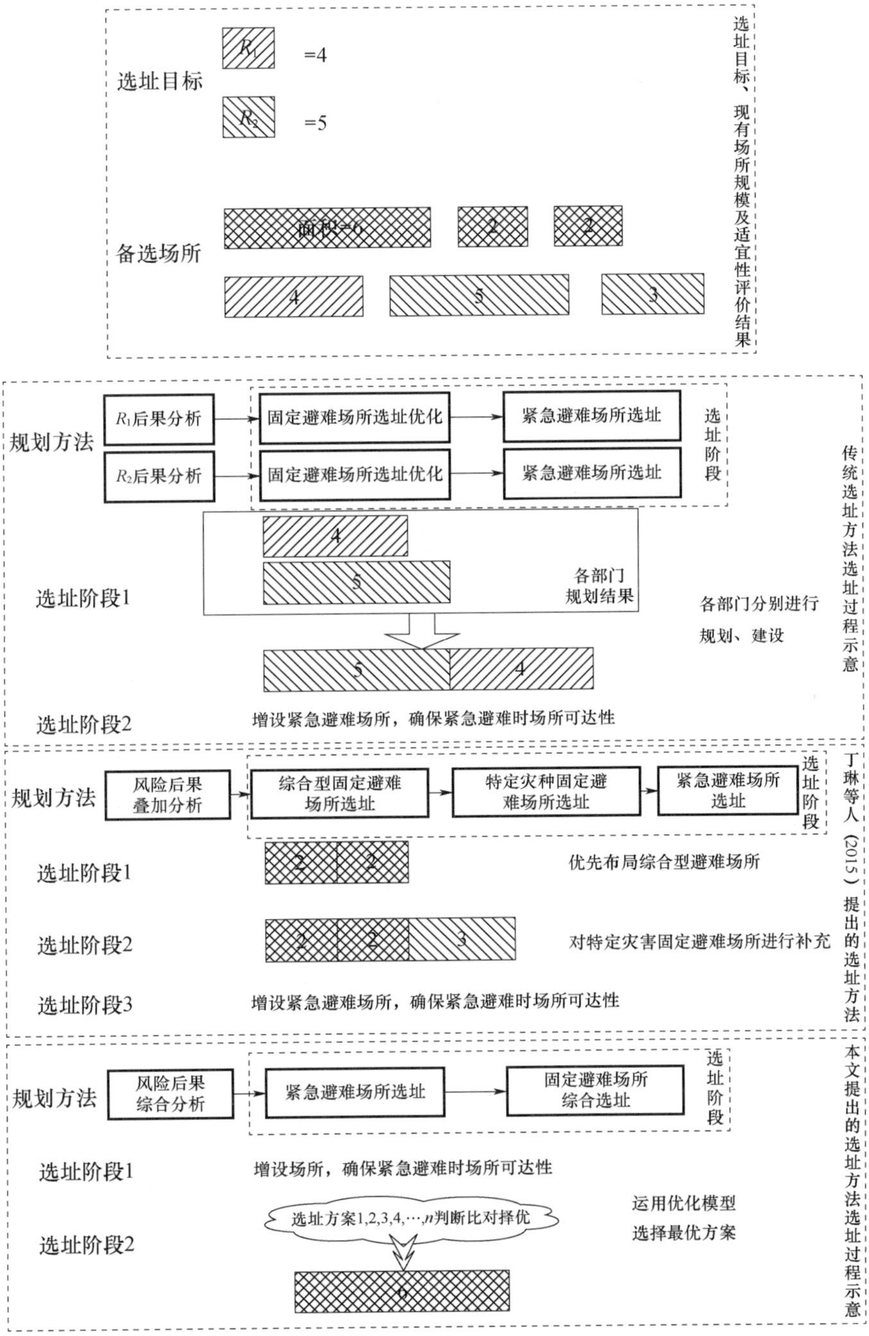

图 6-2-17　本节提出的避难场所选址优化方法与传统方法选址过程示意（R_n 数量为 2）

表 6-2-18　不同选址方法得到的规划方案比较

	本节提出的选址方法	丁琳等人提出的综合规划方法[8]	传统规划方法
缩减用地规模	○ （模型 a）	△	× （重复建设）
缩减选址数	○ （模型 b）	△	× （重复建设）
“一张蓝图”	○	○	×
最优方案	○	×	△ （各部门最优）
可达性算法合理性	○ （网络可达性）	○ （服务半径）	○ （服务半径）
安全性算法合理性	○ （灾害耦合分析）	○ （灾害叠加分析）	△ （各部门单独分析）

注：○——较好；△——一般；×——较差。

（范晨璟，丁琳，葛懿夫，郭文韬）

参考文献

[1] JUI-SHENG，CHOU，YU-CHEN，et al. Emergency shelter capacity estimation by earthquake damage analysis. Natural Hazards，2013，65：2031-2061.

[2] KLC F，KARA B Y，BOZKAYA B. Locating temporary shelter areas after an earthquake：A case for Turkey [J] . European Journal of Operational Research，2015，243 (1)：323-332.

[3] GALL M. Where to go? Strategic modelling of access to emergency shelters in Mozambique [J] . Disasters，2010，28 (1)：82-97.

[4] SANYAL J，LU X X. Ideal location for flood shelter：A geographic information system approach [C] . International Conference on Advanced Communication Technology，2009，2 (4)：262-271.

[5] 范晨璟，翟国方，姚凤君，等 . 公共设施区位理论视角下的避震空间体系规划——以常熟市为例 [J] . 规划师，2014 (8)：43-49.

[6] 施益军，王培茗，刀认 . 山地小城市应急避难场所布局优化研究——以云南剑川为例 [J] . 现代城市研究，2016 (5)：92-99.

[7] 盖程程，翁文国，袁宏永 . 基于 GIS 的多灾种耦合综合风险评估 [J] . 清华大学学报（自然科学版），2011，51 (5)：627-631.

[8] 丁琳，翟国方，李莎莎 . 多灾种应对的城市综合避难场所规划研究 [J] . 城市规划，2015，39 (9)：107-112.

第三节　基于多源数据的应急避难场所多尺度规划方法

20 世纪 60 年代，城市规划领域开始了大数据系统应用的模拟尝试。此后的 20 年是社会环境和规划决策产生持续变化的时期，城市功能和服务的多样化所创造的复杂数据凸显了规划支撑技术的重要性，尤其是计算机技术在城市规划中的作用愈加显著[1]。进入 20 世纪 80 年代以后，地理信息系统（GIS）的出现改变了市政信息系统、土地利用—交通模型长期作为规划核心工具的局面，为空间定量分析与城市规划可视化的大规模发展奠定了坚实的技术基础[2]。大数据时代给规划技术方法的持续创新提供了重要契机，然而一个不可回避的现实是，GIS 或其他分析平台、方法模型并无法独立完成数据获取、数据分析、可视化的全部工作。城市高人口流动性使得采用常住人口为基础数据的避难场所需求评估效果大打折扣。相比较传统的常住人口统计数据，大数据（如社交平台数据、手机信令数据）有助于实现时效性较强的高空间精度避难需求分布分析，能够有效弥补当前避难场所规划实践中需求分析不尽合理及科学依据不足的缺陷。

多尺度是城市规划的固有内涵，城市规划体系是一个上位规划指导下位规划，层层深化、落地的过程，多尺度、渐进式的规划延续有利于各项发展意图在空间上的落实，避难场所的规划亦是如此。综合当前的避难场所规划实践和相关研究，已经体现了不同的空间尺度概念，如市级、区级、片区、地块等，但多是割裂、独立存在的状况，内容、体系和方法上没有形成明显的区分、延续和提炼。由此，亟需对避难场所多尺度规划内容与方法进行研究，以期提升规划的科学性和可操作性，进而多层次有效引导各级避难场所的建设。

在避难场所的研究尺度上，多数研究基于整个城市或市区开展，也有对特定片区避难场所规划的探讨，但规划内容大致相同，核心内容仍然是避难场所的空间布局优化[3-6]。已有学者认识到不同规划层次（空间尺度）的主体内容并无明显区分这一问题，丁琳[7]认为当前的避难场所规划研究与实践，从本质上来说都属于总体规划层面的工作，较为宏观，主要目的是指导下一个层次的规划，其核心任务应是中心与固定避难场所的选址布局；而由于紧急避难场所的面积要求较低，服务覆盖范围也比较小，总体规划层面（城市尺度）无法对其予以有效识别与实质性体现，因此只能在下一个规划层次加以解决。另外，鲜少有针对城市与乡村地区避难场所规划的区域差别研究，蒋蓉等[8]基于汶川地震经验，提出城乡避难场所等级体系的构建应考虑城乡居民避难行为与疏散策略的不同，城市地区需要建设完整的避难场所体系，乡村地区则需要着重中长期避难场所的建设。

一、应急避难场所多尺度规划主要内容与方法框架

1. 技术流程

于城市规划而言，“尺度”概念无处不在[9]。以城市总体规划、控制性详细规划和修建性详细规划为例，三种类型规划依据各自的重点任务展开，一般对应着市域、城区、片区和地块等不同的空间尺度区域，由宏观到中微观，从战略到实施，层层推进，将城市的发展意图逐步落实。当前，我国避难场所规划实践从内容和成果上来说，依然属于总体规划范畴，缺乏进一步的规划延续，且规划方法较为欠缺，避难场所的有效实施无法得到保障。因此，避难场所多尺度规划需基于规划空间尺度延续的需要、不同空间尺度层面规划内容的差异性、不同空间尺度层面数据与方法的多样性而设定，主要内容框架如图 6-3-1 所示。

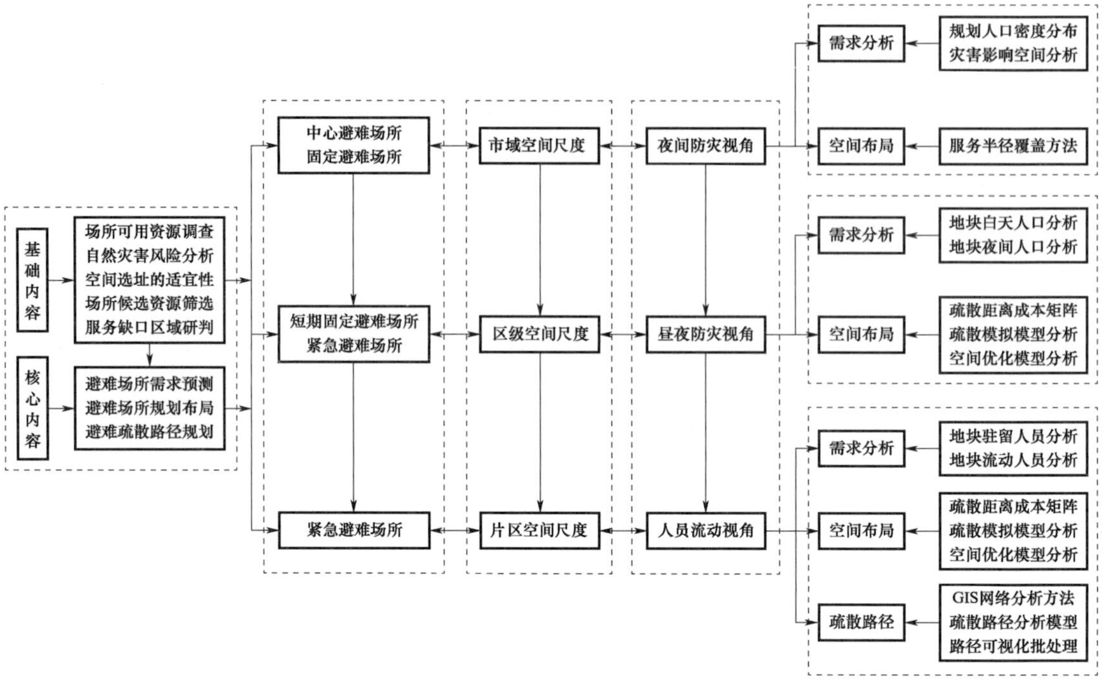

图 6-3-1　避难场所多尺度规划的主要内容框架

各空间尺度下的避难场所规划与城市总体规划、控制性详细规划的关系如图 6-3-2 所示。

（1）市域空间尺度的避难场所规划与城市总体规划市域空间尺度的避难场所规划内容重点是针对中心避难场所与其他中长期避难场所（皆属于固定避难场所）的空间布局，其对场地有效面积和安全性的要求都较高，一般以大型公园、结构性能较好的大型公共建筑等作为候选资源，这类资源设施的规模和布局在城市总体规划中可以从用地规划上予以确定。此外，规划中的灾害风险分析、潜在受灾区域分析、场所用地适宜性评价等基础分析结果也能够反馈到城市总体规划中，给城市用地和功能布局提供参考，利于城市大安全格局的构建。需要指出的是，虽然避难场所的布局要求在合理的疏散距离内服务一定数量的周边居民，但市域尺度规划确定的中心避难场所或其他中长期避难场所提供的避难时间较长，一般为两周以上，在灾后有充足的时间对疏散距离不合理和避难场所供需不匹配的地区进行受灾人群的区域转移。因此，总体规划层面中避难场所可用资源布局精度不高、不尽合理等缺陷并不会成为不可逾越的障碍，但需以总体供需平衡为前提。可以看出，市域尺度的避难场所规划以合适、合理的方式融入城市总体规划，其规划成果能够落实在城市总体规划的用地与功能结构布局中。

（2）区级空间尺度的避难场所规划与城市总体规划、控制性详细规划区级空间尺度的避难场所规划主要研究对象是短期固定避难场所，视研究范围总尺度大小（或城市规模）、数据支撑等因素，也可对紧急避难场所做初步布局安排。由于短期固定避难场所的有效避难面积要求不低于 2000m^2，紧急避难场所的有效避难面积没有严格规定，这类场所用地面积均较小，总体规划层面的用地布局一般无法完全涉及。对于中小城市来说，城市总体规划可以对城市各项建设活动作出相对较为具体的安排，能够对短期固定避难场所予以一定的空间体

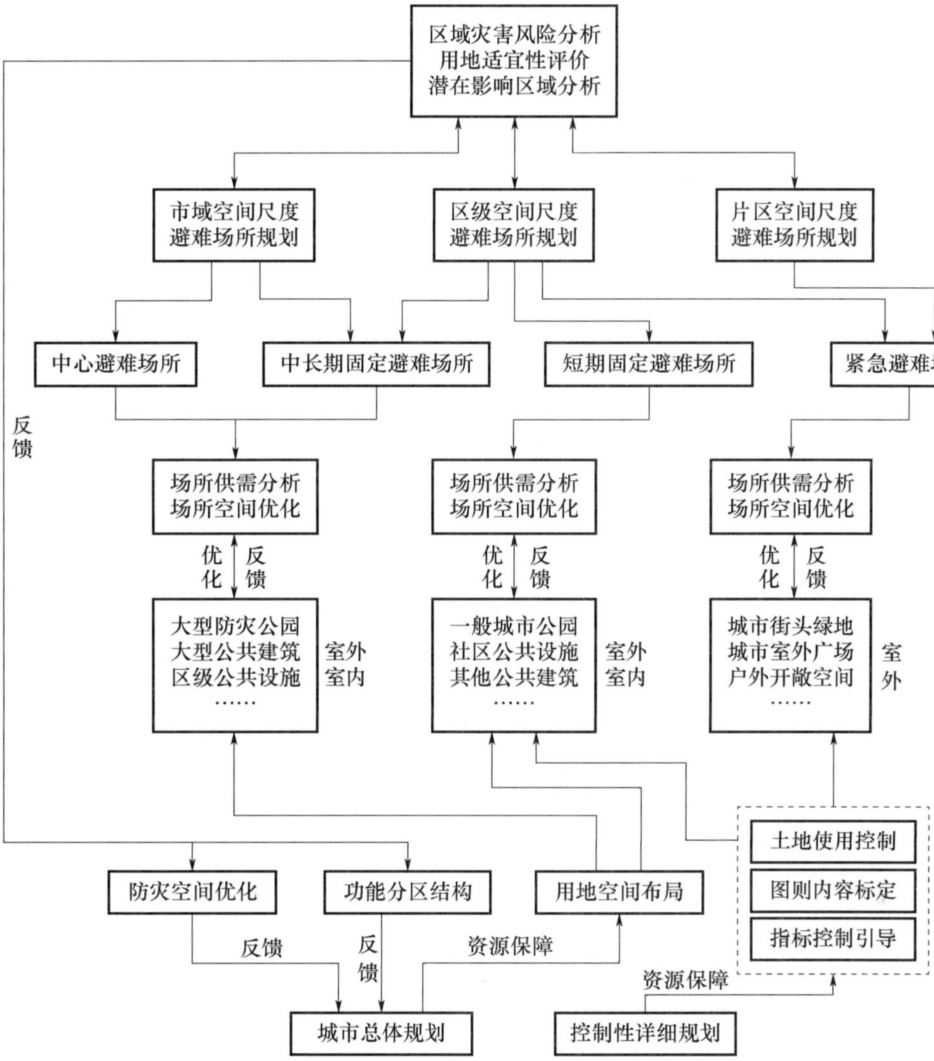

图 6-3-2　避难场所规划与现行城市规划的关系

现，即从用地布局上对中心避难场所、中长期固定避难场所和部分短期固定避难场所进行用地资源保障是可行的。而总体规划阶段无法从用地上予以保障的短期固定避难场所则可通过在控制性详细规划中以社区绿地、单位绿地等绿化面积要求，广场用地，与公共建筑结合设置等方式予以落实，具体方式多样，可以是室外空间的用地或建设指标控制要求，也可以是室内空间的配建要求。

（3）片区空间尺度的避难场所规划与控制性详细规划片区空间尺度的避难场所规划面向紧急避难场所展开研究，由于紧急避难场所一般以小区绿地、广场、空地和街头绿地等公共空间为主，城市总体规划层面无法有效涉及，规划成果衔接、反馈到城市或各片区的控制性详细规划中是最为可靠的方法。方式上，优先以控详的用地布局确保紧急避难场所的空间资源，若用地上无法满足，区域紧急避难空间缺口较大，则可以通过提高地块的绿地率、降低建筑密度等控制指标设定予以保障，具体还需在图则标定、指标设置和条文引导中明确。

2. 关键问题及其研究方法

（1）面向多灾种的灾害风险评估

从灾害发生的可能性和潜在后果的严重程度两个角度考虑，可将灾害风险分析的要素简要概括为致灾因子分析、暴露性分析和脆弱性分析三个方面[10-14]，据此提出灾害风险评价方法，如式（6-3-1）所示。

$$DR=f\ (H,\ E,\ V,\ R) \quad (6\text{-}3\text{-}1)$$

式中，DR（Disaster Risk）为灾害风险等级；H（Hazard）为致灾因子的危险性；E（Exposure）代表实体在灾害中的暴露程度；V（Vulnerability）为相关要素的脆弱性程度；R（Restorability）表示抗灾能力。基于式（6-3-1）[12]，利用 GIS 定量分析模型，结合层次分析法构建判断矩阵，以加权评估流程中涉及的各项指标，基本流程如图 6-3-3 所示。

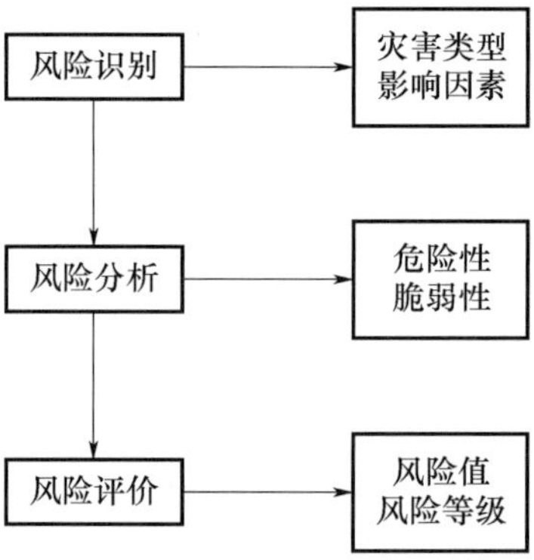

图 6-3-3　灾害风险分析基本流程

（2）避难场所选址适宜性评估

避难场所的选址适宜性评估以 GIS 为基础，通过如下两个主要步骤实现：首先，针对影响因素做单因子缓冲区分析，得到单因子评价结果；然后，以最小值叠加法将各种安全影响因子评价结果进行综合分析，评价模型仿照生态学利比希最小因子法则（Liebig's Law of the Minimum）进行计算［式（6-3-2）］。利比希最小因子法则由 Carl Sprengel（1828）在农业科学中提出，后经 Justus von Liebig 推广。这种方法被广泛地应用于资源管理、风险分析、用地评价等领域。

$$S=\mathrm{Min}\ (X_1,\ X_2,\ \cdots,\ X_n) \quad (6\text{-}3\text{-}2)$$

式中，S 为避难场所选址安全评价中某一地理位置的安全性综合评价得分；X_n（$n=1$，2，$\cdots$，n）为某一地理位置的安全性要素的单因子分值。在评价过程中，要求每个因子都起到“底线”的作用。最终运用不同地理位置的安全要素单因子叠加分值 S，寻找安全的区位以便进行场所建设，确保场所选址安全。

（3）市域—面向夜间防灾的避难需求分析

市域尺度避难场所规划中通常面临的主要灾害类型包括地震、洪涝、风暴潮和地质灾害等，由于地质灾害多为点发型事件，其避难需求不进行单独预测。一般而言，避难场所需求分析应首先基于某灾害类型作用于城市环境的仿真模拟，对潜在受影响人群进行规模与空间分布分析[15]。然后，结合避难场所的规划标准（表 6-3-1），预测场所的需求情况（中华人民共和国住房和城乡建设部，2015）。

表 6-3-1　应急避难场所规划标准

场所类型	有效避难面积（ha）	人均有效避难面积（m²）	避难距离（km）	避护人口规模（万人）	责任区服务范围用地规模	责任区服务人口规模（万人）
中心避难场所	＞10ha，＞20ha 较合理	＞4.5	5.0～10.0	—	≤30.0	≤30.0
长期固定避难场所	≥5.0	4.5	≤2.5	≤9.0	≤15.0	≤20.0
中期固定避难场所	≥1.0	3.0	≤1.5	≤2.3	≤7.0	≤15.0
短期固定避难场所	≥0.2	2.0	≤1.0	≤0.5	≤2.0	≤3.5
紧急避难场所	—	1.0	≤0.5	—	—	—

对于风暴潮与洪涝灾害，其避难需求分析主要通过 GIS 中的两个步骤完成：首先，基于数字高程模型（DEM），运用有源淹没算法，对风暴潮与洪涝灾害的潜在淹没区域进行分析，得到设防标准下的淹没区域空间分布情况；接下来，将某一淹没区域的面积与其所属区域的规划人口密度相乘，即可得出这一区域的潜在受灾人员规模。对于地震灾害，由于建筑结构基本信息难以获得，因此无法进行基于地震建筑损害的避难需求分析。采用无家可归人员计算公式进行地震避难需求的预测［式（6-3-3)］，这是一种在当前的地震避难场所规划实践中普遍采用的方法，也是一种基于经验、考虑我国城市基本情况的方法[16]。

$$P_{homeless}=\frac{1}{A_{per}}\left(\frac{2}{3}A_{collapsed}+A_{destroyed}+\frac{7}{10}A_{damaged}\right) \tag{6-3-3}$$

式中，$P_{homeless}$ 为地震时无家可归人数；A_{per} 为人均居住面积；$A_{collapsed}$ 为地震时毁坏的住宅建筑面积；$A_{destroyed}$ 为严重破坏的住宅建筑面积；$A_{damaged}$ 为中等破坏的住宅建筑面积。

（4）区级—面向昼夜防灾的避难需求分析

人口的昼夜变化是区级避难场所规划中面临的一个挑战。城市中具有经济活力、人员最为密集的区域，内部往往存在较大的昼夜人口差异，避难场所的设置应符合白天和夜间发生灾害的避难需求。从人口的流动性角度来看，白天的驻留人员包括就业人口、老龄人口、中小学生、职业技术学校学生、高等院校学生、综合医院住院病人等；白天的流动人口主要由分布在地铁站、汽车与铁路客运站、景区、综合商场、大型体育馆等场所的人员构成。夜间的驻留人员主要为小区、公寓和宿舍等的居住人口。此外，品牌连锁与星级酒店的商旅人员、职业技术学校学生、高等院校学生、综合医院住院病人等其他宿住人口也应充分考虑（图 6-3-4）。由于夜间流动人员较少，避难需求分析中不作考虑。

区级尺度的避难场所规划范围较小，可以对上一个层次中无法涉及或已做初步研究的短期固定避难场所进行需求预测与布局。一般而言，灾后的疏散救援活动若能够保证持续高效运行，那么短期避难场所与中长期避难场所的需求都能以居住人口为基础展开预测（Chenetal.，2013）。从疏散行为与偏好角度来看，若不得不进入官方指定的场所进行避难，避难者一般倾向于在熟悉的环境寻求庇护、保护家庭财产、与家庭成员或朋友一起行动[17-19]。这些也表明，对于能提供住宿条件的固定避难场所的规划布局以满足居住人口庇护需要为标准有着一定的合理性。但是同时也要考虑到一些特殊情况，如灾情特别严重或其他因素导致的

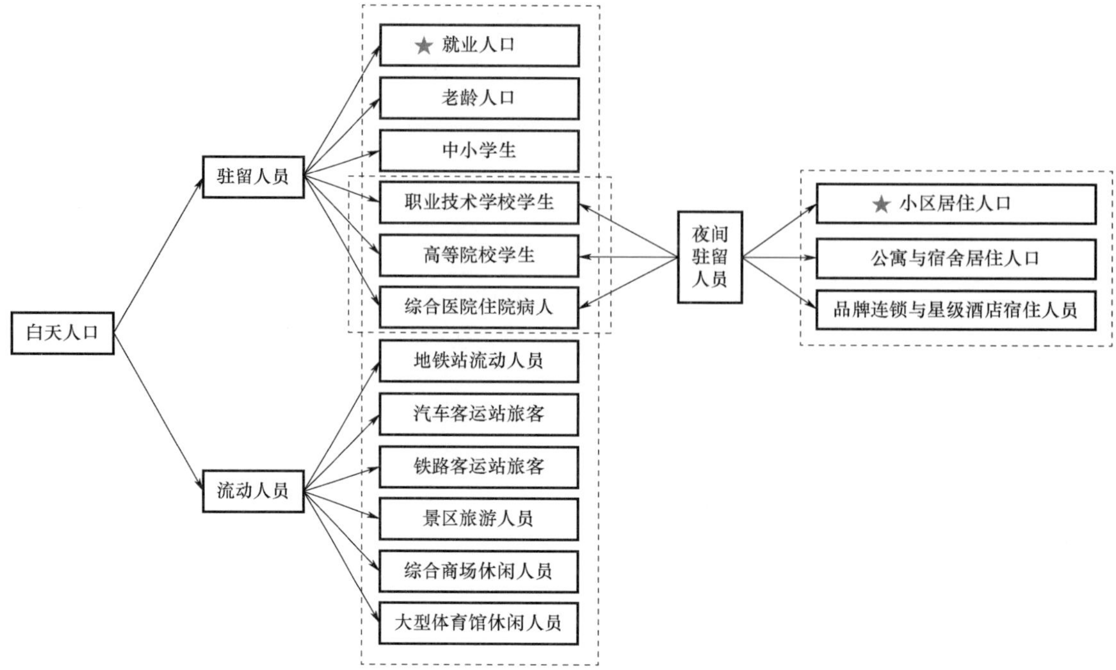

图 6-3-4　昼夜防灾视角下的避难人员主要构成

政府不具备持续高效救灾能力，或无法在短时间内就将大部分处于紧急避难状态的疏散者转移至配套设施较好的中长期固定避难场所，此时，所有可满足（或快速资源整合后可满足）短期夜间宿住要求的场所都必须提供给灾民过夜使用。那么，短期固定避难场所则会成为这种情况下的优先选择，因此，其需求分析应以地块白天和夜间的人口最大值为基础［式（6-3-4)］，以提升避难场所在昼夜灾害情景下对人群的服务覆盖水平。

$$Demand = \sum_{i=1}^{n} Pop_{day}^{i} + Pop_{night}^{i} \tag{6-3-4}$$

式中，$Demand$ 为研究区域短期固定避难场所需求的总人口规模；Pop_{day}^{i} 为第 i 个地块的白天人数；Pop_{night}^{i} 为第 i 个地块的夜间人数。

（5）片区—基于人员动态变化的避难需求分析

片区尺度的避难场所规划中，大量流动人员导致的人员数量动态变化是避难场所需求分析必须要考虑的问题。地块白天和夜间的驻留人员分别以就业人口和居住人口为主，各自的人员规模在一天内的变化较小。而由于大量旅客与商业休闲、娱乐人群的存在，流动人员的变化会比较大。因此，紧急避难需求预测应结合驻留人员与流动人员综合分析。地块的驻留人员规模依然采取其白天、夜间驻留人口（分别按 30d 平均）的最大值，确保满足昼夜紧急避难需求；同时，因高峰时段流动人员较多，而其他时间段的流动人员较少，若直接取其最大值，则会带来一定的资源浪费问题，且不具备可实施性，故采用了地块白天、夜间流动人口（分别按 30d 平均）最大值的 12h 平均值，具有一定的弹性。那么，片区紧急避难场所需求的总人口规模可用式（6-3-5）表示。技术方法上，首先，借助 Python 语言编程（在 Anaconda Navigator 中运算）完成人员分析模型构建、信令数据处理；然后，利用 ArcGIS 导入数据，开展相关空间分析与数据统计工作。方法流程如图 6-3-5 所示。

$$Demand = \sum_{i=1}^{n} \left(\mathrm{Max}[Fixed_{day}^{i}, Fixed_{night}^{i}] + \frac{\mathrm{Max}[Mobile_{day}^{i}, Mobile_{night}^{i}]}{12} \right) \tag{6-3-5}$$

式中，$Demand$ 为研究区域紧急避难场所需求的总人口规模；$Fixed^i_{day}$ 为第 i 个地块的白天驻留人员数量（按 30d 平均）；$Fixed^i_{night}$ 为第 i 个地块的夜间驻留人员数量（按 30d 平均）；$Mobile^i_{day}$ 为第 i 个地块的白天流动人员数量（按 30d 平均）；$Mobile^i_{night}$ 为第 i 个地块的夜间流动人员数量（按 30d 平均）；n 为研究区域内地块总数。

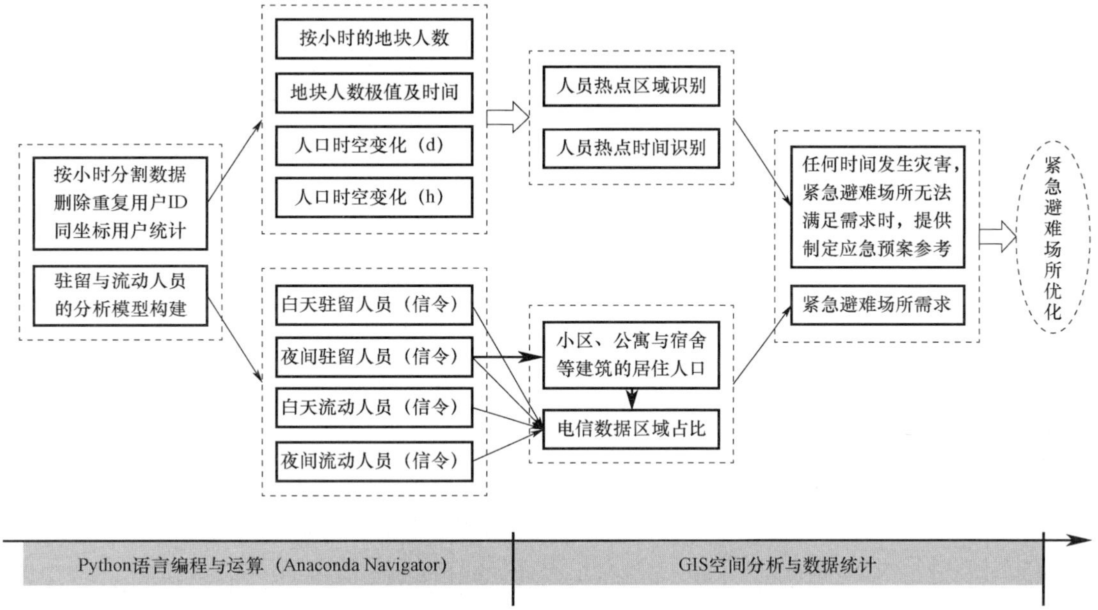

图 6-3-5　基于手机信令数据的紧急避难场所需求分析方法流程

（6）基于疏散模拟的避难场所供需分析

人员与场所之间的疏散模拟模型可以将复杂、动态的疏散活动尽量简单化处理并实现，以分析小型片区避难场所的供给与需求状态为切入点，给避难场所空间优化提供具体指导与科学依据。据此建立的两种疏散模拟模型如图 6-3-6 所示。模型一为需求点人员完全疏散模型（以下简称完全疏散模型），考虑避难场所能够接收全部疏散人员，适用于需求已知、场所容量未知以及城市片区发展较为成熟、地块更新改造潜力较小等情况下的场所供需分析，总体目标是了解避难场所在接收了附近合理疏散距离内的所有需求点全部人员之后，场所最终呈现的状态，如图 6-3-6（a）所示。模型二考虑避难场所规模与容量制约因素（以下简称容量制约模型），适用于各种情况下的场所供需分析，其目的是了解避难场所在接收了附近合理疏散距离内的所有需求点部分人员（场所达到最大容量）之后，需求点最终呈现的状态，如图 6-3-6（b）所示。而针对目前避难场所分配研究中的一些假设条件不尽合理、较为理想化的情况，模型中将存在较大缺陷的假设条件及考虑欠缺之处做了如下改进与补充，以尽量贴近真实情况、提升疏散模拟结果的可靠性。

①需求点人员沿实际疏散路径进行疏散运动，即以实际疏散距离代替直线距离（通过构建基于 GIS 的疏散距离成本矩阵模型实现）。

②一个需求点可以被多个避难场所覆盖，如图 6-3-6 中的多数需求点，其周边可用避难场所均不止一处；同时，一个避难场所也可以覆盖多个需求点，如图 6-3-6 中的避难场所 A、B、C、D、E、F、G，均服务了不止一处需求点。在需求点的目标避难场所选择上，总体原则仍为就近避难，即距离越近的避难场所分配的人员数量越多，而非一个需求点的全部

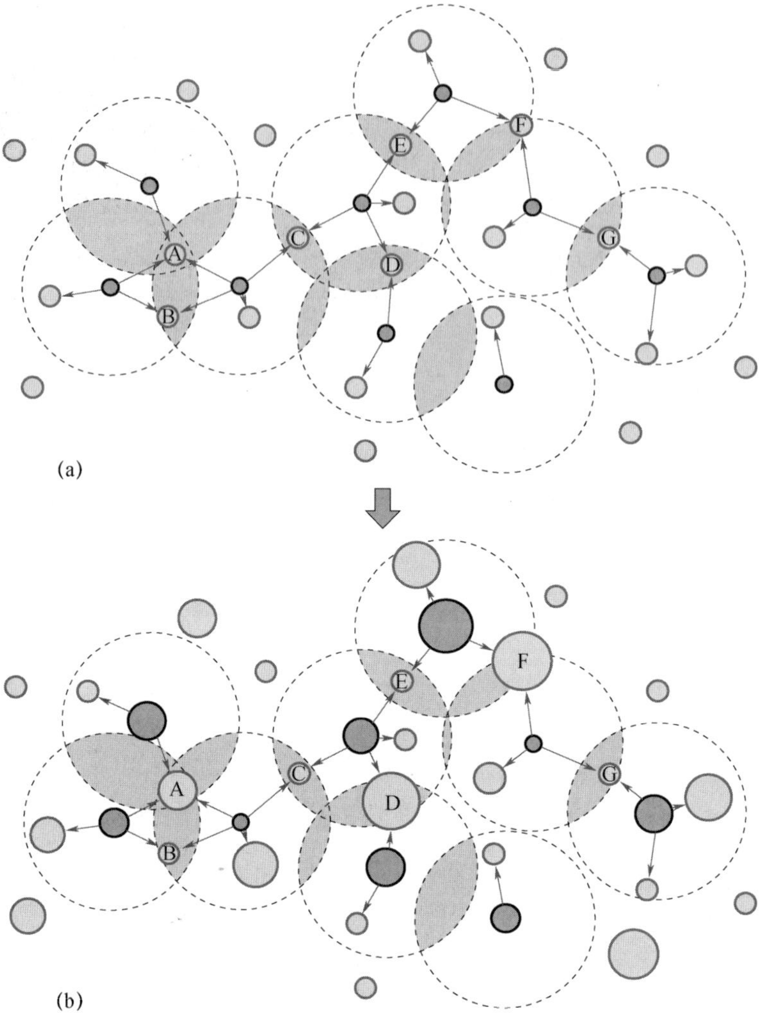

图 6-3-6　需求点到周边避难场所的疏散示意

人员仅在一处避难场所寻求庇护。

③考虑人群灾时的疏散速度、不发生拥挤等基本因素（非疏散行为心理），具体参数的选择在疏散模拟模型构建部分进行了详细论述。

④考察需求点疏散时间。模拟中虽然已将合理的疏散距离作为了前提条件，疏散时间总体上可以控制，但是一些规模较大、人员数量较多的需求点的疏散时间会比较长。因此，疏散时间的考察可以帮助了解哪些需求点在灾时更需要积极疏散引导，或是加强平时的场所配置与应急预案制定。

⑤考虑避难场所的容量因素。在容量制约模型中，当某一处避难场所容量达到最大之后，即标记为失效，在路径上的人员立即被分配至附近的下一处可用场所进行避难，以此循环；同时，计算每一处容量未满的避难场所已经接收的人员数量以及尚能够容纳的人员数量。在完全疏散模型中，计算每一处避难场所超容的具体规模。最终结果除了用于避难场所供需考察和空间优化以外，也可给未来城市规划中的用地功能安排和防灾规划中的防灾空间组织提供参考。

⑥考察需求点的剩余未疏散人数。记录已经疏散完毕和未完全疏散的需求点，计算未完全疏散的需求点的剩余人数，并将其作为避难场所空间优化的重要依据，可在城市更新改造活动中加强此类需求点周边的场所可用资源建设。

疏散模拟模型的构建与分析基于具体目标导向（表 6-3-2），其技术流程如图 6-3-7 所示。模型实现均以 Python 程序语言在 Anaconda Navigator（Spyder）中运算完成。

表 6-3-2　疏散模拟模型分析的具体目标

完全疏散模型（主要考察避难场所）	容量制约模型（主要考察需求点）
各避难所容量达到最大的时间（超出容量的点）	各需求点人员疏散完毕的时间（疏散完毕的点）
各避难所分别接收了来自哪些需求点的疏散人员及各自数量	各需求点往哪些避难所分别疏散了多少人及各自的疏散时间
各避难所停止接收人员的时间（未超出容量的点）	各需求点人员停止疏散的时间（未疏散完毕的点）
各避难所接收的疏散人员总规模以及尚能容纳的人员数量	各需求点已经疏散的人员数量以及尚剩余的未疏散人员数量

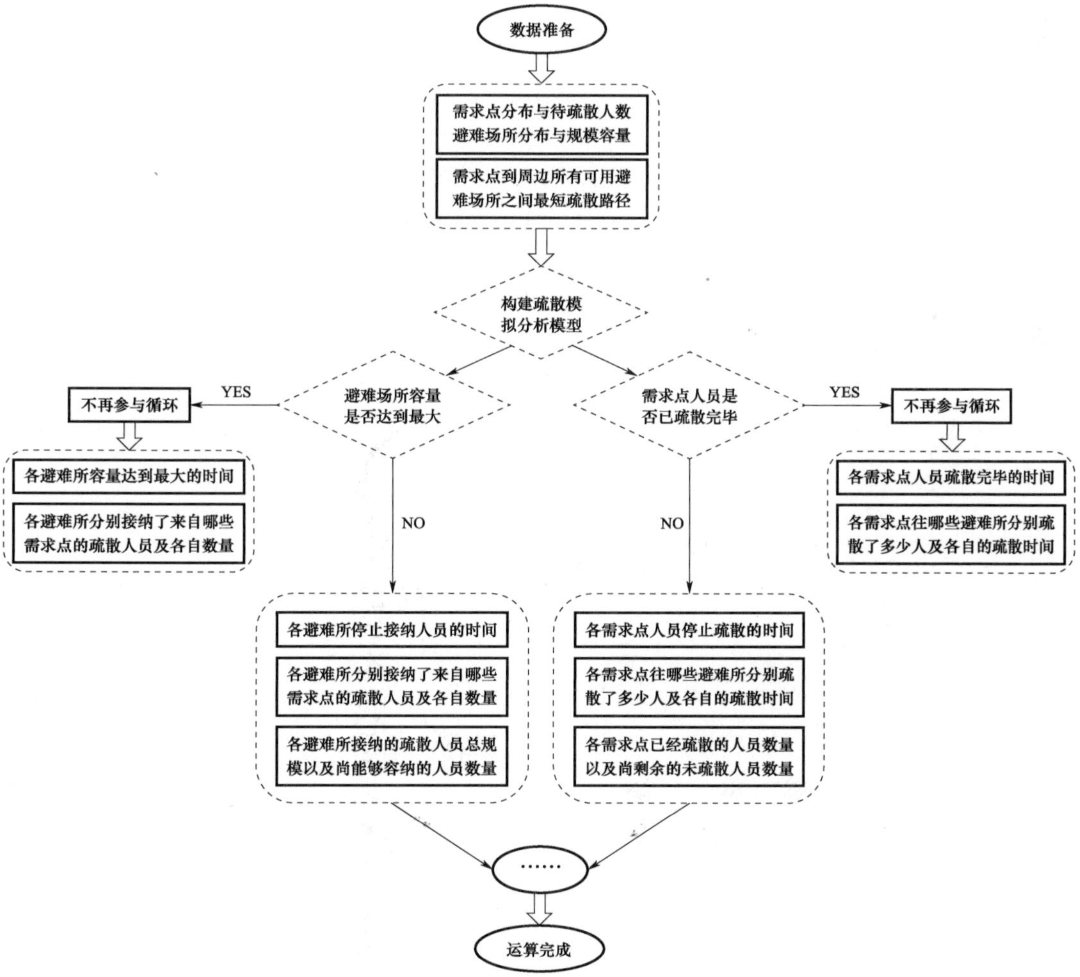

图 6-3-7　空间优化模型构建简要流程

(7) 与城市规划相结合的避难场所空间优化

空间优化模型的基本原理是将全部需求点剩余未疏散人员重新分配至周边尚未建设避难场所或不含避难场所可用资源的地块。如图 6-3-8 所示，黑色的点为未完全疏散的需求点（1，2，3，…，10）；深灰色地块表示其已存在避难场所可用资源，即在前文所述两种疏散模型中已参与了运算，空间优化模型中将不再给其分配人员；浅灰色地块表示其现状没有避难场所可用资源，在空间优化模型中为目标地块，未来可通过这些地块新增避难面积。此外，出于节约资源、经济、易于实施等方面考虑，模型中的三个关键之处需要说明：1）《防灾避难场所设计规范》（GB 51143—2015）中要求短期固定避难场所有效面积不小于 2000m^2，人均 2m^2，因此，模型中优先考虑剩余人数大于 1000 人的地块；2）图 6-3-8 中的重叠目标地块 A，B，C，…，I 应作为主要优化目标地块，目标不宜太多、太分散；3）结合相关标准与场所供需分析，判定目标地块应提供的场所面积规模与场所类型。模型技术流程如图 6-3-9 所示，通过 Python 程序语言在 Anaconda Navigator（Spyder）中实现。

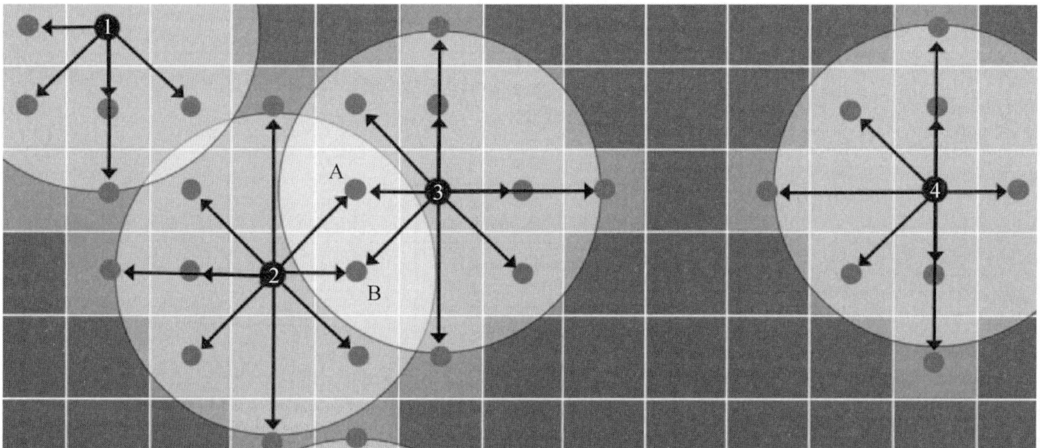

图 6-3-8　避难场所空间优化原理示意

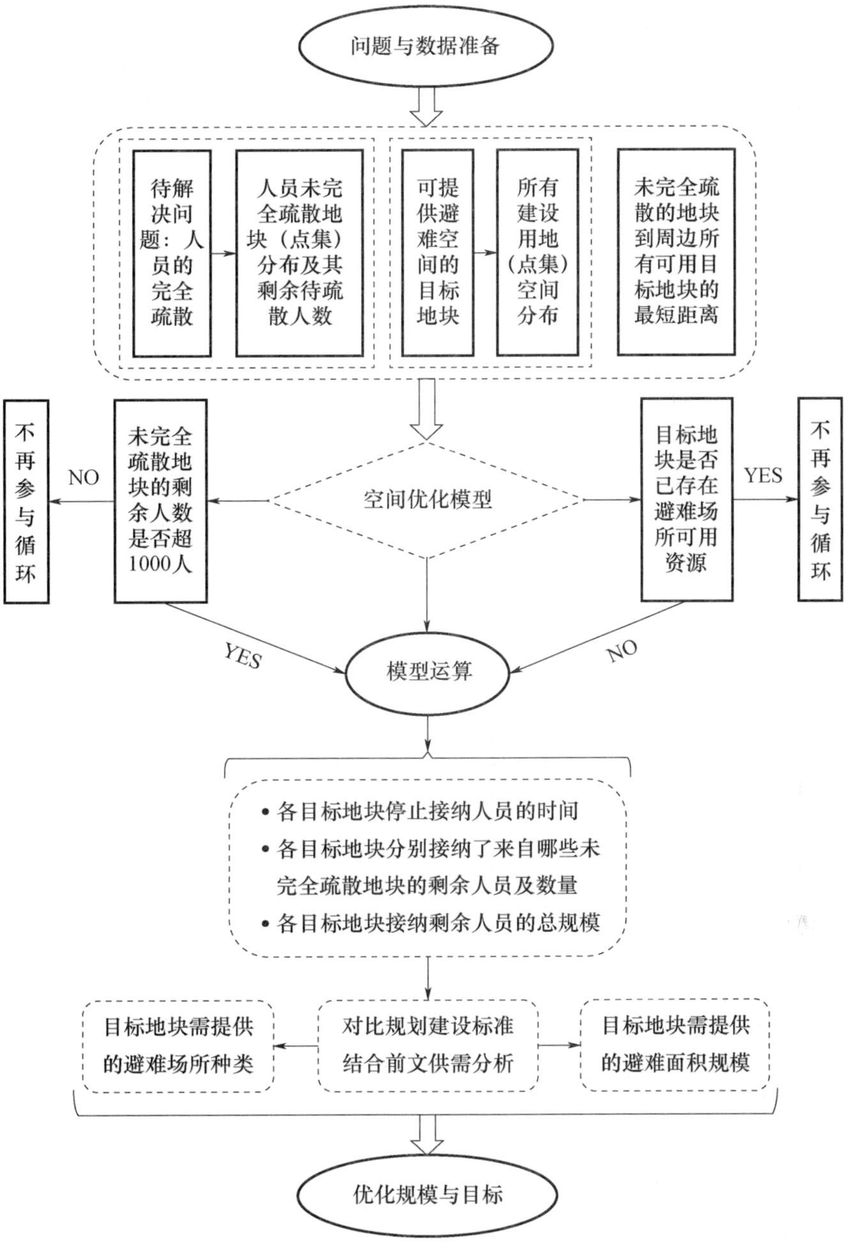

图 6-3-9　疏散模拟模型构建简要流程

二、市域尺度下应急避难场所规划研究

1. 研究区域与研究数据

广州市位于广东省中南部，珠江三角洲北缘，东南、西南分别与深圳、香港及珠海、澳门毗邻，拥有 1449.84 万常住人口（2017 年）。全市总面积 7434.4km^2，含 11 个市辖区，分别为越秀区、荔湾区、海珠区、天河区、白云区、黄埔区、番禺区、花都区、南沙区、增城区、从化区。

作为海洋性气候特征显著的沿海城市，广州市易受各类自然灾害的侵扰，尤其是气象灾害的侵扰，如台风、暴雨、洪涝、寒潮、雷电等。同时，滑坡、泥石流等地质灾害发生也较为频繁。据广东省气象局公布的《2017年广东天气气候特征和气候事件》显示，2017年共有6个台风登陆，其中5个严重影响珠三角。其中，8月23日至9月3日，珠三角连续遭遇“天鸽”“帕卡”“玛娃”，为1965年以来受台风影响最严重的时期。各类灾害也带来了巨大的人员与经济损失，仅2017年的“5·23”暴雨洪水灾害就造成了广州市增城区、从化区、白云区和花都区的超过30个镇（街）受灾，受灾群众达22.05万人，紧急转移4.25万人，农作物受灾面积达20.6万亩（1亩≈666.7m^2），倒塌房屋6810间，直接经济损失超过7亿元。另外，因灾死亡7人，失踪1人。

2. 分析结果

综合考虑广州市主要灾害的发生频率、经济损失、危险程度、影响范围、防灾救灾条件等因素，确定较具威胁的自然灾害依次为风暴潮灾害、洪涝灾害、雷电灾害、火灾、地质灾害、地震。由于雷电灾害与火灾多为点发事故，且可进行较为充分的预防工作，故选取风暴潮灾害、洪涝灾害、地质灾害及地震进行多灾害风险分析。风险分析因子从灾害危险性（Hazard）、承载体脆弱性（Vulnerability）及抗灾能力（Restorability）三方面进行选择（表6-3-3），采用AHP方法构建判断矩阵赋权，在ArcGIS中进行单因子空间分析，最终评价结果通过加权综合评估方法实现。

表6-3-3　不同灾种灾害风险因子

灾害类型	危险性评估因子（Hazard）	承载体脆弱性评估因子（Vulnerability）	抗灾能力评估因子（Restorability）
洪涝灾害	降水	人口密度 地均GDP	排水管道覆盖率
	洪水淹没区域		
	河网、水库分布		
	内涝		
	地形		
	土地覆盖类型		
风暴潮灾害	降水	人口密度 地均GDP	排水管道覆盖率
	风暴潮淹没区域		
	河网、水库分布		
	内涝		
	地形		
	土地覆盖类型		
地震灾害	地质环境 地震活动性 地震烈度区划	建筑抗震能力 人口密度 地均GDP	公共空间密度 救援能力 救护能力 应急体系
地质灾害	地质灾害点分布		
	地质环境		

洪涝灾害风险：因海拔较低导致的地表径流过度汇集、邻近珠江入海口流域、水网密度相对较大及排水管道覆盖不足等因素的分别作用，番禺区、白云区、黄埔区南部、花都区的

洪涝灾害风险普遍较高；越秀区、荔湾区的排水管道网络较为完善，抗洪涝灾害能力较强，灾害风险较低；从化区的海拔较高，其风险亦较低［图 6-3-10（c）］。

风暴潮灾害风险：风暴潮灾害风险较高的地区有南沙区、番禺区和黄浦区南部，越秀区与荔湾区的风险最低。其中，南沙区因其海拔较低，会导致地表径流过度汇集，在风暴潮引发强降雨的情况下，有可能在短时间内快速形成积水，进而导致内涝；另外，其紧邻珠江入海口狮子洋，区内部分区域更容易被风暴潮导致的高潮位淹没；同时，区内水网密度较大，易受水域影响，若风暴潮引发海水倒灌，影响则更大［图 6-3-10（d）］。

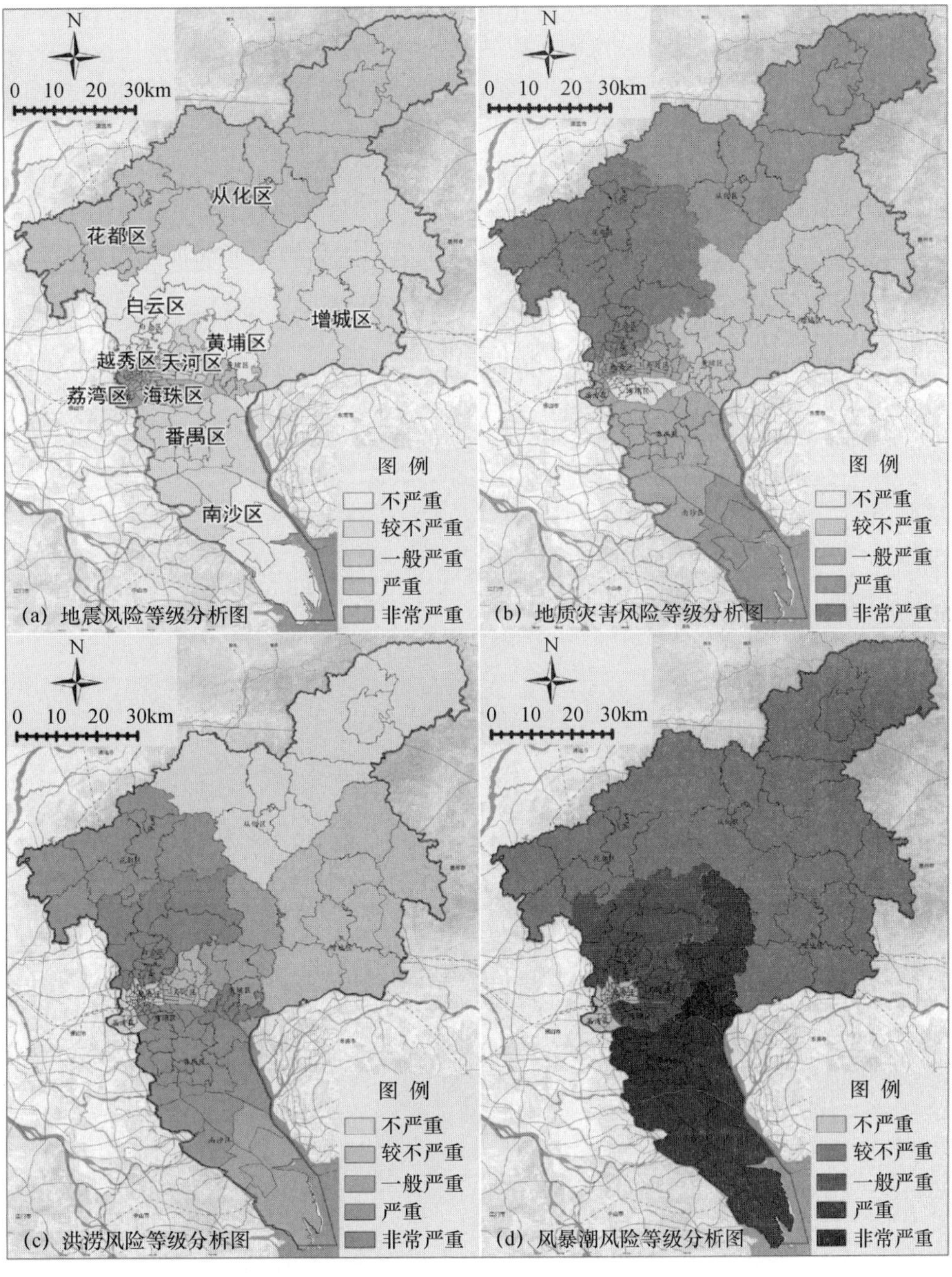

图 6-3-10　各区不同灾害风险等级

地震灾害风险：如图 6-3-10（a）所示，由于荔湾区、越秀区属老城区，人口密度、建筑密度均较高，且地震响应能力较弱（公共空间密度、救援和救护能力等方面），导致其地震灾害风险最高；海珠区、花都区和从化区风险次之；番禺区、黄埔区、天河区和增城区地震风险较低，因其人口和建筑密度不大，且地震响应能力较完备；白云区和南沙区的地震灾害风险最小。

地质灾害风险：北部从化区、花都区和增城区的山地丘陵区，受地貌、强降雨和人类工程活动因素的综合作用，易发生崩塌、滑坡、泥石流等地质灾害，风险较高；南部区域，包括老城区、番禺区和南沙区，属于珠江三角洲冲积平原区，大面积软土分布会造成软土地基沉降和基坑边坡失稳等，也具有一定的风险［图 6-3-10（b）］。

从避难场所选址的空间安全保障角度出发，参考《城市抗震防灾规划标准》（GB 50413—2007）、《地震应急避难场所场址及配套设施》（GB 21734—2008）及《防灾避难场所设计规范》（GB 51143—2015），结合地震、风暴潮和洪水的御灾要求，避难场所空间适宜性评价结果如图 6-3-11 所示。越秀区、荔湾区、海珠区、天河区、黄埔区、番禺区的大部分地区适宜进行避难场所建设，但选址中需要注意避开城市高压廊道、加油加气站；白云区东部、

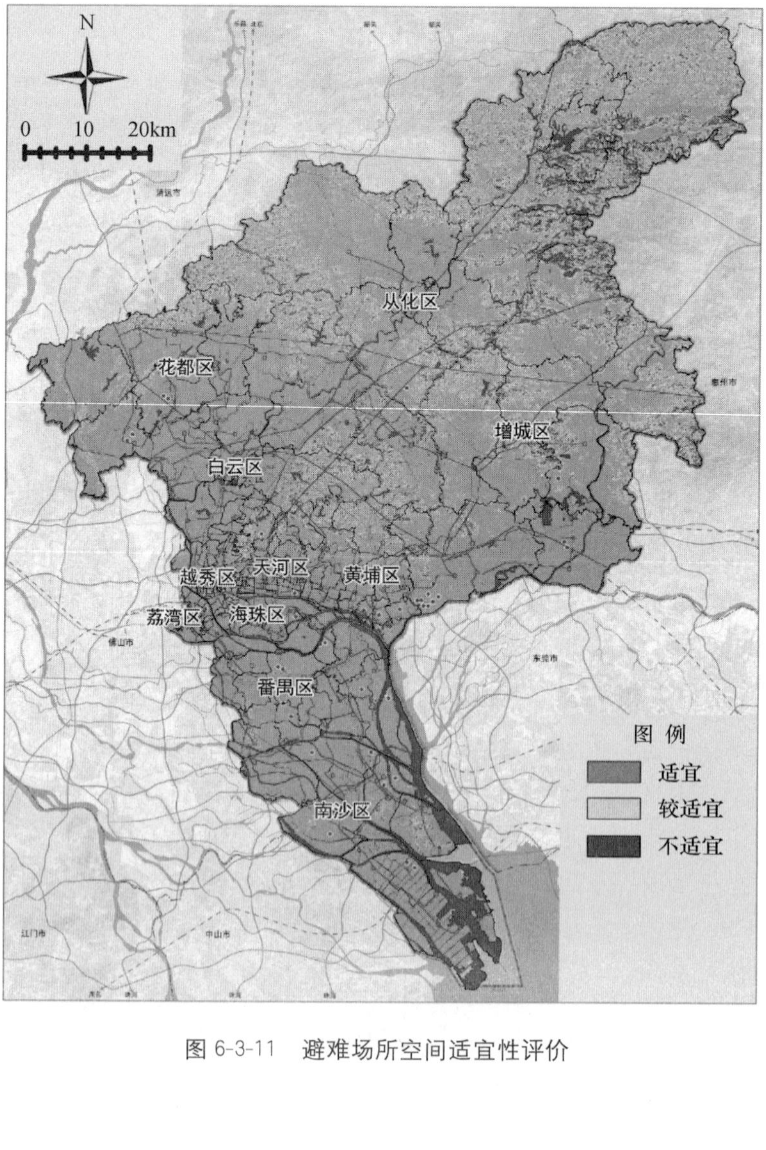

图 6-3-11　避难场所空间适宜性评价

花都区北部、从化区东北部、增城区西北部由于地形复杂、地质灾害点分布等原因，不适宜建设避难场所；南沙区南部地区地势低洼，有可能会在风暴潮灾害中被淹没，风暴潮避难场所不应在此设置，考虑到震后次生灾害（如海啸），地震避难场所也不宜在此选址；南沙区东部地区当洪水位大于 2.5m 时，有一定概率会被淹没，连同珠江沿线地势低洼处均不宜建设洪水避难场所。

将初步筛选出的现状避难场所可用资源点与避难场所空间适宜性评价结果进行叠加对比分析，选取出适宜、较适宜、不适宜的可用避难资源［图 6-3-12（a）］。以 2000m 为服务半径对筛选后的避难场所可用资源服务范围进行考察，结果发现，各区之间和内部片区之间的场所资源在空间分布上均表现出不同程度的不均衡特征，现状未实现避难服务的全覆盖，仍存在大量的应急避难服务盲区［图 6-3-12（b）］。

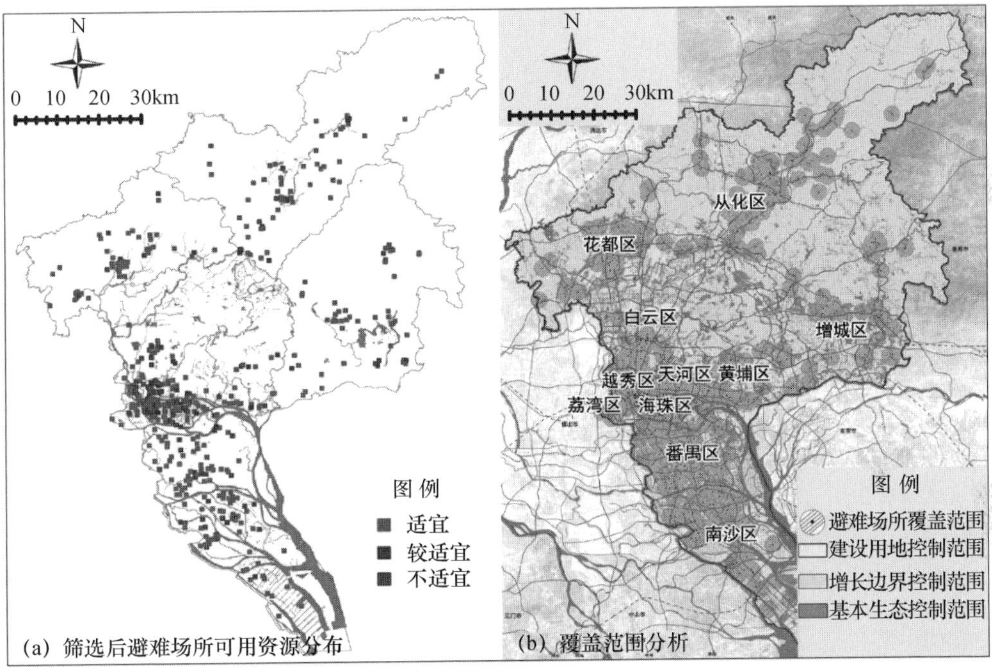

图 6-3-12　筛选后避难场所可用资源分布及其覆盖范围分析

避难需求分析为避难场所规划布局提供了直接依据，对地震、洪涝和风暴潮三种灾害的潜在受灾人数进行了预测。其中，由于缺少建筑结构、年代等数据，无法对市域层面的地震潜在受灾区域进行分析，其受灾人数按照震后无家可归人员公式进行计算；洪涝灾害与风暴潮灾害的受灾人员规模通过潜在受灾区域与规划人口密度叠加统计分析得出。

洪涝灾害影响：区域以广州市数字高程模型（DEM）为基础，根据广州市历史洪涝灾害发生情况，将海拔 3m 以下的地区定为洪涝潜在淹没区，结合湖泊水系的分布分析在最恶劣的情况下，即洪水水位达 3m 的洪涝灾害发生时，潜在淹没区域的空间分布［图 6-3-13（a）、图 6-3-13（b）］。结果显示，洪水水位达 3m 时的淹没区主要分布在南部海拔较低的南沙区、邻近入海口的番禺区和黄浦区南部区域。

风暴潮灾害影响：区域参考日本风暴潮防御经验，结合广州市风暴潮历史最高潮位，设定 3m 潮位为风暴潮潜在淹没区，进而得到在较为极端的情况下，风暴潮潮位达 3m 时，潜在淹没区域的空间分布［图 6-3-13（c）］。结果显示，风暴潮潮位达 3m 时的淹没区主要集中在南部海拔较低的番禺区和南沙区，以及邻近入海口的黄浦区南部区域。

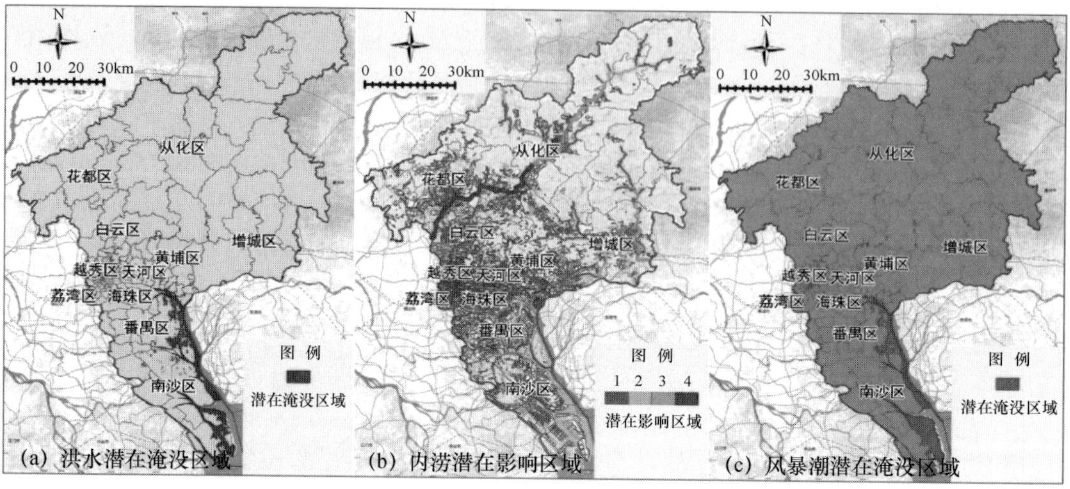

图 6-3-13　洪涝与风暴潮灾害情境下的潜在受灾区域分布

基于以上分析，洪涝、风暴潮与地震三种灾害情景下的受灾人口规模见表 6-3-4。

表 6-3-4　各区不同灾害下受灾人数预测

行政区域	洪涝灾害（万人）	风暴潮灾害（万人）	地震灾害（万人）	
			设防烈度	大震烈度
越秀区	—	—	10	52
海珠区	0.13	—	20	93
荔湾区	0.28	—	15	56
天河区	0.02	—	15	83
白云区	0.06	—	24	148
黄浦区	2.87	0.96	16	106
花都区	0.01	—	19	103
番禺区	8.92	7.61	19	103
南沙区	26.83	39.45	16	110
从化区	—	—	10	54
增城区	—	—	25	125
总计	39.12	48.02	189	1033

中心（区域）避难场所布局如图 6-3-14 所示，共有中心兼区域性应急避难场所 22 处，总用地面积为 3174.4ha，有效用地面积为 1219.3ha，可容纳人口约 135.5 万人，占规划常

住人口（1800 万人）的 7.5%。其中，天河区 4 处，黄埔区 3 处，越秀区、荔湾区、海珠区、白云区、番禺区和从化区各 2 处，花都区、南沙区和增城区各 1 处。

图 6-3-14 中心（区域）应急避难场所布局

总体上，中心级避难场所要求在 10min 左右（通过公共交通方式）基本能覆盖城市主要已建成区域。利用模型对中心避难场所的交通等时线分布进行测试分析，结果发现，22 个中心级避难场所 10min 路程服务范围基本能覆盖主城区，但对花都区南部、从化区、黄埔区及南沙区北部的覆盖略显薄弱，市域的覆盖率约为 62.3%；20min 路程的覆盖范围达到 89.5%；30min 路程基本实现了全覆盖（图 6-3-15）。

对固定避难场所按照 2000m 半径划分其覆盖服务范围，布局如图 6-3-16 所示。室外固定避难场所共 348 处，总用地面积为 2955.7ha，有效用地面积为 1200.3ha，可容纳人口约 600 万人，占规划常住人口（1800 万人）的 33.3%。

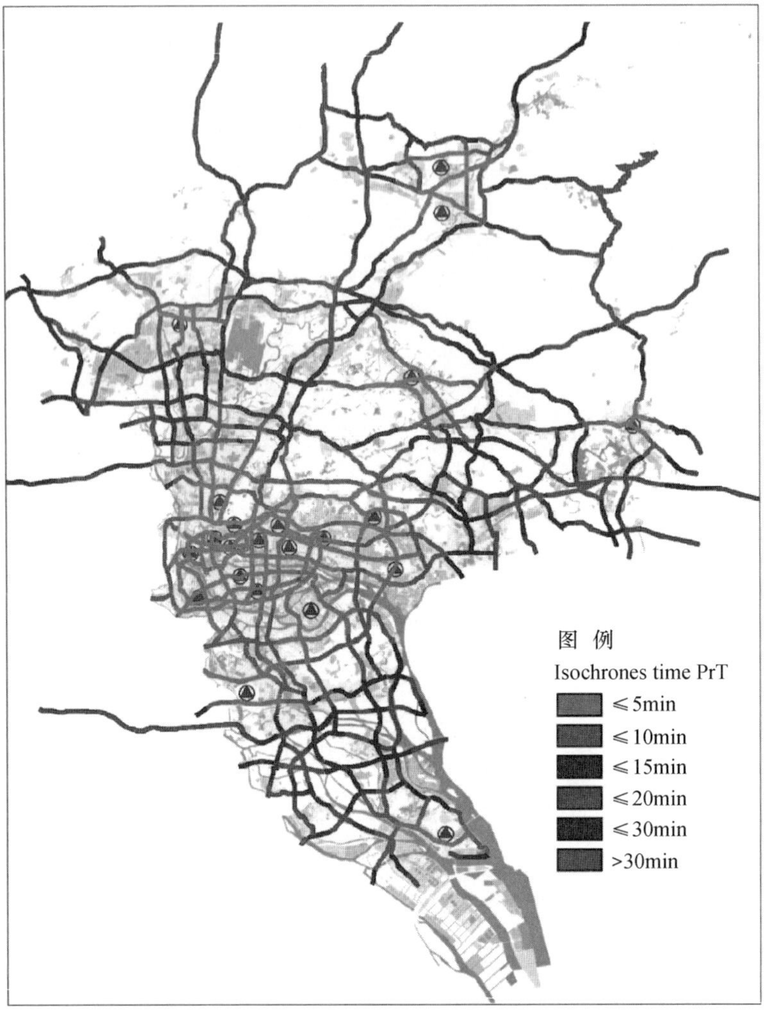

图 6-3-15　中心避难场所交通等时线分布

三、区级尺度下应急避难场所规划研究

1. 研究区域与研究数据

荔湾区、越秀区、天河区、海珠区位于广州市中心区域，为仅有的城镇化率达到100%的四个区，总面积约 279.63km^2，占全市的 3.76%。其中，荔湾区面积 59.1km^2，越秀区面积 33.8km^2，天河区面积 96.33km^2，海珠区面积 90.4km^2。据广州市统计局数据，2017年末，荔湾、越秀、天河、海珠的常住人口数量分别为 95 万人、116.38 万人、169.79 万人、166.31 万人，共占全市常住人口的 37.76%；国内生产总值（GDP）分别为 1169.89 亿元、3193.42 亿元、4317.71 亿元、1740.31 亿元，共占全市 GDP 的 48.46%。可见，研究区域的人口与经济密度均较高。

采用数据类型除了基本的地理空间数据与统计数据以外，还涉及兴趣点（POI）数据、带户数属性的居住建筑数据、建筑分布数据与交通路网数据，均为 2018 年初采集，数据来源于上海脉策数据科技有限公司（http：//www.metrodata.cn）与百度地图开放平台（http：//lbsyun.baidu.com/），坐标系均为 WGS 84（转换后）。

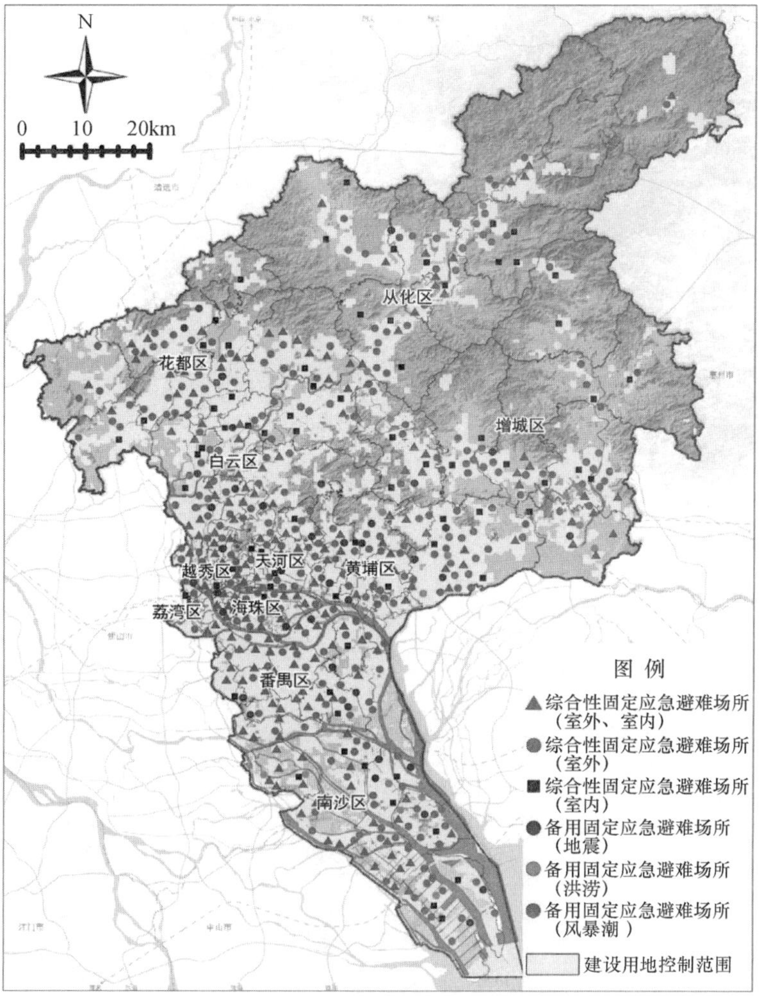

图 6-3-16　固定应急避难场所布局

2. 分析结果

使用 ArcGIS 软件计算研究区的土地利用强度，分析结果如图 6-3-17（a）所示。总体上，越秀区、荔湾区、海珠区作为传统的老城区，建筑密度较高，而天河区建筑密度较低。大规模的高值区域主要分布于荔湾区的东中部、越秀区的西南部和海珠区的西北部。此外，由于海珠区中、南部存在较多的城中村，同时集聚了数量众多的小型工业企业，其建筑密度也较大。容积率方面［图 6-3-17（b）］，天河区中央商务区（天河 CBD）的土地容积率要明显高于其他区域，越秀区中、东部区域次之；而建筑密度较高的区域（老城区），由于低层建筑众多，其容积率总体偏低。

使用核密度分析研究产业空间分布特征，分析结果如图 6-3-17（c）所示。第二产业的主核心位于海珠区中部，产业集聚效应明显；荔湾区的西北部、西部也存在着两处工业聚集区域，但规模较小。服务业的核密度分析显示越秀区和天河区在珠江沿线已形成东西向的核心连绵区域，集聚明显；而荔湾区与海珠区虽也分布了较多的服务业 POI（兴趣点），但较为平均，尚未形成显著的中心区域［图 6-3-17（d）］。

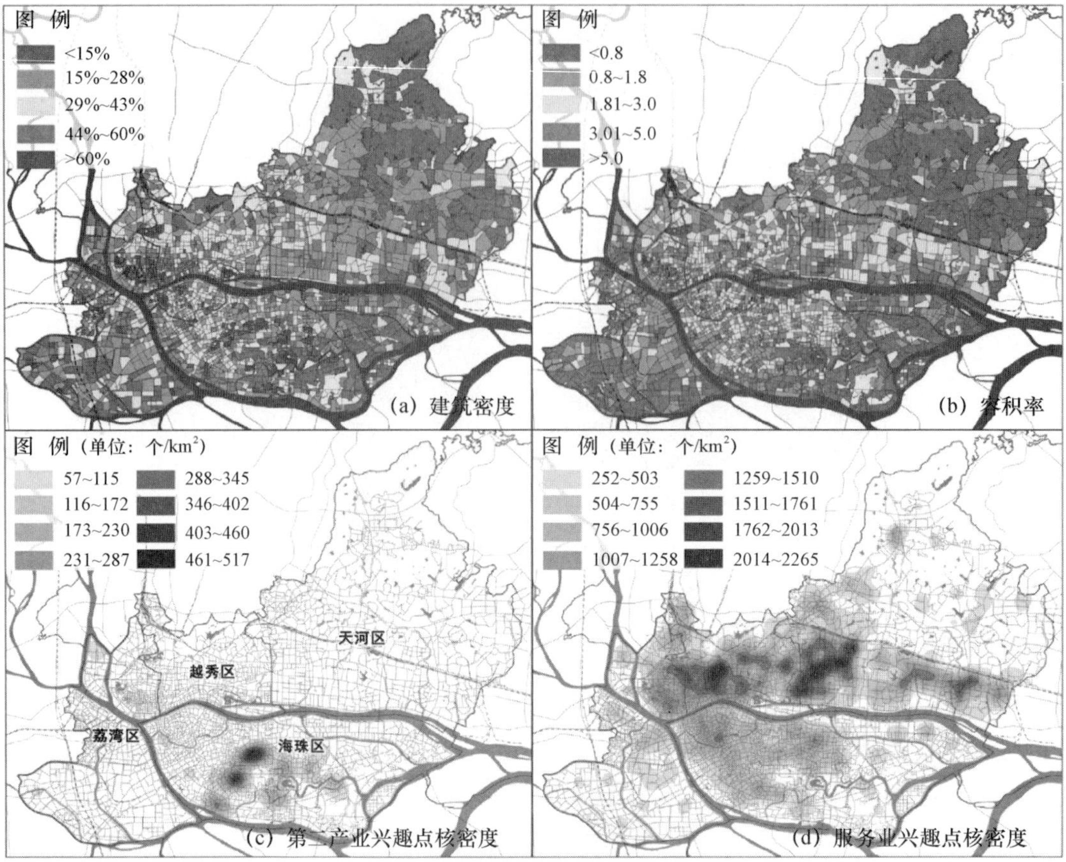

图 6-3-17　区域开发强度（a，b）与兴趣点核密度（c，d）

通过地块 POI 数量与各区统计年鉴中按国民经济行业分类的从业人员数据（2016 年数据）估算地块从业人员数量，如图 6-3-18 所示。地块居住人口的数量通过其拥有的总户数与户均人口相乘计算，计算结果如图 6-3-19 所示。

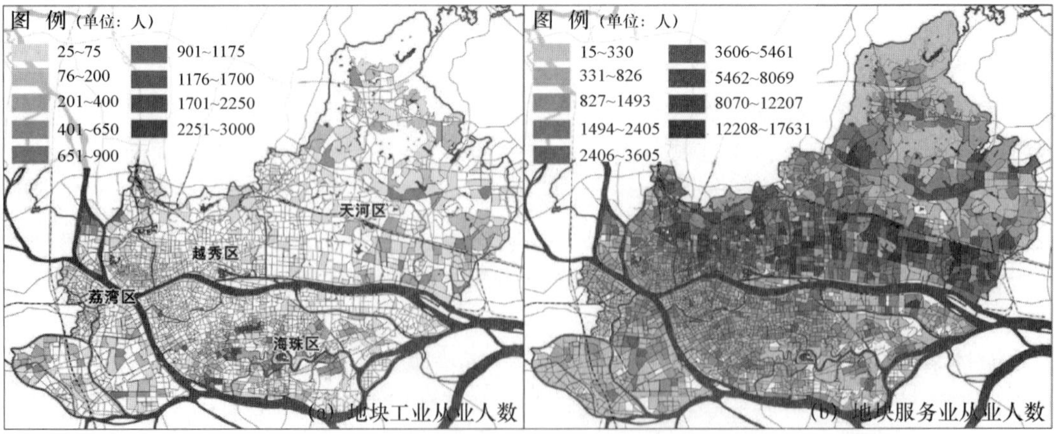

图 6-3-18　工业与服务业从业人员规模与空间分布

图 6-3-18 显示，海珠区的工业从业人员数量最多，约占四个区的 57.2%；天河区、越秀区的服务业从业人员较多，占比分别为 37.39%与 31.13%。居住人口的空间分布亦较为

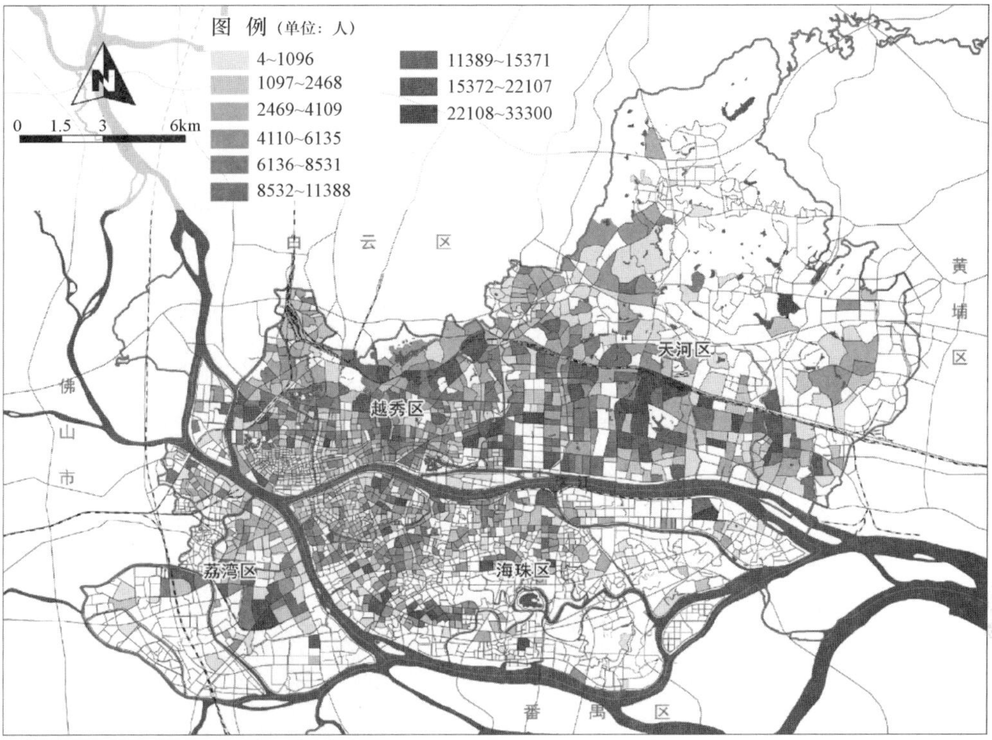

图 6-3-19　居住人口规模与空间分布

不均衡，荔湾区、越秀区、天河区、海珠区分别为 101.23 万人、142.23 万人、158.84 万人、180.69 万人（图 6-3-19）。

结合上述分析，可以进一步了解详细的昼夜人口空间分布及其变化情况。城市人口由驻留人员和流动人员构成。白天的驻留人员除了各行业从业人口以外，还包括了老龄人口、中小学生、职业技术学校学生、高等院校学生、综合医院住院病人等。其中，老龄人口（65 岁以上）的估算采用占小区人口比例的方法确定，为 7.9%，来源于 2016 年发布的《广州市 2015 年全国 1%人口抽样调查主要数据公报》；其他类型人口数据均来源于各区统计年鉴（2016 年数据）。此外，由于夜间流动人员较少，分析中不考虑。对于统计年鉴中未涉及的数据类型，通过各部门、机构或企业公布的数据的平均值予以统一按类赋值。

总体上，地块间的人口差异性与不均衡性方面，夜间比白天更为明显（图 6-3-20）。荔湾区的白天人数最少，表明荔湾区的从业人员数量较少；天河区、海珠区和越秀区的白天人数庞大且较为接近，表明各区从业人员规模之间存在着相近性。在夜间人口方面，海珠区最多，荔湾区最少，这与居住人口的规模直接相关。从昼夜人口数量变化来看，海珠区的昼夜人口相差最大，达 53 万人之多，说明其人口的区域流动性非常大，而其他几个区表现不明显。从人口高值地块的数量来看，白天的地块数量（1305 个）明显高于夜间（785 个），这也从另外一个角度印证了避难场所的布局应满足昼夜防灾需求的重要性。

地块的昼夜人口的变化情况（地块白天人数减去地块夜间人数）如图 6-3-21 所示。研究区域的夜间人口总体上较白天人口多，其中，海珠区最为明显。从人员变化剧烈程度来看，海珠区、荔湾区与天河区的昼夜人口变化较为剧烈，而越秀区昼夜人口数量基本持平。从人数变化极值分布来看，天河区的部分地块昼夜人数相差非常大。

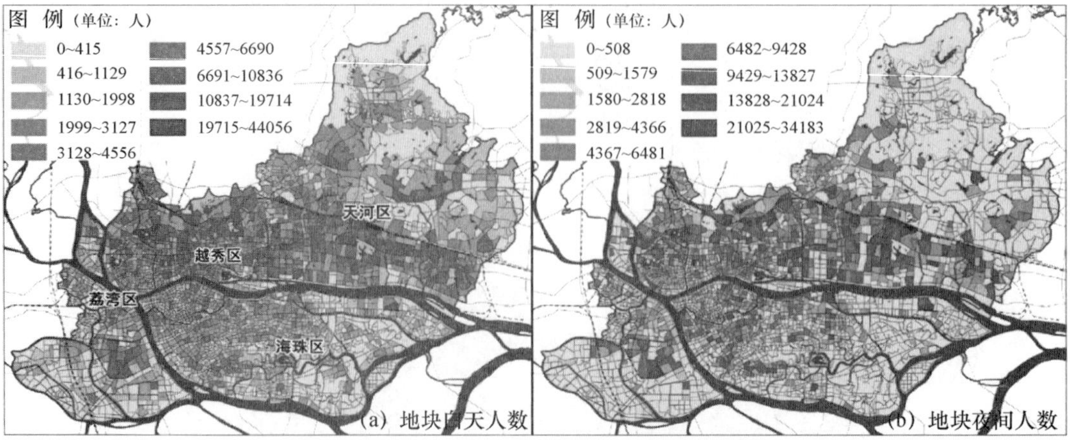

图 6-3-20 昼夜人口规模与空间分布

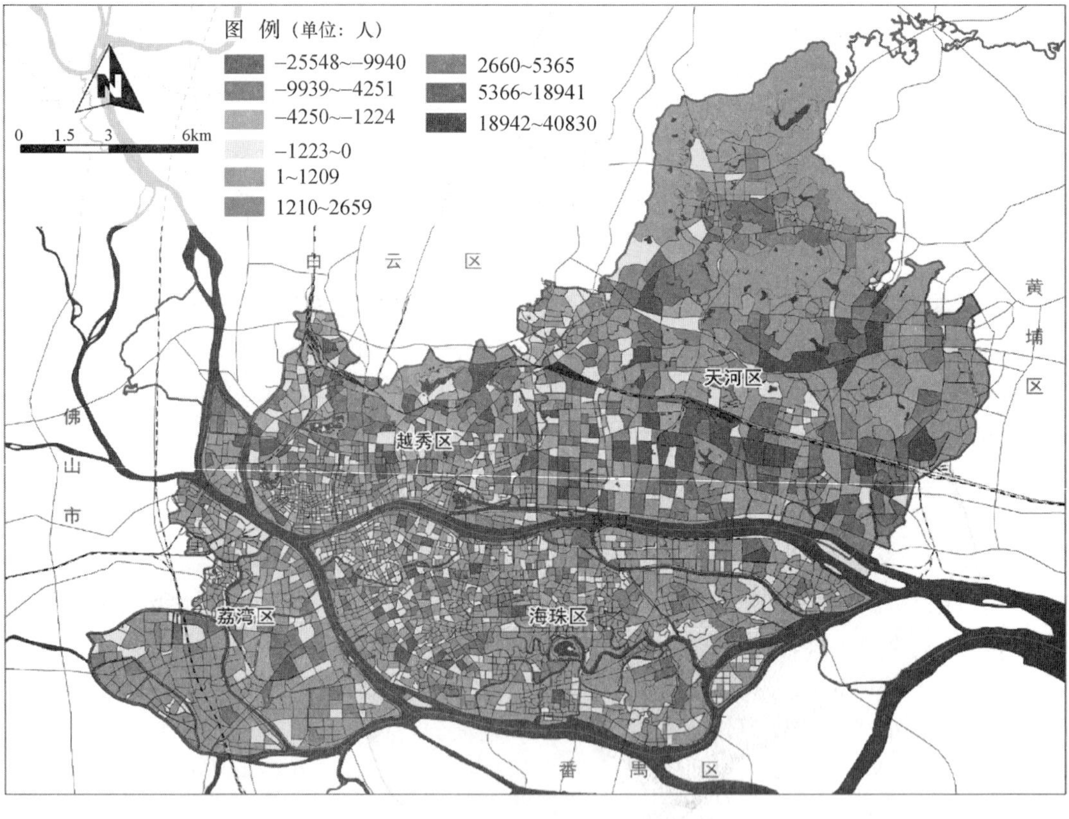

图 6-3-21 地块昼夜人数变化情况

片区尺度下避难场所规划中的避难需求可以通过比较地块的昼夜人数高值获得，需求分布结果如图 6-3-22 所示。

面向昼夜防灾要求的总避难需求规模按人员计约 792.9 万人，海珠区、荔湾区、天河区、越秀区需求分别为 236.3 万人、126.3 万人、239 万人、191.3 万人，比研究区域的常住人口（547.48 万人）多出了 245.42 万人。这也说明了研究区域的人口昼夜流动性较大，局部地区避难场所存在着非常大的服务缺口。

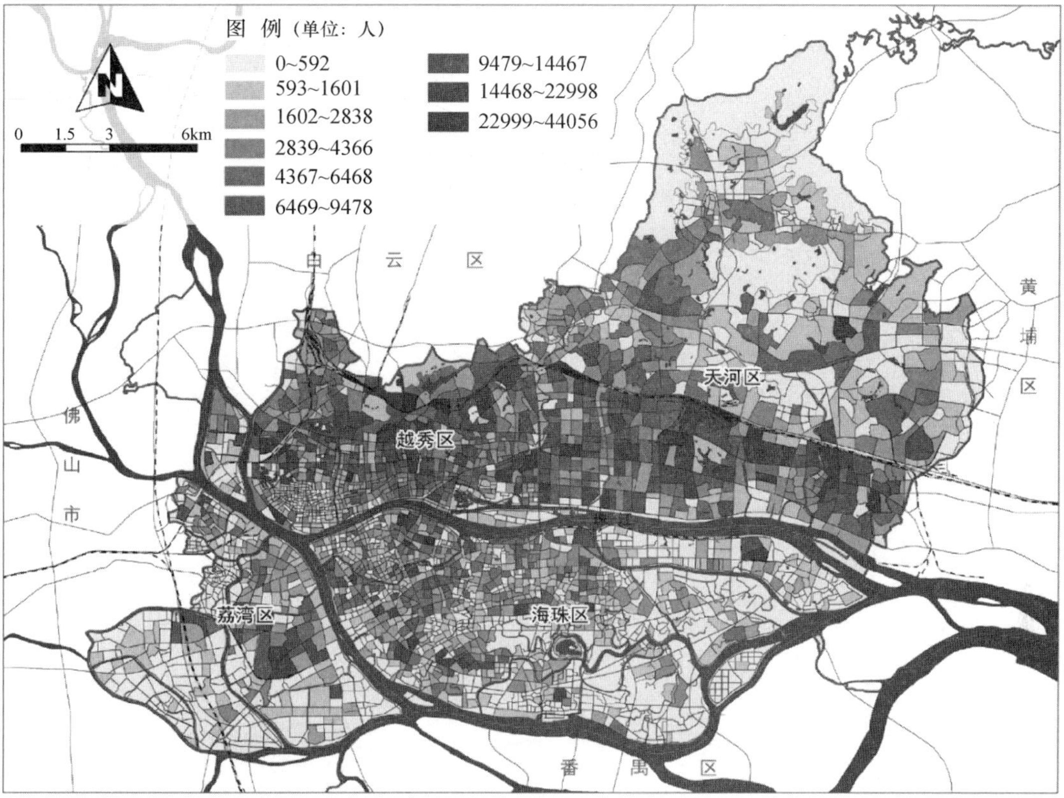

图 6-3-22 面向昼夜防灾的避难需求空间分布

为便于对避难场所供需及其空间优化进行模型构建分析，将分布有避难人员的地块和已经存在避难场所可用资源的地块转化为点，研究范围缩小至四个区中较为成熟的已建设片区，总面积约 177.92km^2（图 6-3-23）。需求点包含避难人员数量信息，避难场所包含有效避难面积规模信息。

人员完全疏散情景下的疏散模拟分析：

人员完全疏散情景指的是将需求点全部待疏散人员疏散至附近合理距离内的全部可用避难场所，一个需求点可以对应多个避难场所。通过构建人员完全疏散模型予以模拟分析，总体目标是了解避难场所在疏散活动结束后所呈现的状态。

①点数据。需求点分布及其待疏散人数，避难场所可用资源点分布及其有效避难面积，这两类点数据的相关信息均已在前文分析获取，此处的避难场所可用资源包含了紧急避难场所与短期固定避难场所的可用资源两种；

②线数据。疏散路径的具体信息，包括路径空间分布及其长度，可通过在 GIS 中建立起点—O（需求点）到目的地—D（避难场所）的 OD 距离成本矩阵模型进行计算分析。

OD 距离成本矩阵模型的运算结果无法将真实的疏散路线可视化（路径可视化研究详见相关章节），真实的疏散距离仅存在于属性表中，即运算结果中的直线不代表疏散路径，其表示的是需求点附近合理距离内的所有可用避难场所资源，可以理解为某个需求点的若干疏散方向（图 6-3-24）。

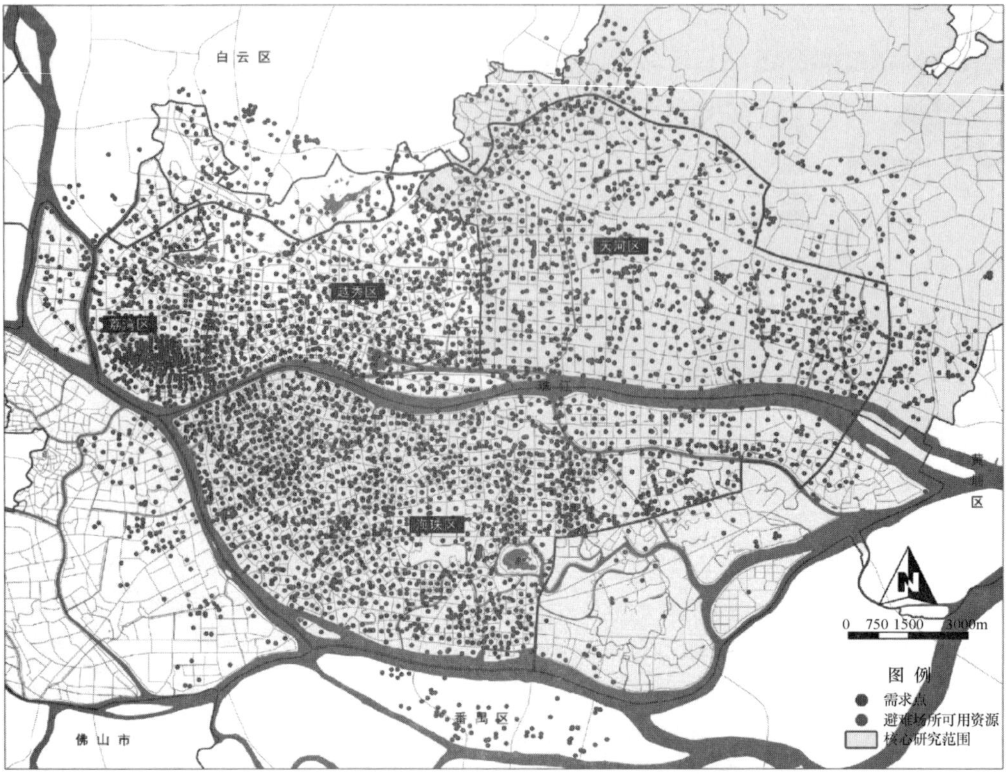

图 6-3-23　需求点与避难场所可用资源空间分布

图 6-3-24　短期固定避难情境下需求点疏散方向

通过 Python 语言编程实现疏散模拟模型，在 Anaconda Navigator（Spyder）中进行运算。图 6-3-25 为全部需求点人员完全疏散后，888 个短期固定避难场所接收的疏散人员情况。将结果与避难场所容量进行比较，可以得出每一处可用资源是否已经超出最大容量，或尚能容纳多少人。888 处场所中，有 558 处场所已不同程度超出其容量，占总数的 62.84%。场所最终状态如图 6-3-26 所示，四个区避难场所在规模上的分布均呈现出较严重的不平衡状态。

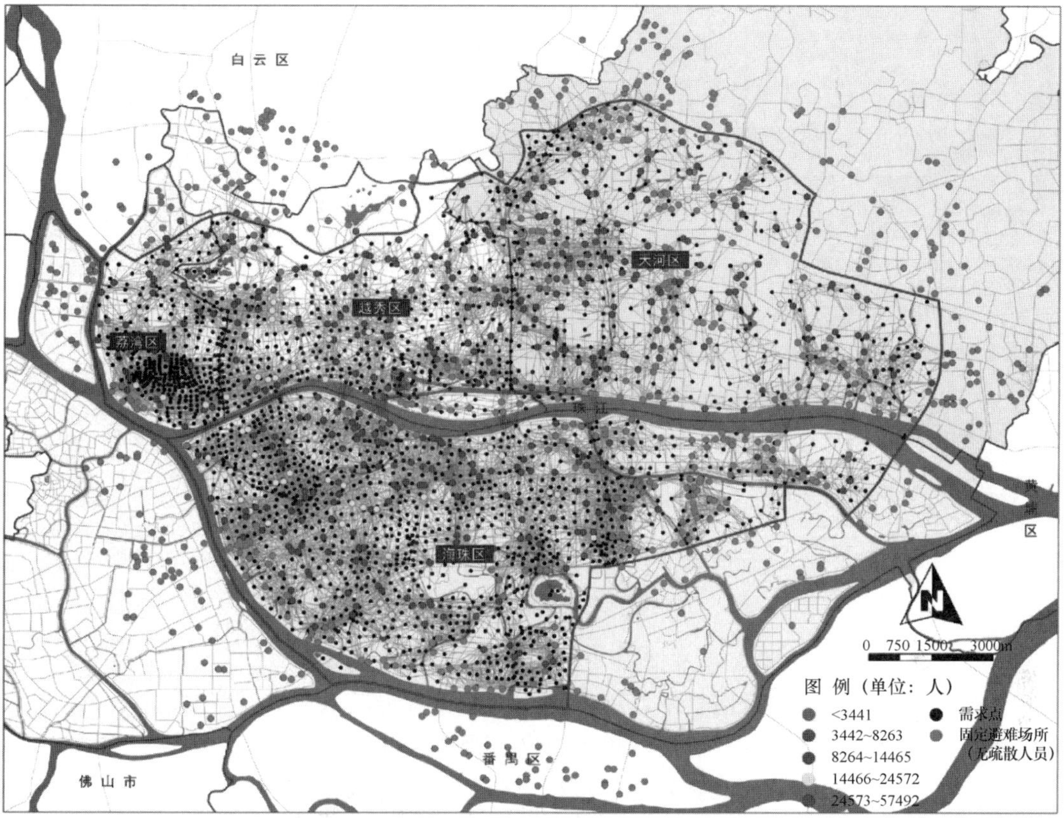

图 6-3-25　短期固定避难情境下固定避难场所接收人员规模分布

进一步分析发现，短期固定避难情景下，在超出容量的避难场所分布上，海珠区避难场所超容规模最大，约 162 万人，其余依次为越秀区、天河区与荔湾区；在未达最大容量的避难场所分布上，天河区避难场所尚能容纳的人员数量最多，约 89 万人，海珠区、越秀区次之，荔湾区最少。紧急避难情景下的避难场所状态与固定避难情景下的情况相似。未来需尽力在已超容的避难场所附近新增场所可用资源点，或对具备改造条件的避难场所进行扩容。

基于避难场所容量制约的疏散模拟分析：

避难场所容量制约指的是需求点人员向附近合理距离内的可用避难场所进行疏散时，当某一处避难场所容量达到最大后，那么，该避难场所即标记为失效（停止接收疏散人员），其余疏散人员转而前往下一处合理距离内的未失效避难场所寻求避难。此外，模型运算所需的点、线数据要求以及已知条件、假设条件与上文中的人员完全疏散情景下的疏散模型相同。

模型通过 Python 语言编程实现，在 Anaconda Navigator（Spyder）中进行运算。

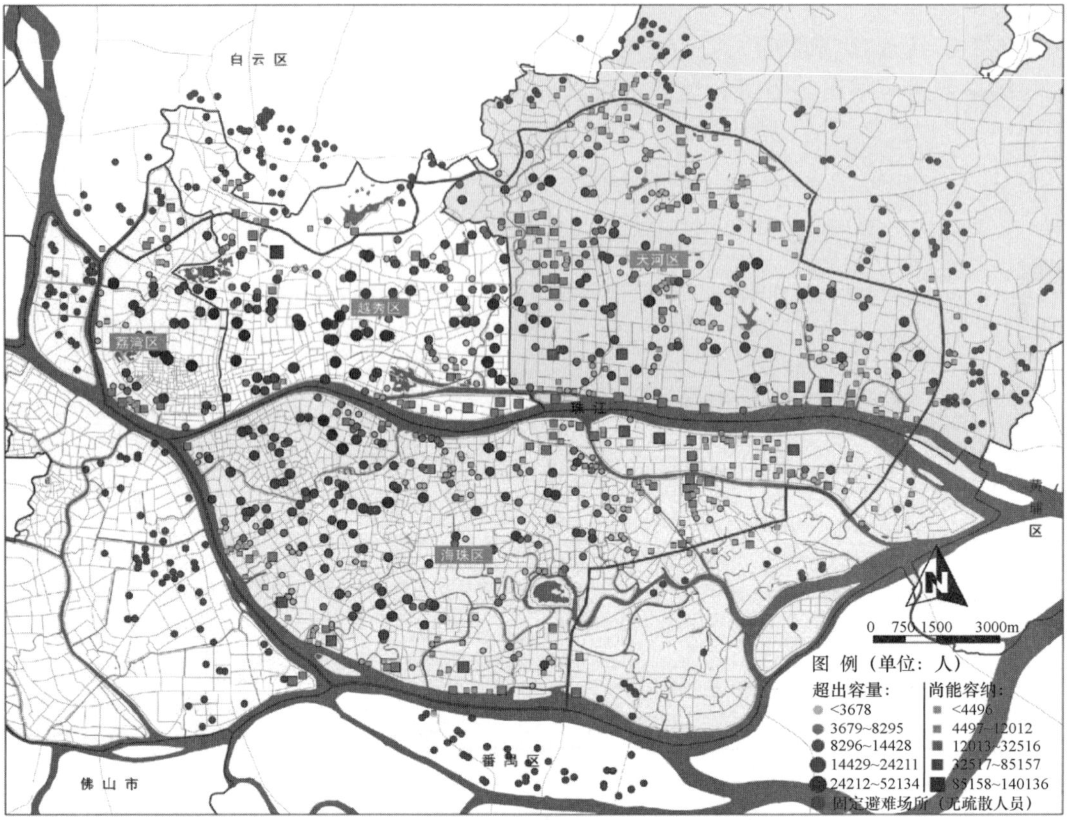

图 6-3-26 完全疏散后短期固定避难场所的最终状态

短期固定避难情景与紧急避难情景下的需求点剩余未疏散人员分布分别如图 6-3-27、图 6-3-28所示。短期固定避难情景下，海珠区总剩余未疏散人数最多，约 111 万人，其余依次为越秀区、天河区、荔湾区；越秀区的需求点平均未疏散人数最多，为 2184 人；四个区的最大需求点未疏散人数均较大。紧急避难情景下的需求点状态与固定避难情景下的情况相似。需求点剩余人数的规模与空间分布信息可为各类型的避难场所空间优化提供量化依据。

3. 避难场所空间优化建议

当前的避难场所规划实践无法给场所空间优化提供具体的量化目标，亦无法给城市规划提供充足且有效的反馈，进而导致规划实施效果不理想，避难场所建设滞后。基于这一事实，结合前文模型分析得出的需求点剩余未疏散人员规模与空间分布情况，构建避难场所空间优化模型（原理上与前文的疏散模拟相似），实现全部剩余未疏散人员向周边目标地块的再分配，提出避难场所新增可用资源的面积指标、场所类型等空间优化规模与优化目标建议，以期与城市规划紧密结合，逐渐提升避难场所空间资源对周边居民的服务覆盖。

模型通过 Python 语言编程实现，在 Anaconda Navigator（Spyder）中进行运算。应急避难场所空间优化规模分布如图 6-3-29 所示。海珠区、越秀区、荔湾区、天河区需新增避难场所可用资源的目标地块数量分别为 406 个、164 个、141 个、136 个，分别应增加有效避难面积 262.11 万 m^2、217.53 万 m^2、81.21 万 m^2、134.46 万 m^2，地块平均新增有效避难面积分别为 6456m^2、13264m^2、5759m^2、9886m^2。

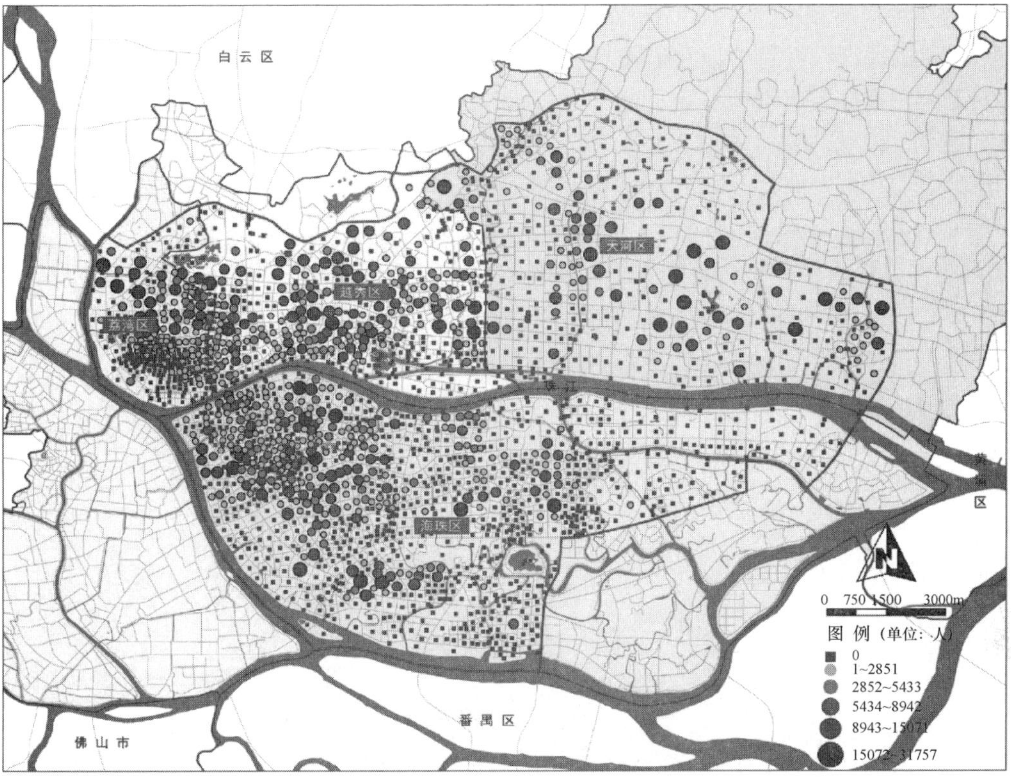

图 6-3-27　短期固定避难情境下需求点剩余未疏散人员分布

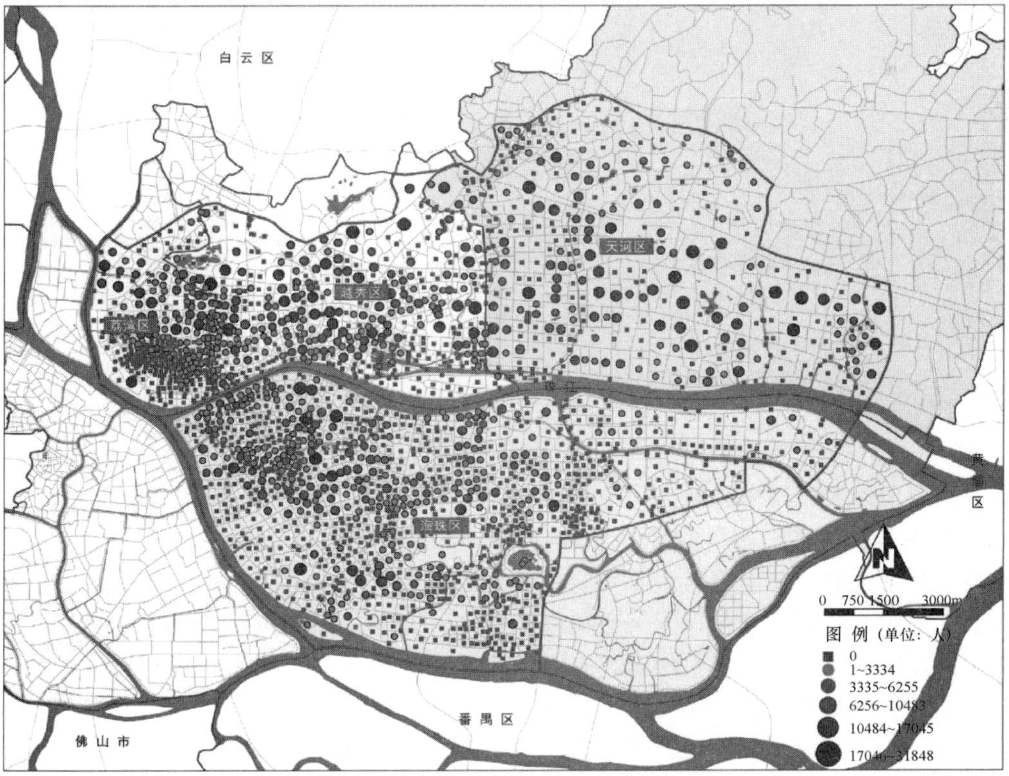

图 6-3-28　紧急避难情景下需求点剩余未疏散人员分布

根据目标地块需新增的有效避难面积大小，结合前文疏散模拟中的短期固定避难场所与紧急避难场所的供需情况，将每个地块避难场所空间优化目标分为固定避难场所与紧急避难场所两类。总计新增短期固定避难场所 487 处，紧急避难场所 360 处，如图 6-3-29 所示。从区级层面看，海珠区、荔湾区、天河区、越秀区的新增短期固定避难场所建议数量分别为 243 个、70 个、58 个、116 个，平均有效面积分别为 6169m²、5577m²、8707m²、12931m²；新增紧急避难场所建议数量分别为 163 个、71 个、78 个、48 个，平均有效面积分别为 2706m²、2581m²、4017m²、6234m²。两种目标类型避难场所的单个资源有效避难面积最大值均较大，平均达 46417m²。

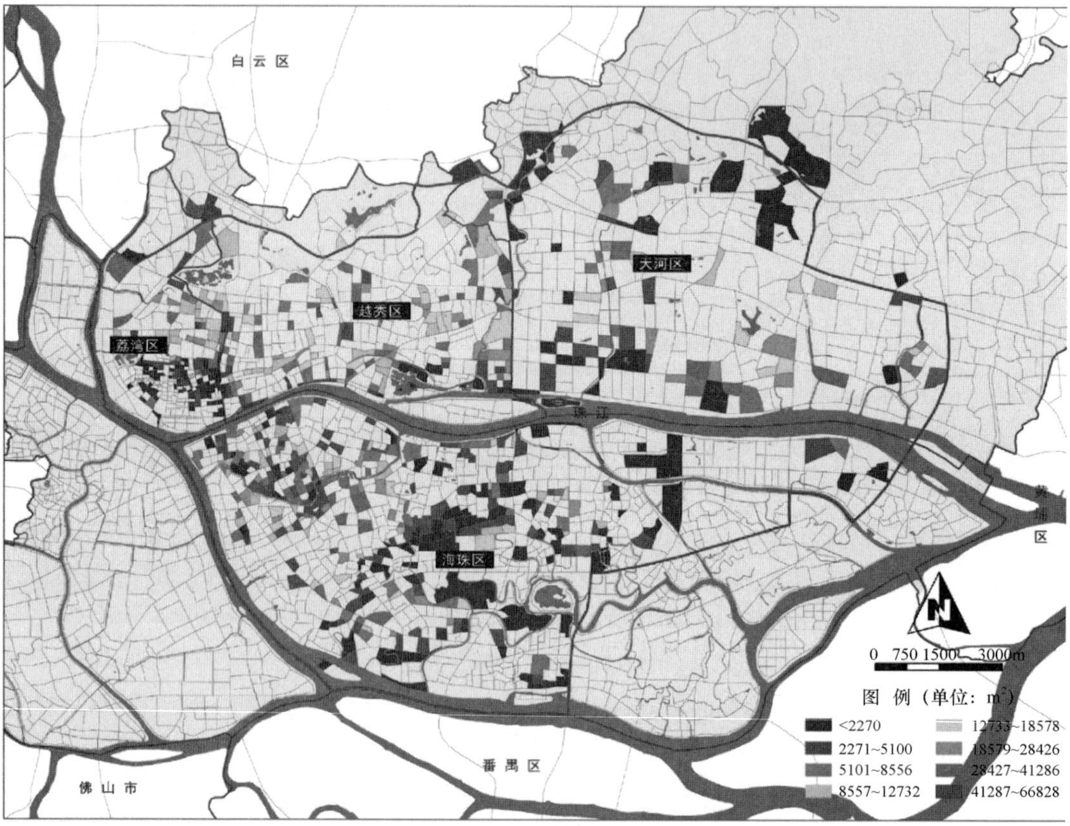

图 6-3-29　目标地块的应急避难场所空间优化目标建议

四、片区尺度下应急避难场所规划研究

1. 研究区域与研究数据

研究区域位于天津市中心城区［图 6-3-30（a）］，属“小白楼 CBD”组成部分，面积约 13.47km²［图 6-3-30（b）］。

区域内及附近的主要设施与重要功能片区有天津站、意式风情街区、海河文化广场、和平路商业街、中心公园、静园、五大道文化旅游区、天津总医院、天津财经大学、天津外国语大学、天津医科大学、天津大学等。有四条地铁线从片区内部穿过，分别为 1 号线、2 号线、3 号线、津滨轻轨地铁 9 号线，共有站点 9 处。区域内共有紧急避难场所资源 144 处，总用地面积约 130.8ha。其中，103 处资源点的有效避难面积大于 2000m²。资源类型包括学校操场、公园、街头绿地、广场以及其他室外开敞空间（图 6-3-31）。

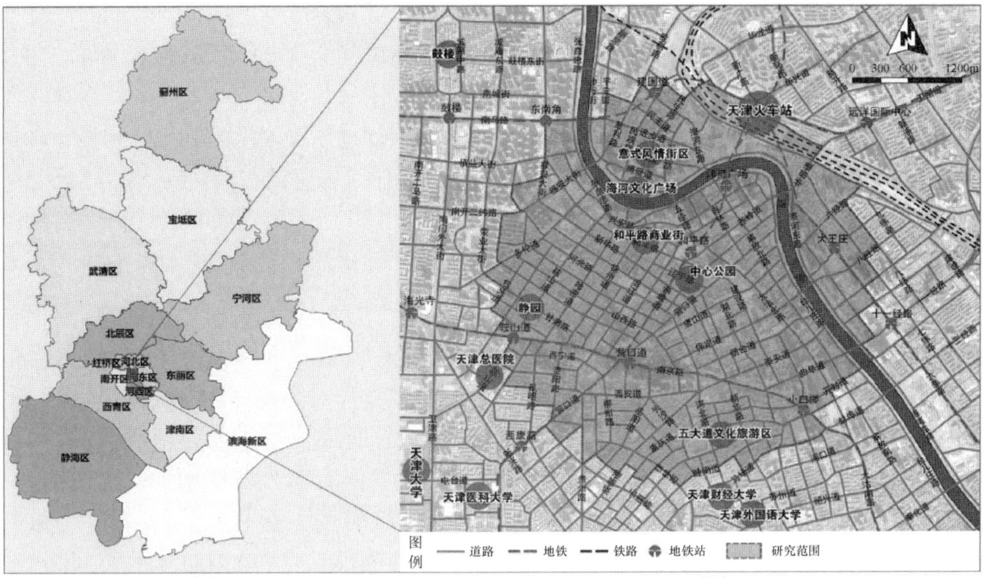

(a) (b)

图 6-3-30　研究区域在天津市的位置示意（a）及研究区域概况（b）

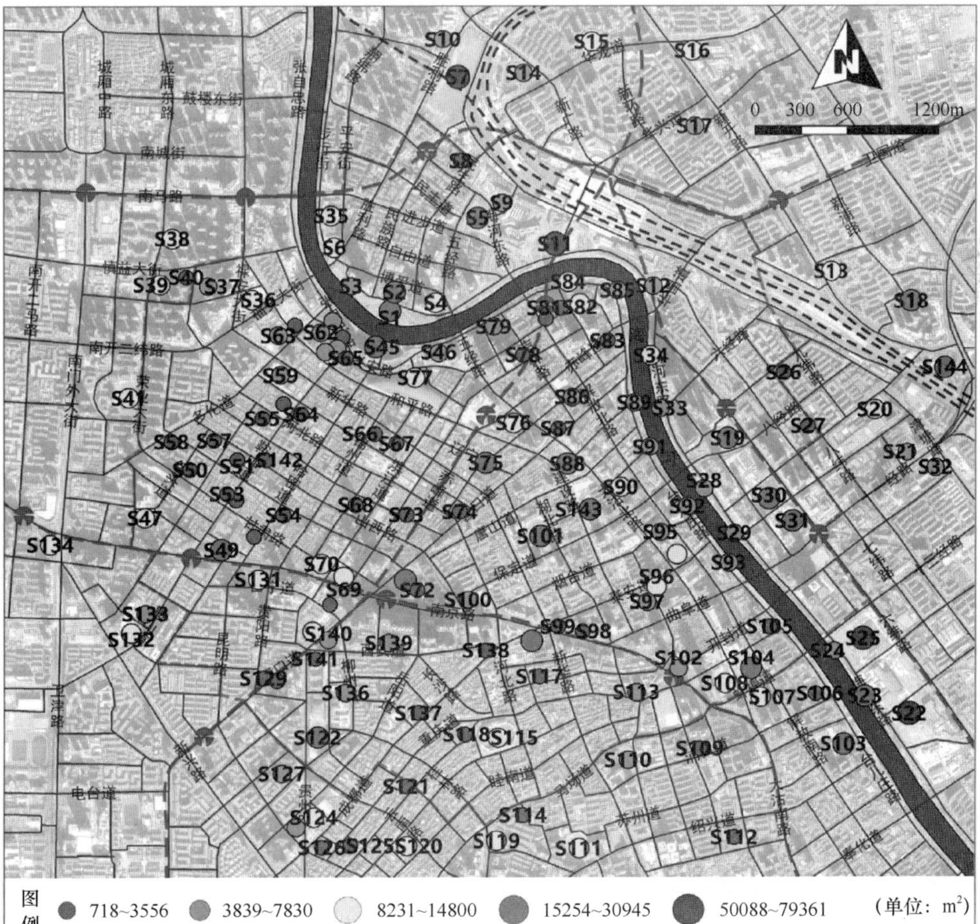

图 6-3-31　现状可用应急避难场所资源空间分布及其规模

研究数据除了道路网络、避难场所可用资源、小区分布等基本的地理空间数据以外，还涉及手机信令数据（来源于中国电信，仅限研究之用），其也是本章的核心数据。数据采集的时间跨度为 2016 年 11 月 1 日至 11 月 30 日（连续 30 天），共计 51694631 条数据，每一条数据都包含了用户 ID（手机号加密后）、坐标及时间信息。原始数据经数据清洗后总计 62989 个点（人）。在点的位置保持不变的情况下按相同坐标进行计数，点的数量为 2936 个，人数为 62989 人。

2. 分析结果

将每天的数据按小时分割，将数据分成 720 份。

从图 6-3-32 可以看出，总体上，一天内的区域总人口数量呈现出“平稳降低（0：00—4：00）—快速升高（5：00—8：00）—平稳升高（9：00—17：00）—快速降低（19：00—23：00）”的趋势。0：00—4：00 区域内总人数平稳中有所降低，主要是流动人员活动强度降低的缘故；由于区域内的工作人员、路过的通勤人员及其他流动人员的增加，在 5：00—8：00 时间段，区域内总人数快速增多；流动人员的活动导致区域内人数在 9：00—17：00 时间段平稳中依然有所增加，大约在 17：00 达到最大；在 18：00 之后，区域内总人数快速降低。

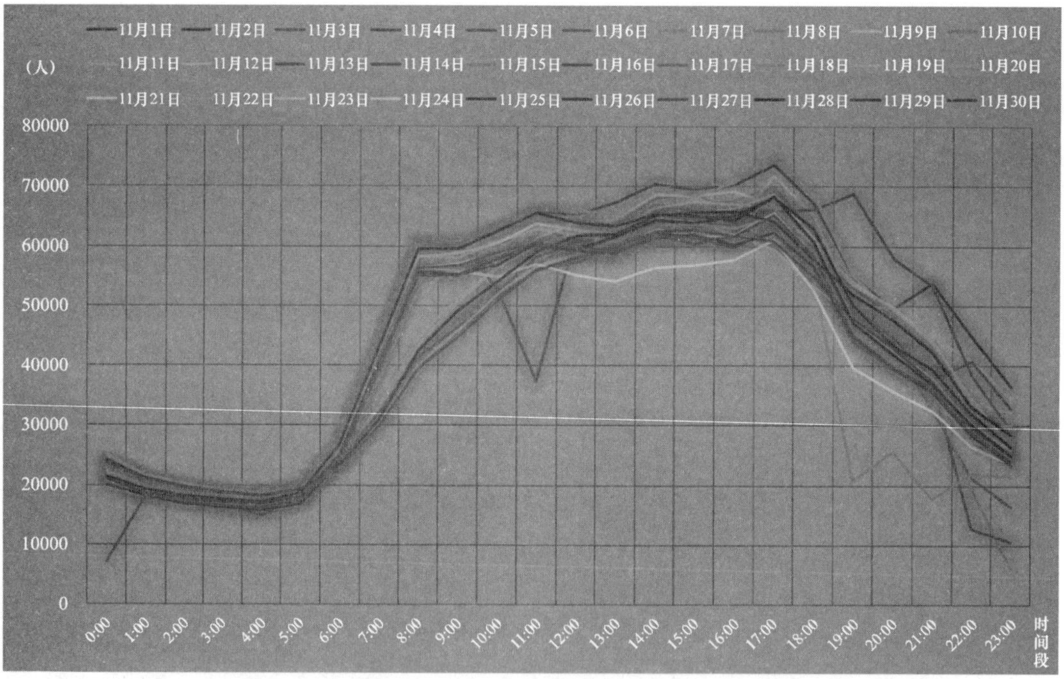

图 6-3-32　11 月 1 日至 11 月 30 日 24 小时人口变化趋势

从一周内相同时间点的平均人口变化趋势来看（图 6-3-33），周五全天的区域内平均总人数较多，尤其是在下午和晚上，这主要是通勤人员、休闲娱乐人员等流动人员活动强度较大导致的；周六与周日上午的区域内平均总人数较少，而下午和晚上休闲娱乐人口的快速增加，导致总人数增加明显，尤其是周六；周一至周四的区域人口变化情况较为相似。

使用 ArcGIS 软件便可分析出区域内人员的时空变化趋势以及详细的地块人员分布情况。地块最大人数分布及最大人数出现时间如图 6-3-34 所示。从图 6-3-34（a）可以看出，天津站及其周边地区，大王庄地铁站、十一经路地铁站至海河之间的区域，小白楼地区，和平路商业街，营口道及其周边地区等片区的地块人数最大值均较高，属于人员活动热点区

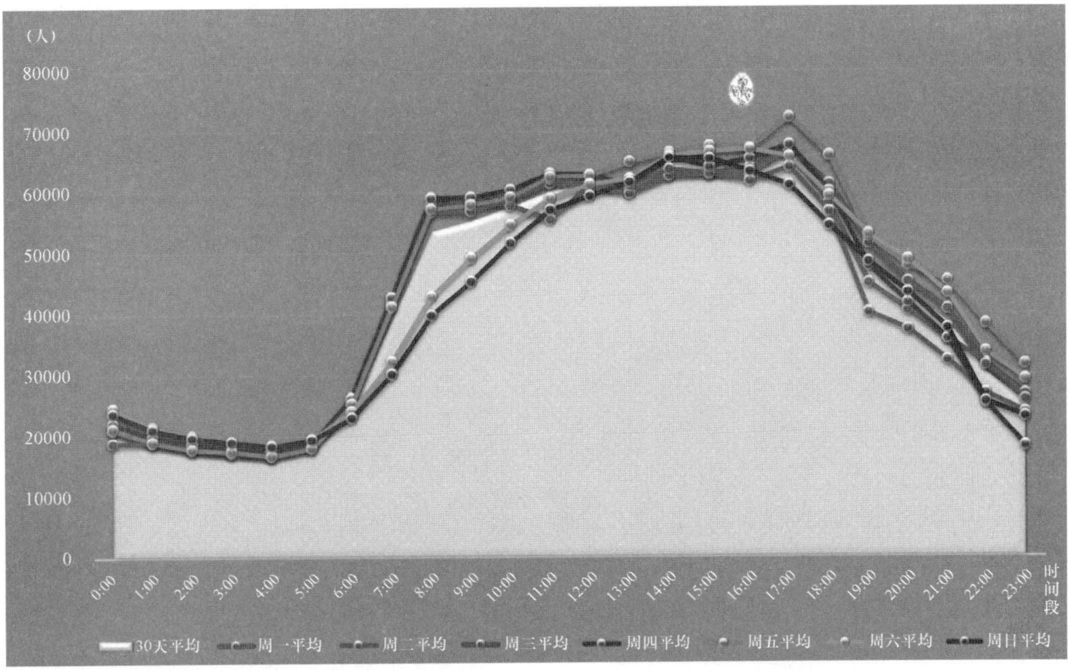

图 6-3-33　周一至周日相同时间点平均人口变化趋势

域。图 6-3-34（b）显示了地块人数最大值出现的具体时间，包括于哪一天（周几）、什么时间段出现了数据极值。结果对于避难场所规划与防灾应急预案的制定均具有实际指导意义。

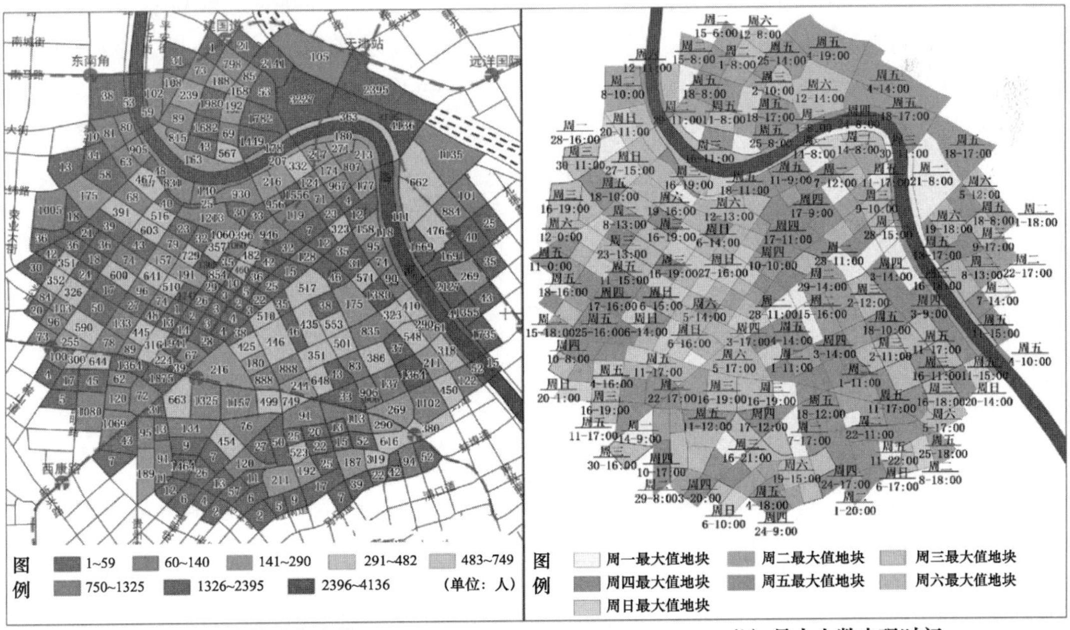

（a）地块最大人数　　（b）最大人数出现时间

图 6-3-34　地块最大人数分布及最大人数出现时间

以基于信令数据的人员分析模型开展人员动态变化的应急避难需求分析。模型通过Python 语言编程实现，在 Anaconda Navigator（Spyder）中进行运算。

各地块不同时间（白天与夜间）停留时间大于或小于4h人员的30d平均人数分布、各地块停留时间大于或小于4h人员的30d平均人数总体分布分别如图6-3-35、图6-3-36所示。可以看出，夜间驻留人员［图6-3-35（b）］的空间分布差异较白天驻留人员［图6-3-35（a）］而言更为明显，总人员规模也较大，多分布于天津站及其周边地区，大王庄地铁站、十一经路地铁站至海河之间的区域，营口道及其周边地区等。夜间流动人员［图6-3-35（d）］的空间分布差异也较白天［图6-3-35（c）］明显，但其流动人员总规模远不及白天。

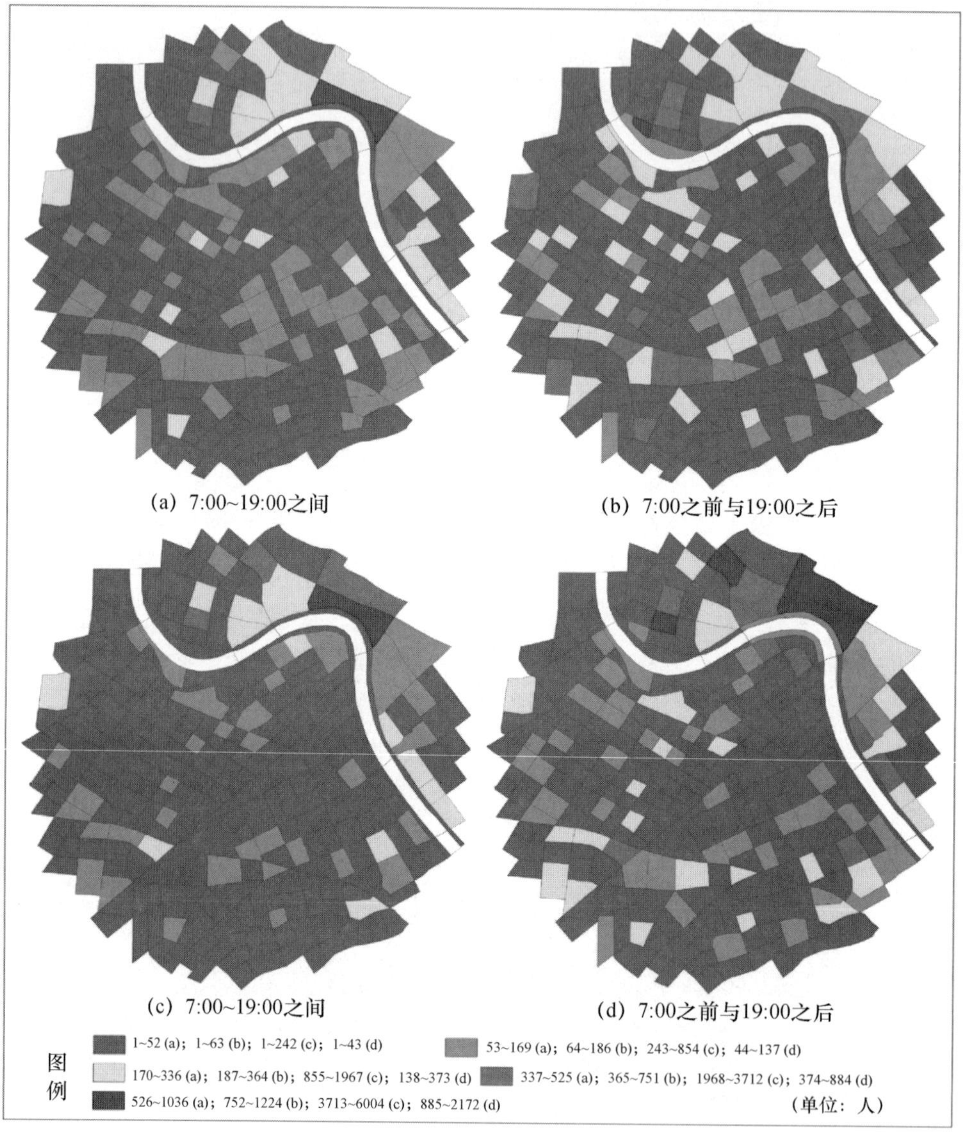

图6-3-35　大于4h（a，b）与小于4h（c，d）停留时间人员的昼夜分布（30d平均）

总体而言，区域内驻留人员与流动人员在空间分布特征上有着一定的相似性，局部地区略有差异，但人员规模差距较大（流动人员多）。对热点地块来说，其驻留人员与流动人员的规模普遍较其他地块的大［图6-3-36（a）（b）］。分别对地块不同时段的人员进行统计，即可得出11月1日至11月30日大于4h与小于4h停留时间人员的总人数情况。

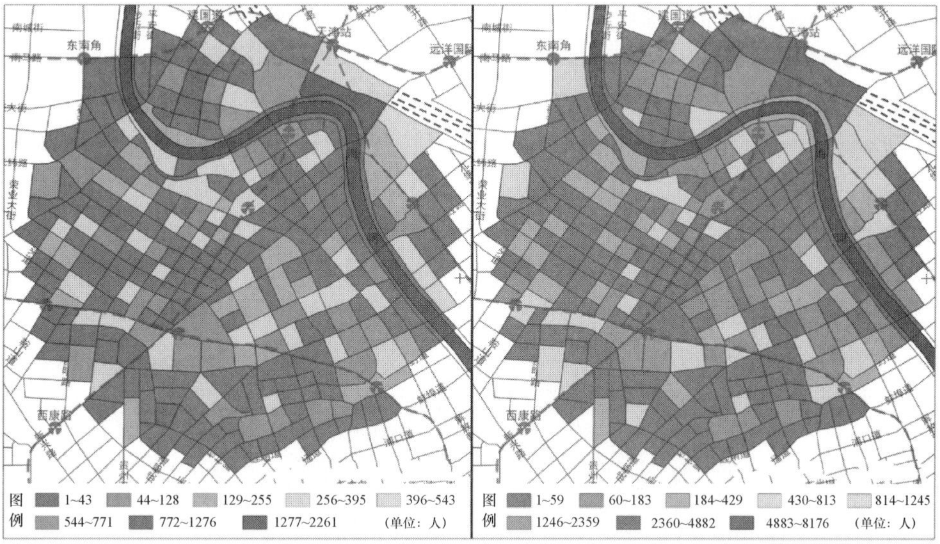

(a) 大于4h停留时间　　(b) 小于4h停留时间

图 6-3-36　大于 4h（a）与小于 4h（b）停留时间人员的总体分布（30 天平均）

地块紧急避难需求的人员规模及分布如图 6-3-37 所示。全部 298 个地块中，需求分布于白天的地块有 199 个，分布于夜间的为 99 个。总需求人员规模约 79.3 万人。

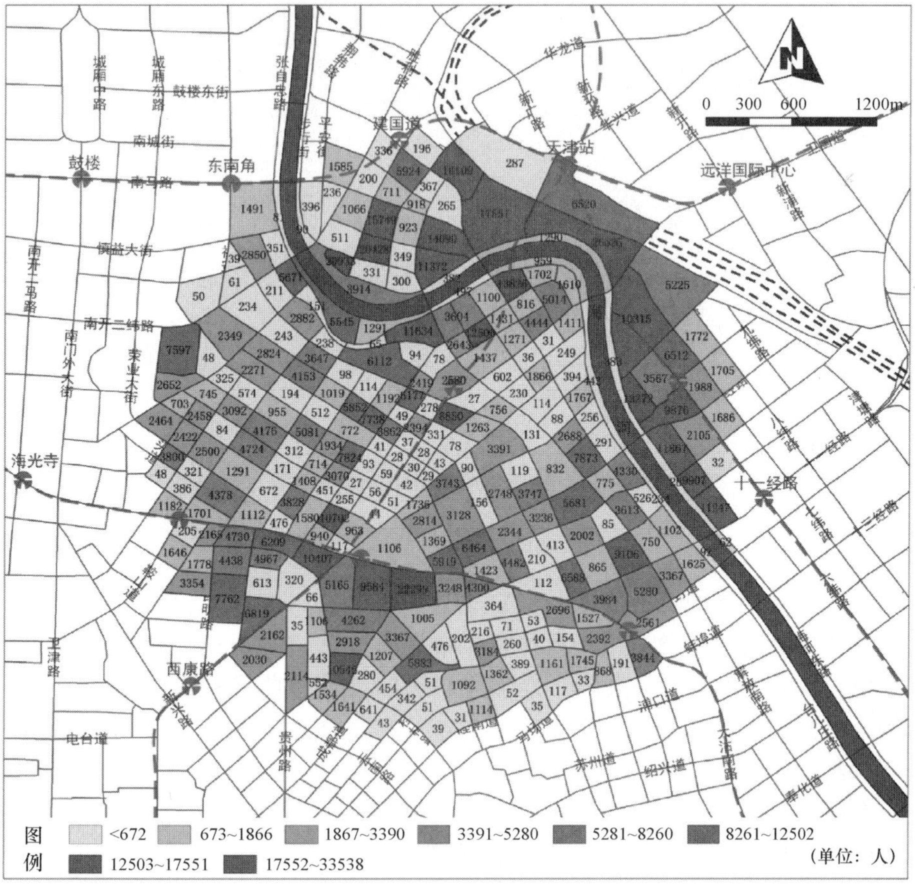

图 6-3-37　分地块紧急避难需求的人员规模及分布

采用上文提出的两种疏散模拟模型分别对紧急避难场所和需求点的最终状态进行分析，以便为避难场所空间优化提供量化依据。初步研究发现，298 个需求点中，存在 10 个需求点周边无紧急避难场所可用的情况，多分布于研究区域的边缘地区。同时，在 144 个候选紧急避难场所可用资源中，有 28 个资源点不在任何一个需求点的合理疏散距离范围内（图 6-3-38）。

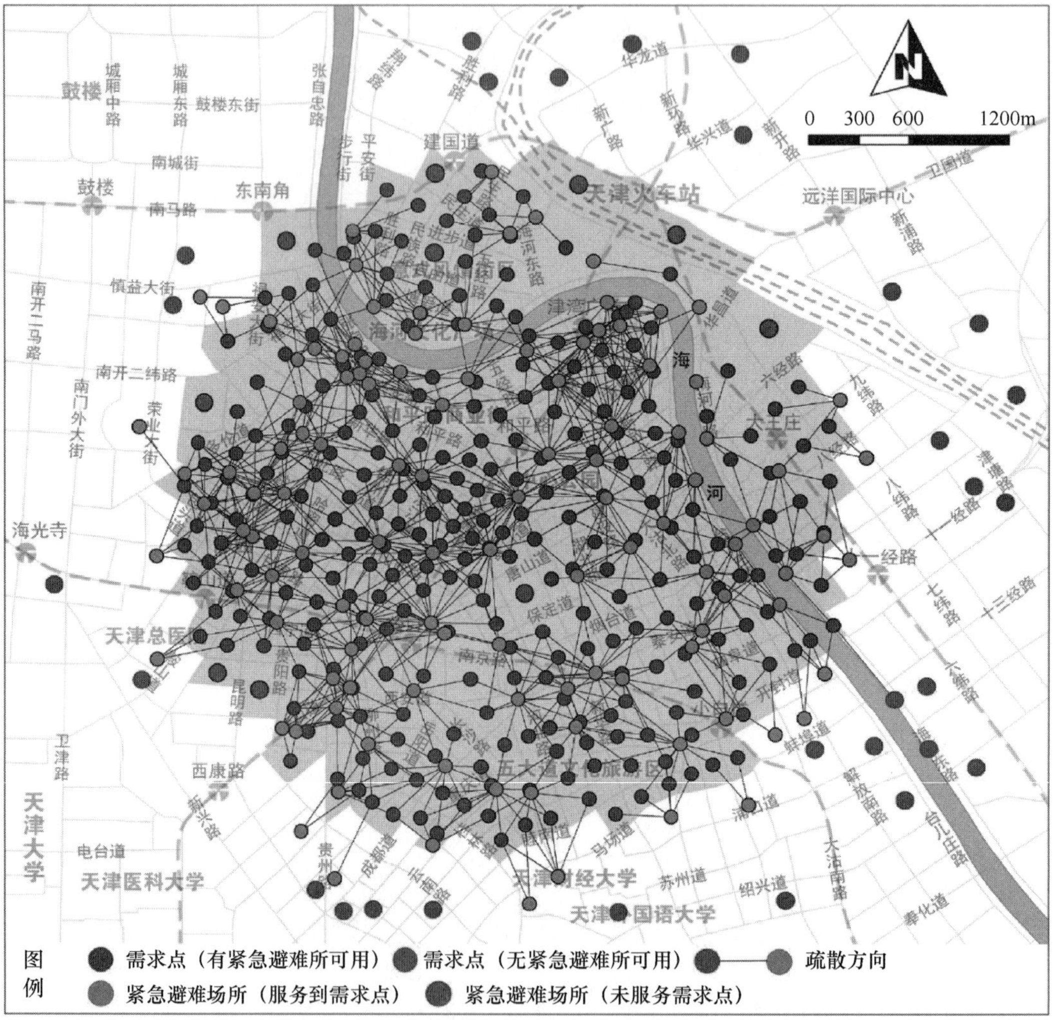

图 6-3-38　有/无紧急避难场所可用的需求点分布

人员完全疏散情景下的疏散模拟分析：

需求点完全疏散后，紧急避难场所接收人员规模分布如图 6-3-39 所示。

分析发现，116 个参与疏散模拟的紧急避难场所平均接收人员数量为 6396 人，接收的最少人员数量少于 10 人，有 25 处接收了超过 10000 人。其中，有 6 处场所接收超过了 20000 人，容纳人员超过 30000 人的有 2 处，分别约 32165 人、34712 人。

将每一处避难场所接收的人员规模与最大容量进行比较，可知其是否超容以及具体的超容与尚能容纳的人数信息。总体来看，超容规模较大的避难场所主要分布于天津站周边地区、海河东岸沿线区域、南京路沿线地区、津湾广场、锦州道及山西路等（图 6-3-40）。

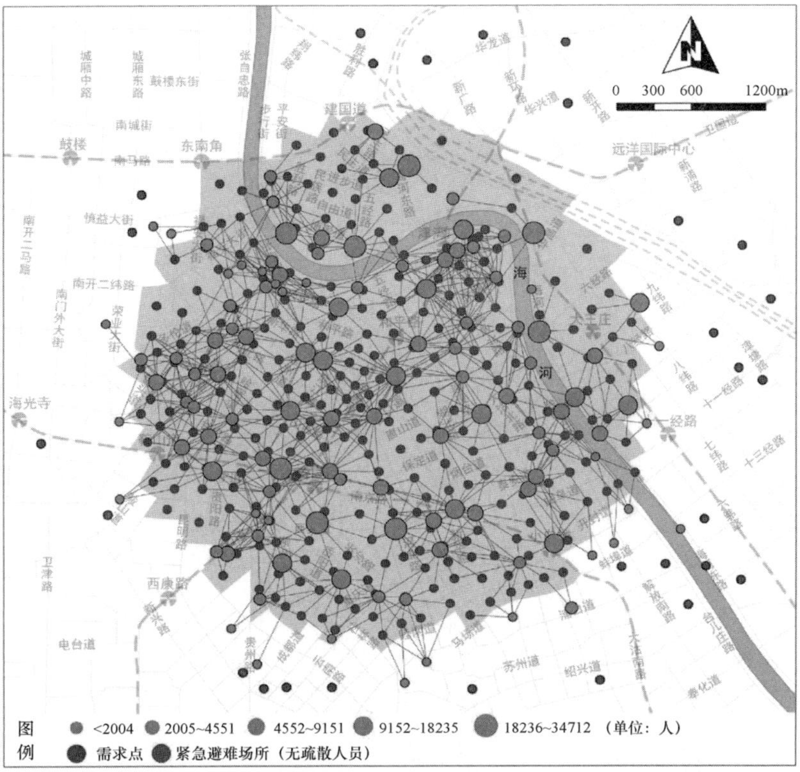

图 6-3-39　紧急避难情景下紧急避难场所接收人员规模分布

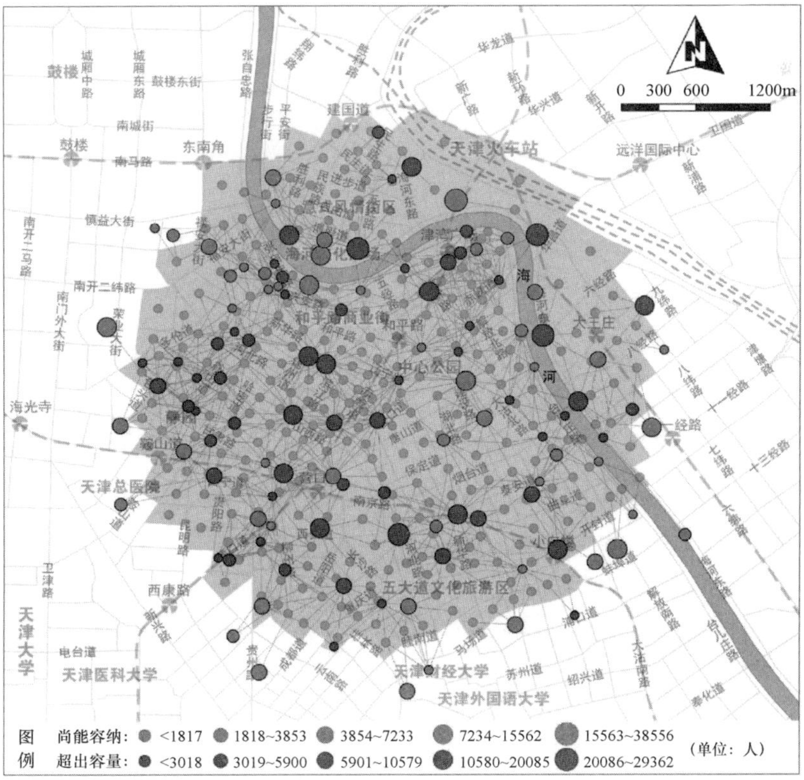

图 6-3-40　紧急避难场所容纳疏散人员数量分析

避难场所容量制约的疏散需求模拟：

按避难场所容量制约的场景模拟疏散后，紧急避难场所接收人员规模分布如图 6-3-41 所示。

图 6-3-41　需求点剩余未疏散人员规模与分布

3．紧急避难场所空间优化建议

采用上文提出的避难场所空间优化模型对需求点剩余未疏散人员进行向周边目标地块的再分配，以此为依据分析场所空间优化目标地块的空间分布及其应提供的紧急避难面积规模。紧急避难场所空间优化目标地块的分布及其应提供的有效避难面积规模如图 6-3-42 所示。

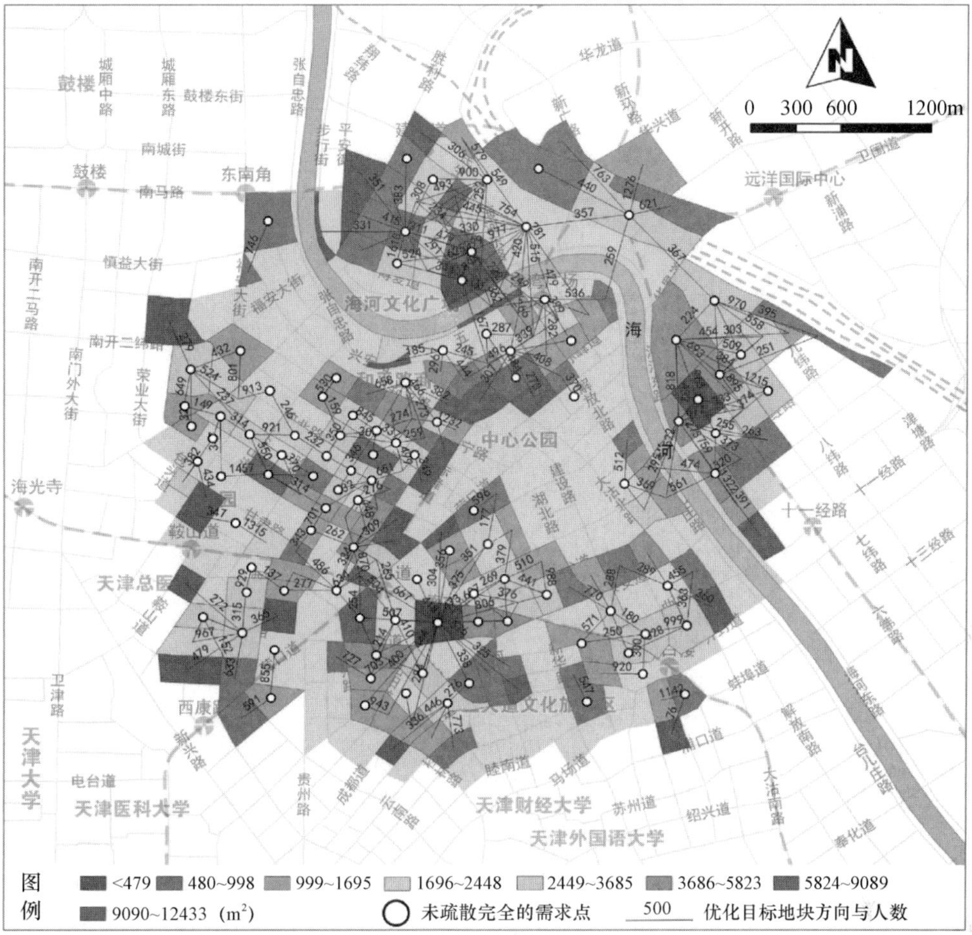

图 6-3-42 紧急避难场所空间优化规模建议

其中，提供有效避难面积小于 1000m²的目标地块有 62 个，占比约 35.8%；介于 1000～5000m²之间的目标地块有 94，占 54.3%；介于 5000～10000m²之间的目标地块有 14 个，占 8.1%；大于 10000m²的目标地块有 3 个，分别应提供有效避难面积 10674m²、12113m²、12433m²。

（陈伟，葛懿夫）

参考文献

［1］DUEKER K J. Urban planning uses of computing［J］. Computers Environment & Urban Systems，1982，7（1-2）：59-64.

［2］BATTY M. Planning support systems：Progress，predictions，and speculations on the shape of things to come［C］. Seminar on Planning Support Systems for Urban and Regional Analysis，Cambridge，MA，2007.

［3］范晨璟，翟国方，姚凤君，等. 公共设施区位理论视角下的避震空间体系规划——以常熟市为例［J］. 规划师，2014（8）：43-49.

［4］廖曙江，江宁．重庆市城市社区级防灾疏散避难场所规划研究［J］．消防科学与技术，2011，30（2）：106-109.

［5］张培．基于L-A模型理论的社区应急避难场所承载能力研究［D］．北京：北京建筑大学，2016.

［6］周晶．长春高新区应急避难场所建设方案研究［D］．吉林：吉林大学，2015.

［7］丁琳．城市综合应急避难场所体系规划研究［D］．南京：南京大学，2014.

［8］蒋蓉，邱建，邓瑞．汶川地震前成都市避难场所应急能力评估［J］．中国安全科学学报，2011（10）：170-176.

［9］杨帆，潘海啸．多空间尺度背景下的城市规划——“51届美国规划院校年会”综述［J］．城市规划学刊，2011，194（02）：118-122.

［10］BELL R，GLADE T. Multi-hazard analysis in natural risk assessments［C］. 4th International Conference on Computer Simulation in Risk Analysis and Hazard Mitigation（RISK 2004）. 2004：197-206.

［11］CHEN L，Van WESTEN C J，HUSSIN H，et al. Integrating expert opinion with modelling for quantitative multi-hazard risk assessment in the Eastern Italian Alps［J］. Geomorphology，2016，273（nov. 15）：150-167.

［12］GUO E，ZHANG J，REN X，et al. Integrated risk assessment of flood disaster based on improved set pair analysis and the variable fuzzy set theory in central Liaoning Province，China［J］. Natural Hazards，2014，74（2）：947-965.

［13］MILETI D S，EBRARY I. Disasters by design；a reassessment of natural hazards in the United States［M］. Washington，DC，USA：Joseph Henry Press，1999.

［14］翟国方．城市公共安全规划［M］．北京：中国建筑工业出版社，2016.

［15］CHOU J S，LEE C M. Integrating the geographic information system and predictive data mining techniques to model effects of compound disasters in Taipei［J］. Natural Hazards，2014，70（2）：1385-1415.

［16］谢礼立，张晓志．论工程抗震设防标准［J］．地震工程与工程振动，1996（1）：1-18.

［17］ADEOLA F O. Katrina cataclysm：Does duration of residency and prior experience affect impacts，evacuation，and adaptation behavior among survivors［J］. Environment & Behavior，2009，41（4）：459-489.

［18］DOMBROSKI M，FISCHHOFF B，FISCHBECK P. Predicting emergency evacuation and sheltering behavior：A structured analytical approach［J］. Risk Analysis，2010，26（6）：1675-1688.

［19］PARLAK A I，LAMBERT J H，GUTERBOCK T M，et al. Population behavioral scenarios influencing radiological disaster preparedness and planning［J］. Accident Analysis & Prevention，2012，48（Complete）：353-362.

第三部分　国内外韧性城市建设经验

第七章　日本的韧性城市建设

日本在韧性城市规划建设方面走在世界前列，韧性的理念始终贯穿于城市建设过程中，其成功经验值得我们借鉴。本章首先从宏观视角介绍《日本国土强韧化基本计划》以及《甲府市国土强韧化基本计划》的主要内容，然后从中观、微观视角分享日本韧性城市建设的具体做法，包括日本福祉型避难场所建设以及阪神地震灾后重建，前者体现了社区尺度下基础设施韧性的建设，而后者则反映了城市尺度的多维度韧性综合提升。

第一节　日本《国土强韧化基本计划》

2011 年 3 月 11 日发生的东日本大地震为日本社会带来了深刻的教训，其中尤为显著的就是防灾减灾理念的转变：仅仅采取由“防护”理念出发、以基础设施整备为中心的对策，对于财产和经济社会活动的保护是不够的[1]。为了最大限度保护国民生命，避免国家和社会重要职能失灵，构建能够迅速从灾害中恢复的“刚柔并济”（「強さ」と「しなやかさ」）的国土和经济社会[2]，2013 年 12 月，日本议会制定了《国土强韧化基本法》（以下简称《基本法》），其成为推动国土强韧化的法律基础，为强韧化规划的制定实施提供了完善的法律框架。

日本的国土强韧化由基本法和基本计划构成，其中基本计划包括全国层面的“国土强韧化基本计划”“国土强韧化年度计划”“国土强韧化行动计划”和地区层面的“地域强韧化计划”。

一、国土强韧化基本法

《基本法》分为第一章总则，第二章基本方针，第三章国土强韧化基本计划，第四章国土强韧化推进本部，第五章其他，以及附则（表 7-1-1）。第一章规定了国土强韧化的目的（第 1 条），基本理念（第 2 条），国家、地方公共团体、企业及个人的责任（第 3～5 条），相关方合作（第 6 条），法制措施（第 7 条）。第二章规定了基本方针（第 8 条），政策实施（第 9 条）。第三章规定了国土强韧化基本计划内容（第 10 条），基本计划与其他全国计划的关系（第 11 条），基本计划实施建议（第 12 条），国土强韧化地域计划（第 13 条），地域计划和基本计划的关系（第 14 条）。第四章规定了国土强韧化推进本部的设置（第 15 条），管理事务（第 16 条），国土强韧化基本计划制订（第 17 条），组织架构（第 18～25 条）[3]。

表 7-1-1　《基本法》规定的各级主体责任

国家责任	国家有责任根据强韧化的基本理念，全面、系统地制订和实施国土强韧性化措施和计划
地方公共团体责任	公共组织根据强韧化的基本理念，与地方政府适当分工，根据当地公共组织的地区情况，全面、系统地制订国家抗灾措施
企业和国民责任	企业和公民应加深对国家强韧化重要性的理解和兴趣，并努力与国家和地方政府实施的国家强韧化政策措施合作

根据《基本法》，为了推动国土强韧化以及相关政策的实施，日本政府设置了由内阁总理大臣担任本部长，由内阁官房长官、国土强韧化担当大臣以及国土交通大臣担任副本部长的“国土强韧化推进本部”[4]，本部的职责如下：

（1）制订和推进实施国土强韧化基本计划的相关事项；

（2）有关行政管理机构根据基本计划全面协调措施实施的相关事项；

（3）除前两条外，国土强韧化政策实施有关的重要的企划和方案的综合协调相关事项。

总体来说，《基本法》以法律形式规定了国土强韧化基本计划和地域计划的编制内容和程序，确立了由内阁总理大臣担任本部长的强韧化推进本部，为强韧化计划的制订、推进和多方协调构建了组织保障。

二、脆弱性评价

《基本法》第 17 条规定，脆弱性评价是制订基本计划的基础，并由强韧化推进本部制订指导方针。和基本计划的周期一致，脆弱性评价也是五年一次，目前最新的结果是 2018 年 8 月发布的。脆弱性评估假定的风险既包括自然灾害，也包含核电、恐怖袭击等大型事件，此外还要考虑可能对全日本造成巨大破坏的南海海沟地震和首都直下地震。脆弱性评价是在“需规避的严重事态”的假设下进行的。首先对 45 种情景进行现状评估，在此基础上对 12 个个别领域与 5 个横向领域进行脆弱性评价[5]。

1. 脆弱性评价方法

（1）基于现行基本计划的政策的评估

对现行的基本计划的政策进行评估。评估内容包括政策的实施进度，对假设的“需规避的严重事态”的应对效果，回避该情况的政策的适当性，以及现行基本计划制定以来的灾害。尽可能多地采取定量分析。

（2）脆弱性分析

用流程图对“需规避的严重事态”的发生过程进行理论分析，将现行基本计划实施政策的进度与流程图中“可视化”的政策相互组合。以此为基础，对政策实施目标达成的设想状态、要改善现状还面临的问题、今后将采取的措施进行分析和整理。在分析和整理问题时，如有必要，不仅要涵盖业务问题，还要涵盖体制问题，如与其他实体（其他府省厅、地方政府、私营企业等）的合作，需投入的资源等。

（3）脆弱性的综合评估和发布

根据（1）和（2）的分析结果，整理为了规避严重事态发生所采取的“措施群”（以下简称程序），根据各程序的完成度以及流程图的分析结果，对程序及各领域政策，国土、经济社会体系脆弱性以及针对这些脆弱性的措施进行综合评估（表 7-1-2）。脆弱性评价的结果将在网上公开。

表 7-1-2　三级目标体系

基本目标	事前准备目标	程序序号	需规避的严重事态
1. 最大限度保护人民生命； 2. 维护国家和社会重要功能不受致命损害； 3. 国民财产和公共设施损害最小化； 4. 快速恢复重建	最大限度防止直接死亡	1-1	由于住宅、建筑物、交通设施等的复杂，大规模倒塌以及人数不详的设施倒塌而导致大量人员伤亡
		1-2	在人口稠密的城市地区和人口集聚的设施发生大规模火灾造成大量人员伤亡
		1-3	由于大范围海啸造成大量人员伤亡

续表

基本目标	事前准备目标	程序序号	需规避的严重事态
1. 最大限度保护人民生命； 2. 维护国家和社会重要功能不受致命损害； 3. 国民财产和公共设施损害最小化； 4. 快速恢复重建	最大限度防止直接死亡	1-4	由于暴雨引起的城市地区的突然长期淹没等导致大量人员伤亡
		1-5	由于大规模的火山喷发、地质灾难（深陷）等导致许多人员伤亡
		1-6	暴风雪和大雪造成多人员伤亡
	及时开展抢险/急救和医疗活动，确保受害者的健康和疏散生活环境	2-1	灾区粮食、饮用水、电、燃料等维持生命相关的物资和能源供应中断
		2-2	长时间同时出现许多孤立区域
		2-3	由于诸如自卫队、警察、消防和海岸警卫队等救援和救急活动的绝对短缺
		2-4	大量难以返回家园的人的出现和混乱
		2-5	由于医疗设备和相关人员的绝对短缺，受灾救援路线的中断以及能源供应的中断，导致医疗功能瘫痪
		2-6	灾区大规模爆发流行病、传染病等
		2-7	避难人员的居住环境恶劣，健康管理不善，造成许多受灾者的健康状况不佳或者死亡
	确保必不可少的行政功能	3-1	由于灾难使司法职能和警察职能大大下降，导致公共安全和社会动荡恶化
		3-2	首都圈中央政府职能失调等
		3-3	由于当地政府人员、设施的受灾，功能显著下降
	确保必不可少的基本信息通信功能和服务	4-1	防灾/灾难响应所需的通信基础设施瘫痪/功能中断
		4-2	由于电视/广播等中断而无法将灾难信息传输给需要的人的情况
		4-3	发生灾难时使用的信息服务停止运行，无法收集和传输信息，避难行为和救援、支援被延迟的情况
	防止经济活动失灵	5-1	由于供应链中断等导致企业生产率下降，导致国际竞争力下降
		5-2	由于能源供应中断，对维持社会经济活动和供应链产生重大影响
		5-3	复杂而重要的工业设施损坏，发生火灾、爆炸等
		5-4	由于海上运输职能的暂停，对外贸产生了重大影响
		5-5	由于基本的陆地和海上运输网络的中断，例如环太平洋地带干线的中断，对物流和人员流动产生了重大影响
		5-6	由于多个机场的同时损坏，对国际航空运输产生了重大影响
		5-7	由于金融服务、邮件等功能的暂停，对人们的生活、商业交易等产生了重大影响

续表

基本目标	事前准备目标	程序序号	需规避的严重事态
1. 最大限度保护人民生命； 2. 维护国家和社会重要功能不受致命损害； 3. 国民财产和公共设施损害最小化； 4. 快速恢复重建	防止经济活动失灵	5-8	食物等稳定供应的停滞
		5-9	由于异常干旱等原因导致的供水中断，对生产活动产生重大影响
	尽量减少对生命线、燃料供应设施、运输网络等的损坏，并尽早恢复	6-1	供电网络（变电站、输配电设备）、城市燃气供应、石油/LP燃气供应链等长期输送功能停止
		6-2	给水设施长时间停止供水
		6-3	污水处理设施等的长期中断
		6-4	从新干线等基础交通到区域交通网络，陆海空运输基础设施长期中断
		6-5	防灾基础设施的长期故障
	不要造成不可控制的复合灾害和次生灾害	7-1	地震导致市区大火，造成大量人员伤亡
		7-2	海洋和沿海地区发生大范围复杂灾害
		7-3	铁路沿线或道路两侧建筑物倒塌带来的堵塞，地下建筑物倒塌造成的塌陷，导致的交通瘫痪等
		7-4	由于水库、防灾基础设施、天然水坝的损坏或故障，堆积的沉积物和火山喷出物造成的大量人员伤亡
		7-5	有害物质的大规模扩散和流出造成的损害扩大
		7-6	由于对农业用地和森林的破坏而造成的土地荒芜
	使社会经济比以往更快、更强劲地复苏	8-1	由于大量灾难废物的处理停滞，重建工作大大延迟的情况
		8-2	由于缺乏人力资源（专家、协调员、工人、熟悉该地区的工程师等）来支持重建，导致重建愿景等无法进行
		8-3	由于地面沉降等造成的大面积和长期淹没破坏而导致延迟重建的情况
		8-4	由于宝贵的文化资产和环境资产的损失以及当地社区的崩溃等，导致有形和无形文化资产的减少或丧失
		8-5	为进行商业用地以及临时房屋、临时仓库、临时办公室等的维护，导致重建工作严重延迟的情况
		8-6	由于在国际上出现没有根据的传言以及信贷不安全、生产力恢复延迟、大规模失业和破产等，对国民经济造成严重影响

2. 脆弱性评价结果的应用

(1) 国土利用、产业结构的脆弱性应对

对于国土利用、产业结构的脆弱性，应考虑风险对冲方法，采取“自主、分散、合作”的国土利用形式。需要考虑如下问题：由于人口、企业总部和资本过度集中在东京，在首都直下地震下是否会造成巨大的人员和经济损失以及国家职能的丧失；大量的人聚集在海啸和洪水等灾害风险高的地区；人口稀少的地区是否能保证灾后有充足的人力资源进行灾后重建与复兴。

（2）硬件和软件措施的合理组合

适当的硬件措施可以抵御地震或台风的初期灾害，而在超过硬件维护的范畴后，采取从避难到重建的软措施，可以防止由初期灾害进一步触发的严重后果。

（3）确保冗余，制订 BCP（业务连续性计划）并确保有效性

建立多元化能源供应网络、通信网络、运输网络，确保行政，确保金融、物流和信息服务的可替代性，在以这些社会基础设施为基础的行业中制订 BCP，并不断对其进行审查和培训，通过实施来确保有效性，增强每个机构的抗灾能力，在发生灾难的情况下，在非灾难区域继续运行，防止整个日本的经济停滞。

三、国土强韧化基本计划

国家层面的基本计划由内阁强韧化推进本部制定，每五年审查一次。第一版计划在 2014 年颁布，2018 年首次对基本计划进行了审查，并制定颁布了三年紧急对策和修订后的第二版基本计划。

国土强韧化规划的基本制定流程被称作 PDCA 循环，即一个循环往复的“规划（Plan）—执行（Do）—检验（Check）—纠正（Action）”路径。强韧化规划起始于对城市风险和脆弱性的科学分析，通过重点化和优先次序的政策设计，确定一个合理的应对方案包，进而通过实施结果评价反馈修正初始的分析思路（图 7-1-1）。

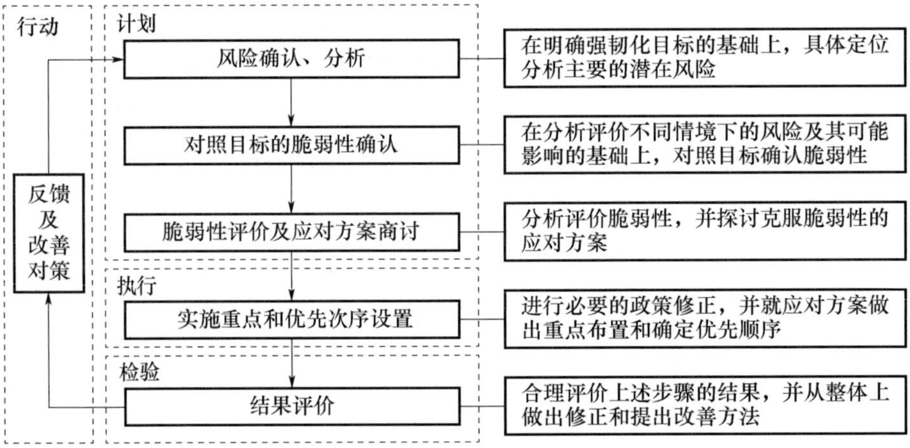

图 7-1-1 PDCA 循环[6]

国土强韧化的推进围绕 12 大领域，分别是：行政职能/警察/消防/防灾教育，住房/城市，卫生/医疗/福利，能源，金融，信息和通信，产业结构，运输/物流，农业、林业和渔业，国土保护，环境，土地利用（国家土地利用），以及 5 个横向领域，分别是风险沟通，人力资源开发，官民合作，老龄化对策，研究开发。

四、强韧化的实施：国土强韧化年度计划和地区计划

本部每年都会推出当年的行动计划（2014—2018 年）或年度计划（2019 年），以具体项目推进基本计划落地实施，并对实施情况进行指标监测。根据工作进展和过去一年发生的自然灾害，对程序、政策和指标进行一定程度的调整。例如，2020 年的年度计划就吸取了 2019 年发生的房总半岛台风和东日本台风等气象灾害的教训，增加了相应的政策措施[7]。

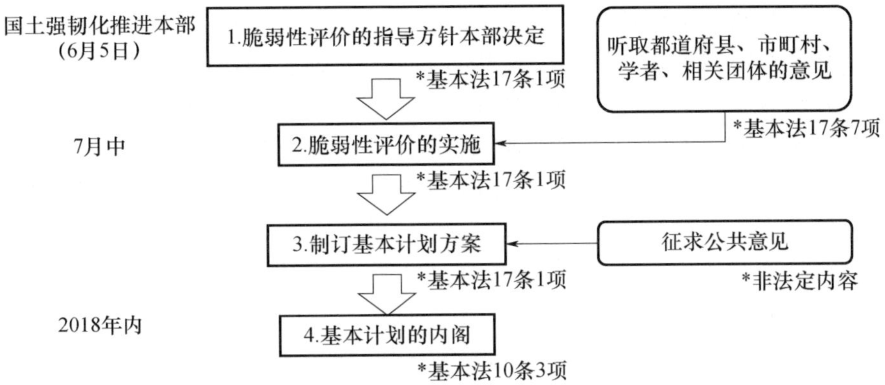

图 7-1-2　2018 年国土强韧化基本计划编制流程

以 2020 年年度计划为例来阐述年度计划的主要内容：年度计划遵循着“三级目标体系（总体目标—事前准备目标—45 项需规避的严重事态）—项目—政策措施—KPI”层层分解的结构来实现国土强韧化目标。为了实现总体目标，年度计划针对脆弱性评价和基本计划中假设的 45 项需规避的严重事态，相应制定了 45 个项目（其中 15 个为重点程序，30 个为关联程序）以及对应的推进方针和主要实施政策。45 个程序又被细分为 12 大领域共 424 项实施政策（比 2019 年新增 18 个）。每条政策可以对应多个程序，且有具体的责任单位负责推进实施。为实现计划目标，设计了 268 项 KPI（比 2019 年新增 85 个）。除了 KPI 的设定，根据对实现前述八项目标的贡献程度来选择具有代表性的关键绩效指标作为“基准指标”，包括硬性指标（35 个）和弹性指标（25 个）。前者主要是各种基础设施的耐震化和维护，如建筑和基础设施的耐震化率，河道、沿海堤防的维护率，生命线系统的灾时功能保障率，交通体系的灾时功能保障率等。后者主要是灾前准备和预警、计划制订、应急保障，包括灾害图（海啸、洪水、液化、暴雨等灾害）发布及培训，暴雪、暴雨预测正确率，应急食物充足率，防灾训练实施率，企业 BCP 制定率，各设施的长寿命化计划制订率等[8]。

所有层级的项目和指标都划定了相应的责任主体单位，主要单位有国土交通省、厚生劳动省、农林水产省、环境省等。为了协调工作，由承担大量项目的国土交通省大臣担任国土强韧化推进本部副本部长。

截止到 2020 年 5 月，所有都道府县以及 424 个市区町村都制定了地域强韧化计划。从主要内容构架而言，国土强韧化地域计划和《基本计划》并没有太多的不同之处。其主要差别在于，地域强韧化规划需要从当地的特征出发，探讨解决地方问题。地方编制地域强韧化规划时要在 45 项需规避的严重事态基础上，根据地域特性，确定可能发生的风险事件，一般方法为通过往年发生的最大受灾情况[9]。由此可见，地域规划是各个地域根据自身特点和具体情况，在《基本规划》的框架下制定的细化规划。为了确保各地规划制定者能够准确地把握强韧化规划的指导原则，推进办公室建立了相关网站宣传强韧化规划的意义和要点，安排了全国各地巡回专场培训并帮助配备人员。

五、经验与启示

日本是一个灾难多发的国家，因此将灾害风险的治理作为立国的根本。国土强韧化基本规划位于所有规划的最顶层，由内阁总理大臣负责推进，赋予了极高的地位。除了增强灾害防御和灾后恢复能力以外，为了衔接其他各类规划，国土强韧化具有较好的拓展性，也起着应对老龄化、拉动投资、促进经济增长的作用。对我国空间规划的启示如下：

一是通过立法确定规划的法定地位。推动空间规划的编制，需要上层的法律法规或政策文件。《基本法》详细地规定了强韧化计划的理念、方针、编制程序和组织保障，赋予了强韧化计划统领所有规划的上位规划地位。二是强调多部门、多规划协调，以提升国土韧性作为总目标，层层分解目标和任务，将任务落实到各个单位，通过各部门的配合、各类政策的组合实施，保障在遭受严重自然灾害时国家重要行政职能正常运行，经济活动有序恢复。三是确保规划实施的动态性，通过建立硬性和软性的指标体系，监控规划的实施，并根据前一年所遭受的自然灾害以及各地方实际情况，动态调整规划的具体内容。四是保证良好的可拓展性，解决经济社会发展中的实际问题，如老龄化应对、推动地方经济增长、社区营造等。

（唐凯）

参考文献

［1］寺尾和彦．国土強靭化の基本概念と国の施策［J］．農村計画学会誌，2007，36（3）：398-401.

［2］内閣官房国土強靭化推進室．国土強靱化とは?［R］．平成 26 年．

［3］内閣官房国土強靭化推進室．強くしなやかな国民生活の実現を図るための防災・減災等に資する国土強靱化基本法［R］．平成 25 年 12 月 11 日．

［4］内閣官房国土強靭化推進室．設置根拠［R］．平成 25 年 4 月．http：//www.kantei. go. jp/jp/singi/kokudo _ kyoujinka/pdf/konkyo. pdf

［5］内閣官房国土強靭化推進室．脆弱性評価の結果について［R］．平成 30 年 8 月．

［6］邵亦文，徐江．城市规划中实现韧性构建：日本强韧化规划对中国的启示［J］．城市与减灾，2017，4（No. 115）：75-80.

［7］内閣官房国土強靭化推進室．国土強靱化年次計画［R］．2019（令和元年 6 月 11 日国土強靱化推進本部決定）．

［8］内閣官房国土強靭化推進室．国土強靱化年次計画［R］．2020（令和 2 年 6 月 18 日国土強靱化推進本部決定）．

［9］吴浩田，翟国方．韧性城市规划理论与方法及其在我国的应用——以合肥市市政设施韧性提升规划为例［J］．上海城市规划，2016（1）：19-25.

第二节　甲府市《国土强韧化基本计划》

上一节提到日本国土强韧化中的基本计划分为全国和地区两个层面，本节以《甲府市国土强韧化基本计划》[1]为例，介绍日本国土强韧化计划地区层面的规划内容。

一、计划概要

1. 计划背景

日本汲取东日本大地震的教训，计划全面系统地推进国土强韧化措施，在整个国土上建立一个强韧的国家，以应对大规模自然灾害。2013 年 12 月，日本议会发表了一项旨在促进防灾和减灾的《国土强韧化基本法》（以下简称《基本法》），用以促进城市向“刚性”和“柔性”协调的方向发展，实现人民“刚柔并济”的生活。根据《基本法》，在 2014 年 6 月颁布了《国土强韧化基本计划》（以下简称《基本计划》）。根据《基本法》第 13 条规定，各县或市政府应当制订一项关于在各县或市政府区域内推进国土强韧化的基本计划（以下简称《区域国土强韧化基本计划》），用以全面系统地推进国家国土强韧化措施。此外，山梨县于 2015 年 12 月制定了与基本计划相协调的《山梨县强韧化计划》（以下简称《县强韧化计划》），并于 2020 年 3 月修订。

在该背景下，甲府市制定了《甲府市国土强韧化计划》（以下简称《市强韧化计划》），用以应对地震、暴雨、暴雪、沙尘暴等大规模灾害，促进建设“刚柔并济”的可持续城市，并在灾害发生时迅速恢复市民的生活和城市的功能。

2. 计划定位

根据《基本法》第 13 条规定，将《市强韧化计划》制订为全面系统地推进甲府市国土强韧化措施基本计划。从国土强韧化的角度来看，《市强韧化计划》的制订应与《基本计划》保持协调。同时，考虑到《市强韧化计划》内容应覆盖整个市域，所以应与《甲府市综合计划》相协调，并作为包括《甲府市地域防灾计划》在内各领域强韧化计划的指导方针（图 7-2-1）。

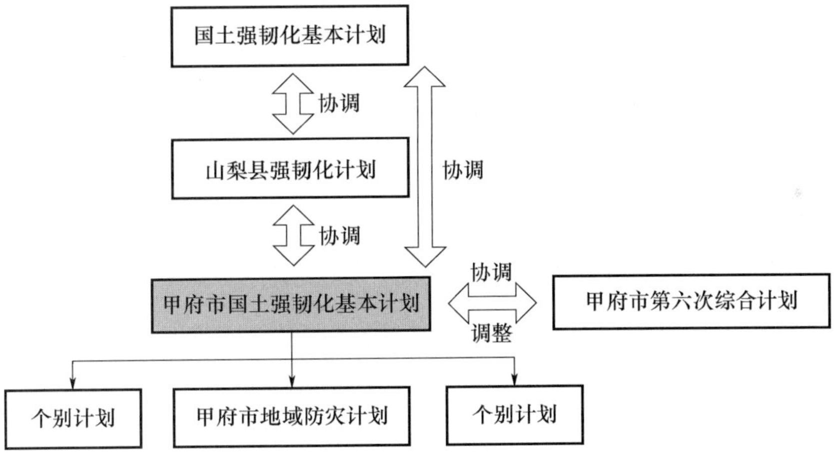

图 7-2-1　甲府市《国土强韧化基本计划》定位

3. 规划流程

为了全面而系统地推进强韧化措施，日本政府参照《国土强韧化计划制定指导方针》，按照以下程序制定区域规划。

主要流程包括：

（1）明确地区强韧化的目标；

（2）设定“不应发生的最坏事态”以及施策领域；

（3）进行脆弱性分析和评估，检查问题；

（4）探讨“不应发生的最坏事态”的应对方案；

（5）设定应对“不应发生的最坏事态”措施的重点。

二、甲府市概况

甲府市位于甲府盆地中央，南面是世界文化遗产富士山，北面是八岳山，西面是南阿尔卑斯山连峰。甲府市是一个拥有丰富自然风光的美丽城市，历史悠久，作为山梨县的政治、经济、文化中心地发展起来。城市发展面临着人口减少、出生率下降和人口老龄化的问题，同时，由于自然灾害的发生、全球环境问题的加剧等原因，使城市目前的环境问题变得更加严峻。

在防灾计划方面，目前甲府市防灾措施主要包括：①建立自主防灾组织；②制订地区防灾计划；③成立详细的防灾讲习班（包括地区防灾研修会和地区水灾疏散培训委员会）；④培养甲府市防灾人才等，预测未来可能发生的灾害包括洪水、泥石流、地震、富士山火山喷发（降尘）等。

在这样的背景下，《甲府市第六次综合计划》[2]将未来的城市形象确定为“人、城镇和自然共生的创新城市”，并从“人”“活力”“生活”和“环境”四个角度确定总体目标，具体指建设一个培养生机勃勃的人的城市，一个充满魅力和活力的城市，一个能够安全、安心、健康生活的城市，一个自然与城市功能相协调的舒适城市。

三、甲府市国土强韧化基本构想

基于与《基本计划》和《县强韧化计划》的一致性和协调，制定了推进国土强韧化的总体目标、实现总体目标的事前准备目标，以及甲府市推进强韧化的工作方针。

1. 总体目标

国土强韧化指的是面对大地震之类的各种风险，要毫不犹豫地考虑有可能发生的最坏事态，这超越以往狭义上的“防灾”，旨在正常时期为大规模灾难做准备，建立起强有力的行政功能、地方社会和地方经济。

总体目标是指城市遇到自然灾害时，必须做到以下四点：

（1）最大限度地保护公民生命；

（2）维持社会的重要功能；

（3）最大限度地减少对公民财产和公共设施的损害；

（4）快速恢复和重建。

2. 事前准备目标

在总体目标的基础上，设定了八个需要提前做好准备的目标。根据每一个目标，在假设大规模灾害的情况下，明确“不应发生的最坏事态”，并从平时开始持续推进应事先采取的措施，以防止最坏情况的发生。

事前准备目标具体包括以下八点：

（1）最大限度地防止直接死亡；

（2）及时开展抢险/急救和医疗活动，确保受害者的健康和疏散生活环境；

（3）确保必不可少的行政功能；

（4）确保必不可少的信息通信功能和信息服务；

（5）防止经济活动失灵；

（6）尽量减少对生命线、燃料供应设施、运输网络等的损坏，并尽早恢复；

（7）不要造成不可控制的复合灾害和次生灾害；

(8) 使社会经济比以往更快、更强劲地复苏。

3. 工作方针

(1) 基本方针

①从各个方面探讨本市造成强韧化损害的原因；②不要局限于短期视角，要有时间管理的概念，要有长期的视野，有计划地推进工作；③该计划将有助于地区振兴，促进城市可持续发展。

(2) 合理整合各类措施

①软硬结合，有效推进政策；②有效整合“自助”“互助”和“公共援助”，在公共部门和私营部门之间进行协调合作，并明确各自职责；③尽量制订能在平时也能有效利用的对策。此外，在公共设施和基础设施建设等方面，应考虑在紧急情况下使用的措施，有助于防灾和减灾。

(3) 促进措施的有效实施

①考虑到公民需求变化和社会资本的老旧化，应考虑突出重点，提升财政投入效率；②有效利用现有社会资本，推进各个措施的顺利实施；③重视防灾设施的高效维护与管理；④在财政紧张的背景下，国家和县要采取措施，积极利用民间资本。

(4) 采取个性化措施

①改善人与人之间的联系和社会功能，并努力创造一个环境，便于强韧化措施的实施；②充分考虑女性、高龄者、孩子、残疾人、外国人等个性化措施；③考虑与自然共生、与环境和谐、维持管理现有景观。

(5) 与国家、县、地方政府、私营企业等的合作/协作

①通过与国家、县和周边地方政府的互相合作，努力确保信息共享，并适当分工，以有效促进区域国土强韧化；②注意确保与各企业的业务连续性。此外，广泛开展合作，例如达成协议以在发生灾难时为紧急响应做准备；③积极宣传计划内容，使公民和私营企业能够正确理解和切实执行该计划。

四、脆弱性评估流程

1. 设定预期风险

在《基本计划》和《县强韧化计划》中，做出了对大范围造成严重破坏的“大规模自然灾害”的假设，本计划也假设了地震、台风等一般的大规模自然灾害，将这些灾害作为被设定的预期风险。

2. 设定妨碍总体目标的“不应发生的最坏事态”

根据《基本法》第 17 条第 3 款的规定，脆弱性评估是在假设“不应发生的最坏事态”的基础上进行的。考虑到城市的自身特点，同时注意与《基本计划》和《县强韧化计划》的协调，制定了 32 种妨碍实现“总体目标”的情况，称为“不应发生的最坏事态”。

3. “措施领域”的确定

根据《基本法》第 17 条第 4 款的规定，脆弱性评估应针对与国土强韧化有关措施的每个领域。考虑“不应发生的最坏事态”，同时注意与《基本计划》和《县强韧化计划》的协调，确定了八个个别措施领域和四个横向领域（表 7-2-1）。

表 7-2-1　措施领域

个别措施领域	横向领域
①行政职能/消防/防灾教育等 ②住房和城市 ③医疗保健和福利 ④产业（产业结构、金融、能源） ⑤信息和通信 ⑥运输和物流 ⑦农林渔业 ⑧国土保护（国家土地保护、环境和土地利用）	①风险通信 ②人力资源开发 ③公私合作 ④老化对策

4. 脆弱性评估

分析和评估为避免不应发生的最坏事态而采取的当前措施。

5. 审查推广政策

根据脆弱性评估结果审查未来必要的措施和推广政策。

五、国土强韧化实施方针

1. 实施方针

根据脆弱性评估的结果，制定了促进国土强韧化的实施方针（表 7-2-2），以避免不应发生的最坏事态。在各个部门的推广政策之间存在相互关联的事项，因此相关部门进行合作以确保措施的有效性和效率，例如适当的角色划分和必要的调整。

表 7-2-2　为避免“不应发生的最坏事态”而应采取的实施方针

预先准备的目标			不应发生的最坏事态（32 种情况）	推广政策（部分摘录）
1	最大限度地防止直接死亡	1-1	由于房屋、建筑物、交通设施等的复杂，大规模倒塌或人数不详的设施倒塌而造成大量伤亡	○促进住宅和私人建筑等的抗震建设 ○在假设各种损坏的情况下促进公共结构的抗震等 ○提高对液化危险的认识 ○防止管理不全的空置房屋倒塌，尽早消除沿途堵塞 ○促进疏散路线沿线建筑物的抗震建设
		1-2	住宅密集区和非特定人群聚集的设施发生大规模火灾造成大量人员伤亡	○为需要照顾的人和与医疗有关的志愿者提供支持帮助系统 ○消防栓、消防栓设备等的安装推广和维护管理促进防火水箱的抗震措施
		1-3	由于暴雨等引起的城市区域的突然或长期淹没，造成大量人员伤亡	○促进编制疏散行动所需支助人员的整体计划和编制疏散行动所需支持帮助人员的个人计划 ○促进雨水排水设施（下水道设施）的发展 ○促进减少浸水损害
		1-4	大规模泥石流灾害造成多人伤亡	○促进直升机场的安全等 ○利用网站、讲座等提供防灾相关信息 ○通过治山事业推进泥石流灾害对策
		1-5	暴雪造成多人伤亡	○发展与需要特别考虑的患者有关的医疗系统 ○促进灾害发生时的紧急措施工作的合作系统

续表

预先准备的目标			不应发生的最坏事态（32 种情况）	推广政策（部分摘录）
2	及时开展抢险/急救和医疗活动，确保受害者的健康和疏散生活环境	2-1	由于运输网络的中断，受灾地区的食品、饮用水、电力和燃料等与生命有关的材料和能源供应长期中断	○发展作为紧急运输路线的主要道路网络 ○加强与供水和污水设施有关的灾害对策 ○紧急物资的保障和供应（采购协议、建立紧急物资接收系统、编制紧急物资采购和运输手册）
		2-2	长时间同时出现许多孤立区域	○发展林间道路网络以防止山区村庄的孤立 ○确保多种信息获取手段
		2-3	因灾害等造成自卫队、警察、消防等的救援和急救活动的绝对短缺	○建立接纳支援人员的体制 ○加强地区灾害应对系统 ○活化消防队
		2-4	医疗设施和相关人员的绝对短缺，交通网络破坏和生命线的中断等导致医疗功能的瘫痪	○建立接纳支援人员的体制（重述） ○促进建立确保医疗设施生命线和灾害储存药品的制度 ○促进市立甲府医院对灾害应对手册等的利用
		2-5	大量难以返回家园的人（包括大量长期滞留的游客）的出现和混乱	○制定对回家困难者的对策 ○与旅游协会等合作促进对滞留旅客的措施
		2-6	富士山火山喷发导致本市接收来自县东部地区的避难者后发生灾害	○完善疏散人员接收系统
		2-7	受影响地区疫病、传染病等大规模爆发	○建立防疫用消毒剂等的保障制度 ○建立灾害受害者的卫生管理制度 ○修订公共卫生护士等灾害活动手册
		2-8	恶劣的避难生活环境和不充分的健康管理导致许多灾民的健康状况恶化和死亡	○修订避难所运营手册 ○建设避难所管理系统，考虑到需要考虑的人、妇女等的健康 ○加强指定避难所等的防灾功能等
3	确保必不可少的行政功能	3-1	由于地方行政机关的工作人员和设施的破坏以及交通网络和生命线的中断而导致的行政机关长期失灵	○建立援助系统 ○实施与行政职能有关的各种培训 ○建立和验证地震发生时的业务连续性系统 ○防止丢失主要数据和程序的措施
4	确保必不可少的信息通信功能和信息服务	4-1	由于电力供应中断等导致的信息通信瘫痪和长期中断	○确保各种获取信息的手段（重述） ○在公共设施等引进可再生能源设施等
		4-2	灾害发生时使用的信息服务功能停止，无法收集和传输信息，疏散行动、救援和支援延迟的情况	○举办居民参与的培训和讲习班等 ○建立向灾民提供灾害信息的系统 ○编写和审查活动手册
5	防止经济活动失灵	5-1	供应链断裂等使企业生产力下降而导致经营恶化	○通过甲府市中小企业促进贷款支持融资 ○基于《小企业支助法》提供支持
		5-2	停止能源供应对维持社会经济活动和供应链的巨大影响	○制订灾害发生时的燃料保障制度
		5-3	主要交通网络（中央高速公路、中部交叉高速公路和铁路）的功能中断或与城市外部的交通中断对物流和人流的严重影响	○发展并维护成为紧急运输通道的主干道网络（重述） ○促进直升机场的安全等（重述） ○维护和保养指定为紧急运输道路的路线
		5-4	粮食等的稳定供应停滞	○完善市场上的灾害对策 ○促进家庭和办公室中饮用水、食物等的储存

续表

预先准备的目标			不应发生的最坏事态（32 种情况）	推广政策（部分摘录）
6	尽量减少对生命线、燃料供应设施、运输网络等的损坏，并尽早恢复	6-1	长期停止供电网络（发变电站、输配电设施）、城市燃气供应、石油和液化石油气供应链等功能	○建立在发生灾害时的燃料保障系统（重述）
		6-2	长时间停止供水和污水处理设施的功能	○促进供水设施的抗震建设 ○通过发展化粪池等扩大防灾措施 ○促进下水道设施的抗震建设
		6-3	区域交通网络的割裂	○发展并维护成为紧急运输通道的主干道网络（重述） ○与周边城市建立合作体系以掌握路况 ○开发建造业等损害的信息收集系统
		6-4	防灾基础设施长期失灵	○制定和审查道路、河流、防砂设施等紧急处理手册 ○建立应急临时住房保障制度 ○促进提高承担各种损害的公共建筑的抗震能力（重述）
		6-5	富士山喷发降尘导致生命线功能下降	○恢复陆上交通 ○降尘的处理 ○制定与供水和污水设施有关的灾害对策
7	不要造成不可控制的复合灾害和次生灾害	7-1	由于沿线和路边建筑物倒塌引起的堵塞，以及由于地下结构损坏等引起的塌陷导致的交通瘫痪	○制定与供水和污水设施有关的灾害对策（重述） ○防止管理不全的空房倒塌，尽早消除沿线沿途的堵塞（重述） ○建立应急风险判定制度
		7-2	蓄水池、防灾基础设施、天然水坝等损坏或功能不全，堆积的泥沙流出造成大量人员伤亡	○制定和审查道路、河流、防砂设施等紧急处理手册（重述） ○促进提高承担各种损害的公共建筑的抗震能力（重述）
		7-3	有害物质大规模扩散流出	○促进核应急措施 ○建立与辐射和放射性物质有关的各种检查和调查系统 ○发展石棉调查制度
		7-4	由于对农业用地和森林的破坏而造成的土地荒芜	○确保农村资源保护和管理活动 ○发展新农民 ○维护和增进森林的公益功能
8	使社会经济比以往更快，更强劲地复苏	8-1	大量灾害废物处理停滞导致恢复重建严重滞后的情况	○建立灾害废物处理系统 ○建立废物收集和运输系统 ○制定有关一般废物处理设施的措施
		8-2	由于负责恢复/重建工作的人力资源（专家、协调员、工人、熟悉该地区的工程师等）短缺而导致恢复/重建工作严重延迟的情况	○培养支持加强区域灾害预防能力的人力资源 ○建立灾害志愿者利用制度 ○促进志愿者协调员的培训等
		8-3	由于重要文化财产和环境资产的丧失以及当地社区的崩溃，导致的有形和无形文化财产的衰退和损失	○根据文化财产的特点推进防火措施

2. 策略重点

为了在有限的资源基础上高效地推进甲府市的强韧化建设，选择效果大的措施、紧急性高的措施、影响广的措施、不仅在灾难发生时而且在平时利用程度高的措施作为重点措施。此外，将根据财政年度计划的进展适当地审核措施的优先级。

3. 计划的实施与审查

为了定量地掌握强韧化措施的进展情况，在尽可能设置重要绩效指标（KPI）等具体数值指标的同时，反复进行 PDCA 循环并进行审查。

六、国土强韧化计划与区域防灾计划

1. 区别

“防灾”基本上是指“可能发生的事件”，例如地震和洪水，并概括了“对这些事件的响应”。另外，国家强韧化并不是一种针对每一个事件的处理和应对措施的总结，而是建立一种“强韧”的行政功能、社区和区域经济，以便在考虑每一个事件的同时，无论发生什么事情，都能避免陷入最坏的情况。

因此，国土强韧化计划将重点放在保护和维持人类生命的重要职能上，在假设所有大规模自然灾害的基础上，明确“不应该发生的最坏情况”。从为避免最坏情况而提前采取措施的思路出发，编制从日常的持续发展的强韧化措施的方针和内容，建立强韧化体系，形成国土强韧化计划。

2. 关系

国土强韧化计划与区域防灾计划的关系[3]见表 7-2-3 和图 7-2-2。

表 7-2-3　国土强韧化计划与区域防灾计划关系表

	国土强韧化计划	区域防灾计划
研究方法	假设全部自然灾害、提高社区强韧性	强化不同灾难发生时的应对能力
针对时段	灾难发生前	灾难发生时、灾难发生后
如何制定措施	为了保护生命并最大限度地减少损害，设定避免最坏事态的措施	制定预防、应急、恢复等具体措施
重点措施和目标	有	无

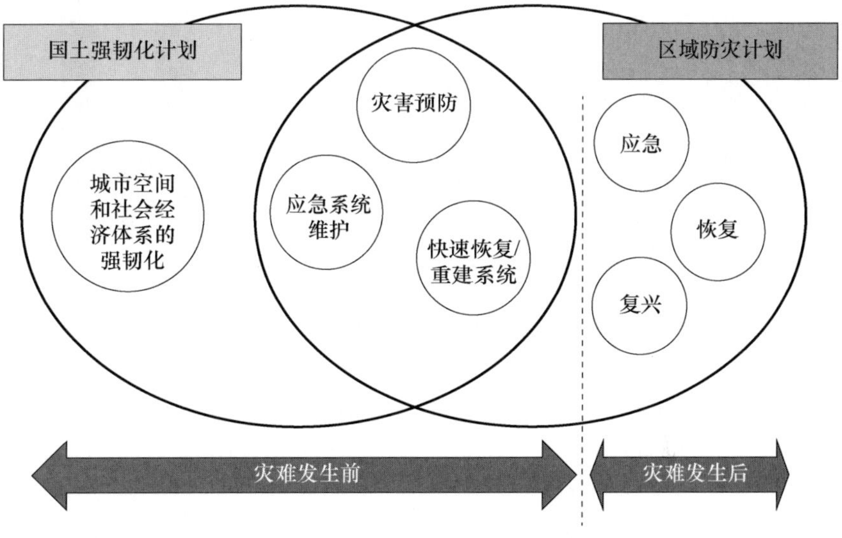

图 7-2-2　国土强韧化计划与区域防灾计划的关系示意

（戴玥，翟国方）

参考文献

［1］甲府市．甲府市国土強靱化地域計画［R］．令和 3 年 3 月．

［2］甲府市．第六次甲府市総合計画［R］．平成 28 年 3 月．

［3］笛吹市．笛吹市国土強靭化地域計画（案）［R］．令和 3 年 3 月．

第三节　高龄社会背景下日本福祉型避难场所建设

一、福祉型避难场所规划背景

1970 年，日本 65 岁以上人口占总人口的 7.06％，正式进入“老龄化社会”，并于 2007 年进入“超老龄化社会”。2014 年，65 岁以上老年人占比达 26％，预计到 2030 年这一比例将超过 30％。因自身条件限制，老年人的应急避难能力一般较弱，在灾害中更容易受到伤害。1996 年，日本兵库县南部发生地震，共造成 6442 人罹难，其中 65 岁以上老年人有 3142 人，占总罹难人数的 49.6％[1]；2005 年美国卡特里娜飓风灾害，大多数死亡人员为年老体弱者，在路易斯安那州，年龄超过 60 岁的遇难者约占 71％[2]；2011 年东日本大地震发生当天，共有 10360 位 60 岁以上老年人遇难，占当天遇难人数的 66.1％[3]（图 7-3-1）。

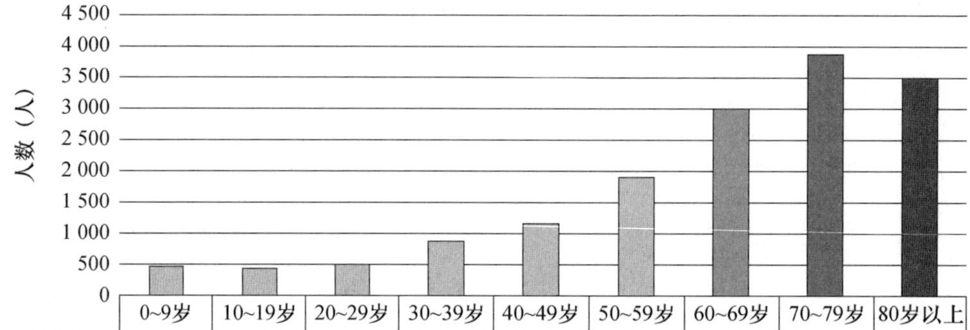

	0~9岁	10~19岁	20~29岁	30~39岁	40~49岁	50~59岁	60~69岁	70~79岁	80岁以上
■遇难人数	468	423	518	860	1 136	1 917	3 009	3 875	3 476

图 7-3-1　“3・11”东日本大地震发生当天遇难人数统计表（来源：参考文献［3］）

我国有关避难场所的研究多集中在空间层面，主要是避难场所可达性分析及其空间布局研究[4-6]，多借助数学模型和技术软件等手段，采用定量分析方法较多[7-9]，较少考虑到避难场所使用对象的个体差异性。随着研究深入，我国避难场所应对的灾种不断丰富，从最初应对单一的地震灾害向应对暴雨、洪水、台风等多灾种的综合型避难场所方向发展[10]。

二、日本福祉型避难场所规划、建设与管理流程

1. 规划流程

1995 年阪神・淡路大地震发生后，日本在修编《灾害救助法》时，对福祉型避难场所的建设做出了相应规定，但是在实际操作中并没有受到重视，直到 2007 年能登地震，才首次设立了福祉型避难场所。在日本，避难场所主要分为避难救助点、广域避难场所和福祉型

避难场所三种类型。福祉型避难场所在日本避难场所体系中独立设置，多是结合现有建筑综合指定，通常是养老院、学校等建筑型避难场所（表 7-3-1）；主要服务对象是老年人（尤其是高龄者）、残疾人、孕妇以及其他避难弱者。经过多年的发展，日本福祉型避难场所功能不断丰富，其规划流程也逐渐完善。

表 7-3-1　日本部分福祉型避难场所指定设施数量和种类

设施种类	设施数量（处）	比例（%）
高龄者设施	6211	55.2
残疾人设施	1664	14.8
儿童福祉设施	546	4.9
公民馆	466	4.1
中小学和高校	343	3.0
其他社会福祉设施	965	8.6

资料来源：参考文献［11］

（1）摸透基本情况

在规划福祉型避难场所前，首先要明确避难对象，再由市町村全面收集避难者的基础资料，包括姓名、年龄、住址、家庭成员、身体状况、紧急联系电话等。同时，对可能被利用为福祉型避难场所的设施进行调查。重点调查对象是中小学、市民馆、老年人福祉设施（日托中心、养老机构等）、残疾人支援设施、儿童福祉设施、保健中心、特别支援学校、住宿设施等。摸清这些设施的地址、名称、所有者和管理者、可利用空间状况、已有设施条件、可接受避难人员规模等。然后，建立避难者信息和避难设施数据库并及时更新，有助于灾时救援信息传达和避难支援活动顺利进行。

（2）严格设定福祉型避难场所

在日本，对于福祉型避难场所的设定有严格的条件和明确的目标。首先要确保避难场所自身安全，包括：①耐震性强；②周围没有危险源，例如应满足位于泥石流灾害特别警戒区域以外，即使发生水灾也能保证一定的避难生活空间等条件；③能够确保避难者在避难生活期间的安全，避难场所内要做到无障碍化并且提前准备好相应设施。还需保证有充足的避难空间，根据避难者的特征，落实其空间需求。各县市根据自身情况可建设阶段性、多层次的福祉型避难场所。通常有独立的福祉型避难场所和福祉避难室两种形式，福祉避难室设立在一般避难场所内，如中小学、市民馆等，对该避难场所功能进行补充，是一般避难场所和福祉型避难场所之间的过渡。

（3）全面公示福祉型避难场所

福祉型避难场所最终名单确定后，政府会通过当地媒体向社会公示，公示内容主要是福祉型避难场所名称、地址、可容纳避难人员规模等基本信息。要确保通知到有避难弱者的家庭，一些自主防灾组织和避难支援团体等社会组织也是重点通知的对象。福祉型避难场所信息共享是确保灾时避难弱者高效接受避难支援服务的前提条件，也是福祉型避难场所及时启用和互联合作的基础。

2. 建设与管理流程

（1）建设标准

福祉型避难场所的类型根据避难者的避难需求来确定，以应对不同的避难阶段。以福岛县为例，福祉型避难场所的功能与避难弱者的身体健康状况相对应。轻度避难者在一般避难场所内的福祉避难室避难即可；中度患者需要到独立设置的福祉型避难场所内避难；重度患者则需要移送到专业的医疗机构接受救治（表 7-3-2）。日本福祉型避难场所人均有效避难面积的确定是通过长期经验积累得来的，人均有效避难面积为 2～4m^2，根据避难者的身体状况和避难需求还会有所调整，例如需要长期卧床休养的避难者指标会相应提高。

表 7-3-2　福祉型避难场所的对应阶段

<table>
<tr><th>需要援助者的身体状况</th><th>避难目的地</th><th>法律制度保障</th></tr>
<tr><td>轻度</td><td>福祉避难室（一般避难场所内都有设置）</td><td>灾害救助法</td></tr>
<tr><td>中度</td><td>福祉型避难场所</td><td rowspan="2">介护保险制度等</td></tr>
<tr><td rowspan="2">中度—重度</td><td>紧急送往相关福祉设施（养老院等）</td></tr>
<tr><td>紧急送入医院</td><td>医疗保险制度等</td></tr>
</table>

资料来源：参考文献［12］

（2）配套设施

由于福祉型避难场所主要面向老年人等避难弱者开放，考虑到老年人群的生理状况和需求差异，场所内的无障碍设计是一项基础工作。例如，配建无障碍厕所，设置无障碍楼梯等。在设置无障碍楼梯时还通过颜色差别来引导有视觉障碍的避难者安全使用，同时做好防滑措施[12]。根据避难者的不同特征，福祉型避难场所还应配备一些辅助设施。例如，为身体残疾或行动不便的避难者配备轮椅、拐棍等；对于有眼疾的避难者，避难场所内应安装广播等设施，方便他们接收信息；对于听觉和语言表达方面有障碍的避难者，避难场所内应设置展板并向他们分发能够表达避难需求信息的卡片，该类避难者可以通过识图实现避难需求。

（3）室内空间布局

为了使福祉型避难场所能够在灾时快速转换功能，进入紧急避难状态，在非灾时会提前做好室内灾时空间布局预案。福祉型避难场所根据避难者的生理和心理特征以及相应的避难需求，有针对性地进行灾时室内布局（图 7-3-2）。通常将行动不便的老年人安排在靠近主要出入口和厕所等使用频率较高的场所；将听觉有障碍的避难者安置在靠近展示板和公告栏的区域；对于有特殊需求的避难者（如需要卧床的伤员，生活完全不能自理的老年人等）可以单独设置隔间。垃圾收集处、消防栓、安全出口等场所设有明显标志，以便日常管理以及发生次生灾害时组织避难者自救和快速逃生。

（4）应急启用与管理程序

由于福祉型避难场所的使用对象特殊，灾时根据灾害预警级别启用相应的避难设施。在避难救助点启用后，可以先大致掌握避难人群的基本信息，对避难者的身体状况进行判断，身体状况良好的老年人可以选择就近避难（在行动能力可接受范围内前往距离最近的福祉避难室），身体状况不佳的老年人则需送往设施条件更完备的福祉型避难场所。福祉型避难场所在接收到启用信号后，立即转换功能，进入灾时避难空间布局状态，对避难者进行合理分区，避免混乱；同时，联系福祉型避难场所的相关管理和服务人员，确保医护人员、医疗设施以及相关志愿者迅速到位；根据避难人员的身体状况，判断是否需要移送到专业的医疗机构接受治疗。除了灾时启用，福祉型避难场所还在“3・3・3”原则（日本避难场所的启用原则）的基础上进一步细化，对灾时避难场所运营以及灾后临时住宅安置等都有详细的规定，以便为避难弱者提供更全面的避难服务（图 7-3-3）[12]。

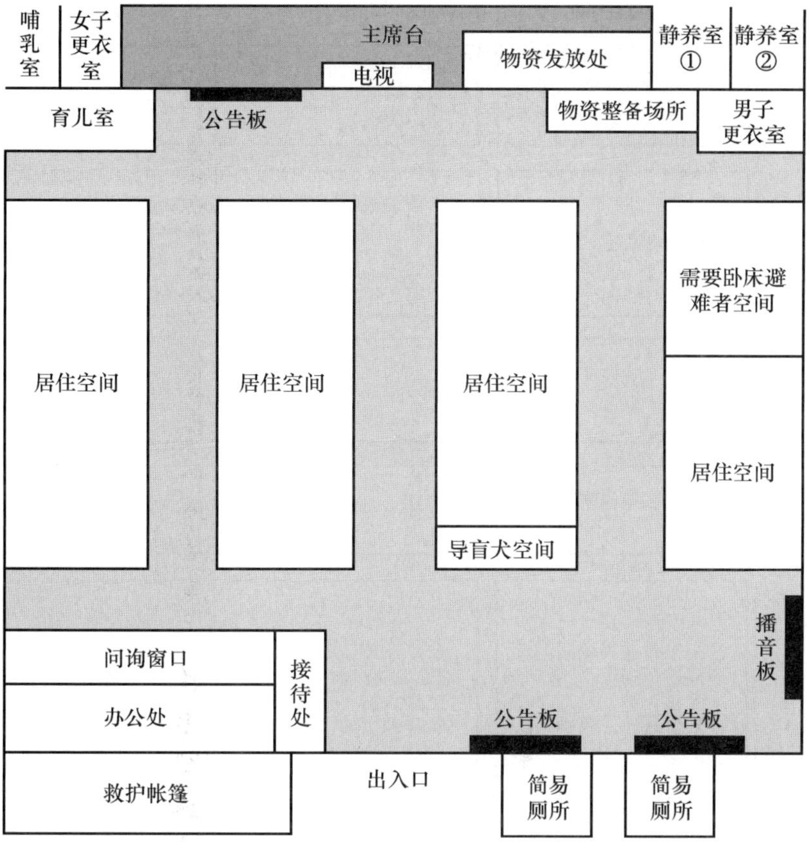

图 7-3-2　“3・11”福祉型避难场所室内空间布局（资料来源：参考文献［13］）

福祉型避难场所的灾时管理主要包括健康管理、饮食和卫生管理以及信息管理等。老年人等避难弱者在面对灾害时，通常会表现出高于常人的恐慌和畏惧。因此，灾时管理不仅注重保障避难者生理健康，更要顾及避难者心理需求。要定期对避难者进行健康检查，提供保健服务，对于出现过度恐慌情绪的避难者，有专门的服务人员与其沟通交流以缓解他们内心的恐惧，帮助他们恢复认知水平[13]。福祉型避难场所的食品、药品供应都经过严格把关。政府与超市、食品公司建立长期合作关系，保证避难场所灾时食品供应，药品供应也有专门的医药机构对接。卫生管理主要从公共卫生和个人卫生两方面入手，包括指导避难者正确使用无障碍卫生间、处理生活垃圾，督促大家接受消毒、勤剪指甲、勤洗澡等，行动不便的老年人会由专业医务人员或志愿者辅助其完成。福祉型避难场所的信息管理是重要的环节。有关避难者的健康状况、避难场所可接收避难者规模等信息会及时向外界公布，这有助于同其他避难场所之间联动合作，制定应对策略。

为了能够更明显地指示福祉型避难场所，日本的某些县市设计了一些区别于传统避难场所的形象标志（图 7-3-4），这些标志更直观，能够更好地为避难弱者提供避难指引。在日本，社区会成立专门的防灾信息宣传小组，在日常生活中向居民，尤其是老年人等避难弱者宣传防灾避难知识，号召老年人积极参加应急避难活动。社区可以利用活动中心组织老年人绘制防灾地图，帮助他们熟悉福祉型避难场所的基本信息，掌握避难设施的使用方法；联合媒体、医疗系统、社会团体等组织应急避难演练，让老年人掌握自救和救助他人的一些基本方法等。

时期	项目	概要	非灾时准备
灾害发生—三日	①把握避难场所内避难者情况	·制作避难者名册（姓名、性别、住址、支援必要性）	·掌握需要救援者的基本信息，做好名册样式
	②避难者状况评估	·一般避难场所的救助空间、福祉型避难场所、紧急入院判断 ·制定支援方针	·评估保健、专业福祉机构的合作体制
	③福祉避难场所开设判断、申请、开设	·决定设施的管理者	·决定负责人 ·协议制定避难场所
	④向福祉型避难场所移送	·家族应对 ·无法应对时由市町村处理	·预先评估福祉车辆等设施的风险及相互协作程度
三日—三周	⑤福祉型避难场所运营 ·派遣负责人 ·支援人员 ·福祉器材、物资供给	·公共团体、相关机构的支援申请 ·支援人员、福祉器材、物资的供给	·确定救援人员、福祉器材、物资供应团体及相关机构 ·与医疗机构的合作
	⑥福祉型避难场所关闭准备	·必要时由国家发布避难场所延长通知 ·探讨场所关闭后的避难者应对方针 ·向合适的机构移送	·保健、福祉机构等合作（福祉专业人员、保健师团队等）
三周—三个月	⑦临时住宅等支援体制准备	·探讨入驻临时住宅的市民的支援体制	·专业团队和公共团体的合作（保健师、生活支援沟通员等）
	⑧福祉型避难场所关闭	·核算费用	·事先签订相关协议
三个月—	⑨临时住宅等设施的支援	·相关机构联合谋求支援应对措施顺利实施	·专业团队和公共团体的合作（保健师、生活支援沟通员等）

图 7-3-3　日本福祉型避难场所开设注意事项（资料来源：参考文献［12］）

图 7-3-4　福祉型避难场所标志（资料来源：参考文献［13］）

三、日本福祉型避难场所建设的启示

1. 日本福祉型避难场所对韧性城市建设的经验借鉴

(1) 以人为本体现社会韧性

福祉型避难场所的建设：在前期研究阶段，政府充分收集老年人等避难弱者的基本资料，将服务对象分类，明确各类人群的避难需求；在具体规划时根据避难弱者的空间分布，结合避难场所现有条件进行综合指定；在建设中，不仅做好无障碍楼梯、无障碍卫生间等设施无障碍化，还有避难生活过程中的服务无障碍化，充分落实无障碍服务。例如，针对避难弱者的身心特征合理分区，方便其日常活动；在信息传播过程中采取广播、公告板、服务手册等多样化方式，保证避难弱者能够及时接收到相关避难服务信息。

正是由于福祉型避难场所无论在物质规划还是人文关怀方面都充分结合老年人等避难弱者的身心特征，从他们的避难诉求出发，才能切实做到在灾时保障避难者的生命安全，充分发挥避难场所的作用。日本老龄化严重，建设福祉型避难场所的目的就是保障老年人等避难弱者的生命财产安全，提升社会包容性，使得社会弱势群体也能最大限度地分享经济增长和社会发展的成果，且社会不平等得以大幅降低，社会排斥、社会区隔逐步消解。

(2) 注重日常管理、健全保障措施体现基础设施韧性

从使用时间上来看，避难场所非灾时使用所占比重更大，为了能够让福祉型避难场所在灾时充分发挥效用，加强非灾时管理是主要途径。日常管理包括对避难场所自身的管理和对避难者的管理。对福祉型避难场所的管理主要是建立福祉型避难场所信息库，定期检查避难服务设施，及时维修和更换老化和损坏的设施，当避难场所信息变更时及时向社会公示。对避难者的管理主要是通过入户宣传、发放救助药箱和防灾手册等方式及时向他们传递避难场所相关信息。通常以社区为单位，组织老年人等避难弱者参加防灾演练，在演练中教会他们自救和救助他人的方法，向他们讲解并演示如何使用福祉型避难场所内的无障碍设施。在非灾时加大对避难场所的维护和管理，是保障灾时功能充分发挥的重要前提。

通过制订详细的灾时启用计划，提前与医疗系统、交通系统等相关支撑系统对接，安排好各避难阶段的主要任务，保障灾时食品、药品等物资供应，保证服务人员能够迅速调配并及时到位。近年来，日本还大力发展通信技术，提升避难场所的智慧化管理水平。2016 年 4 月，熊本县发生了 6.4 级地震，震前 10 秒开设地震预报的手机都能够收到地震灾害提示信息，这为群众避难争取了宝贵的时间。灾时日本三大通信运营商 DoCoMo、软银（Softbank）和 au 还联合为灾民提供免费的无线网络服务，以便灾民实时掌握避难信息[13]。有了通信技术的支撑，在福祉避难室、福祉避难场所以及专门的医疗机构等支撑系统之间实现了灾时信息互通，有助于合理分配受灾群众、调配避难设施和服务人员。福祉避难场所不是孤立的个体，其功能的发挥实质是各子系统共同努力的结果，除了避难场所自身，还包括医疗、交通、通信等各个支撑系统。只有保证各子系统功能正常运转且相互之间良好配合，才能促使避难系统整体功能最优化。

(3) 韧性城市的建设需调动各方主体积极性

建设福祉型避难场所不仅是政府的任务，也离不开民营设施和非政府组织的支撑。在福祉型避难场所设定阶段，对于部分民营的展览馆、养老机构等，必须征得所有人同意才能设定为福祉型避难场所。红十字会、自救团体等非政府组织的共同参与，能够为福祉型避难场所提供充足的物资支持和志愿服务。非灾时，这些非政府组织也致力于宣传防灾减灾知识，

提升群众防灾意识，尤其是通过面对面的沟通交流，帮助老年人主动接收防灾信息，参与防灾演练等，这些工作都是保证福祉型避难场所充分发挥功能的基础。

2. 日本经验对我国避难场所建设的启示

近年来，我国老龄化程度不断加剧，以老年人为主的避难弱者队伍逐渐庞大，避难场所规划建设如何能够切实保障人民生命财产安全值得深思。借鉴日本福祉型避难场所规划建设经验，有如下几点启示。

（1）完善避难场所规划体系

我国应急避难场所最初是为了应对地震灾害设置的，《防灾避难场所设计规范》（GB 51143—2015）（以下简称《防灾规范》）中不再专门定义地震避难场所，而改为防灾避难场所，指配置应急保障基础设施、应急辅助设施及应急保障设备和物资，用于因灾害产生的避难人员生活保障及集中救援的避难场地及避难建筑，分为紧急避难场所、固定避难场所和中心避难场所三类[14]。避难场所的层级划分以功能、责任区范围为标准，没有考虑到使用对象的差异性。在具体实践中，我国避难场所以公园、广场等形式为主，造成建筑型避难场所承担避难功能不足。当面临极端天气等气象灾害时，如 2008 年南方冰雪灾害、2012 年“7·21”北京特大暴雨、2016 年长江流域的 1 号洪水等，场地型避难场所捉襟见肘，此时，体育馆、会展中心、中小学校舍等建筑型场所才是理想的避难所。建筑型避难场所不仅能在应对极端天气时发挥作用，也是老年人等避难弱者的避难首选。从日本的经验看来，福祉型避难场所以建筑型避难场所为主。由于老年人等避难弱者身心脆弱，通常无法承受场地型避难场所的风吹日晒，建筑型避难场所能够提供相对稳定的避难环境，可以降低他们二次受灾的风险。

因此，我国应重视并完善建筑型避难场所的规划与建设，设置服务于老年人等避难弱者的避难场所。各省市可以结合辖区内避难弱者基本情况，有针对性地完善并提高避难场所功能。老城区通常是老年人等避难弱者聚集度较高的区域，应对已有避难场所进行无障碍设计改造，增加福祉型避难室，提升已有避难场所的服务水平，同时还需根据避难弱者规模和空间分布建设独立的避难场所。在新城区，避难场所规划建设应未雨绸缪，与社区建设同步进行，做好无障碍设计，提前规划、分期建设服务于避难弱者的避难场所。除了考虑避难弱者规模和空间分布因素，各省市区域在编制综合防灾规划时还需结合主要灾种、城乡差异以及经济条件。如果该区域主要灾种是地震灾害，那么在福祉型避难场所建设过程中应着重考虑场地型；若主要灾害是洪水、飓风等，则重点考虑建筑型。同时，由于城乡建设差异，城市人口密度较大、建设强度较高，为了能够就近避难，福祉型避难场所应采用建筑型和场地型相结合的方式设置。近年来，由于大量青壮年乡村劳动力向城市转移，造成乡村人口老龄化加剧，因此，乡村福祉型避难场所需求不容忽视。结合乡村地区的自然景观，福祉型避难场所应以场地型为主，建筑型福祉避难场所可以依托村委会、乡村小学等建筑建设，不宜大量新建建筑型福祉避难场所，以免破坏乡村风貌。对于经济条件相对落后的地区，可以充分利用现状，随着区域经济发展，逐步完善福祉型避难场所配置。

（2）提升避难场所建设标准

虽然《防灾规范》中提出应满足老年人、残疾人、孕妇等避难弱者的避难需求，并给出了一些建设指导标准，但是，结合日本福祉型避难场所人均有效避难面积 2～4m^2 的建设经验，我国《防灾规范》中部分标准还稍显不足。以长期卧床者为例，一般病床的长宽尺寸为 2m×0.9m，即占地面积为 1.8m^2，加上相邻床位间隔 0.8m[15] 以及至少可以供轮椅通行的

1m宽通道，人均需要4.25m^2（图7-3-5），这超过了我国规范中长时间卧床者4m^2/人这一标准；若因特殊情况需要增加遮挡帘，所需面积还会增加。避难场所建设的主要目的是防灾避险，但是从使用频率来看，更多时候在承担非灾时功能。笔者2016年4月在合肥市针对老年人做过避难场所问卷调查，大部分在非灾时去过避难场所的老年人表示在日常使用中遇到了不便，其中选择"座椅、厕所等服务设施不够用"和"设施破旧，缺少可遮风挡雨的建筑"的老年人最多（图7-3-6）。避难场所内的设施不完善，在非灾时使用都已出现了诸多不便，那么设想当灾难来临，大量受灾群众涌入避难场所时必将引起混乱。因此，在避难场所建设中，尤其是服务老年人等避难弱者的避难场所，应健全配套服务设施并提高其建设标准，完善场所内安全措施和无障碍设计。在明确福祉型避难场所建设标准的基础上，还需要确保福祉型避难场所整体规模满足地区需求。福祉型避难场所可以按照该区域内老年人的人口比例来设置，即在避难场所总体规模满足区域人口需求的前提下设置，其中，福祉型避难场所规模应与老人口相匹配（福祉型避难场所中的人均避难面积高于区域平均水平）。鉴于目前我国福祉型避难场所数量较少，参考我国现行的防灾避难场所设计标准并结合日本的经验，建议我国福祉型避难场所建设应以建筑型为主（数量占比约80%），主要包括养老院、福利院、中小学校舍、体育馆等；在场地型避难场所内，尤其是固定避难场所和中心避难场所内，需要设立福祉避难室。

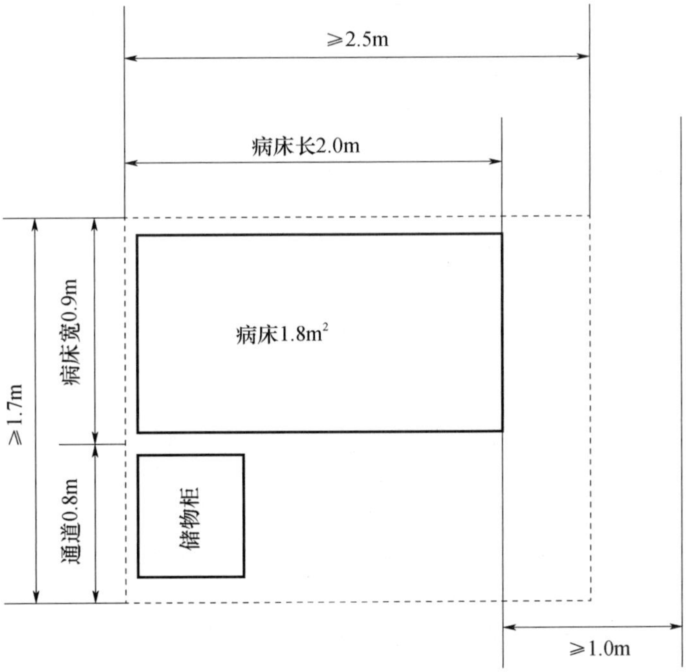

图7-3-5　卧床避难者的人均避难面积示意

（3）加强日常维护和管理

避难场所日常维护和管理可以借鉴日本经验，建立避难场所设施数据库，对各类设施进行定期检查和记录，对于不合格的或者遭到损坏的设施及时替换、维修。只有将非灾时的管理工作做到位才能保证灾时充分发挥避难场所功能。除了避难场所自身，对避难场所的相关支撑系统也需要进行日常维护和管理，比如交通系统、医疗系统和通信网络等。避难过程一般包括三个环节：灾害发生时从受灾区域安全到达避难场所、在避难场所中避难和灾后重

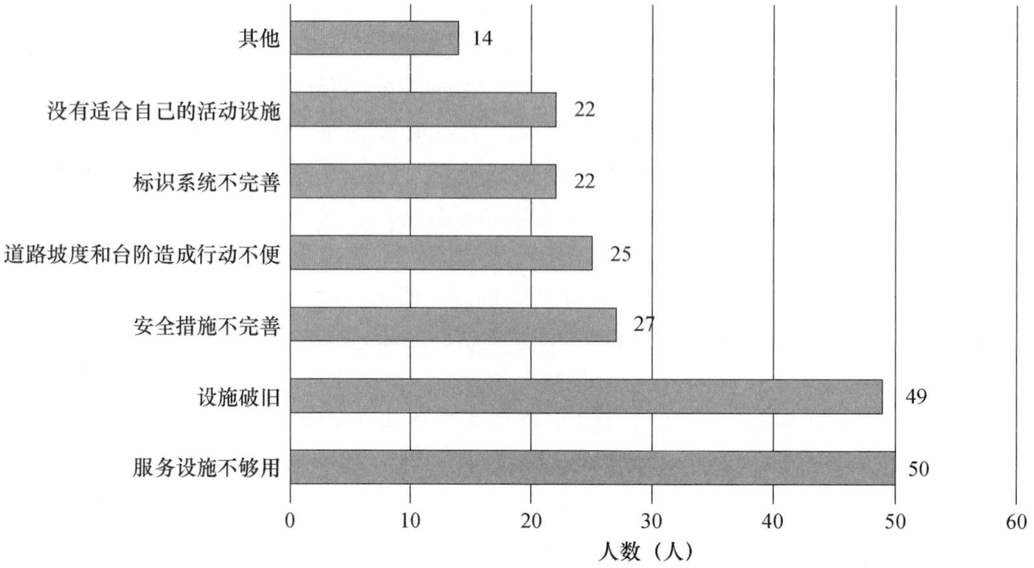

图 7-3-6　非灾时避难场所使用调查

建，其中，第一个环节是整个避难过程的基础。灾害发生时保障受灾群众在避难途中不会受到阻碍和伤害，能够安全到达避难场所，离不开交通系统的支撑。但是城市大部分老旧小区没有地下车库，车辆随意停放占用了小区道路，道路堵塞会增加避难弱者的逃生负担，也会给救援工作带来困难。抵达避难场所后，救治受伤灾民是主要工作，离不开医疗系统的支撑。除了必备药品，还需要一些医疗器械，如血压计、担架、病床等，以便对受灾人员进行简单诊治，超过避难场所救治能力范围的伤员应及时移送至专门的医疗机构。对于一些有精神障碍的避难者，还应配备心理治疗团队，缓解他们的恐惧症状。根据笔者调查，约 70% 的老年人表示，假如灾害发生，会第一时间打电话求救，如果缺乏通信网络的支持，灾时与外界信息传递中断，将增加救援工作的难度。有了通信网络的支撑，可以增强受灾群众与避难场所、避难场所与社区、受灾区域与其他地区之间以及各避难场所之间的联系，有助于高效运营和管理避难场所，开展救援工作。因此，对于避难场所，尤其是面向避难弱者开放的避难场所，应加强对外部支撑系统的维护和管理。对居住区内部交通环境加以整治，保障避难通道在灾时能顺利通行；避难场所和医疗机构之间对接合作，提前做好灾时供应预案；虽然避难场所的信息化管理目前还比较薄弱，但这是未来我国避难场所发展亟待完善的地方。目前，我国防灾避难场所投资建设和管理的主体是政府，但是内部呈现多头管理的现象，有的城市避难场所建设管理工作归属于民政部门，有的城市归属于规划建设部门，避难场所建设和管理口径不一，这对于其发挥防灾避险功能有很大影响。结合我国的发展现状和日本的经验，建议今后我国避难场所的建设和管理工作由规划建设部门统一负责，从科学规划、建设布局到后期管理建立一套有效机制，其他部门根据需求给予配合，避免出现“都不管”或“多头管”现象。在避难场所建设过程中，不仅仅依靠政府资金，还可以充分吸纳企事业单位、民间组织的力量。在避难场所的管理中，应充分调动红十字会、防灾协会等非政府组织的积极性，采取分片分区的形式，将部分避难场所管理的主动权交予这些组织，由它们负责日常维护和管理。

（4）落实公众参与，提高防灾意识

虽然近年来我国防灾减灾工作取得了一定进展，但是整体来看我国人民的防灾避难意识还相对薄弱。多数老年人认为避难就是找一个相对安全的地方暂时躲避，没有意识到当发生重大灾害时城市可能会出现部分功能瘫痪无法正常运转，以至于受灾群众需要在避难场所内完成衣食住行等各项活动。在实地调研中，笔者询问老年人防灾避难场所作何用处时，回答多是“应对地震，为了有安全的地方能够躲避”，可见，老年人的防灾意识相对薄弱，在他们的认知中灾害与地震灾害是对等的。因此，小区内的空地、城市公园和广场是他们选择的理想避难场所（图 7-3-7），对于建筑型避难场所，多数老年人心存疑虑，担心建筑会倒塌，不安全。我国综合防灾工作处于起步阶段，仍是以物质型规划为主，在公众参与等非物质规划方面还有待提高。在笔者调查的 417 位老年人当中，只有 65 位老年人表示参加过应急避难演练，占调查总人数的 15%（图 7-3-8）。笔者认为造成这一结果的主要原因是防灾演练等公众参与项目供给太少，因为有 63.8%的老年人认为应急避难演练是保障人民生命财产安全的好事，并表示如果社区或者政府组织这样的活动他们一定会参加。

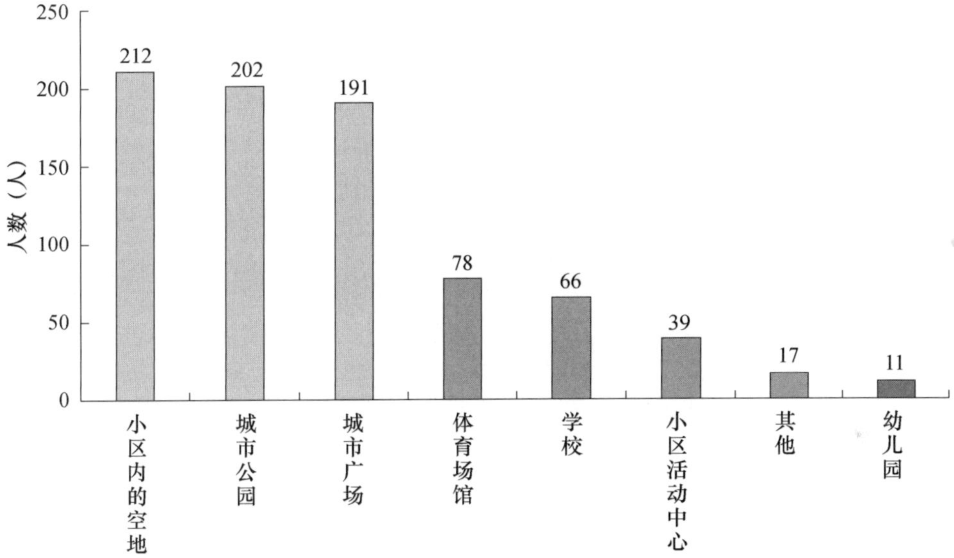

图 7-3-7　理想避难场所选择

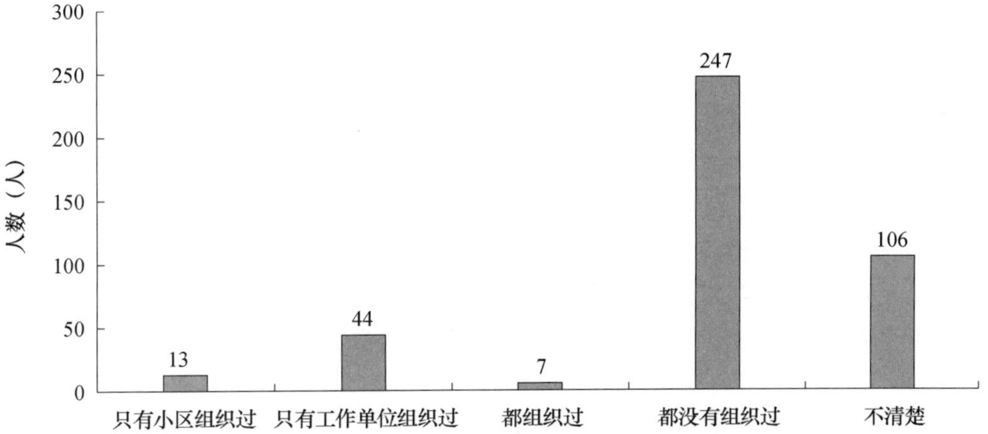

图 7-3-8　参加应急避难演练情况

老年人等避难弱者的文化水平和身心条件有限，对于书面和网络形式的规划公示方案接触较少。他们认为找社区、找政府是表达自己意见和看法最直接的途径。因此，以社区为单位，成立宣传小组并且组织入户宣传是提升老年人等避难弱者防灾意识和公众参与度的好方法。可以在宣传中重点普及防灾知识，告知适宜避难弱者使用的避难场所的基本信息（如地址、安全抵达路线等），介绍相关避难设施的使用方法，打消他们对于建筑型避难场所的疑虑等。同时，在防灾信息链中发挥社区的桥梁作用，对公众参与项目及时做好宣传和总结工作，强化社区作为市民和政府之间信息传递和反馈的纽带作用（图 7-3-9）。

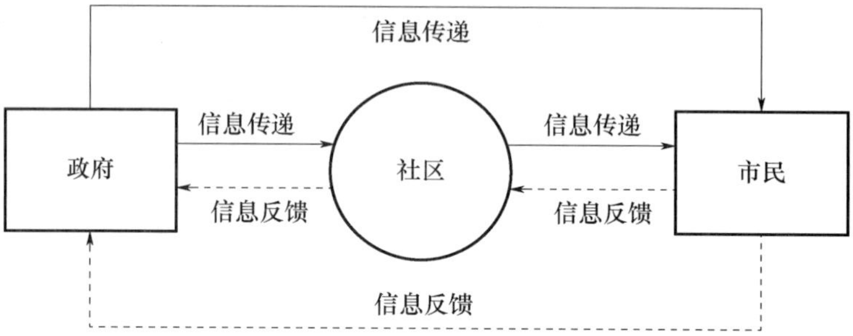

图 7-3-9　防灾信息链

四、总结与展望

虽然日本福祉型避难场所规划建设相对成熟，但是经历“3·11”东日本大地震后，对于福祉型避难场所的设定和运营仍旧在不断修改和完善。我国避难场所规划建设起步较晚，避难场所功能有待进一步完善。随着老龄化不断加剧，避难弱者规模日渐庞大，未来我国避难场所规划应关注使用者的性质差异，有针对性地规划布局适宜避难弱者使用的避难场所，可以通过现状改造、功能提升和规划新建来满足老年人等避难弱者对避难场所的规划诉求。同时，需要完善避难场所支撑系统，健全防灾信息链，加强避难场所规划建设中的公众参与，提高市民的防灾避难意识。通过物质规划和软实力的提升，促进避难场所规划建设不断完善并且高效使用。

（李文静，茆昕明）

参考文献

[1] 大西一嘉．大災害時の福祉避難所に関する研究（地震防災分野--震害と防災特集）[R]．東濃地震科学研究所報告，2010：69-72.

[2] 徐富海．卡特里娜飓风灾害中的老年人 [J]．中国减灾，2015（5）：52-55.

[3] 日本内閣府．東日本大震災における高齢者の被害状況 [EB/OL]．2013. [2016-04-28]．http：//www8. cao. go. jp/kourei/whitepaper/w-2013/zenbun/s1 _ 2 _ 6 _ 07. html.

[4] 施益军，王培茗，刀认．山地小城市应急避难场所布局优化研究——以云南剑川为例 [J]．现代城市研究，2016（5）：92-99.

[5] 范晨璟，翟国方，姚凤君，等．公共设施区位理论视角下的避震空间体系规划——

以常熟市为例［J］. 规划师，2014（8）：43-49.
［6］魏博，刘敏，张浩，等. 城市应急避难场所规划布局初探［J］. 西北大学学报（自然科学版），2010（6）：1069-1074.
［7］叶明武，王军，刘耀龙，等. 基于GIS的上海中心城区公园避难可达性研究［J］. 地理与地理信息科学，2008（2）：96-98.
［8］刘少丽，陆玉麒，顾小平，等. 城市应急避难场所空间布局合理性研究［J］. 城市发展研究，2012（3）：113-117+120.
［9］陈涛，巫勇. 基于GIS的宁波市应急避难场所信息系统初步研究［J］. 测绘与空间地理信息，2012（1）：59-62.
［10］丁琳，翟国方，李莎莎. 多灾种应对的城市综合避难场所规划研究［J］. 城市规划，2015（9）：107-112.
［11］厚生労働省.［EB/OL］.［2016-04-28］. http：//www. mhlw. go. jp/bunya/seikatsuhogo/saigaikyujo7. html.
［12］京都府健康福祉部介護地域福祉課. 福祉避難コーナー設置ガイドライン［Z］. 2013.
［13］东京新青年App（访问时间：2016. 04）
［14］中华人民共和国住房和城乡建设部，中华人民共和国国家质量监督检验检疫总局. 防灾避难场所设计规范（GB 51143—2015）［S］. 中国建筑工业出版社. 2015-12-03发布；2016-08-01实施.
［15］吴璪. 医院普通病房内部空间设计初探［D］. 西安：西安建筑科技大学，2008.

第四节　阪神地震灾后重建

一、神户地区概况

神户是兵库县的首府，位于本州岛（日本四大岛中最大的一个岛）的西南部，西枕绿茵葱郁的六甲山，南面碧波荡漾的大阪湾，背山面海，自然环境优越，气候温暖，四季分明。它是日本最美丽、最有异国风情的港口城市之一。神户是从小渔村发展而来，古时就是日本的海上交通门户，被称为日本的“西海正门”。

神户及其周边地区东西长约50km，南北宽约1.5～6km（图7-4-1）。六甲（Rokko）山高约1000m，位于该地区的背面，大阪湾则在该地区的南面。现代城市就是建设在这样狭长的滨海平原上，人口多达1500万人，为日本总人口的15%。神户港是世界第三大港，贸易额为日本总贸易额的20%。神户港大部分土地是人工填成的小岛。阪神地区现代化交通体系成熟，比如新干线快速火车、快速铁路、高速公路和高架公路、新型有轨电车、渡船以及快速给水系统、下水道系统、电力系统、煤气系统和通信系统等[1]。

二、阪神—淡路大地震介绍

阪神大地震发生在1995年1月17日上午5时46分52秒（当地时间），震中在淡路岛北部的明石海峡海域（北纬34°35.9′，东经135°2.1′），震源深度为16km，地震规模为里氏7.3级（矩震级6.9）。该地震是由淡路岛的野岛断层地壳活动引起的，是日本自关东大地震

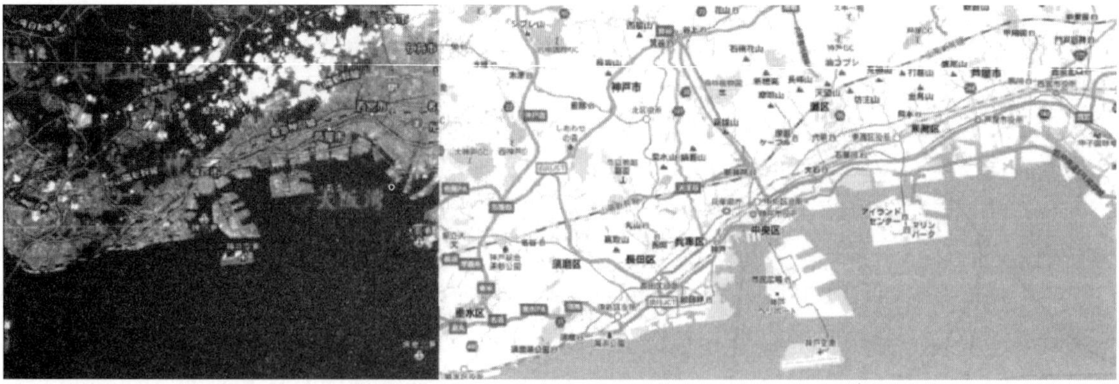

图 7-4-1　神户市地图

以来规模最大的直下地震。

据 1995 年 2 月 16 日警察厅和消防厅的资料，受灾状况为 5378 人丧生、2 人失踪、34626 人受伤，159544 幢房屋受损，以及 531 起火灾。地震持续了 1min，建筑物瞬间破坏，死者中 90%的人是被压死的。这次地震的损失总额达到了 10 多万亿日元，其中，房屋损失 5.8 万亿日元，交通设施损失 3 万多亿日元，其中仅港湾设施一项就损失了 1.4 万亿日元（表 7-4-1）。神户市老街横布，木结构民房稠密，很多老木结构民房在地震中被毁，并引发了大面积的火灾，火灾面积超过 100 公顷[2]（图 7-4-2）。

表 7-4-1　阪神大地震的直接经济损失

项目	亿日元	子项	亿日元
房屋建筑	5800		
铁路	3439		
高速公路	5500		
公共民用工程设施	2961		
港口	10000		
填筑的土地	64		
文化和教育设施	3352	县立学校	141
		私立学校	340
		县立太学	3
		社会教育	362
		文化资产	99
		市立学校	1705
		国立和公立大学	91
		私立大学	379
		体育	139
		文化设施	93

续表

项目	亿日元	子项	亿日元
农业、林业和水产	1181	农地	244
		渔港	199
		水产工业	48
		市场	245
		改造的山地	82
		农业生产设施	105
		林业生产设施	17
		食品相关设施	241
保健、医疗和福利设施	1733	医院	666
		试验和研究设施	9
		火葬场	11
		福利相关设施	404
		合作设施	322
		门诊部	274
		卫校	19
		康复中心	28
污水和粪便处理设施	44		
供水设施	541		
煤气	1900		
电力	2300		
通信	1202		
商业和工业机械设备	6300		
其他	751		
合计	99268		

资料来源：参考文献［3］

三、神户市复兴计划

地震发生时，神户市的人口为1506112人，土地面积为550km^2。为了从物质实体、社会、经济和制度上把神户市建设成为一个抗灾性强的城市，兵库市政府主导下的灾后复兴规划的制定工作从同年5月开始。规划成立了神户市复兴计划制订调查委员会，由50位专家组成，其成员涵盖了城市工学、经济政策、医疗保健、社会福利、文化教育等领城，并设立了4个分会，分别是城市、产业与就业、医疗—保健—社会福利、生活—文化—教育等领域。委员会在1995年6月向兵库县知事提出了四个方面的建议，即复兴规划的理念与目标、框架、项目规划以及项目推进面临的主要问题等[4]。在此基础上，同年7月制定了为期10年的《神户市复兴计划》(Kobe Revival Plan，KRP，以下简称《复兴计划》)。这个复兴计划旨在运用“多个相关人员决策方法（multi-stake-holder decision-making process)”，通过

图 7-4-2　阪神大地震破坏图（资料来源：网络图片）

扶持和培育社区（生活圈）以及加强产业、文化建设等，来推动城市的复兴。近期目标是尽快恢复城市基础设施，恢复城市基本生产生活功能，远期目标是创建一个抗灾性强的城市。

1. 复兴的基本思路

（1）复兴的重点

重点一：城市便利设施和安全措施相辅相成。目前的严重灾害凸显了城市生活便利设施的脆弱性。为了解决这个问题，《复兴计划》提出建设一个能同时保障生活便利设施和安全性的城市。

重点二：兼顾自然带来的益处和破坏。神户依山傍海。这样的自然条件给这个城市带来了很多益处。但是必须意识到的是，自然不是一直那么友好。因此，在规划城市发展时，要牢记自然的益处和破坏这两方面。我们也要研究城市的承受力（capacity）从而将施加于城市环境的压力降到最低，以便建设一座可持续发展的城市。

重点三：人与人的联系和沟通。大地震过后，神户市民沉着冷静，互相帮助，齐心协力克服地震造成的破坏，并深受来自日本其他地区和其他国家志愿者的支持和鼓舞。这种文明态度以及其他人所带来的温暖和友好也表明社区的发展应该以市民的福祉为出发点。

（2）复兴的基本课题

复兴的基本课题包括11项，分别是“尽快恢复城市基础设施和居民日常生活，促进灾后复兴工作的全面展开；从地震灾害中吸取教训并建设抗灾性强的城市；构筑福利社会使其居民安心舒适地生活；复兴具有多样性、开放性的神户文化；建设环境友好、可持续发展的城市；复兴引领21世纪的国际都市；快速复兴神户港使其成为亚洲区域的“母亲港”；实现信息网络社会；推进城市建设的各方协作；支持志愿者活动并促进更广范围的志愿者团体的合作；灾害文化的继承与传播。”

《复兴计划》并不只是用来将城市建设成其受灾之前的状态，更应该吸取我们在灾害中学到的经验教训，将其建成一个更安全、更舒适、更繁华、更具魅力的城市。这样的城市应能使人安心地生活、工作、学习、休憩，城市充满活力，独具魅力，并且是协力合作建设而成的。

（3）复兴计划的目标

目标一：使市民生活安心。阪神大地震使很多人失去了家园，城市的教育、医疗、福利设施、市场、商业街等也被大规模破坏，严重影响了市民的基本生活需求。《复兴计划》制定了从灾后恢复早期的提供住宅，到基础设施、公共服务设施恢复，到医疗保健福利服务的提供，再到教育、消费生活的恢复四个阶段的计划。具体的措施包括大量供应优质住宅，创建符合地区特性的居住环境，提升医疗、保健、福利服务水平，充实软硬件教育资源等。

目标二：再创城市活力。阪神大地震对神户的经济发展造成了巨大的影响。作为神户经济发展核心力量的神户港被损导致国际物流据点的功能严重降低，对神户经济、西日本经济乃至国内外经济造成了巨大的影响。神户的支柱产业——制鞋业、清酒业、房地产业等都大受损伤，城市失业率急剧上升。除此之外，地震发生后，神户的交通瘫痪也为复兴重建带来了困难。因此，要再创神户的城市活力，必须复兴神户的产业、神户港和交通网络。在产业复兴方面，《复兴计划》提出了四个努力的方向：大力支持中小企业、农渔业；将产业的振兴与城市复兴重建相结合；借机促进神户产业结构升级；推进旅游城市的建设。在神户港复兴方面，《复兴计划》提出了“四步走”的战略，即恢复港口功能，建设新型港口设施，神户港再开发（包括物流空间与亲水空间两个方面）以及港口服务升级。在交通网络建设方面，《复兴计划》提出在紧急救援时，确保东西向道路通畅；复兴过程中，形成与环境融合的格子状道路网络，优先建设高水平的干线道路，大力发展公共交通，发展空港，实现海、陆、空交通大网络，并建立都市圈交通综合管理系统。

目标三：提升神户魅力。阪神大地震不仅摧毁了神户的住房和产业，也使市民的精神活动大受打击。神户复兴的目标，不仅仅是基本生活和产业的复兴，还应该恢复其文化传统与国际交流，使其成为具有吸引力的魅力城市。《复兴计划》提出了五项具体措施：推动面向复兴的各项运动；振兴市民文化、体育活动；推进国际都市建设；完善城市信息网络；营造亲水、亲绿的快适环境。

目标四：推进城市协作。一个氛围良好的社区是由其居民共同创建的。要创建具有独特个性和魅力的社区。推动具有自主性和创造性的志愿者活动，并且促进企业自发的社区活动。

2. 建设安全的城市

（1）安全城市的体系

神户市依山靠海，有着丰富的自然资源，与此相对应的，城市功能集中的狭长的市区正处在活动的断裂层上，环绕城市的六甲山岩质松散易崩塌，这些地形地质特点使得神户市很容易遭受自然灾害。因此，市民生活与城市活动面临着大地震、海啸、水灾、泥石流、大范围火灾等多种灾害，想要与自然和谐共生，应对无法预测的自然灾害，需要充分考虑地形地貌的特征，建设一个当灾害发生时，能迅速地保护生命财产不受损失，尽量减少损害的城市，即所谓的安全都市。建设安全都市，需要考虑到建设独立的生活圈，日常性与灾害时相协调，市民、企业与城市政府的分担与合作这三项内容。

所谓独立的生活圈是由三个圈层形成的：一是提供城市基本生活的附近区域形成的生活圈，称为近邻生活圈；二是行政主体广泛展开各种活动的生活圈，称为区生活圈；两者之间的称为生活文化圈。

日常性与灾害时相协调指要求满足日常生活的物品等，要能在灾害时活用。在不损害日常生活所要求的快适性与便利性的前提下，同时为灾害时的使用做准备。比如，构建日常休憩空间作为灾害发生时的避难场所等。

只有市民、企业与城市政府的分担与合作，才能构建防灾能力强的都市。城市政府的工作是安全都市的基础，市民与企业是自主防灾体制的核心。

为了提高城市的综合防灾能力，推进安全城市的建设，构建安全城市的体系需要三个要素组合共同推进：“防灾生活圈”确保令人安心的生活空间，“防灾城市基底”确保安全的城市的基本骨架，“防灾管理”作为组织系统提高城市防灾能力。

（2）防灾生活圈

从城市中生活居民的视角出发，对应居民生活活动的范围，防灾生活圈由“近邻生活圈”“生活文化圈”“区文化圈“三个生活圈构成，建设能使居民安心生活的城市。

近邻生活圈是以当地居民为主体的，能满足最低限度的自主生活需求的区域。在近邻生活圈，主要有三项主要的任务和措施。第一是开展各种以当地居民为主体的防灾活动。通过开放课程的学习提高居民的防灾意识，在家中和工作单位储备饮用水等食物，使其在灾害发生时具有独立生活的能力。支持自治会、妇人会等居民自治组织的活动，开展以街道为主体的社区活动。灾害发生时，作为地区活动的领导中心与志愿者共同进行初期的灭火及救援行动，掌握和发布地区的受灾情况等，开展自主的防灾活动。第二是建立地区防灾据点，确保受灾人员的避难空间，提供必要的活动信息，提供饮用水、食物等物资来保障灾害发生时居民的基本生活。这样的地区防灾据点设置在中小学、街区公园、近邻公园、地区福利中心等地，并强化提供地区基本生活便利的商店等设施与地区医疗设施的联系。第三是要形成安全快适的生活环境。具体的措施包括街道防灾用水规划、发展步行空间、完善公园体系、室内标识设置、建立街道信息数据库、派遣地区活动指导专家、街道间的合作、积极推进绿化等。

生活文化圈是对近邻生活圈的自主防灾活动进行支援的区域。一方面，作为地区活动的核心，分担各种行政任务。在平时支持各种志愿者活动，联合防灾、保健、医疗、福利等活动，为市民团体、企业的跨区域活动提供场所，辅助街道活动的开展等。灾害发生时，除了履行其地区行政中心的职务，也要对近邻生活圈中居民自主的防灾活动进行支援。另一方面，建立防灾支援据点。灾害发生时，为了支援近邻生活圈开展的防灾活动，需要接受志愿者和救援物资的空间、进行志愿者的派遣并掌握物资供给的动态情报，这些都是防灾支援据点的主要功能。

区生活圈是行政主体开展地区防灾活动区域。神户市复兴计划中制定了《区防灾计划》，即建立在区的潜在危险地充分踏勘预测的基础上，考虑到区域人员动员计划和各区间相互支援体制等的以区为单位的防灾计划。同样，在区生活圈这一层面，也需设立防灾综合据点，来加强区一级的防灾能力。强化区的权限，形成以市政府为首，联合消防局、警察局、保健所、福利事务所、医院、土木事务所等的情报综合系统。防灾综合据点的设立，必须与防灾支援据点和地区防灾据点的设置结合考虑。

（3）防灾城市基底

阪神大地震造成了住宅区断水、大范围失火、交通阻滞等巨大灾害，给城市生活带来了巨大影响。因此，在复兴计划中，吸取这一教训，保证在灾害发生后快速进行消防救援活动、确保城市生活的安定性成为需要完成的重要任务之一。为了完成这一目标，除了上一节所述的防灾生活圈的构建，作为支撑生活圈的骨架——防灾城市基底的完备是十分必要的。《神户市复兴计划》用设置防灾绿地轴、设置防灾据点、扩建广域防灾的城市空间、建设抗灾性强的生命线网络四个要素来构建这一基底。

在灾害发生时，防灾绿地轴能够承担避难路、紧急车辆通行路、延烧阻隔带等功能，由河川、道路、绿地等组成。《复兴计划》中将防灾绿地轴规划成网格状，构成防灾生活圈的骨架，在平时，给居民提供快适的步行、休憩、亲近自然的空间。其中，河川绿地轴是由河川、沿河绿地和道路一体构成的，在灾害发生时作为避难路、延烧阻隔带和紧急车辆通行路，而在平时则作为亲水、亲绿的空间。值得一提的是，根据《复兴计划》的施策，它还可以用来确保灾害时的消防用水和生活用水。道路绿地轴也在灾害发生时具有避难路、延烧阻隔带和紧急车辆通行的功能。《复兴计划》中将南北主干道和东西干线道路（山手、中央、滨手）设为道路绿地轴，并在施策中强调形成干线道路网和强化延烧阻隔功能。山麓绿地轴是发生山体滑坡和泥石流时的缓冲带；沿海绿地轴则作为沿海避难路和缓冲绿地。施策中给出了这些绿地轴的具体规划。

防灾据点体系由市、区、近邻生活圈（社区）三级组成。市政府负责的防灾中枢据点担当城市中心的防灾活动，区政府负责的防灾综合据点担当地区综合防灾活动，社区负责的防灾支援据点担当近邻生活圈的防灾活动。结合防灾绿地轴的建设，设置应急避难和物资接收据点，并强化高层建筑物、地下空间的安全对策，包括防灾设施和防火区划等。

通过交通网络与市域外围相连，从而实现广域范围内的救援活动。首先是畅通市内道路与相邻城市之间的道路，形成网格状交通网络；其次，不仅设置陆上防灾据点，同时设置海、空防灾据点，相互合作联合，开展多样的防灾活动。

自来水、工业用水、污水处理、电力、通信、燃气等，都是城市活动和市民生活不可或缺的生命线。一方面要加强其抗灾性能，另一方面要降低其对环境的负荷。《复兴计划》采取了共同沟和电线类入地的措施。在供水方面，采取了确保水源、大量敷设送水管和提高管道的耐震性能的措施；对于污水处理，采取了管道和处理厂的耐震化、处理厂系统化、高度处理水再利用、海水再利用以及针对暴雨等二次灾害的遮挡和蓄水措施；对于废弃物处理，也从强化处理设施和减少垃圾量两个方面提出了对策；在能源方面，提出了电力融通（利用清洁中心的蒸气发电，并将电力供应给污水处理厂等）、清洁中心排热活用（活用清洁中心的排热、可回收能源发电，并对周边设施供电）、开发自然能源（开发太阳能、风能，尤其是其在灾害时利用的可能性）和热供给干线构想（利用垃圾焚烧发热和工厂废热等进行广域范围的热供给）。

（4）防灾管理

从时间方面讲，从灾害的预防，到其发生时和发生之后的紧急应对，到初期的恢复，再到中长期的复兴，灾害应对不断变化；从空间方面讲，小到家庭，到邻近地区，到邻近生活圈，大到生活文化圈、区生活圈，随着生活圈的扩大，所承担的责任和分工也有所不同。《神户市复兴计划》通过完善灾害预防、提高灾害应急能力、改进救援与恢复行动、继承灾害文化来完善灾害管理。

灾害预防机制的完善，首先应该完善防灾规划，对各种灾害发生的可能及应对提前规划，并联合地区、街道等，对市民进行防灾教育，包括防灾规划、防灾训练等。其次，要强化地区的消防能力，包括消防部队的充实、消防部门提前规划、消防设施升级改进、广域支援体制的强化等。再次，预设救急救命体制，人员、器材、车辆等配备充足的基础上，强化各医疗结构的联合、医疗情报系统等。最后，建立防灾通信系统和信息网络，推进情报共有化。

灾害应急能力的提高体现在紧急状况下信息快速准确地共享和在此基础上迅速开展的防灾活动。《复兴计划》中一方面提出要完善信息搜集渠道，另一方面提出要将准确信息通过各种渠道提供给市民。

救援与恢复改进可以由横、纵两个方面来实现。横向上，交通管理系统、生命线管理体系以及医疗保健福利相联合；纵向上，推进更广区域和人群的合作，包括城市之间的合作、国际合作以及志愿者和企业等各组织的联合救援。此外，还需强化二次灾害的危机管理能力。

通过灾害来获得经验教训，并将其传承到地区原有的文化中，并且这样的灾害文化在世界范围内也是弥足珍贵的。《复兴计划》中提出了四项措施来强调灾害文化的继承：充实防灾教育的内容，将其纳入教材，在中小学教育中推进，并将防灾教育贯穿到人生生涯学习活动中；建立灾害文化继承据点，包括震灾复兴纪念公园、灾害科学博物馆等；完备防灾相关设施，包括国际救急活动等研究机构、市民救急普及、救援人员培训等救急学科的完善；举办灾害文化继承活动，比如举办大型活动、将每年的 1 月 17 日设为地震灾害日等。

3. 市区的复兴计划

（1）基本理念

阪神大地震是直下型地震，尽管全市域范围内都受到了严重的灾害，但已建成的城市区域受灾尤其严重。因此，城市区域的复兴被认为是《复兴计划》中极其重要的部分，并且划定了震灾复兴促进区域，根据城市中各个地区的特性，将其划分为城市中心区、东部城区、西部城区三个部分。基于各地区的不同特性，制定其发展方向、主导产业以及复兴项目。

“震灾复兴促进区域”城市复兴的基本观点包括：综合配备整个受灾市区，提升内城活力；推进安全城市建设；据点的配备，形成独立性强的生活圈；形成水、绿空间丰富的城市区；发展滨水空间，使其与城市和谐共生；城市复兴不可或缺的产业发展；充分利用地区特性增强城市魅力；推动城市复兴中的各方合作（图 7-4-3）。

（2）中心区复兴计划

城市中心区位于神户市的中央，是包含了附近城市的广域都市圈的核心。其北靠六甲山，南邻神户港，形成了特色鲜明的城市地区。

1968 年宾库县港口开放以来，规划了外国人居留地，居住功能不断集聚，使这一地区成为具有国际特色的近代神户发展的中心。三宫、元町的周边地区以及人工岛、港口区等，发展了以时装产业为代表的企业，集聚了行政设施、商业设施、饮食设施、文化设施等公共服务设施，同时形成了公共交通枢纽。并且，当时神户港的人工岛二期工程正在建设，神户空港规划也在进行中。地震的发生使作为城市中心的三宫站周边的中枢地区完全受损。铁

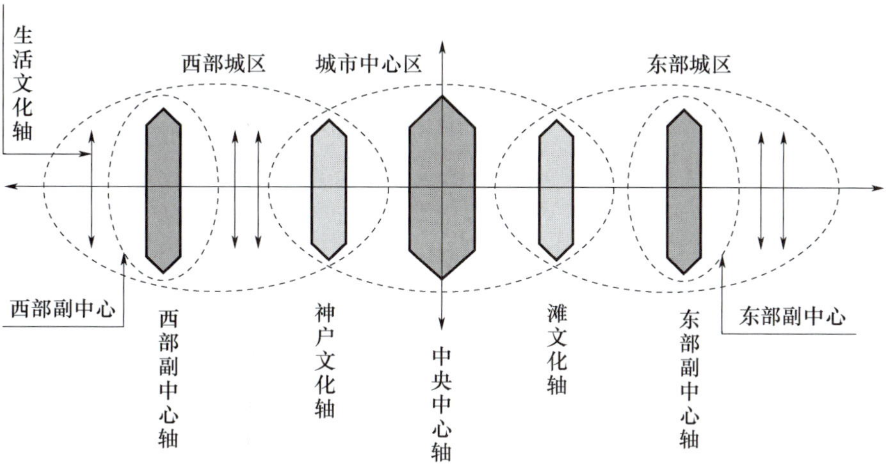

图 7-4-3 《复兴计划》神户市功能结构图

路、高架道路断裂、神户港被迫停止运营，中高层建筑物倒塌，企业、商业活动停止，电力、燃气、给水排水、通信等基础设施均断绝，城市中心高度集中的功能大受冲击，一时间，城市活动处于麻痹的状态。

城市中心区作为广域都市圈发展的核心，它的复兴应该从三个角度出发：一是复兴城市中心的职能。作为人流、物流、信息流交互中心的国际城市神户的中心，一方面要恢复其商业、文化中心的功能及魅力，另一方面要强化其基础设施、交通体系及非常时期作为防灾据点的功能。二是充分利用海洋资源与港口资源，包括滨水空间的营造和港口功能的强化。三是提高城市魅力的生活空间的再生和创造，形成山、海、河相辉映的与自然融合的市区环境，提升城市中心区的魅力和吸引力。《复兴计划》拟定了六个项目来达到这些目标，见表 7-4-2。

表 7-4-2 城市中心区复兴项目

项目	目标	主要措施
魅力城市中心的创造	以三宫站为主，综合推进中心的各项设施，创造抗灾、快适的空间	促进与周边地区的一体化
		站前广场重整
		形成地上—地下—站前三层步行网络
		地下空间扩充
		国际会馆重整
		指定防灾绿化重点地区
城市中心滨水空间发展	为市民创造舒适的滨水空间	为大型旅客外航船、观光船准备港口
		建设促进港湾的文化交流功能的设施
		利用滨水空间综合商业办公功能
		[illegible]路线设计
		[illegible]建筑物的保护与活用
		京桥地区的再开发和港湾防灾中枢据点的建设

续表

项目	目标	主要措施
滩文化轴发展	中心区东部高校等文教设施和美术馆、画廊等文化设施集聚，建设连接六甲山的绿道，据此打造滩文化轴	建立东部新城市中心
		引进 WHO（世界卫生组织）神户中心等国际研究机构，县立美术馆企业博物馆
		建设水边广场、道路绿地轴
		重整王子公园、王子南公园
		建设新中心防灾据点
新港码头东地区的再开发	发展为食品、外贸货物的物流中心，并强化其抗灾性	整备连接岸壁的港湾用地
		强化岸壁的耐震性
		整备改善港湾环境的绿地
		混凝土中加入瓦砾
生田河绿地轴发展	生田河作为市内珍贵的水岸空间，成为连接山、海的绿色空间，并在灾害发生时能供水	推进沿河道路的绿化
		促进河川利用、爱护活动
		整备生田河左岸公园、绿地
		强化南北的步行路线
		整备生田河右岸线
		沿生田河街区景观构建
		整备布引公园、北野净水厂、新神户站周边等
		亲水性、紧急状态下的利用同时考虑的水岸整备
历史地区再生项目	再塑北野—山本地区、南京町、元町、荣町等个性化地区的历史文化活力与魅力	游览步行路、社区路的整备
		促进历史资源的活用
		“复兴导游计划”
		促进企业市民参与社区建设
		建设新型都市社区
		开展提升社区魅力的活动
		促进城市中心区居住环境的优化

（3）东城区复兴计划

东城区是六甲山南部东西向狭长型的城市区域，自古以来作为关西代表性的居住集中地发展而来。山麓集中了大学、美术馆等文教设施，培育了丰富的文化环境；滨手则集中了酿酒和房地产产业，是传统的酒文化中心。山麓—山手的居住用地，中间地区的住、工、商混合用地，滨手—临海的工业用地构成了东城区明朗化的三层结构。阪神大地震不仅对住宅造成了严重的破坏，其对酒窖等生产设施、资料馆等文化设施的破坏使该地区文化、产业方面也大受冲击。不仅如此，东西方向的交通设施的损坏给市民生活和城市活动造成了巨大障碍，也给灾后的救援和恢复带来了很大的困难。因此，《复兴计划》强调今后东西向交通的强化和多重化。同样的，东城区的复兴也可以从以下三个视角来概括：第一，复兴独具魅力的都市型住宅；第二，活用丰富的自然、文化环境；第三，促进地区交流，弘扬地区个性与魅力（表 7-4-3）。

表 7-4-3　东城区复兴项目

项目	目标	主要措施
整备东部副中心轴	集居住、金融、商业、行政、文化等为一体的，为市民创造良好的生活工作环境，并作为防灾据点的城市副中心轴	六甲站西地区的土地区划整理
		六甲站南地区市区再开发
		樱岛町 3 段地区的再开发
		六甲地区住宅区综合整备
		亲水、亲绿步道的整备
		八幡线的整备
		公园、绿地的整备
		指定防灾绿化重点地区
		推进新在家南部地区社区建设
推进酒城建设	振兴传统地区产业基础，复兴其个性与魅力	举办恳谈会，制定导游路线
		酒藏景观的再生和诱导
		酒藏管道的整备
		推进重点区域形成据点
		开展展现酒藏的活动
整备临海绿地轴	确保绿地空间、水体空间，利用滨水空间营造居民娱乐游憩环境，形成临海绿地轴线	整备东部新城市中心的滨水空间
		整备滨水空间的游步道
		整备住吉河河口部的亲水公园
		整备东滩污水处理厂上方的公园
		东神户渡船码头的魅力化、耐震化
		强化濑户公园的防灾机能
整备住吉川河绿地轴	住吉河是连接海和六甲山麓的南北向的河流，确保其成为市民休憩的场所，并在灾难时保障用水、作为避难路、供紧急车辆通行	整备兼顾亲水性与紧急时用水的水岸
		整备河口部的亲水公园
		推进自然环境学习、河川爱护活动
		在上游空地栽防沙林
		保护风致地区民有地的绿化
		强化东滩区政府的职能，推进住吉站周边地区再开发，强化与住吉河的联系
		整备住吉河左右岸线的绿化，确保步行空间
		强化 JR、阪神、六甲线等车站的联系线路
		整备通往六甲岛的步行线
推进大学城建设	东城区是大学集聚地，借此契机将其建设为大学城	开展研究讨论会，设置“大学—地区团体—政府”构成的联络协议会
		整备与大学的交流据点
		促进学生参与地区活动
		大学和地区各种活动的相互参加与促进

续表

项目	目标	主要措施
推进大学城建设	东城区是大学集聚地，借此契机将其建设为大学城	将大学设施作为生涯学习的场所等活用
		促进与留学生的交流，创造便利的生活环境
		推进区域学的共同研究
		将六甲岛的各种人才教育机构集中强化

（4）西城区复兴计划

西城区的兵库区由于港口的便利发展产业，形成产业群；长田则是由制鞋业发展为房地产业。区域内商铺、市场、便利的住宅共存，靠山近海，历史文化资源丰富。地震灾害引发的火灾使长田区的中心被烧毁，其他商铺、市场等也大受打击。《复兴计划》指出要协调推进住、商、工的复兴，形成安全、快适的城市氛围（表 7-4-4）。

表 7-4-4　西城区复兴项目

项目	目标	主要措施
凑川公园—新开地周边的整备	文化培育、居住优化、防灾据点	兵库区综合厅舍周边地区综合再开发
		凑川公园再整备
		促进商业、市场的现代化
		推进建设新开地周边社区
		推进新开地艺术村的构想
		神户站周边地区住宅区的整备
推进“鞋城：长田”的构想	使 JR 新长田站周边地区成为制鞋产业高度集中、时尚的个性化城市地区	推进再开发事业中工厂配置集约化
		整备设计中心
		新长田—鹰取地区的土地区划整理
		御营地区土地区划整理
		新长田站南、站前城市再开发
整备国际志愿者文化交流中心	将赈灾活动中的国际志愿者关系传承下去，学习各自的传统和文化，推进国际合作	国际志愿者网络化
		支援文化交流活动
		联合区的志愿者中心
		联合亚洲福利教育财团
整备妙法寺河绿地轴	将妙法寺河发展成集休闲、防灾于一体的绿带	整备沿河公园
		强化作为“樱的回廊”的步行线
		促进河川爱护活动
		整备须磨区政府周边地区
		须磨地区土地区划整理
		推进城市历史文化活力再生

续表

项目	目标	主要措施
整备西部副中心轴	整备新长田周边地区，创造舒适的住房和居住环境，城市中集聚金融、商业和文化功能，形成住、商、工一体的便利的城市中心，并且结合公园、避难路等增强其抗灾性	土地区划整理
		新长田站前地区再开发
		地下铁海岸线建设
		长天港—大阪油田的再整备
		整备五位池线
		新长田地区住宅区综合整备
		指定防灾绿化重点地区
		强化南北向步行线路
整备新凑川河绿地轴	将区域发展为亲水、亲绿的舒适空间、改善居住和交通环境，并建成一条集防灾、紧急用水等于一体的绿带	整备沿河公园
		促进河川爱护活动
		上游空地栽防沙林
		集合亲水性和紧急时用水的水岸整备
		新长田及真阳住宅区综合整备
		阪神高速道路神户山手线（高速 2 号线）的整备，与之相对的公园、住宅整备
整备地下铁海岸线，推进城市建设	建设地下铁海岸线，整备车站周边地区以及沿线的集客设施，建成方便快捷的魅力城市	建设地下铁海岸线，地下空间活用
		强化新长田站交通终端功能
		促进新长田站前、站南地图再开发
		长田港、运河再开发
		真阳地区住宅区综合整备
		推进真野的建设
		宾山地区土地区划整理
		和田岬站前车场整备
		整备公园，强化防灾机能

4.《复兴计划》实施效果评价

（1）第一个五年期间实施成果

1999 年，神户市对《神户市复兴计划》进行了评价。评价时，共召开了 14 次讨论会，对 1 万名市民展开了调查。根据《神户市复兴计划》提出的安心、活力、魅力、协作四大目标，其第一个五年实施的成就主要可以从以下五个方面来概括：市民生活的恢复、社区的安适性、经济的复兴、城镇吸引力、城镇合作开发（图 7-4-4）。

如图 7-4-4 所示，《神户市复兴计划》实施第一个五年期间所取得的成就中，位居首位的是“安心”，包括市民生活的恢复和社区的安全抗灾；排在第二位的是“活力”，主要表现为经济的恢复；之后是“魅力”和“协作”。

2000 年，神户市政府宣布，物质实体的恢复已经完成。但是，后来政府认识到还存有许多突出问题，如市民失业、由于搬迁导致的看病困难、经济还需复兴、防灾城市开发还需保持和继续等。因此，提出了《神户市复兴计划》思路框架，将所有尚未解决的问题反映在

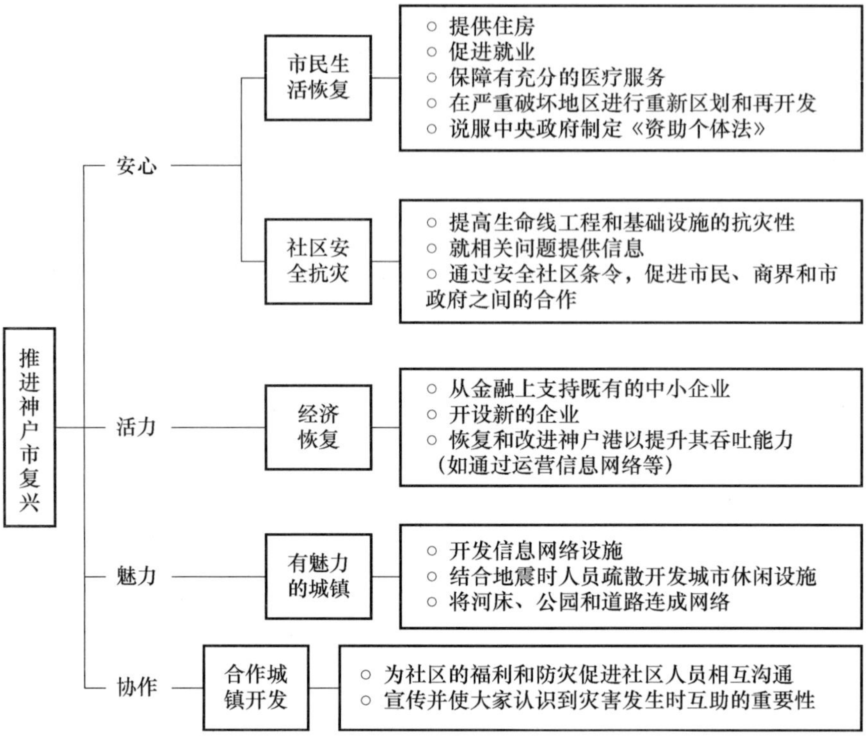

图 7-4-4 《复兴计划》实施第一个五年期间所取得的成就

其中。由于图中的市民生活恢复、城市活动恢复和建立安全而可持续的社区三大战略是互相关联的，因此，下一个层次的战略所希望得到的结果也是紧密相关的。

（2）计划的实现

2002 年，在经过调查、召开讨论会和向专家咨询之后，神户市建立了 45 个量化指标，并用这些指标对与下一层次战略相关的 16 个项目进行进度管理，每年向公众公布进度报告。当所有指标都达到的时候，可以认为《神户市复兴计划》实现了。表 7-4-5 介绍了这些指标实现的起讫时间。神户市通过自上而下的决策、合作的方法，城市结构得到了迅速的恢复。通过这样的过程，社会进步也得以实现。

表 7-4-5 《神户市复兴计划》规定的指标及完成时间表[3]

指标	现状	开始时间	目标	截止时间
社区老年人参与率	38.10%	2000 年 3 月	60%	2006 年 3 月
有老年人关怀的以社区为基础的组织 *	93%（161 个学区）	2002 年 1 月	100%（172 个学区）	2006 年 3 月
社区年轻人参与率	10～12 岁：80%	2000 年 3 月	10～12 岁：85%	2005 年 3 月
	13～15 岁：73%		13～15 岁：75%	
	16～18 岁：42%		16～18 岁：45%	
财政支持商业设施再利用个数	4 个商业街	2001 年 3 月	10 个商业街	2005 年 3 月
财政支持商业的社区个数	9 个社区	2001 年 3 月	30 个社区	2005 年 3 月

续表

指标	现状	开始时间	目标	截止时间
城镇开发圆桌会议设立百分比＊＊	93%（161个学区）	2000年3月	100%（172个学区）	2005年3月
城镇开发圆桌会议议程拓展率	37%（64个学区）	2000年3月	100%（172个学区）	2005年3月
防灾和福利社区建设率＊＊＊	93%（161个学区）	2002年1月	100%（172个学区）	2005年3月
住宅抗灾性检查	60%通过	2000年3月	75%通过	2003年3月
港口货物处理量	4000万吨	2000年3月	5500万吨	2005年3月

注：＊Community Based Organization，CBO；＊＊Town Development Round，TDR；＊＊＊Disaster prevention and Welfare Community，DWC。

四、总结与展望

《神户市复兴计划》涵盖城市、产业与就业、医疗—保健—社会福利、生活—文化—教育等领域，希望从物质实体、社会、经济和制度上把神户市建设成为一个抗灾性强的城市。采取的措施中，扶持和培育社区（生活圈），加强文化建设，加强各方间的协作，弘扬继承灾害文化等措施体现了社会韧性；全方面恢复教育、医疗、公共服务、商业等业态体现了基础设施韧性；加强产业复兴，支持中小企业发展，支持支柱产业发展，升级产业结构等措施体现了经济韧性；构建防灾生活圈，完善灾害全生命周期的管理则体现了制度韧性方面的努力。《神户市复兴计划》是一项全面的、丰富的韧性提升计划，可以作为宏观层面城市韧性建设的参考案例之一。

（顾福妹，茆昕明）

参考文献

[1] CHUNG R M，BALLANTYNE D B，COMEAU E，et al. January 17，1995 Hyogoken-Nanbu（Kobe）Earthquake：Performance of Structures，Lifelines，and Fire Protection Systems（NIST SP 901）[R]. Nist Special Publications 901，1996.

[2] [日] 川内良人. 阪神淡路大地震的概要 [J]. 中国地质灾害与防治学报，1995（6）：77-81.

[3] 叶耀先，[日] 岡田憲夫. 地震灾害比较学 [M]. 北京：中国建筑工业出版社，2008.

[4]《灾后重建思路与政策》课题组，张玉台，刘世锦，等. 阪神大地震的灾后重建工作及其启示 [J]. 决策咨询通讯，2008（S1）：22-25.

第八章　西方的韧性城市建设

欧美国家同样面临着不同灾害的威胁，并探索出了适合自身国情的城市发展路径，以应对各类不确定性的风险和挑战。新西兰在长期适应海平面上升的过程中，探索出一套动态性的决策系统，并将其纳入了新西兰《沿海灾害和气候变化决策》国家指南，为沿海城市提供了具体而有效的指导；荷兰将韧性理念始终贯穿于各级空间规划，且不同层级空间规划的韧性侧重点各有不同；加拿大魁北克市博波尔区基于综合效益最大化来统筹考虑绿色雨洪基础设施的选址，提升了绿色雨洪基础设施的社会认可度和实施效果。本章详细介绍了这些欧美国家韧性城市的建设经验，以期为我国生态文明背景下的国土空间规划和管理提供一些借鉴和思考。

第一节　新西兰适应沿海灾害和海平面上升规划

随着全球气候变暖，海平面上升和超级风暴变得愈发频繁和强烈，给沿海城市的安全和发展带来了巨大的挑战。然而，长期以来，我国适应海平面上升的意识和能力普遍薄弱，对海平面上升的不确定性和动态性考虑明显不足。而新西兰在长期适应海平面上升的过程中，探索出一套能够有效应对未来不确定性和动态性的决策系统，并将其纳入了新西兰《沿海灾害和气候变化决策》国家指南，为沿海城市制定动态适应性规划提供了具体而有效的指导。本节旨在总结新西兰相关规划经验的基础上，提出对我国沿海城市制定动态适应性规划的建议。

一、背景介绍

2013 年，政府间气候变化专门委员会（IPCC）在第五次评估报告中指出，在气候变化的背景下，全球平均海平面上升速率逐渐加快[1]，沿海城市面临的危险愈加严峻。1901—2010 年之间上升速率为 1.7mm/a，1971—2010 年之间增加至 2.0mm/a。面对着海平面的加速上升，2001 年，图瓦卢政府宣布“对抗海平面上升的努力已经失败”，并计划举国迁往新西兰。2005 年，美国新奥尔良遭遇“卡特里娜”飓风的袭击，城市 80%以上的地方被洪水淹没，致使约 1300 人丧生，并造成了约 1000 亿美元的经济损失[2]。现有研究表明，海平面如上升 0.5m，全球将会有 9200 万人口受到（淹没和风暴潮）影响，如上升 1.0m，受影响的人口将会增加到 1.18 亿人[3]。到 2100 年，全球将有 6 亿人口生活在千年一遇的洪水灾害线以下[4]。此外，由海平面上升引起的极端洪水事件也将变得愈发频繁和强烈。我国 60%的人口集中在距海岸线 60km 的范围内，海平面的快速上升将直接影响沿海地区的自然生态环境及城市社会经济系统的正常运行[5]。

长期以来，减缓性措施一直是全球应对气候变化和海平面上升的主要方法[6]。然而，现有研究表明，过去 50 年中排放的温室气体会在下个世纪继续引发气候的变化，无论如何采取减缓措施，气候变化都会继续发生，因此，有必要采取适应性措施以应对当前和未来的气候变化影响[7]。

目前，我国在适应气候变化和海平面上升过程中开展了大量的研究工作，取得了较为显著的成果。但是这些研究往往针对某种较为明确的海平面上升情景和社会经济情境，对海平面上升过程中的科学假设和不确定性考虑不足，忽略了气候因素、社会经济等的动态变化，不能灵活地适应未来的动态性和不确定性。因此，国外许多国家开始探讨和运用应对这些深度不确定性的决策方法，如澳大利亚莱克斯恩特伦斯镇[8]、伦敦泰晤士河口地区[9]、荷兰莱茵河三角洲[10]、新西兰惠灵顿[11]等通过运用动态适应性政策路径（DAPP：Dynamic Adaptive Policy Pathways）、稳健性决策（RDM：Robust Decision Making）、实物期权分析（ROA：Real Options Analysis）等决策方法，构建了包含风险评估、短期行动、适应路径和监控体系的适应性规划体系，为应对动态变化的沿海风险提供了具体可操作的思路。目前，新西兰已将动态适应性规划方法纳入了《沿海灾害和气候变化决策》国家指南（*Coastal Hazards and Climate Change*），综合考虑了海平面上升风险评估和不确定性的类型，并提供了具体的步骤和实践。

因此，本节在总结新西兰国家指南的基础上，梳理其不同决策阶段的特点和方法，并总结经验教训。针对我国国情，为我国沿海制订动态适应性规划提供可借鉴的经验。

二、新西兰概况

新西兰位于西南太平洋，领土面积约 27 万 km^2，人口数量约 428 万，是一个拥有 15134km 海岸线的岛国[12]，其许多主要城市和居民点均位于低洼的沿海地区。随着海平面的持续上升，极端洪水事件发生的频率和强度将进一步增加，给沿海地区带来严重的灾害风险。2015 年新西兰环境委员会的评估显示，当平均大潮高潮面达到 1.5m 时，新西兰受极端洪水影响的人口将达 13.33 万人（约占新西兰总人口的 3.1%），受影响的建筑、机场、公路、铁路将分别达到 6.8 万栋、5 个、2121km 和 64km（图 8-1-1）。

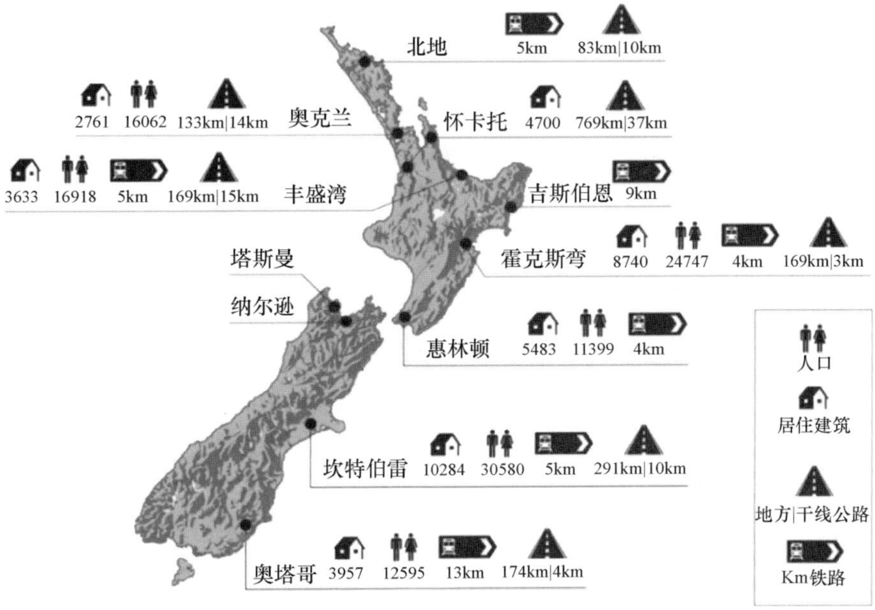

图 8-1-1 1.5m 极端洪水对新西兰的影响

（资料来源：作者改绘自参考文献［13］）

因此，为了应对海平面上升等沿海灾害，新西兰于 2017 年制定了《沿海灾害和气候变化决策》国家指南，该指南提供了评估、规划和管理沿海地区风险的逐步方法，以及详细的决策工具和技术，有助于地方政府规划和管理日益增加的沿海灾害风险，也为规划师、工程师、社区参与者、政策分析师提供了值得参考和借鉴的经验。该指南致力于解决以下四个问题：①改善地方政府在沿海灾害管理方面的作用和责任；②进一步明确海平面上升，包括由此引发的海岸侵蚀、土地盐碱化、风暴潮、地下水位上升等灾害产生的影响；③探索新的适应性工具，解决政策或决策制定过程中的不确定问题；④在受海平面上升影响的地区，采用新的公众参与方式，来制定适应性行动。

三、新西兰《沿海灾害和气候变化决策》国家指南

1. 概述

该指南旨在通过协调交通规划、土地利用规划、建筑设计、海岸工程等，制定一个协调一致的战略规划，以协助地方政府评估、规划和管理沿海地区日益增加的风险。其中，沿海适应性战略规划的制定基于 10 步迭代决策周期（图 8-1-2），包含了海平面上升建模、脆弱性和风险评估、不确定性因素情景构建、动态适应性政策路径方法以及监测系统等。

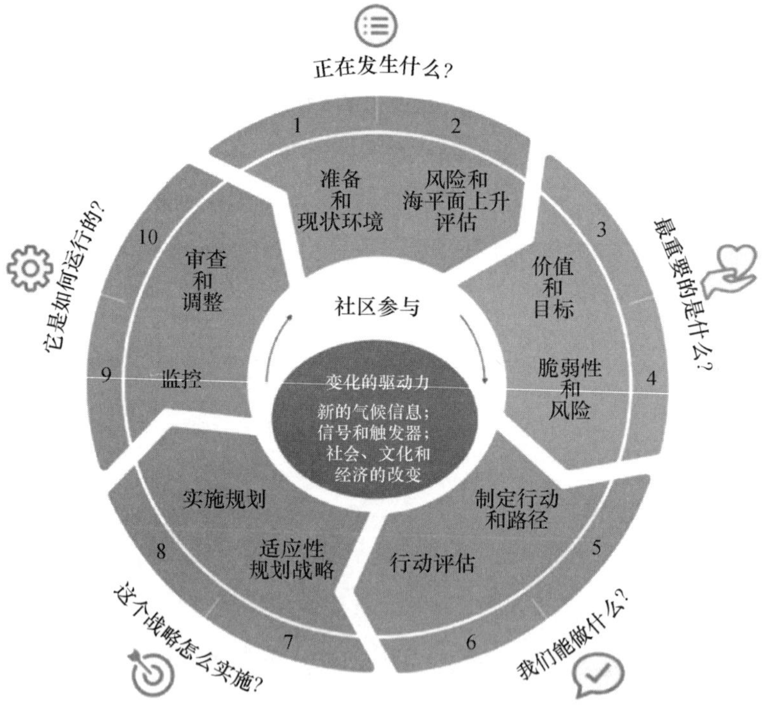

图 8-1-2　新西兰沿海地区适应性战略规划制定步骤

（以下未注明的均为作者根据新西兰《沿海灾害和气候变化决策》国家指南整理）

2. 适应性战略规划的制定原则

（1）社区参与原则

决策过程中利益相关者的参与有利于获得效率、时间和成本收益，并且有利于决策的实施。由于不同利益相关者的价值观和期望存在显著差距，导致达成共识往往非常困难，因此精心设计社区参与的过程至关重要。社区参与过程中，应该要明确两个重要问题：谁应该参

与以及应该如何参与决策周期的每一个阶段。

（2）应对不确定性的原则

该指南强调由于长期决策中海平面上升的动态性强，因此要对所有的不确定性因素进行考虑，以便于制定灵活的决策适应未来的各种情况，具体包括以下三个方面的不确定性因素：

①社会经济发展情况、土地利用、人口增长和全球碳排放的不确定性；

②气候—海洋—冰川系统变化情况、海平面上升情况、海岸危险源（如波浪、风暴潮、海岸侵蚀）的不确定性；

③风险资产的变动情况，以及适应性措施发挥作用的不确定性。

（3）动态适应性原则

该指南提出要运用动态适应性政策路径（DAPP）方法（图 8-1-3），通过制定多类可随外界条件变化的短期行动，避免路径依赖。DAPP 是一种分析方法，其内涵是一旦决策或行动无法满足目标时，即可灵活地转向其他行动以实现适应目标，它包含早期信号、决策点、适应临界点和中转点。早期信号起到预警的作用，提醒决策者应该做出决策的时间；决策点是需要做出决策的时间，适应临界点是原来的行动无法达到适应目标的时间。

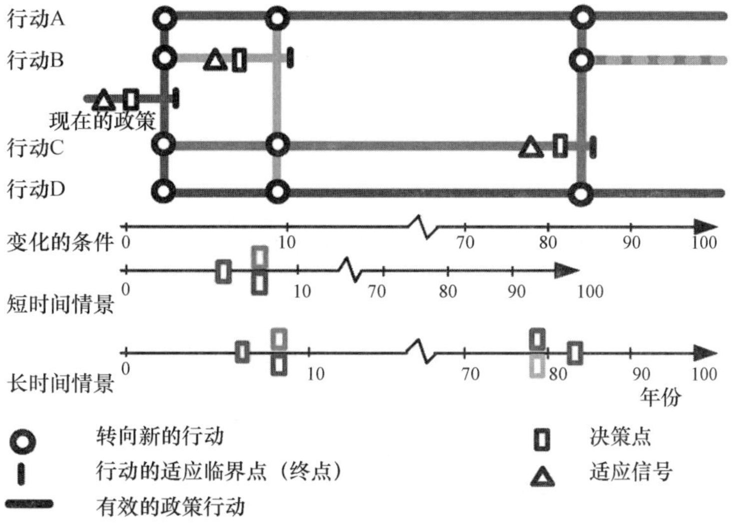

图 8-1-3　动态适应性路径图

（4）其他原则

所有地方政府的行动都是在法律规定的一系列原则的范围内进行的，这些原则包括：可持续与韧性原则、考虑现有决策对后代影响的原则、避免或减轻不良影响的原则。

3. 适应性战略规划的制定步骤

（1）步骤一：团队构建和资料收集

由于海平面上升涉及气象、规划、建筑、市政等方方面面，需要广泛的专业知识、技能、信息，因此有必要建立一个多学科的适应团队，以保障适应战略工作的顺利进行。适应团队的组建需要考虑的技能、学科和知识包括沿海管理、沿海灾害规划和政策、民防应急管理、法律、经济、社区参与、生物多样性保护、道路和交通、资产管理、水文等。涉及的人员包括工程师、测量员、适应专家、科学传播者、应急响应组织等等。

此外，一个单独的团队不可能拥有所需的所有技能和知识，但是可以通过团队成员建立强大的联系和网络，以获取其他地方掌握的知识和技能。

一旦建立了多学科的团队，就需要广泛搜集与风险和地区环境有关的资料，包括：确定沿海灾害风险的范围（如低洼海岸地区的范围、潜在地下水和排水影响的地区、历史灾情数据或报告）；确定形成风险的因素，收集相关因素的资料（如潮汐数据、海平面上升数据等）；盘点现有资料（如人口统计、社会、物理过程、监测数据、相关规划和政策、应急管理计划、地形高程数据、航空图像）；通过公众参与，收集受影响地区的社会调研数据（如当地居民对该海平面上升的重视程度）。

（2）步骤二：沿海灾害风险和影响评估

海平面上升背景下的沿海灾害风险和影响评估，首先需要对海平面上升的情况进行预测，该指南明确了需要考虑的三种类型：

①绝对海平面上升，通常表示为全球平均海平面（在大多数海平面预测中使用）。IPCC 第五次评估报告中，预测了四种不同碳排放情境（RCP2.6、RCP4.5、RCP6、RCP8.5）下全球平均海平面的绝对上升量，研究成果的精度得到了学界的广泛认可。

②相对海平面上升，在绝对海平面上升的基础上，叠加局部海域情况和地面沉降因素的影响。

③极端海平面上升，在前面两者的基础上，叠加风暴潮、波浪、海岸侵蚀等因素的影响，如图 8-1-4 所示。

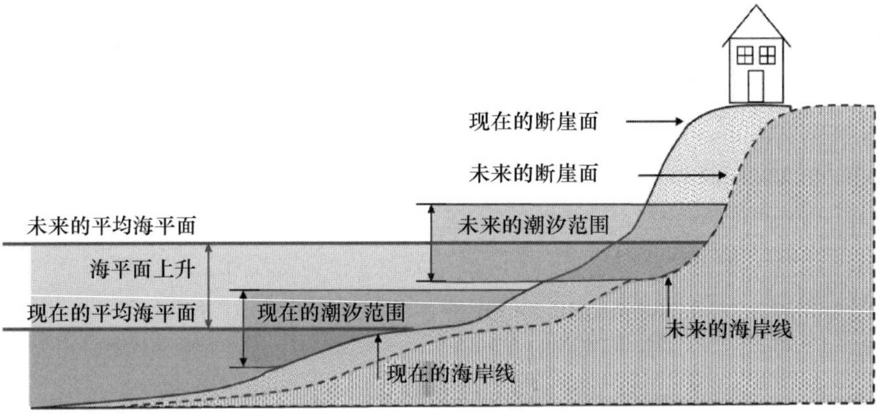

图 8-1-4　海平面上升示意

影响评估的目的是明确沿海危险区域，图 8-1-5 提供了一个沿海灾害影响评估的框架。该图显示了未来海岸开发情况、不确定程度以及灾害评估模型复杂性之间的关系，该评估框架增强了评估方法的动态适应性，能够支持动态适应性规划的制定。

（3）步骤三：确定适应目标

适应目标的确定涉及政府、居民以及利益相关者，一般来说应该在公众参与的原则下进行。当目标一致时，有利于达成共同利益。适应目标的确定应遵循以下步骤：①明确什么是社会价值观；②明确利益相关者并探索参与方式；③将社会和文化价值观重新构建为适应目标；④制定政府目标。适应目标的制定是至关重要的，它为步骤五中行动和路径的识别提供了关键的信息。

（4）步骤四：脆弱性和风险评估

脆弱性评估需要确定沿海地区未来至少 100 年内的脆弱性，是指评估沿海灾害对国家、

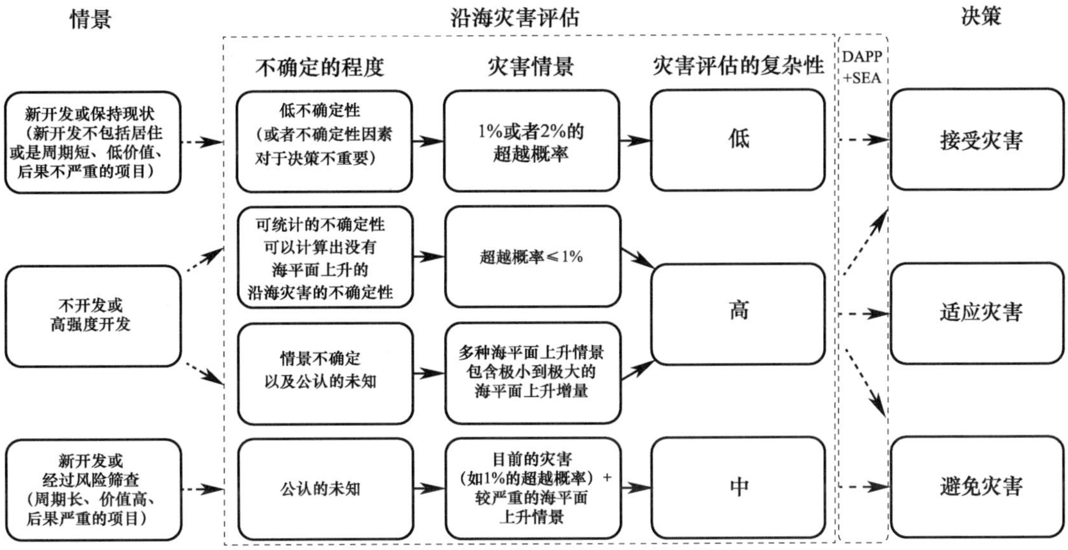

图 8-1-5　沿海灾害影响评估框架

区域或城市的各类社会、经济、环境和基础设施的影响，是系统内的气候变率特征、幅度和变化速率及其敏感性和适应能力的函数。脆弱性概念可以概括为：系统的暴露度、敏感性和适应性，它们之间的关系可表达为：系统脆弱性＝系统暴露度＋系统敏感度－系统适应度。

由于不断变化的环境降低了传统的风险评估方法（风险＝概率×后果）的有效性，风险的概率无法轻易量化，因此该指南将风险定义为不确定性对实现目标的影响。风险评估的过程遵循以下步骤：①确定问题并设定目标；②通过构建由不确定性因素组成的瞬态情景，分析不确定性因素的影响，以及可能受到影响的地区，并对未来的一系列情景进行敏感性测试；③借鉴标准基础设施评估或资产风险评估框架评估风险；④风险评估后，制定有效的适应行动，适应行动应根据系统未来的服务水平来确定优先次序，而不是过分关注气候变化对单个资产的风险。

（5）步骤五：制定行动和路径

在前面步骤确定的适应目标和风险评估结果基础上，确定适应行动。适应行动应该包括以下四个方面：①维持现状（未来没有新的开发）；②计划退让；③保护性措施（如加宽堤坝）；④以上行动的组合。更具体的措施包括：①软措施，例如沙丘修复、改善或创造湿地、营养海滩或物种迁移；②改变土地利用，包括转移发展方向和征用土地以重新规划土地利用；③制定强制性规划政策和规章制度，如限制土地利用的类型和密度、改变建筑设计规范等。

如图 8-1-3 所示，适应路径由互不排斥的短期行动组成，当短期行动达到适应临界点时，将转向其他行动以实现适应目标。适应性路径图与地铁图类似，适应路径图提供了未来到达同一地点（目标）的备选路径。所有路径都满足预先指定的最低功能要求，类似于“条条大路通罗马”。此外，还包含了适应信号、决策点（需要决策的时刻）、适应临界点（终点站）的时刻以及该点之后可用的操作（中转站）。

（6）步骤六：路径评估

为了选择首先路径，需要对所有路径 100 年内的执行情况、投资成本、效益等进行评估，以达到适应目标。目前所使用的评估工具包括：成本收益分析工具、成本效益分析工具、实物期权分析工具、稳健性决策工具等。在任何情况下选择的评价工具都需要反映决策过程的阶段、问题的性质、规模、要实现的目标。

（7）步骤七和八：制定并实施适应性规划

将前面步骤的目标、评估结果以及行动和路径等整合成一个动态适应性规划，调整受影响区域的基础设施、土地利用、空间结构等，构建短期、中期、长期项目库，制定相关的规划实施策略。

（8）步骤九和十：监测风险、审查和调整计划

监测有利于及时发现系统的变化情况，以便于及时调整。监测内容主要包括三个方面：①监测自然环境（当地海平面上升速度和变化幅度、波浪、风、风暴、海滩、地下水水位、盐度、海岸侵蚀等）；②监测脆弱性和风险（资产、人口变化情况等）；③监测适应性行动和路径的有效性。

根据政策、规划或适应路径的性质，需要定期审查，以确定早期信号和适应决策点。当到达适应临界点时，需要更改到其他的路径，同时也需要对制定的适应性规划或行动进行重大的政策更改。

新西兰《沿海灾害和气候变化决策》国家指南通过运用四个关键要素——构建由不确定性因素组成的瞬态情景；不同类型和级别的社区参与；动态适应性路径规划；采用监测系统来解决决策过程中的不确定性问题，在减少路径依赖性的同时增加了系统的灵活性。

四、经验与启示

通过以上论述可以看出，新西兰的管理者和决策者为了应对不确定的未来、平衡海岸的发展与安全，制定了相对完整的决策体系。相比之下，我国很多沿海城市并没有足够重视海平面上升的问题，对于提高城乡基础设施适应能力等适应性规划内容则较为粗泛；规划编制对气候因素考虑甚少，应对海平面上升、风暴潮等极端气候事件的内容较少；规划中经济发展目标往往优先于适应灾害影响的目标。因此，本节通过对新西兰国家指南的解读与分析，提出了以下应对策略。

1. 建立适应性规划框架

根据我国城乡规划法和相关管理办法，并借鉴新西兰经验，建立地方适应性规划工作框架。把适应性规划的目标、行动路径等纳入常规的规划编制、实施与监控流程。鼓励开展适应沿海灾害和海平面上升的行动、研究和实践。提前预测海平面上升对沿海城市的影响，有针对性地提升沿海城市应对灾害的适应能力和韧性。

2. 引入新理论、新计划，加强应对不确定性的能力

深度不确定性给决策者带来了情景不确定、决策后果不确定、决策方案不确定等困难和风险，导致传统的基于历史数据和趋势预测的模型和方法不再有效，国外动态适应性政策路径方法、稳健性决策方法等结合了强大的计算机技术，能够帮助决策者评估未来各种情形下决策或行动的实施情况，从而使管理者的决策更加稳健。此外，应加强气象灾害监测和预警能力、城市应急能力等，并采取技术、工程与生态措施对沿海地区进行修复与补偿。

3. 加强跨部门合作

一方面，整合优化国土、规划、海洋、住建等相关部门的职能，通过多部门的协作，有序控制和减少盲目的填海造陆规划和建设活动，实现沿海风险的科学决策与管理，遏制盲目的以追求土地效益为目的的城市近海、近岸线地带的开发。另一方面，通过跨部门合作，广泛搜集信息，保证数据时效性、规划的准确性。

五、小结

新西兰通过运用动态适应性政策路径、稳健性决策、实物期权分析等决策方法，构建了包含风险评估、短期行动、适应路径和监控体系的适应性规划体系，为应对动态变化的沿海风险提供了具体可操作的思路。学习新西兰经验并结合我国的国情，制定出更加适合的和先进的包含了预测、评估、规划、实施与监管在内的全周期的适应策略将成为未来我国沿海城市建设的重点。

（陈奇放，钟光淳）

参考文献

[1] IPCC. Climate Change 2013：The physical science basis. Contribution of working group I to the Fifth assessment report of the intergovernmental panel on climate change [R]. Cambridge，UK：Cambridge University Press：2013.

[2] 白宫发表“卡特里娜”飓风调查报告 [N]．经济参考报，2006-02-25（003）．

[3] 王祥荣，王原．全球气候变化与河口城市脆弱性评价——以上海为例 [M]．北京：科学出版社，2010.

[4] NICHOLLS R J，MIMURA N. Regional issues raised by sea-level rise and their policy implications [J]．Climate Research，1998，11（1）：5-18.

[5] 徐健．海平面上升对上海的影响及对策措施研究 [J]．中国水运（下半月），2012，12（11）：28-29.

[6] PRESTON B L，WESTAWAY R M，YUEN E J. Climate adaptation planning in practice：an evaluation of adaptation plans from three developed nations [J]．Mitigation & Adaptation Strategies for Global Change，2011，16（4）：407-438.

[7] LYSÁK M，BUGGE-HENRIKSEN C. Current status of climate change adaptation plansacross the United States [J]．Mitigation and Adaptation Strategies for Global Change，2016，21（3）：323-342.

[8] RAMM T D，WATSON C S，WHITE C J. Strategic adaptation pathway planning to manage sea-level rise and changing coastal flood risk [J]．Environmental Science & Policy，2018，87：92-101.

[9] RANGER N，REEDER T，LOWE J. Addressing ‘deep’ uncertainty over long-term climate in major infrastructure projects：four innovations of the Thames Estuary 2100 Project [J]．EURO Journal on Decision Processes，2013，1：233-262.

[10] HAASNOOT M，KWAKKEL J H，WALKER W E，et al. Dynamic adaptive policy pathways：A method for crafting robust decisions for a deeply uncertain world [J]. Global Environmental Change，2013，23（2）：485-498.

[11] LAWRENCE J，HAASNOOT M. What it took to catalyse uptake of dynamic adaptive pathways planning to address climate change uncertainty [J]．Environmental Science & Policy，2017，68：47-57.

[12] 马东来，张继权，刘兴朋，等．新西兰城市防震综合减灾规划及启示 [J]．国际城市规划，2011，26（4）：28-31.

[13] BELL R，LAWRENCE J，ALLAN S，et al. Coastal hazards and climate change：Guidance for local government [R]．Wellington，New Zealand：Ministry for the Environment Publication，2017.

第二节　荷兰的韧性空间规划

作为一种战略性、基础性的规划手段，空间规划可以通过影响城市结构或土地利用等降低城市面对的多重风险及影响。传统规划对于空间如何应对变化、冲击及不确定性的关注有待提高，“韧性理念”在规划中的引入为协调城市发展目标和城市安全底线提供了一个新的视角。荷兰空间规划在应对气候变化、环境挑战和灾害风险方面取得了较大的成绩，本小节结合荷兰空间规划实践，探讨空间规划政策中的韧性理念和特征，以及如何通过规划应对风险和挑战。研究表明，虽然不是所有的韧性特征均能在荷兰空间规划中得到体现，但是韧性理念始终贯穿于各级空间规划，且不同层级空间规划所关注的韧性侧重点不同。在研究基础上，建议将韧性理念应用于我国空间规划，为我国在生态文明建设与安全发展背景下完善和优化空间规划提供思考与借鉴。

一、背景介绍

空间规划是一种综合性、战略性规划，是对空间用途进行管制和安排的政策工具，目的是使社会、经济、环境健康有序发展[1]。20 世纪 90 年代末，有学者强调空间规划在整个风险管理过程中的必要性和重要性。2003 年，戈德沙尔克（Godschalk）提出应该在规划管理过程中将韧性系统的“冗余性、多样性、高效性、自主性、适应性及协作性”等特征纳入空间规划考虑[2]。随着韧性理念被越来越多地运用到规划实践中，韧性理念与空间规划的结合逐渐在缓解多元灾害影响、应对气候变化和降低城市脆弱性中发挥重要作用[3-4]。我国国土空间规划是国家空间发展的指南和建设的基本依据，是实现高质量发展和高品质生活的重要手段[5]。如何将韧性理念与我国空间规划相结合，使其由理念转化为策略并落地实施，在实践中始终贯彻韧性目标，并提升城市应对气候变化和环境动荡的能力，是值得深入探讨的问题。

全球气候变化导致海平面上升，海岸城市面临着日益严峻的挑战。气候变化在荷兰已成为一个重要的政策问题，荷兰地处莱茵河、马斯河和斯凯尔特河交汇的三角洲，超过 50％的国土处于海平面 1m 以下，深受海水倒灌的威胁，而 70％的国民生产总值来自这些易发洪水的地区。如果没有堤坝和其他保护措施，三分之二的国土将被淹没，洪水成为荷兰气候变化最严重的威胁。荷兰政府目前将这种风险归类为“低概率，高影响”。作为空间规划的先行区和创新区，荷兰敏锐地感受到通过空间规划应对气候环境变化和洪水风险的重要性和紧迫性，近些年开始将韧性理念引入空间规划中，探索韧性理念与空间规划的有效耦合，积累了丰富的实践经验。目前，我国空间规划正处于改革的重要阶段，亟须借鉴荷兰空间规划中韧性理念应用的成功经验。

二、荷兰各级空间规划实践中的韧性理念

欧盟将具有整合、协调功能和战略性的规划称为“空间规划”[6]。《欧洲空间规划制度概要》提出“空间规划”是一种通过影响空间分布以创造合理的土地使用和空间功能，达到社会经济可持续发展的公共政策[7]。荷兰的空间规划属于综合协调型，涉及多层级和多部门，从经济、社会、环境、交通等方面引导城乡规划建设，注重全面和可持续的发展[8]。《荷兰空间规划法》根据行政管理等级，将空间规划体系分为三个层级——国家、省和市，不同层级政府在空间规划管理过程中承担不同的职能，相互协调，层层推进。

几个世纪以来，荷兰人一直在修建水道、土方工程和防洪屏障，包括围垦地、运河、堤坝、船闸、风车和水闸。但是20世纪50年代和1993—1995年两次较大的洪水事件对荷兰空间结构、经济发展造成了巨大影响，人们对传统的水资源管理办法提出了质疑，并对提高堤坝高度和其他传统工程办法，例如从低洼地区抽水，是否足以抵消气候变化的影响提出了疑问，快速城镇化和人口增长等问题也增加了城市的脆弱性，传统以工程或技术主导的“硬性”防洪措施已经无法适应荷兰的环境变化。因此，荷兰政府在历次洪涝灾害中逐渐重视起韧性发展，例如增加洪水风险管理系统的韧性，通过“水土整合”“创造韧性空间”等规划设计手段降低洪灾风险，使规划保持足够的灵活性以保障在无法预见的情况下做出反应并持续发展[9-11]。可以看出，这一系列应对气候变化、面对不确定性的空间规划政策都在不断强调基于气候变化自适应和韧性发展的重要性[12]。

通过剖析典型案例地区的空间规划关键文件，解读韧性理念在荷兰各层级空间规划中的运用。在国家层级文件解析的基础上，分别选择格罗宁根省及鹿特丹市作为省、市级空间规划的典型案例。格罗宁根省位于荷兰的最北部，是重要的商品转运和贸易中心，受到气候变化、水灾害及能源紧缺等多重影响，适应气候变化成为其空间规划的核心。在此背景下，格罗宁根省希望通过提高空间韧性以应对快速变化，探讨如何在空间规划中创造更强的韧性[13]。鹿特丹是位于荷兰最北部的三角洲城市，素有“水城”之称，是“荷兰气候变化适应倡议”的主要参与城市之一，2008年三角洲委员会将其列为气候变化政策的“关键地点”。在气候变化的背景下，鹿特丹空间规划思维也有了转变，从传统的工程导向变为适应气候变化的韧性空间规划，并成为应对气候变化和空间规划领域的先驱[14]。以上两个不同层级地区的空间规划案例不仅体现了土地利用和水资源管理综合决策的传统，还包括一系列体现韧性理念和特征的举措，因此选择它们作为空间规划代表进行解析。

1. 国家级空间规划中的韧性理念

荷兰国家级规划政策文件明确提到了“韧性”理念。例如，2007年《气候适应和空间规划》多次提到了韧性概念，并提出需要提升“抵抗力、恢复力和适应能力”以促进气候防御规划；2009年《国家水规划》也明确提到韧性并将其定义为从破坏中恢复的能力[15]。相关文件筛选后，在国家层级，选择以下体现韧性理念的文件进行解读：《基础设施和空间结构愿景(2040)》(*Infrastructure and Spatial Structure Vision* 2040)、《三角洲规划2018》(*Delta Programme* 2018)、《国家水规划(2016—2021)》(*National Water Plan* 2016—2021)、《国家水资源管理愿景》(*Watervisie*)以及《为河流提供更多空间》(*Room for the River*)[16-19]。

经解读分析，将国家级规划中具体的韧性理念和特征总结如下。(1)前瞻性。荷兰自2001年起制定《三角洲规划》以抵御海洋风险，并为水安全制定可持续和综合的长期方法；

2007 年 9 月《国家水资源管理愿景》列出长期的“气候保护”政策指导方针以提高“抵御气候变化影响”的能力，确定适应和缓解措施是中心支柱；《国家水规划（2016—2021）》提出监测当前情况以便了解未来趋势；《基础设施和空间结构愿景（2040）》提出将荷兰建设得更加便捷、宜居和安全（图 8-2-1）。（2）创新性。在空间规划前期，《三角洲规划》提出监测现状情况以更好地了解未来趋势，根据风险评估和概率设置“优先级”，并制定风险评估的科学创新方案和韧性新标准；《为河流提供更多空间》文件提出建设创新性的综合防洪区，收纳更多洪水并及时疏散到蓄洪区。（3）灵活适应性。《国家水规划（2016—2021）》提出围绕雨洪安全、淡水供给、水质提升的适应性空间规划方案（图 8-2-2）。2017 年新版《三角洲规划》进一步与空间适应性相融合，提出对空间规划进行调整，具体空间规划措施包括：将韧性理念、自组织和自适应能力融入“海陆区域—河道”系统和生态断面的规划建设，以提高其应对雨洪风险的韧性缓冲能力，达到整体预防灾害的效果；与水共同发展，城镇建设应顺应河流的自然发展形态而非按照人工布局改造河流（图 8-2-3）。《为河流提供更多空间》文件通过改变工程基础设施和土地使用战略，为水提供更多空间，增强河道韧性。（4）多样性。几份文件提到的具体空间规划措施包括混合土地利用发展多样性，鼓励用地的有效混合以及交通方式的多样性。（5）协作性。在“国家—省—市”三级结构的行政体系中，不同治理层级之间的有效协作能够及时传达规划政策中的韧性理念（概念、政策及行动）；空间规划政策关注的重点也从促进基础设施建设转向不同利益集团之间的协商与合作。（6）自学习能力。荷兰政府能够从以往经验中获取经验，并能够对下次风险做出警示。（7）公平性。荷兰空间规划作为典型的公共政策，注重所有利益相关者的参与及社会公平。例如，为解决空间发展与规划政策之间的矛盾，最大限度保障居民权益，提出空间开发的多种方案，并组织各级政府、企业、居民等利益相关者进行座谈，共同推进空间规划的实施。

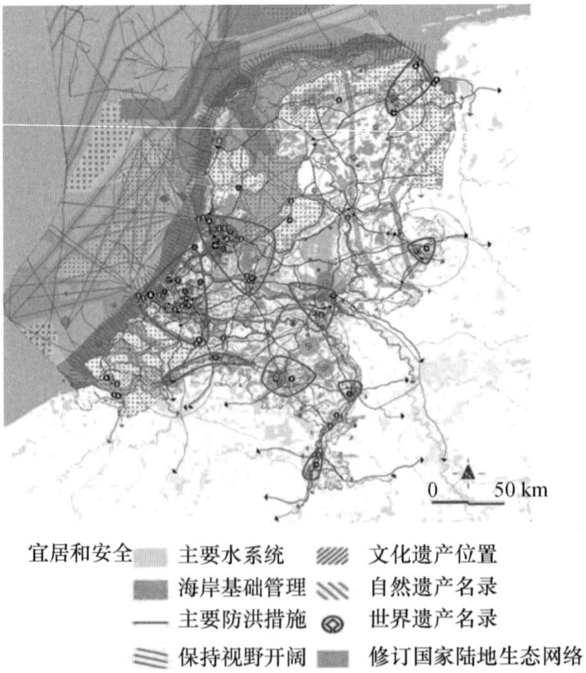

图 8-2-1 《基础设施和空间结构愿景（2040）》中宜居与安全部分示意

（资料来源：参考文献［17］）

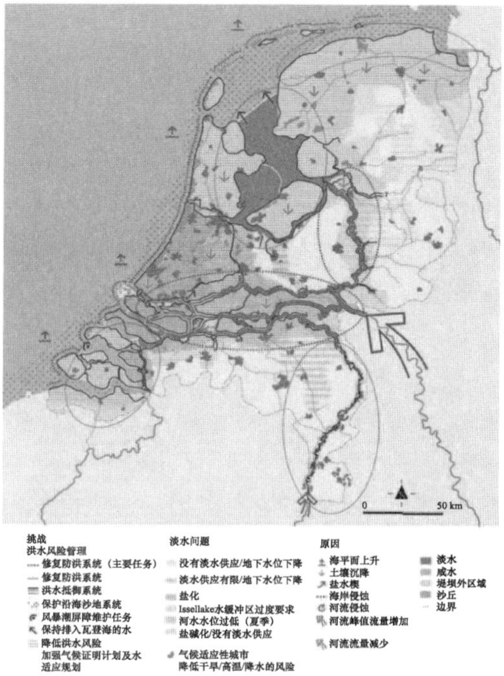

图 8-2-2　《国家水规划》中洪水风险管理与淡水调整

（资料来源：参考文献［15］）

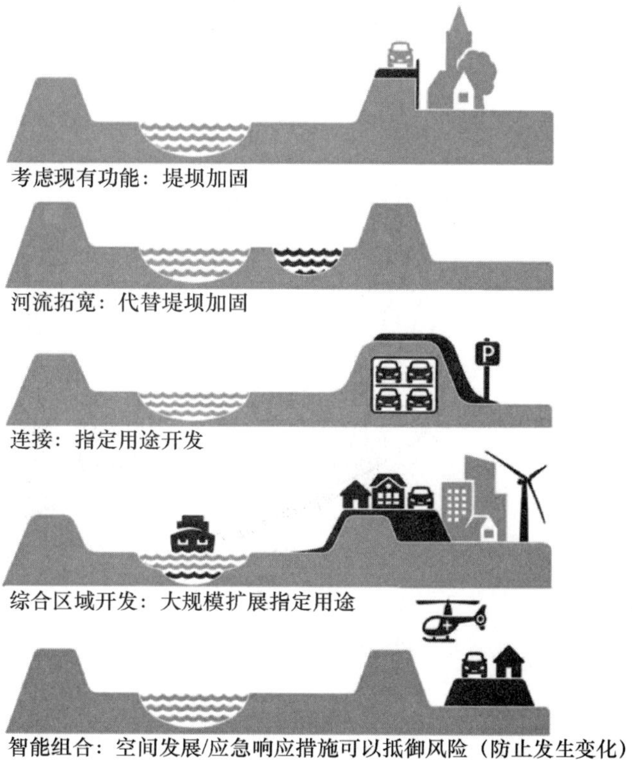

图 8-2-3　与水共同发展，连接水与空间

（资料来源：参考文献［17］）

2. 省级空间规划中的韧性理念——以格罗宁根省为例

格罗宁根省力图通过提高空间规划的韧性来适应气候变化和解决能源枯竭问题，同时将韧性理解为区域随着环境变化而改变的能力，并将韧性的重要特征——“适应性”纳入空间规划中以更好地应对不确定性[13,20]。导致格罗宁根气候变化的重要因素是未来降水的变化和可能发生的海平面上升。能源潜力集中于可再生资源，因此，太阳能、风能、地热、水力和生物质能的潜力都被绘制出来了（图 8-2-4）。规划过程的下一步是将关于区域气候和能源系统的知识转化为干预措施及对策，从而提高格罗宁根省的韧性。这里提供了两种方法：第一种方法旨在将潜在能源地图整合到格罗宁根省的气候适应地图中；第二种方法侧重于战略干预。

在空间规划编制前期，通过绘制该地区能源发展地图（图 8-2-4）和海平面上升风险图（图 8-2-5），将该区域水资源、农业资源、能源资源、海岸线保护、生态发展和城市发展等在空间规划中整合，生成格罗宁根省气候适应地图（图 8-2-6），这张地图代表了格罗宁根省的未来愿景和空间措施。然后基于气候适应地图提出韧性空间战略干预策略（图 8-2-7）。下文对典型干预措施进行了更详细的描述。

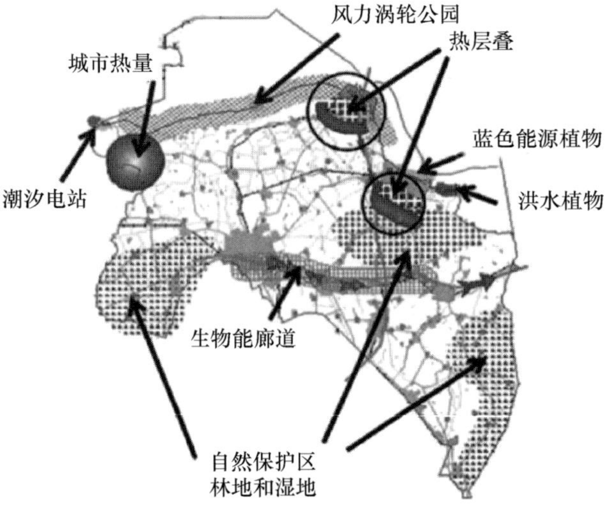

图 8-2-4　能源发展地图

（资料来源：参考文献［13］）

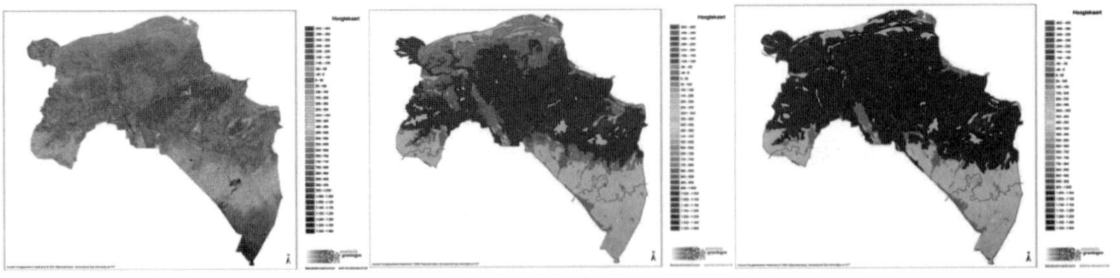

图 8-2-5　海平面上升风险图

（资料来源：参考文献［13］）

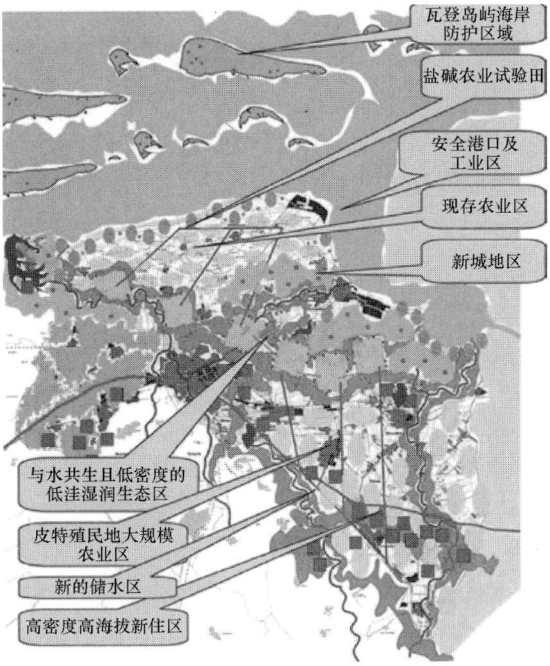

图 8-2-6　基于韧性思想的气候适应空间地图

（资料来源：参考文献［13］）

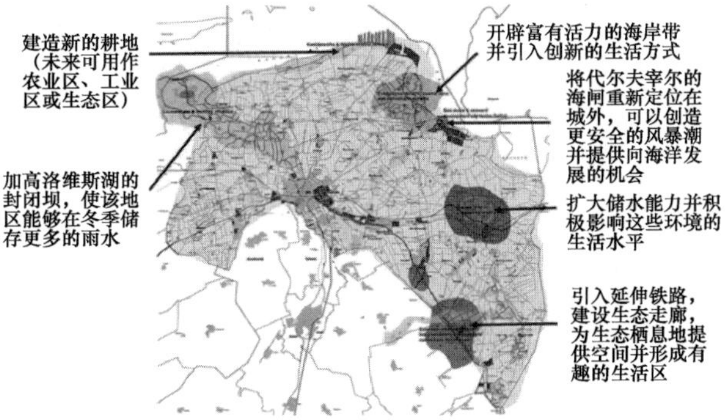

图 8-2-7　格罗宁根省空间规划战略干预地图

（资料来源：参考文献［13］）

（1）洛维斯湖淡水储存方案

战略干预的第一个案例是应对海平面上升和饮用水短缺。在设计中，通过提高湖中的水位将淡水储存在洛维斯湖（图 8-2-8）中。更高的水位使得它能够与上升的海平面保持一致。由于水位上升，整个格罗宁根省的水系统（群）进行自我调整。洛维斯湖水位的上升也意味着瑞特迪普河以及其他小运河、小溪流水位的上升。这种简单的干预措施增加了储存雨水的能力，有助于应对暴雨和城镇潜在的洪水。换句话说，通过解决第一个问题并对洛维斯湖进行干预，整个地区都面临着有效适应气候变化影响的挑战。

（2）布劳威斯塔德

格罗宁根省东部地区历来是荷兰最贫穷的地区，失业率很高，教育水平低。布劳威斯塔德地区是格罗宁根省海拔最低的地区之一，同时由于经常发生强降雨，该地区迫切需要建设

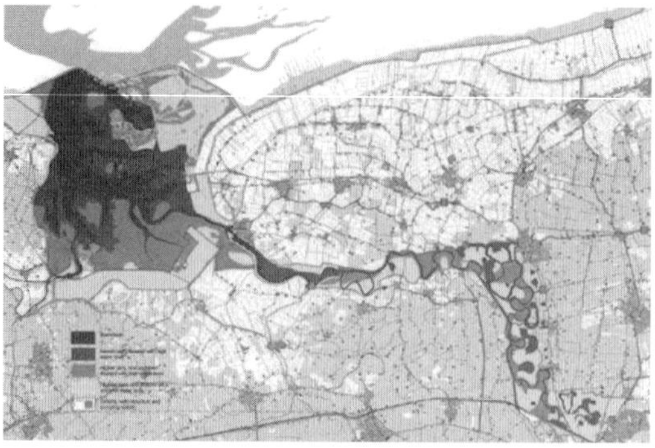

图 8-2-8　洛维斯湖淡水储存方案

足够的蓄水点，加上该地区的发展落后，产生了第二项战略干预措施：环湖建立豪华村庄（图 8-2-9）。这一干预措施使得整个布劳威斯塔德地区经济发展得到了改善，改善了基础设施，增加了大量水资源处理设施，失业人数大幅减少。

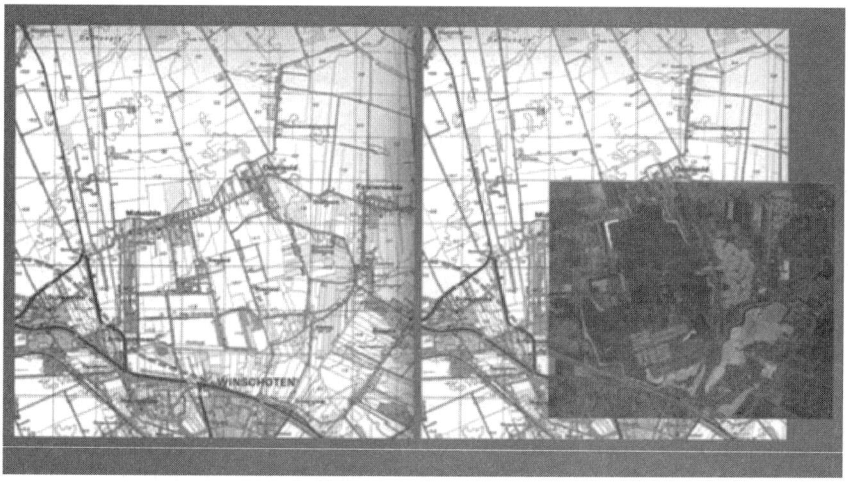

图 8-2-9　格罗宁根省布劳威斯塔德地区的干预措施

（3）动态海岸

在内陆地区，第二道堤坝几乎支撑着全省的每一道堤坝。Eems 港口和 Delfzijl 之间的海岸线是格罗宁根省受灾的高发地区。该海岸线没有第二道堤坝，发生洪水后，洪水将在 24 小时内到达格罗宁根省省会，造成巨大的经济损失。因此，第三项干预措施包括打通现有海堤，并在内地建造另外的堤坝（图 8-2-10）。新老堤防之间的区域将被半永久性地淹没。从生态的角度（微咸的，不断变化的水位）和人类宜居的角度（居住在新建的人工山丘上，潮湿和干燥环境的变化）来说，新老堤防之间的区域出现了动态的环境。洪水进入后又离开，新老堤防之间的区域很容易回到原来的状态。

可以看出，格罗宁根省空间规划侧重战略干预和政策引导，对韧性的理解强调为未来威胁和发展创造空间，通过利用复杂自适应空间系统韧性，使该区域在空间上能够主动做出反应以适应新的环境和发展，体现出的韧性特征如下：（1）前瞻性和智慧创新性。具体空间规划策略包括将洛维斯湖、多拉德湾附近和代尔夫宰尔周边的用地当作“淹水区”和“气候缓冲区”，该区域盐水和淡水的结合使得在交汇处通过创新渗透装置产生的能量成为可能。（2）灵

图 8-2-10　动态海岸

活适应性。例如，利用北岸前面瓦登岛形成新的防护层，充分利用其自然条件提供新的安全区域；将代尔夫宰尔海闸定位在城外，可以创造更安全的环境并提供向海洋发展的机会；将生活区逐渐移至南面更安全的高海拔区域；在盐碱度升高的北岸地区发展盐土农业和水产养殖试验区；加高洛维斯湖的封闭坝使该地区能够在冬季储存更多雨水，将区域内地势最低的地区作为水存储区并创建健康的生态链，利用现有的运河系统灌溉农田；在紧邻的勃土区拓展现有的农业，充分利用新的水系和生态湿地改善后的皮特地区，将其发展成大规模农业区。(3) 多样性。例如，创建功能多样化的高密度地区；倡导物种多样性，在南部地区建设一条强大的生态走廊，为生态栖息地提供空间；依托生物能转化工程打造生物能廊道，在沿岸地区打造风力涡轮公园和潮汐电站等，提高能源利用多样性。(4) 重视自学习能力。强调“在实践中学习”以及“从以往错误中汲取经验”。

3. 市级空间规划中的韧性理念——以鹿特丹市为例

在潜在的气候变化威胁下，韧性理念已逐渐影响鹿特丹土地利用、开发功能及建筑类型的分配方式[20]。市级空间规划将韧性理解为提升城市在冲击和扰动下维持基本功能的能力，侧重具体的结构性规划或更为详细的土地利用规划，韧性的表现形式更具体、更具针对性，也能够更好地实施。鹿特丹市是荷兰在气候变化适应倡议领域的领先城市之一。鹿特丹市是荷兰第二大城市，人口超过 50 万，是该国城市化程度最高的地区之一。鹿特丹的空间规划重点关注基础设施和脆弱地区，并认识到未来的发展是长期和不确定的，将水问题作为空间规划的重点（图 8-2-11)，《鹿特丹气候变化策略 2013》(*Rotterdam Climate Change Adaptation Strategy* 2013)、《鹿特丹区域空间规划 2020》(*Spatial plan in Rotterdam region* 2020)、《鹿特丹水规划 2035》(*Rotterdam Water Plan* 2035) 及《鹿特丹 2030 愿景》(*Rotterdam City Vision* 2030) 等规划文件均对这方面有所涉及[23-24]。

鹿特丹市空间规划策略体现出的韧性理念及特征如下。(1) 前瞻性。《鹿特丹区域空间规划 2020》指出，气候变化“需要采取特殊应对措施，以保护该地区免受洪水和水资源短

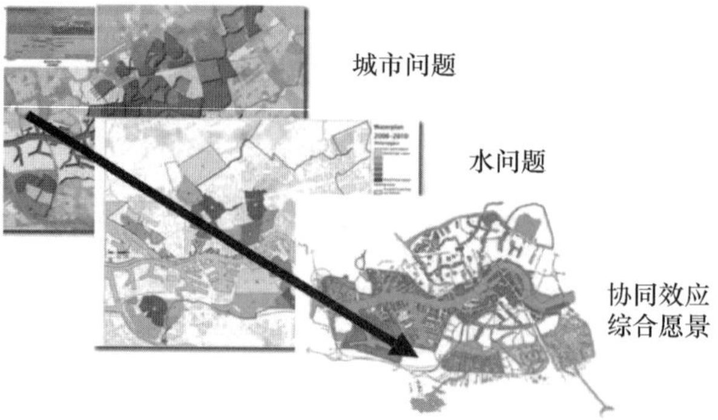

图 8-2-11　鹿特丹空间规划：水问题作为重点之一

（资料来源：参考文献［23］）

缺的影响”，在某些地区“需要扩大水道，调整圩田以暂时储存多余的雨水”；提出多种与水系协调发展的方式，在河口地区为未来预留空白用地，建设堤坝以承受周期性的洪水；将马斯河指定为主要的公共区域，并将水位变化与建筑建设标准相关联。（2）创新性。带动港口工业地区的能源转型，减少土地侵蚀和发展过程中填海的困扰；研究新的储水方法和水保护方法等。（3）冗余性。维持多中心的地域布局，更好地利用现有多中心布局结构。（4）多样性。《鹿特丹水规划 2035》及《气候变化策略》提出硬件防洪（堤坝、障碍物和其他水保护结构）及软件防洪（“防水”设计和开发的施工过程）共同作用（图 8-2-12），具体措施包括：创造兼备雨洪管理和公共活动的多功能城市水广场；利用缓冲地种植适宜淡咸水的植被，突出多样化的种植模式和生态潜力。（5）适应性。打造韧性水系统，更好地适应气候变化带来的影响（图 8-2-13）；提高建筑适应性，拆除河道上的人工建筑物，建造可漂浮在水面上的房屋。（6）独立性。规划相对独立的交通和基础设施系统，如雨洪管理的独立化模块等。（7）相互依赖性。通过改善不同系统方式之间的联系以加强基础设施或运输系统内的“相互依赖性”。（8）多尺度连通性。强调更加广泛的水上公共交通系统和更加平稳的水陆互联关系。（9）高效性。提高公共交通和基础设施的连通高效性，提高城市应急反应能力等。（10）协作性。不仅包括国家与地方政府之间的多层次协作能力，还包括政府、专家、环境保护主义者与当地居民等利益相关者之间的协作，形成上下联动的规划实施管理和响应机制。（11）自组织能力。在规划的决策过程中充分利用社区和媒体力量，加强市民参与，社区或居民自组织能够依靠自身力量快速应对冲击，并逐渐恢复。

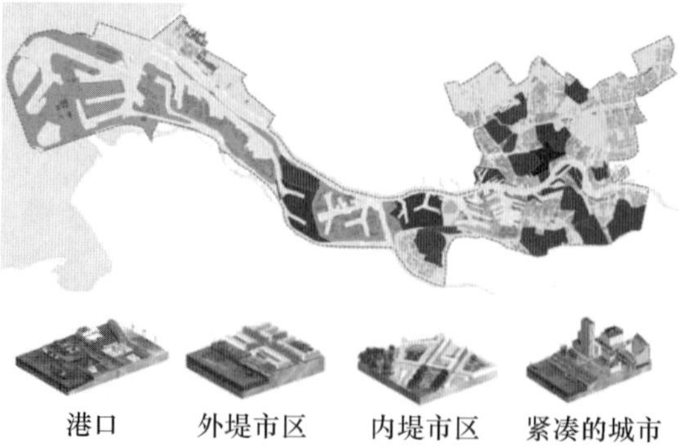

图 8-2-12　鹿特丹气候适应空间策略

（资料来源：参考文献［22］）

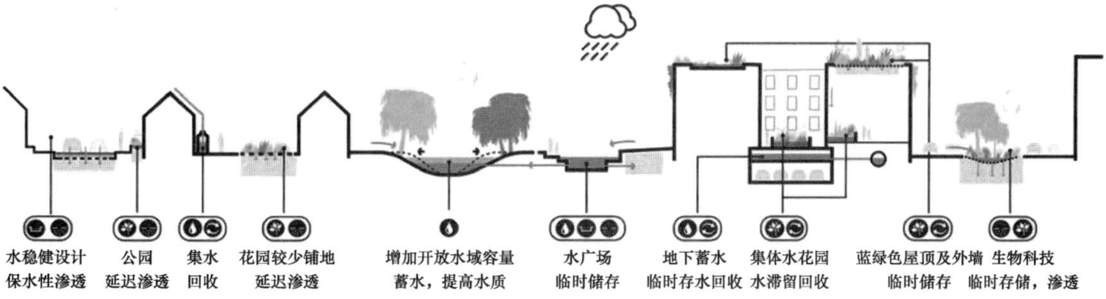

图 8-2-13　鹿特丹气候适应空间策略

（资料来源：参考文献［22］）

三、经验与启示

对荷兰国家级、省级和市级空间规划案例和政策文件的分析结果表明，虽然不是所有韧性特征都能够在规划中得到体现，但是韧性理念始终贯穿于荷兰空间规划全过程和各层级，且不同层级规划的韧性侧重点不同。荷兰发展韧性空间规划的经验对于我国应对灾害风险和气候变化，实现韧性发展带来了一定的启示。

1. 构建面向韧性发展的空间规划框架

依托韧性前瞻性、灵活适应性、创新性、协作性、自组织能力和自学习能力等特征，使韧性空间规划的可预见性更高，规划目标更长远。荷兰空间规划鼓励采取中长期方法，立足于对气候变化、自然环境和城市空间系统的充分了解，这种面向不确定性的长期规划框架在一定程度上增强了韧性，能够提升城市系统受到冲击后恢复的能力。

我国空间规划改革也应重视韧性理念，将韧性纳入空间规划框架和目标。从空间规划与韧性理念的衔接切入，将韧性特征与空间规划各阶段内容相关联，通过韧性监测、韧性评估、韧性实施、韧性管理等步骤将韧性理念与空间规划进行耦合。（1）在空间规划前期准备阶段，利用前瞻性、自学习能力和自组织能力等进行韧性监测。（2）在韧性监测的基础上，结合自然环境、社会经济发展、城市空间布局及基础设施现状等数据进行韧性评估。（3）在韧性实施方面，冗余性、多样性、独立性、相互依赖性和多尺度网络连通性等特征能够构建多模式、多样化的城市安全发展格局。例如，由传统的单中心布局转变为强调多中心、平衡的区域或城乡发展；留出未来城市发展空白用地，为灾害留出缓冲空间，有效限制灾害进一步蔓延并减轻灾害对其他空间的危害。将冗余性、独立性特征纳入基础设施建设考虑，建设分散式或分布式结构，从大型的中央化系统转变为小型的以社区或更小单元为基础的系统，如分散性的供电、供水系统，以防遇到突发事件时造成全面崩溃；将高效性、连通性和相互依赖性特征运用到生命线系统建设中，增加系统连通性，并强调相互备份的重要性。（4）在韧性管理方面，通过构建多级网络体系分散风险，推动空间规划各层级、各部门和各利益相关者间的高效协作性。根据自组织和自学习特征，重视自下而上的韧性参与方式，对地方或社区层面进行韧性指导，使其从容应对突发性事件（图 8-2-14）。

2. 明确各级国土空间规划关注的韧性重点

荷兰不同层级空间规划对韧性的理解和韧性特征的应用不同，所关注的韧性侧重点也不尽相同。国家级空间规划侧重战略性，重视韧性的适应和缓解能力，主要体现预防性和非结构性等特征，如前瞻性、智慧性、协作性、自学习能力和自组织能力等。省级空间规划侧重

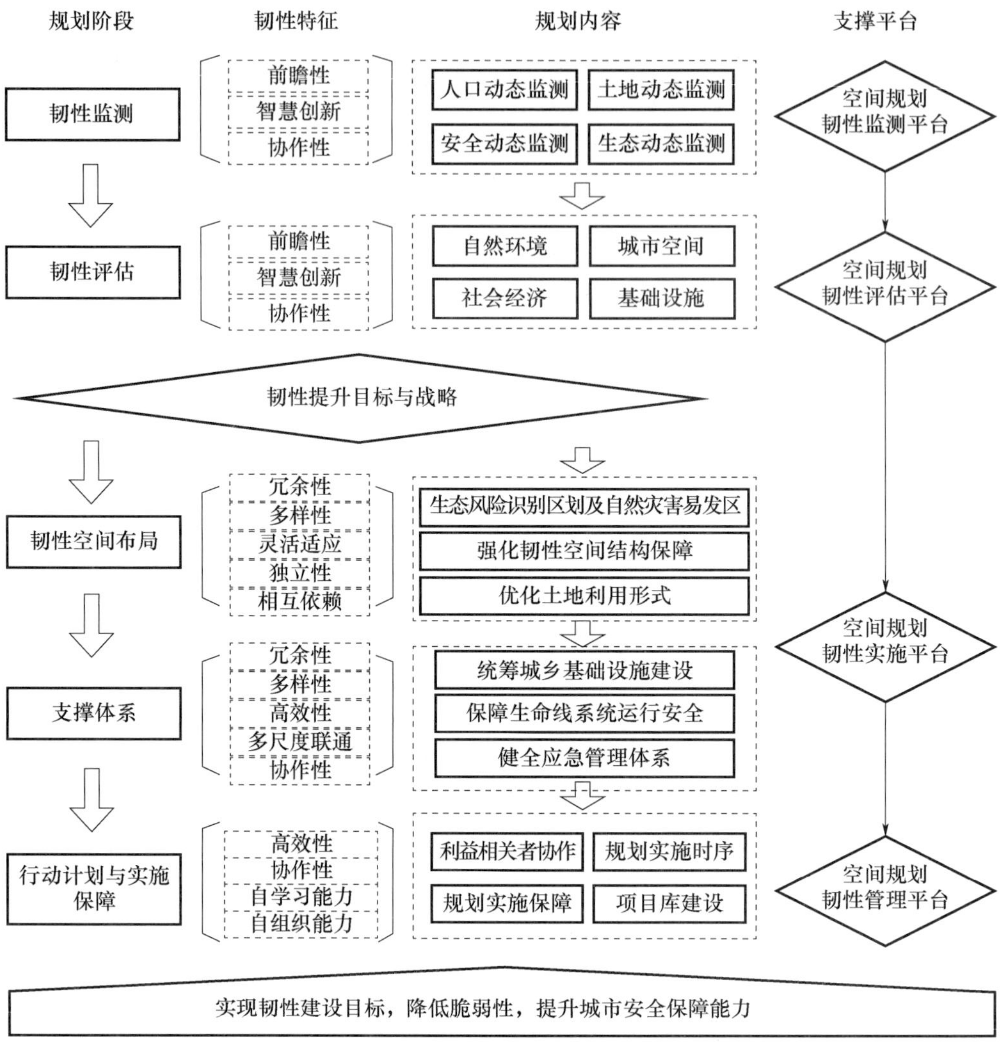

图 8-2-14　面向韧性发展的空间规划建设框架

（资料来源：作者绘制）

协调性和指引性，重视前瞻性、适应性、多样性和自学习能力等特征。市级规划主要是将上级政府政策纳入物质形态规划之中，韧性措施侧重实施性，更重视容易转化为具体空间要素的结构性韧性特征，如冗余性、多样性、独立性、相互依赖性、网络连通性、灵活适应性等。

在我国空间规划编制过程中，需明确各级空间规划关注的韧性重点和深度，确定各级纵向政府规划事权。我国空间规划体系分为国家、省、市、县、乡（镇）五级，在韧性建设中，国家级空间规划应注重战略与目标导向，突出韧性发展目标，提出韧性指标，侧重预防型和非结构型的韧性特征。省级空间规划是对上级规划的落实和对下级规划的指导，应重视韧性管控和引导发展，注重构建多级联动的韧性综合管理平台和多元参与模式，提出市县级空间规划的韧性目标和原则。市、县、乡级规划是空间规划的基础，是进行各类开发的基本依据，应结合自身特点，侧重结构性韧性空间规划，将韧性理念落实到土地利用规划、基础设施规划等详细规划层面，明确韧性发展的约束性和管控性指标，强化对专项规划的指导和约束作用。

3. 完善韧性的监测、评估和预测信息平台

由于气候变化和灾害风险的影响具有不确定性，科学预测和情景模拟作为规划决策的参考越来越重要。因此，体现韧性前瞻性、创新性和自学习能力等特征的韧性监测、评估和预测十分重要。可以看出，荷兰空间规划不仅关注现状，还关注趋势和未来威胁，并通过科学预测识别和评估风险等级和干扰的可能性，例如，荷兰《国家水规划》和《水愿景规划》都有相关策略来定义和评估气候风险概率和潜在的干扰；从格罗宁根省案例中的气候变化和能源潜力地图也能够较好地理解区域空间潜力，风险评估结果可以用来对高风险区域（地质灾害多发区或洪水高风险区）进行避让。

因此，建立空间规划韧性监测、评估和预测平台是我国空间规划的基础和韧性发展的前提，可以在国土空间基础信息平台的基础上建立韧性信息系统。首先，通过收集整理规划现状情况和韧性关键指标的跟踪反馈，建立韧性监测平台。其次，建立韧性空间量化评估模型，进行空间韧性评估，并设置优先级。根据评估结果，完善生态风险和自然灾害易发区识别区划，为下一步空间规划布局提供数据支撑。最后，在韧性监测和评估的基础上，构建科学完整的韧性预测平台。

4. 重视韧性规划实施与管理机制

荷兰空间规划，重视规划的管理、实施和利益相关者之间的协作，重视专家咨询、公众参与，能够在规划和实施过程中协调各方面的利益冲突。例如在鹿特丹案例中，包括环境主义保护者、非政府组织和科研机构等在内的不同利益集团共同参与协作网络并做出决策。三角洲法案评估委员会也提出实施阶段需要复杂利益相关者的共同参与，需要健全的规划实施、管理保障机制来保证利益相关者的干预权力并引导地区实现更大的韧性。

在我国空间规划编制过程中，也应重视规划实施和管理过程中利益相关者的协作，强调政府、专家和公众等不同利益相关者的积极参与和协作，形成多层级协作的实施管理机制，共同促进规划实施，落实韧性规划措施。

四、小结

在新的形势和挑战下，将韧性理念融入空间规划可以提升适应性并促进区域和城市的可持续发展。对荷兰空间规划中的韧性理念和特征进行梳理分析，可以发现韧性理念始终贯穿于荷兰空间规划，不同层级规划均体现了韧性特征并强调了不同的侧重点。这样面向不确定性的韧性发展方式在一定程度上会将规划目标转变为更具灵活适应性的规划形式，提升空间韧性，而当空间更具韧性时，也更容易促使利益相关者为该地区韧性发展做出贡献。但是韧性是一个广泛的概念，在应用过程中容易变得模糊和抽象，因此在将韧性理念融入我国空间规划框架时需明确韧性理念的内涵与外延，突出各级空间规划关注的韧性重点和应具备的韧性特征，并强调利益相关者之间的协作。

（鲁钰雯，钟光淳）

参考文献

[1] 周姝天，翟国方，施益军．英国空间规划经验及其对我国的启示［J］．国际城市规划，2017，32（4）：82-89.

［2］GODSCHALK D R. Urban hazard mitigation：creating resilient cities［J］. Natural hazards review，2003，4（3）：136-143.

［3］SALT D. Resilience practice：building capacity to absorb disturbance and maintain function［J］. Ecological restoration，2014，32（2）：214-215.

［4］FLEISCHHAUER M. The role of spatial planning in strengthening urban resilience［J］. Resilience of cities to terrorist and other threats，2008，4（21）：273-298.

［5］中共中央 国务院关于建立国土空间规划体系并监督实施的若干意见［N］. 人民日报，2019-05-24（001）.

［6］王凯. 国家空间规划论［M］. 北京：中国建筑工业出版社，2010.

［7］张永姣，方创琳. 空间规划协调与多规合一研究：评述与展望［J］. 城市规划学刊，2016，12（2）：78-87.

［8］多米尼克·斯特德，文森特·纳丁. 欧洲空间规划体系和福利制度：以荷兰为例［J］. 国际城市规划，2009（2）：71-77.

［9］KLIJN F，VAN BUUREN M，VAN ROOIJ S A M. Flood-risk management strategies for an uncertain future：living with Rhine River Floods in the Netherlands［J］. AMBIO：a journal of the human environment，2004，33（3）：141-147.

［10］BRUIJN K M. Resilience and flood risk management［J］. Water policy，2004（6）：53-66.

［11］VOOGD H. Combating flooding by planning：Some dutch experiences［J］. DISP-the planning review，2012，42（164）：50-58.

［12］曹哲静. 荷兰空间规划中水治理思路的转变与管理体系探究［J］. 国际城市规划，2018，33（6）：68-79.

［13］ROGGEMA R. The use of spatial planning to increase the resilience for future turbulence in the spatial system of the Groningen Region to deal with climate change［M］. Swarm planning. Dordrecht：Springer，2014：117-161.

［14］LU P，STEAD D. Understanding the notion of resilience in spatial planning：a case study of Rotterdam，the Netherlands［J］. Cities，2013，35（4）：200-212.

［15］Ministry of Infrastructure and the Environment. National water plan 2016-2021［R/OL］.（2015）［2018-08-05］. https：//www. government. nl/documents/policy-notes/2015/12/14/national-water-plan-2016-2021.

［16］Delta Commissie. Working together with water-a living land builds for its future［R/OL］.（2017）［2018-08-06］. https：//www. rijksoverheid. nl/deltaprogramma.

［17］Ministry of Infrastructure and the Environment. National policy strategy for infrastructure and spatial planning［R/OL］.（2011）［2018-08-06］. https：//www. rijksoverheid. nl/ienm.

［18］RIJKE J，HERK S V，ZEVENBERGEN C，et al. Room for the river：delivering integrated river basin management in the Netherlands［J］. International journal of river basin management，2012，10（4）：14-19.

［19］VEN G P V D. Man-made lowlands：history of water management and land reclamation in the Netherlands［J］. Agricultural water management，1994，26（2）：150-152.

［20］HUYINK W. Startdocument voor een nieuw Omgevingsplan Groningen［R］.

Groningen：Provincie Groningen，2006.

［21］STEAD D，TAŞANKOK T. Urban resilience，climate change and land-use planning in Rotterdam［M］. Dordrecht：Springer Netherlands，2013：211-217.

［22］Rotterdam Climate Initiative. Rotterdam climate change adaptation strategy［R/OL］.（2013）［2018-09-01］. https：//www. rotterdamclimateinitiative. nl.

［23］Province of Zuid-Holland and Gemeente Rotterdam. Ruimtelijk plan Regio Rotterdam 2020［R］. The Hague：Province of Zuid-Holland，2005.

［24］Rotterdam Gemeente. Stadsvisie Rotterdam 2030［R］. 2007.

第三节　加拿大魁北克市绿色雨洪基础设施选址研究

在气候变化和城市化的影响下，城市地区的生态环境负荷加重，回流、雨污溢流和水质恶化等一系列雨洪管理问题屡见不鲜。绿色雨洪基础设施因其多功能性而受到关注，但现有的绿色雨洪基础设施选址方法通常聚焦于雨洪削减这一单一效益，而忽略了其社会和环境效益。加拿大魁北克市博波尔区的绿色雨洪基础设施选址决策系统将绿色雨洪基础设施的多种效益统筹考虑，有助于提升绿色雨洪基础设施的社会认可度和实施效果。本节在界定绿色雨洪基础设施及其效益的基础上，以加拿大魁北克市博波尔区的实践为例，详细介绍选址决策系统的设计与应用，以期为我国海绵城市建设中绿色雨洪基础设施的规划选址、建设和管理提供参考和借鉴。

一、背景介绍

在快速的城市化进程中，高强度的人类活动使大量自然空间遭到侵占和破坏，城市地区不透水下垫面的比例显著增加，原有的自然水文生态过程被阻断[1-2]。与此同时，全球气候变化增加了极端天气气候发生的概率和强度，导致极端暴雨天气频发，短历时暴雨强度增加，极端降雨天数增加[3-4]。城市化和气候变化的影响造成城市地区地表径流峰值增加，径流总量增大，汇流时间缩短，径流污染物负荷加剧，引发排水系统回流、溢流以及水质恶化等一系列雨洪管理问题。依靠传统灰色基础设施的“硬排水”模式难以应对复杂的城市雨洪问题[5-6]。随着全球环境保护和可持续发展理念的普及，城市雨洪管理的目标从单纯的实现“雨水快排和内涝控制”向“污染削减、源头控制、城市景观改善、投入产出效益最大化”等综合目标转变。绿色雨洪基础设施（GSI：Green Stormwater Infrastructure）正在替代传统的灰色基础设施[7-9]。

与灰色基础设施不同，绿色雨洪基础设施除了调整水文特征、改善水质等基础功能之外，还兼具提升城市空间品质与应对气候变化的韧性等多种功能。另外，虽然绿色雨洪基础设施对雨水有着很好的处理能力，具有较高的综合效益，其建设成本却不菲。以我国海绵城市建设为例，总建设成本为 1.6 亿～1.8 亿元/m^2，其中渗、滞、蓄等源头绿色雨洪基础设施项目投资约占 1/3，巨大的资金需求无疑成为绿色雨洪基础设施大规模实施的阻碍[10]。此外，2016 年，半数以上海绵城市建设试点城市出现的严重内涝引起了公众对绿色雨洪基础设施作用的质疑[11]。国外实践经验表明，绿色雨洪基础设施是雨洪管理的强有力系统，但其性能的发挥仍然因设计、安装以及场地条件而有所不同[12]。面临资金与社会舆论的双重压力，在规划和实施绿色雨洪基础设施时，审慎选择绿色雨洪基础设施的布置场地以确保最优水文性能的实现，最大限度发挥绿色雨洪基础设施的综合效益是非常重要的[9,13-15]。然而，现有的选址方法往往聚焦于雨洪削减的单一目标，绿色雨洪基础设施的综合效益并未凸显[16]。虽然若干绿色雨洪基础设施实施决策方法已经发展成形，但其中大部分无法帮助决策者在城市区域内确定适合布置绿色雨洪基础设施的场地，仅仅是为预定地点选择合适的基础设施类型提供了支撑[17-18]。

加拿大魁北克市博波尔区（Beauport，Québec City）在实施绿色雨洪基础设施的过程中，探索出一种参与式决策系统，该系统旨在帮助城市在气候变化的背景下优化绿色雨洪基础设施的选址，以降低城市脆弱性作为实施绿色雨洪基础设施的目标，将绿色雨洪基础设施多种效益统筹考虑，并为各领域专家、官员和公众提供信息共享。该系统应用于社区中，识别出数个能够发挥绿色雨洪基础设施综合效益的布点。拟通过对该决策系统的介绍，为我国绿色雨洪基础设施选址提供借鉴。

二、绿色雨洪基础设施的概念内涵

1. 概念界定

绿色雨洪基础设施的概念由绿色基础设施的概念发展而来。绿色基础设施的理念雏形可追溯到150多年前的美国自然规划与保护运动，而后几经发展。1999年，美国保护基金会（The Conservation Fund）和农业部森林管理局（USDA Forest Service）组织的工作小组首先对绿色基础设施做出定义，即绿色基础设施是由水道、湿地、森林、野生动物栖息地和其他自然区域，绿道、公园和其他保护区域，农场、牧场和森林，以及荒野和开敞空间所组成的相互连接的网络。此后，随着绿色基础设施理论的进一步发展，英美等国的相关政府机构、行业协会也分别给出定义，绿色基础设施的内涵不断深化，经历了从宏观的区域绿地网络架构到中微观的土地开发和雨洪管理策略的发展过程[19]。随着雨洪控制利用在绿色基础设施中的地位日趋重要，西雅图公共事业局（Seattle Public Utilities）提出了“绿色雨洪基础设施”这一概念，特指应用于城市雨洪管理领域的一类绿色基础设施。鉴于此，也有学者将绿色雨洪基础设施称作狭义的绿色基础设施[20]。

在我国海绵城市的术语中，绿色雨洪基础设施充当着海绵城市最终落实的“海绵体”角色。充分发挥绿色雨洪基础设施在“渗、滞、蓄、净、用、排”等方面的雨洪管理服务功能是海绵城市建设的核心[5]。绿色雨洪基础设施按不同的空间尺度可以划分为宏观、中观和微观三个层面，分别对应海绵城市建设中的超标雨水径流排放系统、雨水管渠系统和低影响开发雨水系统，贯穿于城乡规划编制的各个层面。其中，微观层面的详细规划强调绿色雨洪基础设施在建设方案上的落实，该层面的绿色雨洪基础设施规划可操作性最强，是海绵城市建设中雨洪管理效果最明显的尺度[2,21]。本节所介绍的选址策略正是基于微观层面的绿色雨洪基础设施展开的。

2. 特有效益

雨洪削减是绿色雨洪基础设施最基础的效益，也是其与灰色基础设施的相似之处。然而，真正使绿色雨洪基础设施有别于灰色基础设施的，是除雨洪削减之外的其他效益，如社会效益和环境效益等[16,22]。

基于各城市雨洪管理实践进展、气候类型以及政府管理体制等因素的考虑，达格奈斯等（Dagenais et al.）选取了美国波特兰（Portland）、费城（Philadelphia），德国康斯博格（Kronsberg）以及加拿大多伦多（Toronto）四个大规模实施绿色雨洪基础设施的城市进行了案例研究。总体而言，在社会效益方面，绿色雨洪基础设施能够为居民提供具有生态功能的自然景观，提升生活质量以及增强美感、娱乐性、教育性等方面的体验；在环境效益方面，绿色雨洪基础设施有助于改善空气质量，节约能源，缓解城市热岛效应，增加生物多样性（表 8-3-1）[16,23]。各城市的特有效益存在差异，例如，波特兰、费城和多伦多更加注重对生活质量的改善，包括提升空气质量和提供绿色休闲场所；康斯博格在这几方面则显得不够重视。事实上，效益上的侧重与各个城市雨洪管理实践的推动力和主要目标密切相关。波特兰、费城和多伦多是在水质恶化、合流制溢流（combined sewer overflows）反复发生的背景下，受到相关法律法规的约束而开展雨洪管理实践的，其雨洪管理的主要目标在于恢复流域健康（watershed health），提升人居环境质量。康斯博格作为一个展示可持续发展理念的新区，其雨洪管理的主要目标在于维持场地的水量平衡（water balance）[23]，在其雨洪管理实践中，落实国际景观和规划设计竞赛的最新理念，展示公共空间的美学吸引力成为更受关注的方面，景观设计也因此比工程技术受到更多关注[16]。从这个层面来看，波特兰、费城和多伦多的经验更具普适性，因为许多城市的现有情况与它们当时面临的情况相似[16,23]。魁北克借鉴波特兰、费城和多伦多的经验，并加入了降低城市脆弱性的考虑。

表 8-3-1　绿色雨洪基础设施的特有效益

效益类型		波特兰	费城	康斯博格	多伦多
社会效益	增强美感	√	√	√	√
	增强宣传教育	√	√	√	√
	绿化空间	—	√	√	√
	提升生活质量	√	√	—	√
	提供绿色休闲场所	—	√	—	√
环境效益	空气质量	√	—	—	√
	生物多样性	√	√	√	√
	节约能源	√	√	√	√
	降低热岛效应	√	√	√	√

资料来源：作者根据参考文献［16，22-24］分类整理。

三、综合效益最大化的选址方法

1. 试点区概况

在魁北克南部，受到气候变化的强烈影响，降雨强度不断增加。与此同时，城市化地区的不断扩展导致不透水下垫面的增加和植被覆盖率的减少。以魁北克省蒙特利尔大都市区（Montreal Metropolitan）为例，城市化地区的面积每年增加 10km^2，林地面积相应削减 7km^2。加拿大可持续发展部（The Ministry of Sustainable Development）的公告显示，魁北克省各城市雨污合流制管网溢流的发生频率在每年 50 次以上[23]。试点区位于加拿大魁北克省魁北克市博波尔区（图 8-3-1），地处圣劳伦斯河（Saint Lawrence River）沿岸的河谷地带，地势低洼，地形平坦。该区属温带大陆性湿润气候，四季分明，降水充沛，年均降水量达 1190mm[25]。全区面积为 74.07km^2，2016 年人口数量为 80817 人，人口密度为 1091 人/km^2[26]。该区 51%的面积为不透水下垫面，拥有工业、商业和住宅等多种功能区（图 8-3-1），每个功能区在水质、可用空间、产权划分等方面各不相同，因此选取博波尔区开展试点具有典型性和代表性。此外，当地政府官员强烈的参与意愿也是促成在此开展试点的原因之一[27-28]。

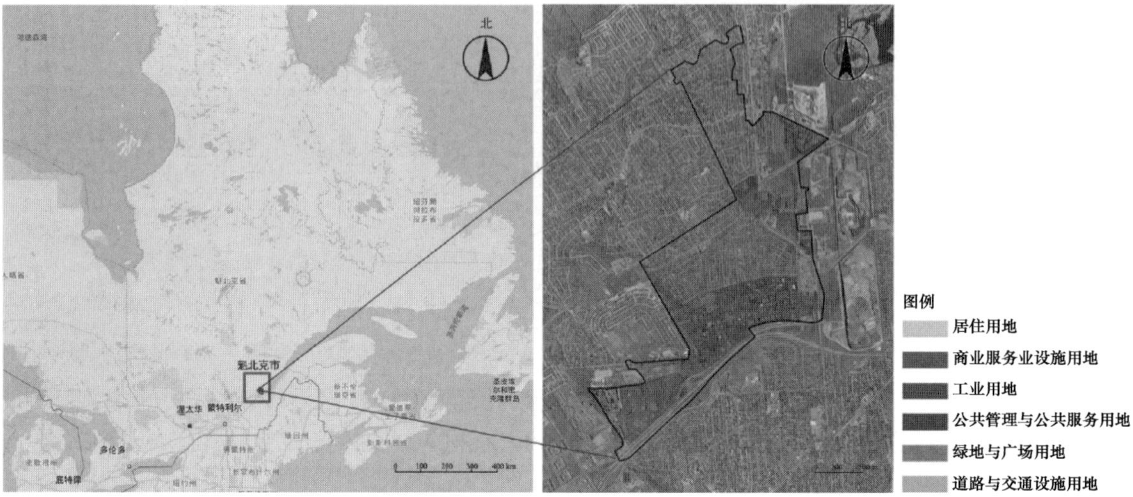

图 8-3-1　试点区区位与土地利用图

（资料来源：作者根据参考文献［23］在谷歌地图上标注）

2. 选址决策系统及其应用

项目团队开发出一种基于地图的选址决策系统[18]，该系统在魁北克市举办的跨学科研讨会中得到了完善——可以用来确定绿色雨洪基础设施的布点，并选择最适合该地点的绿色雨洪基础设施类型。系统由四个步骤组成（图 8-3-2），每一个步骤都需要使用地理信息系统创建一个或多个地图，通过叠加这些地图可以识别出潜在的需要实施绿色雨洪基础设施进行干预的地方[26]。下面将对这四个步骤做具体介绍。

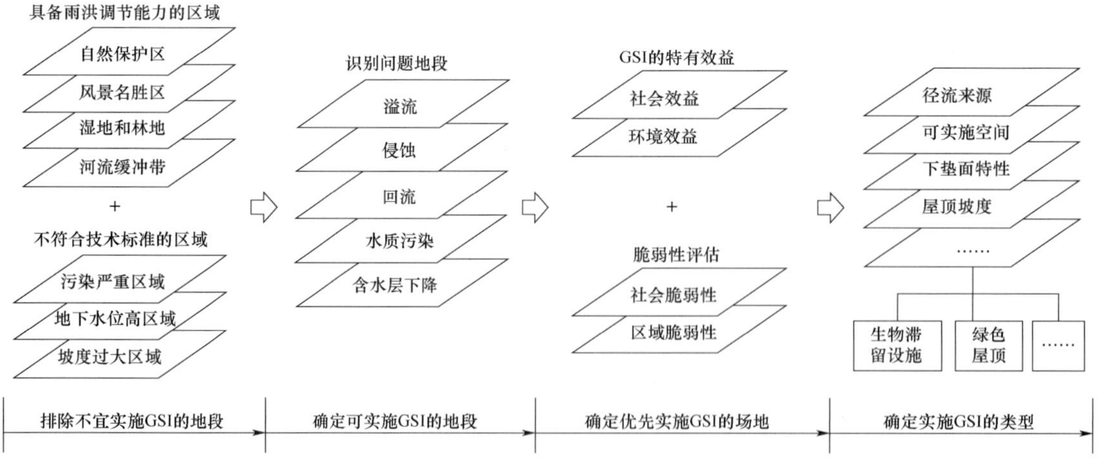

图 8-3-2　绿色雨洪基础设施选址决策系统的一般流程

（资料来源：作者根据参考文献［18，28］绘制）

（1）步骤一

排除不宜实施绿色雨洪基础设施的地段

地段被排除的原因主要有两种：一是该地段具备天然的雨洪调节能力，如自然保护区、风景名胜区、河岸缓冲带、湿地和林地等；二是该地段不符合雨洪管理手册中的相关技术标准，即污染严重的地段（因生产、储存、处理燃料或其他有害物质而产生严重径流污染的地段）、坡度过大的地段以及地下水位过高的地段均不适宜实施绿色雨洪基础设施。在规划实践中排除不宜实施绿色雨洪基础设施的地段，有利于从源头进行雨洪管理并尽量减少绿色雨洪基础设施实施给场地带来的改变[29]。本步骤需使用自然保护区图、风景名胜区图和林区图等识别出具备天然雨洪调节能力的地段；使用地下水水位图、土地利用现状图、坡度图、水文土壤图等识别出不符合技术标准的地段。

具体到试点区，作为参照的相关标准源于《多伦多地区低影响开发雨洪管理指南》(*Low Impact Development Stormwater Management Manual of the Nearby Toronto Region*)[17]、可持续发展部的雨洪管理指南，以及此前魁北克省应对环境和气候变化的实践。根据上述标准，坡度≥5%的地段应当被排除，以确保进入生物截留地段的径流量足够小，能够适当过滤和下渗雨水；地下水位与绿色雨洪基础设施底部的距离≤1.2m 的，以及因生产、储存、处理燃料或其他有害物质而产生严重径流污染的地段也不宜实施绿色雨洪基础设施[17]。通过将自然保护区图、风景名胜区图、林区图、地下水位图、土地利用现状图、坡度图和水文土壤图叠加，识别出不宜实施绿色雨洪基础设施的地段（图 8-3-3）。

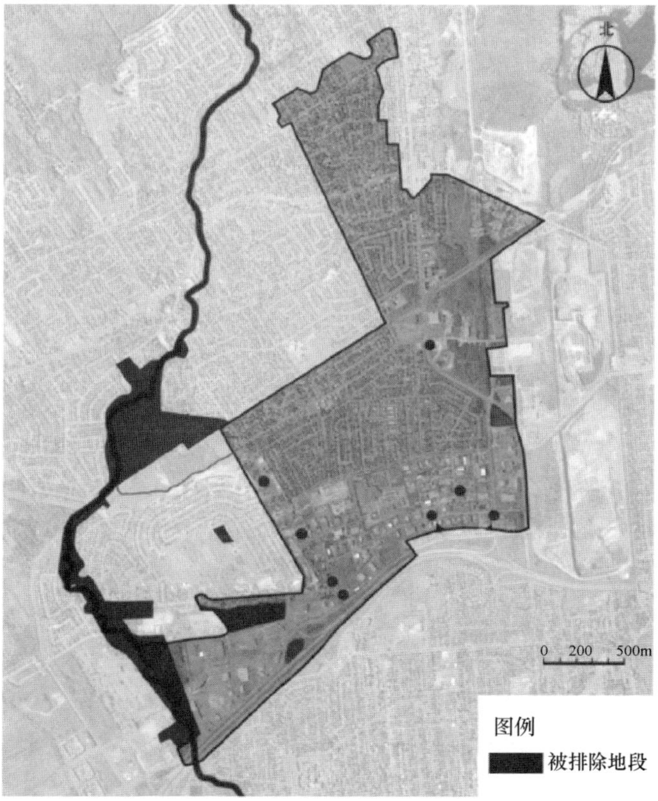

图 8-3-3　不宜实施绿色雨洪基础设施的地段

（资料来源：作者改绘自参考文献［23］）

（2）步骤二

根据水文调整目标确定可实施绿色雨洪基础设施的地段

在排除不宜实施绿色雨洪基础设施的地段后，根据水文调整的目标初步确定需要通过实施绿色雨洪基础设施进行干预的地段。水文调整目标包括减少合流制溢流、控制侵蚀、减少污水管道堵塞、改善水质、补给含水层等。这一步需要结合含水层分布图、地下水水位图、排水系统图、雨洪问题分布图等对引起溢流、侵蚀、回流、水质污染、含水层下降等问题的区域进行准确识别。

试点区面临的主要雨洪问题是溢流，以减少合流制溢流发生的频率和规模为目标，通过对地下水位图、溢流点分布图和排水系统图的分析，识别出反复发生溢流的地段。

（3）步骤三

确定优先实施绿色雨洪基础设施的场地

步骤三的基本思路是依据潜在的社会效益、环境效益、社会脆弱性（social sensitivity）和区域脆弱性（territorial sensitivity）确定需要优先实施绿色雨洪基础设施的场地。其中，可能产生环境效益的场地，根据环境问题数据进行识别绘制；可能产生社会效益的场地，通过城市规划确定的目标和各类政府文件来确定。城市规划目标和各类政府文件实际上承载着已达成共识的公众关切和愿望，通过分析城市规划目标和政府文件有助于识别区域问题[14]。对社会脆弱性和区域脆弱性的分析是确定各场地实施绿色雨洪基础设施优先次序的关键一步。社会脆弱性是通过选取与社会系统相关的人口和社会经济的关键指标体系，计算社会脆弱性指数（social vulnerability index）来衡量，制作社会脆弱性地图的目的是识别对风险更为敏感的人群分布情况。区域脆弱性的评价借鉴了德科勒等（Dercole et al.）的评价方法，选取居民生活需求、城市保障系统、经济活动、城市管理四大类指标进行分析[30]，制作区域脆弱性地图的目的是识别面临一定风险的重要基础设施。最后，通过将可能产生社会效益和环境效益的场地分布图与社会脆弱性、区域脆弱性地图叠加在一起，以确定优先实施绿色雨洪基础设施的场地[28]。

可能产生环境效益的场地依据公共部门提供的空气质量和热岛等环境问题数据进行识别绘制。例如，潜在的热岛效应区域是依据魁北克省公共卫生研究所（Public Health Institute）绘制的地图确定，该地图中标识有白天地面温度偏高的区域（图 8-3-4）。可能产生社会效益的场地依据《魁北克城市社区规划》（*The Québec Urban Community Planning Diagram*）、《城市发展综合规划》（*The Planning and Development Master Plan*）以及各种配套文件的规划目标和项目团队实地考察的结果进行绘制（图 8-3-5）[28]。

根据试点区具体情况，社会脆弱性评价中选取了居民总数及其变化、75 岁及以上人口比例、14 岁及以下人口比例、有 3 个孩子及以上家庭的比例、单亲家庭的比例、失业率、低收入者比例、租房比例、移民比例、少数族裔比例和 25 岁及以上人口中文盲比例 12 项指标，老年人、儿童和新近移民等被认为是弱势群体。在对主要因素进行分析后，将每项指标的分值按区域汇总并绘制成图［图 8-3-6（a）］。区域脆弱性在居民生活需求方面选取老人住房、社会住房、普通住房、卫生服务机构、中小学及幼儿园、图书馆、社区娱乐和体育中心分布等指标进行分析；城市保障系统方面选取交通设施、通信设施、电力设施、污水处理设施、危险品生产及仓储场所等指标进行分析；经济活动方面选取工业建筑、商业建筑分布等指标进行分析；城市管理方面选取警察局、消防局分布等指标进行分析[30]。将每项设施的分值按区域汇总并绘制成图［图 8-3-6（b）］。将社会脆弱性、区域脆弱性地图叠加得到脆弱性综合分析图［图 8-3-6（c）］[28]。

图 8-3-4　试点区热岛图

（资料来源：作者改绘自参考文献［23］）

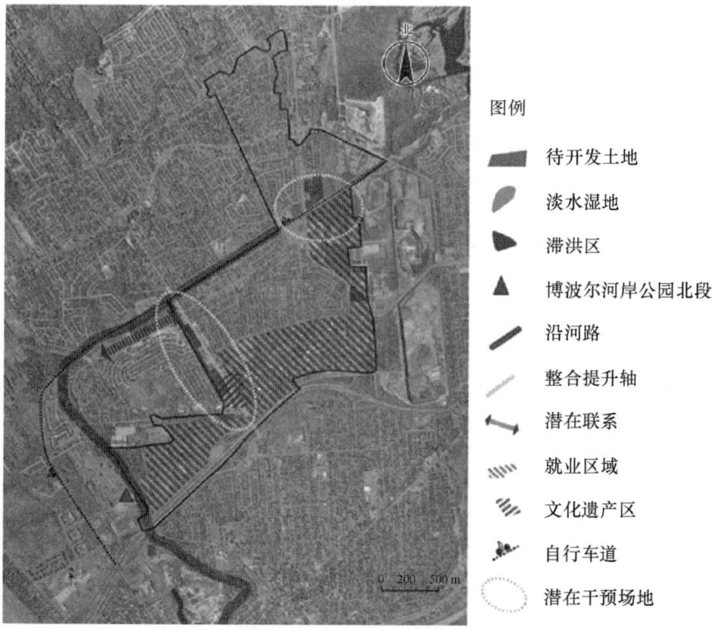

图 8-3-5　根据城市规划目标确定的可能产生社会效益的场地

（资料来源：作者改绘自参考文献［28］）

综合社会效益、环境效益、社会脆弱性和区域脆弱性分析结果，识别出两个需要优先实施绿色雨洪基础设施的场地（图 8-3-7）。该地段可以提供所有的特有效益并且具有较高的区域脆弱性和社会脆弱性。

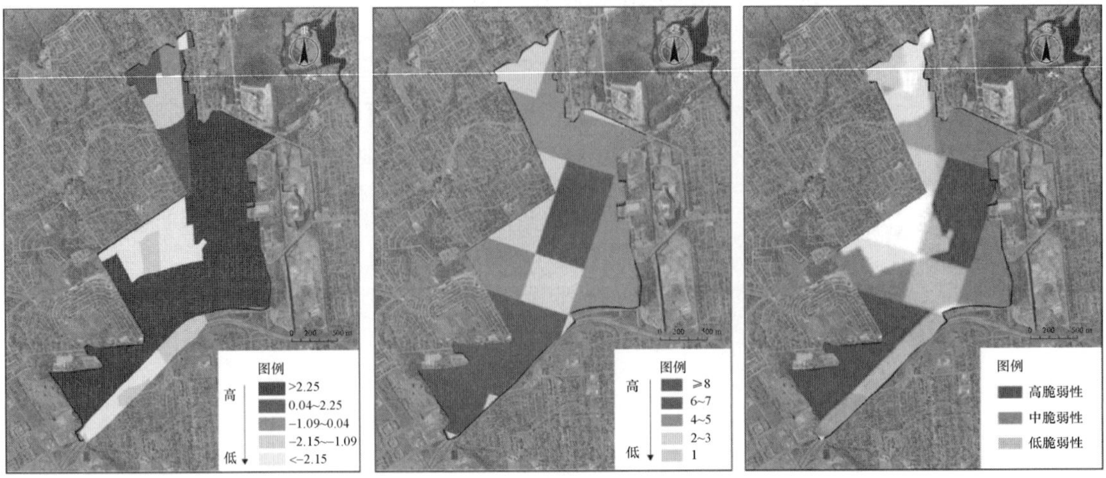

(a) 社会脆弱性　　　　(b) 区域脆弱性　　　　(c) 脆弱性综合分析

图 8-3-6　社会脆弱性、区域脆弱性与脆弱性综合分析

（资料来源：作者改绘自参考文献［28］）

图 8-3-7　优先干预场地

（资料来源：作者改绘自参考文献［28］）

（4）步骤四

确定实施绿色雨洪基础设施的类型

根据步骤一中使用的雨洪管理相关技术标准，综合考虑场地径流来源（径流质量）、可供实施绿色雨洪基础设施的空间、下垫面特性（透水或不透水）、屋顶坡度等因素，确定试点区优先场地实施绿色雨洪基础设施的类型。本步骤需使用水文图、土壤图来判断径流的来源和质量，使用航拍图以识别平屋顶、可用空间以及下垫面类型。

在步骤一中雨洪管理相关技术标准（表 8-3-2）及试点区建成环境的约束条件下，优先考虑实施绿色屋顶（green roof）和生物滞留池（bioretention）等源头绿色雨洪基础设施（at-source GSI）项目。排水区、水质、土壤渗透性、屋顶坡度、可利用的透水下垫面等因素共同决定了安装源头绿色雨洪基础设施的类型（绿色屋顶、生物滞留池）。

表 8-3-2 试点区确定绿色雨洪基础设施类型的依据

绿色基础设施	类型	径流源头	最大排水面积	大小	土壤入渗能力	最大坡度	预计径流削减
绿色屋顶	轻型	降水	不适用	屋顶面积	不适用	坡度小于10%，最好是平屋顶	45%～55%
	重型						
生物滞留设施	完全渗透	屋顶、草坪、绿地、低交通流量的住宅区道路	1hm²	排水面积的5%～10%（不低于20m²）	25mm/h以上（48h内下渗完毕）	在低密度地区、滞留池内缘坡度比为2∶1或者更低，在高密度地区为垂直面	85%
	部分过滤（暗渠）	停车场、工业区、商住区、交通流量较高的道路			渗透能力有限		45%
	部分过滤+暗排水				不适用		
	过滤				下渗能力非常低		

资料来源：作者根据参考文献［23，28］整理

四、我国微观层面绿色雨洪基础设施规划要点

在我国海绵城市建设过程中，微观层面绿色雨洪基础设施规划一般包括现状调研、目标设定、用地选择与优化、设施比选、设施布局与设施规模确定等关键环节。根据前述决策系统的一般流程，此处选取现状调研、目标设定、用地选择与优化和设施比选四个环节进行分析（图 8-3-8）。现状调研阶段，在注重发挥绿色雨洪基础设施基础功能的单一目标导向下，规划区域基础分析及数据库构建主要依据水文气象、地形地貌、竖向设计、土地利用和雨水管网等工程技术领域的数据资料[21]；目标设定阶段，规划围绕“雨洪调蓄”的核心控制目标，注重径流总量控制、径流污染控制、排水防涝和雨水资源利用；用地选择与优化阶段，规划遵从节约用地、兼顾其他用地、综合协调设施布局的基本原则；设施比选阶段，基于“成本—效益”评估的核心逻辑，规划在考虑设施的场地适宜性的同时，注重经济成本与控制功效。整体而言，当前我国微观层面绿色雨洪基础设施规划过程中，仅围绕“雨洪调蓄”的核心控制目标，更加注重绿色雨洪基础设施功能的发挥，对绿色雨洪基础设施的社会、环境等效益尚未给予足够关注，不利于最大限度地发挥绿色雨洪基础设施综合效益。

五、经验与启示

我国海绵城市建设由于起步较晚，建设成本较高，当前还处于初期阶段，以中央和省两级住建、财政部门组织遴选部分城市、项目先行先试的试点模式为主。考虑到海绵城市建设的系统性，在初期的试点阶段应当审慎开展绿色雨洪基础设施的选址工作，识别出最能发挥其综合效益的区域，优先实施绿色雨洪基础设施，以提高社会认可度和实施效果。因此，博波尔区以识别出优先实施场地为目标的决策系统，对于我国尚处于初期阶段的海绵城市规划建设具有重要的借鉴意义。

（1）建构基础分析数据库时应将反映社会、环境效益与脆弱性的指标纳入其中。绿色雨

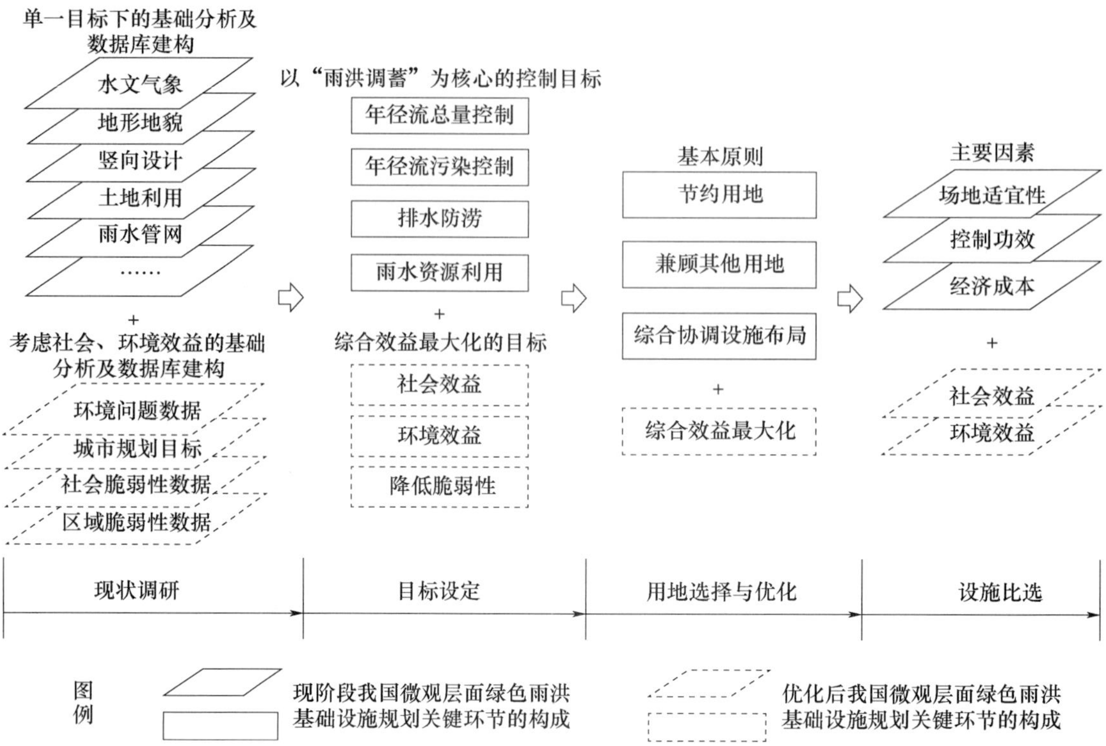

图 8-3-8　我国微观层面绿色雨洪基础设施规划的关键环节及其优化建议

（资料来源：作者绘制）

洪基础设施效益的发挥不仅受到场地自然条件的影响，也会因地段的社会经济属性差异而有所不同。在不同的脆弱性条件下，同等效益的绿色雨洪基础设施也会受到不同的社会评价。海绵城市建设的初期阶段，在确定雨洪问题区域后，根据社会、环境效益以及脆弱性的差异来进一步确定优先实施绿色雨洪基础设施的场地，对于提高项目实施的社会认可度大有裨益。

（2）开展绿色雨洪基础设施选址时应坚持综合效益最大化的目标和原则。绿色雨洪基础设施的理念与灰色基础设施“以排为主”的理念存在根本不同，其内涵更加丰富，在水文调整的目标之外，更肩负着城市景观改善、投入产出效益最大化等多样化目标。在规划目标设定时，应跳出“就水文论水文”的工程思维，运用系统思维，坚持综合效益最大化的目标和原则，将绿色雨洪基础设施视为盘活当地水生态系统的纽带，充分发挥其提升社会、环境效益和降低城市脆弱性的作用。

（3）将绿色雨洪基础设施的社会、环境效益纳入“成本—效益”的评估框架中。现阶段设施比选中，“成本—效益”评估注重经济成本与控制功效，实质上是单一目标导向的体现。为了更加全面地评价绿色雨洪基础设施的效益，应扩充“效益”的内涵，充分考虑绿色雨洪基础设施的社会、环境效益。

（4）建立统一的绿色雨洪基础设施布局和数据管理平台。一个完善的数据管理平台不仅可以在选址与布局阶段提供必要支持，也可在项目实施后进行长期监测，为选址方法的完善和后续布局提供依据。

（5）绿色雨洪基础设施的实施往往需要市政、规划、环保、水利、园林等多个领域的分工与协调。在规划、实施绿色雨洪基础设施时，应注重促进跨学科、跨部门的信息共享以提高系统的综合效益。

六、小结

我国的海绵城市建设处于初期试点阶段，在理论和实践上都需要有更多的探索和学习。本章在明确绿色雨洪基础设施概念的基础上，详细介绍了加拿大魁北克市博波尔区基于综合效益最大化的绿色雨洪基础设施选址决策系统及其应用，为我国海绵城市建设中微观层面绿色雨洪基础设施规划的关键环节提出优化建议，凸显出绿色雨洪基础设施在雨洪削减、社会效益、环境效益等方面的综合效益。

（柯磊，陈晓旭）

参考文献

[1] 史培军，袁艺，陈晋．深圳市土地利用变化对流域径流的影响［J］．生态学报，2001，21（7）：1041-1049.

[2] 刘丽君，王思思，张质明，等．多尺度城市绿色雨水基础设施的规划实现途径探析［J］．风景园林，2017（1）：123-128.

[3] 王奉安．全球气候变化的影响及后果：阈值突变和极端天气气候事件——访中国工程院院士，国家气候中心研究员丁一汇［J］．环境保护与循环经济，2010，30（11）：9-11.

[4] 车伍，杨正，赵杨，等．中国城市内涝防治与大小排水系统分析［J］．中国给水排水，2013，29（16）：13-19.

[5] 徐海顺，张青萍，曹天鸣，等．基于“天·地·城·水”的海绵城市水文生态过程空间模拟研究［J］．现代城市研究，2017（7）：2-8.

[6] 李小静，李俊奇，王文亮．美国雨水管理标准剖析及其对我国的启示［J］．给水排水，2014，50（6）：119-123.

[7] 俞孔坚．景观作为新城市形态和生活的生态基础设施［J］．南方建筑，2011，000（3）：10-10.

[8] 胡宏．绿色基础设施视角下的城市雨洪管治策略——以费城为例［J］．国际城市规划，2018，33（3）：16-22.

[9] KEELEY M，KOBURGER A，DOLOWITZ D P，et al. Perspectives on the use of green infrastructure for stormwater management in cleveland and milwaukee［J］. Environmental Management，2013，51（6）：1093-1108.

[10] 杨秋侠，李学良．基于效益—成本的绿色基础设施规模设计［J］．水资源保护，2018，34（1）：36-41.

[11] 东方早报．30 个试点海绵城市近半现内涝［EB/OL］．［2018-07-07］．http：//money. 163. com/16/0727/13/BT005Q9700253B0H. html.

[12] NYLEN G N，KIPARSKY M. Accelerating cost-effective green stormwater infrastructure：learning from local implementation［R］. Berkeley：Center for Law，Energy & the Environment，U. C. Berkeley School of Law，2015.

[13] EVERARD M, MCINNES R. Systemic solutions for multi-benefit water and environmental management [J]. Science of the total environment, 2013, 461: 170-179.

[14] FRYD O, JENSEN M B, INGVERTSEN S T, et al. Doing the first loop of planning for sustainable urban drainage system retrofits: a case study from odense, denmark [J]. Urban water Journal, 2010, 7 (6): 367-378.

[15] UZOMAH V, SCHOLZ M, ALMUKTAR S. Rapid expert tool for different professions based on estimated ecosystem variables for retrofitting of drainage systems [J]. Computers, Environment and urban Systems, 2014 (44): 1-14.

[16] DAGENAIS D, PAQUETTE S, FUAMBA M, et al. Keys to successful large scale implementation of vegetated best management practices in the urban environment [C]. 12th International Conference on Urban Drainage. Porto Alegre, Brazil, 2011: 11-16.

[17] TRCA/CVCA: Toronto and region conservation authority, credit valley conservation authority. Low impact development stormwater management planning and design guide. Version 1 [EB/OL]. [2018-07-10]. https://sustainabletechnologies.ca/home/urban-runoff-green-infrastructure/low-impact-development/low-impact-development-stormwater-management-planning-and-design-guide/.

[18] DAGENAIS D, PAQUETTE S, FUAMBA M, et al. Participatory design of a decision aid tool integrating social aspects for the implementation of at source vegetated best management practices (SVBMPs) at the neighbourhood level [R]. Lyon: GRAIE, 2013.

[19] 王通，蔡玲．低影响开发与绿色基础设施的理论辨析 [J]．规划师，2015（增刊1）：323-326.

[20] 王思思，李畅，李海燕，等．老城排水系统改造的绿色方略——以美国纽约市为例 [J]．国际城市规划，2018，33（3）：141-147.

[21] 焦胜，戴妍娇，贺颖鑫．绿色雨水基础设施规划方法及应用 [J]．规划师，2017，33（12）：49-55.

[22] 张伟，车伍，王建龙，等．利用绿色基础设施控制城市雨水径流 [J]．中国给水排水，2011，27（4）：22-27.

[23] DANIELLE D, SYLVAIN P, MUSANDJI F. Implantation en milieu urbain de systèmes végétalisés de contrôle à la source des eaux pluviales dans un contexted' adaptation aux changements climatiques: balisage des pratiques québécoises, canadiennes et internationales et développement d'un cadre [R]. Ouranos, 2014.

[24] 张善峰，董丽，黄初冬．绿色基础设施经济收益评估的综合成本收益分析法研究：以美国费城为例 [J]．中国园林，2016，32（9）：116-121.

[25] Wikipedia. Beauport, Quebec City [EB/OL]. [2018-07-15]. https://en.wikipedia.org/wiki/Beauport, _Quebec _City.

[26] 2016 Census, Statistics Canada. Beauport, Québec City [EB/OL]. [2018-07-15]. https://www.centris.ca/en/tools/community-profile/quebec-city-agglomeration/beauport-quebec.

[27] MAILHOT A, BEAUREGARD I, TALBOT G, et al. Future changes in intense precipitation over canada assessed from multi-model NARCCAP ensemble simulations [J].

International Journal of Climatology, 2012, 32 (8): 1151-1163.

[28] DAGENAIS D, THOMAS I, PAQUETTE S. Siting green stormwater infrastructure in a neighbourhood to maximise secondary benefits: lessons learned from a pilot project [J]. Landscape Research, 2017, 42 (2): 1-16.

[29] FLETCHER T D, SHUSTER W, HUNT W F, et al. SUDS, LID, BMPs, WSUD and more-the evolution and application of terminology surrounding urban drainage [J]. Urban water Journal, 2015, 12 (7): 525-542.

[30] D'ERCOLE R, METZGER P. La vulnérabilité territoriale: une nouvelle approche des risques en milieu urbain [J]. Cybergeo: European Journal of Geography, 2009 (447): 1-16.

第九章　我国的韧性城市建设现状与展望

第一节　我国韧性城市发展历程

自2005年韧性成为第二次联合国世界防灾大会主题后，作为联合国常任理事国的中国积极响应，开展了一系列的工作，取得了卓有成效的成果。我国韧性城市的发展历程大致可分为三个阶段：理论引进阶段（2015年之前）、快速发展阶段（2015—2020年）和全面发展阶段（2020年之后）。

一、2015年之前：理论引进阶段

1. 理论研究

"Resilient city"作为全新的理念，于1994年在第一次联合国世界减灾大会上首次提出，尤其在第二次联合国世界减灾大会作为关键词收录官方文件后，一些国际机构和发达国家的重要城市开展了韧性城市规划实践的探索[1]。我国学术界于2012年开始关注"Resilient city"，据统计，2012—2015年四年间，国内公开发表的"Resilient city"相关的学术论文（包括媒体报告）分别是3篇、7篇、10篇和23篇[2]，其中，对"Resilient"的中文翻译，有弹性、韧性、可恢复力、抗灾能力等多种译法，但以韧性与弹性最多，在论文数量上两者大概是一半对一半。在此时期，有关韧性城市的研究内容，主要停留在国外成果的推介与理论框架的构架，比较缺少实证性的研究；在研究视角上，较多关注韧性的物质性层面，较少考虑管理、政策等软性措施；在研究方法上，以定性研究为主，比较缺少定量方法研发与应用。整体而言，这一时期韧性城市的研究主要是针对城市应对气候变化的风险管理需求，对韧性城市的概念进行引介，属于文献综述和定性研究的阶段[3]。

2. 实践进展

随着韧性城市概念的引入，我国相应的实践研究也随之铺展开来。在此时期，有关韧性城市方面的实践工作主要集中在城市面临地震、洪水、病疫和恐怖袭击等灾害上的韧性，以及经济衰退或者快速城市化方面的经济韧性。在具体规划实践方面，2015年下半年南京大学韧性城市研究团队参与《合肥市市政设施规划》编制工作，完成了《合肥市市政设施韧性提升规划研究》，为该规划编制提供了科学依据。因此，该规划也可以认为是我国首个基于韧性城市理论的规划实践项目。该规划是基于我国具体国情，在借鉴日本国土强韧化规划的基础上，对我国韧性城市的规划建设所进行的初步探索，不仅助推了我国防灾减灾规划的研究进程，也为我国城市规划建设提供了新思路，具有划时代的意义[4]。

3. 学术会议

在2015年9月在贵阳召开了由南京大学等单位承办、翟国方教授主持并总结的2015年中国城市规划年会"风险社会与弹性城市"自由论坛。这次论坛将"Resilient city"作为主题，召集了学界专家崔功豪、翟国方、谢映霞、沈迟、王德、汤放华、王培茗、黄富民、赵志庆、易晓峰作为与会嘉宾参与。会议上，各位专家学者就"Resilient city"的内涵与概念

进行了热烈探讨，如南京大学崔功豪教授认为风险社会和弹性城市都是关于和谐的问题，对待这两个问题不仅要从工程、技术的角度去研究，而且要研究社会、经济、制度等各方面的问题。中国城市规划设计研究院城镇水务与工程研究分院副院长谢映霞认为弹性城市指标体系需从工程、社会、经济三个方面建立，并强调了风险评估在规划中的重要性。江苏省城市规划设计研究院总工程师黄富民表示城市规划有很多不可预见因素，对于城市用地开发强度等极易发生变化的因素，弹性城市需要对其进行充分考虑，比如水、电、气如何做到弹性，此外，城市逐渐步入存量发展的阶段，城市发展还需考虑预留弹性空间的建设思路，等等。最后，在激烈的讨论与分析之后，各位专家最终达成一致共识，将“Resilient city”翻译成韧性城市，标志着韧性城市理念正式跻身规划领域，成为城市规划领域的一个重要研究方向。自此之后，韧性城市也逐渐被规划界以及地震部门等其他学科或领域所认可[5]。

二、2015—2020 年：快速发展阶段

1. 理论研究

2015 年之后，有关韧性城市的研究开始进入快速发展阶段。首先，《国际城市规划》、《上海城市规划》、《现代城市研究》、《规划师》、《城市建筑》和《城市与减灾》等专业期刊组织以“韧性城市”为主题的专集，集中刊登学术界的最新研究成果。在中国知网以“韧性城市”和“弹性城市”为关键词搜索，发现 2016 年和 2017 年的文献数分别是 2015 年的 3 倍和 4.57 倍，呈现井喷式增长。在此时期，国内众多学者就韧性城市的理论框架、评估方法以及指标体系开展了广泛的研究。例如，在韧性城市的理论框架方面，鲁钰雯[6]等人通过对荷兰空间规划中韧性理念和特征的梳理总结，提出了将韧性理念融入我国空间规划框架时需注重的要点。在研究方法上，万膑莲[7]等人将生产函数方法和单自由度模型方法运用于汶川地区地震灾后重建的经济韧性研究，发现城市间经济韧性存在较大差异，它随着时间和经济系统内部结构的变化而变化，经济衰退程度与第一产业产值呈正相关，恢复时间与第三产业比重呈正相关。在指标体系研究方面，凌子健[8]等人通过建构多维度韧性指标体系，以阜宁“6・23”龙卷风灾为案例进行盐城农村社区韧性评估和提升策略探讨。在实证研究上，吴浩田[9]等人结合我国第一个韧性城市规划——合肥市市政设施韧性提升规划，对韧性城市规划的体系、方法与路径进行了全面的总结和剖析。这些研究不仅为我国城市韧性评估和韧性城市建设实践提供了模板，也有效助推了我国韧性城市的建设进程。与此同时，2020 年 10 月，习近平总书记更是在《求是》杂志上发表题为《国家中长期经济社会发展战略若干重大问题》的重要文章，文中指出“要在生态文明思想和总体国家安全观指导下制定城市发展规划，打造宜居城市、韧性城市、智能城市，建立高质量的城市生态系统和安全系统”，可见，韧性城市作为国际社会应对自然灾害、实现可持续发展的重要目标，已经成为我国新时期城市规划建设的重点。

2. 实践进展

进入积极推广阶段后，实证研究也随着理论研究的深入而不断丰富。首先，国家有关韧性城市研究方面的资助项目开始增多，如国家自然科学基金委配合“千年大计、国家大事”的雄安新区建设，启动了“韧性雄安”应急课题；中国地震局把“韧性城乡”列入科技创新工程。其次，韧性理念开始在城市规划建设管理中得到积极应用，韧性城市规划案例不断涌现，如作为洛克菲勒基金会 100 个韧性城市成员的黄石、德阳、海盐和义乌，借助国际资源进行韧性的城市规划建设；南京大学韧性城市研究团队在基于我国首个韧性城市规划成功案

例——《合肥市市政设施韧性提升规划研究》的基础上，相继完成了厦门、福州、银川、南京等城市的国土空间总体规划的城市安全与韧性提升方面的专题研究工作。

3. 学术会议

2017 中国城市规划年会自由论坛十九——“城市如何韧性”召开，学界专家就 2016 年 11 月 1 日通过的“人居三”中呼吁各个国家要积极推进环境永续和韧性城市建设的大背景，分析和讨论了防灾减灾学科的未来发展建议。会议上，南京大学建筑与城市规划学院翟国方教授指出目前我国面临着严峻的灾害形势，从中央到地方都开始将防灾减灾纳入政府工作中，且从国外到国内对韧性城市的认识也有了较大的提升。北京工业大学建筑与城市规划学院马东辉教授指出要把韧性理念贯穿在规划、建设一直到维护、灾后的恢复整个过程中，通过这四个阶段的统筹，实现韧性城市的全面建设。安徽省城乡规划研究院的刘复友教授级高工结合安徽省近年来城乡规划的具体案例，阐述了韧性城市的理念如何应用和落实到区域城镇体系规划、总体规划和控制性详细规划以及单项规划层面，等等。在此时期，国内城市与区域韧性研究已经进入了快速发展阶段，并逐渐成为各级国土空间规划编制的战略要点和重要内容[10]。

三、2020 年之后：全面发展阶段

1. 理论研究

随着全球气候异常变化的加剧，城市所面临的各项不确定性风险也在逐渐增多，伴随着我国国土空间规划体系的确立，韧性城市建设已经是大势所趋，就中央颁布的各项文件可知，新时期，如何进一步将韧性城市建设理念融入国土空间规划的“五级三类”体系之中将越来越重要[11]。目前，我国围绕韧性国土空间规划的研究和实践正如薪火燎原之势迅速发展，在中国知网中检索篇名或关键词中包含韧性城市的中文文献，从 2021 年 1 月 1 日到 2021 年 4 月 24 日，已发表文献就有 77 篇，人工剔除不相关文献，共得到 59 篇相关文献。其中，多数文献都在探索如何推动主体功能区规划、土地利用规划和城乡规划等“多规合一”的同时进一步融合韧性城市建设理念，以及适应信息化社会的到来构建出更加智慧韧性安全城市[12-13]。可见，站在历史的交互点上，特别是经历 2020 年的新冠肺炎疫情之后，韧性城市理念正成为我国城市规划领域的一大重要方向，呈现出全面发展之势。

2. 实践进展

“十四五”时期是我国全面建成小康社会、实现第一个百年奋斗目标之后，乘势而上开启全面建成社会主义现代化国家新征程、向第二个百年奋斗目标进军的第一个五年。随着国家“五级三类”国土空间规划体系的确立，安全韧性发展已成为各级国土空间规划编制的战略要点和重要内容。例如，2020 年 1 月自然资源部发布的《省级国土空间总体规划编制指南（试行）》，就提及“安全”26 次、“灾害”9 次、“风险”6 次，并首次提出建设韧性城市；2020 年 9 月发布的《市级国土空间总体规划编制指南（试行）》中，也提及“安全”21 次、“灾害”15 次、“风险”14 次，“韧性”更是出现了 6 次；10 月通过的《中共中央关于制定国民经济和社会发展第十四个五年规划和二〇三五年远景目标的建议》中，则首次明确强调要建设韧性城市，应对灾害风险。由此可见，“十四五”乃至更长时期，韧性城市建设将会是我国应对一系列不确定风险挑战的重要手段。就目前形势来看，从 2021 年开年到 4 月份，全国各地区都正在快马加鞭编制“十四五”应急管理体系规划，目前，南京大学城市安全发展研究中心也正在编制《江苏省“十四五”综合防灾减灾救灾规划》、《苏州市高新区

“十四五”安全生产规划》和《苏州市高新区“十四五”防灾减灾和应急管理规划》。总体而言，在“十四五”规划编制的大背景下，韧性城市将会成为国家治理能力与治理体系现代化建设的重点内容，助推生态文明建设进程。

3. 学术会议

2021 年 5 月在苏州市举办的“2021 年中国城市规划学会国外城市规划学术委员会”，就将“城市韧性提升与健康可持续”定为其中的四大议题之一。2021 年 10 月在杭州召开的中国灾害防御协会规划与标准专业委员会 2021 年会主题就是“国土空间规划背景下的韧性城市”。可见，在后疫情时代，如何振兴城市经济，提升城市韧性及应对突发事件的能力，创造更加可持续发展的健康城市并实现碳中和目标，是新时期我国城市建设需要重点关注的难点问题，尤其是面对城市结构、基础设施、公共政策、交通运输、公共空间等方面的升级，我国也亟须借鉴国内外相关方面的经验。

综上所述，韧性城市理念在经历初期推介、中期积极推广之后，正将步入后期百花齐放的繁荣发展阶段。在生态文明体制构建的大背景下，将有更多的学者就城市韧性建设问题进行更具时效性和针对性的研究，助力韧性城市建设。

（翟国方，夏陈红）

参考文献

［1］翟国方．我国防灾减灾救灾与韧性城市规划建设［J］．北京规划建设，2018（2）：26-29.

［2］翟国方．新常态背景下的城市安全与防灾［EB/OL］．（2015-09-30）［2021-04-26］http：//www. planning. org. cn/solicity/view _ news？ id＝679.

［3］胡晓辉．区域经济弹性研究述评及未来展望［J］．外国经济与管理，2012（8）：64-72.

［4］翟国方，黄唯．开展韧性城市建设，让城市更安全宜居［J］．城市与减灾，2017（4）：5-9.

［5］翟国方，邹亮，马东辉，等．城市如何韧性［J］．城市规划，2018，42（2）：42-46＋77.

［6］鲁钰雯，翟国方，施益军，等．荷兰空间规划中的韧性理念及其启示［J］．国际城市规划，2020，35（1）：102-110＋117.

［7］万膑莲，翟国方．基于韧性的灾后区域经济增长模式研究——以汶川地震为例［J］．现代城市研究，2017（9）：41-47.

［8］凌子健，翟国方，吴浩田．我国农村社区韧性的评估方法及提升研究——以阜宁“6·23”龙卷风灾区为例［J］．城市建筑，2017（21）：10-16.

［9］吴浩田，翟国方．韧性城市规划理论与方法及其在我国的应用——以合肥市市政设施韧性提升规划为例［J］．上海城市规划，2016（1）：19-25.

［10］翟国方，夏陈红．我国韧性国土空间建设的战略重点［J］．城市规划，2021，45（2）：44-48.

［11］陈智乾，胡剑双，王华伟．韧性城市规划理念融入国土空间规划体系的思考［J］.

规划师，2021（1）：72-76+92.

[12] 李国平，杨艺．国家中心城市的韧性城市建设研究［J］．区域经济评论，2021（1）：57-63.

[13] 韩自强．加强风险治理，建设面向2035的安全韧性城市［N］．中国应急管理报，2021-01-23（003）.

第二节　湖北黄石韧性城市建设

一、黄石市概况

黄石市位于湖北省东南部，处于长江中游南岸，《水经注》载有“江之右岸有黄石山，水迳其北，即黄石矶也”。因其“石色皆黄”（《湖北通志》注），故名黄石。黄石市矿产资源丰富，是近代中国民族工业的摇篮，也是新中国成立后湖北省最早设立的两个省辖市之一。其于1950年8月建市，是武汉城市圈副中心城市，工业文化底蕴深厚，工业基础较好，形成了冶金、建材、纺织等主导产业[1]，是我国中部地区重要的原材料工业基地和客货主枢纽城市之一，拥有国家一类水运口岸和完善的海关、商检、边检等通关服务配套设施[2]，构建了具有高速公路、铁路、水运综合配套的立体交通运输体系。

黄石作为我国重要的资源型工业城市，工业生产在城市经济发展中占有重要地位。黄石市矿产资源丰富，因矿立市，以冶兴市，但随着可采矿产资源严重不足，黄石的经济发展受到严重制约。2008年3月，黄石市被列为全国首批12个资源枯竭型城市之一。2009年3月，黄石市被确定为全国第二批重点支持的资源枯竭型城市，也是全国唯一的资源枯竭型城市转型发展“双试点”城市。自此，黄石市把质量发展作为推进资源枯竭城市转型的核心战略，将质量发展目标列入《黄石市“十二五”规划纲要》《黄石市资源城市转型发展纲要》。2013年，黄石市确立“生态立市、产业强市，建设现代化特大城市”的城市发展战略，社会经济、文化生态和城市功能进行全方位转型[3]，并于2014年12月入选第二批全球100韧性城市。黄石市通过推进韧性城市建设，为实现城市建设远景规划提供了生态保障和经济保障。2017年4月，黄石市被国家评为首批全国老工业城市产业转型升级示范区，黄石韧性实践为国内其他城市韧性建设开辟了经验。

二、黄石韧性城市建设历程

黄石市因矿设企、因企建市，钢铁、煤炭、水泥等重工业企业遍布全市，矿业经济曾给黄石带来了“矿冶之城”的辉煌，也留下了“光灰城市”的生态赤字。推进韧性城市建设成为黄石修复生态环境、加快城市转型发展的战略抉择。

1. 黄石韧性城市资产状况

城市韧性资产是指支持、维护城市运转的经济基础设施和社会公共服务设施等有助于一个城市韧性建设的各个方面[4-5]。城市韧性资产的质量直接关系到一个城市是否能够应对各种急性冲击和慢性压力并保证城市能够正常运行。就城市资产现状看，重要实体资产管理最薄弱的是主干下水道、水道、处理厂、网状污水处理系统、排水资产等；就城市资产脆弱性看，重要实体资产管理最易受冲击影响的分别是网状污水处理系统、水道、主干下水道、固定电话网、主要道路等[6]。

根据上述分析，黄石市最脆弱的资产主要集中在以下几个方面：

一是污水管网资产较脆弱，包括网状污水处理系统、水道（河、湖）、主干下水道、排水资产等。尽管近几年政府采取了很多措施，并取得了显著成效，但仍然存在大量问题，被认为是最脆弱资产。目前存在的主要问题有：管网布局欠科学严谨、管网建设滞后（尤其在老城区）、管网老化（有很多还是二十世纪五六十年代修建的）、排水管网建设与污水处理厂之间不协调、雨污不分大量存在[7]。每当遇到暴雨、洪涝灾害时，城市韧性能力极差。

二是城市地下管线（水、电、气、通信等）资产较脆弱。长期以来依矿而建，其建城条件很难满足一个城市对地形、交通、供水、供电等方面的要求，城市基础设施建设成本高，远远落后于城市发展的基本要求。目前存在的主要问题是：设计标准低，缺乏统一规划，管理体系复杂，层级管理参杂着条块分割管理，造成地下管线管理混乱，且数据缺失、不准确。面对各种突发性事件和慢性压力，整个城市将有可能处于瘫痪状态。

三是生态资产较脆弱，尤其是与“水”有关的资产，黑臭水体治理不力，存在重金属污染、水体营养化。大冶市罗家桥、还地桥、金湖、大箕铺、陈贵等乡镇街道部分土壤和大冶湖部分水域受到重金属污染，是国家 148 个重金属重点监管区域之一。这些问题的存在给市民生活和城市可持续发展带来了极大挑战。

四是主要道路资产较脆弱。尤其是市域范围内区县之间道路交通资产水平较低、联系沟通欠方便，急需便捷、快速、经济、现代的通道来增强城市韧性，如建设轨道交通。

如果这些问题长期得不到很好的解决，在各种突发性事件和慢性压力之下，必将对黄石的韧性带来挑战。

2. 黄石韧性城市建设挑战与探索

黄石自建市以来，面临着传统冲击与压力没来得及解决、新的挑战接踵而至的复杂局面。黄石在不同发展阶段经历了城市建设、水环境、人居住房方面的挑战，因此，黄石在韧性城市道路上进行了一系列探索。

（1）城市建设领域

①资源开采过度逼迫产业转型。黄石因矿而生、因矿而兴，是一个典型的资源型城市，1990 年前黄石城市规模和工农业产值一直稳居湖北省第二位。但由于矿产资源不可再生，资源枯竭后矿冶产业失去原材料，企业关停，带来就业和再就业等民生问题；产业单一，集群配套少，城市经济严重依赖于宏观形势，尤其是 2008 年的金融危机一度使黄石经济陷入困境；同时，矿冶产业的大量开采和粗加工的方式严重破坏了生态环境。

资源枯竭制约着城市发展，黄石市从思想转型开始，通过顶层设计、整合资源等方式转型产业，开发新园区，探索建立“融合驱动”“托管带动”“共建互动”“飞地联动”等开发模式，积极筹建黄石城西联合省级工业园，建立棋盘洲新港物流园等市、县共建共享的联合开发体制[3]。同时，挖掘传统产业的价值，通过改造等新路径带来新增长。黄石围绕推进黑色金属、有色金属、建材、能源四大传统支柱产业进行改造升级及延伸配套发展。黄石化挑战为机遇，提升城市韧性，体现了城市韧性系统灵活、综合和随机应变的特质。

经过近几年转型发展的探索，黄石市传统产业规模实现突破，接续替代产业不断发展；同时，失业率降低，主要湖泊和长江断面水质情况逐步改善。然而，城市转型是一个长期、艰巨、复杂的过程，在取得积极成效的同时，仍面临新的困难和问题。

②交通网络体系建设尚不完善，对外连接性不强。交通作为城市的骨架系统，对区域经济、城市经济尤其是物流业和贸易的发展，对居民生活出行，对灾害突发时进行疏散和救援均具有重大意义。二十世纪末，黄石市交通运输体系建设缓慢，在“十一五”期间，黄石市交通基础设施建设明显加快，“十二五”和“十三五”期间，黄石市继续大规模建设“稳健路网”，加速推进新港疏港铁路建设和国省干道、农村公路提质改造，同时构建全域一体化交通，主动对接成渝经济区，依托长江黄金水道通江达海，合作建设沿江综合交通体系[3]，优化和完善交通基础设施结构和布局，推动了经济的发展。

③城市工业遗产丰富，开发力度不足。黄石市拥有深厚的华夏青铜文化和近代工业文化底蕴，然而经过历史变迁和产业转型，有些工业遗址被用于公共设施建设，或商业开发，没能得到有效的利用和保护。近年来，黄石市制定工业遗产保护条例，建立工业遗产保护机制，明确政府和有关部门在工业遗产保护中的权责分工；开发工业旅游产品品牌，推进工业主题公园建设，以铜绿山古铜矿遗址、非物质文化遗产申遗为核心，加快工业遗址开发、保护与利用，实现工业遗产“华丽转身”。

（2）水环境领域

①城市洪涝。二十世纪九十年代，黄石市是全国重点防洪城市之一，城市防洪面临上压下顶、外洪内涝的严峻局势。除自然因素外，防洪排涝信息化水平低，排洪港治理力度不足，城市自身调蓄能力减少也导致雨季排涝薄弱。为主动预防、应对洪涝灾害及其衍生灾害，做好突发洪涝处置工作，黄石市政府有针对性地做了一系列工作：

首先，黄石市总结了历年城市防洪排渍的工作经验和存在主要问题，梳理城区排渍工程设施现状，制定《黄石市城市防汛排渍应急预案》，明确防洪排渍组织指挥体系及职责、汛期运行调度、应急响应的总体要求、保障措施等内容。

其次，在相关职责部门统一安排和部署下，清理湖底、港渠的淤泥，疏通下水管网，对城市逢雨必渍地区进行设施改造。

最后，推进五水共治（防洪水、排渍水、保供水、抓节水、治污水）与海绵城市建设。黄石市政府利用磁湖这一天然防涝调蓄湖泊，采取五水共治模式增加水体调蓄能力，并建设磁湖北岸雨水湿地、生态护岸等工程项目，增加额外蓄水空间，减缓排洪压力。

②水体污染。过去黄石市环保意识不强，水体污染严重，湖泊缺乏治理，老城区管网未进行有效改造，工业废水生活污水收集处理边界不清，污水直排现象严重。为推进水资源水生态和水污染的综合保护与治理，构建水污染防治协同机制，落实江、河、湖、库、塘生态保护，为“生态立市”战略提供水环境保障，黄石市政府有针对性地做了一系列工作：

制定一系列有关湖泊保护、内湖水质治理、污水管网建设、黑臭水体治理行动方案，实施“黄石市磁湖水污染综合治理项目”，并将污水处理标准由1-B提升至1-A。同时，在黄石市地质环境监测信息平台基础上，建立全市地质灾害气象预警、城市地质、地下水污染等多要素的地质环境信息综合管理平台。

（3）人居住房领域

①棚改/危旧改压力大。黄石作为典型的资源衰退型城市，随着工矿企业的改制和企业效益的下降，许多职工下岗，收入水平普遍降低；同时，房价涨幅与收入水平涨幅不对等，导致居民的住房压力增加，低收入群体更是难以改善自身居住条件。另外，黄石城市建设严

重滞后，棚户区、城市危旧房面广、量大、类型多，居住密度大，且既有的各种基础设施均已老化，带来复杂的社会问题和安全隐患。

改造棚户区，提升住宅质量，促进城市韧性，是黄石市必须面对的挑战，为解决横亘在棚改面前的“资金难、征收难、安置难”的问题，黄石大胆创新，以韧性的方式对症下药，组建众邦房投公司，综合融资渠道，搭建全市统一的棚改融资平台解决资金难。充分尊重民意，以包容的姿态充分调动群众的积极性，解决征收难。率先加快货币化等灵活的选择，解决安置难[3]。自 2009 年起，黄石市着手实施棚户区改造，到 2015 年 3 月，完成棚改 2.14 万户。

②公共住房需求量大，保障不足

以 2015 年为例，黄石市政府投入保障房建设 22741 万元，可建设 270725m^2，但实际保障房新开工面积达 1437600m^2，存在着大量的资金缺口。黄石市针对“买不起、贴不起”的难题，提出“率先并轨、民生项目市场化、共有产权”三重保障创新公租房制度设计，从 2009 年开始探索多房并轨、以公租房为核心的住房保障体系重构；提出全市所有商品房开发项目均需配建至少 5％的公租房，公租房项目中则需配建 10％的商品房；公租房使用五年后可按年度出售计划向承租人出售，变为共有产权形式[3]。到 2018 年，黄石市住房保障方式共分为租赁补贴、实物配租和租金减免三种方式。

3. 黄石韧性城市建设的新突破

2013 年 9 月，黄石市通过《中共黄石市委、黄石市人民政府关于坚持生态立市产业强市，加快建成鄂东特大城市的决定》，它是结合黄石实际现状而采取的迈向建设韧性城市的纲领性文件。到 2014 年 12 月，黄石市成功成为“全球 100 韧性城市”（第二批）35 个城市之一，这标志着黄石市大力实施的“生态立市，产业强市，加快建成鄂东特大城市”战略取得了阶段性的成果。

在成功加入“全球 100 韧性城市”后，黄石市进一步研究部署韧性城市建设工作，制定韧性城市建设工作的实施方案，成立了韧性城市建设领导小组和专家小组，并聘请“首席韧性官”[8]，全面负责黄石市韧性城市建设工作。

此后，黄石市韧性城市建设工作按计划有序推进。2015 年 9 月黄石市成功召开“全球 100 韧性城市国际研讨会（中国·黄石）”，为黄石市制订城市韧性建设计划、确定“韧性建设路线”打下了坚实基础。10 月，黄石市加入“全球 100 韧性城市”的“10％韧性承诺”计划（即城市承诺把每年全市预算的 10％用来支持已制定的韧性建设目标和活动）。2016 年年初，黄石市完成《黄石市韧性建设初步评估报告》，确定韧性建设水系统、韧性建设经济系统、韧性建设生态宜居系统三个方面为今后黄石市韧性城市建设的重点领域。2017 年 2 月，黄石市与清华大学签订了韧性城市建设战略合作框架协议，随后出版了《韧性城市的探索之路》。2019 年 5 月，黄石市发布《黄石韧性战略报告》，以构建繁荣、健康、安全和宜居城市为目标，围绕经济转型与多元发展、水体修复与环境改善、品质重塑与生活宜居，全力以赴建设韧性城市。

目前，黄石市是我国已入选“全球 100 韧性城市”中行动最快、效果最好的城市。甚至在全球的成员城市中，黄石市城市韧性建设推进速度也超越了大多数第二轮入选的会员城市，正在加速赶超第一轮入选的会员城市[8]。

4. 黄石韧性城市建设的意义

韧性城市建设涉及社会、经济、人文、生态和环保等众多方面，其目的是与城市整体发展战略深度融合，使得城市建设、运行和管理更加科学[2]，构筑安全、生态、宜居、可持续发展的城市，对黄石城市进一步创新发展、实现城市远景规划具有重要意义。

（1）为实现黄石城市建设远景规划提供生态保障

经过多年矿产资源的开发，黄石生态环境遭到了较大破坏并持续恶化，全市水体、大气和土壤污染较为严重，滑坡、地面沉降塌陷、雾霾和城市内涝等灾害频发，严重阻碍了城市发展，对人民生产、生活造成了较大威胁，虽然也采取了一些行之有效的治理方法，但结果仍然不尽如人意。

推进韧性城市建设，可以大大加快黄石市生态环境修复进程，不断改善区域空气、土壤、水质等指标，恢复和提高塌陷区土地生产功能，增强自然生态系统的稳定性，实现黄石环境质量和生态文明水平的整体提升，促进其生态立市战略的实施，有力推动黄石城市建设远景规划的实现。

（2）为实现黄石城市建设远景规划提供经济保障

城市环境在一定程度上决定了招商引资成功与否，跨业公司在进行重大投资时，也都倾向于基础设施可靠、服务机构高效、生活环境可持续、经济社会稳步发展的城市。新常态下，城市韧性将成为获取国内外投资的竞争力，获得持续的城市发展。

推进韧性城市建设，不断改善黄石市的基础设施建设、人居环境、服务效率等，使之拥有更好的城市环境和更强的城市韧性能力，进一步优化经济发展环境，从而增强争取国内外直接投资的能力，为黄石市产业转型发展提供了强大动力与经济保障。

（3）为实现黄石城市建设远景规划搭建对外平台

黄石市加入“全球 100 韧性城市”组织，沟通、交流最新的经验、技术、信息等，以加强城市在各种慢性压力和急性冲击之下存续、适应、发展的能力，获得众多韧性城市建设红利：提高黄石市在国内外的知名度、美誉度、公信力和影响力；进一步吸引国际知名企业投资融资、申请国际发展项目；及时获得“全球 100 韧性城市”总部及其合作平台的人才、技术、资金和项目资源，获得先进的城市管理理念和经验，快速提高黄石的韧性应对能力。黄石市可扩大提升其对外交流合作的水平，助力城市建设远景规划。

三、黄石韧性城市未来建设发展战略

1. 黄石市面临的冲击与压力

黄石市自 1950 年建市以来，经历了洪水、暴雨、寒流天气、城市内涝及空气污染等诸多急性冲击与慢性压力，在新形势下，资源枯竭、经济下行、生态恶化、雾霾、人口老龄化、基础设施老化和建设资金缺乏等一系列新挑战[1]又接踵而至。在《黄石市初步韧性评估报告》聚焦的“水”治理、经济转型、居住环境改善等问题的基础上，使用“全球 100 韧性城市”提供的工具评估黄石韧性总体情况，最终确定黄石面临的冲击与压力为城市洪涝、水污染与水资源短缺、基础设施老化、经济下行、环境退化[3]。

（1）急性冲击

城市洪涝是黄石市面临最大的急性冲击，大都发生在夏季，具有很大的破坏性和普遍性，带来一系列问题，江河湖库水位猛涨、堤坝溃口、险情不断，部分村庄成为“孤岛”，泥石流、山体滑坡等地质灾害频频发生，部分群众生命财产安全和生产生活受到重大影响。

（2）慢性压力

①水污染与水资源短缺。黄石的河湖水系普遍存在污染，如大冶湖、网湖、磁湖、青山

湖、青港湖等均出现水质富营养化。②基础设施老化。基础设施建设优先服务于生产，无法满足现代化宜居城市的基本要求。③经济下行。在可预见的未来存在爆发的可能性，将对黄石城市的各方面产生不良影响。④环境退化。黄石缺乏城市自然生态资源保护和利用的有效手段，长期粗放式的开发建设，对城市原有的生态环境造成了巨大的冲击。

2. 黄石韧性城市建设发展策略

根据《黄石韧性战略报告》，结合城市既有的韧性行动、利益相关者的认知、城市的急性冲击与慢性压力、城市的资产状况及黄石市的实际，黄石市韧性城市建设将继续落实资源枯竭型城市转型、产业转型发展相关要求，在新型城镇化发展背景下推进“四化”同步发展，坚持生态环境保护与治理，以应对黄石市面临的冲击与压力，将黄石建设成为富有韧性的城市，让居民在充满活力且多元的经济和就业机会中实现自我价值，在山水园林般的城市生态中享受健康惬意的生活方式。黄石市韧性城市建设将以韧性经济体系、水系统、居住系统建设为重点全面展开，于 2019—2025 年间逐步发展和落实韧性建设目标和行动计划（图 9-2-1）。

图 9-2-1　黄石市韧性城市建设的目标和行动计划

（图片来源：《黄石韧性战略报告》[3]）

（1）韧性经济体系建设：经济转型与多元发展

黄石韧性经济体系建设要以新理念引领新发展，坚持创新、协调、绿色、开放、共享，提升城市经济增长稳定性、结构多元化、发展效益、创新能力、增长包容性，加快“五位一体”建设，打造一个更繁荣的黄石。

①产业创新。黄石市以创建国家创新型城市为契机，实施创新驱动战略，推动“两化融合”“三链融合”，集聚资本、技术、人才等创新要素，培育创新型企业、新型研发机构等创新主体，实现产业发展从资源依赖向创新驱动转变，突破技术链、价值链、产业链等关键环节，加快研发平台建设，推进聚才引智工程；大力推动以新技术、新产品、新业态、新模式为核心的“四新”经济培育工程；加强知识产权的保护，加快科技成果转化，围绕电子信息、高端制造等创新平台建设，促进产业向中高端迈进，构建以科技金融服务、创新服务载体、营商环境为核心的创新生态、绿色发展的经济体系，以应对黄石市经济下行的慢性压力，推进“黄石制造”向“黄石创造”“黄石智造”升级[3]，为经济发展提供持续强劲的发展动力。

②交通便捷。黄石市按照“立足鄂东、支撑湖北、辐射长江中游”的思路，加快打造长江中游区域性综合交通枢纽、现代物流基地和长江中游多方式联运中心。目前，黄石“三纵三横二联二环”高速公路骨架网基本形成，“六纵六横三环”国省干线网基本形成，全市域实现半小时交通圈，将继续加快沿江铁路建设，发展多方式联运，实现公铁水无缝衔接，提高交通网络的通达性、协同性和高效性，为加快挖掘城镇化潜力提供交通便利，以解决黄石市当前基础设施老化、经济下行的冲击和压力。同时，积极融入长江中游城市群“两小时经济圈”，突破地域上的行政边界，推动区域一体化发展。

③多元发展。黄石市本着“生态立市、产业强市”的绿色发展理念，统筹推进“山、水、气、土”综合治理，全面开展净水、绿岸、洁产、畅流四大行动，以生态建设推动城市建设高质量发展。同时，以工业遗产保护、开发与利用为主线，将旅游业作为促进黄石市经济社会转型发展的新引擎，促进黄石市旅游产业新跨越，以积极应对黄石市基础设施老化、经济下行、环境退化的慢性压力，推动城市面貌从“光灰城市”向“生态宜居”转变，实现工业旅游与生态环境保护的多元发展。

（2）韧性水系统建设：水体修复与环境改善

城市水系统韧性的提升是促进黄石市整体韧性的关键和基础，通过“水”问题的妥善解决，达到防御各种水患灾害的目的，构建水污分离、水体健康的城市水系统，打造一个更清洁的黄石。

①水源保护。地下水的含量、富水程度及水质情况是影响黄石市饮用水安全的重要方面。黄石市针对地下水资源存在诸多问题，成立专门的地质勘查队伍，对黄石区域内的地下水进行全面的勘测，划定地下水污染治理区、防控区及一般保护区，建立黄石市地下水信息数据库。同时，加强地下水的污染治理，对工业园区等重点区域进行必要的防渗处理，积极应对黄石市水污染与水资源短缺等慢性压力。

②水体治理。黄石市围绕消除“五一湖”和“七一湖”返黑臭风险而实施的生态修复工程已于 2018 年 4 月开启[3]，其他城市黑臭水体综合整治工程也在同步推进。城市黑臭水体等水环境问题，损害城市人居环境，严重影响城市形象，黄石市将进一步出台污水治理、黑臭水体整治相应的考核办法，实施黑臭水体整改销号制度，加强水体及岸线垃圾治理，解决黄石市水污染和水资源短缺、环境退化的冲击与压力。

③设施完善。黄石市将针对现有排涝能力的不足，提升城市防洪设施及信息化建设，增强雨季排涝能力。通过增加城市涝水行泄通道，对老城区进行雨污管网改造，完善污水收集管网体系建设；加强关键基础设施维护，建设雨水调蓄设施，改善老化管道，减少城市内涝发生概率；加快黄石市应急水源地建设，建立供水安全的协同建设体系，保障城市安全；完善黄石市应急信息系统，开发内涝预测平台和水雨情自动测报系统，实现灾情的快速预警和控制，积极应对城市洪涝的急性冲击和城市基础设施老化的慢性压力，科学合理地推进城市建设及城市生态保护。

（3）韧性居住系统建设：品质重塑与生活宜居

韧性的居住系统通过生态城市建设和棚户区改造，确保黄石市具备良好的生活环境，形成环境优美、社区和谐、居民幸福的更具韧性的城市居住系统，打造一个更具活力的黄石。

①旧城更新。随着黄石城市发展与城市功能不断丰富，形成了旧城区生活复合化的格局。为了提升老城区的居住环境品质，要加大老城区基础设施建设力度，提高城市建筑和基础设施抗灾能力，加快实现城区间、县市间、各组团和功能区间城市道路、市政设施、公共服务等各类基础设施的合理布局和互联互通；按照“提质扩容”的要求，加快棚户区改造工作，推进大冶湖新区和老城区提质改造，在特定地区以“微改造”代替“推倒重建”；完善老城区公共服务设施，把握“鄂东区域医疗中心”建设的新机遇，合理规划布局，完善医养结合，推行服务设施开放共享，形成安全、友好、舒适的社会基本生活平台，实现人居环境的提升，从而带动黄石全域发展。

②新区开发。黄石市新区开发应在城市建设中融入“韧性”的理念，全面提升新区的综合服务功能，应对城市经济下行、基础设施老化的慢性压力，在解决工作、居住等基本生存问题的基础上，着力解决城市的教育、医疗和就业问题，建设宜居、安全，健康的居住环境，使城市新区形成一个良性循环的系统。其间要加快新区与老城交通提升，构建中心城区外环与智慧交通体系，实现黄石城区与大冶、阳新新区快速对接；在新区建设中加强街区规划和建设，推广街区制，构建活力共享的住宅环境和舒适的住宅建筑增强社区韧性。

③机制完善。黄石市积极推进创新住房供应体系，从住房保障制度上促进居住系统韧性发展，具体机制包括：通过加快公有住房建设，将现有存量住房纳入公有住房体系；创新多元化融资机制，拓宽融资渠道，积极引导多种社会资本进入住房保障领域，推广政府和社会资本合作（PPP）模式；创新住房政策，推进租购并举、租售同权的住房制度，缓解住房压力；进一步完善社区管理制度，加强社区宣传与教育和基层自主防灾等措施，提升居民韧性意识。

（陈一丹）

参考文献

[1] 王祥荣，谢玉静，徐艺扬，等．气候变化与韧性城市发展对策研究［J］．上海城市规划，2016（1）：26-31.

[2] 董卫民．黄石市韧性城市建设实践与战略思考［J］．城市与减灾，2017（4）：

49-55.

[3]《黄石韧性战略报告》今日发布．[EB/OL]．http：//zjj.huangshi.gov.cn/index2019/zjdt/xydt/201907/t20190703_547826.html

[4] AECOM. Assets and risks tool guidance manual [R]．2016，5：5-8.

[5] 白玮．韧性城市建设的实践与启示 [J]．宏观经济管理，2020（12）：77-84.

[6] 谭振义．资源型城市韧性现状初步分析及韧性聚焦研究——以湖北省黄石市为例 [J]．湖北师范大学学报（哲学社会科学版），2018，38（3）：91-94.

[7] 李琳．韧性城市视域下的资源型城市转型发展——以湖北省黄石市为例 [J]．智能城市，2020，6（13）：14-15.

[8] 卢文超，李琳．黄石市韧性城市建设的调查与思考 [J]．城市，2016（11）：28-33.

第三节　汶川地震灾后重建

2017 年 6 月中国地震局提出实施《国家地震科技创新工程》，其中包括四大计划，“韧性城乡”计划是其中之一，这也是我国提出的第一个国家层面上的韧性城市建设工程[1]。可以看出，地震灾害是韧性城市建设中的重要一环，地震的灾后重建规划本质上也是韧性城市的建设过程。

一、汶川地震灾情介绍

1. 地震强度

汶川地震指的是北京时间 2008 年 5 月 12 日 14 时 28 分 04 秒发生于四川省阿坝藏族羌族自治州汶川县映秀镇（北纬 31.0°、东经 103.4°）的地震[2]。根据中国地震局修订后的数据，汶川地震的震级为里氏 8.0 级[3]。中国国内北至内蒙古，东至上海，西至西藏，南至中国香港、中国台湾等地区均有震感，中国之外的泰国、越南、菲律宾和日本等国均有震感[4]。

2. 人员伤亡及经济损失

地震波及了四川、甘肃、陕西、重庆等 16 个省区市，共计 417 个县、4624 个乡（镇）和 46574 个村庄，其中，极重灾区共 10 个县（市），较重灾区共 41 个县（市），一般灾区共 186 个县（市）[5]（灾区分布见图 9-3-1），受灾人口 2961 万人[6]。

根据中国地震台网中心提供的地震观测资料，截至 2010 年 5 月 12 日 12 时，汶川特大地震发生后，共记录到余震 73447 次，其中 315 次为 4.0 级以上[7]。使灾情雪上加霜的是地震引发的次生灾害。特大地震发生及其影响严重的区域，地质环境条件原本就十分恶劣、脆弱，震前在灾区就发现了地质隐患点 5000 多处。特大地震发生后，又遇汛期降雨，灾区许多地质灾害隐患点已然成灾，并诱发了多处新的地质灾害隐患点，进一步引发了河流堰塞湖。各种次生灾害，包括滑坡、崩塌和泥石流等，摧毁了更多的建筑物和交通通信等大量基础设施，造成了灾区巨大经济损失和人员伤亡。据不完全统计，大致有 1/3 的死亡和失踪人员与次生灾害相关。据民政部报告，到 2008 年 9 月 25 日 12 时为止，汶川地震已确认的死亡人数为 69227 人，受伤人数为 374643 人，失踪人数为 17923 人，造成直接经济损失

12398.3 亿元[8]，是中华人民共和国成立以来破坏性最强、波及范围最广、灾害损失最重、救灾难度最大的一次地震（图 9-3-1、表 9-3-1）。

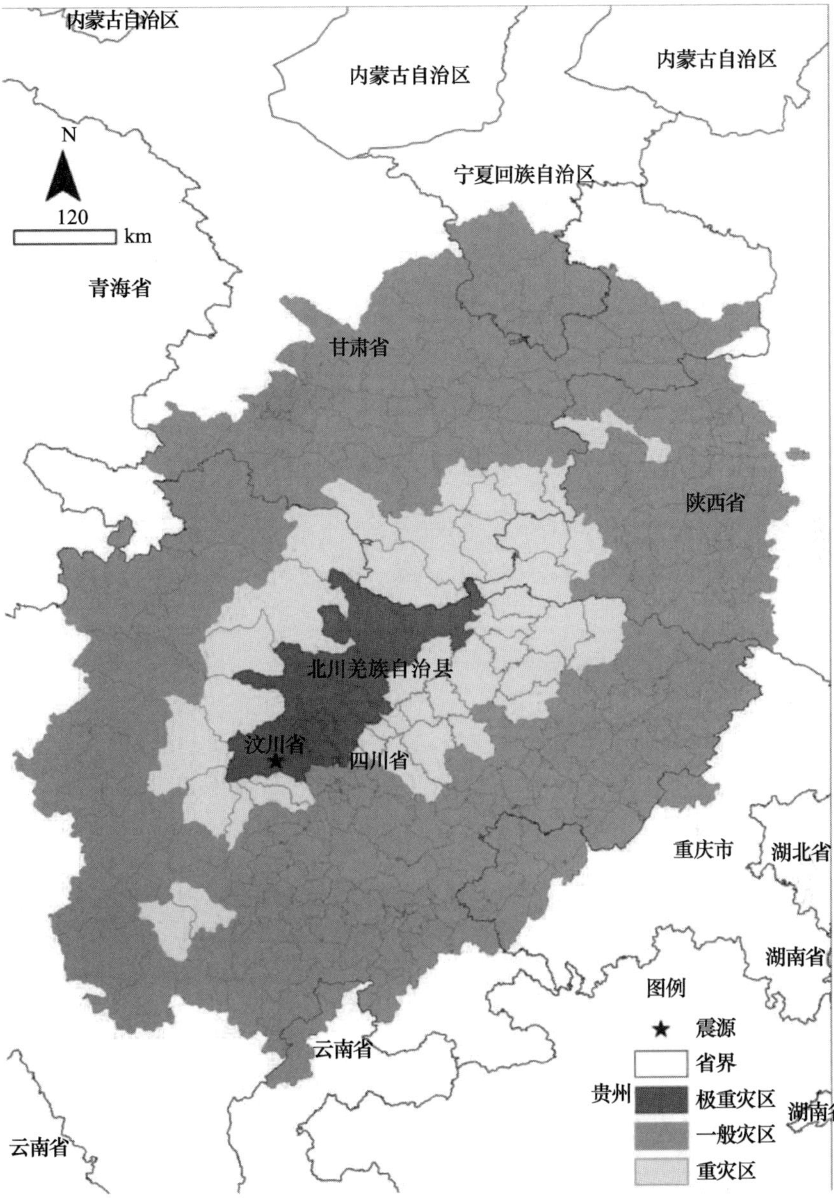

图 9-3-1　汶川地震受灾区分布图

表 9-3-1　校核后的川甘陕三省地震损失调查统计表　　单位：亿元

项目	四川	甘肃	陕西	合计
1. 农村住房受损	2674.4	276.1	53.4	3003.9
2. 城镇居民住宅及非住宅用房受损	3476.0	122.0	52.7	3650.7
2.1 城镇居民住宅受损	1869.5	36.8	15.3	1921.6

续表

项目	四川	甘肃	陕西	合计
2.2 城镇非住宅用房受损	1606.5	85.3	37.4	1729.1
3. 农业损失	356.8	5.0	1.2	363.0
4. 工业（含国防工业）损失	998.0	25.0	20.0	1043.0
5. 服务业损失	658.6	14.1	5.8	678.5
6. 基础设施损失	2001.8	111.0	70.5	2183.3
6.1 基础设施（交通设施）损失	583.4	63.5	5.1	652.0
6.2 基础设施（市政公用设施）损失	408.4	11.7	2.7	422.8
6.3 基础设施（水利、电力设施）损失	523.6	22.4	14.7	560.7
6.4 基础设施（广播通信设施）损失	19.5	2.9	0.4	22.8
6.5 基础设施（铁路设施）损失	107.8	1.3	39.3	148.1
6.6 基础设施（政权设施）损失	300.0	3.5	4.4	307.9
6.7 基础设施（通信）损失	59.1	5.7	3.9	68.7
7. 社会事业损失	578.6	23.3	29.6	631.5
7.1 社会事业经济损失（教育系统）	280.5	10.0	22.7	313.2
7.2 社会事业经济损失（卫生系统）	117.1	9.9	4.8	131.8
7.3 社会事业经济损失（文化系统）	24.6	0.9	0.6	26.1
7.4 社会事业经济损失（科技系统）	5.1	0.1	0.0	5.2
7.5 社会事业经济损失（社会福利系统）	27.0	2.0	1.1	30.1
7.6 社会事业经济损失（环保系统）	124.3	0.4	0.4	125.1
8. 居民财产损失	344.9	19.4	12.8	377.1
9. 土地资源损失	260.2	8.2	1.0	269.4
10. 自然保护区损失	51.3	1.3	0.2	52.8
11. 文化遗产损失	84.2	4.0	0.8	89.0
12. 生物多样性损失	—	—	—	—
13. 矿山资源损失	52.6	2.4	1.1	56.1
直接经济损失总计	11537.4	611.8	249.1	12398.3

3. 社会冲击

地震灾害还带来了难以估量的社会冲击，灾区人民的基本生活、心理健康、社会关系等方面都受到了严重的破坏。无数家庭解体导致产生了许多孤儿、孤老和孤残人员。尤其是因灾致残人士的问题，不仅是他们个人和家庭的问题，从规模上也构成了社会问题。对于社会而言，这至少意味着两方面的问题：一是残疾人的日常生活问题；二是残疾人的长远发展问题。人员的大量伤亡还造成了对社会生活和社会秩序的强烈冲击与破坏。人们的家庭亲属关系、社区邻里关系、单位同事关系等由于地震而不再健全；很多群众多次转移安置，离开了熟悉的生活场所，也会产生心理障碍。地震带来的心理创伤将在不同的人群中以不同的形式持续存在多年[9]。

二、震前经济社会发展状况

北川县隶属四川省绵阳市，地处四川省中部偏北，绵阳市西北部（图 9-3-2）。灾前全县下辖 3 镇 17 乡，278 个行政村，总人口 16.1 万；其中，城镇人口 1.86 万，占总人口的 11.56%，羌、藏、回等 17 个少数民族占全县总人口的 50.5%。北川自古是羌族聚居区，羌族人口占少数民族总人口的 95.8%。2003 年国务院批准设立北川羌族自治县，其成为我国唯一的羌族自治县。北川县域处于平原向川西高原过渡的地带，东接江油市，南邻安县，西靠茂县，北抵松潘、平武县。县政府驻地为曲山镇，镇域总人口 22575 人，镇区非农人口 17454 人，建设区面积 1km^2，距绵阳市中区 72km，距成都 186km。北川县全境皆山，南西高、北东低，相对高差超过 1000m，沟谷谷坡一般均大于 25 度。北川县以传统的农业生产为主，经过逐步调整，向第二、第三产业不断转型。地震发生前的 2007 年，全县完成地区生产总值 13.2 亿元，人均 8598 元，三次产业比为 33 ：42 ：25。但与绵阳市域整体比较来看，仍处于较低经济发展水平（图 9-3-3）。

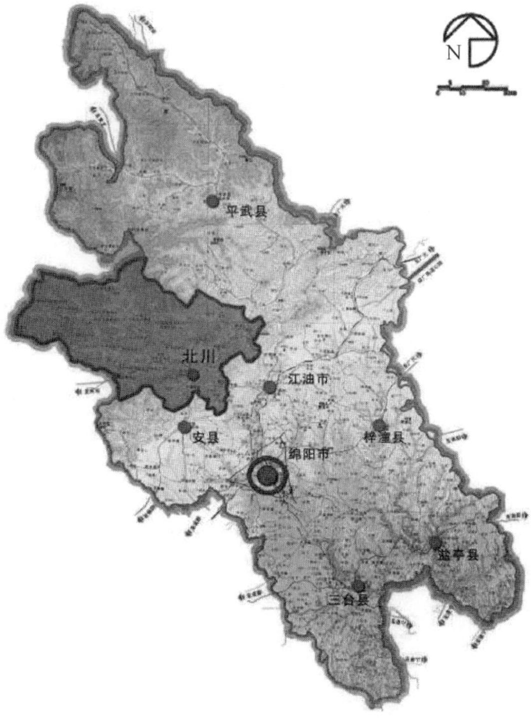

图 9-3-2　北川羌族自治县在绵阳市的区位

（资料来源：《羌族自治县新县城灾后重建总体规划》）

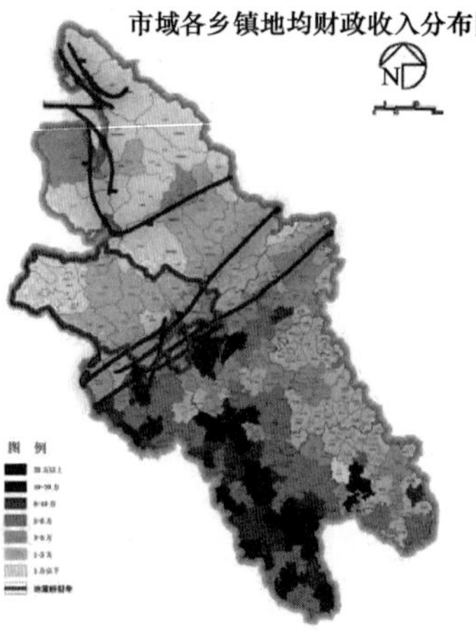

图 9-3-3　绵阳市社会经济现状分析

（资料来源：《羌族自治县新县城灾后重建总体规划》）

三、重建规划

1. 恢复重建规划

（1）灾后恢复重建规划体系

2008 年 9 月 19 日，国务院正式发布了《汶川地震灾后恢复重建总体规划》。至 2008 年 12 月 21 日，印发实施了表 9-3-2 所示的 10 个专项规划。同时，受灾省市县也着手展开调研，结合国家层面的重建规划，根据本地区的实际情况，出台了相应的重建规划。汶川地震灾后重建规划体系基本形成，总体规划、专项规划、各地方规划相互衔接配套[10]。

表 9-3-2　国家层面汶川地震灾后恢复重建体系

规划	主要内容	编制单位
（一）《汶川地震灾后恢复重建总体规划》	《规划》涉及重建基础、总体要求、空间布局、城乡住房、城镇建设、农村建设、公共服务、基础设施、产业重建、防灾减灾、生态环境、精神家园、政策措施、重建资金、规划实施等	国务院抗震救灾总指挥部灾后重建规划组，组长单位为国家发展改革委，副组长单位为四川省人民政府、住房城乡建设部，成员单位包括陕西、甘肃省人民政府以及国务院数十个部委和直属机构
（二）《汶川地震灾后恢复重建公共服务设施建设专项规划》	《规划》涉及教育、医疗卫生、计划生育、文化、文物保护、新闻出版、广电、体育、社会福利、就业和社会保障、基层政权十一个就业领域	发展改革委、教育部、卫生部、民政部、人力资源社会保障部、人口计生委、体育总局、广电总局、新闻出版总署、国家文物局等十一部门联合印发
（三）《灾后恢复重建生产力布局和产业调整专项规划》	《规划》内容包括灾前产业概况及受损情况，指导思想、基本原则和重建目标，生产力布局定位和方向，产业结构调整重点，资金需求与筹措，政策措施，规划实施和重建项目附表八个部分	发展改革委、工业和信息化部、农业部、文化部和国家旅游局与四川、甘肃、陕西三省人民政府共同组织编制
（四）《汶川地震灾后恢复重建农村建设专项规划》	《规划》内容包括农村居民点的重建类型、规模、要求和恢复重建用地，农村公路、村内道路桥涵、供排水、沼气、垃圾收集转运处理、村庄建设场地平整等农村基础设施，以及农业生产设施和贫困村恢复重建的任务和要求等	发展改革委、住房城乡建设部、农业部、交通运输部、国务院扶贫办联合发布

续表

规划	主要内容	编制单位
（五）《汶川地震灾后恢复重建土地利用专项规划》	《规划》内容包括灾后恢复重建所需临时用地、城镇用地、农村居民点用地、独立工矿用地、基础设施用地和其他建设用地的规模，以及土地整理复垦的任务和要求	发展改革委、国土资源部联合发布
（六）《汶川地震灾后恢复重建市场服务体系专项规划》	《规划》内容包括市场服务体系的规划布局，以及商品零售网络、生活服务网络、商贸批发体系、物流配送体系、屠宰加工体系、粮食流通体系、金融服务体系、市场监管体系恢复重建的任务和要求等	发展改革委、商务部、中国人民银行联合发布
（七）《汶川地震灾后恢复重建生态修复专项规划》	《规划》内容包括生态系统修复、环境整治、大熊猫栖息地及自然保护区恢复、林区基础设施恢复重建的任务和要求等	发展改革委、林业局、环保部、农业部、水利部联合发布
（八）《汶川地震灾后恢复重建城镇体系专项规划》	《规划》内容包括城镇恢复重建的类型、城镇人口与用地规模、以及城镇住房、公共服务设施、市政公用基础设施、历史文化名城名镇名村、风景名胜区、城镇地质灾害治理与综合防灾体系的恢复重建的要求和标准等	发展改革委、住房城乡建设部联合发布
（九）《汶川地震灾后恢复重建城乡住房建设专项规划》	《规划》内容包括城乡住房恢复重建的分类、规模和年度任务以及新建住房、加固住房、城镇住区的设施配套、农村地区的设施配套的建设要求和标准等	发展改革委、住房城乡建设部、民政部联合发布
（十）《汶川地震灾后恢复重建防灾减灾专项规划》	《规划》内容包括灾害风险治理、监测预警、应急指挥和救援救助、综合减灾能力建设的任务和要求	发展改革委、民政部、国土资源部、地震局联合发布
（十一）《汶川地震灾后恢复重建基础设施专项规划》	《规划》内容包括交通（高速公路、干线公路、铁路、民航）、通信（通信、邮政）、能源（电网、电源、煤矿、油气）和水利四个方面内容，涉及四川、甘肃、陕西3省51个严重受灾县市区	发展改革委

（2）汶川地震灾后恢复重建总体规划

汶川大地震中，四川省受灾面积占全省总面积的52%，受灾人口占全省总人口近1/3，1000多万人因房屋倒塌或严重损毁而无家可归，全省因灾经济损失超过1万亿元。严重的受灾情况给灾后重建带来巨大困难。

《汶川地震灾后恢复重建总体规划》（以下简称《规划》）以国家确定的39个极重和重灾县（市、区）为规划范围，包括概述与指导思想、重建目标、总体布局、主要任务、政策措施、规划实施六个部分。规划期为2008—2010年，具体内容包括：

①指导思想和总体目标。其指导思想是以科学发展观为指导，优先恢复重建基础设施、公共服务设施。注重灾后重建与重振经济结合，推进新型工业化城镇化、新农村建设和主体功能区建设。总体目标：力争在三年内完成灾后恢复重建，使受灾地区人民基本生活生产条件、经济发展水平达到和超过灾前水平。主要目标：城乡住房全面建成、基础设施功能恢复、生活水平提高、经济恢复发展、生态环境改善。

②规划总体布局。提出了城镇和农村居民点布局、人口安置、产业布局和用地布局的方向。在城镇和农村居民点布局方面，《规划》指出：在地质灾害隐患大、对人民生命财产安全构成严重威胁的城镇，应根据不同情况进行合理避让或迁建，并调整相应的功能和规模。

农村居民点就地就近恢复重建。在人口安置方面，应在充分尊重灾区居民意愿的基础上，就地就近分散安置为主、农业安置与非农安置相结合。因耕地等生产资料灭失确需异地安置人口，原则上本行政区内按村内跨组、乡内跨村、县内跨乡镇、市内跨县的次序安置。在产业布局方面要根据地震灾害影响和区域自然条件、资源禀赋、产业基础。对于用地布局，《规划》提出要切实保障恢复重建用地需求，优先安排城乡居民住房、基础设施、公服设施、农业生产与生活必需的建设用地，确保重点任务和重点项目用地。

③主要任务。规划提出恢复重建的主要任务包括城镇和农村建设、住房与基础设施、公共服务设施、产业恢复与市场服务体系、防灾减灾与生态修复，以及重建精神家园等十个方面。

④城乡建设。修复重建城乡居民损毁住房是灾后恢复重建的首要任务，要优先开展。具体措施包括：在科学重建的基础上，在三年内基本完成城镇居民住房与基础设施、公共服务设施的建设；加快农村生产生活设施的恢复重建；对可以修复的住房进行维修加固，加快居民安置。

2. 发展重建规划（北川新县城灾后重建规划）

“5·12”汶川大地震对四川乃至全国造成了极其严重的经济损失和社会破坏。但这一不可逆转的自然灾害，也给受灾地区提供了一次重塑社会经济发展模式、推进地区制度建设的历史契机。

汶川大地震的灾后重建可以分为两个层面：一是技术层面的，保证受灾群众居有定所，恢复灾区最基本供应，使灾区的经济发展和人民生活恢复到地震前的状态，为以后的发展奠定基础；另一个层面是战略层面的发展性重建，是以受灾群众安居乐业，社会生产、建设、服务功能得以重塑、开发西部地区、城乡统筹发展、建设新农村、扩大国内需求、提高广大群众的福利水平为中心内容，以地震灾区的战略性重建推动我国东中西部地区协调可持续发展与社会主义和谐社会建设为长期重点工程。从长远战略的层面谋划地震灾区的发展重建问题，逐步引导受灾地区率先创新发展模式，在资源配置机制、民主政治进步、公共治理变革、社会生态建设、产业结构优化等方面作出重要探索，对于实现东中西部协调发展、推动我国体制改革深入进行，将具有不可估量的重大战略意义和历史意义。

汶川大地震受灾地区范围广阔，其灾后发展重建规划的编制不能一概而论，因此以核心重灾区北川羌族自治县为例，探讨受灾地区的灾后发展重建规划。

汶川地震发生后，北川市政府组织诸规划编制单位，基本于2008年完成了所有法定规划（表9-3-3）、专项规划、非法定规划及相关研究（表9-3-4）的编制。

表 9-3-3 北川羌族自治县灾后重建规划之法定规划一览

城镇体系规划		北川羌族自治县新县城灾后重建城镇体系规划
城市规划	总体规划	北川羌族自治县新县城灾后重建总体规划
	控制性详细规划	北川羌族自治县新县城控制性详细规划 四川北川经济开发区控制性详细规划（2011年版本）
	修建性详细规划	白杨坪片区（拆迁安置房）修建性详细规划、红旗片区（拆迁安置房）修建性详细规划、温泉片区（受灾群众安房）一期工程修建性详细规划、温泉片区二期工程修建性详细规划、维斯特农业高科技示范园、农产品交易市场修建性详细规划、行政中心片区、文化中心片区、工业园区一期修建性详细规划

续表

城镇体系规划		北川羌族自治县新县城灾后重建城镇体系规划
镇规划	灾后重建规划	安昌镇灾后重建规划（2008—2015） 永安镇灾后重建规划（2008—2015） 擂鼓镇灾后重建规划（2008—2015） 曲山镇灾后重建规划（2008—2015） 通口镇灾后重建规划（2008—2015）
	总体规划	安昌镇总体规划 永安镇总体规划 擂鼓镇总体规划 通口镇总体规划
	控制性详细规划	北川地震纪念馆区及任家坪集镇控制性详细规划 擂鼓镇灾后重建控制性详细规划 四川北川经济开发区（安昌工业园）控制性详细规划 四川北川经济开发区（永安香泉工业园永安片区）控制性详细规划 四川北川经济开发区（水安香泉工业园香泉片区）控制性详细规划
	修建性详细规划	北川县曲山镇任家坪片区修建性详细规划 北川地震遗址博物馆策划与概念设计
乡规划	灾后重建规划（2008—2015）	禹里乡灾后重建规划（2008—2015） 香泉乡灾后重建规划（2008—2015） 陈家坝乡灾后重建规划（2008—2015） 桂溪乡灾后重建规划（2008—2015） ……
	总体规划	禹里乡总体规划、香泉乡总体规划、陈家坝乡总体规划、桂溪乡总体规划 ……
村庄规划		……

表 9-3-4　北川羌族自治县灾后重建专项规划、非法定规划及相关研究表

专项规划	北川羌族自治县新县城灾后重建公共安全与综合防灾规划 北川羌族自治县新县城灾后重建市政工程规划 北川羌族自治县新县城灾后重建消防专项规划 北川羌族自治县新县城灾后重建交通工程设计 北川羌族自治县新县城灾后重建城市照明专项规划 北川羌族自治县新县城灾后重建绿地系统规划 北川羌族自治县新县城灾后重建城镇住房政策研究与住房建设规划 北川新县城旅游标识标牌系统规划 四川省北川羌族自治县旅游发展总体规划 北川新县城旅游规划 四川省北川羌族自治县寻龙山景区旅游发展总体规划 北川羌族自治县“三基地一窗口”专项规划 新北川产业发展规划 北川生态节能型村落规划专题研究 北川羌族自治县新县城商业业态总体规划 北川羌族自治县新县城商业网点规划 北川羌族自治县新县城社区商业业态规划 ……
非法定规划	北川羌族自治县新县城灾后重建总体城市设计 北川羌族自治县空间发展战略规划 北川山前河谷地区发展规划 省道 105 北川县曲山镇至安昌镇段两侧空间布局规划（2008—2015） 北川新县城周边山体景观规划设计 ……

续表

相关研究	北川新县城选址及行政区划调整方案 北川极重灾乡镇因灾失地农民安置调查规划研究报告 北川新县城土地开发强度研究 ……

（1）选址新县城异地重建

通过研究和实地调查，规划确定将北川和安县境内的安昌、擂鼓、永安、桑枣四个场镇驻地及其周边区域作为新县城选址的比选方案。通过对地质、区位、用地、基础设施、社会服务、行政区划调整等因素做综合的优劣评价，确定安昌镇东南为北川新县城选址的推荐方案。北川新县城位于安昌镇以东约 2km 处，处于黄土镇与安昌镇之间，距离老县城 23km。

（2）北川灾后重建的基本理念

北川是汶川特大地震中受灾最严重的地区。原有发展基础损失严重、环境承载能力严重不足、山区生态修复困难、城镇发展空间有限给北川灾后重建带来了巨大的挑战。不仅为了完成北川灾后重建提出的两年基本完成目标、三年重建任务，更是适应灾后重建规划的特殊性，北川灾后重建更应突出重点，结合援建项目的落实，尽快恢复城市功能，为城市居民提供正常的生产生活条件。所谓灾后重建的重点，是指要优先落实重点项目，以项目建设为核心，推动新县城建设。

北川灾后重建还应遵循以下基本原则：

①加快重建，落实国家重大决策：面对国内外形势，加快重建，扩大内需。

②因地制宜，促进更好更快发展：立足客观实际，分清轻重缓急，科学重建。

③科学重建，调整优化城镇体系：科学选址，合理确定规模、优化配置重建项目。

④民生优先，充分惠及北川人民：以人为本，构建和谐社会。

⑤共创多赢，协调周边区域发展：立足北川，依托主城区，协作周边县市区。

本次北川灾后重建规划为了成为城市规划，尤其是小城镇规划的典范，在规划过程中，还提出要做到“六个结合”，即先进理念与实施措施结合、规划方案与项目建设结合、专项规划与工程建设结合、规划控制与建设管理结合、政府决策与民众意愿结合、规划布局与城市设计结合。

（3）生命线系统发展

生命线系统泛指那些对社会极其重要的一系列基础设施，它包括综合交通、市政基础设施和防灾工程等系统。

①综合交通。汶川大地震中，北川全县损毁道路 1056km，其中干线公路 137km，农村公路 919km；损毁桥梁 353 座，长度 9475m，损毁隧道 3 座，长度 192m，直接经济损失共计 365922 万元。

交通恢复发展的基本思路是打通与周边地区的进出通道，增强进出保障能力；强化新县城的枢纽地位，便捷联系绵阳和江油，辐射乡镇；打造“新县城—安昌—永安—擂鼓—曲山任家坪”的旅游景观道路；构建北部地区的双东西通道；提高公共客运交通对各乡镇的覆盖力度，方便居民出行；提高道路等级标准，县道以上公路达到三级以上技术标准。

全面提升县域交通网络的综合抗灾能力，增加抗灾生命通道，恢复和完善交通运输网络，提高路网连通度和通行能力、提升等级，充分利用对外交通通道资源，促进地区社会经济发展和对外交往。开通农村公交，服务县域百姓生产生活。恢复湔江、青片河航道，利用唐家山堰塞湖形成的航道开通水运（图 9-3-4）。

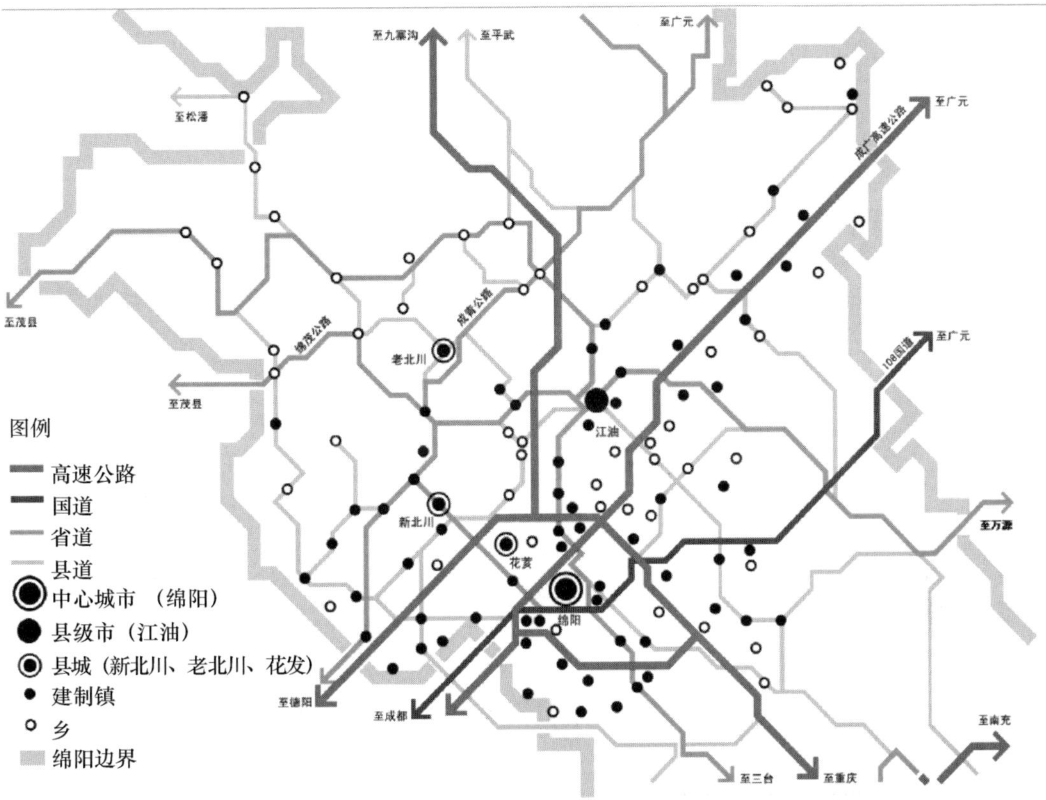

图 9-3-4　北川灾后重建规划县域交通组织

（资料来源：《羌族自治县新县城灾后重建总体规划》）

②市政基础设施。北川在地震中的市政基础设施受损情况：城市供排水管道损毁达 130km，燃气管道损毁 88km，垃圾收集处理设施损毁 25 座，直接经济损失达 230540 万元。

供水：以建设安全、经济、高效的城镇供水设施系统为目标，充分考虑城乡、区域联合供水的可能性，在充分对现有水厂及供水设施进行恢复重建的基础上，加快推进乡镇供水设施系统提升改造，全面提高供水安全保障能力。

排水：城镇排水系统恢复重建的重点是对受损的排水管道系统按抗震要求进行修复和加固。排水管道系统不完备的原址重建城镇需恢复达到基本的雨污水排放要求，异地新建城镇需统一规划建设雨污水排放系统。新县城和主要城镇排水体制采用雨污分流制，一般乡镇可采取截流制或合流制排水系统。

供电：根据对各乡镇电源设施和电力线路的灾害损坏程度评估结果，确定需要修复或重建的变电站、开闭所及输配电线路等供电设施，提出修复、加固和重建要求，并达到灾前设施水平。部分新建的电力设施规模根据城镇需求和当地设施配置水平确定，建成网架坚实、布局合理、装备先进、管理科学、自动化程度较高，满足安全、优质、高效运行的供电设施系统。

通信：根据对电信设施的灾害损毁情况进行评估分析，确定需要修复或重建的电信端局、通信线路、邮政设备、移动基站等通信设施，按抗震要求进行修复、加固和重建，并达到灾前设施水平。新建通信设施系统分布，根据城镇通信需求设置，设施系统选址需避开地质灾害易发地段，并按地震抗震烈度要求建设。

燃气：在对燃气气源设施和输配管道进行灾害损毁评估基础上，确定需要修复或重建的燃气供应设施系统，对部分现有燃气设施按抗震要求进行修复加固，优先恢复党政机关、医院、学校、食堂等公共设施和城镇居民生活用气。原地重建城镇的燃气供应系统，按照灾前规模适当扩大供应水平。异地迁建城镇根据供气需求建设新的燃气供应系统，气源采用管道天然气或瓶装液化石油气。

环卫：建立健全县域环境卫生设施建设与日常运行维护管理体系，逐步完善县域环卫设施布局，城乡生活垃圾及其他固体废弃物逐步实行统一清运与处理，农村地区重点完善村庄环境卫生基础设施，健全农村垃圾清运与无害化处理长效机制，提高城乡公共卫生水平和人居环境质量，促进城乡环境卫生事业健康发展（图 9-3-5）。

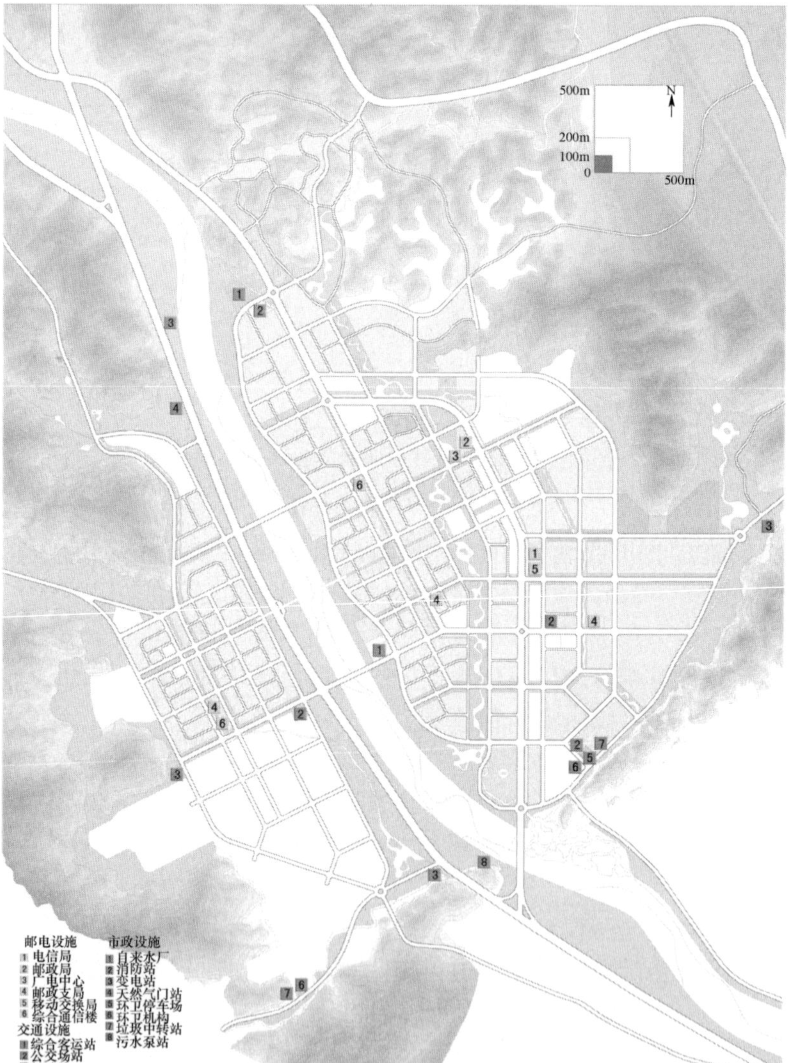

图 9-3-5　北川灾后重建新县城基础设施分布图

（资料来源：《羌族自治县新县城灾后重建总体规划》）

③防灾工程。规划分析灾区地质情况，根据灾区城镇和村庄重建的环境和条件，对重建城镇的地质断裂、山体滑坡和崩塌等地质不安全因素进行论证，划分出可能威胁重建城镇和村庄的地质灾害隐患分布和影响范围，提出对威胁重建城镇和村庄的地质灾害隐患的防治方案和工程处理要求。对异地迁建城镇可能遇到的地质断裂、山体滑坡情况采取选址避让为主的防范措施；对规模较小的山体滑坡和崩塌等情况采取削坡改造、工程加固为主的防范措施。对原地重建城镇可能遇到的地质灾害采取削坡改造、工程加固的防范措施。重建的城镇和村庄必须在完全消除地质灾害威胁后方可建设（图 9-3-6）。

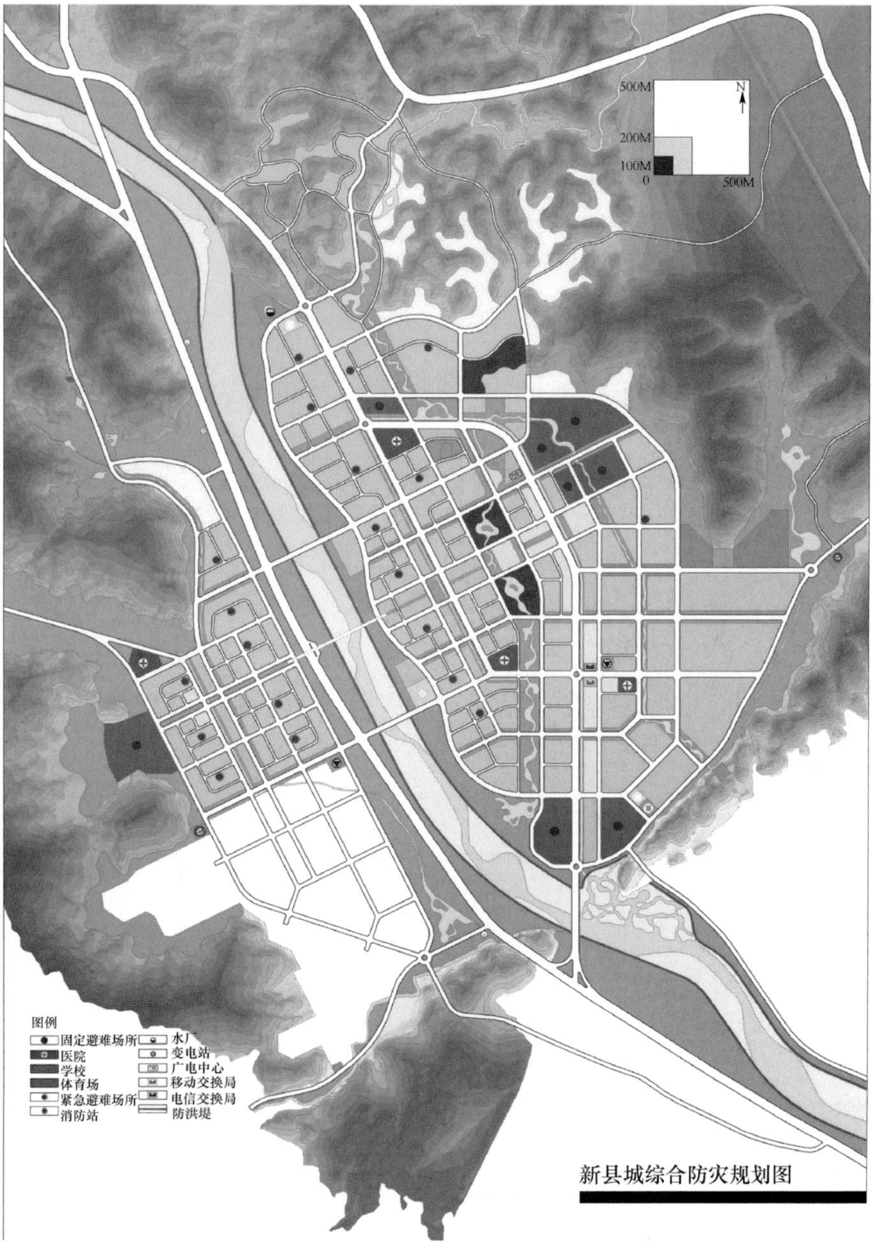

图 9-3-6　北川灾后重建综合防灾规划图

（资料来源：《羌族自治县新县城灾后重建总体规划》）

（4）公共服务设施发展

公共服务设施布局的基本原则是：

①完善结构、建构体系。改善现有的公共服务设施，在此基础上构建多元化、现代化的城镇公共服务设施网络，完善服务体系。

②缩小差距、城乡一体。通过具体设施的布局来缩小城乡享受社会服务设施的差距，实现城乡共享高水平的社会服务设施。

③整体推进、协调统一。在县城、镇、乡、村不同层面同时兴建不同等级的社会服务设施，在紧抓经济建设的同时，实现社会效益和经济效益的协调统一。

在此基础上，积极推进北川县基本公共服务均等化。其具体措施包括：

①学校、医院等公共服务设施的恢复重建应该优先安排，并且此类建筑需严格执行强制性建设标准规范，使其成为最安全牢固、最使群众安心的建筑。

②对孤、老、残人员采取特殊救助计划，因此需要增强各级各类社会福利、救助和优抚安置服务设施的能力。在新县城新建敬老院、福利院和残疾人综合服务等设施，增加在山区对特殊人群的福利、康复设施的建设投入和救助计划的资金准备。

③加强对乡镇综合防灾和应急保障设施的建设投入，建立有效的应对各类突发事件的预警和应急响应机制。

④针对新县城相比原曲山镇距西部山区更远的实际情况，适当提高部分山区中心乡镇场的公共服务配置标准，并运行福利性质的山区公共交通，方便山区居民往来于乡镇和新县城（图 9-3-7）。

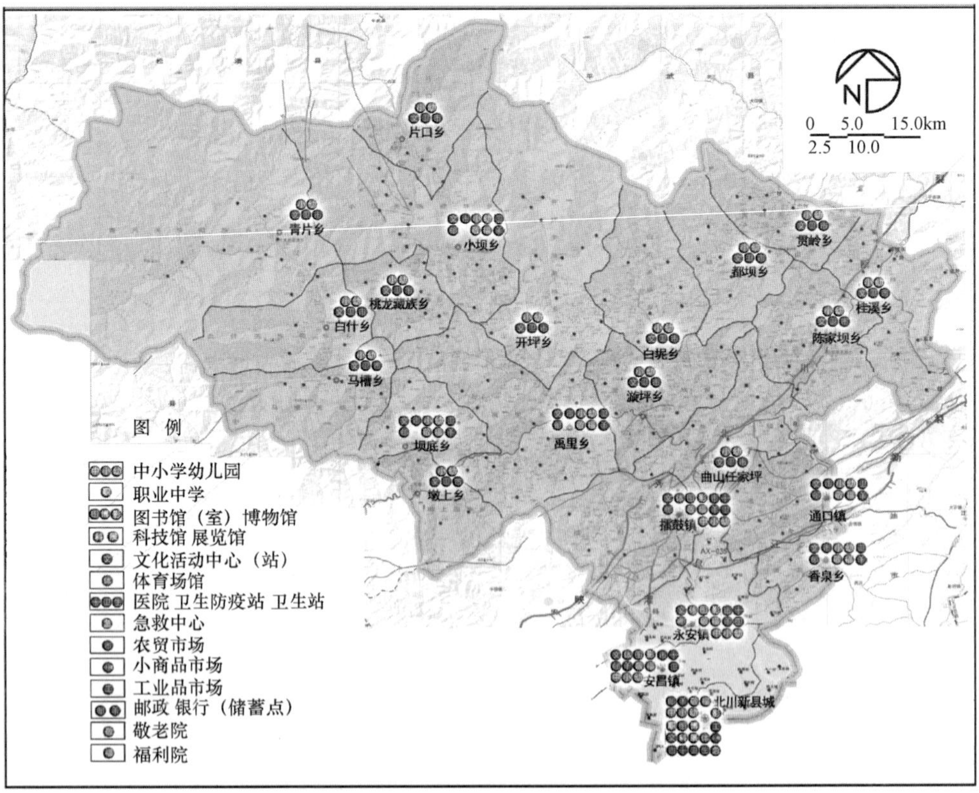

图 9-3-7 北川灾后重建县域公共服务设施布局图

（资料来源：《羌族自治县新县城灾后重建总体规划》）

（5）发展重建与产业优化

①制定分区产业政策。

a. 落实适宜重建、适度重建、生态重建的分区要求，因地制宜地制定适合北川的分区产业政策。

山前河谷和浅丘地区乡镇应根据北川特点发展农副产品加工、新型建材并承接区域产业转移，融入绵阳产业体系，成为北川推进工业化，承载产业和创造就业的核心区域。中部中山地区根据当地的发展资源条件，可以发展旅游、生态农业建设精品旅游区，对于优势矿产资源只能适度开发，不再建设成规模的产业区。西部高山、龙门山地震断裂带等生态重建地区要严格限制产业发展，原则上不在原地恢复重建工业企业，但在不影响主体功能的前提下，可适度发展旅游业和农林业。

b. 积极引导农业产业化进程

优先完成灾后受损农田、林地的恢复整理工作，并积极发展生态农业，稳步提高农业生产能力。根据现有的自然资源条件，调整农业在各地的分布格局，最大限度利用各乡镇条件优势，合理进行农业布局，使农业在各地的生产和布局合理化、效益化。

②重点发展以商贸、旅游为主的服务业。商贸发展方面，一方面要优化城乡服务设施网点布局，包括便民利民的生产生活服务网络和满足居民基本生活需求的商业服务网点；另一方面，为了支持灾后恢复重建工作，还需建设农产品批发市场、农业生产资料流通服务设施以及钢材和水泥等建筑材料批发市场。

旅游发展方面，一是要开拓旅游路线，重建新建重要景区景点，如羌族文化体验旅游区、羌族文化旅游走廊、地震遗址旅游线、民族特色旅游城镇和村落以及以农家乐乡村旅游等；二是要发展旅游配套服务，包括交通设施及沿线服务区、服务站、旅游宾馆等。同时，需建设旅游安全应急救援系统（图 9-3-8）。

（6）发展重建与社会建设

①优先落实城乡灾民安置。优先修复重建城乡居民住房，落实城乡灾民的安置工作。灾民安置的总体原则是，在规划区内就地就近安置农村人口，原曲山镇居民原则上在新县城进行安置，考虑部分失地农民在新县城进行安置。

②促进农村劳动力实现城镇就业。实现北川农村劳动力的城镇就业是抓住灾后重建机遇，通过加快工业化、城镇化进程带动北川县可持续发展的重要途径。主要措施有实施就业援助工程与搭建劳动保障工作平台。

③优先发展劳动密集型产业。因地制宜地对灾前企业进行重建恢复。对技术能力强、发展潜力强的企业优先扶持，扩大生产，淘汰或关闭不符合国家产业政策的落后产能和企业；鼓励扶持个体私营经济，以及中小企业的发展；鼓励外出务工回乡人群中的具备较高技能水平的人员回产业园区就业。鼓励当地居民自主创业，扩大就业覆盖范围。

规划 2020 年县域总人口 27.2 万人，非农人口 11.7 万人，城镇化率约为 42%。逐步引导人口有序从中西部山区向山前平坝地区转移，到 2020 年，山前河谷地区集中全县 60%的人口。

（7）发展重建与生态文明

新县城建设于一个自然与半自然相结合的复合生态系统中，为生态规划留出较大的保护和创建空间。因此，对其进行生态环境规划的目标为：尊重本地自然生态条件，保护生态要素，尽量保持原有的良好自然风貌；充分顺应自然水系，改造现有水渠，形成联系山水的自

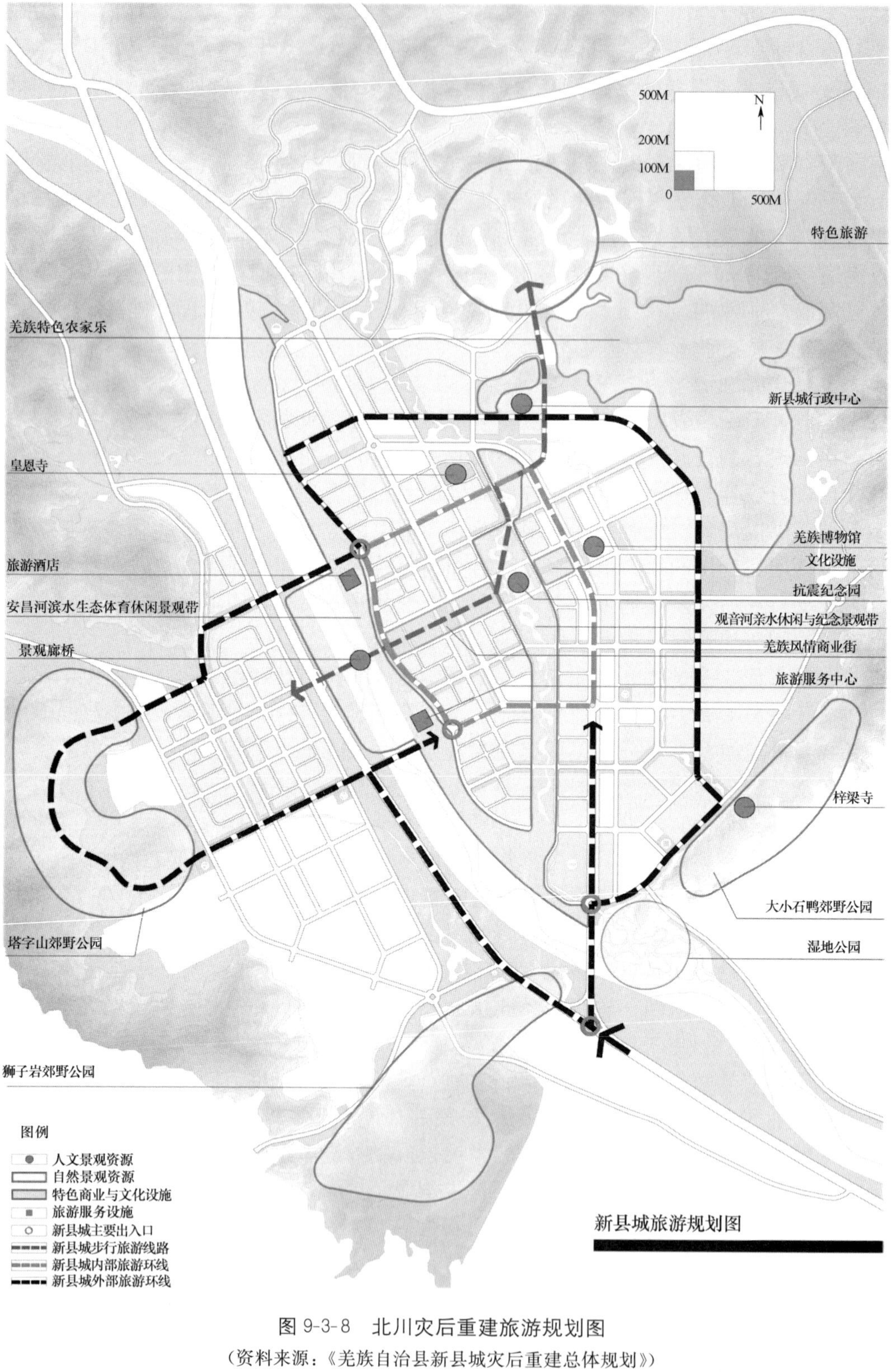

图 9-3-8　北川灾后重建旅游规划图

（资料来源：《羌族自治县新县城灾后重建总体规划》）

然生态廊道，突出新县城山水环境特色；优化产业结构，提高环境保护门槛，发展循环经济，有效开展节能减排；建设山清水秀、环境友好、生态安全、人与自然和谐发展的北川新城。

①生态建设指标。2020 年，建成区人均公共绿地面积达到 $10m^2$ 以上，城市绿化覆盖率达到 45%，城市绿地率达到 38%，建设中注重增强县城透水面积比重，发挥水系及绿地系统的生态功能，降低热岛效应。

各类绿地单项指标应符合下列要求，以确保城市绿地率指标的实现：新建居住区绿地率不低于 30%，城市主干道绿带面积占道路总用地比率不低于 20%，次干道不低于 15%，企业、交通枢纽、仓储、商业中心等绿地率不低于 20%，学校、医院、机关团体、公共文化设施等单位的绿地率不低于 35%。

②环境保护指标。按照安全、宜居的建设目标，参照生态环境良好及市政设施完备地区，设立九个环境保护指标。城市空气质量全年二级及好于二级的天数远期达到 85%，集中式饮用水源地水质达标率达到 100%，地面水环境质量按功能分区达到国家规定的标准；城镇生活污水集中处理率达到 95%，区域环境噪声平均值小于 55dB（A），交通干线噪声昼间小于 70dB（A），夜间小于 55dB（A），城镇生活垃圾无害化处理率达到 100%；工业固体废弃物处置利用率大于 95%；危险废物无害化处理处置率达到 100%。

（8）发展重建与文化传承

《规划》指出，北川是藏、羌等少数民族的聚居区，具有浓郁的民族文化遗产及风情。传统民居是民族文化的重要体现之一，震后受损急需抢救和保护。对于重要的民族建筑，如羌寨、碉楼等应进行修复或维修。

在重新整理文化遗迹、遗存的同时，还应大力弘扬地域民族文化，尤其是要在灾后重建中要重视非物质文化遗产的保护与传承。重建羌族的本土优秀文化不等于用异质文化去重构，而应尽可能地保持民族生活方式。具体包括：对羌族文化传人的培训，传统民族节日的保留，民族工艺等非物质文化遗产的传承和扶持。

抗灾救灾文化是未来北川文化中的重要组成部分。重点规划建设曲山国家地震遗址博物馆。

四、《北川新县城灾后重建总体规划》实施效果评价

为了应对北川灾后重建三年重建任务，两年基本完成的特殊任务，规划编制单位结合先进理念与实施措施、规划方案、专项规划与项目工程建设、规划控制与建设管理、政府决策与民众意愿、规划布局与城市设计，提出了适应新县城灾后重建的规划推进体系（图 9-3-9）。

北川灾后重建总体规划的规划期限为 2008—2020 年，其中，近期为 2008—2015 年，远期为 2015—2020 年。北川灾后重建历时三年，在 2011 年 10 月 18 日宣告完成。

1. 人口安置规模

2011 年重建完成时，北川县总人口相较灾前有较大的增长，达到了 24.07 万人，2011 年之后，人口总量保持稳定，2014 年之后出现了负增长，与此同时城镇化率快速增长，从 2011 年的 32%增长到 2019 年的 42.9%，人口迅速向新县城集聚。2011 年北川新县城安置人口 22117 人，接近规划提出的 2010 年新县城 3 万人的人口规模。安昌镇人口 37766 人，超过规划 2010 年 2.8 万人，2015 年 3.2 万人的人口规模目标，截至 2015 年，新县城人口总数分别为 8.78 万人与 9.97 万人，与规划预期的 2015 年 8.2 万人与 2020 年 11.1 万人的人口规模大致相当（图 9-3-10）。

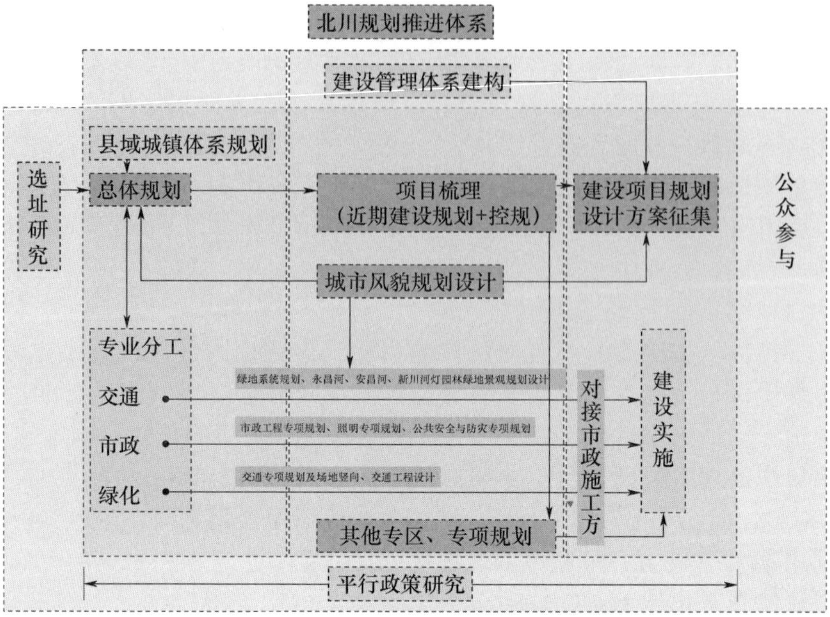

图 9-3-9　北川灾后重建规划推进体系图

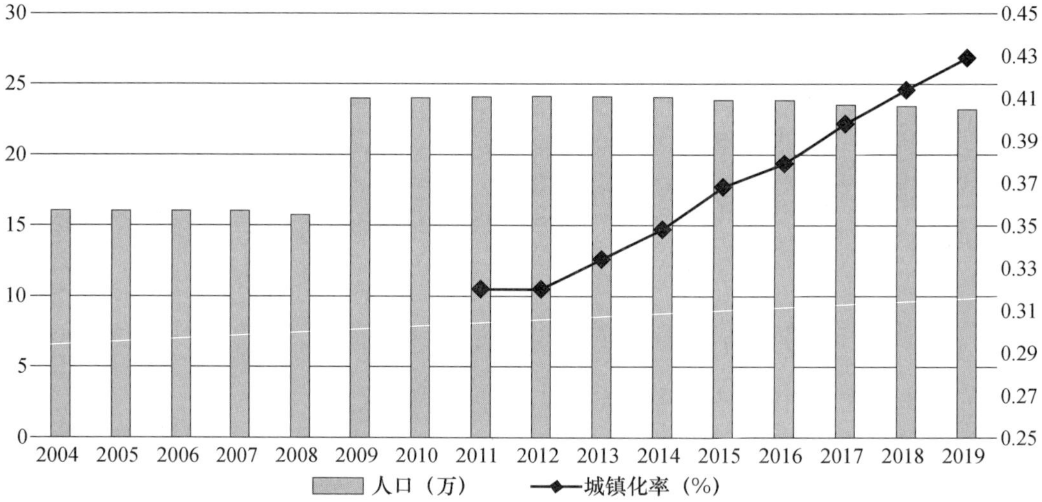

图 9-3-10　2004—2019 年北川地区人口及城镇化率

2. 经济与产业发展

震前北川的发展模式是传统山区县城的模式，但灾后重建使短时间内的投资拉动成为其城市与基础设施建设的主要动力来源。震前固定资产投资占地区生产总值的比重在 50%～60%，2009 年达到 492.06%，2010 年占 466.67%，其后则一直下降，2019 年降至 60.94%，与震前水平相当。可以看出，在后援建时代，北川寻找到了促进经济发展的新动力（图 9-3-11）。

2004—2008 年，北川地区生产总值平均增长率约为 12.88%。2008 年受到地震影响，地区生产总值仅为 10.17 亿元，比 2007 年下降 29.1%；灾后 2009—2019 年平均增长率约为 21.4%，灾后增长明显，并远大于灾前的增长速度，到 2015 年，地区生产总值达到 40.19

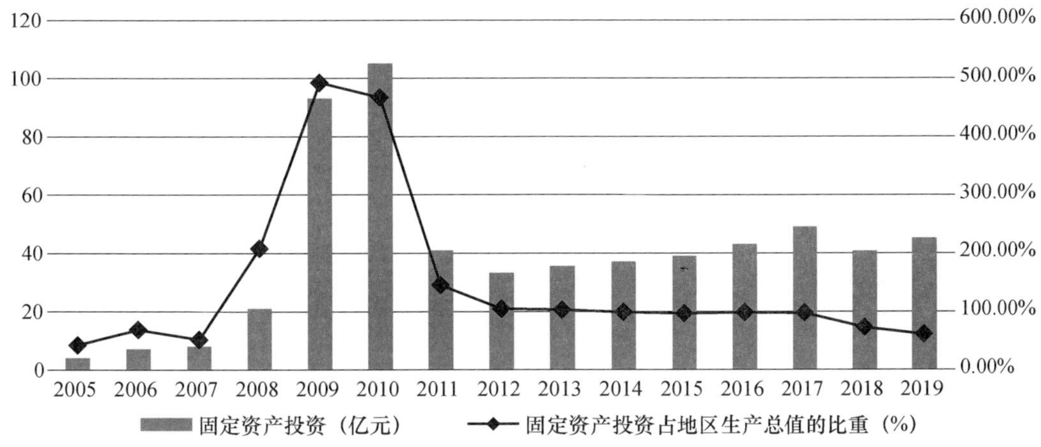

图 9-3-11　2005—2019 年北川地区固定资产投资占地区生产总值比重

亿元，2019 年为 73.88 亿元，经济增长实现了长期稳定的进步。但在绵阳市域的层面，北川县地区生产总值占绵阳市的比重一直维持在 2.4%左右，截至 2019 年，国内生产总值排名与人均国内生产总值排名分别位列绵阳市各区县倒数第二与倒数第一位，人均国内生产总值仅为绵阳市平均水平的 55.79%，仍处于低水平发展阶段（图 9-3-12、图 9-3-13）。

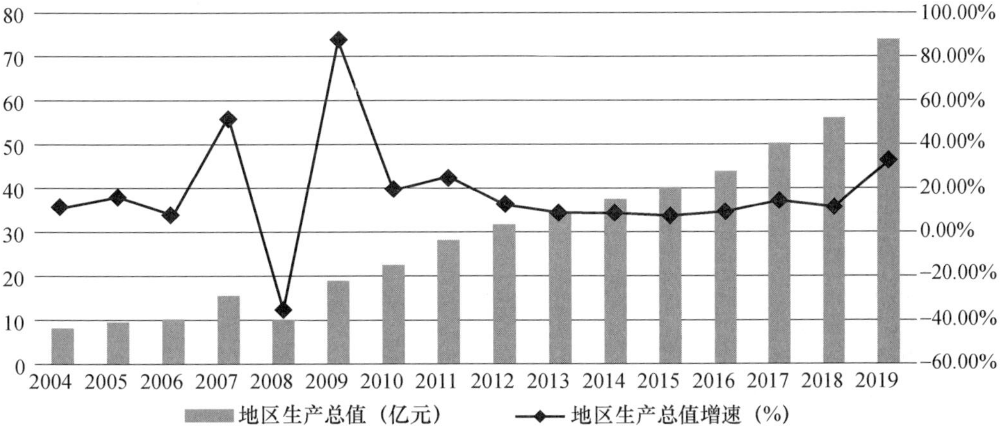

图 9-3-12　2004—2019 年北川地区生产总值及其增速

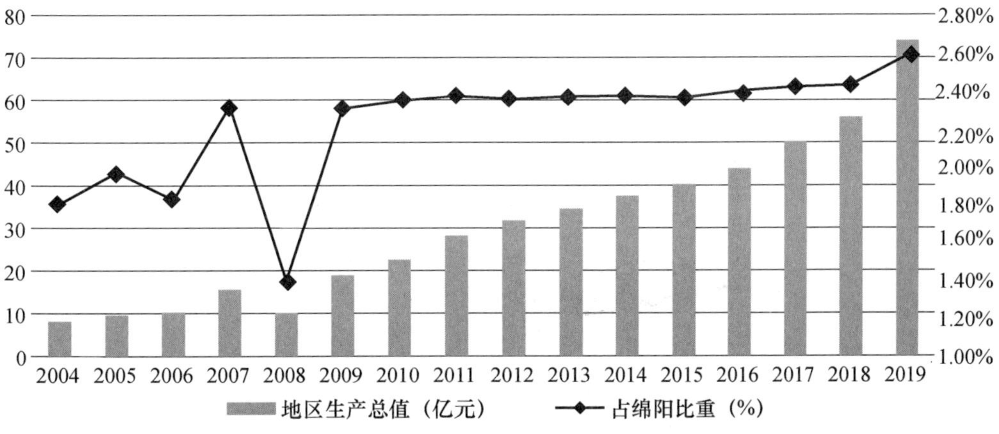

图 9-3-13　2004—2019 年北川地区生产总值占绵阳地区的比重

三次产业结构由 2007 年的 32.8：42.1：25.1 转变为 2019 年的 16.2：26.5：57.3，第一产业比重下降，第二产业比重先上升后下降，第三产业持续上升，大大超出灾前的水平，在 2015 年超过第二产业成为北川县的主导产业（图 9-3-14）。

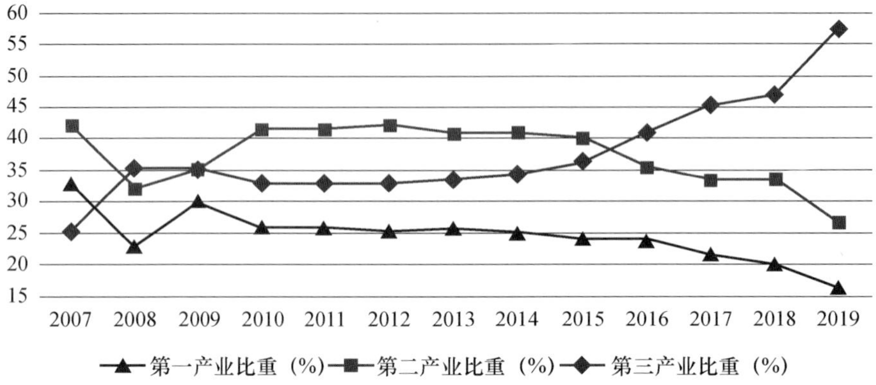

图 9-3-14　2007—2019 年北川三次产业结构图

震前，北川整体工业发展在经济中的占比较高，且增长迅速，2005—2007 年北川县工业平均增长率约 29.05%。震后，北川工业发展呈现先增长后起伏的态势，2009—2019 年第二产业增加值与规模工业增加值年平均增速分别为 13.71%、20.73%，远低于震前水平。2019 年北川第二产业增加值为 18.67 亿元，规模以上工业总产值 15.69 亿元，占国内生产总值的比重均小于 25%，工业已不再是北川县发展的主要动力（图 9-3-15、图 9-3-16）。

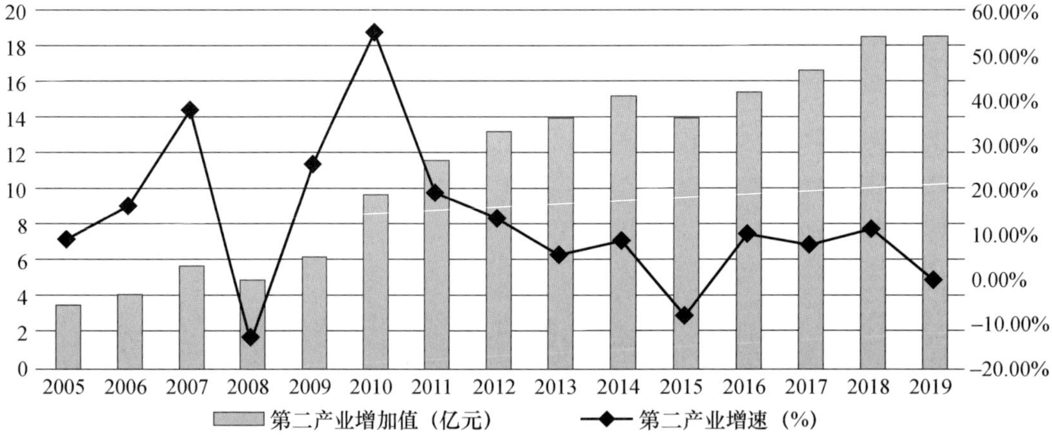

图 9-3-15　2005—2019 年北川第二产业增加值及增速

2009—2019 年，北川第三产业实现快速稳步增长，2019 年第三产业增加值为 20.72 亿元，较上年增长 10.4%。社会消费品零售额总体呈大幅增长，2019 年达到 22.6 亿元，2005—2019 年社会商品零售额平均增长 11.74%，其中震后重建的 2009—2010 年间达到 30.68%，是震前的两倍（图 9-3-17）。

震后北川的旅游市场呈现先缓慢后快速的增长态势。2009—2010 年旅游人数增长缓慢，2010 年北川全县旅游总人数 52.25 万人，基本接近震前水平，旅游收入为 2.05 亿元，与 2007 年的 3.9 亿元仍有明显差距。2011—2019 年旅游人数与收入均得到了快速增长，年平均增长率分别为 46.35%与 64.67%，远超震前水平，2019 年接待游客 876.02 万次，

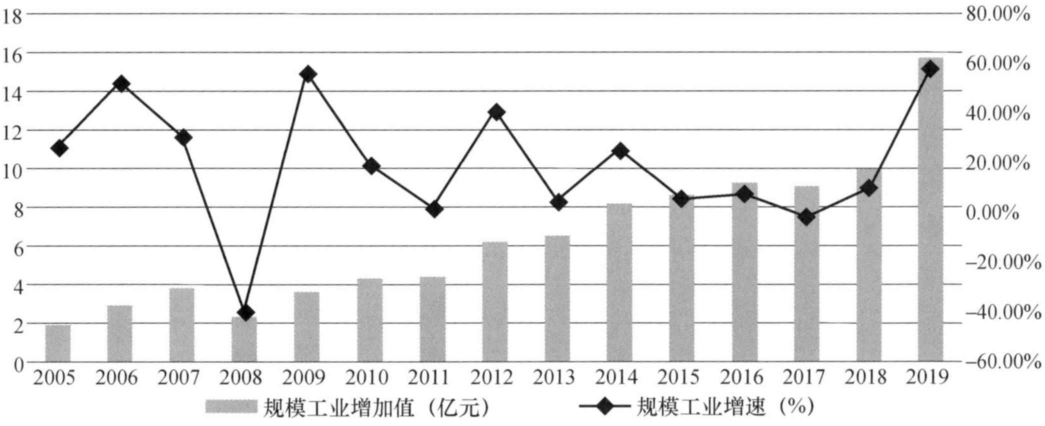

图 9-3-16　2005—2019 年北川规模工业增加值及增速

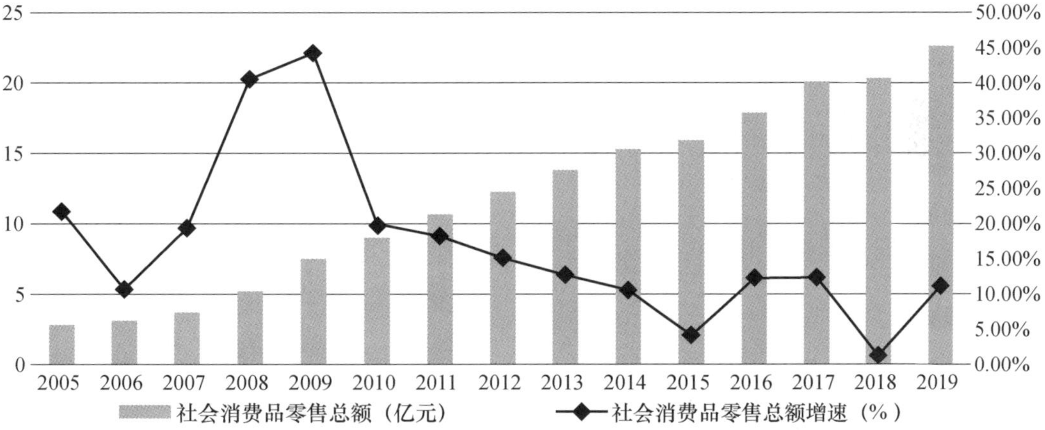

图 9-3-17　2005—2019 年北川社会消费品零售总额变化情况

实现旅游收入 102.03 亿元，旅游业已经成为北川最主要的经济增长手段（图 9-3-18、图 9-3-19）。

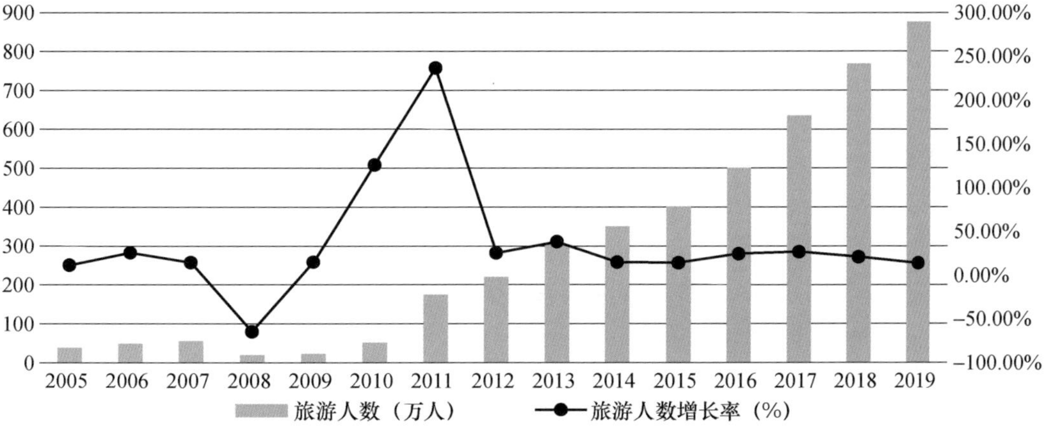

图 9-3-18　2005—2019 年北川旅游人数变化情况

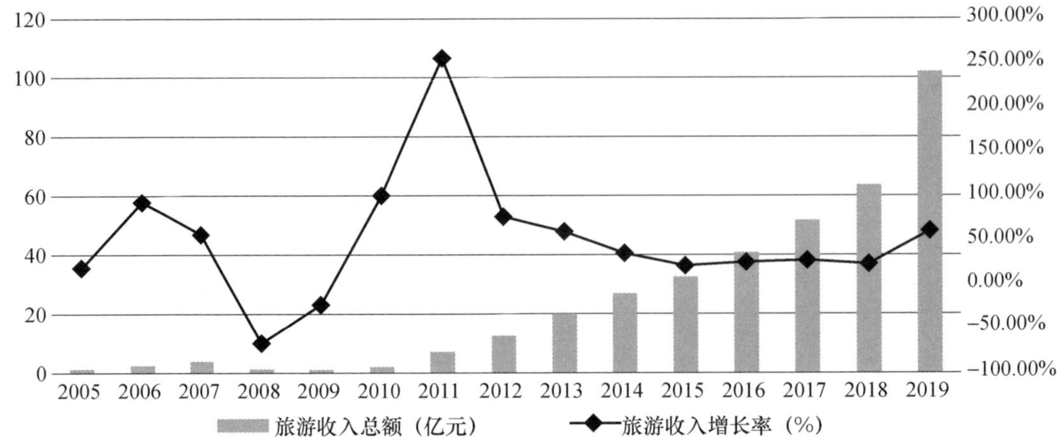

图 9-3-19　2005—2019 年北川旅游收入变化情况

震前，北川旅游业主要集聚于禹里、桂溪，以生态休闲、羌文化体验等单纯景点型旅游为主。震后十余年来，北川抓住灾后重建的契机进行科学规划，旅游发展后来居上，以一县之地成功打造 AAAAA 级景区一个、AAAA 级旅游景区四个，全域旅游初具雏形，由单一旅游业向度假休闲、现代文化遗产、城镇建设学习、地震感恩教育、爱国主义教育等复合型旅游业转变，取得了长足的进步。

五、总结与展望

在汶川地震灾后恢复重建过程中，总体规划、专项规划、各地方规划相互衔接配套，环境、社会、经济等维度全方位协调统筹，人口经济与产业快速恢复。但从规划框架来看，北川的灾后重建总体规划与普通的城市发展总体规划并没有明显的区别。“灾后重建”这一前缀，更多的可能是为这样的发展规划提供了一个在原有基础上跨越发展的契机和时间效应上的加速，在提升灾后地区的韧性水平方面，还需有针对性的措施与规划设计。但韧性城市的建设并非一蹴而就，需要不断地修正与完善，汶川地震的灾后重建规划也为相应地区的韧性水平提升提供了一个参考，促使我们在应对今后的灾难时，能够更加成熟和完善。

（顾福妹，尚凯）

参考文献

［1］什么是韧性城市［EB/OL］．吉林省地震局，2019-10-13.

［2］汶川特大地震四川抗震救灾志编纂委员会编．汶川特大地震四川抗震救灾志．总述大事记［M］．成都：四川人民出版社，2017，1：6-35.

［3］汶川地震震级修订为 Ms8.0［EB/OL］．中国地震局．

［4］民政部发展改革委财政部国土资源部地震局关于印发汶川地震灾害范围评估结果的通知［R］．中华人民共和国中央人民政府．

［5］国务院．国务院批转国务院抗震救灾总指挥部关于当前抗震救灾进展情况和下一阶

段工作任务的通知［R］．2008-5-28. http：//www.gov.cn/zhengce/content/2008-05/30/content_5718.htm.
［6］http：//www.csndmc.ac.cn/newweb/wenchuan_aftershocks.htm，访问时间：2021.01.
［7］http：//www.scio.gov.cn/gzdt/ldhd/200809/t222722.htm，访问时间：2021.01.
［8］张强，余晓敏．NGO 参与汶川地震灾后重建研究［M］．北京：北京大学出版社，2009.
［9］连玉明．汶川案例［M］．北京：中国时代经济出版社，2009.
［10］王迪，郑曼文，罗俊，等．基于韧性理论的灾后重建地区发展策略研究——以四川省芦山县规划实践为例［A］．中国城市规划学会、重庆市人民政府．活力城乡 美好人居——2019 中国城市规划年会论文集，01 城市安全与防灾规划［C］．中国城市规划学会、重庆市人民政府．中国城市规划学会，2019：9.
［11］顾福妹．中日灾后重建规划比较研究［D］．南京：南京大学，2012.

第四节　我国韧性城市建设展望

韧性作为城市可持续性的核心目标和具体体现，是城市健康安全领域的重要研究环节，其形成、影响及转化不仅与自然灾害风险要素、人为因素密切相关，而且是一种解决城市经济、社会、环境等可持续性问题的创新途径，受到政府、学术界和公众的广泛关注。本节基于既往理论研究和规划实践的体会，对我国韧性城市的规划建设前景和重点进行概要展望。

一、贯彻时代要求，培育韧性城市空间规划理念

城市韧性建设是项系统性工程，涉及城市发展诸多领域[1]。当前我国正处于“十四五”规划实施阶段，其是全局性、综合性、引领性的中长期规划，规划体系若能重视韧性城市理念并统筹布局实施战略，将顺势推动韧性城市建设。纵观我国城市发展轨迹，大致循着由量入质的路径。在传统的城市规划建设理念中，对城市的规划建设主要集中于城市空间资源的合理利用和有效保护，辅之以城市减灾规划以及公共安全规划，但极少会将城市安全与减灾作为城市规划的重要导向。为此，在新时代生态文明体制构建的背景下，城市规划建设应加快转变传统的固化理念，重新梳理空间规划体系是韧性城市建设的重要步骤，以培育适合空间治理和空间结构优化的新型城市规划理念[2]。首先，在城市规划中应发挥超前思维，将韧性理念纳入各层级规划之中，自上而下建立韧性城市规划细则，作为指导城市建设的重要导向，如在国家层面需要将韧性思想纳入顶层设计，包括纳入国民经济和社会发展规划、国土空间规划、城镇体系规划和其他重大的区域发展战略；在城市层面可借鉴国外先进经验设立专门的韧性城市建设办公室，组建专家队伍，编制韧性城市专项规划来统合单灾种或跨部门的防灾减灾规划；在社区层面，需要加强韧性理念和防灾思想的宣传教育，从物质环境改善、公众参与加强、保险制度设计和个体心理干预等方面进一步细化和深入，从而编制适合我国国情的韧性城市规划实施体系。其次，提高对于城市安全的重视程度，加紧完善并健全城市减灾系统，加强对城市可能发生的灾害事故的预防与监测能力，一旦灾害发生，能够快速进行定位并有序实施救援，多方位全面开展韧性城市规划行动。最后，要对城市规划进行

动态纠偏，通过密切关注韧性城市规划的运行状况，摆正实际发展方向，从而推动我国韧性城市的建立与长效发展。

二、强化理论支撑，构建多学科交叉融合的韧性城市理论体系

多学科的交叉融合和互补对于解决城市韧性复杂性问题具有很好的效果，城市韧性研究涵盖了灾害学、地理信息科学、数学软件编程、空间规划学、生态学、公共管理学、公共卫生学、环境科学等学科领域，融合了不同学科的研究特色，并产生了一系列城市韧性研究成果。当前中国正处于社会经济快速转型时期，由于前期的产业结构、能源消耗、环境污染、快速城镇化等带来了各种慢性压力，从而整个城市系统面临着越来越多的风险扰动，这些扰动呈现出种类繁多、不确定性高、随机性强及破坏性大等特征。例如，对灾害学基本理论梳理不清，使得灾害的形成机理、发生规律、破坏程度及时空特征在用地规划上无法体现；对公共卫生学的交叉研究不够，使得新冠肺炎等疫情暴发时，城市没有足够的专业医疗空间抵抗新冠病毒等；对公共管理理论的研究较少，导致部门之间存在职能交叉、分工不明等，使得各项工作目标难以执行与落实。因此，应当从多学科交叉视角加强探讨和研究城市韧性，以突破当前研究局限，创造性地研发出更适合新时代国土空间规划体系构建要求的韧性城市理论和技术方法，形成以多学科、多理论共同支撑的空间治理结构体系。

三、建立长效机制，编制与国土空间规划体系相融合的综合防灾规划

安全韧性城市作为国际上解决各类灾害问题的先进理念和重要抓手，对提升人居环境、助推生态文明建设具有重要意义。不论是日本的国土空间规划，还是英国伦敦的都市圈规划，灾害风险分析和防灾减灾都是规划编制的基础性工作。中央的相关文件以及省级、市级国土空间总体规划编制指南，也都要求重视人与自然的和谐共生，重视自然地理格局对人文经济地理格局的影响。尤其是《市级国土空间总体规划编制指南（试行）》明确提出要进行"灾害和风险评估"，建设"韧性城市"。为使总体规划中的防灾减灾目标和措施能得到具体落实和落地，应将国土空间综合防灾减灾规划纳入国土空间规划体系中的专项规划，形成与国土空间总体规划紧密衔接、相互协调反馈并同步编制的综合防灾减灾规划体系。同时，要清醒认识到随着经济社会的不断发展，灾害风险的种类不断演化，城市防灾减灾的内涵也在不断延伸，不同层级、不同空间尺度的灾害类型及其主要灾害也会有所不同，因此，不论是编制国土空间总体规划时考量防灾减灾，还是编制国土空间防灾减灾专项规划，都应该明确主要灾种和主要内容，以确保规划的科学性和可操作性。比如，在城市群层面，可以从区域空间基础设施体系、综合交通体系等方面统筹考虑区域性的联防联控，提升城市群的韧性。在省、市县层面，应当明确国土空间用途管制的防灾要求，针对不同类型重点防控对象，制订分级分类分区的灾害管控手段。在乡镇层面，通过提升基础设施和公共服务设施配套，提升其安全韧性水平。

四、创新辅助工具，建立与智慧国土空间规划相匹配的防灾辅助平台

新技术开启解决传统规划问题新思路，近年来伴随着移动网络、大数据技术、可视化建模技术、多维综合决策支持模型、参与式规划决策支持技术以及情景分析和动态模拟技术的迅猛发展，各种信息通信技术正逐渐成为城市规划者和决策者实施规划的科学依据[3]。为更好地促进现有城市安全性和科学性建设，韧性城市建设需要充分利用互联网、大数据优

势，打通灾前、灾中、灾后信息数据的互联互通，形成随遇接入、全维感知、信息融合、可视指挥、智能协同等能力，支撑实现一体化、全方位、数字化、自流程、大众参与的全过程管理。据此，可以围绕以下几点来进行：一是借助国土空间信息化管理平台，接入灾害信息网络，实时提供包括正在开展中的自然灾害风险综合普查成果在内的灾害风险数据，同时要对各类灾害、承灾体、减灾资源等要素进行实时监测和风险热点快速识别，以不断完善城市综合管理数据库，增强信息和数据处理能力。二是利用综合风险评估模型，对各类型风险源、风险状态和趋势进行综合评估，依据灾害风险评定等级，精确绘制风险分布图，从而实现灾害风险隐患的科学管控和源头治理。三是依据自然灾害和安全事故综合风险评估结果，制订灾害防御防治措施。四是通过专题及信息发布机制，将相关灾害信息及时向社会公众发布，为应急疏散、救援救护、监督管理等工作提供信息支撑。最终，在顺应区域协同治理、联防联控、防灾减灾救灾资源共享和空间治理现代化的大趋势下，构建出与智慧国土空间规划相匹配的数字化防灾辅助决策技术平台，使智能防灾系统对国土空间规划产生响应。

五、强化机理解析，实现城市韧性的动态模拟与决策预警的新突破

城市韧性研究是一个动态的、复杂的过程，对其内在作用机理的研究更是一个长期的过程，基于多学科的协同，从多维度、多视角进行城市韧性的研究是一个基本的切入点[4]。城市系统在其发展过程中会不断遭受来自自然、人为方面多种风险的影响，现实生活中城市韧性的许多影响因素存在多维结构，各因素间是“牵一发而动全身”，还是相互独立、互不影响，这些影响机理至今仍不太清楚。例如，地理学关注地球表层环境的结构、演化过程、区域分异以及人类对环境的利用和适应，其优势就在于阐释与把握区域差异性及区域间的相互依赖性，目前研究以单一视角或一维结构的城市韧性影响因素为主，对城市韧性的时空格局、演变过程与机制关注较少。一直以来，人类与环境系统之间存在复杂的非线性交互过程，如何科学模拟这一复杂动态过程是城市韧性模拟研究的关键。当前城市韧性研究已从理论探讨、定性描述逐渐走向定量、空间可视化和系统化模拟的研究阶段，未来可通过 GIS、大数据、人工智能等技术加强城市韧性影响机理等研究，实现城市韧性研究从静态到动态、从过程到模式的转变，并在动态模拟、决策预警方面实现新突破。例如，以定量测度为基础进行横向和纵向比较，揭示城市与区域韧性的空间分异、演进规律、影响因素和作用机制；建立基线标准对不同的城市与区域进行差异化的判别，对未来进行情景化模拟。

六、加强制度保障，健全法律法规体系和多部门协同机制

1. 建立健全法律法规体系

我国的防灾减灾立法工作始于 20 世纪 80 年代后期，多年来已经相继颁布了一系列针对单一灾种的防灾减灾法和部门规章，如《抗震防灾法》《防洪法》《突发事件应对法》等，并取得了一定的成效。但是，当下我国还没有一部综合性的防灾减灾法，特别是国家防灾减灾的根本大法《综合防灾基本法》，导致各城市总体规划中的安全目标难以落实到具体地块，难以很好地指导城市建设。根据美国、日本、英国等国的经验，完善的法律法规和技术规范体系是编制防灾规划的根本保障，而法规制度的缺失将是制约防灾减灾体系建设的根本性问题。为此，在机构改革和国土空间规划体系构建的大背景下，我国应当加快编制适宜我国国

情的基础性、综合性的《综合防灾基本法》，在基本法中明确防灾减灾各环节的基本建设要求，并根据新时代应急管理事业的发展要求加快修编《抗震防灾法》《防洪法》等。通过立法明确综合防灾规划在国土空间规划体系中的法定地位，助推韧性国土空间的建设。与此同时，我国也要注重建设应急管理专家库，注重人才培养和宣传工作以及可持续性建设，以最大限度地促进国家《综合防灾基本法》的编制启动。

2. 理顺行政管理体制

完善的防灾行政管理体制是推进韧性国土空间规划建设的前提条件。国家应急管理部成立之后，在国家层面建立了一套较为完整的应急管理体系，正在发挥积极的作用。但是，在省市县地方层面，由于种种原因，公安、民政、林业、消防、水利等部门之间的协调沟通机制还不是很完善，管理职责职权尚不明晰，有时会影响到应急管理工作的统一领导、指挥和协调，一定程度上降低了行政管理效能。为全面提升灾害治理能力、完善灾害治理体系，我国应借鉴发达国家的经验，进一步加强省市县等层面的行政管理体制建设。首先，应按照应急管理体制改革的要求，加快转变传统执政理念，从防灾备灾、紧急应对和灾后重建等环节入手，将执政为民的服务理念和意识与灾害行政管理的制度联系起来，通过制定和完善灾害预警和预报机制、应急信息处置机制、应急管理联动机制、物资储备和运输机制、紧急救援救助机制等，逐步建立起一套完整严密、科学规范和以人为本的灾害管理制度。其次，应按照统筹安排、分步实施的原则，进一步明确中央政府和地方政府的应急指挥机构及其职责，健全属地管理体制和基层社会管理体制，在遵从上位法明确的相关要求基础上，理顺各级人民政府、应急管理部门、企事业单位的防灾责任，构建出适宜我国国情的防灾行政管理体制。最后，要依托法律法规不断健全社会组织、公民的基本责任，并通过实施相应的奖惩机制，强化全社会的精准参与，构建出具有中国特色的防灾减灾救灾管理体制。

七、创建示范城市，着力增强国家中心城市的空间韧性

1. 发挥典型城市示范引领作用

典型城市的辐射与带动作用是推进韧性城市建设的重要环节。从韧性城市的发展现状来看，目前我国已有浙江义乌、四川德阳、浙江海盐、湖北黄石四座城市入选“全球100个韧性城市”计划，这四座城市应抓住这一机遇，并对其他城市的发展做出表率。首先，应利用高端国际对话与合作平台，大力改善生态环境，加强韧性城市建设力度，不断提高城市发展持续性、宜居性和抗风险的能力。其次，政府应在城市建设过程中发挥重要作用，提供相应的资金支持，通过社会资源的合理配置为韧性城市建设系统提供政策及资金，为政策顺利执行提供重要的资金保障。这一举措的实施与开展促使城市面对自然及人为灾害时，能够在第一时间进行灾后重建，修复基础设施，并能够从容应对后续的城市风险。最后，由于我国目前韧性城市的基本建设仍处于初期阶段，政策及制度建设仍不完善，因此通过典型城市的率先发展能为其他城市提供有价值的经验教训，摆正城市发展前进的方向，避免盲目探索导致的人力、物力、财力的损失和浪费。

2. 增强国家中心城的空间韧性

当前，我国的国家中心城市主要是超大城市和部分特大城市，是资本、技术、人才、劳动力的聚集地，人口快速增长、功能加速集聚，人口和功能过密成为普遍现象[5]。中心城市在发展过程中体现的规模化、多样性、复杂性、流动性特征对韧性城市建设要求有很大提升，也可能对今后应对突发公共卫生事件带来很大的压力与挑战，提高资源环境承载能力变

得非常重要。在此背景下，国家中心城市更需要注重自身的带动性，增强区域空间韧性。首先，要推进与城市外部的协同发展，考虑建立多中心、网络化的空间结构，提升应对未知的或者突发性传染性疾病和流行性公共卫生事件的能力。二是避免单一的经济结构，要通过模块化，达到分散风险的效应，因为地区经济和功能系统中各部门或组织之间是可及时分离的，因此通过塑造子系统内部联系紧密、子系统之间联系相对稀疏的模块结构，可有效分散、抑制和抵消外界压力施加的影响。三是基础设施韧性建设要有前瞻意识，要有一定冗余和模块化处理机制。四是推进乡村振兴战略的深入实施，这次抗击新冠肺炎疫情，农村发挥了重大作用。因此，应注重在空间上保持合理的城乡结构，深入实施乡村振兴战略，从而为中心城区提供较大的回旋余地。五是紧抓时代机遇，积极参与国际合作、多方合作。“让城市更有韧性”和“全球100个韧性城市”是国际社会最受关注的两个关于韧性城市建设的国际组织，它们为了推进全球韧性城市的建设，都采取了不同的方式对目标城市提供相应的帮助，因此，加强与国际韧性组织相关各方进行技术以及战略协作对接，能够为我国韧性城市建设与发展提供全新的视角。

八、强化公众参与，提高城市治理能力和治理体系的现代化水平

广泛发动公众参与是应对突发事件的重要力量，也是国际城市一向注重的要点工作。将顶层设计与问计于民相结合已经成为韧性城市建设的关键环节，可有效提高政府、社会组织和居民在各种紧急情况下的存续、适应和协同发展的能力[6]。近几年，为全面提升我国防灾减灾救灾水平，促进社会力量的规范化成长，越来越多的法规和政策文件都开始释放出培植社会力量参与防灾减灾的政策信号，尤其是迈入2020年，历经新冠肺炎疫情，更加体现出全社会参与的重要性。因此，在新形势下各级政府应当深入践行习近平总书记关于努力“两坚持、三转变”的防灾减灾新理念、新思路，加快动员和凝聚全社会力量的广泛参与，以大众智慧储蓄为基础，实现基层社会的高效治理。首先，各级政府要充分发挥自身的主导作用和核心功能，加快推进基层应急管理的标准化建设和网格化管理，建立健全应急信息发布平台和综合防灾示范性社区。其次，作为安全“第一防线”，社区要发挥好自身的基础性支撑作用，建设和完善社区应急设施、配备专业应急人员。再次，发挥社会组织的协同参与。社会组织作为基层治理的重要选项，能够以其机制灵活、覆盖全面、资源多元和触角广泛的优势，为韧性国土空间的建设提供安全评估、管理咨询、技术维护、保险服务和宣传教育等服务。最后，要充分调动社区居民的主体作用，积极开展有特色的应对风险科普活动，以提升全民的安全意识和防灾避险能力。

（翟国方，夏陈红，尚凯）

参考文献

[1] 赵瑞东，方创琳，刘海猛．城市韧性研究进展与展望［J］．地理科学进展，2020，39（10）：1717-1731.

[2] 李彤玥．韧性城市研究新进展［J］．国际城市规划，2017，32（5）：15-25.

[3] 徐世武，蔡玉梅，张岩．省级空间规划辅助决策系统的设计与实现［J］．中国土地，2018（4）：28-31.

［4］臧鑫宇，王峤．城市韧性的概念演进、研究内容与发展趋势［J］．科技导报，2019，37（22）：94-104.
［5］李国平，杨艺．国家中心城市的韧性城市建设研究［J］．区域经济评论，2021（1）：57-63.
［6］翟国方，夏陈红．我国韧性国土空间建设的战略重点［J］．城市规划，2021，45（2）：44-48.

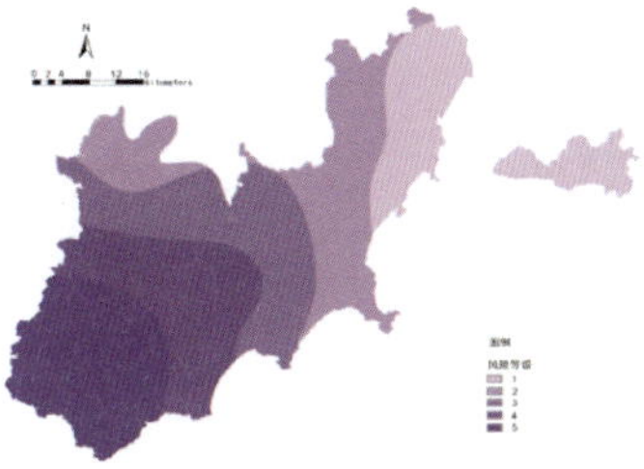

图 4-2-1 降雨量分布图

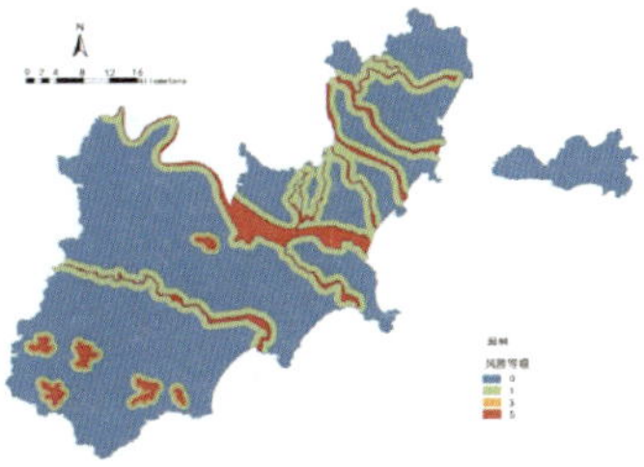

图 4-2-2 河流、水库影响范围图

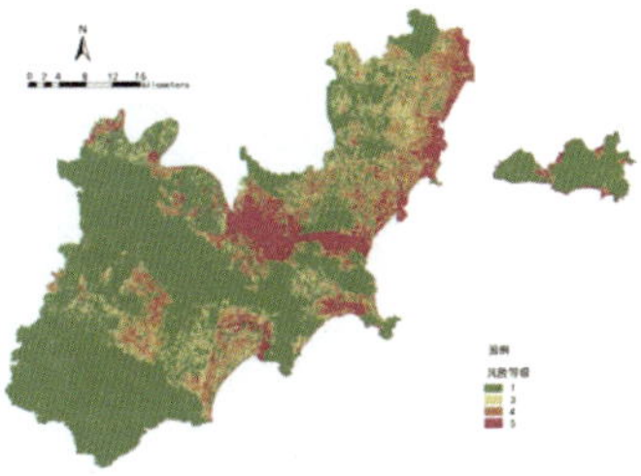

图 4-2-3 市域高程分级图

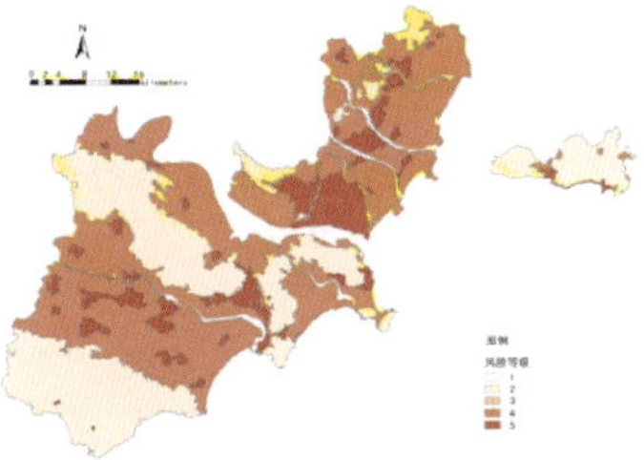

图 4-2-4 土地覆盖类型图

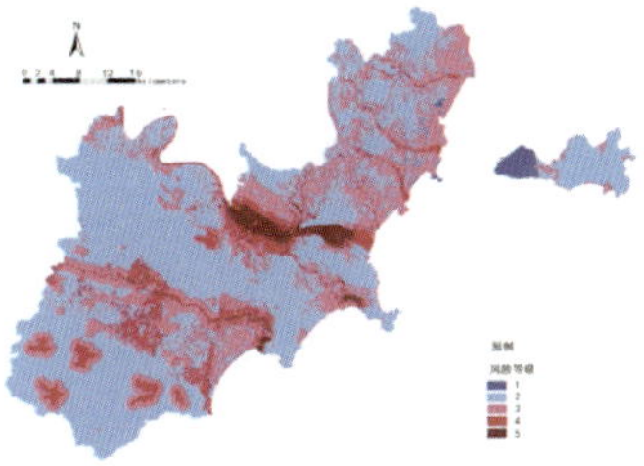

图 4-2-5 洪涝灾害危险性评分图

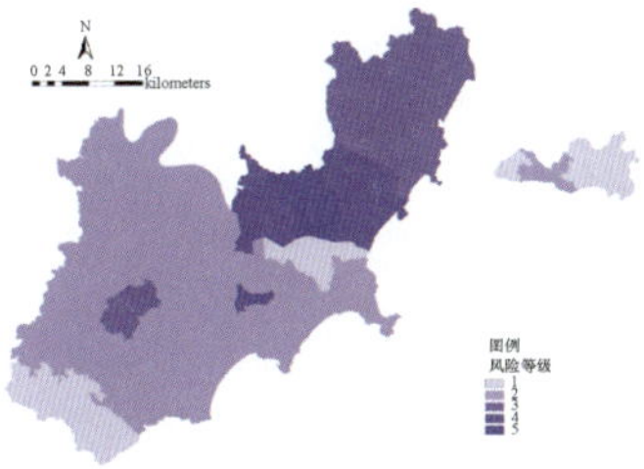

图 4-2-6 承载体易损性图

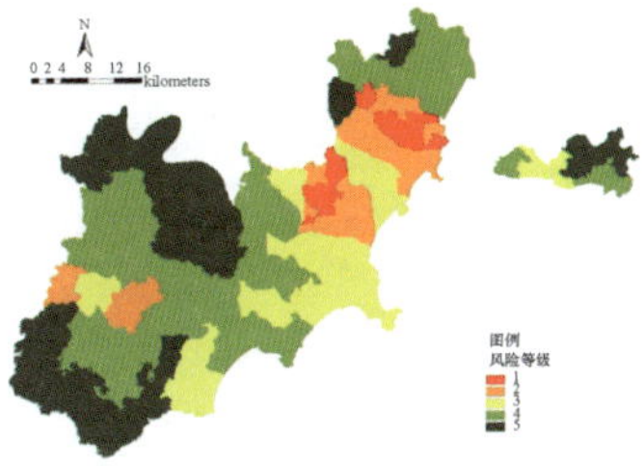

图 4-2-7 应灾能力评分图

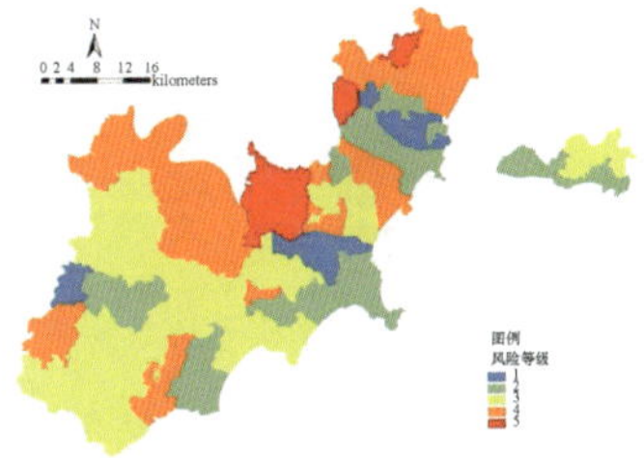

图 4-2-8 洪涝灾害脆弱性评分图

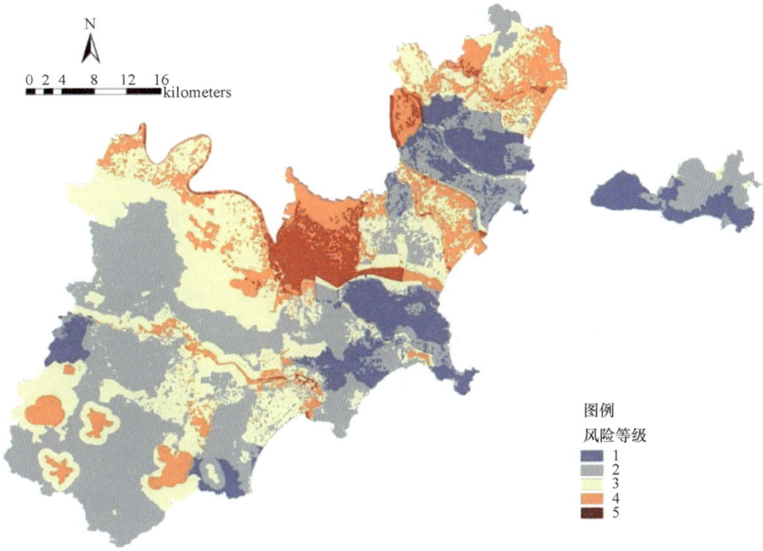

图 4-2-9 洪涝灾害风险综合评分图

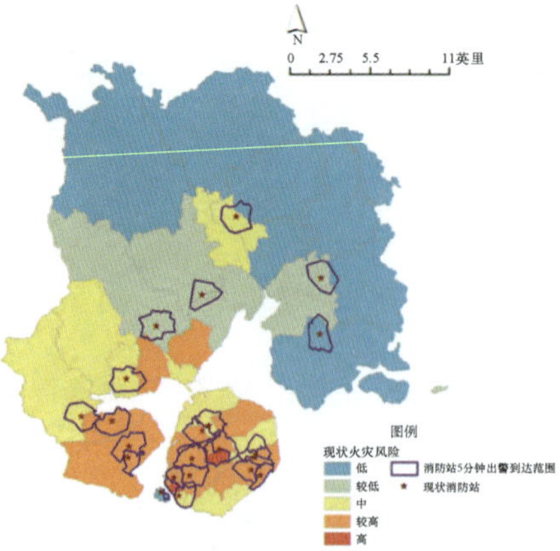

图 4-3-7 现状消防力量与火灾风险对比

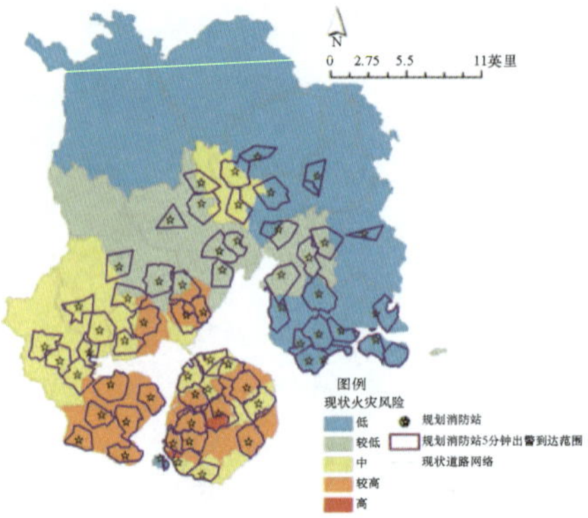

图 4-3-8 规划消防力量与火灾风险对比

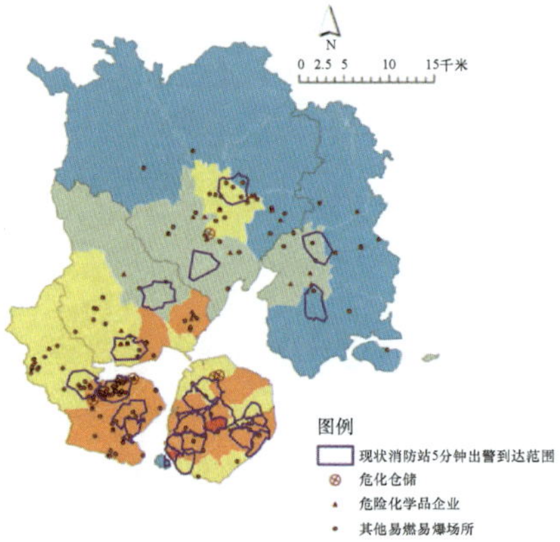

图 4-3-9 现状消防站覆盖易燃易爆设施

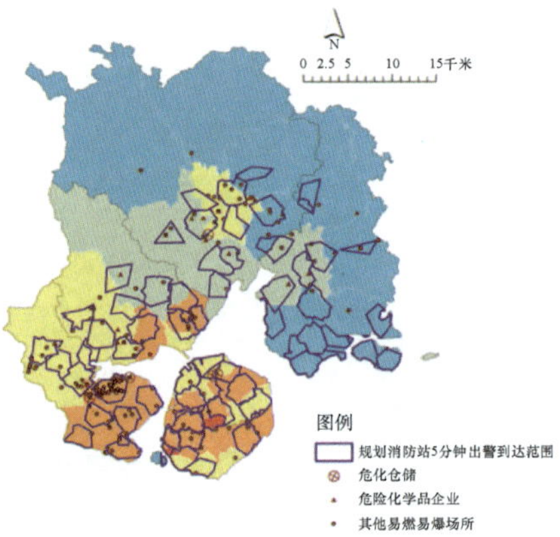

图 4-3-10 规划消防站覆盖易燃易爆设施

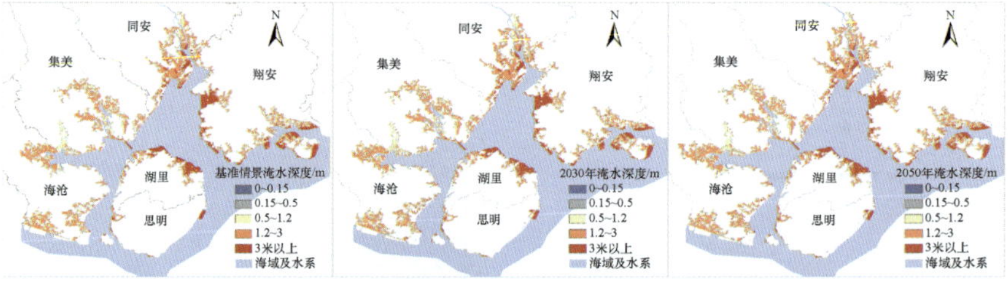

图 4-4-3 不同情景下淹水深度空间分布图

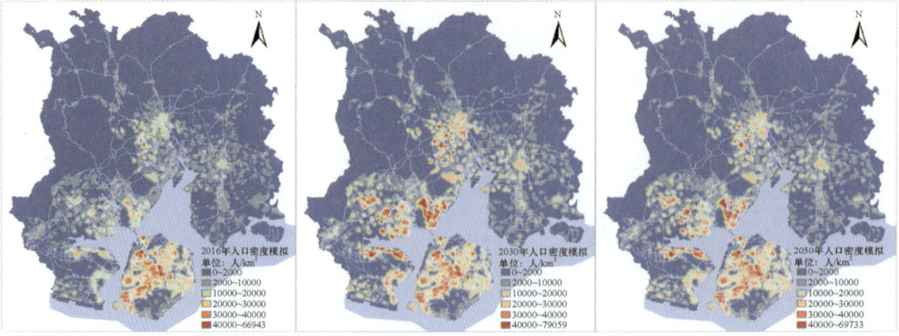

图 4-4-4 2016 年、2030 年、2050 年人口密度模拟

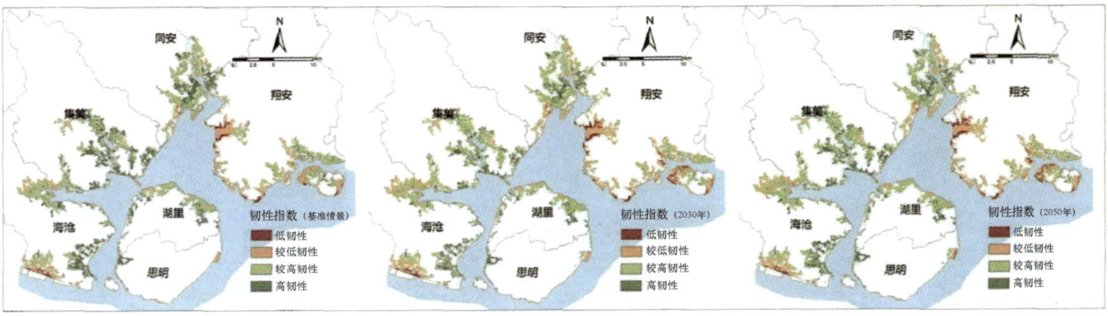

图 4-4-7　不同情景下的城市韧性指数分布图

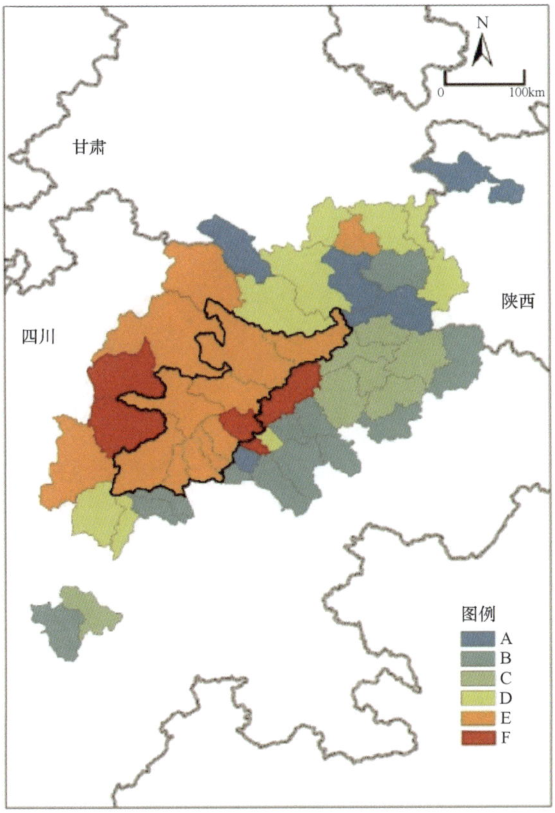

图 4-5-6　经济增长模式空间分布

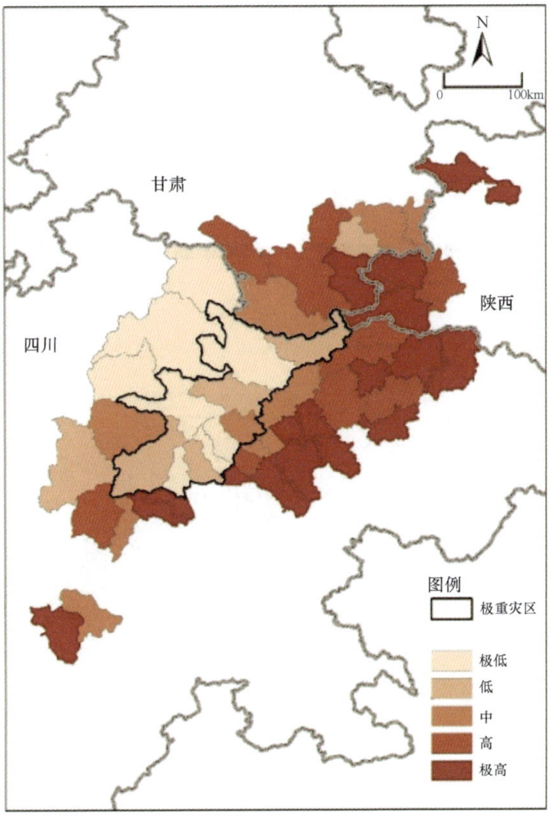

图 4-5-7　经济韧性指数空间分布

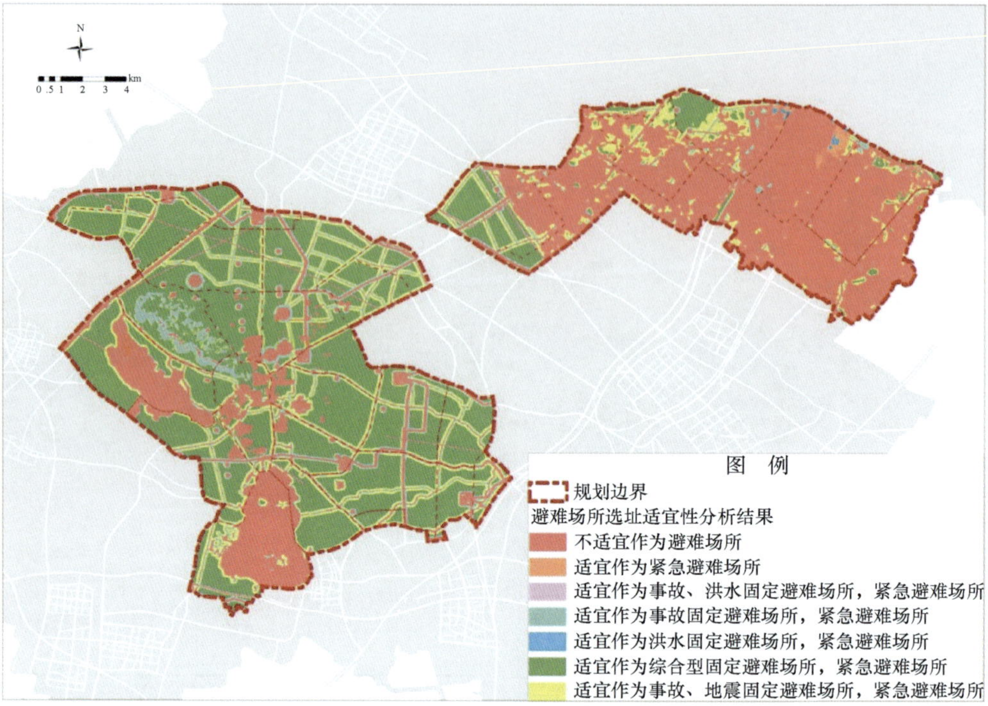

图 6-2-11　基于多灾害后果评价的不同区位避难场所适宜建设类型

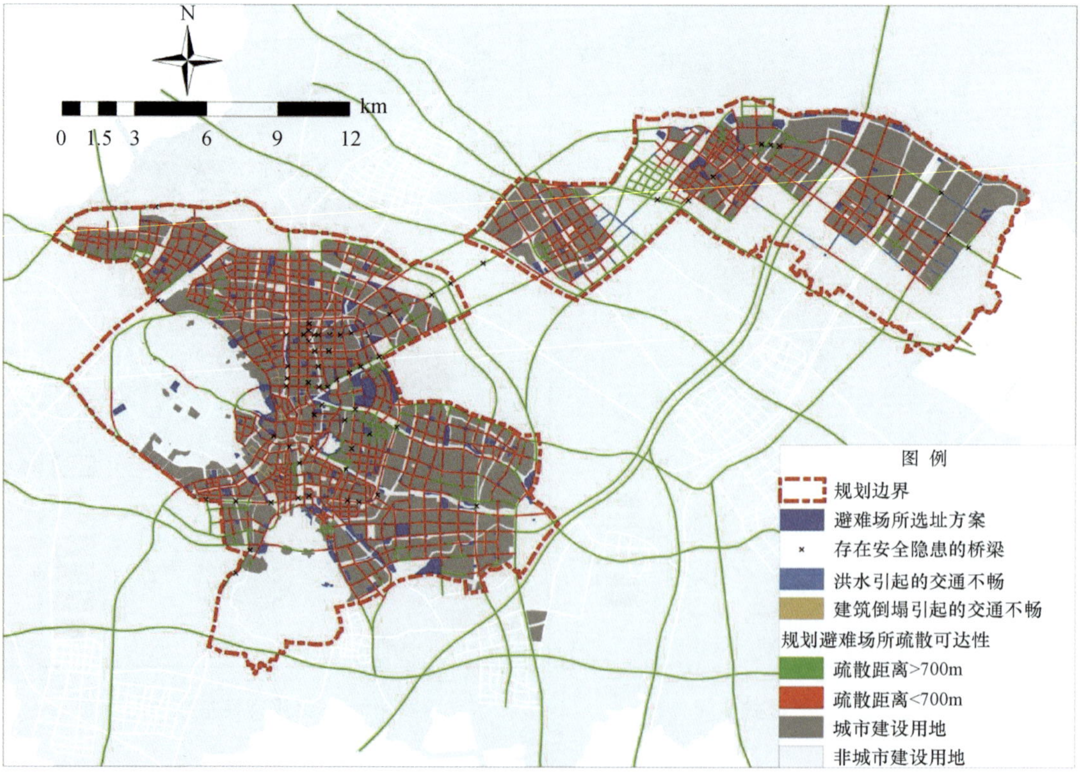

图 6-2-14　规划紧急避难场所（含固定与中心避难场所）可达性分析

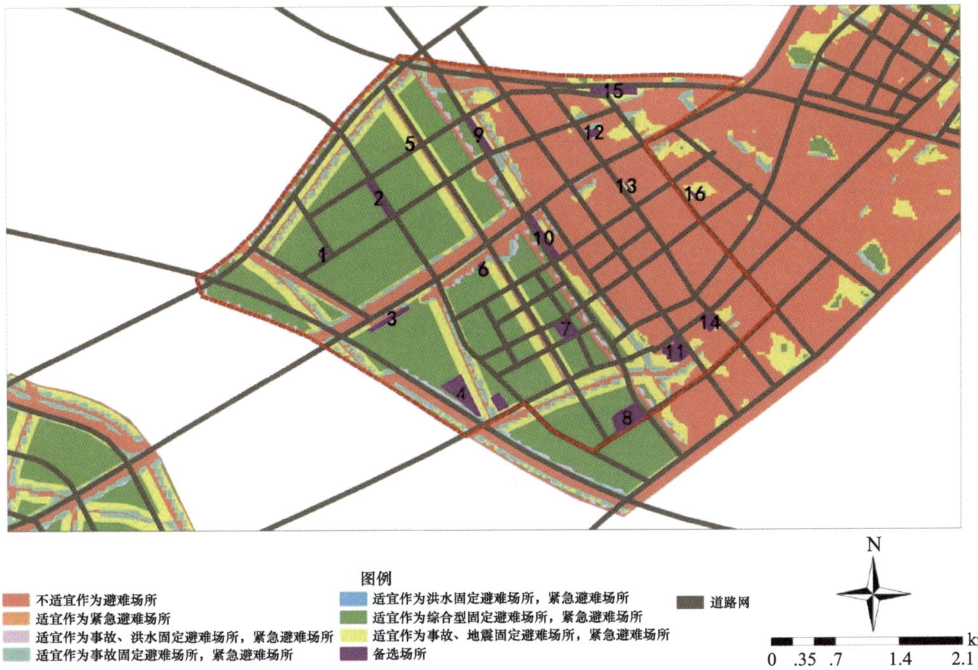

图 6-2-15　片区 I-1 中备选场所位置、编号、安全性与适宜性评价结果

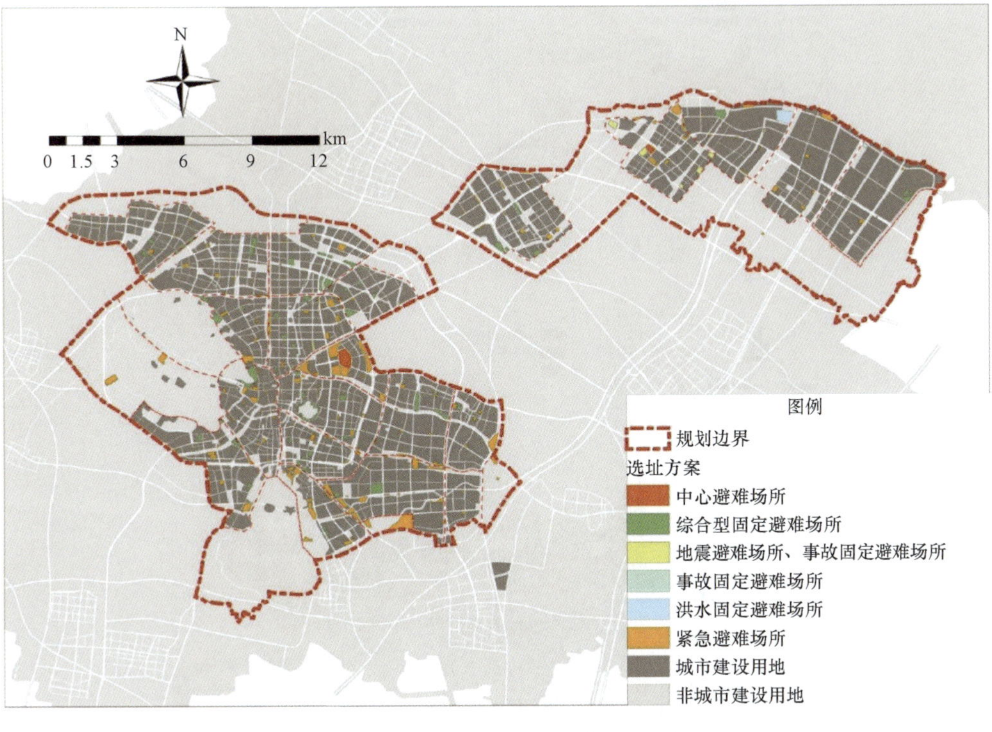

图 6-2-16　案例地应对多灾种的避难场所规划方案

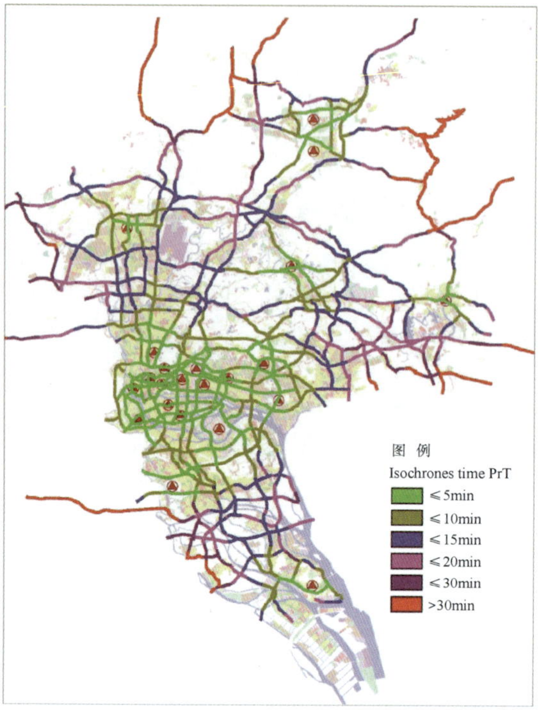

图 6-3-15　中心避难场所交通等时线分布

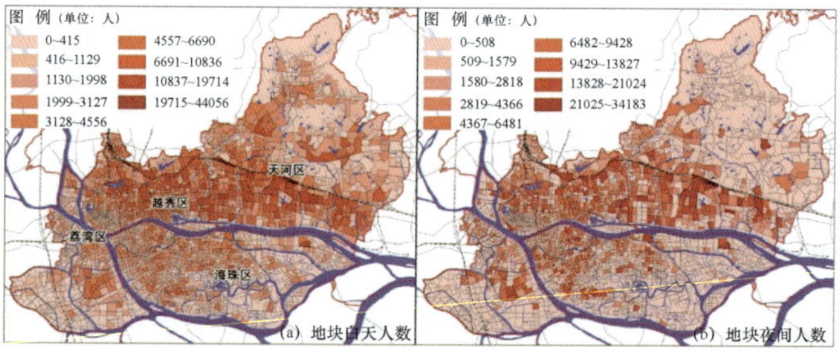

图 6-3-20　昼夜人口规模与空间分布

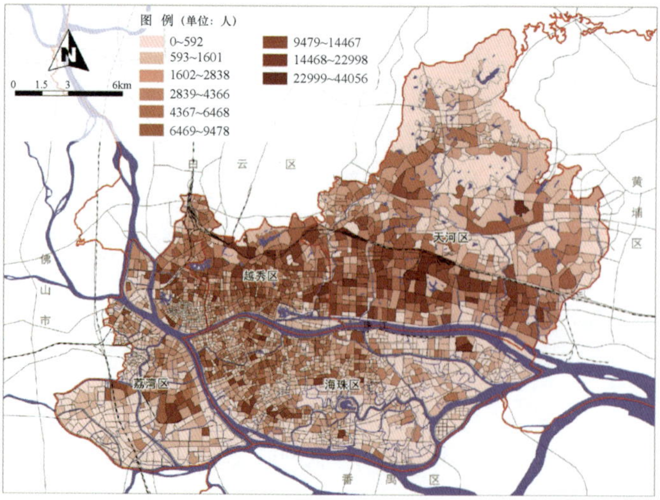

图 6-3-22　面向昼夜防灾的避难需求空间分布

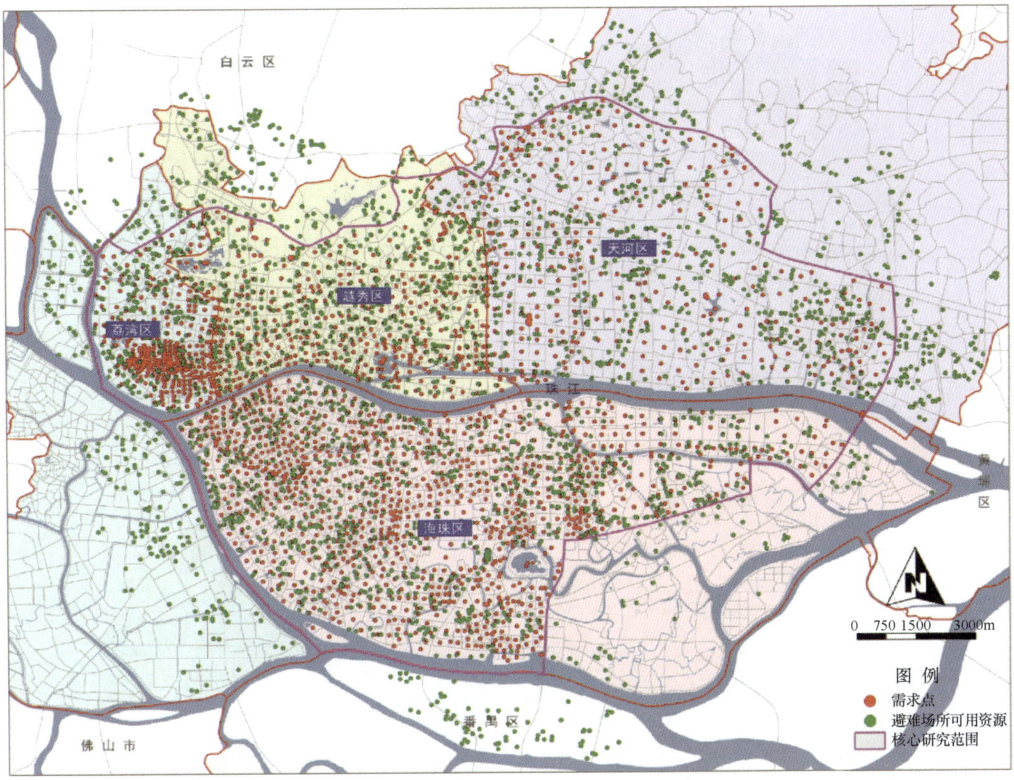

图 6-3-23　需求点与避难场所可用资源空间分布

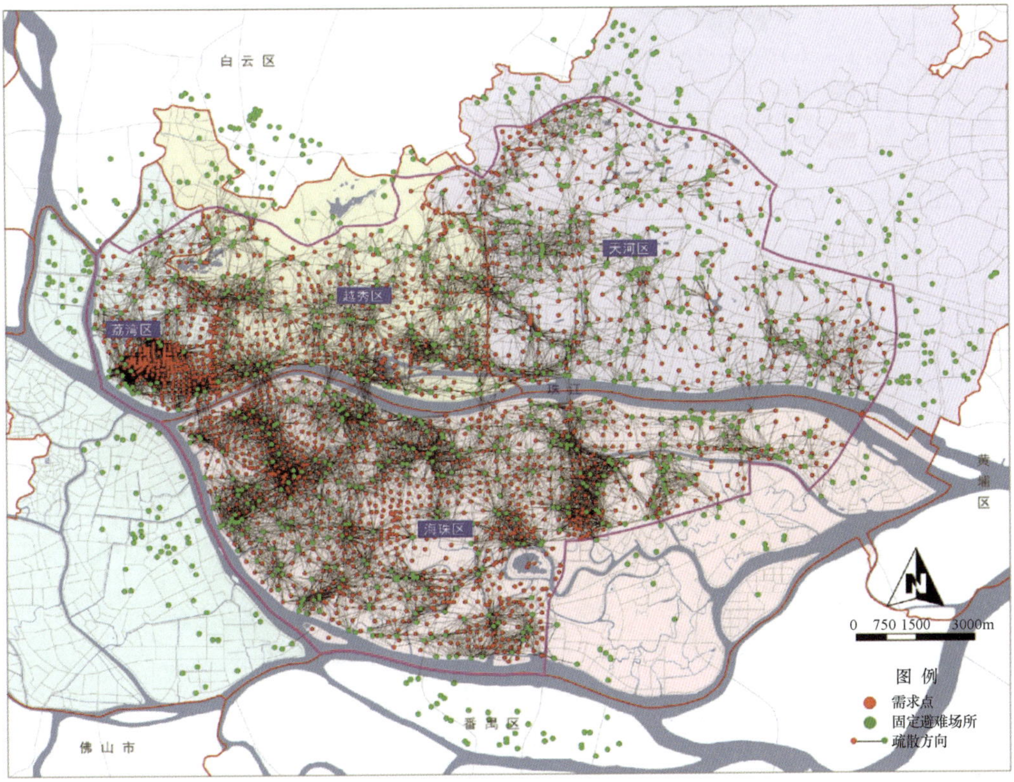

图 6-3-24　短期固定避难情境下需求点疏散方向

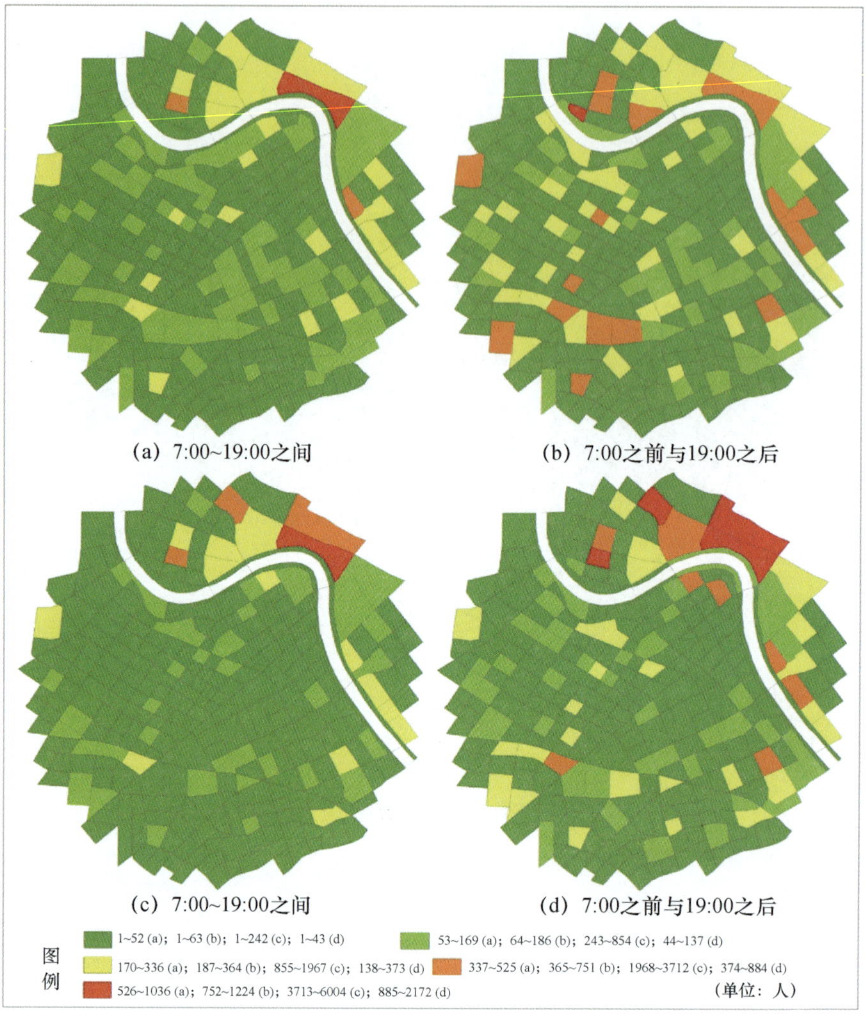

图 6-3-35　大于 4h（a，b）与小于 4h（c，d）停留时间人员的昼夜分布（30d 平均）

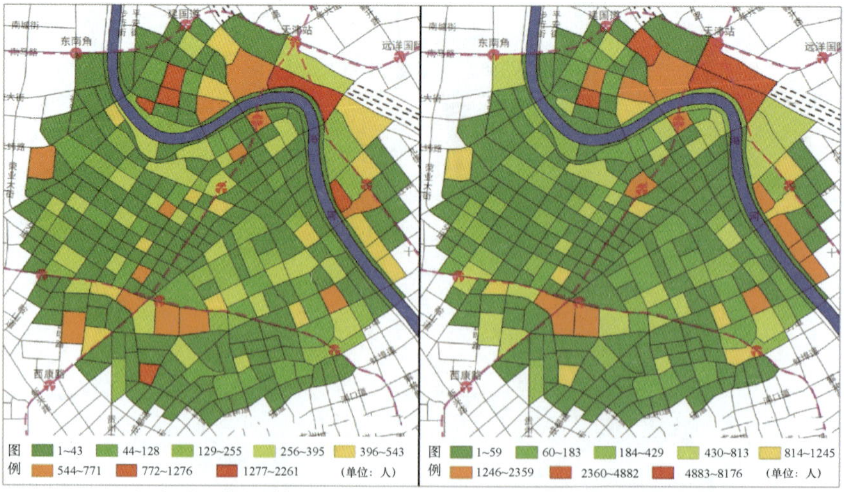

(a) 大于4h停留时间　　(b) 小于4h停留时间

图 6-3-36　大于 4h（a）与小于 4h（b）停留时间人员的总体分布（30 天平均）